suhrkamp taschenbuch
wissenschaft 2356

Viele Beobachter kritisieren die Entwicklung, die das öffentliche Recht in Europa seit Ende des Zweiten Weltkriegs genommen hat, als eine entfremdende Verrechtlichung. In seinem neuen Buch plädiert Armin von Bogdandy für eine andere Lesart dieses Prozesses, nämlich als Strukturwandel zu einer europäischen demokratischen Gesellschaft. Dieses Narrativ erlaubt eine Neubewertung wichtiger Ereignisse, Urteile, Begriffe sowie aktueller Herausforderungen. Bogdandy zeigt überdies, wie der aus dem Globalen Süden stammende Ansatz des transformativen Konstitutionalismus einen Weg bietet, sowohl autoritären als auch hegemonialen Tendenzen in der europäischen Gesellschaft zu begegnen und ihre demokratische Verfasstheit zu stärken.

Armin von Bogdandy ist Direktor am Max-Planck-Institut für ausländisches öffentliches Recht und Völkerrecht. Zuletzt erschien von ihm: *In wessen Namen? Internationale Gerichte in Zeiten globalen Regierens* (stw 2088, zus. mit Ingo Venzke).

Armin von Bogdandy
Strukturwandel des öffentlichen Rechts

Entstehung und Demokratisierung der europäischen Gesellschaft

Suhrkamp

Bibliografische Information der Deutschen Nationalbibliothek
Die Deutsche Nationalbibliothek verzeichnet diese Publikation
in der Deutschen Nationalbibliografie; detaillierte bibliografische Daten
sind im Internet über http://dnb.dnb.de abrufbar.

Erste Auflage 2022
suhrkamp taschenbuch wissenschaft 2356

Umschlag nach Entwürfen
von Willy Fleckhaus und Rolf Staudt
Druck und Bindung: C. H. Beck, Nördlingen
Printed in Germany
ISBN 978-3-518-978-29956-2

Der Dienstagsrunde und dem ICCAL-Netzwerk

Inhalt

Vorwort

Dieses Buch rekonstruiert den Strukturwandel des öffentlichen Rechts mit Blick auf Entstehung und Demokratisierung der europäischen Gesellschaft. Es nutzt dafür den Rechtsvergleich mit Lateinamerika. Seinen positivrechtlichen Angelpunkt bildet Art. 2 EU-Vertrag.

Mit Blick auf Perspektiven, Vorverständnisse und blinde Flecken sei vermerkt, dass hier ein deutscher Staatsrechtslehrer schreibt, dem Eberhard Grabitz und Claus-Dieter Ehlermann europäischen Enthusiasmus geschenkt haben. Um dialektisch Substanz zu gewinnen, erfolgt die Rekonstruktion daher vor allem in Auseinandersetzung mit Carl Schmitt, Ernst-Wolfgang Böckenförde, Joseph Weiler und dem Zweiten Senat des Bundesverfassungsgerichts.

Dieses Buch nimmt, stets ausgewiesen, Gedanken früherer Texte auf, von denen einige in Koautorschaft mit Jürgen Bast, Sergio Dellavalle, Matthias Goldmann, Stephan Hinghofer-Szalkay, Laura Hering, Michael Ioannidis, Christoph Krenn, Davide Paris, Luke Dimitrios Spieker, René Urueña und Ingo Venzke entstanden. Dank für kritische Lektüren gilt Sabino Cassese, Philipp Dann, Rainer Forst, Klaus Günther, Reinhard Mehring, Alexander Somek und dem stellvertretenden polnischen Ombudsman Maciej Taborowski, einem beispielhaft mutigen Rechtswissenschaftler. Viele Anregungen verdanke ich dem von Mariela Morales Antoniazzi organisierten Netzwerk *Ius Constitutionale Commune en América Latina* (ICCAL) sowie unserer Dienstagsrunde. Es unterstützten mich Eva Neumann, Michael Ioannidis, Giacomo Rugge, Dana Schmalz, Desirée Schmitt, Luke Dimitrios Spieker, Silvia Steininger, Benedict Vischer und ganz besonders Lea Berger, Yvonne Klein und Catharina Ziebritzki. Den Kampf mit *EndNote* führten Ben Fridrich, Joshua Puhze und Effi Spiegel. Verlagsseitig finalisierte Jan-Erik Strasser das Projekt.

Das Buch entstand im Kontext des von Rainer Forst und Klaus Günther geleiteten Exzellenzclusters Normative Ordnungen. Es beruht auf meinem *General Course* an der *Academy of European Law* des Europäischen Hochschulinstituts. Mittel aus dem Leibniz-Programm der DFG ermöglichten den Ausbau des ICCAL-Netzwerks.

Heidelberg, im Juni 2021

Aufriss

§ 1 Idee und Programm

Auch nach siebzig Jahren EU-zentrierter Europäisierung fragen sich viele Europäerinnen und Europäer, wie sie diesen Prozess begreifen sollen. Die beschwichtigende Antwort, die Union sei nun mal *sui generis*, zieht nicht mehr: Infragestellungen wie der Brexit, Enttäuschungen wie bei der Bekämpfung von COVID-19, Konflikte wie diejenigen zu innereuropäischen Finanztransfers, außereuropäischer Zuwanderung oder dubiosen mitgliedstaatlichen Justizreformen verlangen substantiellere Antworten. Zur Beantwortung dieser Frage rekonstruiere ich eine Frucht dieses Prozesses: das europäische öffentliche Recht.[1]

Da die Europäisierung ein Prozess ist, erschließe ich das europäische öffentliche Recht in seinem Wandel. Ausgangspunkt ist das staatszentrierte Recht der europäischen Mächte: Mablys *droit public de l'Europe*, Carl Schmitts *Jus Publicum Europaeum* (§§ 5-7). Wie ist das heutige europäische Recht zu verstehen? Ich bin ein deutscher Jurist und starte deshalb, vielleicht hypertextualistisch, mit dem positiven Recht. Laut Art. 2 des Vertrags über die Europäische Union (EUV) bilden die Europäerinnen und Europäer der siebenundzwanzig Mitgliedstaaten inzwischen *eine* Gesellschaft. Danach hat der Prozess zwar keinen europäischen Staat und kein europäisches Volk, wohl aber eine europäische Gesellschaft hervorgebracht. Das europäische Recht ist das Recht der europäischen Gesellschaft. Diesem selbstverständlich, vielleicht gar trivial erscheinenden Gedanken ist dieses Buch gewidmet.

Die europäische Gesellschaft und das europäische Recht, insbesondere das europäische öffentliche Recht, sind engst verwoben. Der Vertragsgesetzgeber, also die siebenundzwanzig mitgliedstaatlichen politischen Systeme in Zusammenarbeit mit den Unionsinstitutionen, charakterisiert diese Gesellschaft über öffentlich-rechtliche Standards. Nach Art. 2 EUV ist die europäische Gesellschaft

1 Als Zugang hingegen über die Identitäten der Bürgerinnen und Bürger Orietta Angelucci von Bogdandy, *Zur Ökologie einer Europäischen Identität. Soziale Repräsentationen von Europa und dem Europäer-Sein in Deutschland und Italien*, Baden-Baden 2003.

eine, »die sich durch Pluralismus, Nichtdiskriminierung, Toleranz, Gerechtigkeit, Solidarität und die Gleichheit von Frauen und Männern auszeichnet« unter den Werten »der Achtung der Menschenwürde, Freiheit, Demokratie, Gleichheit, Rechtsstaatlichkeit und der Wahrung der Menschenrechte einschließlich der Rechte der Personen, die Minderheiten angehören« (Art. 2 EUV).

In hegelianischer Tradition kann man dieses vermeintliche (§ 29) Potpourri von Grundbegriffen als Manifest, Identität und Verfassungskern einer *sittlichen* oder *freiheitlichen* oder, so dieses Buch, einer *demokratischen* Gesellschaft deuten.[2] Das ist keine Spekulation im akademischen Elfenbeinturm: Die Denkschrift der Bundesregierung sagt klipp und klar, dass die Werte des Art. 2 EUV »das Wesen einer demokratischen Gesellschaft ausmachen«.[3] Die Antwort auf die Frage der Europäerinnen und Europäer, wie sie den Prozess der Europäisierung begreifen sollen, lautet somit, dass er sie in eine europäische demokratische Gesellschaft geführt hat. Die folgende, diese Antwort ausbuchstabierende Rekonstruktion des europäischen öffentlichen Rechts als Recht der europäischen demokratischen Gesellschaft nimmt den Stier bei den Hörnern: Demokratie bildet den Schlüsselbegriff im Ringen um die europäische Grundstruktur.

Mancher wird zweifeln, ob Art. 2 EUV als identitätsstiftender Verfassungskern taugt. Er wirkt kompromisshaft. In der Tat muss er zwischen vielen Identitäten, Ideen, Interessen, Traditionen und Weltanschauungen vermitteln. In hegelianischer Tradition erscheint das allerdings nicht als Manko: »Der Weg des Geistes ist die Vermittlung, der Umweg.«[4] Entsprechend ist auch eine recht verstandene Verfassung ein System der Vermittlung,[5] und Art. 2 EUV legt die Maßstäbe nieder, unter denen die europäische Gesellschaft

2 Georg Wilhelm Friedrich Hegel, »Grundlinien der Philosophie des Rechts (1821)«, in: Eva Moldenhauer, Karl Markus Michel (Hg.), *Werke in zwanzig Bänden mit Registerband. Bd. 7*, Frankfurt/M. 1970, § 4; Ernst-Wolfgang Böckenförde, *Der Staat als sittlicher Staat*, Berlin 1978; Axel Honneth, *Das Recht der Freiheit. Grundriß einer demokratischen Sittlichkeit*, Berlin 2011.

3 Denkschrift zum Vertrag von Lissabon vom 13. Dezember 2007, BT Drucksache 16/8300, S. 133, 153.

4 Georg Wilhelm Friedrich Hegel, »Vorlesungen über die Geschichte der Philosophie I (1805-1806)«, in: Eva Moldenhauer, Karl Markus Michel (Hg.), *Werke in zwanzig Bänden mit Registerband. Bd. 18*, Frankfurt/M. 1970, S. 55.

5 Hegel, *Grundlinien der Philosophie des Rechts* (Fn. 2), § 302 Zusatz.

ihre Kompromisse sucht. Wirkliche Demokratien leben von ihren vielen Vermittlungen,[6] hybride oder autoritäre Regime hingegen vom Versprechen der Unmittelbarkeit.[7]

Die in Art. 2 EUV zum Ausdruck kommende Kompromisshaftigkeit ist das demokratische Herz der europäischen Gesellschaft. Hegelianisch formuliert: Das Brüsseler Geschacher ist vernünftig, wenn es Vermittlungen generiert, die den Maßstäben des Art. 2 EUV genügen. Auch diese Vermittlungen werden regelmäßig kompromisshaft sein und jeder Position in je anderer Hinsicht als unzulänglich erscheinen. Die entsprechende selbstkritische Grundeinstellung der europäischen Gesellschaft ist ein demokratisches Faustpfand.

Dieses Buch entfaltet das heutige europäische öffentliche Recht als Struktur der europäischen demokratischen Gesellschaft. Der Leser sei gewarnt. Folgt man dem Staatsrechtslehrer Christoph Schönberger, so ist dieses Programm nicht Rechtswissenschaft, sondern »verfassungsrechtliche Science-Fiction«, welche »die blaue Blume der Demokratie [...] jenseits aller institutionellen Erdenreste« sucht.[8] Schönberger begreift das neue europäische öffentliche Recht denn auch in der Logik des alten *Jus Publicum Europaeum*: »[D]ie Brüsseler Verhandlungsmaschine [ist] die heutige Form jenes alteuropäischen diplomatischen Konzerts.« Noch ärger sieht es der Politikwissenschaftler Philip Manow: »Wer Europa sagt, will betrügen.«[9]

Der Wandel des europäischen öffentlichen Rechts zur Struktur einer europäischen demokratischen Gesellschaft ist offensichtlich und vielleicht sogar konstitutiv unvollendet. Assoziationen der Brüsseler Institutionen mit einem entfremdenden Betrieb, exekutivem Gezänk oder einem bürokratischen Monster liegen nahe und werden oft erfolgreich bemüht.[10] Es greift daher zu kurz, alle

6 Daniel Innerarity, *Democracy in Europe. A Political Philosophy of the EU*, London 2018, S. 61 ff.

7 Günter Frankenberg, *Autoritarismus. Verfassungstheoretische Perspektiven*, Berlin 2020, S. 255 ff.

8 Christoph Schönberger, »Hegemon wider Willen. Zur Stellung Deutschlands in der Europäischen Union«, in: *Merkur* 66 (2012), S. 1-8, S. 5 f., 8.

9 Philip Manow, »Ach, Europa – Ach, Demokratie«, in: *Merkur* 66 (2012), S. 20-27, S. 26.

10 In Romanform Robert Menasse, *Die Hauptstadt*, Berlin 2017; näher § 16.

Brexiteers als dumm oder böse abzuqualifizieren. Der Wandel ist weiter unvollendet, weil in einigen Mitgliedstaaten die demokratische Verfasstheit wankt. Grundbegrifflich ist festzuhalten, dass Kompromisse auch kompromittieren können.[11] Dieses Buch will demokratische Strukturen im europäischen öffentlichen Recht rekonstruieren, aber nicht den Status quo legitimieren, sondern sie im Lichte eines transformativen Konstitutionalismus weiterdenken.

Ich schreibe nicht in hegelianischem Fortschrittsvertrauen: Der weitere Strukturwandel des europäischen öffentlichen Rechts kann in viele Richtungen gehen, ebenso wie die Interpretation der Maßstäbe des Art. 2 EUV. Ein transformativer Konstitutionalismus für eine europäische demokratische Gesellschaft ist eine Option unter vielen. Die Optionen eines europäischen Konzerts der mächtigen Staaten, deutscher Hegemonie, exekutiven Föderalismus, nationalen Rückzugs und nicht zuletzt der Ideen, die Viktor Orbán personifiziert, kursieren in der europäischen Gesellschaft.[12] Es gibt eine europäische demokratische Gesellschaft, aber sie wirkt nicht konsolidiert und ist vielleicht sogar prekär.

§ 2 Die europäische Gesellschaft

Dieses Buch rekonstruiert das europäische öffentliche Recht als das Recht der europäischen Gesellschaft. Das ist keine rechtswissenschaftliche Science-Fiction, sondern eine naheliegende Interpretation des Worts *Gesellschaft* in Art. 2 EUV.[13]

11 So zur Politik des Europäischen Rates gegenüber Polen und Ungarn: Editorial Comments, »Compromising (on) the general conditionality mechanism and the rule of law«, in: *Common Market Law Review* 58 (2021), S. 267-284; unten § 43.

12 Eine Vermessung des Feldes bei Guido Levi, Daniela Preda (Hg.), *Euroscepticisms. Resistance and Opposition to the European Community/European Union*, Bologna 2019.

13 Rechtswissenschaftlich ist der Begriff wenig untersucht, vgl. Christian Calliess, »Art. 2 EUV«, in: ders., Matthias Ruffert (Hg.), *EUV/AEUV. Das Verfassungsrecht der Europäischen Union mit Europäischer Grundrechtecharta. Kommentar*, München 2016, Rn. 30; Marcus Klamert, Dimitry Kochenov, »Article 2 TEU«, in: Manuel Kellerbauer u. a. (Hg.), *The EU Treaties and the Charter of Fundamental Rights. A Commentary*, Oxford 2019, Rn. 5; Luigi Fumagalli, »Commento Art. 2 TUE«, in: Antonio Tizzano (Hg.), *Trattati dell'Unione europea*, Mailand 2014, S. 11-14, S. 14.

Es gibt viele europäische Gesellschaften: fast 3000 europäische Aktiengesellschaften in der Rechtsform der *Societas Europaea* und Tausende von zivilgesellschaftlichen Zusammenschlüssen, die von der *European Society of International Law* über die Europäische Gesellschaft für Kardiologie bis zur Europäischen Gesellschaft für Spirituelle Rückführungen reichen. Das Wort in Art. 2 EUV umfasst all das, meint aber offensichtlich mehr. Art. 2 EUV spricht als *Gesellschaft* die soziale Gesamtheit an, die der EU-Vertrag verfasst.

Die Tragweite des Begriffs *Gesellschaft* wird deutlich, reflektiert man ihn mit Hegels Staatsbegriff. *Staat* hat in Hegels Rechtsphilosophie zwei Bedeutungen. Die engere Bedeutung bezeichnet die Gesamtheit öffentlicher Institutionen, also vor allem Apparat, Personal, Prozesse und Instrumente der Herrschaft. Die weitere Bedeutung meint das soziale Ganze.[14] Dieses Ganze bezeichnet im Laufe des 19. Jahrhunderts zunehmend der Begriff *Gesellschaft*.[15] Anfang des 20. Jahrhunderts schreibt etwa Max Weber in »Wirtschaft und Gesellschaft« ganz selbstverständlich über öffentliche Herrschaft, Nation und Staat.[16] Damit schließt die deutsche Terminologie an den europäischen Diskursstrang an: Man erinnere nur Jean-Jacques Rousseaus Gesellschaftsvertrag als Grundlage seines Staatsrechts.[17] Heute erwartet niemand, aus Niklas Luhmanns *Recht der Gesellschaft* etwas über Aktiengesellschaften zu erfahren. Damit ist natürlich noch lange nicht entschieden, dass eine Gesellschaft, die kein Staatsvolk bildet, eine Rechtsordnung tragen kann, die sich durch so anspruchsvolle Prinzipien wie Menschenwürde, Demokratie, Rechtsstaatlichkeit, Pluralismus, Nichtdiskriminierung, Toleranz, Gerechtigkeit und Solidarität auszeichnet. Wie die europäische Gesellschaft das hinbekommt, soll dieses Buch zeigen.

Dieses weite Verständnis des Begriffs Gesellschaft findet sich in allen Verträgen, welche die europäische Gesellschaft verfassen. Das gilt insbesondere für die Europäische Menschenrechtskonvention,

14 Armin von Bogdandy, »Hegel und der Nationalstaat«, in: *Der Staat* 30 (1991), S. 513-535.

15 Paul Vogel, *Hegels Gesellschaftsbegriff und seine geschichtliche Fortbildung durch Lorenz von Stein, Marx, Engels und Lassalle*, Berlin 1925.

16 Max Weber, *Wirtschaft und Gesellschaft. Grundriss der verstehenden Soziologie*, Tübingen 1972, insbes. S. 28 ff., 122 ff., 514 ff.

17 Jean-Jacques Rousseau, *Vom Gesellschaftsvertrag oder die Grundsätze des Staatsrechts (1762)*, hg. von Hans Brockard, Stuttgart 1977.

die diesen weiten Begriff der Gesellschaft schon lange vor dem EU-Vertrag benutzt. Sie spricht an vielen Stellen von »einer demokratischen Gesellschaft« (vgl. nur Art. 6 Abs. 1, Art. 8 Abs. 2, Art. 9 Abs. 2, Art. 10 Abs. 2, Art. 11. Abs. 2 EMRK). Damit meint sie in erster Linie die öffentlichen Institutionen der Konventionsstaaten. Natürlich spricht die 1950 verfasste EMRK noch nicht von einer europäischen Gesellschaft wie Art. 2 EUV, der die Frucht von 57 Jahren politischer Einheitsbildung ist.

Art. 2 EUV konzipiert eine europäische Gesellschaft ohne einen europäischen Staat, aber keine staatenlose Gesellschaft. Er versteht vielmehr die Mitgliedstaaten, mit allen ihren öffentlichen Institutionen, als Teil der europäischen Gesellschaft. Die *Gesellschaft* des Art. 2 EUV beschränkt sich nicht auf die Sphäre, die Hegel als *bürgerliche* Gesellschaft bezeichnet, also auf das Geflecht ökonomischer Beziehungen. Art. 3 Abs. 3 EUV spricht von diesem Geflecht als Binnenmarkt.[18] Wenn der EU-Vertrag die Sphäre gesellschaftlichen Engagements meint, dann spricht er von *Zivilgesellschaft*.[19] *Gesellschaft* in Art. 2 EUV bezeichnet demgegenüber das soziale Ganze, in dem sich die Institutionen der Union und ihrer Mitgliedstaaten sowie alle Bürgerinnen und Bürger bewegen. So bildet die Gesellschaft nach Art. 2 EUV die ultimative soziale Referenz des europäischen Rechts. Dass Art. 2 von einer *europäischen* Gesellschaft spricht[20] und nicht von den mitgliedstaatlichen *Gesellschaften*,[21] ergibt sich aus dem Singular *Gesellschaft*.

Dass Art. 2 EUV von der europäischen und nicht von der Weltgesellschaft spricht, ergibt sich aus dem Bezug auf die EU-Mitglied-

18 Hegel, *Grundlinien der Philosophie des Rechts* (Fn. 2), § 182.

19 Vgl. nur Art. 11 Abs. 2 EUV, dazu Joana Mendes, »Participation and the Role of Law after Lisbon. A Legal View on Article 11 TEU«, in: *Common Market Law Review* 48 (2011), S. 1849-1878.

20 EuGH, *Centro Hospitalar de Setúbal e SUCH*, Rs. C-574/12, Schlussanträge von Generalanwalt Federico Mancini v. 27. Februar 2014, ECLI:EU:C:2014:120, Rn. 40.

21 So Pierre-Yves Monjal, »Le projet de traité établissant une Constitution pour l'Europe. Quels fondements théoriques pour le droit constitutionnel de l'Union européenne?«, in: *Revue trimestrielle de droit européen* 40 (2004), S. 443-475, S. 453 f.; unklar Meinhard Hilf, Frank Schorkopf, »Art. 2 EUV«, in: Eberhard Grabitz u. a. (Hg.), *Das Recht der Europäischen Union*, München 70. EL Mai 2020, Rn. 41 f.

staaten sowie der Fundierung in Werten.[22] Dieser Wertbezug macht zugleich klar, dass Art. 2 EUV Gesellschaft nicht aus dem Gegensatz zu *Gemeinschaft* versteht: Der deutsche, Ferdinand Tönnies zu verdankende Dualismus von Gesellschaft und Gemeinschaft unterscheidet ja die beiden Phänomene durch den spezifischen Wertebezug einer Gemeinschaft.[23] Im Anschluss an Tönnies versteht man in Deutschland als Gesellschaft oft eine nur marktförmig integrierte Gruppe, als Gemeinschaft hingegen eine innigere, namentlich durch Werte integrierte Gruppe. Die Terminologie der europäischen Verträge zeigt hingegen eine geradezu gegenteilige Logik. Auf die europäische Wirtschafts*gemeinschaft* des EWG-Vertrags von 1957, zentriert in dem gemeinsamen Markt, lässt der Vertragsgesetzgeber 2007 die in Werten gegründete Gesellschaft folgen (§ 30).

Die faktische Aussage in Art. 2 EUV, nämlich dass es eine europäische Gesellschaft tatsächlich gibt, ist soziologisch belastbar.[24] Dabei verbleiben natürlich zahlreiche Fragen, wie man die europäische Gesellschaft begrifflich fassen und anhand welcher Phänomene man sie beobachten kann. Gesellschaft, ein Grundbegriff europäischen Denkens, kennt unterschiedlichste Theoretisierungen und entsprechend unterschiedliche Rekonstruktionen des Datenmaterials. Für den juristischen Umgang mit Art. 2 EUV genügt ein rudimentäres und eklektisches Verständnis von Gesellschaft als soziale Interaktion oder kommunikative Praxis.[25] Solche Interaktion oder Praxis wird rechtswissenschaftlich vor allem anhand bestimmter Texte beobachtet: Verfassungen, Verträge, Gesetze, Verordnungen, Richtlinien, Urteile und wissenschaftliche Publikationen. Sie bilden die wichtigste Empirie rechtswissenschaftlicher Forschung.

Juristinnen und Juristen beschäftigt vor allem der rechtsförmig geführte Streit, eine besonders intensive Form sozialer Interaktion und kommunikativer Praxis. In den vielen Konflikten entlang der

22 Zur Wertearmut der Weltgesellschaft Niklas Luhmann, »Die Weltgesellschaft«, in: *Archiv für Rechts- und Sozialphilosophie* 57 (1971), S. 1-35.

23 Manfred Riedel, »Gesellschaft, Gemeinschaft«, in: Otto Brunner u. a. (Hg.), *Geschichtliche Grundbegriffe. Historisches Lexikon zur politisch-sozialen Sprache in Deutschland. Bd. 2*, Stuttgart 1975, S. 801-862, insbes. S. 830 ff.

24 Vgl. etwa William Outhwaite, *European Society*, Cambridge 2008.

25 Hans-Peter Müller, »Auf dem Weg in eine europäische Gesellschaft? Begriffsproblematik und theoretische Perspektiven«, in: *Berliner Journal für Soziologie* 17 (2007), S. 7-31, S. 24.

Begriffe des Art. 2 EUV, wenn es um *europäische* Rechte, *europäische* Gerechtigkeit, *europäische* Solidarität, *europäische* Demokratie oder *europäische* Rechtsstaatlichkeit geht, ereignet sich die europäische Gesellschaft, ja bringt sich gleichsam selbst hervor.[26] Das europäische Recht ist dabei konstitutiv, insoweit es die Konflikte als europäische Konflikte konzeptualisiert, hegt und ihren rechtsförmigen Ergebnissen europaweit Geltung, Wirksamkeit und Legitimität verleiht.

Ist die Adressierung aller Unionsbürgerinnen und Unionsbürger als Teil einer europäischen Gesellschaft nur eine Fremdbeschreibung? Oder kann man sie sogar als eine Selbstbeschreibung verstehen? Skeptiker werden darauf hinweisen, dass sich dieser Wortlaut des Art. 2 EUV einigen wenigen Menschen verdankt, die ihn in der Brüsseler Blase rund um die *Rue de la Loi* auskochten.

Aber das Grundgesetz und die Verfassung der Vereinigten Staaten entstanden in wahrscheinlich noch kleineren Blasen.[27] Der Prozess zum Vertrag von Lissabon von 2003 bis 2009 ist wohl öffentlicher, umstrittener, also politischer als der Prozess zur amerikanischen und zur bundesdeutschen Verfassung: ein öffentlichkeitswirksam inszenierter Konvent, ein erstes dramatisches Scheitern in dem französischen und dem niederländischen Referendum und sodann erneut zwei irische Referenden, eine Reihe mitgliedstaatlicher Ratifikationen, die eine verfassungsändernde Mehrheit verlangen, spektakuläre Gerichtsprozesse.[28]

Hartmut Kaelbles wegweisende Studie zur europäischen Gesellschaft der EWG von 1987 ist eine Fremdbeschreibung. Kaelble identifiziert zwar eine europäische Gesellschaft, kann aber kaum selbstreflexive Prozesse feststellen.[29] Seit 1987 sind die nationalen Gesellschaften aber, so Kaelble im Jahr 2020, in vielen Krisen weiter

26 Jiří Přibáň, »Introduction: on Europe's crises and self-constitutions«, in: ders. (Hg.), *Self-Constitution of European Society. Beyond EU politics, law and governance*, London, New York 2016, S. 1-10, S. 3.

27 Karl-Theodor zu Guttenberg, *Verfassung und Verfassungsvertrag. Konstitutionelle Entwicklungsstufen in den USA und der EU*, Berlin 2009, S. 24 ff., 166 ff.

28 Jean-Claude Piris, *The Lisbon Treaty. A Legal and Political Analysis*, Cambridge 2010, S. 25-63; David Phinnemore, *The Treaty of Lisbon. Origins and Negotiation*, Basingstoke 2013, insbes. S. 16 ff., 148 ff., 178 ff.

29 Hartmut Kaelble, *Auf dem Weg zu einer europäischen Gesellschaft. Eine Sozialgeschichte Westeuropas 1880-1980*, München 1987.

»substantiell« zusammengewachsen.[30] Mir erscheint es naheliegend, die Gesellschaft, die der Vertragsgesetzgeber 2007 in Art. 2 EUV postuliert, als eine Selbstbeschreibung zu deuten (§ 9.2).

§ 3 Strukturwandel als Forschungsinteresse

Dass es im europäischen Recht transformativ zugeht, ist heute ein Gemeinplatz.[31] Der Begriff *Strukturwandel* vertieft diesen Erkenntnisstand. *Strukturwandel* ist ein theoretischer Begriff mit praktischen Absichten. Was das für mein Forschungsinteresse bedeutet, sei an Leibholz', Habermas' und Friedmanns wegweisenden Studien zum Strukturwandel ausgeführt.

Der Staatsrechtslehrer Gerhard Leibholz, 1938 vor dem Nationalsozialismus nach England geflohen, hält 1952 vor der Juristischen Studiengesellschaft in Karlsruhe den Vortrag *Der Strukturwandel der modernen Demokratie*. Obwohl er 1933 Faschismus und Demokratie versöhnen wollte,[32] ist er Teil der Erstbesetzung des Zweiten Senats des Bundesverfassungsgerichts. Dort wird er sogar auserkoren, die berühmte Denkschrift zu verfassen, mit der das Bundesverfassungsgericht seine machtvolle Rolle im politischen Leben der Bundesrepublik erstreiten sollte.[33] Was Leibholz mit dieser Rolle im Sinn hat, ist Thema seines Karlsruher Vortrags: Die Feststellung eines Strukturwandels ist Rechtfertigung eines gewaltigen Programms richterrechtlicher Demokratiegestaltung. Leibholz bezeugt den möglichen gerichtlichen Beitrag zur Demokratisierung von Gesellschaften.

30 Hartmut Kaelble, *Eine europäische Gesellschaft? Beiträge zur Sozialgeschichte Europas vom 19. bis ins 21. Jahrhundert*, Göttingen 2020, S. 185 ff., S. 200 (Zitat).

31 Vgl. nur Eric Stein, »Lawyers, Judges, and the Making of a Transnational Constitution«, in: *American Journal of International Law* 75 (1981), S. 1-27; Joseph H. H. Weiler, »The Transformation of Europe«, in: *The Yale Law Journal* 100 (1991), S. 2403-2483; Michael Ioannidis, »Europe's New Transformations. How the EU Economic Constitution Changed during the Eurozone Crisis«, in: *Common Market Law Review* 53 (2016), S. 1237-1282.

32 Gerhard Leibholz, *Die Auflösung der liberalen Demokratie in Deutschland und das autoritäre Staatsbild*, München, Leipzig 1933, S. 79.

33 Zur Denkschrift Christoph Schönberger, »Anmerkungen zu Karlsruhe«, in: Matthias Jestaedt u. a. (Hg.), *Das entgrenzte Gericht. Eine kritische Bilanz nach sechzig Jahren Bundesverfassungsgericht*, Berlin 2011, S. 9-76, S. 24 f.

Leibholz war über zwei Jahrzehnte *mastermind* einer Verfassungsinterpretation, welche den politischen Parteien eine herausragende Rolle bei der Demokratisierung der jungen Bundesrepublik zuwies. Er dreht das, was in der Weimarer Republik als Kritik des Parteienstaats artikuliert worden war, ingeniös um. Auf dieser Grundlage propagiert er eine Verfassungsinterpretation, welche Westdeutschland fast zu einem *Parteienstaat* macht. Allerdings verpflichtet er dabei die Parteien auf demokratische Grundsätze.[34] Die Idee dieser Rechtsprechung legitimierte Leibholz mit einer breiten, historisch und begriffsgeschichtlich angelegten Analyse, die eben einen Strukturwandel belegen soll. Die parteienstaatliche Massendemokratie, welche das Grundgesetz anerkennt, ist »in ihrer grundsätzlichen Struktur [...] völlig verschieden« von der liberal-repräsentativen Demokratie, welche viele Verfassungen bis zum Zweiten Weltkrieg vorsahen.[35] Diese Veränderung sei von solchem »Gewicht«, dass sie eben als »Wandel« daherkomme.[36] Leibholz bewertet diesen Strukturwandel positiv, als Weg zu einer demokratischen Gesellschaft.

Mit seiner Feststellung eines Strukturwandels eröffnet Leibholz der Verfassungsinterpretation ein freies Feld, entlastet vom Erbe der parteienkritischen Dogmatik des Kaiserreichs und der Weimarer Republik. Er schafft »begriffliche Zombies« aus der Welt. Mit geschichtsphilosophischer Gravitas postuliert Leibholz das Nachzeichnen und Weiterdenken solchen Strukturwandels als rechtswissenschaftliche Aufgabe.[37]

Dass seit Leibholz weiterer Strukturwandel stattgefunden hat, ist offensichtlich. Die deutsche Gesellschaft wird in eine europäische Gesellschaft eingebettet, für die sich die demokratische Frage anders stellt: Sie kennt keine europäische Mehrheitspartei, welche die europäische öffentliche Meinung repräsentiert und eine europäische Regierung trägt, und auch keine Volksparteien, welche die politischen Auffassungen einiger weniger gesellschaftlicher Milieus prägen und deren Interessen formieren. Mit den hundertneunzig

34 Näher Anna-Bettina Kaiser (Hg.), *Der Parteienstaat. Zum Staatsverständnis von Gerhard Leibholz*, Baden-Baden 2013.

35 Gerhard Leibholz, *Der Strukturwandel der modernen Demokratie. Vortrag, gehalten in der Juristischen Studiengesellschaft in Karlsruhe am 30. April 1952*, Karlsruhe 1952, S. 16.

36 Ebd., S. 8.

37 Ebd. (Fn. 33), S. 7.

Parteien, die 2020 im Europäischen Parlament vertreten sind,[38] kommt Leibholz' Demokratieverständnis nicht zurecht.[39] Sein Modell war immer arg eng[40] und ist heute veraltet. Eine demokratische Gesellschaft ist heute als ein weit komplexeres System der Vermittlung zu denken, wofür der Vertragsgesetzgeber die Maßstäbe des Art. 2 EUV vorgibt (§§ 42-44).

Ein Aspekt kann bereits ausgewiesen werden: Kompromisshaftigkeit. Kompromisshaftigkeit diente bereits dazu, das Potpourri der Maßstäbe des Art. 2 EUV zu erklären. Mit einem Parlament aus hundertneunzig Parteien zeigt sich, dass Kompromisshaftigkeit tief in der Struktur der europäischen Gesellschaft angelegt ist. Die europäische Demokratie geht einen anderen Weg als die englische oder US-amerikanische, in der zwei Parteien die Geschicke der Nation bestimmen. Bei allem Kummer über die eigene Demokratie werden nur wenige Unionsbürgerinnen und Unionsbürger der Auffassung sein, dass man sich an der dortigen Demokratie ein Beispiel nehmen sollte.

Der demokratische Gedanke bildet auch den Angelpunkt von Jürgen Habermas' Habilitationsschrift *Strukturwandel der Öffentlichkeit*, die zehn Jahre nach Leibholz' Vortrag erschien. Die mit juristischer Rückversicherung entstandene Arbeit überwindet die Engführung auf staatliche Organe und Parteien. Sie entfaltet den Begriff einer politisch aktiven Öffentlichkeit, der, nicht zuletzt dank Habermas, wegweisend in den Diskussionen zur europäischen Demokratie werden sollte.[41] Demokratische Verhältnisse, wie sie Art. 9 bis 12 EUV einfordern, verlangen daher nicht nur Wahlen und Mehrheitsherrschaft, sondern viele Vermittlungen im Lichte der republikanischen Maßstäbe des Art. 2 EUV.

Anders als der spätere Habermas rekonstruiert der frühe den Strukturwandel der Öffentlichkeit über weite Strecken als eine

38 Europäisches Parlament, Constitution of the 9th legislature of the European Parliament. Press Releases, 2. Juli 2019.

39 Entsprechend skeptisch der Zweite Senat des Bundesverfassungsgerichts, BVerfGE 135, 259, *Drei-Prozent-Sperrklausel Europawahlgesetz*, Rn. 72.

40 Wilhelm Hennis, *Die mißverstandene Demokratie*, Freiburg im Breisgau 1973, S. 81 ff.; ders., »Der ›Parteienstaat‹ des Grundgesetzes. Eine gelungene Erfindung (1992)«, in: ders. (Hg.), *Auf dem Weg in den Parteienstaat. Aufsätze aus vier Jahrzehnten*, Stuttgart 1998, S. 107-135.

41 Bis hin zum Zweiten Senat, vgl. nur BVerfGE 123, 267, *Lissabon*, Rn. 249, 251; Udo Di Fabio, *Staat im Recht*, Tübingen 2020, S. 38 f.

Verfallsgeschichte, da anonyme Massenmedien die demokratische Öffentlichkeit zu verschütten drohen. Er verharrt allerdings nicht im negativen Gestus, sondern verfolgt vielmehr das Ziel, »unsere eigene Gesellschaft von einer ihrer zentralen Kategorien her systematisch in den Griff zu bekommen«.[42] Das öffentliche Recht, so zeigt seine spätere Schrift *Faktizität und Geltung*, zählt zu diesen Kategorien. Und in der Tat wird Habermas fast ein halbes Jahrhundert später stimmgewaltig der europäischen Gesellschaft Ideen unterbreiten, wie sie ihre demokratische Natur stärken kann.[43]

Habermas argumentiert 1962, wie Leibholz 1952, noch ganz im Gehäuse des hegelschen Staats. Dieses Gehäuse einer demokratischen Gesellschaft ist ihnen so selbstverständlich, dass sie transnationale Strukturen kaum thematisieren. Diese Thematisierung und eine wegweisende Erfassung verdanken wir Wolfgang Friedmanns *The Changing Structure of International Law*. Der vor den Nationalsozialisten geflohene Berliner Arbeitsrichter ist einer der Begründer der progressiven Manhattan School des Völkerrechts.[44]

Friedmanns Buch rekonstruiert eine strukturelle Ausdifferenzierung des Völkerrechts. Es diagnostiziert zunächst das Fortdauern des traditionellen Völkerrechts, das als Recht des diplomatischen Verkehrs vor allem dem Friedenserhalt zwischen militärisch hochgerüsteten Mächten dient. Er nennt es das Völkerrecht der *Koexistenz*. Darüber hat sich eine weitere Schicht des Völkerrechts ausgebildet, mit dem Staaten mittels gemeinsamer Institutionen gemeinsame Interessen verfolgen: das Völkerrecht der *Kooperation*, welches das innerstaatliche Recht in vielen Materien überlagert. Strukturwandel bedeutet nicht zwingend, dass alte Strukturen verschwinden. Sie können durch neue Strukturen ergänzt und überlagert werden.

Und dann sieht Friedmann über das Völkerrecht der Kooperation hinaus eine Avantgarde: das *Integrationsrecht* der drei Eu-

42 Jürgen Habermas, *Strukturwandel der Öffentlichkeit. Untersuchungen zu einer Kategorie der bürgerlichen Gesellschaft*, Neuwied, Berlin 1962, S. 17.

43 Vgl. seine Beiträge in Jürgen Habermas, *Der gespaltene Westen*, Frankfurt/M. 2004, S. 43 ff.; ders., »Die Krise der Europäischen Union im Lichte einer Konstitutionalisierung des Völkerrechts. Ein Essay zur Verfassung Europas«, in: *Zeitschrift für ausländisches öffentliches Recht und Völkerrecht* 72 (2012), S. 1-44, S. 14, 28 ff.

44 David W. Kennedy, »Tom Franck and the Manhattan School«, in: *New York University Journal of International Law & Politics* 35 (2003), S. 397-435, insbes. S. 420 ff.

ropäischen Gemeinschaften als Teil des Strukturwandels zu einer europäischen Konföderation.[45] So zeichnet sich eine in rechtlichen Strukturen verfasste, die Mitgliedstaaten und ihre Bürgerinnen und Bürger umfassende und mit eigenen politischen Institutionen versehene europäische Gesellschaft ab, die sich von der weit schwächer institutionalisierten Weltgesellschaft deutlich abhebt.

§ 4 Europäischer Hegelianismus und Schmittianismus

Wissenschaftliche Forschung soll ihre Positionalität reflektieren. Dieses Buch wird Friedmanns Intuition in der Tradition entfalten, die Georg Wilhelm Friedrich Hegel mit seinen *Grundlinien der Philosophie des Rechts* vor zweihundert Jahren begründet hat. Meine begriffsstrategische Positionierung bedeutet nicht, dass ich den Strukturwandel des europäischen öffentlichen Rechts als Anwendungsfall dieser Theorie des Vormärz präsentiere. Aber so fern diese Zeit ist, so gewiss bietet die hegelianische Theorietradition viele Anknüpfungspunkte zum besseren Verständnis unserer Gesellschaft.[46] Zudem erleichtert die hegelianische Positionierung meine systematische Profilierung in den einschlägigen rechtswissenschaftlichen Theoriedebatten.

Hegel nimmt teil an einem transformatorischen Projekt: den preußischen Reformen nach den napoleonischen Kriegen, von denen man sich Freiheit, Fortschritt, eine Überwindung der autoritären Tradition erhofft. Hegel bringt diese Reformen auf den Begriff. Ebenso will dieses Buch ein transformatorisches Projekt besser verstehen. Hegel schreibt unter einer anspruchsvollen, intersubjektiv konzipierten Idee der Freiheit;[47] dahinter wollen wir nicht zurück.

45 Wolfgang Gaston Friedmann, *The Changing Structure of International Law*, London 1964, S. 18 f.

46 Herfried Münkler, »Hegel und wir«, in: *Zeitschrift für Ideengeschichte* 14 (2020), S. 5-13; Honneth, *Das Recht der Freiheit* (Fn. 2), insbes. S. 14 ff.; Gertrude Lübbe-Wolf, »Die Aktualität der Hegelschen Rechtsphilosophie«, in: Birgit Sandkaulen u. a. (Hg.), *Gestalten des Bewusstseins. Genealogisches Denken im Kontext Hegels*, Hamburg 2009, S. 328-349.

47 Zu Hegels Freiheitsbegriff Böckenförde, *Der Staat als sittlicher Staat* (Fn. 2), S. 23 ff.; Jürgen Habermas, »Noch einmal: Zum Verhältnis von Moral und Sittlichkeit«, in: Rainer Forst, Klaus Günther (Hg.), *Normative Ordnungen*, Berlin 2021, S. 25-41.

Verfassung und Gesetzgebung dienen bei ihm der Vermittlung; hierin liegt ein Schlüssel zum Verständnis der Brüsseler Kompromissmaschine und der demokratischen Natur des europäischen Rechts. Seine Theorie ist begrifflich geleitet, ebenso dieses Buch. Wie Hegel geht es nicht abstrakt deduzierend, sondern historisch und institutionalistisch vor.[48] Hegel nennt ein solches Vorgehen »rekonstruieren«;[49] die Methode der rationalen Rekonstruktion von rechtlichen Institutionen wird auch hier verfolgt.[50]

Es ist eine Grundeinsicht Hegels, dass das Verständnis sozialer Phänomene eine Rekonstruktion ihrer Entwicklung verlangt, heute spricht man oft – mit dem historischen Institutionalismus – von Pfadabhängigkeit. Aber es geht nicht um Entwicklung allgemein, sondern genauer um Wandel. *Wandel* ist eine Perspektive, die evolutiv ansetzt, aber nach Diskontinuitäten, Sattelzeiten und Transformationen sucht. Unter *Strukturwandel* versteht man grundlegende Veränderungen, wie die Bücher von Leibholz, Habermas und Friedmann zeigen.

Wer von Strukturwandel spricht, muss sich für die Frage nach treibenden Kräften wappnen. Hegel verweist auf den Gang Gottes, das mag heute nicht mehr zu überzeugen. Friedmann identifiziert etwa Macht, Werte, Ideologien und Interessen, lässt aber deren Verhältnis offen.[51] Als maßgebliche Kräfte hinter dem Strukturwandel des europäischen Rechts gelten: die Regierungen der Nationalstaaten,[52] die Logik transnationaler Vergesellschaftung,[53] die

48 Hegel, *Grundlinien der Philosophie des Rechts* (Fn. 2), § 1; Hans Friedrich Fulda, »Zum Theorietypus der Hegelschen Rechtsphilosophie«, in: Dieter Henrich, Rolf-Peter Horstmann (Hg.), *Hegels Philosophie des Rechts: Die Theorie der Rechtsformen und ihre Logik*, Stuttgart 1982, S. 393-427.

49 Georg Wilhelm Friedrich Hegel, »Vorlesungen über die Geschichte der Philosophie III (1819-1831)«, in: Eva Moldenhauer, Karl Markus Michel (Hg.), *Werke in zwanzig Bänden mit Registerband. Bd. 20*, Frankfurt/M. 1970, S. 505.

50 Matthias Goldmann, »Dogmatik als rationale Rekonstruktion. Versuch einer Metatheorie am Beispiel völkerrechtlicher Prinzipien«, in: *Der Staat* 53 (2014), S. 373-399; Markus Patberg, »Suprastaatliche Verfassungspolitik und die Methode der rationalen Rekonstruktion«, in: *Der Staat* 53 (2014), S. 401-424.

51 Friedmann, *The Changing Structure of International Law* (Fn. 45), S. 45.

52 Andrew Moravcsik, *The Choice for Europe. Social Purpose and State Power from Messina to Maastricht*, Ithaca 1998.

53 Ernst B. Haas, *The Uniting of Europe. Political, Social and Economical Forces, 1950-1957*, Stanford 1958; Gráinne de Búrca, »Rethinking Law in Neofunctionalist Theory«, in: *Journal of European Public Policy* 12 (2005), S. 310-326, S. 317.

Entwicklungsdynamik des Kapitalismus,[54] die Binnendynamik des rechtlichen Feldes,[55] die diskursive Macht einer guten Idee.[56]

Über das Verhältnis dieser Kräfte vermag ich nichts zu sagen, möchte aber mein Verständnis einer Kraft, nämlich des Rechts, offenlegen. Das Recht ist nicht allein eine abhängige Variable rechtsexterner Kräfte, sondern besitzt eigene Kraft (§ 68). Entsprechend enthält der Titel dieses Buches *Strukturwandel des öffentlichen Rechts* sowohl einen *Genitivus obiectivus* als auch einen *Genitivus subiectivus.*[57] Der *Strukturwandel des öffentlichen Rechts* hat zwei Seiten.[58] Der Wandel des öffentlichen Rechts bedeutet zum einen, dass sein Wandel dem komplexen Kraftfeld der europäischen Gesellschaft folgt (*Genitivus obiectivus*), zum anderen, dass das Recht selbst Wandel im sozioökonomischen Kraftfeld verursachen kann (*Genitivus subiectivus*), dank seiner transzendierenden Normativität.[59] Das ist eine der Bedeutungen von Hegels berühmten, für manchen berüchtigten Satz, das Wirkliche sei vernünftig.

In vielen Hinsichten ist Hegels Ansatz anschlussfähig, in anderen aber hoffnungslos veraltet. Er präsentiert die Berliner Universitäts- und Verwaltungselite, die das transformatorische Projekt betreibt, als die Avantgarde des Weltgeists. Niemand versteht heute, bei allem Respekt, Berliner, Brüsseler, Budapester, Karlsruher, Luxemburger, Pariser, Straßburger, Warschauer oder sonstige europäische Akteure in diesem Sinne. Für Hegel ist das transformatorische Projekt vernünftig und legitim, weil eben der Gang Gottes in der Welt. Heute kann ein transformatorisches Projekt sich nur aus dem demokratischen Gedanken rechtfertigen. Hegels Modell legislativer Vermittlung legitimiert eine Ständevertretung und ein Klassenwahlrecht; ihm fehlt ein Platz für die politische Gleichheit

54 Johan Galtung, *Europe in the Making*, New York 1989; Antonio Negri, »Faire l'Europe dans la mondialisation«, in: *Multitudes* 14 (2003), S. 51-60, S. 52 f.

55 Antoine Vauchez, *L'Union par le droit. L'invention d'un programme institutionnel pour l'Europe*, Paris 2013.

56 Antje Wiener, *›European‹ Citizenship Practice. Building Institutions of a Non-State*, Boulder 1998, S. 49 f.

57 Georg Mohr, Marcus Willaschek, *Immanuel Kant, Kritik der reinen Vernunft*, Berlin 1998, S. 14.

58 Dietrich Schindler, *Verfassungsrecht und soziale Struktur*, Zürich 1932.

59 Jürgen Habermas, *Faktizität und Geltung. Beiträge zur Diskurstheorie des Rechts und des demokratischen Rechtsstaats*, Frankfurt/M. 1992, S. 15 ff.

der Bürgerinnen und Bürger.[60] Er behauptet, eine Versöhnung aller Antagonismen zu leisten; dieses Buch setzt auf Kompromisse, die es im Lichte des Art. 2 EUV zu rechtfertigen gelingt. Hegel versteht rechtliche Ordnung als *objektiven Geist*, in diesem Buch geht es um *rechtliche Strukturen*.[61]

Der Singular *Struktur* in *Strukturwandel* ist kein Synonym für Hegels *System*. Dieses Buch zielt nicht auf eine allumfassende Rekonstruktion des europäischen öffentlichen Rechts. Die diversen Begriffsgeschichten, die Ausbildung europäischer Prinzipien, die Entwicklung des EuGH und des EGMR mit ihren vielen Rechtsprechungslinien, die Erstarkung und Verbundbildung der Verfassungsgerichte, ein europäisches Verfassungsschutzstrafrecht, die europäische Transformation der nationalen Rechtswissenschaften werden nicht als notwendige Aspekte einer Geschichte oder Vernunft gedeutet. Zugleich aber möchte ich über die 81 Paragraphen dieses Buches einen erkenntnisstiftenden Zusammenhang herstellen, indem ich das Material unter einer Idee arrangiere, eben dem Strukturwandel vom *staatszentrierten Recht der europäischen Mächte* zur normativen Struktur einer *europäischen demokratischen Gesellschaft*.

Der Anspruch, mit den Strukturen des Rechts gesellschaftliche Strukturen zu erfassen, ist einer hegelianischen, also institutionalistischen Theorie tief eingeschrieben. Man kann gesellschaftliche Strukturen als feste Muster für fortlaufende Interaktionen verstehen.[62] Da soziale Muster oft eine rechtliche Komponente aufweisen, ist das Recht ein Teil vieler sozialer Strukturen.[63] Art. 2 EUV stellt das europäische Recht in eine ganz enge Beziehung zur europäischen Gesellschaft, insofern sich die europäische Gesellschaft durch ihre rechtlichen Maßstäbe sogar »auszeichnet«.

Hegels Theorie versieht das transformatorische Projekt der preußischen Reformer, als Gang Gottes in der Welt, mit einer mäch-

60 Vittorio Hösle, *Hegels System. Der Idealismus der Subjektivität und das Problem der Intersubjektivität*, Hamburg 1998, S. 576 f.

61 Zur Begriffsgeschichte Matthias Kross, »Struktur«, in: Joachim Ritter, Karlfried Gründer (Hg.), *Historisches Wörterbuch der Philosophie. Bd. 10*, Basel 1998, Sp. 303-334.

62 Kross, ebd., Sp. 328; Habermas, *Strukturwandel der Öffentlichkeit* (Fn. 42), S. 46 ff.; Alexander Somek, »Echtes Verfassungsrecht«, in: *Journal für Rechtspolitik* 27 (2019), S. 284-297, S. 284.

63 Udo Di Fabio, *Herrschaft und Gesellschaft*, Tübingen 2018, S. 139 ff.

tigen Erzählung und Legitimation. An einer solchen Erzählung und Legitimation fehlt es dem heutigen Strukturwandel. Albrecht Koschorke erarbeitet aus diesem Unterschied eine wegweisende Erkenntnis. Die heutige europäische Gesellschaft braucht weit weniger als Hegels Preußen eine legitimierende Großtheorie, weil, so Koschorkes zentraler Gedanke, ihre strukturelle Interdependenz weit höher und ihr rechtliches Netz weit dichter geknüpft ist.[64] Man mag bedauern, dass das die gesellschaftliche Relevanz von Theoretikern und Theoretikerinnen schmälert. Mir erscheint es aber als ein Gewinn, dass der europäische Strukturwandel nicht mit den enormen Kosten und Hypotheken einer gesellschaftsweiten Verankerung einer legitimationsspendenden Großtheorie belastet werden muss.[65] »Man sollte«, so fasst Koschorke seine hegelianische Rekonstruktion der Union zusammen, »die Vorzüge eines politischen Gebildes nicht gering achten, das, und sei es mehr schlecht als recht, ohne eine starke Selbsterzählung auskommen kann«, »als weltoffenes, abgrenzungsschwaches, unfertiges Zukunftsprojekt«.[66] Die öffentlich-rechtlichen Strukturen dieses Gebildes sind der Gegenstand dieses Buches.

Viele werden diese Stoßrichtung als einen Holzweg betrachten, weil er zu einem europäischen öffentlichen Recht ohne europäische Staatlichkeit (§ 12) und einer europäischen Demokratie ohne ein europäisches Wir (§ 33, § 42) führt. Solche Skepsis ist bei Hegel angelegt, lautet doch eine zentrale Aussage seiner Rechtsphilosophie, dass eine funktionierende Gesellschaft Staatlichkeit voraussetzt.[67] Damit begründet er die wichtigste deutsche Tradition staatszentrierten Denkens. Ich verstehe Carl Schmitt als ihren anregendsten und einflussreichsten Exponenten,[68] weshalb dieses Buch mit ihm wie mit keinem anderen Autor streitet. Die Auseinandersetzung

64 Albrecht Koschorke, *Hegel und wir*, Berlin 2015, S. 202-206; ders., »Auf der Suche nach dem verlorenen Europa-Narrativ«, in: Claudio Franzius u. a. (Hg.), *Die Neuerfindung Europas. Bedeutung und Gehalte von Narrativen für die europäische Integration*, Baden-Baden 2019, S. 21-32, S. 29-31.

65 Koschorke, *Hegel und wir* (Fn. 64), S. 149, 189.

66 Ebd., S. 31, 224.

67 Hegel, *Grundlinien der Philosophie des Rechts* (Fn. 2), § 182 Zusatz, § 258.

68 Zu Schmitt als Hegelianer Reinhard Mehring, *Pathetisches Denken. Carl Schmitts Denkweg am Leitfaden Hegels. Katholische Grundstellung und antimarxistische Hegelstrategie*, Berlin 1989; ders., *Denker im Widerstreit. Werk–Wirkung–Aktualität*, Freiburg im Breisgau 2017, S. 201 ff.

mit Schmitt und juristischem Denken auf seinen Spuren erlaubt die weitere systematische Profilierung meines Ansatzes in den gegenwärtigen rechtswissenschaftlichen Theoriedebatten.

Schmitt hat mit seinem *Nomos der Erde im Völkerrecht des Jus Publicum Europaeum* 1950 das bekannteste Buch zum europäischen öffentlichen Recht publiziert. Das allein rechtfertigt aber noch keine zentrale Rolle. Man mag auch zweifeln, ob man den rechtlichen Strukturwandel zu einer europäischen demokratischen Gesellschaft im Gespräch mit einem so kompromittierten Autor entfalten sollte; man erinnere Schmitts Verbindung zum etatistischen Autoritarismus im Allgemeinen und zum Nationalsozialismus im Besonderen.[69] Aber die Ablehnung der Positionen eines Autors sollte einer Auseinandersetzung mit ihm nicht im Wege stehen.[70]

Schmitt hat enorm einflussreiche rechtswissenschaftliche Begriffe gestiftet, die ungemein produktive Blickachsen legen. Sie vermitteln rechtswissenschaftliche Erkenntnis auch denen, die seine Prämissen, sein Vorgehen, seine Ergebnisse, sein Ethos ablehnen, aber doch, wie er, in einer hegelianischen Tradition denken.[71] Schmitt artikuliert wirkmächtig wie wenig andere im 20. Jahrhundert die Zentralität des Nationalstaats.[72] Für Schmitt und schmittianisches Denken ist die Vergesellschaftung des Staates (§ 2) ein Irrweg.[73] Die Versprechungen der Europäischen Union können nach Schmitt nicht wahr sein. Philip Manow beruft sich auf ihn, wenn er behauptet, »Wer Europa sagt, will betrügen« (§ 1).

Ich interessiere mich für Schmitt nur nachgeordnet als Referenz-

69 Im Detail siehe Reinhard Mehring, *Carl Schmitt. Aufstieg und Fall*, München 2009, insbes. S. 200 ff.; Christian Tomuschat, »Carl Schmitt's Diagnosis of the Situation of European Jurisprudence Reconsidered«, in: *Zeitschrift für ausländisches öffentliches Recht und Völkerrecht* 80 (2020), S. 709-731.

70 Habermas, *Der gespaltene Westen* (Fn. 41), S. 133 ff., 187 ff.; Martti Koskenniemi, »Global Governance and Public International Law«, in: *Kritische Justiz* 37 (2004), S. 241-254, S. 494.

71 Carl Schmitt, *Verfassungsrechtliche Aufsätze aus den Jahren 1924-1925. Materialien zu einer Verfassungslehre*, Berlin 1958, S. 427 ff.

72 Jan-Werner Müller, *A Dangerous Mind. Carl Schmitt in Post-War European Thought*, New Haven 2003, S. 49 ff.; Xie Libin, Haig Patapan, »Schmitt Fever. The Use and Abuse of Carl Schmitt in Contemporary China«, in: *International Journal of Constitutional Law* 18 (2020), S. 130-146.

73 Carl Schmitt, *Der Begriff des Politischen. Text von 1932 mit einem Vorwort und drei Corollarien*, Berlin 1963, S. 24 f.; ders., *Hugo Preuß. Sein Staatsbegriff und seine Stellung in der deutschen Staatslehre*, Tübingen 1930, S. 20.

autor der europäischen Rechten,[74] welche den politischen Kompromiss als demokratisch defizitär begreifen, auf ethnische Identitäten setzen und internationalen Institutionen prinzipiell misstrauen. Er dient mir vor allem für die Auseinandersetzung mit Positionen des demokratischen und freiheitlichen, aber eben nationalstaatszentrierten Verfassungsdenkens. Schmitts Potential in dieser Hinsicht nutzen viele, paradigmatisch ist Ernst-Wolfgang Böckenförde. Dieser steht in Hegels Tradition[75] und eröffnet mit Schmitts Denken dem freiheitlichen Verfassungsdiskurs ein neues Reflexionsniveau. Er urbanisiert es für die demokratische Bundesrepublik ähnlich wie Hans-Georg Gadamer das Denken Martin Heideggers.[76]

Auf Hegels und Schmitts Spur formuliert Böckenförde das Theorem der notwendigen Homogenität, das zu dem wohl berühmtesten Satz der bundesrepublikanischen Staatstheorie führt: »Der freiheitliche, säkularisierte Staat lebt von Voraussetzungen, die er selbst nicht garantieren kann.«[77] Damit artikuliert er einen Mittelpunkt öffentlich-rechtlichen Denkens, den ganz unterschiedliche Autoren dann mit ganz unterschiedlichen Begriffen besetzen: Nation, Volk, christlicher Staatsbürger, sozialstaatliche Umverteilung oder deliberierende Öffentlichkeit.

Man kann diese Nationalstaatszentrierung auch mit anderen Theorien unterlegen. Eine dichte Theorieproduktion gibt es vor allem in Nordamerika, etwa mit dem Kommunitarismus.[78] Ich habe jedoch im Kommunitarismus keinen wirklichen Mehrwert gegenüber der Hegeltradition gefunden und sehe mich durch das

74 Alain de Benoist, »Die Aktualität Carl Schmitts«, in: *Sezession* 42 (2011), S. 14-17; Paul Lendvai, *Orbán. Hungary's Strongman*, Oxford 2018, S. 179.

75 Uwe Volkmann, »Gespräche mit Hegel«, in: *Der Staat* 59 (2020), S. 489-512. Zur Beziehung vgl. Reinhard Mehring, *Briefwechsel Ernst-Wolfgang Böckenförde – Carl Schmitt*, im Erscheinen (2022).

76 Jürgen Habermas, »Urbanisierung der Heideggerischen Provinz. Laudatio auf Hans Georg Gadamer aus Anlaß der Verleihung des Hegel-Preises der Stadt Stutgart«, in: Hans-Georg Gadamer, Jürgen Habermas (Hg.), *Das Erbe Hegels*, Frankfurt/M. 1979, S. 9-31.

77 Ernst-Wolfgang Böckenförde, »Die Entstehung des Staates als Vorgang der Säkularisation«, *Säkularisation und Utopie. Ebracher Studien. Ernst Forsthoff zum 65. Geburtstag*, Stuttgart, Berlin u. a. 1967, S. 75-94, S. 93.

78 Alasdair MacIntyre, *Der Verlust der Tugend. Zur moralischen Krise der Gegenwart*, Frankfurt/M. 1995; Winfried Brugger, »Kommunitarismus als Sozialtheorie und Verfassungstheorie des Grundgesetzes«, in: *Zeitschrift für Rechtsphilosophie* 1 (2003), S. 3-14.

Verblassen des Ansatzes bestätigt.[79] Ähnliches gilt für den auf ihn folgenden Neo-Republikanismus.[80]

Ohne Hegel, Schmitt und Böckenförde würde es dieses Buch nicht geben. Viele ihrer Einsichten überzeugen mich. Und doch verfechte ich über die nächsten 77 Paragraphen, dass der Strukturwandel des europäischen öffentlichen Rechts Nationalstaatlichkeit im Sinne einer hegelianischen Aufhebung erfolgreich transformiert hat.[81] Die Nationalstaaten bestehen als evolutionäre Errungenschaften fort, aber eingebettet und aufgehoben in der demokratischen europäischen Gesellschaft, von der Art. 2 EUV spricht.

79 Sergio Dellavalle, »Per un concetto pluridimensionale di libertà. Il contributo della filosofia politica hegeliana al superamento della controversia tra liberalismo e comunitarismo«, in: *Filosofia e Questioni Pubbliche* 4 (1998), S. 31-44.

80 In Anwendung auf die EU Richard Bellamy, *A Republican Europe of States: Cosmopolitanism, Intergovernmentalism and Democracy in the EU*, Cambridge 2019.

81 Georg Wilhelm Friedrich Hegel, »Phänomenologie des Geistes (1807)«, in: Eva Moldenhauer, Karl Markus Michel (Hg.), *Werke in zwanzig Bänden mit Registerband. Bd. 3*, Frankfurt/M. 1970, S. 94.

I. Begriffe

Ein Witz möge meinen Ansatz erläutern. Eine Akademie lobt einen Preis aus für die beste Erörterung zum Thema Kamel. Der französische Wissenschaftler geht in den Jardin des Plantes, setzt sich auf eine Bank am Kamelgehege, beobachtet einen Nachmittag die Tiere und schreibt in der folgenden Nacht den geistreichen Essay *Le chameau et moi.*[1] Die englische Wissenschaftlerin reist sechs Monate durch Arabien, erhebt Daten über Daten und publiziert dann die Studie *The camel in numbers.* Der deutsche Wissenschaftler schließlich präsentiert, nach zwei entsagungsvollen Jahren in der Bibliothek, den 400-seitigen Wälzer *Der Begriff des Kamels.*

Konkrete Erkenntnis erfordert, so ein Leitgedanke Hegels, die Mühen der Abstraktion. Dieser Wissenschaftstradition verbunden, spüre ich dem Strukturwandel des europäischen öffentlichen Rechts zunächst im Wandel seiner Grundbegriffe nach. Das ist kein Glasperlenspiel. Wie Reinhart Koselleck auf Hegels und Schmitts Spuren zeigt, sind Grundbegriffe solche, die den Forschungsgegenstand konstituieren. Recht ist ein soziales Konstrukt, so dass der begrifflichen Fassung des öffentlichen Rechts eine geradezu ontologische Funktion zukommt. Begriffe sind Wörter, die nicht nur etwas bezeichnen, sondern einen Bedeutungszusammenhang herstellen und Erkenntnis stiften.[2] Die soziale Relevanz von Begriffen wie öffentliches Recht, Gesellschaft oder Demokratie wird sozialwissenschaftlich als *frame* theoretisiert: dauerhafte Muster von Wahrnehmung und Interpretation, mit dem Gruppen Diskurse führen und Ereignissen Bedeutungen zusprechen.[3] Strukturwandel *der* Grundbegrifflichkeit ist eben sowohl als *Genitivus obiectivus* wie als *Genitivus subiectivus* zu verstehen (§ 4, § 75): Der Wandel der Be-

1 Als Wissenschaftsstil inzwischen, mit guten Gründen, in Deutschland angekommen: Ulrich Haltern, »Europarecht und ich«, in: *Jahrbuch des öffentlichen Rechts der Gegenwart. Neue Folge* 68 (2020), S. 439-469.

2 Reinhart Koselleck, *Vergangene Zukunft. Zur Semantik geschichtlicher Zeiten*, Frankfurt/M. 1995, S. 119; ders., »Einleitung«, in: Otto Brunner u. a. (Hg.), *Geschichtliche Grundbegriffe. Historisches Lexikon zur politisch-sozialen Sprache in Deutschland. Bd. 1*, Stuttgart 1972, S. XIII-XXVII, S. XXIII.

3 Rens Vliegenthart, Liesbet van Zoonen, »Power to the Frame. Bringing Sociology back to Frame Analysis«, in: *European Journal of Communication* 26 (2011), S. 101-115.

grifflichkeit folgt dem gesellschaftlichen Wandel, ist aber zugleich selbst eine relevante Kraft.

Ich erschließe den Strukturwandel des europäischen öffentlichen Rechts ausgehend vom staatszentrierten Recht des Konzerts der europäischen Mächte (§§ 5-7). Vor dessen Hintergrund zeige ich die Herausbildung eines neuen europäischen öffentlichen Rechts, das auf Entscheidungen in Reaktion auf den Zweiten Weltkrieg aufbaut (§§ 8-11). Ich verteidige dieses öffentliche Recht ohne Staatsrecht gegen die etatistische Vermutung der Substanzlosigkeit und gründe es in einer fundamentalen Ausdifferenzierung der Moderne, in dem Dualismus *öffentlich – privat* (§§ 12-15).

Das öffentliche Recht versteht sich entweder als Verwaltungs- oder als Verfassungsrecht. Der Begriffswandel zu einem europäischen Verwaltungsrecht und einem europäischen Verfassungsrecht gibt daher weiteren Aufschluss über den Strukturwandel der letzten Jahrzehnte. Der Begriff eines europäischen Verwaltungsrechts erscheint heute fast trivial, eröffnet aber einen erkenntnisträchtigen Blick auf Potenziale wie Gefahren des Strukturwandels, auf die vermeintliche Monsterhaftigkeit europäischer Institutionen (§§ 16-19). Anders als das verwaltungsrechtliche Verständnis ist das verfassungsrechtliche bis heute umstritten. Es gewinnt Substanz erst in der Neuordnung des Kontinents nach dem Fall des Eisernen Vorhangs (§§ 20-22). Der Begriff des transformativen Konstitutionalismus artikuliert zum Abschluss dieses Teils einen Ansatz, wie das europäische öffentliche Recht mit besonders drängenden Herausforderungen umgehen will (§§ 23-26).

A. Das alte Jus Publicum Europaeum

Laut Hegel ist es der »Westfälische Friede [...], der dies Verhältnis der Unabhängigkeit der Teile fixiert hat«.[4] Diese Auffassung gilt bis heute. In der Selbstbeschreibung des Westens bildet der Westfälische Frieden den Scheitelpunkt eines großen Strukturwandels: Er verabschiedet endgültig die Vorstellung einer politischen Einheit des christlichen Abendlandes und beschleunigt die Staatswerdungsprozesse.[5] So entsteht im 17. Jahrhundert das moderne öffentliche Recht. Es versteht sich vor dem Hintergrund der Autonomisierung des Politischen, den entsprechenden Souveränitäts- und Staatsräsonlehren, der Vorstellung des Souveräns als Gesetzgeber, einem zunehmend voluntaristischen Rechtsbegriff, der Überführung des lehnsrechtlichen Personalverbandes in einen transpersonalen, raumbezogenen, anstaltlichen Herrschaftsverband.[6] Hegels Rechtsphilosophie wird diese Entwicklungen in einem System zusammenführen.[7]

Im Kielwasser dieses Strukturwandels gewinnt der Begriff des europäischen öffentlichen Rechts ganz unterschiedliche Bedeutungen, je nach den großen Fragen der Zeit. Die folgenden Seiten bringen nicht sämtliche Vorstellungen europäischer Ordnungsstrukturen zur Sprache,[8] sondern beschränken sich auf Joachim Hagemeiers *Jus Publicum Europaeum* und das *droit public de l'Europe* Mablys und Talleyrands, welche Carl Schmitt in seinem höchst

4 Georg Wilhelm Friedrich Hegel, »Die Verfassung Deutschlands (1800-1802)«, in: Eva Moldenhauer, Karl Markus Michel (Hg.), *Werke in zwanzig Bänden. Bd. 1. Frühe Schriften*, Frankfurt/M. 1970, S. 451-610, S. 548.

5 Derek Croxton, *Westphalia: The Last Christian Peace*, New York 2013. Der folgende Abschnitt beruht auf Armin von Bogdandy, Stephan Hinghofer-Szalkay, »European Public Law – Lessons from the Concept's Past. § 2«, in: Armin von Bogdandy u. a. (Hg.), *The Max Planck Handbooks in European Public Law. Bd. I. The Administrative State*, Oxford 2017, S. 30-56.

6 Michael Stolleis, *Geschichte des öffentlichen Rechts in Deutschland. Bd. 1. Reichspublizistik und Policeywissenschaft 1600-1800*, München 1988; Martin Loughlin, *Foundations of Public Law*, Oxford 2010.

7 Albrecht Koschorke, *Hegel und wir*, Berlin 2015, S. 47, 82 f.

8 Dazu Michael Gehler, *Europa. Ideen, Institutionen, Vereinigung*, München 2010, S. 65 ff.

einflussreichen *Jus Publicum Europaeum* zuspitzend fusioniert. Der folgende Abschnitt beschreibt somit die Konstellation, welche der Strukturwandel nach 1945 transformiert.

§ 5 Eine Antwort auf den Dreißigjährigen Krieg

Der Zerfall der politischen Einheit, den der Westfälische Frieden von 1648 zum Ausdruck bringt, hat gravierende Folgen für die europäische Rechtseinheit. Im Privatrecht bewahrt die fast europaweite Rezeption des römischen Rechts als *Jus Commune* eine gewisse Einheit.[9] Dem öffentlichen Recht steht dieser Weg nicht offen. Stattdessen bietet die Rechtsvergleichung einen Modus, mit der verlorenen rechtlichen Einheit umzugehen.

Die wohl erste monographische Verwendung des *Jus Publicum Europaeum* findet sich in dem Werk Joachim Hagemeiers. Es besteht aus acht Bänden, erschienen zwischen 1677 und 1680. Sie enthalten umfangreiche Berichte über den »Statu« von Dänemark, Norwegen und Schweden, Frankreich, England, Schottland und Irland, Belgien und den Niederlanden, Ungarn und Böhmen sowie Polen, dem Fürstentum Moskau, Italien und nicht zuletzt dem Heiligen Römischen Reich deutscher Nation. Es liefert einen frühen Gesamtblick auf das öffentliche Recht in Europa.[10] Die Vielfalt ist so groß, dass Hagemeier den Gegenstand im Titel seiner Bücher im Plural bezeichnet, *Juris Publici Europaei*, und den Singular erst im geschützten Inneren des Buches auszusprechen wagt, im »Ad Lectorem«.

9 Jürgen Basedow, »Hundert Jahre Rechtsvergleichung. Von wissenschaftlicher Erkenntnisquelle zur obligatorischen Methode der Rechtsanwendung«, in: *Juristen-Zeitung* 71 (2016), S. 269-280, S. 270.

10 Joachim Hagemeier, *Juris Publici Europaei de Trium Regnorum Septentrionalium Daniae, Norvvegiae & Sveciae Statu Epistola Prima*, Frankfurt/M. 1677; ders., *Juris Publici Europaei de Statu Galliae Epistola II*, Frankfurt/M. 1678; ders., *Juris Publici Europaei de Statu Angliae, Scotiae Et Hiberniae Epistola III*, Frankfurt/M. 1678; ders., *Juris Publici Europaei de Statu Imperii Germanici Epistola IV*, Frankfurt/M. 1678; ders., *Juris Publici Europaei de Statu Provinciarum Belgicarum Epistola V*, Frankfurt/M. 1679; ders., *Juris Publici Europaei de Statu Italiae Epistola VI*, Frankfurt/M. 1679; ders., *Juris Publici Europaei de Statu Regnorum Hungariae et Bohemiae Epistola VII*, Frankfurt/M. 1680; ders., *Juris Publici Europaei de Statu Regni Poloniae et Imperii Moscovitici Epistola VIII*, Frankfurt/M. 1680.

Hagemeier unterbreitet keine dogmatischen Darstellungen, sondern breit angelegte Länderberichte.[11] Er deckt den Zweck seines *Jus Publicum Europaeum* nicht auf. Seine Person und sein Leben erlauben aber Rückschlüsse. Sicherlich handelt es sich nicht um ein Projekt professoraler Selbstbeschäftigung. Der gebürtige Hamburger fungiert als gräflich-oldenburgischer, später als kaiserlicher Rat und schließlich als Vizekanzler und Syndikus des Collegiums der Grafen in der Wetterau. Er dient als Gesandter am Reichstag in Regensburg, wodurch er mit den deutschen und europäischen politischen Verhältnissen seiner Zeit gut vertraut ist.[12] Seine Bücher verfechten keine europäische Einheit. Sie fördern aber das gegenseitige Verständnis und erleichtern zwischenstaatliche Verhandlungen, die ein neues Ordnungsgefüge schaffen sollen. Das neue Gefüge bildet bei ihm aber noch keine eigene rechtliche Größe: Das, was wir heute als Völkerrecht bezeichnen, hat bei ihm eine nachgeordnete Rolle.

Mitzunehmen ist, dass die Wissenschaft vom europäischen öffentlichen Recht induktiv beginnt, mit Länderberichten, mit einer Darstellung seiner Vielfalt in unterschiedlichen Rechtsordnungen. Zu diesem Ansatz gibt es durchaus eine Alternative: Zeitgleich mit Hagemeiers *Jus Publicum Europaeum* blüht das viel einflussreichere *Jus Publicum Universale* auf.[13] Letzteres wird in der Tradition des aristotelischen Naturrechts aus abstrakten Prinzipien deduziert. Hagemeier gibt der Verlockung eines solchen schnellen Weges nicht nach, er geht praxisnah und institutionalistisch vor.

Hagemeiers *Jus Publicum Europaeum* ist weit vom *Jus Commune* entfernt. Das privatrechtlich ausgerichtete *Jus Commune* der frühen Moderne wurde als europaweit einheitlich gedacht und stellte so geradezu das Gegenteil des vielfältigen *Jus Publicum Europaeum* dar. Man kann Hagemeiers Beitrag als Teil der Entwicklung ver-

11 Zur Methode Heinz Mohnhaupt, »›Europa‹ und ›ius publicum‹ im 17. und 18. Jahrhundert«, in: Christoph Bergfeld u. a. (Hg.), *Aspekte europäischer Rechtsgeschichte. Festgabe für Helmut Coing zum 70. Geburtstag*, Frankfurt/M. 1982, S. 207-232, insbes. S. 219-224.

12 Die Schreibweise des Namens ist uneinheitlich, die Schreibweise *Hagemeyer* war ebenfalls verbreitet. Zu ihm Hans Schröder, *Lexikon der hamburgischen Schriftsteller bis zur Gegenwart. Bd. 3. Günther - Kleye*, Hamburg 1857, S. 66.

13 Dazu Stolleis, *Geschichte des öffentlichen Rechts in Deutschland* (Fn. 6), S. 267 ff., 291 ff.

stehen, die das öffentliche Recht gegenüber dem *Jus Commune* emanzipiert (§ 15).

Hagemeiers rechtsvergleichendem Ansatz ist keine große Wirkung beschieden. Das bestätigt die Intuition, dass die Rechtsvergleichung nur als Teil einer übergreifenden Ordnung praktisches Gewicht erlangen kann. Eine solche Ordnung ist das *droit public de l'Europe* des 18. Jahrhunderts.

§ 6 Das *droit public de l'Europe*

Die europäische Ordnung juridifiziert sich in einer Rechtsschicht, die heute *Völkerrecht* heißt.[14] Für unser Interesse am europäischen öffentlichen Recht des 21. Jahrhunderts relevant ist vor allem der Vergleich mit dem historischen *droit public de l'Europe* oder dem *droit public européen*. Es gibt zwei Lesarten seiner Relevanz: Laut Christoph Schönberger spiegelt das heutige europäische öffentliche Recht die Grundlogik des historischen *Jus Publicum*,[15] nach meinem Verständnis hingegen bringt es dessen Überwindung.

Die Bezeichnung *droit public de l'Europe* steht für das Völkerrecht des »französischen« Zeitalters.[16] Es umfasst aber keineswegs nur zwischenstaatliches Recht (*international law*), sondern auch innerstaatliches Recht, insbesondere Grundprinzipien öffentlicher Gewalt, sowie dynastische Erbfolgeordnungen, Heiratsverträge, höfische Konventionen und politische Maximen.[17] Die europäische Ordnung des 17. und 18. Jahrhunderts verknüpft ein »dynastisches Zwischen-Familien-Recht« mit einem »Zwischen-Staaten-Recht«.[18] Nach der Französischen Revolution verlieren die dynastischen Elemente an Bedeutung, so dass der Ausdruck *droit public de l'Europe* sich zunehmend auf Elemente konzentriert, die heute als Völkerrecht oder aber Staatsrecht gelten.

14 Zu dessen umstrittener Geschichte Martti Koskenniemi, »A History of International Law Histories«, in: Bardo Fassbender, Anne Peters (Hg.), *The Oxford Handbook of the History of International Law*, Oxford 2012, S. 215-240.

15 Schönberger, »Hegemon wider Willen« (Fn. 8, § 1), S. 5 f.

16 Wilhelm G. Grewe, *Epochen der Völkerrechtsgeschichte*, Baden-Baden 1984, S. 47.

17 Grewe, ebd., S. 48.

18 Carl Schmitt, *Der Nomos der Erde im Völkerrecht des Jus Publicum Europaeum (1950)*, Berlin 1997, S. 208.

Die einflussreichste Prägung des Begriffs erfolgt im Jahr 1748 durch den Abbé Gabriel Bonnot de Mably in dessen Werk *Le droit public de l'Europe fondé sur les traités.*[19] Mably gilt während seiner Schaffensperiode als einer der bedeutendsten politischen Schriftsteller Frankreichs. Als Sekretär des Kardinals de Tencin gewinnt er diplomatische Erfahrungen und legt eine Sammlung aller europäischen Verträge seit 1648 an, das Fundament für sein Werk über das *droit public de l'Europe.*[20] Dieses darf zwar in Frankreich zunächst nicht verlegt werden, entwickelt sich aber gleichwohl zu einem Standardwerk.[21]

Mably stellt die zwischenstaatlichen Verträge ins Zentrum seines *droit public* und beginnt mit den Verträgen von Münster und Osnabrück. Diese Verträge sind »Gesetze für Europa«[22] und stellen so eine Form europäischer Einheit dar. Mably unterbreitet eine ausführliche Beschreibung der wichtigsten Verträge, die er historisch einbettet und politisch bewertet, zumeist aus französischer Perspektive.

Mably löst das Völkerrecht aus dem christlichen Naturrecht. Die Bezeichnung *droit public* befördert ein Verständnis, dass es sich um eine Rechtsordnung handelt, welche die europäischen Mächte, und damit das mächtige Frankreich, gestalten konnten. Transnationale Institutionen sind in ihm nicht vorgesehen.

Eine stärker staatsrechtlich und zugleich prononciert restaurative Note bekommt der Begriff des *droit public européen* nach der Französischen Revolution durch Charles Maurice de Talleyrand-Périgord, einem der wendigsten Staatsmänner seiner Zeit. Nach dem Scheitern der revolutionären Neuordnung Europas und dem Sieg der Heiligen Allianz verficht er unter *droit public européen* die monarchische Legitimität als Leitprinzip. Er propagiert es als die Alternative zu einem Recht des Stärkeren, das in allen euro-

19 Ihm war allerdings 1746 das Werk von J. A. Abreu mit dem Titel *Derecho Público de la Europa* vorangegangen. Zur Bedeutung von Mably siehe Martti Koskenniemi, »The Public Law of Europe. Reflections on a French 18th Century Debate«, in: Helena Lindemann u. a. (Hg.), *Erzählungen vom Konstitutionalismus*, Baden-Baden 2012, S. 43-73.

20 Zur Person Ernest A. Whitfield, *Gabriel Bonnot de Mably*, London 1930, S. 3 ff., 32 f.

21 Vgl. Gabriel Bonnot de Mably, *Collection complète des œuvres de l'abbé de Mably*, Paris 1794/1795, S. 237.

22 Ebd., S. 239.

päischen Hauptstädten gefürchtet war.[23] Seine Pointe liegt darin, dass dem Schutz des Privateigentums im staatlichen *droit public* der Schutz der monarchischen Souveränitätsrechte durch das *droit public européen* entspreche.

Talleyrands Verwendung des Begriffs ist legitimistisch. Der ehemalige Repräsentant der Revolution und später des bonapartistischen Empire vertritt nunmehr die Interessen der restaurierten französischen Monarchie gegenüber den konservativen Siegermächten. Dafür scheint die traditionalistische Auffassung von monarchischer Legitimität besonders geeignet, die er kurzum zum Grundprinzip des *droit public européen* und damit der europäischen Ordnung erklärt. Der Kniff des Geostrategen lautet, dass er ein Prinzip propagiert, das für alle Monarchen von großem Interesse in ihrem Kampf mit freiheitlichen und demokratischen Ideen ist.

Daran knüpft der Verfassungshistoriker Ernst Rudolf Huber an. Er hat 1926 bei Carl Schmitt promoviert und wird 1933 Mitglied der berüchtigten Kieler Schule. Sein *Verfassungsrecht des Großdeutschen Reiches*[24] ist ein Standardwerk des nationalsozialistischen Staatsrechts. Im Entnazifizierungsverfahren gleichwohl nur als »Mitläufer« eingestuft, erreicht er seine Reintegration in das akademische Leben der jungen Bundesrepublik durch seine wegweisende *Deutsche Verfassungsgeschichte seit 1789*. In deren Band I weist er dem *Jus Publicum Europaeum* im Zusammenhang mit dem europäischen Legitimationsprinzip eine doppelte Funktion für das innere *und* äußere Recht der europäischen Staaten des *Ancien Régime* zu. Nach Huber besteht das *Jus Publicum Europaeum* jener Zeit nicht nur aus dem Recht der zwischenstaatlichen Beziehungen, sondern auch aus »unverbrüchlichen« Elementen eines gemeineuropäischen Staatsrechtes.[25] Die Verwendung des lateinischen, nicht des üblichen französischen Ausdrucks erklärt sich durch den Einfluss Carl Schmitts.

Auch laut Huber hat das *Jus Publicum Europaeum* eine legitimistische Stoßrichtung. Er hält dank diesem die Intervention der eu-

23 Paul-Louis Couchoud, Jean-Paul Couchoud (Hg.), *Memoires de Talleyrand. Bd. II*, Paris 1957, S. 436 ff.; Grewe, *Epochen der Völkerrechtsgeschichte* (Fn. 16), S. 502 f.; Duff Cooper, *Talleyrand*, Wiesbaden 1955, S. 232 f.

24 Ernst Rudolf Huber, *Verfassungsrecht des Großdeutschen Reiches*, Hamburg 1939.

25 Ernst Rudolf Huber, *Deutsche Verfassungsgeschichte seit 1789. Bd. 1. Reform und Restauration. 1789 bis 1830*, Stuttgart 1957, S. 16 ff.

ropäischen Staaten ins revolutionäre Frankreich für gerechtfertigt, weil der revolutionäre Sturz und die Hinrichtung des Königs das gemeineuropäische Verfassungsprinzip monarchischer Legitimität verletzten. Die Souveränität der Staaten der »abendländischen« Staatengemeinschaft finde ihre Grenze in der gemeinsamen Grundlage der europäischen Staatenverfassung.[26]

Der Ausdruck *droit public européen* findet aber auch progressive Verwendungen. So erscheint im Jahre 1856 das Werk *Introduction à l'établissement d'un droit public européen* des politisch engagierten Journalisten Francisque Bouvet, das eine europäische Friedensvision zum Ausdruck bringt. Bouvet ist »une sorte d'abbé de Saint-Pierre républicain«.[27] Er hat sich bereits unter der Regentschaft des letzten französischen Königs Louis-Philippe für demokratische Ideale eingesetzt, sein Werk *République et Monarchie*[28] bringt ihn im Jahr 1832 sogar ins Gefängnis. In den Revolutionsjahren 1848 und 1849 wird er Abgeordneter in der *Assemblée nationale constituante* und der *Assemblée nationale législative.*[29] In diesen Jahren nimmt er an den Kongressen der Freunde des ewigen Friedens in Brüssel und Paris teil.[30] Bereits 1849 ist er als Vertreter eines ewigen Friedens bekannt, welcher die Lösung von Konflikten zwischen den Nationen durch einen permanenten Kongress aller Völker anstrebt. Nach dem bonapartistischen Staatsstreich im Dezember 1851 zieht er sich zunächst ins Privatleben zurück, dient dem Empire jedoch später als Konsul in Mossul.

Die Schrift des Jahres 1856 ist ein Ausdruck seines Bemühens um eine neue Friedensordnung. Sie ist in zwei Teile gegliedert. Der erste Teil erörtert die historischen Funktionen des Krieges. Im zweiten Teil argumentiert Bouvet für seine Idee eines *droit public européen.* Konkret fordert er vor dem Hintergrund des Krimkrieges ein kon-

26 Ebd., S. 16 ff.

27 Pierre Larousse, *Grand dictionnaire universel du XIXe siècle. Tome II*, Paris 1867, S. 1165.

28 Francisque Bouvet, *République et monarchie, ou Principes d'ordre social*, Paris 1832.

29 Siehe dazu den Eintrag zu Bouvet in Deux Journalistes, *Biographie des 750 représentants à l'Assemblée législative, élus le 13 mai 1849*, Paris 1849, S. 10; sowie die Seite der Assemblée nationale unter ⟨https://www.assemblee-nationale.fr/⟩, letzter Zugriff 01. 07. 2021.

30 Siehe ohne Verfasser, *Congrès des amis de la paix universelle, Réuni à Bruxelles en 1848*, Brüssel 1849, S. 21, 55; sowie Joseph Granier, »Le mouvement en faveur de la paix«, *Congrès des amis de la paix universelle, Réuni à Paris en 1849*, Paris 1850, S. 1.

föderatives europäisches System, gestaltet nach den Grundprinzipien des Deutschen Bundes.[31] Kernstück ist eine parlamentarische Versammlung (*diète ou congrès*). Sie soll alle Angelegenheiten klären, welche zu Konflikten führen können. Napoleon I. avanciert zum Vorboten dieser Ordnung, und Bouvet setzt auf Napoleon III. zur Umsetzung seiner Ideen.[32] Es gibt bei Bouvet keinen Widerspruch zwischen der europäischen und der kosmopolitischen Dimension. Ähnlich wie hundert Jahre später bei Wolfgang Friedmann soll ein freiheitlich organisiertes Europa auf die ganze Welt ausstrahlen, welche durch den technischen Fortschritt immer enger zusammenwächst.[33] Sein progressives europäisches öffentliches Recht steht so in stärkstem Kontrast mit Carl Schmitts *Jus Publicum Europaeum*.

§ 7 Schmitts *Jus Publicum Europaeum*

Schmitts *Jus Publicum Europaeum* ist ein begrifflicher Volltreffer. Seinen Schriften, insbesondere seinem *Nomos der Erde im Völkerrecht des Jus Publicum Europaeum*, ist die heutige Prominenz des Ausdrucks *Jus Publicum Europaeum* zu verdanken.[34] Schmitt bezeichnet damit, auf den Spuren des *droit public de l'Europe*, das

31 Francisque Bouvet, *Introduction à l'établissement d'un droit public européen*, Paris 1856, S. XII und 189 f.

32 Ebd., S. 176 ff.

33 Ebd., S. 187. Ähnlich später Jürgen Habermas, *Zur Verfassung Europas. Ein Essay*, Berlin 2011, S. 82-96.

34 Jochen Hoock, »Jus Publicum Europaeum. Zur Praxis des europäischen Völkerrechts im 17. und 18. Jahrhundert«, in: *Der Staat* 50 (2011), S. 422-435; Urs Saxer, *Die internationale Steuerung der Selbstbestimmung und der Staatsentstehung*, Heidelberg, New York 2010, S. 39 ff.; Jörn Axel Kämmerer, »Das Völkerrecht des Kolonialismus. Genese, Bedeutung und Nachwirkungen«, in: *Verfassung und Recht in Übersee* 39 (2006), S. 397-424, S. 399 ff.; Rüdiger Voigt, *Weltordnungspolitik*, Wiesbaden 2005, S. 57, S. 60; Grzegorz Adamczyk, Peter Gostmann, *Polen zwischen Nation und Europa. Zur Konstruktion kollektiver Identität im polnischen Parlament*, Wiesbaden 2007, S. 34 f., S. 38; Matthias Zimmer, *Moderne, Staat und Internationale Politik*, Wiesbaden 2008, S. 45; Enzo Traverso, »Der neue Antikommunismus. Nolte, Furet und Courtois interpretieren die Geschichte des 20. Jahrhunderts«, in: Volker Kronenberg (Hg.), *Zeitgeschichte, Wissenschaft und Politik. Der »Historikerstreit« – 20 Jahre danach*, Wiesbaden 2008, S. 67-90, S. 68; Achille Mbembe, »Nekropolitik«, in: Marianne Pieper u. a. (Hg.), *Biopolitik – in der Debatte*, Wiesbaden 2011, S. 63-96, S. 74.

europäisch zentrierte Völkerrecht und die ihm kongenialen verfassungsrechtlichen Ordnungen der es tragenden europäischen Staaten.[35] Er präsentiert es als eine gewaltige Zivilisationsleistung, zu verdanken der Klugheit europäischer Staatsmänner, Diplomaten, Philosophen und Juristen.

Schmitt präsentiert das Ende dieser Ordnung, insbesondere aufgrund der amerikanischen Vormachtstellung. Das Völkerrecht ist 1950 eben nicht mehr europäisch zentriert (§ 8). Das macht den Weg frei, dem Begriff des europäischen öffentlichen Rechts eine ganz neue Ausrichtung zu geben. Schmitts Analyse des Endes ist daher der vielleicht beste Ausgangspunkt für den begrifflichen Neuanfang. Diese Leistung sollte man anerkennen, auch wenn man die Intentionen und Wertungen seines Buches nicht teilt.

Schmitts *Jus Publicum Europaeum* ist eine Apologie.[36] Schmitt, der als einziger maßgeblicher deutscher Staatsrechtler sich dem Verfahren zur »Entnazifizierung« verweigert, notiert am 5. September 1948: »Ich werde den ›Nomos der Erde‹ als einen Blütenzweig meiner Diskriminierung am Grabe des europäischen Völkerrechts niederlegen.«[37] Klarer wird er in seinen kriegsrechtlichen Ausführungen. Auch wenn die Zulässigkeit des Krieges Schmitt schon länger beschäftigt hat, gewinnt dieses Thema in den frühen Nachkriegsjahren für ihn massiv an Bedeutung. Er bezeichnet die von ihm behauptete Ex-post-Kriminalisierung des Angriffskrieges neben der Atombombe als größtes Verbrechen, schlimmer noch als jene Hitlers.[38]

Vor diesem Hintergrund versteht sich Schmitts Zuspitzung des *droit public européen*. Das Innovative seiner Rekonstruktion liegt darin, dass er es in einer spezifischen Raumordnung und der prinzipiellen Zulässigkeit des Staatenkriegs zentriert. Eine Ächtung des Krieges behebe nicht die konstitutive Unterscheidung zwischen Freund und Feind, sondern verleihe ihr vielmehr durch die Möglichkeit internationaler *hostis*-Erklärungen zusätzliche Virulenz.[39] Vor

35 Carl Schmitt, *Staat, Großraum, Nomos. Arbeiten aus den Jahren 1916-1969*, hg. von Günter Maschke, Berlin 1995, S. 592 ff., S. 594.

36 Michael Stolleis, *Geschichte des öffentlichen Rechts in Deutschland. Bd. 1. Reichspublizistik und Policeywissenschaft 1600-1800*, München 2012, S. 204.

37 Carl Schmitt, *Glossarium. Aufzeichnungen der Jahre 1947-1951*, Berlin 1991, S. 196.

38 Ebd., S. 191.

39 Carl Schmitt, *Der Begriff des Politischen. Text von 1932 mit einem Vorwort und drei Corollarien*, Berlin 1963, S. 36 f.

dem Hintergrund der stets latenten Gewalt in den internationalen Beziehungen verhindere das klassische Völkerrecht die »*hors-la-loi*«-Erklärung des Feindes und damit jene äußerste Unmenschlichkeit, welche ein »gerechter« Krieg im Namen der Menschheit nach sich ziehen kann.[40] Diese Zielrichtung erklärt Schmitts Wandel vom Befürworter einer deutschen Großraumordnung zum vehementen Verteidiger eines untergegangenen *Jus Publicum Europaeum*.

Eine schiere Apologie kann aber kaum eine solche gewaltige Wirkung haben, wie sie Schmitts *Nomos* beschieden war.[41] Das Buch eröffnet einen ebenso kritischen wie erkenntnisstiftenden Blick auf den Strukturwandel des Völkerrechts und des europäischen öffentlichen Rechts nach dem Zweiten Weltkrieg. Schmitts *Jus Publicum Europaeum* darf ja nicht so verstanden werden, dass er sich für internationale oder supranationale Institutionen stark macht. Solche Institutionen kann es nach dem Schmittianischen Weltbild nicht geben oder sie bleiben bloße Fassade (§ 14). Das *Jus Publicum Europaeum* steht für ein staatszentriertes Ordnungssystem. Es geht um die Hegung des Krieges, nicht um seine Überwindung. Und selbst diese Hegung kann nur gelingen dank der bindenden Kraft einer spezifischen Raumordnung, die das internationale Äquivalent der Entscheidungen eines *pouvoir constituant* ist.[42] Schmitts Konzeption kennt kein auf der Idee der Supranationalität basierendes *jus publicum*.[43]

Deshalb ist die Ausrichtung der Ordnung, die Schmitt als *Jus Publicum Europaeum* präsentiert, der diametrale Gegensatz zu der Ordnungsidee, die der Vertrag über die Europäische Union normiert. Das heutige europäische öffentliche Recht verspricht mit Art. 2 EUV eine europäische demokratische Gesellschaft mit eigenen Institutionen. Pluralismus, Menschenrechte und Toleranz sind Eckpunkte.

40 Dazu Martti Koskenniemi, *The Gentle Civilizer of Nations. The Rise and Fall of International Law 1870-1960*, Cambridge 2001, S. 426.

41 Zur Zugkraft des Begriffs Joseph H. H. Weiler, »In defence of the status quo: Europe's constitutional *Sonderweg*«, in: Joseph H. H. Weiler, Marlene Wind (Hg.), *European Constitutionalism Beyond the State*, Cambridge 2003, S. 7-26, S. 13 f.

42 Carl Schmitt, *Der Nomos der Erde im Völkerrecht des Jus Publicum Europaeum (1950)*, Berlin 1997, S. 120.

43 Zu Schmitts Polemik gegen Georges Scelle und dessen völkerrechtlichen Konstitutionalismus Pier Paolo Portinaro, *La crisi dello jus publicum europaeum. Saggio su Carl Schmitt*, Mailand 1982, S. 202.

Schmitts Schrift eröffnet gleichwohl fruchtbare Blickachsen auf das heutige europäische öffentliche Recht. Das sich damals am Horizont abzeichnende und heute verwirklichte neue europäische öffentliche Recht reproduziert einiges, was Schmitt bei dem alten *Jus Publicum Europaeum* schätzt und prägnant fasst: eine geographische Idee, eine partikulare Gemeinschaft von Staaten, Aufnahmekriterien nach Maßgabe des dominanten Verständnisses europäischer Staatlichkeit und nicht zuletzt vergleichbare verfassungsrechtliche Strukturen.[44]

Schmitts *Jus Publicum Europaeum* stellt dem heutigen europäischen Recht zudem die schwierige Frage nach seiner Rolle in den europäischen Beziehungen zum Rest der Welt. Nach Schmitt hegt es den innereuropäischen Konflikt, nicht aber die Aneignung und Ausbeutung anderer Weltregionen: Es geht um die »Überwindung des Bürgerkrieges und die Ausgrenzung des Kolonialkrieges«.[45]

Diese Dimension des europäischen Völkerrechts ist in letzter Zeit zu einem bedeutenden Forschungsgegenstand geworden.[46] Das neue europäische öffentliche Recht ist in dieser Hinsicht ambivalent. Einerseits stellt es sich hinter das universelle Völkerrecht und die Ideen globaler Solidarität und gegenseitiger Achtung (Art. 3 Abs. 5 EUV). Andererseits sollte man das ursprüngliche Motiv, mit Hilfe der Europäischen Gemeinschaft koloniale Herrschaft aufrechtzuerhalten, nicht übersehen und nach seinem Fortwirken suchen.[47] Eine nähere Analyse des europäischen Außenwirtschaftsrechts und Entwicklungshilferechts zeigt, dass in ihnen alte Strukturen fortleben.[48] Konzeptuell stellt sich die schwierige Frage, was die Idee einer demokratischen Gesellschaft für ihre Außenbeziehungen fordert, wie die Maßstäbe des Art. 2 EUV in dieser Hinsicht interpretiert werden sollten. Dieses Buch wird sich ihr nicht stellen.

44 Matthias Goldmann, »Hopes of Progress. European Integration in the History of International Law«, in: *MPIL Research Paper Series* 26 (2018), S. 11.

45 Schmitt, *Glossarium* (Fn. 37), S. 250.

46 Goldmann, »Hopes of Progress« (Fn. 44).

47 Vgl. Bino Olivi, *L'Europa difficile. Storia politica dell'integrazione europea 1948-2000*, Bologna 2000, S. 30 ff.

48 Philipp Dann, *Entwicklungsverwaltungsrecht. Theorie und Dogmatik des Rechts der Entwicklungszusammenarbeit, untersucht am Beispiel der Weltbank, der EU und der Bundesrepublik Deutschland*, Tübingen 2012, S. 35 ff.

So wohnt dem Begriff *Ius Publicum Europaeum* erhebliche Aktualität inne, in kritischer wie in konstruktiver Hinsicht. Er gewinnt an Zugkraft, als nach dem Mauerfall das Ordnungsmodell des Westens nach Osten avanciert. Ein frühes Beispiel für die neue Verwendung des Ausdrucks findet sich 1991 in einem Aufsatz, in dem Peter Häberle ein gemeineuropäisches Verfassungsrecht im Sinne gemeinsamer Verfassungsprinzipien und Staatszwecke postuliert.[49] Nicht zufällig tragen diverse wissenschaftliche Projekte, die solchen gemeinsamen europäischen Verfassungsstrukturen nachforschen, diese Bezeichnung, etwa die *Societas Iuris Publici Europaei* (SIPE) und das *Ius Publicum Europaeum* (IPE)-Projekt.[50]

Die Probleme Schmitts und zugleich das Potenzial eines neuen europäischen öffentlichen Rechts hat der Schweizer Völkerrechtler Paul Guggenheim 1954 artikuliert.[51] Er brandmarkt das *Jus Publicum Europaeum*, »was seinen materiellen Inhalt betrifft«, als »eine ideologische Motivierung für zahlreiche Rechtssätze des allgemeinen Völkerrechts«. Zwar bleibt Carl Schmitt unerwähnt, aber ein Antwortcharakter auf seinen *Nomos* liegt auf der Hand. An diese Ablehnung knüpft Guggenheim die Prognose, dass die gerade geborene Europäische Gemeinschaft für Kohle und Stahl zu einem echten *Jus Publicum Europaeum* führen könnte, das zwischen dem universellen Völkerrecht und den staatlichen Rechtsordnungen Europas steht. Guggenheims Schlusssatz prophezeit das transformative Potenzial dieses europäischen öffentlichen Rechts: »Es wäre aber keine geringe Ironie im weltgeschichtlichen Geschehen, wenn der souveräne Staat europäischen Ursprungs, dieser selbst heute noch wichtigste Faktor in der politischen Struktur der zeitgenössischen Völkerrechtsgemeinschaft, durch die Entfaltung des Jus publicum Europaeum einem Gestaltungswandel unterworfen würde.«[52] Genau so wird es kommen.

49 Peter Häberle, »Gemeineuropäisches Verfassungsrecht«, in: *Europäische Grundrechte-Zeitschrift* 18 (1991), S. 261-274, S. 263.

50 Heinz Schäffer, »Gründung einer Societas Iuris Publici Europaei (SIPE)«, in: *Zeitschrift für öffentliches Recht* 58 (2003), S. 405-415, S. 405 f.; zum IPE-Projekt ⟨https://www.mpil.de/de/pub/forschung/nach-rechtsgebieten/oeffentliches-recht/ius-publicum-europaeum.cfm⟩, letzter Zugriff 01. 07. 2021.

51 Paul Guggenheim, »Das Jus publicum europeum und Europa«, in: *Jahrbuch des öffentlichen Rechts der Gegenwart* 3 (1954), S. 1-14.

52 Ebd., S. 14.

B. Erste Begriffe des neuen Rechts

Es erleichtert die Darstellung von Strukturwandel, wenn sie Perioden und Umbrüche oder Übergänge zwischen solchen Perioden identifiziert.[53] Der historische Institutionalismus spricht von *critical junctures.*[54] Dieses Buch benutzt dafür lose Kosellecks Begriff der Sattelzeit, da er, in hegelianischer Tradition, Ereignisgeschichte und Begriffsgeschichte eng verknüpft.[55]

Dieses Buch identifiziert als die erste Sattelzeit für das neue europäische öffentliche Recht die Jahre nach der Niederlage Deutschlands 1945, die zu den Gründungsverträgen führt, welche die erste Periode des neuen öffentlichen Rechts als eine supranationale *Rechtsgemeinschaft* entfaltet. Die zweite Sattelzeit beginnt mit dem Zusammenbruch des Sozialismus 1989 und mündet im Maastrichter Unionsvertrag zur Neuordnung Europas. Die darauf aufbauende Periode hebt die Rechtsgemeinschaft in einer politischen Union auf, welche die europäische Gesellschaft mit den Maßstäben des Art. 2 EUV *verfasst.*

Seit der Finanzkrise 2008 und dem Wahlsieg Viktor Orbáns 2010 könnten wir uns in einer dritten Sattelzeit befinden.[56] Ein transformativer Konstitutionalismus soll dazu beitragen, dass die 20er Jahre des 21. Jahrhunderts nicht in diesem Sinne erinnert werden.

§ 8 Die erste Sattelzeit

Schmitts Erkenntnis des Niedergangs der europäischen Zentrierung des Völkerrechts hilft den Strukturwandel zu verstehen, der

53 Näher Oliver Diggelmann, »The Periodization of the History of International Law«, in: Fassbender/Peters (Hg.), *The Oxford Handbook of the History of International Law*, Oxford 2012, S. 997-1011.

54 Giovanni Capoccia, »Critical Junctures«, in: Orfeo Fioretos u. a. (Hg.), *The Oxford Handbook of Historical Institutionalism*, Oxford 2016, S. 89-106.

55 Koselleck, »Einleitung« (Fn. 2), S. XV.

56 Vgl. etwa Mikael Rask Madsen, »From Boom to Backlash? The European Court of Human Rights and the Transformation of Europe«, in: Helmut Aust, Esra Demir (Hg.), *The European Court of Human Rights: Current Challenges in Historical and Comparative Perspective*, Cheltenham 2020, S. 21-42; Pierre Rosanvallon, *Le siècle du populisme. Histoire, théorie, critique*, Paris 2020, insbes. S. 227-241.

zum heutigen europäischen öffentlichen Recht führt. Die geopolitische Lage ist revolutioniert. Seit 1945 haben die wichtigsten völkerrechtlichen Institutionen ihren Sitz in New York und Washington. Die epochenprägende internationale Konfliktlinie liegt über Jahrzehnte zwischen dem Präsidenten der Vereinigten Staaten und dem Generalsekretär der KPdSU. Ab den 1960er Jahren lässt die Dekolonisierung die westeuropäischen Staaten zu einer Minderheit in den Organisationen der Weltgemeinschaft schrumpfen. Heute gelten die ständigen und mit Vetomacht versehenen Sitze des Vereinigten Königreichs und Frankreichs im Sicherheitsrat der Vereinten Nationen als Anachronismus.[57] Auf dieser Spur beschreibt das vielleicht berühmteste völkerrechtliche Werk der letzten zwanzig Jahre aus europäischer Feder, Martti Koskenniemis *Gentle Civilizer of Nations*, den Strukturwandel des Völkerrechts nach dem Zweiten Weltkrieg als Niedergang: Der Untertitel des Werks lautet *The Rise and Fall of International Law 1870-1960*.[58]

Doch der Niedergang des alten *Jus Publicum Europaeum*, des europäischen zentrierten Völkerrechts, ermöglicht den Übergang zum neuen europäischen öffentlichen Recht. Koskenniemis Buch behauptet ja keineswegs, dass nach dem Zweiten Weltkrieg die völkerrechtliche Aktivität in Europa zum Erliegen gekommen sei. Vielmehr führt der Wandel der weltpolitischen Großwetterlage mit sanftem US-amerikanischen Druck zu innovativen europäischen Strukturen, die den Horizont des Völkerrechts der Vorkriegszeit hinter sich lassen.[59] Die Wirtschaftskommission für Europa der Vereinten Nationen nimmt 1947, die Organisation für europäische wirtschaftliche Zusammenarbeit 1948 ihre Arbeit auf, der Europarat startet 1949.[60] Und am 9. Mai 1950 ruft der französische Außenminister Robert Schuman nach »efforts créateurs« zur europäischen Einigung, die zum EGKS-Vertrag führen, der Keimzelle der heu-

57 Andreas Zimmermann, »Article 27«, in: Bruno Simma u. a. (Hg.), *The Charter of the United Nations. A Commentary*, Oxford 2012, S. 871-938, Rn. 278.

58 Koskenniemi, *The Gentle Civilizer of Nations* (Fn. 40), S. 413-480.

59 Luigi Vittorio Majocchi, *La difficile costruzione dell'unità europea,* Mailand 1996, S. 168 ff.

60 Abkommen über die Europäische Wirtschaftliche Zusammenarbeit vom 16. April 1948, Verträge der BRD Bd. 1 (1955), S. 2; Satzung des Europarats vom 5. Mai 1949, BGBl. 1950 I, S. 263; Konvention zum Schutze der Menschenrechte und der Grundfreiheiten vom 4. November 1950, BGBl. 1952 II, S. 685, 953.

tigen Union.[61] In der Sache setzt Schuman auf eine gemeinsame Bürokratie und einen gemeinsamen Markt, zwei mächtige Mechanismen der Vergesellschaftung.[62]

Bis in die 1970er Jahre ist keineswegs ausgemacht, welcher der diversen Organisationen die Führungsrolle zufallen sollte, die heute die Europäische Union ausübt. Es gibt für die Entwicklung »keinen Masterplan, sondern [sie] resultierte aus vielschichtigen historischen Prozessen mit den für sie typischen überraschenden Wendungen und Brüchen sowie den Lernprozessen mit vielen Sackgassen und Neuanfängen«.[63] Eine Geschichte des Weltgeists liest sich anders.

Das schließt nicht aus, es mit einem solchen Narrativ zu versuchen.[64] In diesem Sinne beschließen die Regierungen der EU-Mitgliedstaaten, den Tag von Schumans Erklärung als Europatag zu feiern, so Art. I-8 UAbs. 5 des gescheiterten Vertrags über eine Verfassung für Europa (VVE) von 2004. Die Erinnerung an ihn sollte einen identitätsstiftenden Ritus der europäischen Gesellschaft begründen, vergleichbar mit dem Tag des Sturms auf die Bastille in Frankreich, der Befreiung von den Deutschen in Frankreich, Italien, den Niederlanden, Tschechien oder der Slowakei, dem Tag der polnischen Unabhängigkeit oder der deutschen Einheit. Immer geht es um Übergänge in einen neuen, besseren Zustand.

Der Hintergrund von Schumans Aufruf ist komplex: Sicherlich spielt die Idee einer tragfähigen europäischen Friedensordnung eine wichtige Rolle, was Art. I-8 UAbs. 5 (VVE) erklärt und sogar zum Projekt einer Seligsprechung Schumans führt.[65] Aber auch die Sicherung kolonialer Interessen hat einen hohen Stellenwert:[66] Weder damals noch heute treiben nur edle Motive den Strukturwandel zu einer europäischen Gesellschaft. Zudem ist zu dem Zeitpunkt klar, dass die Amerikaner angesichts des weltpolitischen Konflikts

61 Robert Schuman, »Déclaration du 9 mai«, 1950, unter ⟨https://www.robert-schuman.eu/fr/declaration-du-9-mai-1950⟩, letzter Zugriff 01. 07. 2021.

62 Max Weber, *Wirtschaft und Gesellschaft. Grundriss der verstehenden Soziologie*, Tübingen 1972, S. 23, 834.

63 Kiran Klaus Patel, *Projekt Europa. Eine kritische Geschichte*, München 2018, S. 22-64, Zitat S. 64; ebenso Tony Judt, *Postwar. A History of Europe Since 1945*, New York 2005, S. 8.

64 Koschorke, *Hegel und wir* (Fn. 7), S. 162-169.

65 Siehe ⟨https://www.heiligenlexikon.de/BiographienR/Robert_Schuman.html⟩, letzter Zugriff 01. 07. 2021.

66 Olivi, *L'Europa difficile* (Fn. 47), S. 30 ff.

die von Frankreich zunächst angepeilte dauerhafte Schwächung Deutschlands nicht akzeptieren.

Mit diesem amerikanischen Segen kommt es zu völkerrechtlichen Verträgen, die einen Strukturwandel begründen, der das europäische Recht aus dem Völkerrecht emanzipiert. Sicherlich versuchen einige Rechtswissenschaftler bis heute, die Europäische Union völkerrechtlich zu deuten, und keineswegs nur die ewig Gestrigen, sondern selbst Autoren an der Speerspitze der Forschung.[67] Das ist gerade bei progressiven Völkerrechtlern gut verständlich, ist doch die Europäische Union das wichtigste Beispiel, dass Demokratie, Menschenrechte und Rechtsstaatlichkeit jenseits des Staates nicht utopisch, sondern möglich sind.[68]

Die Emanzipation aus völkerrechtlichen Kategorien ist aber wesentlich für den Strukturwandel des europäischen Rechts. Wieder lässt sich der Punkt mit Koskenniemi gut identifizieren: Laut Koskenniemi verliert das Völkerrecht im Zugriff der US-Außenpolitik seine Autonomie. Die Autonomie des europäischen Rechts wird aber ab den frühen 1960er Jahren zur Kernidee der europäischen Rechtsgemeinschaft.

§ 9 Hallsteins Rechtsgemeinschaft

Der Begriff der Rechtsgemeinschaft ist, vor allem in Deutschland, untrennbar mit Walter Hallstein verbunden. Der Frankfurter Professor, wenngleich als Privatrechtler habilitiert, ist der vielleicht wichtigste außenpolitische Berater Konrad Adenauers, insbesondere mit Blick auf die europäische Integration. Als Staatssekretär im Auswärtigen Amt ist er in alle wichtigen Verhandlungen intensiv involviert. In Krönung dieses Engagements erhält er 1958 das Amt des ersten Präsidenten der EWG-Kommission.

Während Hallsteins Verständnis der EWG als unvollendeter Bundesstaat sich nicht durchsetzt (§ 12), landet er mit der europäischen Rechtsgemeinschaft einen begrifflichen Volltreffer. Insbe-

67 Jan Klabbers, *An Introduction to International Organizations Law*, Cambridge 2015, S. 14 f.; Bruno de Witte, »The European Union as an International Legal Experiment«, in: Gráinne de Búrca, Joseph H. H. Weiler (Hg.), *The Worlds of European Constitutionalism*, Cambridge, New York 2012, S. 19-56.

68 Matthias Goldmann, »Hopes of Progress« (Fn. 44), S. 3.

sondere im deutschen Europarechtsdiskurs artikuliert dieser Begriff den gemeinsamen Verständnishorizont.[69] Viele europarechtliche Vorlesungen starten mit der Feststellung, Europa sei eine Rechtsgemeinschaft, und entfalten das Europarecht (oder *europäische Recht*) in diesem Licht. Der Begriff wirkt breit in die allgemeine Öffentlichkeit: Michael Stolleis schwört die FAZ-Leserschaft auf »Unsere Rechtsgemeinschaft« ein.[70]

Der europarechtliche Begriff der *Rechtsgemeinschaft* ist Hallsteins Schöpfung,[71] selbst wenn sich der Ausdruck *Rechtsgemeinschaft* schon zuvor findet.[72] Er ist Hallsteins wichtigstes rechtswissenschaftliches Vermächtnis, weil er dem neuen Phänomen eine eigene Grundbegrifflichkeit verpasst. Begriffsstrategisch ähnelt das Vorgehen Leibholz' Strukturwandelargument, das der deutschen Verfassungsinterpretation einen neuen Raum von Möglichkeiten erschließt.

Natürlich steht Hallstein nicht allein. Seine Gruppe und den Kontext, in dem das europäische öffentliche Recht Anfang der 1960er Jahre einen gewaltigen Ruck macht, beschreibt Antoine Vauchez' bahnbrechende Studie *L'Union par le droit*.[73] Diese ebenso beherzten wie kreativen Juristen formen das noch weitgehend amorphe Recht der drei Gründungsverträge durch dogmatische Innovationen zu einer eigenen transformativen Kraft. Vergleichbare juristische Schritte fehlen in der Wirtschaftskommission für Europa der Vereinten Nationen, der Organisation für europäische wirtschaftliche Zusammenarbeit oder dem Europarat. Nicht nur Juristen sind der Auffassung, dass diese Innovationen maßgeb-

69 Walter Hallstein, »Die EWG – eine Rechtsgemeinschaft (1962)«, in: Thomas Oppermann (Hg.), *Europäische Reden*, Stuttgart 1979, S. 341-348.

70 Michael Stolleis, »Unsere Rechtsgemeinschaft«, Frankfurter Allgemeine Zeitung v. 03. 06. 2016.

71 Franz C. Mayer, »Europa als Rechtsgemeinschaft«, in: Gunnar Folke Schuppert u. a. (Hg.), *Europawissenschaft*, Baden-Baden 2005, S. 429-487, S. 430. Der junge Claus Dieter Ehlermann leistete wissenschaftliche Unterstützung, wie ein Interview mit ihm ergab.

72 Vgl. nur Walther Burckhardt, *Die Organisation der Rechtsgemeinschaft. Untersuchungen über die Eigenart des Privatrechts, des Staatsrechts und des Völkerrechts*, Zürich 1944.

73 Vauchez, *L'Union par le droit* (Fn. 55, § 4); vgl. auch die fortentwickelte englische Fassung: ders., *Brokering Europe. Euro-Lawyers and the Making of a Transnational Polity*, Cambridge 2015.

lich dazu beigetragen haben, dass die Union letztlich das Rennen macht.[74]

Hallstein legitimiert diese Autonomisierung in pathetischen Worten: »An die Stelle der Macht und ihrer Manipulierung, an die Stelle des Gleichgewichts der Kräfte und des Hegemoniestrebens und des Spiels der Allianzen tritt zum ersten Mal die Herrschaft des Rechts.«[75] Hallsteins Rechtsgemeinschaft ist zunächst ein vager Begriff,[76] wird aber durch die Rechtsarbeit jener Gruppe verdichtet. Bald fasst der Begriff der *Rechtsgemeinschaft* bedeutende Inventionen zusammen wie die Einheit des auf drei unterschiedlichen Verträgen gegründeten Gemeinschaftsrechts, die Autonomie dieses Rechts, die Hüterrolle von Kommission und Gerichtshof, die unmittelbare und vorrangige Wirkung des Gemeinschaftsrechts, individualrechtliche Marktfreiheiten und Grundrechte sowie ein ständig wachsendes regulatorisches Rechtskorpus. So kann das Gemeinschaftsrecht zu einer gesellschaftlichen Struktur erstarken. Hegel würde von Sittlichkeit und objektivem Geist, Hauriou von Institutionen, Schmitt von konkreter Ordnung und Bourdieu von einem neuen rechtlichen Feld sprechen.

Die strukturwandelnde Kraft dieses Rechtskorpus steht heute außer Frage.[77] Natürlich hat die Binnendynamik des juristischen Feldes nicht alleine den Strukturwandel bewirkt. Es bedurfte gleichgesinnter politischer, wirtschaftlicher, sozialer Kräfte. Aber man darf vermuten, dass ohne diese juristischen Innovationen der Strukturwandel zur heutigen europäischen Gesellschaft nicht gelungen wäre.

Hallsteins genialer Begriff ist allerdings in die Jahre gekommen. In seinem Altern lässt sich der weitere Strukturwandel des Gemeinschaftsrechts gut verfolgen. So ist Hallsteins *Rechtsgemeinschaft* zuvörderst ein Begriff für die EWG, also eine supranationale Organisation; die Mitgliedstaaten bleiben weitgehend außen vor. Ein EU-fokussiertes Verständnis der Rechtsgemeinschaft dominiert bis

74 Patel, *Projekt Europa* (Fn. 63), S. 53.

75 Hallstein, »Die EWG« (Fn. 69), S. 344.

76 Walter Hallstein, *Die Europäische Gemeinschaft*, Düsseldorf 1973, S. 33.

77 Die ikonischen Texte stammen aus Amerika, Eric Stein, »Lawyers, Judges, and the Making of a Transnational Constitution«, in: *American Journal of International Law* 75 (1981), S. 1-27; Joseph H. H. Weiler, »The Transformation of Europe«, in: *The Yale Law Journal* 100 (1991), S. 2403-2483.

heute, so dass es für aktuelle Problemlagen, in Deutschland denkt man gern an Rechtsstaatlichkeitsprobleme in Polen und Ungarn (§ 25; §§ 45-47, §§ 65-67), zu kurz greift. Zwar impliziert Hallsteins Rechtsgemeinschaft die Kontrolle des mitgliedstaatlichen Vollzugs des Gemeinschaftsrechts, sei es durch das Vertragsverletzungsverfahren oder das Vorabentscheidungsverfahren. Dies ändert jedoch nichts am supranationalen Fokus.[78] Heute bedarf es eines umfassenderen Ansatzes (§ 10).

Eine Leistung von Hallsteins Rechtsgemeinschaft ist, dass sie das so plausible *sui generis* des europäischen Zusammenschlusses zwischen Staatlichkeit und internationaler Organisation fasst, eben als Rechtsgemeinschaft. Die Kernaussage lautet: Die EWG ist aufgrund ihres entwickelten Rechts im Gegensatz zu anderen transnationalen Organisationen eine Rechtsgemeinschaft, aber, anders als ein Staat, keine Zwangsgemeinschaft, sondern *nur* eine Rechtsgemeinschaft.[79] Das ist kein Glasperlenspiel, sondern von verfassungsrechtlicher Bedeutung: Es mindert den Legitimationsbedarf. Hallsteins Rechtsgemeinschaft ist auch legitimationstheoretisch ein genialer Begriff. Er mobilisiert die Legitimationsressourcen der Rechtsidee, ohne den Legitimationsbedarf des Rechtszwangs zu wecken. Wer will schon gegen eine Rechtsgemeinschaft opponieren, welche das Zusammenleben in Europa durch gemeinsame Institutionen friedlich gestaltet, ohne Zwang und Gewalt. Die heutige Union lässt sich aber nicht mehr durch die Abwesenheit von Zwangsinstrumenten definieren (§ 12).

Seit der zweiten Sattelzeit, also seit dem Fall des Eisernen Vorhangs (§ 20), hat eine Politisierung der Union stattgefunden, die Hallsteins Rechtsgemeinschaft ebenfalls nicht fasst.[80] Seine Rechts-

78 Vgl. Francis Snyder, »The Effectiveness of European Community Law: Institutions, Processes, Tools and Techniques«, in: *The Modern Law Review* 56 (1993), S. 19-54.

79 Hallstein, »Die EWG« (Fn. 69), S. 348; Ingolf Pernice, »Begründung und Konsolidierung der Europäischen Gemeinschaft als Rechtsgemeinschaft«, in: Manfred Zuleeg (Hg.), *Der Beitrag Walter Hallsteins zur Zukunft Europas. Referate zu Ehren von Walter Hallstein*, Baden-Baden 2003, S. 56-70.

80 Näher Michael Zürn, »Politicization Compared: at National, European, and Global Levels«, in: *Journal of European Public Policy* 26 (2019), S. 977-995; Ran Hirschl, »The Judicialization of Mega-Politics and the Rise of Political Courts«, in: *Annual Review of Political Science* 11 (2008), S. 93-118.

gemeinschaft steht in der Tradition von David Mitrany, dem Schöpfer des technokratischen Funktionalismus.[81] Hallsteins Rechtsgemeinschaft ist zwar nicht antiparlamentarisch: Der Begriff kommt sogar zur Stärkung des Europäischen Parlaments erfolgreich zum Einsatz.[82] Aber Hallstein sieht den politischen Charakter der EWG vor allem in der hoheitlichen Steuerung ökonomischer Prozesse.[83] Sie ist politisch, weil sie Recht setzt und Politiken verfolgt (heute Art. 26 ff. AEUV), nicht aber weil sie streitiger Gegenstand der öffentlichen Auseinandersetzung ist. Letztlich fehlt bei Hallstein die konflikthafte europäische Gesellschaft.

In diesem Sinne erschließt sich ein weiteres Alterungssymptom der Rechtsgemeinschaft: Für Hallstein ist das Recht eine stets einigende Kraft.[84] Heute aber treibt das Europarecht auch auseinander, man denke an die europäischen Vorgaben für die nationale Haushaltspolitik, das Migrations- und Flüchtlingsrecht, den Austritt des Vereinigten Königreichs aus prinzipieller Abneigung gegen europäisches Recht. Hallsteins Rechtsgemeinschaft legt nahe, jeden unionalen Rechtsakt als zivilisatorische Errungenschaft zu feiern. Das überzeugt heute niemanden mehr.

Die heutige konflikthafte Politisierung des europäischen Rechts ist mit Hallsteins Rechtsgemeinschaft kaum zu fassen.[85] Fragen europarechtlicher Gestaltung bilden oft den Mittelpunkt der öffentlichen Auseinandersetzung quer durch die europäische Gesellschaft. Sie können mitgliedstaatliche Wahlen entscheiden und betreffen zentrale Interessen der politischen Eliten. Sie produzieren inzwischen eine zentrale Konfliktlinie (*cleavage*) im europäischen Parteiensystem.[86] Eine der wichtigsten Gegenwartsfragen lautet, ob

81 Mayer, »Europa als Rechtsgemeinschaft« (Fn. 71), S. 432.

82 EuGH, *Les Verts/Parlament*, Rs. C-294/83, Urteil v. 23. April 1986, ECLI:EU:C:1986:166; aus der Feder eines Protagonisten dazu Manfred Zuleeg, »Die Europäische Gemeinschaft als Rechtsgemeinschaft«, in: *Neue Juristische Wochenschrift* 9 (1994), S. 545-549, S. 548.

83 Hallstein, *Die Europäische Gemeinschaft* (Fn. 76).

84 Ebd., S. 33.

85 Renaud Dehousse, »Constitutional Reform in the European Community. Are there Alternatives to the Majoritarian Avenue?«, in: *West European Politics* 18 (1995), S. 118-136, S. 124; Ulrich Haltern, *Europarecht und das Politische*, Tübingen 2005, S. 44, 104 ff.

86 Mark Dawson, Floris de Witte, »From Balance to Conflict. A New Constitution for the EU«, in: *European Law Journal* 22 (2016), S. 204-224, S. 207.

es dem Europarecht gelingt, diese konflikthafte Politisierung zu hegen, ja konstruktiv zu wenden.

Der Begriff der Rechtsgemeinschaft lockt auf den Weg, der Politisierung durch Legalismus zu begegnen.[87] Da die Opportunität dieses Weges aber im Herzen der Auseinandersetzung steht,[88] erscheint die Rechtsgemeinschaft kaum geeignet, einen europaweiten Verständnishorizont zu generieren. Die deutsche Berufung auf die Rechtsgemeinschaft wird anderswo als Deckmantel deutscher Interessen gedeutet.[89]

Wenn Stolleis also von »unserer Rechtsgemeinschaft« spricht, so ist es in der Tat *unsere* Rechtsgemeinschaft, nämlich die der deutschen Juristinnen und Juristen. Der deutsche Begriff *Rechtsgemeinschaft* hat eine idiosynkratische Dimension. Das zeigt sich auch begriffsgeschichtlich: Während sich in den romanischen Sprachen das Wort *communauté/comunità* durch theoretische Unschuld und weitgehende Bedeutungsleere auszeichnet, steht es in Deutschland in einer starken theoretischen Tradition, die in dem Gegensatz *Gesellschaft – Gemeinschaft* Ausdruck findet.[90]

Die Rechtsgemeinschaft vermittelt heute kein adäquates Grundverständnis des Europarechts.[91] Man sollte den Rechtsbegriff der Rechtsgemeinschaft (mit dem EuGH heute: Rechts*union*) auf

87 Frank Schorkopf, »Gestaltung mit Recht. Prägekraft und Selbststand des Rechts in einer Rechtsgemeinschaft«, in: *Archiv des öffentlichen Rechts* (2011), S. 323-344; Ronald G. Asch, »›This realm of England is an empire‹. Die Krise der EU, das Brexit-Referendum und die europäische Rechtsgemeinschaft«, in: *Zeitschrift für Staats- und Europawissenschaften* 14 (2016), S. 174-191, S. 179.

88 Markus K. Brunnermeier u. a., *The Euro and the Battle of Ideas*, Princeton, Oxford 2016.

89 Sabino Cassese, »The Paths of European Legal Scholarship«, *Verfassungsblog* v. 05. 10. 2020; Oreste Pollicino, »The European ›Market‹ for Constitutional Ideas. Abuse of a Judicial Dominant Position?«, *Verfassungsblog* v. 09. 10. 2020; Pál Sonnevend, »How Not to Become Hegemonial. Self-Preservation Through Verfassungsdogmatik«, *Verfassungsblog* v. 13. 10. 2020; Daniel Sarmiento, »On the Road to German Hegemony in EU Law?«, *Verfassungsblog* v. 07. 10. 2020; Daniel Halberstam, »Anti-Hegemony and Its Discontents. On Germany in Europe«, *Verfassungsblog* v. 14. 10. 2020.

90 Ferdinand Tönnies, *Gemeinschaft und Gesellschaft. Abhandlung des Communismus und des Socialismus als empirischer Culturformen*, Berlin 1887; zum französischen Verständnis Vauchez, *Brokering Europe* (Fn. 73), S. 75.

91 So kommt er in dem Buch von András Jakab, *European Constitutional Language*, Cambridge 2016, nicht vor.

das Gebot gerichtlicher Kontrolle hoheitlicher Macht reduzieren (Art. 19 EUV, Art. 47 GRC).[92] Diese umfassende gerichtliche Kontrolle öffentlicher Gewalt und die darauf aufbauende Normativität des Unionsrechts ist ein Alleinstellungsmerkmal der Europäischen Union,[93] eine zivilisatorische Errungenschaft. Als Grundbegriff ist die Rechtsgemeinschaft aber zu historisieren, zur Beschreibung des Strukturwandels des europäischen Rechts in der zweiten Hälfte des 20. Jahrhunderts. Diese Historisierung wertet den Begriff nicht ab, sondern weist ihm neue Relevanz zu.

Dieser Vorschlag hat eine positivrechtliche Grundlage. Der Vertragsgesetzgeber hat den Begriff der Rechtsgemeinschaft nie positiviert, wohl aber in der zweiten Sattelzeit die Rechts*staatlichkeit* als Schlüsselbegriff gesetzt (nunmehr Art. 2 EUV).[94] Diese Rechtsstaatlichkeit ist so zu konstruieren, dass sie das bewahrenswerte Vermächtnis von Hallsteins Rechtsgemeinschaft im hegelschen Sinne aufhebt, also auch beibehält. Es gilt weiterhin: »Nirgends ist Europa wirklicher als im Recht.«[95]

§ 10 Moslers Europarecht

Die rechtliche Struktur der europäischen Gesellschaft ergibt sich nicht allein aus dem Unionsrecht, sondern ist eine Gemeinschaftsleistung verschiedener Rechtsordnungen. Das zeigt sich deutlich in ihrer demokratischen Verfasstheit: Sie ist eine Gemeinschaftsleistung von Unionsrecht, den nationalen Rechtsordnungen und der Europäischen Menschenrechtskonvention.[96] Dieser Zusam-

92 EuGH, *Schrems*, Rs. C-362/14, Urteil v. 6. Oktober 2015, ECLI:EU:C:2015:650, Rn. 60.

93 Matthias Kottmann, *Introvertierte Rechtsgemeinschaft. Zur richterlichen Kontrolle des auswärtigen Handelns der Europäischen Union*, Berlin, Heidelberg 2014, S. 25 ff., 79 ff., 235 ff. 296 ff.

94 Die englische Terminologie der »rule of law« verdeckt diese Zäsur.

95 Comité de Réflexion sur le Préambule de la Constitution, *Redécouvrir le Préambule de la Constitution. Rapport du comité présidé par Simone Veil*, Paris 2008, S. 41.

96 Dies ist die Kerneinsicht des europäischen Rechtspluralismus, Daniel Halberstam, »Systems Pluralism and Institutional Pluralism in Constitutional Law. National, Supranational and Global Governance«, in: Matej Avbelj (Hg.), *Constitutional pluralism in the European Union and beyond*, Oxford 2012, S. 94 ff.

menhang legt einen holistischen Begriff des europäischen Rechts nahe.[97] Hermann Mosler hat ihn formuliert.

Viele verstehen unter europäischem Recht (Europarecht) entweder nur das Recht der Europäischen Union oder aber das Recht der Union zusammen mit der EMRK und dem übrigen Recht des Europarats.[98] Moslers Begriff des europäischen Rechts (Europarechts) führt hingegen staatliches und überstaatliches Recht zusammen. Das ist ein grundbegrifflicher Schritt, weil die Unterscheidung von staatlichem Recht und Völkerrecht eine Grundstruktur bildet.[99]

Es gab schon vor Mosler holistische Theorien, man erinnere nur Kelsens Monismus und Schmitts rechtsordnungsübergreifendes *Jus Publicum Europaeum*.[100] Aber Mosler artikuliert ein holistisches Verständnis passgenau für das europäische Recht der Nachkriegsordnung.[101] Mosler ist ein Jurist mit enormem wissenschaftlichen und praktischen Gewicht: Als Rechtsberater Adenauers und Hallsteins sowie später als Direktor am Max-Planck-Institut für ausländisches öffentliches Recht und Völkerrecht ist er einer der wichtigsten juristischen Architekten der deutschen Westbindung. In Anerkennung seiner Leistungen wird er 1959 der erste deutsche Richter am EGMR und 1976 der erste deutsche Richter am Internationalen Gerichtshof im Haag.[102] Seine internationale Kar-

97 Das Attribut *holistisch* bezeichnet den rechtsordnungsübergreifenden Charakter des Europarechts, es geht nicht um ein holistisches Gesellschaftsverständnis; dazu Armin von Bogdandy, Sergio Dellavalle, »Universalism and Particularism. A Dichotomy to Read Theories on International Order«, in: Stefan Kadelbach u. a. (Hg.), *System, Order, and International Law*, Oxford 2017, S. 482-504.

98 In diesem Sinne Bernard Stirn, Yann Aguila, *Droit public français et européen*, Paris 2021, S. 371.

99 Heinrich Triepel, *Völkerrecht und Landesrecht*, Leipzig 1899, S. 12-22; Pierre-Marie Dupuy, »International Law and Domestic (Municipal) Law«, in: Rüdiger Wolfrum (Hg.), *Max Planck Encyclopedia of Public International Law (online)*, Oxford 2011.

100 Hans Kelsen, *Reine Rechtslehre. Einleitung in die rechtswissenschaftliche Problematik*, Leipzig, Wien 1934, S. 129 ff.; zu Schmitt oben, § 7.

101 Hermann Mosler, »Begriff und Gegenstand des Europarechts«, in: *Zeitschrift für ausländisches öffentliches Recht und Völkerrecht* 28 (1968), S. 481-502; ders., »European Law – Does it Exist?«, in: *Current Legal Problems* 19 (1966), S. 168-191; die folgenden Ausführungen basieren auf Armin von Bogdandy, »Was ist Europarecht? Eine Fortschreibung von Begriff und Disziplin«, in: *JuristenZeitung* 72 (2017), S. 589-597.

102 Zu Mosler siehe Felix Lange, *Praxisorientierung und Gemeinschaftskonzeption.*

riere symbolisiert die gelingende Westintegration der Bundesrepublik.

Moslers Begriffsbildung erfolgt in einem massiven Konflikt, den Charles de Gaulle und Walter Hallstein personifizieren. Der von Hallsteins Gruppe erfolgreich betriebene Strukturwandel führt dazu, dass sich die nationalstaatlich ausgerichteten Kräfte gegen ihn formieren. Von diesem Konflikt erinnert man heute vor allem die französische Politik der *chaise vide* vom 30. Mai 1965 bis zum 30. Januar 1966, mit der die französische Regierung den damals anstehenden Übergang zur Mehrheitsentscheidung im Rat erfolgreich blockiert.[103]

Die Auseinandersetzung zwischen Hallstein und de Gaulle hat viele Aspekte. Im Folgenden geht es allein darum, wie Mosler vor dem Hintergrund dieses Konflikts seinen wegweisenden, weil vermittelnden Begriff des europäischen Rechts prägt. Moslers Europarecht umfasst das Gemeinschaftsrecht (heute Unionsrecht), die Europäische Menschenrechtskonvention sowie die nationalen Umsetzungsakte und autonomen mitgliedstaatlichen Akte, »die im Hinblick auf die Ziele der europäischen Zusammenschlüsse erlassen werden«.[104] Mosler geht induktiv vor. Er erfasst nicht das gesamte nationale Recht, artikuliert aber die Kernidee eines rechtsordnungsübergreifenden Rechtskorpus. So hat Moslers Europarecht, ungeachtet seiner vorsichtigen Artikulation, ein radikales Moment: »Es sprengt die Grenzen zwischen Völkerrecht und Landesrecht.«[105]

In dem politischen Konflikt steht Hallsteins Vision bundesstaatlicher europäischer Institutionen gegen de Gaulles *Europe des patries*: supranational gegen national. Nach Moslers Begriff kommt es auf beide Ebenen in ihrem Zusammenwirken an. Damit zeichnet er die Vermittlung dieser beiden Ebenen vor, die in den nächsten Jahrzehnten erfolgen sollte. 1992 wird der Vertragsgesetzgeber von Maastricht die aus der Vermittlung entstandene Gesamtheit als »Union der Völker Europas« bezeichnen. Ingolf Pernice entwickelt

Hermann Mosler als Wegbereiter der westdeutschen Völkerrechtswissenschaft nach 1945, Berlin, Heidelberg 2017, S. 56 ff., 120 ff.

103 Im Einzelnen Luuk van Middelaar, *Vom Kontinent zur Union. Gegenwart und Geschichte des vereinten Europa*, Berlin 2016, S. 107 ff.

104 Mosler, »Begriff und Gegenstand des Europarechts« (Fn. 101), S. 500.

105 Ebd., S. 500.

1996 Moslers Ansatz im Begriff des Verfassungsverbunds fort und macht ihn zu einem Eckpunkt der europäischen Verfassungsdiskussion der 1990er und 2000er Jahre.[106] Und der EuGH folgert daraus eine seiner wichtigsten Dogmatiken: Jedes mitgliedstaatliche Gericht ist zugleich ein Unionsgericht.[107]

Moslers holistischer Begriff konstituiert einen rechtsordnungsübergreifenden Rechtskorpus, der Vertreter des mitgliedstaatlichen Rechts, Vertreter des Unionsrechts und Vertreter der EMRK zusammenbringt, insbesondere die Richterinnen und Richter der obersten nationalen Gerichte, der Verfassungsgerichte, des EuGH und des EGMR. Andreas Voßkuhle prägt dafür dreißig Jahre später einen begrifflichen Volltreffer: Verfassungsgerichtsverbund.[108] In diesem Verbund tragen die Akteure der unterschiedlichen Rechtsordnungen eine gemeinsame Verantwortung (§§ 62-64). Natürlich ist jeder Akteur spezifisch auf die Rechtsordnung verpflichtet, die seine Institution eingerichtet hat. Aber sie sind zugleich Protagonisten des europäischen Rechts, so dass ihnen eine gemeinsame, wenngleich differenzierte Verantwortung obliegt. Der holistische Begriff des Europarechts hilft den gemeinsamen Boden zu festigen, Konflikte zu hegen und Kräfte gegen Herausforderungen zu bündeln.

Das holistische Verständnis des europäischen Rechts artikuliert die enge Verbindung der Rechtsmassen, welche täglich in zahllosen juristischen Bewertungen und Entscheidungen zu Tage tritt. Das Unionsrecht ist von den mitgliedstaatlichen Rechtsordnungen abhängig, denn ihm fehlt weitestgehend ein institutioneller Unterbau. Aber zugleich sind viele Bewertungen und Entscheidungen unter den mitgliedstaatlichen Rechtsordnungen nur noch unter Einbeziehung der transnationalen Komponenten des Europarechts möglich. Langsam bilden sich diese Erkenntnisse in Strukturen

106 Ingolf Pernice, »Die Dritte Gewalt im europäischen Verfassungsverbund«, in: *Europarecht* 31 (1996), S. 27-43.

107 EuGH, *Amministrazione delle finanze dello Stato/Simmenthal*, Rs. C-106/77, Urteil v. 9. März 1978, ECLI:EU:C:1978:49; *Einheitliches Patentgerichtssystem*, Gutachten 1/09 v. 8. März 2011, ECLI:EU:C:2011:123, Rn. 80; Allan Rosas, »The National Judge as EU Judge: Opinion 1/09«, in: Pascal Cardonnel u. a. (Hg.), *Constitutionalising the EU Judicial System. Essays in Honour of Pernilla Lindh*, Oxford 2012, S. 105-122, S. 105.

108 Andreas Voßkuhle, »Der europäische Verfassungsgerichtsverbund«, in: *Neue Zeitschrift für Verwaltungsrecht* 29 (2010), S. 1-8.

des universitären Unterrichts und damit der Grundsozialisation künftiger Juristinnen und Juristen ab.[109] Manche sehen die Interdependenzen als so stark, dass das Europarecht gegenüber dem rein mitgliedstaatlichen Recht nicht mehr sinnvoll abzugrenzen sei. Entsprechend soll es weder eine eigene rechtswissenschaftliche Disziplin noch eine spezifische Vorlesung zum Europarecht geben.[110]

Dieser Zusammenhang wird über lange Zeit vor allem vertikal gedacht, also zwischen den einzelnen Mitgliedstaaten und den Institutionen der Europäischen Union. Inzwischen ist jedoch klar, dass auch die horizontale Verflechtung zwischen mitgliedstaatlichen Rechtsordnungen von transformierender Bedeutung ist.[111] Sogar Höchst- und Verfassungsgerichte, gewöhnlich die einsame Spitze der Judikative, sind in horizontale europäische Netzwerke eingebunden (§§ 52-54, §§ 62-64), und die europäische Rechtsvergleichung wird zu einem Unterrichtsfach.[112]

§ 11 Die verkannte Union

Dieses holistische Verständnis des europäischen Rechts entspricht dem Begriff der Union. Der Vertragsgesetzgeber bezeichnet als Union die Gesamtheit aus Mitgliedstaaten und EU-Institutionen. Die französische und die italienische Fassung sprechen seit den Römi-

109 Frank Schorkopf, »Selbstverständnis und Perspektiven der Europarechtswissenschaft. Eine Rechtswissenschaft für das organisierte Europa«, in: *Jahrbuch des öffentlichen Rechts* 68 (2020), S. 527-543, S. 540 f.

110 Gernot Sydow, »Die Europarechtswissenschaft europäisieren? Überlegungen zur Strukturentwicklung der juristischen Fakultäten und zur Lehre des Europarechts«, in: *Jahrbuch des öffentlichen Rechts* 68 (2020), S. 545-559, S. 553, 557; dagegen überzeugend Thomas Ackermann, »Eine ›ungeheure Jurisprudenz‹? Die Europarechtswissenschaft und die Europäisierung des Rechts«, siehe ebd., S. 471-487.

111 Ingolf Pernice, »La Rete Europea di Costituzionalità. Der Europäische Verfassungsverbund und die Netzwerktheorie«, in: *Zeitschrift für ausländisches öffentliches Recht und Völkerrecht* 70 (2010), S. 51-71.

112 Mit der entsprechenden Literatur Constance Grewe, Hélène Ruiz Fabri, *Droits constitutionnels européens*, Paris 1995; Albrecht Weber, *Europäische Verfassungsvergleichung. Ein Studienbuch*, München 2010; Claus Dieter Classen, *Nationales Verfassungsrecht in der Europäischen Union. Eine integrierte Darstellung von 27 Verfassungsordnungen*, Baden-Baden 2021; Enzo Di Salvatore (Hg.), *Sistemi costituzionali europei*, Mailand 2021.

schen Verträgen in diesem Sinne von »union« bzw. »unione«. Nach der französischen Präambel des EWG-Vertrags zielt der Vertragsgesetzgeber seit 1957 auf »une union sans cesse plus étroite entre les peuples européens«. Union ist ein Begriff von Gewicht, man erinnere andere kontinentale Gemeinwesen wie die Union: die USA, die Sowjetunion, die Indische Union. Vielleicht deshalb spricht die deutsche Fassung des EWG-Vertrags vager von einem »immer engeren Zusammenschluss«. 1992 findet aber auch die deutsche Fassung des Unionsvertrags zum Begriff *Union*. Nach Art. 1 Abs. 2 EUV zielt der Vertrag auf »eine immer engere Union der Völker Europas«. Im Folgenden interessiert nicht der Name, den der Vertragsgesetzgeber 2007 dem in Art. 47 EUV bezeichneten Rechtssubjekt gibt, sondern der davon zu unterscheidende Begriff, den er seit 1957 nutzt.

Mit diesem Begriff meint der Vertragsgesetzgeber, wie der unbestimmte Artikel in »*eine* Union« zeigt, nicht allein die supranationale Organisation, die heute die Bezeichnung *Europäische Union* trägt. Er meint vielmehr das Ganze aus Europäischer Wirtschaftsgemeinschaft (später Union) und Mitgliedstaaten. Dies bestätigen die niederländische Fassung, die an dieser Stelle nicht von »Unie« spricht, sondern von »verbond«, und die französische Fassung, die in der Präambel wie in Art. 1 Abs. 2 EUV die »union« mit einem kleinen »u« schreibt.[113] Entsprechend verwendet auch *The Economist*, das wohl führende Blatt der europäischen Öffentlichkeit, »union« als Begriff für das Ganze.[114] Die deutsche öffentlich-rechtliche Dogmatik hat für diese Gesamtheit den Begriff des Verbunds entwickelt und sorgt sich um dessen adäquate Übersetzung in andere Sprachen. Eine terminologische Umstellung von Verbund auf Union könnte da helfen. Der EuGH spricht in diesem Sinne von einer Rechtsunion.[115]

Die Bedeutung von »Union« in Art. 1 Abs. 2 EUV ähnelt dem deutschen Begriff des Gesamtstaats, der das Ganze aus Bund und Ländern artikuliert. Das europäische Recht ist das Recht dieser Ge-

113 Edmond Wellenstein, »Guest Editorial. Unity, Community, Union – what's in a name?«, in: *Common Market Law Review* 29 (1992), S. 205-212.

114 Charlemagne, »How Europe has mishandled the pandemic. What happened and what does it mean for the union?«, *The Economist* v. 31. 03. 2021.

115 EuGH, *Schrems* (Fn. 92), Rn. 60; *Associação Sindical dos Juízes Portugueses*, Rs. C-64/16, Urteil v. 27. Februar 2018, EU:C:2018:117, Rn. 31 f.; *LM*, Rs. C-216/18 PPU, Urteil v. 25. Juli 2018, ECLI:EU:C:2018:586, Rn. 49.

samtheit (Union) und setzt sich aus dem Unionsrecht und dem mitgliedstaatlichen Recht zusammen. Es bezieht zudem, wie viele mitgliedstaatliche Verfassungen, die Verbürgungen der EMRK mit ein.

Obwohl dieses europäische Recht weit über das Unionsrecht hinausreicht, ist es doch vom Unionsrecht aus zu denken. Nicht nur der Namensträger *Europäische Union*, sondern der gesamte Zusammenschluss wird durch das Unionsrecht begründet. Das Unionsrecht ist, anders als die einzelnen mitgliedstaatlichen Rechtsordnungen oder die EMRK, für das europäische Recht schlechthin konstitutiv. Moslers holistischer Begriff des Europarechts fasst das Konglomerat von Rechtsnormen unterschiedlicher Rechtsordnungen und artikuliert ihre enge Verbindung, hohe Interdependenz und dichte Interaktion.

Dieser Logik entsprechend haben sich die meisten Rechtsfächer in den letzten fünf Jahrzehnten neu aufgestellt.[116] Heute gibt es rechtsordnungsübergreifend nicht nur ein europäisches öffentliches Recht (§§ 12-22), sondern auch ein europäisches Schuldrecht,[117] ein europäisches Familien- und Erbrecht,[118] ein europäisches Zivilprozessrecht,[119] ein europäisches Arbeits- und Sozialrecht[120] und ein europäisches Strafrecht.[121] Der einsilbige Staat hat sich zum Mitgliedstaat gewandelt. Viele staatliche Institutionen sind in unionsrechtlich geprägte Netzwerke eingebunden. Institutionelle Selbstverständnisse haben sich gewandelt, europäisiert.[122] Nur die

116 Ackermann, »Eine ›ungeheure Jurisprudenz‹?« (Fn. 110).

117 Luis Díez-Picazo y Ponce de Léon u. a., *Los principios del derecho europeo de contratos*, Madrid 2002.

118 Katharina Boele-Woelki u. a., Principles of European Family Law Regarding Property, Maintenance and Succession Rights of Couples in de facto Unions, Cambridge 2019.

119 Andrés de la Oliva Santos, Fernando Gascón Inchausti, *Derecho procesal civil europeo. Competencia judicial internacional, reconocimiento y ejecución de resoluciones extranjeras en la Unión Europea*, Cizur Menor 2011.

120 Monika Schlachter, Hans Michael Heinig, *Europäisches Arbeits- und Sozialrecht*, Baden-Baden 2020.

121 André Klip, *European Criminal Law. An Integrative Approach*, Cambridge 2016.

122 Vgl. etwa Christoph Grabenwarter, »Zusammenfassung der Ergebnisse der vorangegangenen Sitzungen für den XVI. Kongress der Konferenz der Europäischen Verfassungsgerichte«, in: Verfassungsgerichtshof der Republik Österreich (Hg.), *Die Kooperation der Verfassungsgerichte in Europa. Aktuelle Rahmenbedingungen und Perspektiven*, Wien 2014, S. 174-179.

gekrönten Häupter europäischer Staaten sind nicht europarechtlich verbandelt; für deren europäische Identität hat die dynastische Hochzeitspolitik zu sorgen.

Zahlreiche rechtswissenschaftliche Theorien arbeiten sich an dieser Erfahrung ab: Verbundkonzepte, sei es der Staaten- oder Verfassungsverbund, die meisten Ausprägungen des europäischen Rechtspluralismus und der Netzwerktheorien, der liberale Intergouvernementalismus, der europäische Föderalismus.[123] Letzterer erscheint mir als besonders erkenntnisträchtig.[124] Verwaltungsrechtler operieren mit Begriffen wie *Verwaltungsverbund*, *Verwaltungsunion*, *administration mixte*, *coadministration* oder *integrated administration*.[125] Diese Theorien unterscheiden sich in vielem, aber alle sehen die Rechtsordnungen als so tief miteinander verbunden, dass ihre Interaktion nicht mehr ein Phänomen am Rande, sondern strukturprägend ist.

Moslers Begriff des Europarechts umfasst nicht nur das Gemeinschaftsrecht und das mitgliedstaatliche Recht, sondern auch die EMRK, institutionell also den Europäischen Gerichtshof für Menschenrechte. Man sollte dies nicht damit abtun, dass er als Richter des EGMR dieser Institution besonders zugetan war. Der Gerichtshof hat vielmehr eine europaweite Vermenschenrechtlichung aller Machtbeziehungen betrieben, ohne die die europäische Gesellschaft des Art. 2 EUV kaum vorstellbar ist (§ 57).

Heute richten viele nationale Verfassungen den Schutz individueller Rechte an den Vorgaben der EMRK in der Interpretation des EGMR aus.[126] Der demokratische Strukturwandel der mittel- und

123 Zur deutschen Diskussion Ferdinand Weber, »Formen Europas. Rechtsdeutung, Sinnfrage und Narrativ im Rechtsdiskurs um die Gestalt der Europäischen Union«, in: *Der Staat* 55 (2016), S. 151-179.

124 Armin von Bogdandy, *Supranationaler Föderalismus als Wirklichkeit und Idee einer neuen Herrschaftsform. Zur Gestalt der Europäischen Union nach Amsterdam*, Baden-Baden 1999, S. 81-86; Robert Schütze, *From Dual to Cooperative Federalism. The Changing Structure of European Law*, Oxford 2009; Christoph Möllers, *Die Europäische Union als demokratische Föderation*, Köln 2019.

125 Eberhard Schmidt-Aßmann, Bettina Schöndorf-Haubold (Hg.), *Der Europäische Verwaltungsverbund. Formen und Verfahren der Verwaltungszusammenarbeit in der EU*, Tübingen 2005; Claudio Franchini, »Les notions d'administration indirecte et de coadministration«, in: Jean-Bernard Auby, Jacqueline Dutheil de la Rochère (Hg.), *Droit administratif européen*, Brüssel 2007, S. 245-265, S. 252 ff.

126 Alec Stone Sweet, Helen Keller, »The Reception of the ECHR in National Legal

osteuropäischen EU-Mitgliedstaaten ist ohne die EMRK überhaupt nicht zu verstehen.[127] Art. 6 Abs. 2 und Abs. 3 EUV positivieren diese Relevanz der EMRK für das Unionsrecht. Dies alles bildet Moslers Begriff ab.[128] Auf dieser Spur wird dieses Buch sogar EuGH und EGMR als die beiden Senate der Verfassungsgerichtsbarkeit der europäischen Gesellschaft deuten (§ 59).

Dieses holistische Verständnis der Union und entsprechend des Europarechts unterscheidet sich von anderen holistischen Konzeptionen, welche die Trennung von staatlichem und überstaatlichem Recht im 20. Jahrhundert ebenfalls zu überwinden suchen: neben Kelsens Monismus etwa Jessups transnationales Recht und neuere Imaginationen eines globalen Rechts,[129] eines Rechts der Menschheit,[130] eines kosmopolitischen Rechts,[131] eines Weltrechts,[132] eines Weltinnenrechts.[133] Moslers europäisch fokussierter Begriff hat dank der spektakulären Entfaltung seines Gegenstands ein weit höheres rekonstruktives Potenzial als jene Ansätze. Nur das Europarecht hat die Stufe eines theoretischen Konzepts überwunden und eine kollektiv vorangetriebene Rechtsdogmatik hervorgebracht.

Konkret wendet sich dieses holistische Verständnis des Europarechts einerseits gegen den traditionellen Ansatz, der alle rechtlichen Phänomene durch die Linse der staatlichen Souveränität zu erklären sucht.[134] Andererseits weist es den Ansatz zurück, der die europäische Entwicklung als ein Phänomen von *global governance* betrachtet, also vergleichbar mit völkerrechtlichen Regimen wie

Orders«, in: dies. (Hg.), *A Europe of Rights. The Impact of the ECHR on National Legal Systems*, Oxford 2008, S. 3-30.

127 Iulia Motoc, Ineta Ziemele (Hg.), *The Impact of the ECHR on Democratic Change in Central and Eastern Europe. Judicial Perspectives*, Cambridge 2016.

128 Francisco Javier García Roca, *La transformación del Convenio Europeo de Derechos Humanos*, Cizur Menor 2019, S. 139 f.

129 Philip C. Jessup, *Transnational Law*, New Haven 1956; Benedict Kingsbury u. a., »The Emergence of Global Administrative Law«, in: *Law and Contemporary Problems* 68 (2005), S. 15-61.

130 C. Wilfred Jenks, *The Common Law of Mankind*, New York 1958.

131 Seyla Benhabib, »The Philosophical Foundations of Cosmopolitan Norms«, in: Seyla Benhabib, Robert Post (Hg.), *Another Cosmopolitanism. The Berkeley Tanner Lectures*, New York 2006, S. 13-44.

132 Mireille Delmas-Marty, *Trois défis pour un droit mondial*, Paris 1998.

133 Jürgen Habermas, *Der gespaltene Westen*, Frankfurt/M. 2004, S. 143, 159 ff.

134 Christian Hillgruber, »Souveränität – Verteidigung eines Rechtsbegriffs«, in: *JuristenZeitung* 57 (2002), S. 1072-1080.

WTO, UN, NAFTA oder Mercosur. Gewiss gibt es Interdependenz und Interaktion nicht nur in Europa. Keohane und Nye haben bereits 1977 *Interdependenz* als Schlüsselbegriff der internationalen Beziehungen etabliert.[135] Sie beschreiben aber nicht eng verbundene rechtliche Operationen öffentlicher Institutionen. Behauptungen einer »globalen Gemeinschaft von Gerichten«[136] finden kaum Bestätigung.[137]

Angesichts dieser intensiven Interaktion stellt sich die Frage, ob man die verbundenen Rechtsordnungen als *eine* europäische Rechtsordnung konzipieren sollte. Das europäische Recht würde dann das Recht der Union und das der Mitgliedstaaten zu einer ähnlichen Einheit integrieren wie die deutsche Rechtsordnung das Recht des Bundes und der Länder.[138] Ein monistischer Ansatz wird durchaus vertreten.[139] Es gibt Phänomene institutioneller Verschmelzung, so insbesondere im Europäischen System der Zentralbanken, Art. 282 f. AEUV.

Mein holistischer Begriff rekonstruiert aber die involvierten Rechtsregime nur als eng verzahnt, jedoch gerade nicht als Teile einer europäischen Rechtsordnung.[140] Dies entspricht dem Beharren der mitgliedstaatlichen Rechtsordnungen auf Autonomie gegenüber dem Unionsrecht[141] und korrespondiert mit der Tatsache, dass

135 Robert O. Keohane, Joseph S. Nye, *Power and Interdependence. World Politics in Transition*, Boston 1977.

136 Anne-Marie Slaughter, *A New World Order*, Princeton 2004, S. 100.

137 Antje Wiener, Philip Liste, »Lost Without Translation? Cross-Referencing and a new Global Community of Courts«, in: *Indiana Journal of Global Legal Studies* 21 (2014), S. 263-296, S. 263.

138 Fritz Ossenbühl, »Rechtsquellen. § 28«, in: Hanno Kube u. a. (Hg.), *Leitgedanken des Rechts. Paul Kirchhof zum 70. Geburtstag*, Heidelberg 2013, S. 311-324, S. 317.

139 Wolf-Dietrich Grussmann, »Grundnorm und Supranationalität«, in: Thomas von Danwitz u. a. (Hg.), *Auf dem Wege zu einer europäischen Staatlichkeit*, Stuttgart 1993, S. 47-64, S. 58 ff.; Pernice, »Die Dritte Gewalt im europäischen Verfassungsverbund« (Fn. 106), S. 31; George Letsas, »Harmonic Law. The Case against Pluralism«, in: Julie Dickson, Pavlos Eleftheriadis (Hg.), *Philosophical Foundations of European Union Law*, Oxford 2012, S. 77-108.

140 Zum schwierigen Begriff der Rechtsordnung Dana Burchardt, *Die Rangfrage im europäischen Normenverbund. Theoretische Grundlagen und dogmatische Grundzüge des Verhältnisses von Unionsrecht und nationalem Recht*, Tübingen 2015, S. 15-20, 220-243.

141 Zum Autonomiepostulat Anne Peters, »Rechtsordnungen und Konstitutiona-

man die Europäische Union nicht als Bundesstaat begreifen will (§ 12). Auch dem Unionsrecht ist seine Autonomie sakrosankt.[142]

In der europäischen Gesellschaft muss jede Rechtshandlung einer spezifischen Rechtsordnung zugeordnet werden, um ihre Geltung, Rechtmäßigkeit, rechtlichen Wirkungen oder Legitimität zu bestimmen. Dies gilt zwar ebenso für einen Rechtsakt des deutschen Landesrechts, welches jedoch tief in die vom Grundgesetz begründete und geprägte deutsche Rechtsordnung eingebunden ist.[143] Ansätze für eine ähnliche Entwicklung, insbesondere auf der Grundlage von Art. 2 EUV, sind in keiner Weise so entfaltet, als dass sie die Rekonstruktion einer übergreifenden europäischen Rechtsordnung tragen könnten. So zielt der holistische Begriff des europäischen Rechts nicht auf Entdifferenzierung, indem er die Rechtsordnungen verschmilzt, sondern auf eine neue Komplexität. Es geht um eine komplexitätswahrende Aufhebung der Unterscheidung von Völkerrecht und Landesrecht.[144]

Terminologisch sei abschließend angemerkt, dass der weite Begriff des Europarechts nicht dazu führt, dass dieses Buch mitgliedstaatliche Institutionen als europäische Institutionen bezeichnet. Als *europäische* Institutionen gelten nur die Organe der Europäischen Union, an die EU angegliederte Organisationen wie der Europäische Stabilitätsmechanismus, die Institutionen des Europarats und der EGMR.

lisierung: Zur Neubestimmung der Verhältnisse«, in: *Zeitschrift für öffentliches Recht* 65 (2010), S. 3-63, S. 5-23; Niamh Nic Shuibhne, »What is the Autonomy of EU Law, and Why Does that Matter?«, in: *Nordic Journal of International Law* 88 (2019), S. 9-40.

142 EuGH, *EMRK-Beitritt II*, Gutachten 2/13 v. 18. Dezember 2014, ECLI: EU:C:2014:2454.

143 Erhellend der Vergleich zu Österreich, Ewald Wiederin, »Österreich. § 7«, in: Armin von Bogdandy u. a. (Hg.), *Handbuch Ius Publicum Europaeum. Bd. I. Grundlagen und Grundzüge staatlichen Verfassungsrechts*, Heidelberg 2007, S. 389-449, Rn. 64, 78-80, 114.

144 Zu dieser Denkfigur Georg Wilhelm Friedrich Hegel, *Wissenschaft der Logik. Bd. 1. Die objektive Logik (1812)*, Hamburg 1978, S. 94.

C. Öffentliches Recht ohne Staatsrecht

§ 12 Nichtstaatlichkeit: Dogma und Zivilisationsgewinn

Das heutige europäische öffentliche Recht strukturiert eine europäische Gesellschaft, nicht aber, und so die ganz herrschende Meinung, einen europäischen Staat. Der Prozess der Europäisierung hat zu gestaltungsmächtigen europäischen öffentlichen Institutionen geführt, die aber nicht als europäische Staatsorgane begriffen werden. Das impliziert einen Strukturwandel, weil *öffentlich* und *staatlich* über Jahrhunderte fast synonym verwendet wurden.[145]

Die Nichtstaatlichkeit Europas sollte erstaunen. Viele haben die europäische Integration als einen Staatswerdungsprozess propagiert. Churchills Züricher Rede 1947, ein Fanal der ersten Sattelzeit, plädiert für einen europäischen Bundesstaat. Der deutsche Außenminister Fischer stößt in seiner berühmten Humboldt-Rede 2000 in das gleiche Horn.[146] Die Idee eines europäischen Bundesstaats ist tief in der europäischen Geschichte verankert und im Nachkriegseuropa ein politisches Projekt, das die Programmatik der italienischen Linken ebenso inspiriert wie die der jungen deutschen CDU.[147] In der ersten Sattelzeit verfügt die Idee eines europäischen Bundesstaats über gesellschaftliche Mobilisierungskraft.[148] Wolfgang Friedmann erspäht bereits 1964 in Recht und Praxis der EWG Ansätze einer europäischen Konföderation,[149] und schon 1969 behauptet Walter Hallstein die Existenz

145 Jürgen Habermas, *Strukturwandel der Öffentlichkeit. Untersuchungen zu einer Kategorie der bürgerlichen Gesellschaft*, Neuwied, Berlin 1962, S. 40.

146 Winston Churchill, »European Unity. ›Something That Will Astonish You‹. Zürich, 19 September 1946«, in: David Cannadine (Hg.), *The Speeches of Winston Churchill*, London 1990, S. 309-314; Joschka Fischer, »Vom Staatenverbund zur Föderation – Gedanken über die Finalität der europäischen Integration«, in: *Bulletin der Bundesregierung* 29-1 (vom 24. Mai 2000).

147 Eine Übersicht bei Alan Bance, »The Idea of Europe: From Erasmus to ERASMUS«, in: *Journal of European Studies* 22 (1992), S. 1-19, insbes. S. 10 ff.

148 Mario G. Losano, »Una ›rivoluzione federale europea‹ alla fine della Seconda guerra mondiale«, in: Umberto Campagnolo (Hg.), *Verso una costituzione federale per l'Europa. Una proposta inedita del 1943*, Mailand 2003, S. 3-80.

149 Wolfgang Gaston Friedmann, *The Changing Structure of International Law*, London 1964, S. 18 f.

eines Bundesstaats, wenngleich eines »unvollendeten«.[150] Das ist keine deutsche Marotte: Jean Monnet deklariert bereits Mitte der 1950er Jahren: »Die Vereinigten Staaten von Europa haben begonnen.«[151]

Angesichts des spektakulären Erstarkens der Union seit der ersten Sattelzeit muss es eigentlich verwundern, wie die Idee europäischer Bundesstaatlichkeit inzwischen verblasst ist. Betrachtet man die Entwicklungen der letzten sechzig Jahre im Lichte des traditionellen Staatsbegriffs, so bedarf es keiner großen Anpassungsleistungen, um die Europäische Union heute als einen europäischen Bundesstaat und das europäische öffentliche Recht als ein Staatsrecht zu verstehen.

Jedes Element des traditionellen Staatsbegriffs, Gebiet, Volk und Gewalt,[152] lässt sich aus dem positivrechtlichen Material rekonstruieren. Immerhin gilt selbst eine so dysfunktionale Organisation wie die in einem internationalen Vertrag gegründete, unter internationaler Verwaltung stehende und in unversöhnliche Teilrepubliken zerfallende Bundesrepublik Bosnien und Herzegowina als Staat.[153] Die Union bietet ungleich mehr von jedem der traditionellen Staatselemente.

Mit Blick auf das räumliche Moment ist festzuhalten, dass es heute einen europäischen Raum der Freiheit, der Sicherheit und des Rechts (Art. 3 Abs. 2 EUV) gibt, ja sogar ein Unionsgebiet mit einer Außengrenze, welche die Europäische Agentur für die Grenz- und Küstenwache (Frontex) schützt. Das Unionsrecht legt heute, nach nunmehr über sechzig Jahren der Entwicklung, eine territoriale Deutung nahe, die eine erkenntnis- und ordnungsgenerierende Unterscheidung von *innen/außen* etabliert.[154]

150 Walter Hallstein, *Der unvollendete Bundesstaat. Europäische Erfahrungen und Erkenntnisse*, Düsseldorf, Wien 1969.

151 Jean Monnet, *Les États-Unis d'Europe ont commencé: la communauté européenne du charbon et de l'acier. Discours et allocutions 1952-1954*, Paris 1955.

152 Georg Jellinek, *Die Lehre von den Staatenverbindungen (1882). Herausgegeben und eingeleitet von Walter Pauly*, Goldbach 1996, S. 179 f., 183.

153 Zur Lage dort Constance Grewe, »Die Verfassungsgerichtsbarkeit in ex-Jugoslawien in der Perspektive des europäischen Rechtsraums. § 111«, in: Armin von Bogdandy u. a. (Hg.), *Handbuch Ius Publicum Europaeum. Bd. VII. Verfassungsgerichtsbarkeit in Europa: Vergleich und Perspektiven*, Heidelberg 2021, S. 67-128, zur Frage der Staatlichkeit insbes. Rn. 1, Fn. 3.

154 Jürgen Bast, »Völker- und unionsrechtliche Anstöße zur Entterritorialisierung

Schon 1968 wurde ein europäisches Zoll*gebiet*[155] eingerichtet, das eine erfahrbare gemeinsame Grenze hat. Alle Güter müssen seitdem eine physische und administrierte Grenze passieren. Durch diese Außengrenze unterscheidet sich der europäische Rechtsraum kategorial von Konzepten eines globalen Rechtsraums, vom Recht virtueller Räume oder von Räumen entterritorialisierter privater Rechtsregime.[156] Hinter der europäischen Grenze liegt ein einziger Raum (Art. 29 AEUV, Art. XXIV GATT). Dieser Raum kennt zwar noch Binnengrenzen, aber, außer in Ausnahmesituationen, keine Binnengrenzkontrollen mehr. Die innerunionalen Grenzen sind durch das dichte Binnenmarktrecht substantiell geschleift.[157]

Ein Meilenstein ist der Amsterdamer Vertrag von 1997, der zwischen Binnengrenzen und Außengrenzen auch für den Personenverkehr unterscheidet.[158] Der Vertrag von Lissabon verordnet den Ausbau eines Binnenraumes der Freiheit, Sicherheit und des Rechtes und veranlasst eine Fülle einschlägiger Rechtsakte.[159] Von besonderem Gewicht ist dabei der Schengener Grenzkodex, der die Einreise drittstaatsangehöriger Personen und die nur noch ausnahmsweise Zulässigkeit von Binnengrenzkontrollen abschließend regelt.[160] Als EU-Verordnung bringt er den unmittelbaren unions-

des Rechts«, in: *Veröffentlichungen der Vereinigung der Deutschen Staatsrechtslehrer* 76 (2017), S. 277-314.

155 Im geltenden Zollkodex Art. 4 Verordnung (EU) Nr. 952/2013 des Europäischen Parlaments und des Rates vom 09. Oktober 2013 zur Festlegung des Zollkodex der Union.

156 Näher Klaus Günther, Stefan Kadelbach, »Recht ohne Staat?«, in: dies. (Hg.), *Recht ohne Staat? Zur Normativität nichtstaatlicher Rechtsetzung*, Frankfurt/M., New York 2011, S. 9-48, S. 10 ff.

157 BVerfGE 123, 267, *Lissabon*, Rn. 403.

158 Von Bogdandy, *Supranationaler Föderalismus als Wirklichkeit und Idee einer neuen Herrschaftsform* (Fn. 124), S. 29 f.; Europäische Kommission, Mitteilung an das Europäische Parlament, den Europäischen Rat, den Europäischen Wirtschafts- und Sozialausschuss und den Ausschuss der Regionen, »Ein neues Migrations- und Asylpaket«, COM (2020) 609 final, 23. 09. 2020.

159 Zur verfassungsrechtlichen Bedeutung Birger Thomas Hansen, *Europäisierung des Gewaltmonopols. Die Staatsfundamentalaufgaben Sicherheit und Freiheit und die Implikationen ihrer Denationalisierung im Raum der Freiheit, der Sicherheit und des Rechts*, Frankfurt/M. 2014, S. 101 ff.

160 Verordnung (EU) 2016/399 des Europäischen Parlaments und des Rates vom 09. März 2016 über einen Gemeinschaftskodex für das Überschreiten der Grenzen durch Personen (Schengener Grenzkodex).

rechtlichen Gestaltungsanspruch klar zum Ausdruck. Selbst in der COVID-19-Pandemie, als die Grenzen zwischen den EU-Mitgliedstaaten, aber auch zwischen deutschen Bundesländern und sogar zwischen benachbarten Landkreisen reaktiviert wurden, ist das Prinzip nicht in Frage gestellt worden.[161]

Diese europäische Territorialität hebt die Territorialität der mitgliedstaatlichen Rechtsordnungen nicht auf, transformiert sie aber substantiell. Die Grenzen erweisen sich inzwischen als gemeinsame Konstrukte der verbundenen Rechtsordnungen und ihr Schutz unterliegt explizit einer gemeinsamen Verantwortung (Art. 7 Frontex-VO 2019/1896).[162] Auch in der allgemeinen gesellschaftlichen Wahrnehmung wird am Evros in Griechenland inzwischen die Außengrenze der Union gesichert. Natürlich gibt es Schwächen im Grenzregime, aber viele Staaten kennen ähnlich gravierende Mängel.[163] Insgesamt ist die europäische Territorialität heute offensichtlich.

Mit Blick auf das personale Moment sei festgehalten, dass das Europäische Parlament seit 1979 direkt von Individuen gewählt wird, die der Vertrag seit 1993 als Unionsbürger, seit 2007 als Unionsbürgerinnen und Unionsbürger statuiert. Die Idee einer europäischen Bürgerschaft begleitet die Integration seit ihren ersten Schritten. Walter Hallstein nutzt bereits 1951 den Begriff der europäischen Staatsangehörigkeit, um die Freizügigkeit der Arbeiter in der Kohle- und Stahlindustrie zu skizzieren.[164] Dreizehn Jahre später findet der Begriff der Marktbürgerschaft Eingang in den juristischen Diskurs; er beschreibt die unmittelbare Anwendbarkeit der Grundfreiheiten.[165] Diese unpolitische Bürgerschaft ist vielen nicht

161 Manuel Müller, »Die Auswirkungen der Covid-19-Pandemie«, in: Werner Weidenfeld, Wolfgang Wessels (Hg.), *Jahrbuch der Europäischen Integration 2020*, Baden-Baden 2020, S. 59-68.

162 David Fernández-Rojo, *EU Migration Agencies. The Operation and Cooperation of FRONTEX, EASO and EUROPOL*, Cheltenham 2021.

163 Stefaan Van den Bogaert, »Editorial Comments. The Rule of Law in the Union, the Rule of Union Law and the Rule of Law by the Union: Three Interrelated Problems«, in: *Common Market Law Review* 53 (2016), S. 597-605.

164 Walter Hallstein, *Der Schuman-Plan. Nachschrift des am 28. April 1951 in der Aula der Johann-Wolfgang-Goethe-Universität Frankfurt am Main gehaltenen Vortrags*, Frankfurt 1951, S. 18.

165 Hans Peter Ipsen, Gert Nicolaysen, »Haager Kongreß für Europarecht und Bericht über die aktuelle Entwicklung des Gemeinschaftsrechts«, in: *Neue Juristische Wochenschrift* 17 (1964), S. 339-344, S. 340.

genug,[166] und alsbald präsentiert Altiero Spinelli, ein progressiver Föderalist der ersten Stunde, den Begriff Unionsbürgerschaft.[167] 1984 verankert das Europäische Parlament den Begriff in seinem Verfassungsentwurf zur Gründung der EU.[168]

Auch dieser konstitutionalistische Anlauf scheitert, aber keine zehn Jahre später, in der zweiten Sattelzeit des europäischen öffentlichen Rechts, findet der Vertragsgesetzgeber die Kraft, die Unionsbürgerschaft in den Vertrag von Maastricht aufzunehmen. Obgleich viele ihr zunächst mit Skepsis begegnen,[169] entfaltet sie bald Wirkung. Visionäre Arbeiten in der Wissenschaft[170] und die anschließende Rechtsprechung des EuGH führen zu einem Aufbruch: Das Individuum als Bürger, nicht als Produktionsfaktor des gemeinsamen Marktes, beginnt, den europäischen Rechtsraum zu prägen. Der Vertrag von Lissabon treibt diese Entwicklung weiter voran, indem er in Art. 9 EUV das Bürgerschaftskonzept zu einem zentralen Baustein der demokratischen Legitimation der Europäischen Union erhebt (§ 42).

Der Vertrag erklärt die Unionsbürgerinnen und Unionsbürger nicht zu einem Volk und lässt die Unionsbürgerschaft der Staatsangehörigkeit folgen (Art. 9 Abs. 2 EUV). Anderenfalls wäre der Vertrag für den Zweiten Senat des Bundesverfassungsgerichts wahrscheinlich grundgesetzwidrig gewesen.[171] Das personale Moment verschwindet dadurch aber nicht.[172] Es gibt sogar ein Kollektiv der

166 Eberhard Grabitz, *Europäisches Bürgerrecht zwischen Marktbürgerschaft und Staatsbürgerschaft*, Köln 1970.

167 Sergio Pistone, »Altiero Spinnelli and the Strategy for the United States of Europe«, in: Lucio Levi (Hg.), *Altiero Spinelli and Federalism in Europe and in the World*, Mailand 1990, S. 133-140.

168 Europäisches Parlament, Entschließung zum Vertragsentwurf zur Gründung der Europäischen Union, ABl. C 77 vom 19. März 1984, S. 33.

169 Prägnant Joseph H. H. Weiler, »Citizenship and Human Rights«, in: Jan A. Winter u. a. (Hg.), *Reforming the Treaty on European Union. The Legal Debate*, Den Haag, Boston u. a. 1996, S. 57-86, S. 65.

170 Carlos Closa, »The Concept of Citizenship in the Treaty on European Union«, in: *Common Market Law Review* 29 (1992), S. 1137-1169; Jo Shaw, »Citizenship of the Union. Towards a Post-National Membership?«, in: Academy of European Law (Hg.), *Collected Courses of the Academy of European Law. Bd. 6. Buch 1*, Den Haag, Boston u. a. 1998, S. 237-347.

171 BVerfG, *Lissabon* (Fn. 157), Rn. 346.

172 Vicky C. Jackson, »Citizenship and Federalism«, in: T. Alexander Aleinikoff,

Unionsbürgerinnen und -bürger: zwar kein europäisches Volk, aber doch eine europäische Gesellschaft (Art. 2 EUV, § 1.2). Der Vertragsgesetzgeber nutzt sogar den Volksbegriff für die Union. Art. 3 Abs. 1 EUV beauftragt die Union, »den Frieden, ihre Werte und das Wohlergehen *ihrer* Völker zu fördern«.[173] Der Plural steht einer Staatswerdung nicht im Wege: In den Vereinigten Staaten ist bis heute umstritten, ob das Wort »people« in der Verfassung das eine Volk der Union oder aber die Völker der Einzelstaaten meint.[174] Insgesamt ist das personale Moment des traditionellen Staatsbegriffs unter dem EU-Vertrag hoch entwickelt.

Bleibt die Frage nach der Gewalt. Auch daran mangelt es nicht. Die europäischen Verträge etablieren ein gewaltenteilig-repräsentatives Herrschaftssystem mit einem Zweikammersystem (Art. 10 EUV, § 43). Die Union kennt eine setzungsfreudige Legislative, einen mächtigen Gerichtshof und eine Reihe ausführender Organe von der Kommission über die Europäische Zentralbank bis hin zu den vielen Agenturen. Diese Institutionen sind keine zahnlosen Tiger: Seit den 1990er Jahren ist ein steter Ausbau von Sanktionsinstrumenten zu beobachten.[175] 2021 hat sogar eine europäische Staatsanwaltschaft ihre Arbeit aufgenommen[176] und es drohen enorme Sanktionen bei Verstößen gegen die Rechtsstaatlichkeit.[177] Wie mächtig Unionsorgane bei der Verfolgung ihrer Aufgaben sein können, können griechische Bürger bezeugen, nachdem die Entscheidungen der Europäischen Zentralbank ihnen im Jahr 2015 eine finanzielle »Nahtoderfahrung« beschert haben.[178]

Douglas Klusmeyer (Hg.), *Citizenship Today. Global Perspectives and Practices*, Washington D.C. 2010, S. 127-182, S. 182.

173 Hervorhebung vom Autor.

174 John W. Welch, James A. Heilpern, »Recovering Our Forgotten Preamble«, in: *Southern California Law Review* 91 (2018), S. 1021-1137, S. 1034.

175 Stephan Bitter, *Die Sanktion im Recht der Europäischen Union. Der Begriff und seine Funktion im europäischen Rechtsschutzsystem*, Heidelberg 2011, S. 121 ff.

176 Verordnung (EU) 2017/1939 des Rates vom 12. Oktober 2017 zur Durchführung einer verstärkten Zusammenarbeit zur Errichtung der Europäischen Staatsanwaltschaft.

177 Verordnung (EU, Euratom) 2020/2092 des Europäischen Parlaments und des Rates vom 16. Dezember 2020 über eine allgemeine Konditionalitätsregelung zum Schutz des Haushalts der Union; Justyna Łacny, »The Rule of Law Conditionality Under Regulation No 2092/2020 – Is it all About the Money?«, in: *The Hague Journal on the Rule of Law* 13 (2021), S. 1-27.

178 ECB Press Release 28. Juni 2015, ELA to Greek banks maintained at its cur-

Nun fehlen der Union eigene Mittel physischen Zwangs: Es gibt keine Unionspolizisten und keine Unionssoldaten. Der europäische Gesetzgeber schiebt allerdings die Grenzschutzagentur Frontex millimeternah an physische Zwangsmittel heran,[179] und einige ihrer Operationen werfen Fragen mit Blick auf Art. 2 EUV auf.[180] An dieser Stelle sei nur darauf hingewiesen, dass die Agentur Grenzverwaltungsteams (Art. 2 Nr. 18 Frontex-VO), Teams zur Unterstützung der Migrationsverwaltung (Art. 2 Nr. 19, Art. 40 Frontex-VO) und Rückkehrteams (Art. 2 Nr. 29, 52 Frontex-VO) einrichtet, die unter bestimmten Voraussetzungen »Zwang« anwenden, »einschließlich des Führens und des Gebrauchs von Dienstwaffen, Munition und Ausrüstung« (Art. 82 Abs. 8 Frontex-VO). Ganz allgemein gebietet Art. 4 Abs. 3 EUV den Mitgliedstaaten, das Unionsrecht wie staatliches Recht anzuwenden und durchzusetzen, was eine Verpflichtung zur Gewaltanwendung enthält und sogar den Erlass adäquater Sanktionsnormen gebietet.[181] Für das Individuum ist das Unionsrecht so zwangsbewehrt wie das nationale Recht. Zieht man all dies zusammen, so erscheint die Behauptung eines europäischen Bundesstaats rechtlich belastbar.[182] Es sei ergänzt, dass die Chefdiplomaten der EU-Delegation in fast allen Staaten der Welt den völkerrechtlichen Status eines Botschafters haben, also des Gesandten eines Staates.[183]

Wenn bei viel Evidenz vernünftige Menschen das Gegenteil vertreten, dann steht man oft vor einem Dogma, das eine große Wahrheit birgt. Die Nichtstaatlichkeit der Europäischen Union ist

rent level, abrufbar unter ⟨https://www.ecb.europa.eu/press/pr/date/2015/html/pr150628.en.html⟩, letzter Zugriff 01.07.2021; ECB Press Release 6. Juli 2015, abrufbar unter ⟨https://www.ecb.europa.eu/press/pr/date/2015/html/pr150706.en.html⟩, letzter Zugriff 01.07.2021.

179 Verordnung (EU) 2019/1896 des europäischen Parlaments und des Rates vom 13. November 2019 über die Europäische Grenz- und Küstenwache und zur Aufhebung der Verordnungen (EU) Nr. 1052/2013 und (EU) 2016/1624.

180 Melanie Fink, »The Action for Damages as a Fundamental Rights Remedy. Holding Frontex Liable«, in: *German Law Journal* 21 (2020), S. 532-548.

181 Armin Hatje, »Art. 4 Abs. 3 EUV«, in: Ulrich Becker u. a. (Hg.), *EU-Kommentar*, Baden-Baden 2019, Rn. 25-85.

182 Frank Schorkopf, *Der europäische Weg. Geschichte und Gegenwart der Europäischen Union*, Tübingen 2020, S. 223.

183 Jan Wouters, Sanderijn Duquet, »The EU and International Diplomatic Law: New Horizons?«, in: *The Hague Journal of Diplomacy* 7 (2012), S. 31-49, S. 44 f.

ein solches Dogma. Seine Wahrheit ist der fehlende Staatsgründungswillen.[184] Die Mehrheit der Europäer will keinen europäischen Staat.[185]

Der Verfassungsvertrag von 2004, der die Union in die Nähe einer Staatsgründung brachte,[186] ist gescheitert. Die geltenden Verträge beginnen nicht mit »We the people«, sondern mit dem König der Belgier. Nach Art. 1 EUV gründen »die hohen Vertragsparteien untereinander« eine Europäische Union. Sorgfältig beachten die Vertragsänderungen die roten Linien, die wichtige mitgliedstaatliche Institutionen, insbesondere der Zweite Senat des Bundesverfassungsgerichts,[187] einer europäischen Staatswerdung in den Weg gelegt haben: etwa die Bestimmungen über die Änderung der Verträge (Art. 48 EUV), welche die Kompetenz-Kompetenz bei den Mitgliedstaaten belassen und jeden Mitgliedstaat zum Vetoplayer machen, die ebenso schmale wie rigide Finanzverfassung oder der fehlende Bundeszwang gegenüber den Mitgliedstaaten.[188]

Man kann noch einen Schritt weiter gehen: Der Verzicht auf das Ziel europäischer Staatlichkeit ist der Verzicht auf eine Nationalstaatsbildung und Nationalstaatlichkeit, deren destruktives Potential nach innen und außen offensichtlich ist. Das europäische öf-

184 Dazu Jean-Marc Ferry, *La question de l'État européen*, Paris 2000, vor allem S. 277 ff.; Holger Hestermeyer, *Eigenständigkeit und Homogenität in föderalen Systemen. Eine vergleichende Studie der föderalen Ordnungen der Bundesrepublik Deutschland, der Vereinigten Staaten und der Europäischen Union*, Tübingen 2019, S. 151 f.

185 Eurobarometer 79, Frühjahr 2013, S. 179, abrufbar unter ⟨https://europa.eu/eurobarometer/screen/home#p=1&instruments=STANDARD⟩, letzter Zugriff 01. 07. 2021; Valéry Giscard d'Estaing, »Bericht an den Europäischen Rat von Thessaloniki, 20. 06. 2003«, in: Hartmut Marhold (Hg.), *Europa auf dem Weg zur Verfassung. Valéry Giscard d'Estaings Reden und Beiträge als Präsident des europäischen Verfassungskonvents*, Baden-Baden 2004, S. 130-138, S. 133 f.; Lisa Inhoffen, »Ein Drittel der Deutschen für Vereinigte Staaten von Europa«, *YouGov* 2017, abrufbar unter ⟨https://yougov.de/news/2017/12/28/ein-drittel-der-deutschen-fur-vereinigte-staaten-v/⟩, letzter Zugriff 01. 07. 2021.

186 Armin von Bogdandy, »The Prospect of a European Republic. What European Citizens are Voting for«, in: *Common Market Law Review* 42 (2005), S. 913-941.

187 BVerfGE 123, 267, *Lissabon*, Rn. 179, 232 ff., 244 ff.

188 Vgl. die Analyse des Protagonisten Giuliano Amato, »From the Years of the Convention to the Years of Brexit. Where Do We Go from Here?«, in: Nick W. Barber u. a. (Hg.), *The Rise and Fall of the European Constitution*, Oxford 2019, S. 11-22, S. 13 f.

fentliche Recht hebt Nationalstaatlichkeit im hegelschen Sinne auf: Sie überführt sie in einen neuen Zusammenhang, der ihre Errungenschaften bewahrt und zugleich die zerstörerische Kraft zähmt.[189] Der Begriff der europäischen Gesellschaft, in gewisser Hinsicht ein funktionales Äquivalent zu den Begriffen Staat, Volk oder Nation, kommt mit weniger Legitimierung aus. Auch deshalb braucht die Union keine Theorie wie die von Hegel, welche paradigmatisch solche Legitimierung im 19. und 20. Jahrhundert stiftete.[190]

Das europäische öffentliche Recht operiert so auf der Grundlage einer begrifflichen Scheidung, wonach Staatlichkeit allein den Mitgliedstaaten zukommt und der europäische Zusammenschluss, die Union, keine Staatsqualität aufweist. Die komplizierte Regelungsstruktur der Frontex-Verordnung erklärt sich vor diesem Hintergrund. Eine rekonstruktive Rechtswissenschaft sollte diesen Willen berücksichtigen, so dass ein europäisches öffentliches Recht ohne europäische Staatlichkeit zu konzipieren ist.

Das muss nicht auf alle Zeit so bleiben. Die Reaktionen auf schwere Gefahren und Katastrophen sind unabsehbar. Entwürfe kontinentaler Bundesstaatlichkeit liegen auf dem Tisch,[191] Emmanuel Macrons Sorbonner Rede von 2017 gilt als ein Vorstoß.[192] Der 2020 begonnene Reformprozess in der Konferenz über die Zukunft Europas ist aber weit zaghafter.[193] Es fehlt schlicht an politischem

189 Weiler, »In defence of the status quo: Europe's constitutional *Sonderweg*« (Fn. 41).

190 Koschorke, *Hegel und wir* (Fn. 7), S. 197.

191 Ulrike Guérot, *Warum Europa eine Republik werden muss! Eine politische Utopie*, Bonn 2016, S. 81 ff.; Guy Verhofstadt, *Europe's Last Chance. Why the European States Must Form a More Perfect Union*, New York 2017, S. 229 ff.; dazu Alexander Somek, »Postnational European Democracy. Aristotelian Caveats«, in: Helle Krunke u. a. (Hg.), *Transnational Solidarity. Concept, Challenges and Opportunities*, Cambridge 2020, S. 229-251, insbes. S. 230 ff.

192 Emmanuel Macron, »Initiative pour l'Europe – Discours pour une Europe souveraine, unie, démocratique«, v. 26. 09. 2017; Jean-Paul Jacqué, »Deux discours, une vision?«, in: *Revue trimestrielle de droit européen* 53 (2017), S. 629-632, S. 629; Catherine Vieilledent, »Deux voix pour l'Europe. Pour une relance de l'Union européenne«, in: *Futuribles* 423 (2018), S. 5-15, S. 7; W. Tom Eijsbouts, Jan-Herman Reestman, »European Sovereignty«, in: *European Constitutional Law Review* 14 (2018), S. 1-6.

193 Maïa de la Baume, »Conference on the Future of Europe: Don't mention the T word«, Politico v. 21. 01. 2020.

Willen, eine europäische Staatsbildung und damit eine dritte Sattelzeit des europäischen öffentlichen Rechts einzuläuten.

§ 13 Die Transformation des Souveränitätsbegriffs

Parallel zum Wandel des Staatsbegriffs wandelt sich sein Schatten, der Begriff der Souveränität. Er bringt das überkommene Verständnis von Staat und transnationaler Ordnung, von Staatsrecht und Völkerrecht auf den Punkt, dogmatisch wie legitimationstheoretisch. Nach Hegel wie Jellinek kann alles »durch die Souveränität und aus der Souveränität erklärt werden«.[194] Die *staatsrechtliche* Souveränität begründet die Geltung alles Rechts im Staatswillen und bezeichnet die überlegene Macht des Staates gegenüber allen anderen gesellschaftlichen Bereichen.[195] Als *Volks*souveränität rechtfertigt sie alles Recht mit dem demokratischen Prinzip.[196] Nach außen gewendet schützt sie als *völkerrechtliche* Souveränität wie ein »Panzer«[197] und gründet die Geltung des Völkerrechts auf den Staatswillen. Dieser Souveränitätsbegriff prägt die Struktur des Staatsrechts ebenso wie die des Völkerrechts, jedoch in diametral entgegengesetzten Richtungen: Das Staatsrecht hat eine öffentlich-rechtliche und herrschaftliche, das Völkerrecht eine privatrechtliche und genossenschaftliche Struktur.

Die unter § 12 beschriebenen Entwicklungen entziehen dem klassischen Souveränitätsverständnis den Boden. Wenig zeigt dies besser als die Rekonstruktion des Souveränitätsbegriffs im souveränitätszentrierten Lissabon-Urteil des Zweiten Senats des Bundes-

194 Jellinek, *Die Lehre von den Staatenverbindungen* (Fn. 152), S. 36; Georg Wilhelm Friedrich Hegel, »Grundlinien der Philosophie des Rechts (1821)«, in: Eva Moldenhauer, Karl Markus Michel (Hg.), *Werke in zwanzig Bänden mit Registerband. Bd. 7*, Frankfurt/M. 1970, § 278.

195 Albrecht Randelzhofer, »Staatsgewalt und Souveränität«, in: Josef Isensee, Paul Kirchhof (Hg.), *Handbuch des Staatsrechts der Bundesrepublik Deutschland, Bd. II. Verfassungsstaat*, Heidelberg 2004, S. 143-162, § 17 Rn. 25 ff., 35 ff.

196 Hermann Heller, *Die Souveränität. Ein Beitrag zur Theorie des Staats- und Völkerrechts*, Berlin 1927, S. 70 ff.; Dieter Grimm, *Souveränität. Herkunft und Zukunft eines Schlüsselbegriffs*, Berlin 2009, S. 35 ff.

197 Albert Bleckmann, *Begriff und Kriterien der innerstaatlichen Anwendbarkeit völkerrechtlicher Verträge. Versuch einer allgemeinen Theorie des self-executing treaty auf rechtsvergleichender Grundlage*, Berlin 1970, S. 166.

verfassungsgerichts im Jahre 2009.[198] Nach diesem Urteil schützt die Souveränität nur noch das vermeintlich Wesentlichste des Wesentlichen, das vermeintlich absolut Unverfügbare, das, was deutsche Hoheitsträger auf keinen Fall auf andere Hoheitsträger übertragen dürfen.

Einen ähnlichen Wandel durchläuft der Souveränitätsbegriff, soweit er vor Fremdherrschaft schützen soll. Viele Gesellschaften, insbesondere in Mittel- und Osteuropa, erinnern ebenso lebendig wie schmerzhaft Epochen osmanischer, habsburgischer, russischer, deutscher und sowjetischer Fremdherrschaft, weshalb einige Kräfte versuchen, unionsrechtliche Forderungen als Brüsseler Fremdherrschaft zu portraitieren.[199] Es ist für die Union wichtig, sich als Schutz vor amerikanischer, chinesischer, russischer Fremdbestimmung wie vor der Hegemonie eines Mitgliedstaats zu positionieren und zu erweisen. Denn der Begriff der Souveränität gibt oft Projekten Zugkraft, die gemeinhin als populistisch gelten.[200] Macrons Vorstoß, ihn für das europäische Projekt zu reklamieren, mag daher taktisch geschickt sein, ist begriffsstrategisch aber gefährlich, da er eine Staatswerdung suggeriert.

§ 14 Schmitts Begriff des Politischen

Macron läge hingegen richtig, wenn das hier rekonstruierte öffentliche Recht ohne Staatsrecht und Souveränität ein Holzweg wäre. Das entscheidet sich an der Gretchenfrage, welche Voraussetzungen für ein öffentliches Recht und eine demokratische Gesellschaft letztlich erfüllt sein müssen.[201] Viele Autoren verstehen Nationalstaatlichkeit als diese Grundlage; nur sie erbringe die für gesellschaftliche Ordnung letztlich notwendigen Konsense und

198 Matthias Kottmann, Christian Wohlfahrt, »Der gespaltene Wächter? Demokratie, Verfassungsidentität und Integrationsverantwortung im Lissabon-Urteil«, in: *Zeitschrift für ausländisches öffentliches Recht und Völkerrecht* 69 (2009), S. 443-470, S. 460 ff.

199 Zu den Vorwürfen Piotr Maciej Kaczyński, »Is the European Union Truly Like the Soviet Union?«, in: *Euractiv* (2021).

200 Pierre Rosanvallon, *Das Jahrhundert des Populismus. Geschichte, Theorie, Kritik*, Hamburg 2020, insbes. S. 10.

201 Uwe Volkmann, »Gespräche mit Hegel«, in: *Der Staat* 59 (2020), S. 489-512, S. 489.

Loyalitäten. Entsprechend erscheint der Ansatz dieses Buches wie ein aussichtsloses und sogar gefährliches Unterfangen. Ob das stichhaltig ist, sei mit Carl Schmitt diskutiert.

Schmitt artikuliert das nationalstaatszentrierte Verständnis in seiner Schrift *Der Begriff des Politischen,*[202] einer der einflussreichsten rechtswissenschaftlichen Texte des 20. Jahrhunderts.[203] Danach verlangt das gute Funktionieren einer politischen Gemeinschaft soziale Homogenität; jede politische Gemeinschaft steht in einer konflikthaften Beziehung zu anderen Gemeinschaften; normative Ordnung jenseits einer homogenen Gemeinschaft ist unweigerlich prekär. Annahmen dieser Art führen keineswegs zwingend zu autoritären oder gar totalitären Ordnungsmodellen (§ 4), aber lassen immer ein europäisches öffentliches Recht als Struktur einer europäischen Gesellschaft, die nicht ein europäischer Staat bändigt, als utopisch oder gar dystopisch erscheinen.[204] Das wird uns beim Thema kollektive Identität (§ 32) und der Analyse des Maastricht-Urteils noch weiter beschäftigen (§ 40); hier geht es um Schmitts klärende Zuspitzung.

Schmitts *Begriff des Politischen* radikalisiert den nationalstaatszentrierten Ansatz, indem er den harten Konflikt als Fluchtpunkt des öffentlichen Rechts postuliert. »Der Begriff des Staates setzt den Begriff des Politischen voraus.«[205] Dieser berühmte Satz meint, dass Staatsrecht wie Völkerrecht aus der Perspektive des Konflikts zu verstehen, zu interpretieren und anzuwenden sind. Schmitt beschreibt den Staat als nur eine der möglichen Institutionalisierungen politischer Beziehungen. In einer fast kopernikanischen Wende wird das konventionelle Verhältnis der beiden Schlüsselbegriffe (Staat und Politik) auf den Kopf gestellt. Schmitt definiert den zum Grundbegriff erstarkenden Begriff des Politischen *modal* und *phänomenal,* nämlich als die *intensivste* aller menschlichen Beziehungen.[206] In

202 Schmitt, *Der Begriff des Politischen* (Fn. 39).

203 Die Kernidee findet sich schon in Hans Morgenthau, *Die internationale Rechtspflege, ihr Wesen und ihre Grenzen*, Leipzig 1929, S. 69; siehe Koskenniemi, *The Gentle Civilizer of Nations* (Fn. 40), S. 436.

204 Carl Schmitt, *Hugo Preuß. Sein Staatsbegriff und seine Stellung in der deutschen Staatslehre*, Tübingen 1930, insbes. S. 14-17.

205 Ders., *Der Begriff des Politischen* (Fn. 39), S. 20.

206 Ernst-Wolfgang Böckenförde, »Der Begriff des Politischen als Schlüssel zum staatsrechtlichen Werk Carl Schmitts«, in: Helmut Quaritsch (Hg.), *Complexio Oppositorum. Über Carl Schmitt. Vorträge und Diskussionsbeiträge des 28. Sonder-*

der Politik ist der Andere, so Schmitts ebenso berühmte wie verstörende Losung, entweder Freund oder Feind.[207]

Schmitt stützt die Vorrangstellung des harten Konflikts mit einem anthropologischen Argument: der angeborenen Aggressivität des Menschen,[208] genauer gesagt der Männer, denn Frauen spielen in seiner Theorie keine Rolle. Dem *Begriff des Politischen* zufolge »bleibt die merkwürdige und für viele sicher beunruhigende Feststellung, dass alle echten politischen Theorien den Menschen als ›böse‹ voraussetzen«.[209] Aggressivität ist nicht nur eine ontische Prämisse, sondern aufgrund ihrer Dynamik wertvoll.

Schmitts zweites Argument ist epistemischer Natur: Echte Erkenntnis sei nur ausgehend vom Ausnahmefall zu gewinnen. Der Kampf um Leben und Tod sei zwar nicht allgegenwärtig. Jedoch stelle er eine mögliche Situation dar, die aufgrund ihrer Bedrohlichkeit maßgeblich sei. »Dass dieser Fall nur ausnahmsweise eintritt, hebt seinen bestimmenden Charakter nicht auf, sondern begründet ihn erst.«[210]

Dieser Ansatz hat weitreichende Konsequenzen für das Verständnis des öffentlichen Rechts. Im Staatsrecht, dem Fokus des Textes aus dem Jahre 1932, steht Regierungsfähigkeit ganz im Mittelpunkt. Schmitts Zuspitzung zielt mit diesen Annahmen darauf ab, unter der Weimarer Verfassung eine starke Exekutive mit potenziell diktatorischen Befugnissen zu ermöglichen. Pluralismus gehört nach Schmitt in die internationale Sphäre, nicht in die Innenpolitik. Innerhalb eines Staates gefährde Pluralismus, ob sozialer oder politischer Natur, dessen Existenz.

Für das Völkerrecht ist Schmitts Text ähnlich folgenreich. Internationale Organisationen können »eine unter Umständen sehr nützliche Verhandlungsgelegenheit« bieten, aber nicht mehr.[211] Die Idee eines transnationalen öffentlichen Rechts für transnationale Institutionen, die ein transnationales Gemeinwohl verfolgen,

seminars 1986 der Hochschule für Verwaltungswissenschaften Speyer, Berlin 1988, S. 283-300, S. 284 f.

207 Schmitt, *Der Begriff des Politischen* (Fn. 39), S. 29 f., 32, 46.

208 Ebd., S. 61.

209 Ebd.

210 Ebd., S. 35; der zentrale Text ist ders., *Politische Theologie. Vier Kapitel zur Lehre von der Souveränität*, München 1922, S. 13.

211 Ders., *Der Begriff des Politischen* (Fn. 39), S. 57.

ist aus Schmitts Perspektive ein Irrlicht. Organisationen wie der Völkerbund erscheinen als außenpolitische Instrumente mächtiger Staaten.[212] In diesem Sinne haben Marine Le Pen und Matteo Salvini, die mächtigsten Oppositionspolitiker Frankreichs und Italiens, die Europäische Union beschrieben: als ein Instrument deutscher Interessenpolitik.[213]

So erneuert Schmitt wirkmächtig die alte Weltanschauung des Partikularismus. Seine Schrift verschmilzt verbreitete Erfahrungen, Verständnisse und Theorien zu einer prägnanten Formel (der Freund-Feind-Unterscheidung), die das partikularistische Weltbild für eine Ära artikuliert, die Massendemokratie und internationale Interdependenz kennzeichnen. Schmitt reformuliert partikularistische Annahmen aus zweitausend Jahren politischer Ideengeschichte: den Primat der Außenpolitik, die Schwäche rechtsbasierter internationaler Ordnung, die Allgegenwärtigkeit lebensbedrohender Kräfte, die Notwendigkeit von Führung und Homogenität als Voraussetzungen innerstaatlicher Ordnung, aber auch den Lockruf von Heldentum, von Opferbereitschaft, von inniger Gemeinschaft um eine politische Führerfigur und nicht zuletzt das Unbehagen angesichts einer kommodifizierten und technisierten, auf steten Fortschritt gepolten Gesellschaft.[214] Schmitts *Begriff des Politischen* hilft, solche Verständnisse, die 1932 wie 2021 das Recht und rechtlich relevante Praktiken mit prägen, besser zu verstehen. Nicht wenige stehen dieser Sichtweise nahe, wenn auch nur selten in der schmittschen Zuspitzung.

Eine Antwort auf die Frage, wie europäische Ordnung unter diesen Prämissen herzustellen sei, bleibt Schmitts *Begriff des Politischen* schuldig. Die westfälische staatenzentrierte Ordnung erachtet er spätestens seit dem Zweiten Weltkrieg als nicht mehr zeitgemäß, und seine in den frühen 1940er Jahren artikulierte Idee der Groß-

212 Ebd., S. 56 f.

213 »L'Union européenne est dirigée par l'Allemagne [...]. L'euro, la monnaie européenne, est calquée pour l'Allemagne. Elle a été fabriquée par l'Allemagne et pour l'Allemagne«, Marine Le Pen, Fernsehbeitrag auf France 2 (Télé Matin) v. 15. 05. 2014; »L'euro è stato un errore, si è avvantaggiata solo la Germania«, Matteo Salvini, Fernsehbeitrag auf Rete 4 v. 26. 05. 2020.

214 Carl Schmitt, »Der Begriff des Politischen. Vorwort von 1971 zur italienischen Ausgabe«, in: Quaritsch (Hg.), *Complexio Oppositorum* (Fn. 206), S. 269-274, S. 271 f.

raumordnung nimmt er nach der deutschen Niederlage nicht mehr auf. Schmitts Ansatz hat keine konstruktiven Antworten auf die Herausforderungen seiner Gegenwart, und auch nicht der unsrigen.

Schmitts Ansatz krankt nicht nur am Fehlen konstruktiver Antworten. Auch seine Grundlagen sind schwach. Schmitts anthropologischem Argument begegnet eine Fülle an psychologischer, soziologischer und anthropologischer Forschung, wonach kooperatives Verhalten genauso häufig anzutreffen ist wie konflikthaftes.[215] Gleiches gilt für Schmitts epistemisches Argument, der »Kern der Dinge« sei nur im Ausnahmezustand erkennbar. Natürlich ist die Untersuchung außergewöhnlicher Umstände, von Sattelzeiten und *critical junctures*, erkenntnisträchtig. Aber Schmitts Argument birgt eine irreführende Verkürzung: Ohne Normalität gibt es keine Ausnahme. In einer Beziehung gegenseitiger Abhängigkeit kann es keinen epistemischen Vorrang geben.

Auch methodisch vermag Schmitts Denkweise in unversöhnlichen Dualismen nicht zu überzeugen. Gewiss helfen solche Dualismen, Wissensbereiche zu strukturieren und intellektuelle Dynamiken zu generieren. Aber gerade in einer hegelianischen Tradition sollte man Konflikte produktiv werden lassen, um zum besseren Verständnis und zur Weiterentwicklung von Recht, Politik und Gesellschaft beizutragen.[216] Schmitt dagegen will Unterschiede ausfechten.[217]

Nicht zuletzt widerlegen die europäischen Erfahrungen der letzten Jahre Schmitts Zuspitzung des nationalstaatszentrierten Ansatzes. In der Eurokrise, der Staatsschuldenkrise, der Flüchtlingskrise, der Brexitkrise, der COVID-19-Krise gibt es zunächst Elemente, die

215 Craig D. Parks u. a., »Cooperation, Trust, and Antagonism. How Public Goods Are Promoted«, in: *Psychological Science in the Public Interest* 14 (2013), S. 119-165. Diesen Einwand formulierte schon Leo Strauss, »Anmerkungen zu Carl Schmitt, Der Begriff des Politischen«, in: *Archiv für Sozialwissenschaft und Sozialpolitik* 67 (1932), S. 732-749; ein konstruktiver konflikttheoretischer Ansatz bei Anuscheh Farahat, Christoph Krenn, »Die Rolle des Europäischen Gerichtshofs in der Eurokrise. Eine konflikttheoretische Perspektive«, in: *Der Staat* 57 (2018), S. 357-385.

216 Hauke Brunkhorst, »The Co-evolution of Cosmopolitan and National Statehood. Preliminary Theoretical Considerations on the Historical Evolution of Constitutionalism«, in: *Cooperation and Conflict* 47 (2012), S. 176-199.

217 Schmitt, *Politische Theologie* (Fn. 210), S. 59, 65 f.

Schmitt zu validieren scheinen:[218] nationalstaatszentriertes Handeln von bisweilen zweifelhafter Legalität. Dann aber haben die Institutionen der Europäischen Union in aller Regel eine europäische Antwort entwickelt.[219] Eine oft umständliche, kompromisshafte, mit guten Gründen kritisierbare Antwort, aber eben doch eine europäische Antwort. Das europäische öffentliche Recht ist kein Schönwetterphänomen, sondern ermöglicht eine zumindest hegende Bearbeitung selbst schwierigster Konflikte.

Schmitts *Begriff des Politischen* enthält keine Theorie, welche die Idee eines europäischen öffentlichen Rechts, das transnationale Institutionen ermächtigt, ein europäisches Gemeinwohl zu verfolgen, als haltlos erscheinen lässt. Wohl aber nennt er Phänomene, die es rekonstruktiv zu berücksichtigen gilt: die Heterogenität von Weltanschauungen, Interessen und Identitäten, die Gefahr partikulärer Unterwanderung öffentlicher Institutionen, eine entfremdende Bürokratisierung, die Unvermeidbarkeit harter Konflikte, die Gewinner und Verlierer gebären. Aus dieser Perspektive bekommt man die Institutionen und Verfahren politischer Vermittlung richtig in den Blick (§ 43).

§ 15 Öffentlich als Grundbegriff

Statt über seine Staatlichkeit kann man das europäische öffentliche Recht über seine Differenz zum Privatrecht bestimmen.[220] Dieser

218 Vgl. Christian Joerges, »Europe's Economic Constitution in Crisis and the Emergence of a New Constitutional Constellation«, in: *German Law Journal* 15 (2014), S. 985-1027; Daniel Thym, »The ›Refugee Crisis‹ as a Challenge of Legal Design and Institutional Legitimacy«, in: *Common Market Law Review* 53 (2016), S. 1545-1573; Bruno de Witte, »The European Union's COVID-19 recovery plan: The legal engineering of an economic policy shift«, in: *Common Market Law Review* 58 (2021), S. 635-682.

219 Vgl. Felix Biermann u. a., »Political (Non-)Reform in the Euro Crisis and the Refugee Crisis. A Liberal Intergovernmentalist Explanation«, in: *Journal of European Public Policy* 26 (2017), S. 1-21; Alberto Alemanno, »The European Response to COVID-19. From Regulatory Emulation to Regulatory Coordination?«, in: *European Journal of Risk Regulation* 11 (2020), S. 307-316; Markus Ludwigs, Stefanie Schmahl (Hg.), *Die EU zwischen Niedergang und Neugründung. Wege aus der Polykrise*, Baden-Baden 2020.

220 Bernard Stirn, *Towards a European Public Law*, Oxford 2017, S. 155 ff.

Dualismus artikuliert eine fundamentale Ausdifferenzierung moderner Gesellschaften.[221] Hegels Rechtsphilosophie bildet für diese Unterscheidung eine Wegmarke, weil sie das vertragstheoretische und damit privatrechtlich inspirierte Denken der Aufklärung überwindet und eine spezifisch öffentlich-rechtliche Theoriebildung voranbringt. Privates und öffentliches Handeln bilden zwei unterschiedliche gesellschaftliche Sphären, denn sie unterliegen unterschiedlichen Operationslogiken und Rechtfertigungsanforderungen.[222] Die Bundeskanzlerin, die Kommissionspräsidentin, die Präsidentin der Europäischen Zentralbank sind auf öffentliche Interessen verpflichtet, die Vorstandsvorsitzende von Hewlett Packard, die Vorsitzende von Transparency International oder die Chefredakteurin des *Economist* handeln unter der Garantie privater Freiheit. Die Unterscheidung ist wichtig, nach Habermas sogar konstitutiv für eine demokratische Gesellschaft.[223] Entsprechend erklärt Carl Schmitt sie im nationalsozialistischen Führerstaat für erledigt.[224]

Bei privat und öffentlich handelt es sich nicht um gegeneinander isolierte Sphären. Sie sind vielmehr konstitutiv aufeinander bezogen: Die beiden Begriffe gewinnen Gehalt nur in ihrer Dialektik. Die beiden Sphären stellen sich gegenseitig her und gehen ineinander über, ohne aber zu verschmelzen.[225] Sicherlich ist diese Unterscheidung im Zuge der Globalisierung problematisch geworden. Die europäische Gesellschaft zeichnet sich aber dadurch aus, dass sie jenseits der Mitgliedstaaten gemeinsame öffentliche Institutio-

221 Die Überlegungen dieses Abschnitts bauen auf Armin von Bogdandy, Davide Paris, »Power is Perfected in Weakness. On the Authority of the Italian Constitutional Court«, in: Vittoria Barsotti u. a. (Hg.), *Dialogues on Italian Constitutional Justice. A Comparative Perspective*, London, New York u. a. 2021, S. 263-280, auf.

222 Hegel, *Grundlinien der Philosophie des Rechts* (Fn. 194), §§ 182 ff.; Axel Honneth, *Das Recht der Freiheit. Grundriß einer demokratischen Sittlichkeit*, Berlin 2011, S. 317 ff.

223 Habermas, *Strukturwandel der Öffentlichkeit* (Fn. 145), S. 14, 286; Ernst-Wolfgang Böckenförde, *Die verfassungstheoretische Unterscheidung von Staat und Gesellschaft als Bedingung der individuellen Freiheit. 178. Sitzung am 12. Juli 1972 in Düsseldorf*, hg. von der Rheinisch-Westfälischen Akademie der Wissenschaften, Wiesbaden 1973.

224 Carl Schmitt, »Die geschichtliche Lage der deutschen Rechtswissenschaft«, in: *Deutsche Juristen-Zeitung* 41 (1936), S. 15-21, S. 21.

225 Janne Mende, »Privatheit und Global Governance in der Internationalen Politischen Theorie«, in: *Zeitschrift für Politische Theorie* 6 (2015), S. 207-222.

nen zu entwickeln vermochte, welche die Dialektik von öffentlich und privat in einem transnationalen Rahmen reproduzieren.

Dass die Unterscheidung wichtig und praktisch ist, zeigt sich schon daran, dass sie sich in fast allen Rechtordnungen und Gesellschaften findet und vielfache Kritik fast unbeschadet überstanden hat. Im Folgenden seien gleichwohl einige Einwände erörtert, weil dadurch die Unterscheidung und ihre Bedeutung klarer werden. So kann man mit Kant und Kelsen vertreten, dass alles Recht, das politische Institutionen setzen, öffentlich ist.[226] Der französische *Code civil*, das deutsche Aktiengesetz oder die europäische Verordnung (EG) Nr. 2157/2001 über das Statut der Europäischen Gesellschaft zählen danach zum öffentlichen Recht. Dieser weite Begriff des öffentlichen Rechts ist ein Synonym für gesetztes und, in demokratischen Gesellschaften, für demokratisches Recht. Damit ist er für die Zwecke dieser Studie zu blass, nicht zuletzt, weil er die Ausdifferenzierung moderner Gesellschaften nicht aufnimmt.

Gegen die Sinnhaftigkeit der Unterscheidung werden hybride Akteure in Stellung gebracht, etwa *public-private partnerships*, wie sie die Europäische Union beispielsweise zur Forschungsförderung vorsieht.[227] Bei genauerem Hinsehen bekräftigen hybride Akteure aber den Sinn der Unterscheidung: Hybridität setzt ein Verständnis der Einzelkomponenten *public* und *private* voraus, die etwas zu einem Hybrid machen. Ein Hybridfahrzeug ist ein Fahrzeug mit einem Verbrennungsmotor *und* einem Elektromotor. Dass einzelne Fälle schwer zu qualifizieren sind, untergräbt nicht den Nutzen einer Unterscheidung.

Die Unterscheidung *öffentlich-privat* kann als Argument dienen, um gesellschaftliche Bereiche gegen den Zugriff demokratischen Rechts abzuschirmen. Sie hat dann eine ideologische Funktion.[228] Das gilt insbesondere, wenn die Unterscheidung private Herrschaft in asymmetrischen Beziehungen schützt, in der Familie, im Unter-

226 Immanuel Kant, »Die Metaphysik der Sitten«, in: Wilhelm Weischedel (Hg.), *Werkausgabe Bd. VIII*, Frankfurt/M. 1977, S. 303-634, S. 427 ff.

227 Vgl. Art. 25 der Verordnung (EU) Nr. 1291/2013 des Europäischen Parlaments und des Rates vom 11. Dezember 2013 über das Rahmenprogramm für Forschung und Innovation Horizont 2020 (2014-2020) und zur Aufhebung des Beschlusses Nr. 1982/2006/EG; die einzelnen Partnerschaften sind aufgeführt unter: ⟨https://ec.europa.eu/programmes/horizon2020/en/contractual-public-private-partnerships⟩, letzter Zugriff 01. 07. 2021.

228 Kelsen, *Reine Rechtslehre* (Fn. 100), S. 109 ff.

nehmen, in einer Wertschöpfungskette, in einem vermachteten Markt.[229] Manche Unternehmen sind im Gewand des Privatrechts ähnlich mächtig wie öffentliche Institutionen, etwa die großen Technologieunternehmen.[230]

Doch das Phänomen privater Macht macht die Unterscheidung zwischen öffentlichem und privatem Recht nicht nutzlos, sondern bestätigt ihre Bedeutung: Sie artikuliert den Unterschied zwischen der Gesetzgebung durch Parlament und Rat einerseits und der Regelsetzung durch Facebook andererseits;[231] den Unterschied zwischen der Europäischen Kommission und privaten Standardsetzern wie Moodys; der Europäischen Zentralbank und der Deutschen Bank; Beamten von Frontex und Mitarbeitern einer privaten Sicherheitsfirma. Private und öffentliche Institutionen unterliegen unterschiedlichen Rechtsregimen; darüber kann eine rekonstruktive Rechtswissenschaft nicht hinweggehen. Die adäquate Antwort auf etwaige Missstände lautet, private Macht im Lichte der Maßstäbe des Art. 2 EUV zu regulieren, nicht aber die Unterscheidung öffentlich-privat aufzugeben.

Man hat versucht, die Unterscheidung zwischen dem Öffentlichen und dem Privaten politisch zu schleifen. Prominentestes Beispiel ist der Staatssozialismus. Dazu gäbe es viel zu sagen. Aus der Perspektive des Art. 2 EUV sei darauf hingewiesen, dass individuelle Interessen nicht prinzipiell nachrangig, sondern von der Idee individueller Freiheit getragen sind und öffentlichen Interessen dienen können, etwa einem wohlstandsgenerierenden Markt.[232] Die Unterscheidung erlaubt durchaus, private Akteure auf öffentliche

229 Duncan Kennedy, »The Stages of the Decline of the Public/Private Distinction«, in: *University of Pennsylvania Law Review* 130 (1982), S. 1349-1357, S. 1352.

230 Janne Mende, *Global Governance und Menschenrechte. Konstellationen zwischen Privatheit und Öffentlichkeit*, Baden-Baden 2020, S. 17.

231 Heike Schweitzer, »Digitale Plattformen als private Gesetzgeber. Ein Perspektivwechsel für die europäische ›Plattform-Regulierung‹«, in: *Zeitschrift für europäisches Privatrecht* (2019), S. 1-12.

232 Jürgen Habermas, *Faktizität und Geltung. Beiträge zur Diskurstheorie des Rechts und des demokratischen Rechtsstaats*, Frankfurt/M. 1992, S. 109 ff.; Julian Krüper, »Kategoriale Unterscheidung von Öffentlichem Recht und Privatrecht?«, in: *Veröffentlichungen der Vereinigung der Deutschen Staatsrechtslehrer* 79 (2020), S. 43-99; Alexander Somek, »Kategoriale Unterscheidung von Öffentlichem Recht und Privatrecht?«, in: *Veröffentlichungen der Vereinigung der Deutschen Staatsrechtslehrer* 79 (2020), S. 7-42.

Interessen zu verpflichten: große Teile des Rechts tun genau das.[233] Aber selbst wenn Gemeinwohlziele oder einzelne Aspekte von Menschenrechten unmittelbar für private Akteure gelten, bleibt es bei den unterschiedlichen Operationslogiken der beiden Sphären.[234] Eine Aufhebung der Unterscheidung würde verlangen, rechtlich private und öffentliche Macht in Prinzip gleichzusetzen.[235] Dafür gibt es keine Anzeichen.

Im staatlichen, insbesondere im deutschen Kontext mindert sich die Bedeutung der Unterscheidung, weil das Grundgesetz das deutsche Privatrecht auf Gemeinwohlbelange, insbesondere Grundwertungen der Grundrechte, verpflichtet. Öffentliches Recht und Privatrecht werden hier zu gegenseitigen Auffangordnungen unter dem Primat der Verfassung.[236] Mächtige private Akteure und insbesondere Unternehmen können sich aber eines von öffentlichen Bindungen weitgehend freien transnationalen Privatrechts bedienen, das die Unterschiede, die Lücken und die Konkurrenz unterschiedlicher Rechtsordnungen nutzt. Dieses Privatrecht, Gunther Teubners *lex mercatoria,*[237] produziert viele gesellschaftliche Verwerfungen.[238] Das europäische öffentliche Recht hat europäische Institutionen ausgebildet, die solche private Macht erfolgreich regulieren können.[239]

233 Stephan Wernicke, »Au nom de qui? The European Court of Justice between Member States, Civil Society and Union Citizens«, in: *European Law Journal* 13 (2007), S. 380-407, S. 399 ff.

234 Human Rights Council, Report of the Special Representative of the Secretary-General on the Issue of Human Rights and Transnational Corporations and Other Business Enterprises, John Gerard Ruggie, *Guiding Principles on Business and Human Rights: Implementing the United Nations »Protect, Respect and Remedy« Framework*, UN Doc. A/HRC/17/31, 21. 03. 2011; John Gerard Ruggie, »Business and Human Rights. The Evolving International Agenda«, in: *American Journal of International Law* 101 (2007), S. 819-840.

235 Bernardo Sordi, *Diritto pubblico e diritto privato. Una genealogia storica*, Bologna 2020, S. 240.

236 Wolfgang Hoffmann-Riem, Eberhard Schmidt-Aßmann (Hg.), *Öffentliches Recht und Privatrecht als wechselseitige Auffangordnungen*, Baden-Baden 1996.

237 Gunther Teubner, »Breaking Frames. Economic Globalization and the Emergence of lex mercatoria«, in: *European Journal of Social Theory* 5 (2002), S. 199-217.

238 Katharina Pistor, *Der Code des Kapitals. Wie das Recht Reichtum und Ungleichheit schafft*, Berlin 2019.

239 Anu Bradford, *The Brussels Effect. How the European Union Rules the World*, New York 2020.

Wenn die Unterscheidung zwischen öffentlichem Recht und Privatrecht die Ausdifferenzierung moderner Gesellschaften artikuliert, so entscheidet sich die Zuordnung einer Norm, eines Instruments oder einer Maßnahme danach, welcher sozialen Sphäre sie zugeordnet wird. Nun lässt sich eine theoretische Grundeinsicht wie die der Ausdifferenzierung moderner Gesellschaften nicht eins zu eins in eine rechtsdogmatische Figur übertragen; dafür steht das Recht zu nah an der vielgestaltigen Gesellschaft. Die Rechtsdogmatik hat aber einschlägige Gesichtspunkte entwickelt: ob eine Norm zur Verfolgung öffentlicher Interessen verpflichtet oder aber die autonome Gestaltung privater Interessen ermöglicht, ob sie öffentliche oder aber private Rechtsträger adressiert oder ob sie zwischen den Beteiligten Unterordnung oder aber Gleichordnung etabliert.[240] Auch Traditionen und sprachliche Konventionen können helfen.[241] Keiner dieser Gesichtspunkte birgt eine Zauberformel stets sicherer Unterscheidung, aber gemeinsam erlauben sie plausible Zuordnungen.

Es gibt private Akteure wie Transparency International, die ein Allgemeininteresse verfolgen. Aber sie verfügen nur über ein Mandat ihrer Vereinsmitglieder, nicht der gesamten Gesellschaft. Sie unterliegen weit geringeren Rechtmäßigkeits- und Legitimationsanforderungen als öffentliche Institutionen. Rankings von Transparency International sind Ausdruck der Meinungsfreiheit; ein entsprechendes Ranking der Europäischen Kommission, etwa das die mitgliedstaatliche Justiz bewertende Justizbarometer (§ 38), bedarf einer Ermächtigungsgrundlage.

Anhand dieser Unterscheidung kann ein öffentliches Recht ohne ein überwölbendes Staatsrecht konstruiert werden. Zur weiteren Entfaltung seien die beiden wichtigsten Ausdifferenzierungen des öffentlichen Rechts rekonstruiert: das Verwaltungsrecht und das Verfassungsrecht. Die beiden Gebiete haben als Teilgebiete eine gemeinsame Basis, aber verschiedene Begrifflichkeiten und Ausrichtungen, mit denen sich das Verständnis des europäischen öffentlichen Rechts weiter vertiefen lässt.

240 Matthias Ruffert, »Perspektiven des Internationalen Verwaltungsrechts«, in: Christoph Möllers u. a. (Hg.), *Internationales Verwaltungsrecht*, Tübingen 2007, S. 394-419, S. 402.

241 BVerfGE 11, 192, *Beurkundungswesen*, Rn. 33.

D. Verwaltungsrecht ohne Staat

§ 16 Zur Ambivalenz der Entstaatlichung

Lange Zeit war öffentlich-rechtliche Verwaltung gleichbedeutend mit staatlicher Verwaltung. Heute hingegen sind die Begriffe *europäisches Verwaltungsrecht* und *Verwaltungsrecht der Union* fest etabliert, allgemein konsentiert und sogar vertraglich abgesichert (Art. 17 EUV, Art. 298 AEUV, Art. 41 GRC). Wie versteht sich dieser Wandel?

Das Entstehen der rechtswissenschaftlichen Begrifflichkeit eines europäischen Verwaltungsrechts spiegelt eine Hoffnung und eine Sorge. Es ist einerseits die Hoffnung, jenseits des Staates und jenseits der wogenden internationalen Politik einen verfestigten Bereich bürokratischer Rationalität zu etablieren, der einem grenzüberschreitenden Gemeinwohl dient. Hegel steht paradigmatisch für viele Autoren, die für eine vernünftige Gesellschaft auf eine wissenschaftlich gebildete Beamtenschaft setzen.[242] Dieses Verständnis findet sich auch im Funktionalismus, der es für den internationalen Bereich ausgearbeitet hat. Wegweisend war der rumänisch-britische Politikwissenschaftler David Mitrany, der ihn als Antwort auf die beiden Weltkriege entwickelt.[243] Sein Ansatz soll als Neofunktionalismus zum ersten großen politikwissenschaftlichen Deutungsschema der europäischen Integration erstarken, das der in Frankfurt/M. geborene US-Politikwissenschaftler Ernst B. Haas punktgenau zum Inkrafttreten des EWG-Vertrags vorlegt.[244]

Das verwaltungsrechtliche Verständnis ist aber andererseits der Sorge zu verdanken, das europäische Recht unterlaufe die demokratische Einbindung bürokratischer Herrschaft. Es gibt einen Argwohn, die europäische öffentliche Verwaltung könnte Aspekte einer geheimen Bürokratie aufweisen, die fern, abgeschottet oder unsensibel Politiken verfolgt, welche die Bürger entmündigen und

242 Hegel, *Grundlinien der Philosophie des Rechts* (Fn. 194), §§ 287, 297; Koschorke, *Hegel und wir* (Fn. 7), S. 174-178.

243 David Mitrany, *A Working Peace System*, London 1943; ders., »The Functional Approach to World Organization«, in: *International Affairs* 24 (1948), S. 350-363.

244 Ernst B. Haas, *The Uniting of Europe. Political, Social and Economical Forces, 1950-1957*, Stanford 1958.

nationale soziale Errungenschaften untergraben. Die Idee einer europäischen demokratischen Gesellschaft mutiert hier zur Farce oder ideologischen Maske. Schon 1954 mutmaßt Severo M. Giannini, Begründer des demokratischen italienischen Verwaltungsrechts, die europäische Integration bringe der Form nach eine »unione amministrativa«, der Sache nach aber eine »dittatura federale«.[245] Diese Sorge artikuliert die Metapher der europäischen Verwaltung als ein bürokratisches Monster.[246]

Es gibt zwei Bedeutungsvarianten dieser Metapher. Die harmlosere knüpft an Samuel von Pufendorf an, dem die wohl wirkmächtigste Imagination des Heiligen Römischen Reichs deutscher Nation zu verdanken ist. Pufendorf, der erste Professor des Völkerrechts überhaupt und Zeitgenosse Hagemeiers (§ 5), bezeichnete das Reich wegen seiner begriffslosen, ja begriffswidrigen Struktur als »*irregulare aliquod corpus et monstro simile*«.[247] Monsterhaftigkeit meint hier vor allem Begriffslosigkeit eines politischen Körpers.

Die Sorgen der meisten sind schwerer. Ernst-Wolfgang Böckenförde sieht das europäische Wirtschaftsverwaltungsrecht als Appendix des Marktes, »ein technisch-pragmatisches Konstrukt ökonomischer Rationalität«, ganz in der Eigenlogik seines Gegenstands verfangen.[248] Unter dem Regulierungsrecht des europäischen Finanzmarkts kann, so Aldo Sandulli, eine europäische Gesellschaft kaum gedeihen.[249] Der Strukturwandel des öffentlichen Rechts läuft nicht in Richtung einer europäischen demokratischen Gesellschaft, sondern in geradezu dystopische Konstellationen.[250]

Die Entstaatlichung im Verwaltungsverbund ist heikel. Das europäische Verwaltungsrecht lockert das Band einer nationalen Ver-

245 Massimo Severo Giannini, »Brevi osservazioni sul Trattato per la Comunità europea di difesa«, in: *Società* 10 (1954), S. 523-530, S. 527.

246 Hans Magnus Enzensberger, *Sanftes Monster Brüssel oder Die Entmündigung Europas*, Berlin 2011.

247 Fritz Salomon, *Severinus de Monzambano (Samuel von Pufendorf). De statu Imperii Germanici*, Weimar 1910, Kapitel VI, § 9, S. 126.

248 Ernst-Wolfgang Böckenförde, »Kennt die europäische Not kein Gebot?«, in: ders. (Hg.), *Wissenschaft, Politik, Verfassungsgericht*, Berlin 2011, S. 299-303, S. 302.

249 Aldo Sandulli, *Il ruolo del diritto in Europa. L'integrazione europea dalla prospettiva del diritto amministrativo*, Mailand 2018, S. 59 ff.

250 Wolfgang Streeck, *Gekaufte Zeit. Die vertagte Krise des demokratischen Kapitalismus*, Berlin 2015, S. 267-298.

waltung zu »ihrem« Staat, zu »ihrem« Volk und »ihrem Parlament«. Deutsche Behörden müssen nicht nur deutsche Gesetze, sondern auch Unionsverordnungen umsetzen, sie müssen ihre Organisation und Verfahren unionsrechtlichen Vorgaben anpassen, sie müssen Maßnahmen anderer Mitgliedstaaten vollziehen.[251] Die Kette demokratischer Legitimation zum nationalen Parlamentsbeschluss ist gelockert. Vorrang und Vorbehalt des Parlamentsgesetzes sind aber elementare Rechtsinstitute eines demokratischen Verwaltungsrechts.

Es hilft der Bearbeitung eines Problems, es begrifflich zu fixieren. Wie lässt sich dieses europäische Verwaltungsrecht fassen? Das ist nicht leicht, denn bereits das deutsche Verwaltungsrecht wird durch seine Definitionslosigkeit definiert. Es liege »in der Eigenart der Verwaltung begründet, daß sie sich zwar beschreiben, aber nicht definieren läßt«.[252] Im europäischen Verwaltungsrecht definiert man »pragmatisch und ohne wissenschaftlichen Anspruch als Verwaltung den Vollzug der Vorschriften des Gemeinschaftsrechts in konkreten Situationen«.[253] Das aber ist zu eng, denn es fehlen wichtige Verwaltungsaktivitäten der EU, etwa die administrative Normsetzung nach Art. 290 AEUV. Eberhard Schmidt-Aßmann und Thomas von Danwitz zählen daher auch die administrative Rechtsetzung sowie das Recht der Kooperation zwischen den vielen involvierten Behörden zum europäischen Verwaltungsrecht.[254] Damit vermitteln sie Verständnis für seine Komplexität, nicht aber für seine Problematik. Letztere artikuliert Sabino Cassese, Severo M. Gianninis Meisterschüler, auf den Spuren von Alexis de Toc-

251 Luca De Lucia, *Amministrazione transnazionale e ordinamento europeo. Saggio sul pluralismo amministrativo*, Turin 2009, S. 245 ff.

252 Ernst Forsthoff, *Lehrbuch des Verwaltungsrechts. Bd. 1. Allgemeiner Teil*, München 1973, S. 1; Hartmut Maurer, Christian Waldhoff, *Allgemeines Verwaltungsrecht*, München 2020, § 1, Rn. 8.

253 Ute Mager, »Entwicklungslinien des Europäischen Verwaltungsrechts«, in: Peter Axer u. a. (Hg.), *Das Europäische Verwaltungsrecht in der Konsolidierungsphase. Systembildung – Disziplinierung – Internationalisierung.*, Berlin 2010, S. 11-38, S. 13 f.

254 Eberhard Schmidt-Aßmann, »Strukturen des Europäischen Verwaltungsrechts. Einleitende Problemskizze«, in: ders., Wolfgang Hoffmann-Riem (Hg.), *Strukturen des Europäischen Verwaltungsrechts*, Baden-Baden 1999, S. 9-43, S. 32; Thomas von Danwitz, *Europäisches Verwaltungsrecht*, Berlin 2008, S. 4 ff.

queville: Das Verwaltungsrecht ist ein allmächtiges Recht (*un droit tout puissant de la société*).[255]

§ 17 Casseses begriffsgeschichtliche Notizen

Casseses Charakterisierung als *droit tout puissant* präsentiert das Verwaltungsrecht als Sonderrecht exekutiver Herrschaft. Mit dem Verwaltungsrecht setzt ein bürokratischer Apparat politische Entscheidungen um, es ist ein Hebel in der Maschine der Macht.[256] Cassese beschreibt dessen Entwicklung ausgehend von zwei Modellen: dem englischen und dem französischen.[257] Den französischen Typus kennzeichnet ab dem 17. Jahrhundert eine hierarchische und zentralstaatliche Verwaltung, die mit dem Verwaltungsrecht politische Ziele ihrer Spitze gegenüber der Gesellschaft verfolgt. Als Sonderrecht suspendiert es zugunsten der Staatsverwaltung das allgemein geltende Recht und die Kontrollkompetenz der ständisch verhafteten Gerichte. In England hingegen unterbinden die frühe Parlamentarisierung und die Glorreiche Revolution von 1688 die Ausbildung eines Sonderrechts des obrigkeitlichen Privilegs.[258]

Obgleich das englische Modell über Jahrhunderte große Strahlkraft ausübt, setzt sich auf dem Kontinent im 18. Jahrhundert das französische Modell durch. Der Siegeszug der Idee wird in dem an Versailles orientierten Schlossbau in ganz Kontinentaleuropa deutlich: Viele Monarchen nehmen sich Frankreich als Vorbild. Es bilden sich staatliche Bürokratien und ein entsprechendes Sonderrecht. Die Französische Revolution bedeutet, wie Alexis de Tocque-

255 Sabino Cassese, »›Le droit tout puissant et unique de la société‹. Paradossi del diritto amministrativo«, in: *Rivista trimestrale di diritto pubblico* 59 (2009), S. 879-902.

256 Jean-Bernard Auby, Jacqueline Dutheil de la Rochère, »Introduction générale«, in: dies. (Hg.), *Droit administratif européen* (Fn. 125), S. 1-22, S. 4.

257 Sabino Cassese, »Die Entfaltung des Verwaltungsstaates in Europa. § 41«, in: Armin von Bogdandy u. a. (Hg.), *Handbuch Ius Publicum Europaeum. Bd. III. Verwaltungsrecht in Europa: Grundlagen*, Heidelberg 2010, S. 3-29; Giacinto della Cananea, »Verwaltungsrechtliche Paradigmen im europäischen Rechtsraum. § 52«, siehe ebd., S. 447-481.

258 Jean-Bernard Auby, »Die Transformation der Verwaltung und des Verwaltungsrechts. § 56«, in: von Bogdandy u. a. (Hg.), *Handbuch Ius Publicum Europaeum. Bd. III* (Fn. 257), S. 577-606, Rn. 11.

ville zeigt, für das Sonderrecht des Staatsapparats einen mächtigen Entwicklungsschub.[259] Napoleon errichtet mit der Verfassung des Jahres VIII (1799) den *Conseil d'État* zur Durchsetzung seiner Herrschaft. Der französische Staatsrat wird zur paradigmatischen verwaltungsrechtlichen, ja öffentlich-rechtlichen Institution.[260]

Das Sonderrecht, von dem Tocqueville schreibt, liegt in den Händen einer administrativen Klasse mit staatsleitender Funktion, die ein spezifisches Rationalitätsmodell verfolgt.[261] Diese Klasse, geführt durch die Mitglieder des *Conseil d'État*, verfügt über beträchtliche Autonomie selbst gegenüber der Regierung.[262] Die Mitglieder des Staatsrats prägen das Verwaltungsrecht durch ihre Entscheidungen wie durch ihre wissenschaftlichen Texte.

Die Dritte Republik beseitigt 1870 den Autoritarismus des Zweiten Empire, nicht aber das Verständnis des Verwaltungsrechts als Sonderrecht und auch nicht die Schlüsselstellung des *Conseil d'État*. Hierin liegt die Kernaussage des *Blanco*-Urteils des *Tribunal des conflits*, das heute als Beginn des demokratischen französischen Verwaltungsrechts erinnert wird.[263] Dieses Tribunal, gegründet auf ein republikanisches Gesetz von 1872 und bestehend je zur Hälfte aus Richtern der *Cour de cassation* und Mitgliedern des *Conseil d'État*, bestätigt das Verwaltungsrecht als Sonderrecht in der Verantwortung des *Conseil d'État*.[264]

Dieses Sonderrecht erscheint als paradigmatisch für die Verwaltung eines starken Nationalstaats, dem sich viele Rechtswissenschaftler des 19. und 20. Jahrhunderts, nicht nur in Frankreich, verpflichtet fühlen. Angelpunkt ist der Begriff der *puissance publique*. Der progressiv inspirierte Versuch von Léon Duguit, den *service public* als neuen Begriff an die Stelle des Begriffs der *puissance publique* zu setzen, hatte noch nicht einmal unter seinen Anhängern

259 Alexis de Tocqueville, *L'Ancien Régime et la Révolution*, Paris 1856.

260 Jean-Louis Mestre, »Frankreich. § 43«, in: von Bogdandy u. a. (Hg.), *Handbuch Ius Publicum Europaeum. Bd. III* (Fn. 257), S. 83-115, Rn. 27 ff.

261 Patrice Chrétien, »Frankreich. § 59«, in: Armin von Bogdandy u. a. (Hg.), *Handbuch Ius Publicum Europaeum. Bd. IV. Verwaltungsrecht in Europa: Wissenschaft*, Heidelberg 2011, S. 81-120, Rn. 7.

262 Karl Marx, *Der achtzehnte Brumaire des Louis Bonaparte. Kommentar von Hauke Brunkhorst*, Frankfurt/M. 2007, dort zur Rolle der Verwaltung S. 142 und 172 f.

263 Tribunal des conflits, »Arrêt Blanco vom 08. 02. 1873«, in: Marceau Long u. a. (Hg.), *Les grands arrêts de la jurisprudence administrative*, Paris 2017, S. 1.

264 Mestre, »Frankreich. § 43« (Fn. 260), Rn. 31, 52.

Erfolg.[265] Die Demokratisierung des Staates beendet keineswegs bürokratische Herrschaft.

Diese Entwicklung ist paradigmatisch. »Paris kommt für das Verwaltungsrecht die Rolle zu, die Rom für das Privatrecht innehat«.[266] Erinnert sei nur an die beispielhafte Rolle des *Conseil d'État* für den Europäischen Gerichtshof sowie an die jahrzehntelange französische Führung der europäischen Bürokratie.[267] Legendär ist die Rolle Émile Noëls, Absolvent der staatstragenden *École normale supérieure*, der als erster Generalsekretär die Europäische Kommission von 1958 bis 1987 wie kein anderer prägt.[268]

Die Dominanz des französischen Verwaltungsrechts im 19. und 20. Jahrhundert bedeutet keinen europäischen Gleichklang.[269] Otto Mayer, oft als Begründer des deutschen Verwaltungsrechts gepriesen, konstruiert am französischen Beispiel ein Verwaltungsrecht, das deutlich autoritärer ist als das der III. Republik.

Mayer verdankt das Verwaltungsrecht denn auch den Vorwurf, Instrument demokratiefernen Beharrens zu sein. Sein berühmter Satz des Jahres 1924, »Verfassungsrecht vergeht, Verwaltungsrecht besteht«,[270] steht für obrigkeitsstaatliche Beharrungskräfte gegenüber einem liberal-demokratischen Strukturwandel des öffentlichen Rechts. Er spiegelt den Widerstand einer autoritätsgläubigen Beamtenschaft gegen das demokratische Programm der Weimarer Verfassung. Es ist ein Höhepunkt in Carl Schmitts Leben, als ihn

265 Olivier Jouanjan, »Die Belle époque des Verwaltungsrechts: Zur Entstehung der moderrnen Verwaltungsrechtswissenschaft in Europa (1880-1920). § 69«, in: von Bogdandy u. a. (Hg.), *Handbuch Ius Publicum Europaeum. Bd. IV* (Fn. 261), S. 425-459, Rn. 72.

266 Cassese, »Le droit tout puissant et unique de la société« (Fn. 255), S. 882 f.

267 Ministère des Affaires Etrangères, *Rapport de la Délégation française sur le Traité et la Convention signés à Paris*, Paris 1951, S. 32.

268 Van Middelaar, *Vom Kontinent zur Union* (Fn. 103), S. 436.

269 Michel Fromont, »Typen staatlichen Verwaltungsrechts in Europa. § 55«, in: von Bogdandy u. a. (Hg.), *Handbuch Ius Publicum Europaeum. Bd. III* (Fn. 257), S. 551-576, Pierangelo Schiera, »Die gemeineuropäische Geschichte des Verwaltungsrechts und seiner Wissenschaft. § 68«, in: von Bogdandy u. a. (Hg.), *Handbuch Ius Publicum Europaeum. Bd. IV* (Fn. 261), S. 399-424.

270 Otto Mayer, *Deutsches Verwaltungsrecht. Bd. 1*, Leipzig 1924, Vorwort VI; Luc Heuschling, »Verwaltungsrecht und Verfassungsrecht. § 54«, in: von Bogdandy u. a. (Hg.), *Handbuch Ius Publicum Europaeum. Bd. III* (Fn. 257), S. 505-550, Rn. 13 ff.

der preußische Ministerpräsident Hermann Göring am 11. Juli 1933 zum preußischen Staatsrat ernennt.

So kann es nicht verwundern, dass die Demokratisierung der Verwaltung und des Verwaltungsrechts ein großes Anliegen der bundesrepublikanischen Rechtsentwicklung sein wird.[271] Die Europäisierung und gerade das europäische öffentliche Recht könnten diese Demokratisierung unterlaufen, etwa in Ipsens Zweckverband.

§ 18 Ipsens Zweckverband

Casseses *droit tout puissant*, also die Sonderrechtsperspektive, problematisiert das europäische öffentliche Recht. Sie artikuliert die Sorge, das Unionsrecht könnte ein demokratiefernes Instrument sein, mit dessen Hilfe Exekutiven ihre Politiken unter Umgehung demokratischer Verfahren verfolgen. In der Tat haben die europäischen Exekutiven in der Vergangenheit über die Bande der Gemeinschaft Politiken gespielt, die sie als rein nationale Politiken kaum hätten durchsetzen können.

Ein bekanntes Beispiel bieten die Reformen der mitgliedstaatlichen Volkswirtschaften durch das europäische Binnenmarktprogramm ab 1985.[272] Sie sind Teil jenes globalen Strukturwandels, der dem *embedded capitalism* der Nachkriegszeit ein Ende bereitet. Nach verbreiteter Auffassung soll das Unionsrecht in den 1990er und 2000er Jahren den nationalen Gesellschaften sogar neoliberale Strukturreformen aufgezwungen haben, manche sehen das bis heute so.[273]

Vor dem Hintergrund dieser Infragestellung problematisiert die Sonderrechtsperspektive unionale Rechtsinstitute, welche zumeist als epochale Errungenschaften gefeiert werden, etwa die unmittelbare Wirkung des Unionsrechts und sein Anwendungsvorrang vor

271 Rainer Wahl, *Herausforderungen und Antworten. Das öffentliche Recht der letzten fünf Jahrzehnte*, Berlin 2006, S. 16 ff.

272 Kommission der Europäischen Gemeinschaften, Vollendung des Binnenmarktes. Weißbuch der Kommission an den Europäischen Rat (Mailand, 28.-29. Juni 1985), KOM (85) S. 310.

273 Fritz W. Scharpf, *Regieren in Europa. Effektiv und demokratisch?*, Frankfurt/M., New York 1999; Stefano Palombarini, »L'Italie, un laboratoire politique européen«, in: *Le Monde diplomatique* 66 (2021), S. 1, 12-13.

mitgliedstaatlichem Recht (§ 37, § 56). Bekanntlich findet das allgemein anzuwendende Recht, also das Recht des jeweiligen Mitgliedstaats, keine Anwendung, wenn Rechtsakte der Unionsorgane entgegenstehen. Über die Rechtmäßigkeit aller Hoheitsakte der Union entscheidet nur der EuGH. Dieses Monopol ist in den Verträgen nicht niedergeschrieben, sondern eine Rechtsfortbildung des EuGH, deren wichtigste Stütze bis zum Jahre 2020 ein funktionales Argument ist: die Notwendigkeit für das Funktionieren des europäischen Rechts.[274] Insofern hat das Unionsrecht durchaus Charakteristika eines Sonderrechts, mit dem eine Bürokratie gesellschaftliche Transformation betreibt.[275]

Dieses Verständnis findet seine bekannteste Artikulation in Hans Peter Ipsens Zweckverband funktionaler Integration. Der langjährige Weggefährte Schmitts gilt als Doyen des deutschen Europarechts, später wird er der Ehrenvorsitzende der deutschen Staatsrechtslehrervereinigung; ein einflussreicher Mann.[276] Er konzipiert in der ersten großen deutschen Gesamtdarstellung des Gemeinschaftsrechts die EWG als einen »Zweckverband funktioneller Integration«,[277] womit er Haas' Neofunktionalismus rezipiert (§ 16). Schmitt erweist dieser Konstruktion seinen Respekt.[278] Über zwanzig Jahre später findet sich ein ähnlicher Gedanke beim Florentiner

274 EuGH, *Foto-Frost*, Rs. C-314/85, Urteil v. 22. Oktober 1987, *ECLI:EU:C:1987:452*, Rn. 15 ff. Ausführlich Pierre Pescatore, *Le droit de l'intégration. Emergence d'un phénomène nouveau dans les relations internationales selon l'expérience des Communautés européennes*, Brüssel 2005, S. 78, einer der reflektiertesten Richter in den Jahren 1967 bis 1985. Zur verfassungsrechtlichen Ergänzung Koen Lenaerts, »No Member State is More Equal than Others. The Primacy of EU law and the Principle of the Equality of the Member States before the Treaties«, in: *MPIL Research Paper Series* 43 (2020), S. 37-42, S. 42.

275 Patel, *Projekt Europa* (Fn. 63), S. 149-185.

276 Über Ipsens Beziehung zu Schmitt Christian Joerges, »Europe as a Großraum? Shifting Legal Conceptualisations of the Integration Project«, in: Christian Joerges, Navraj Singh Ghaleigh (Hg.), *Darker Legacies of Law in Europe. The Shadow of National Socialism and Fascism over Europe and its Legal Traditions*, Oxford 2003, S. 182 f.

277 Hans Peter Ipsen, *Europäisches Gemeinschaftsrecht*, Tübingen 1972, S. 196 ff., 1055.

278 Carl Schmitt, »Die legale Weltrevolution. Politischer Mehrwert als Prämie auf juristische Legalität und Superlegalität«, in: *Der Staat* 17 (1978), S. 321-339, S. 335 f.

Politikwissenschaftler Giandomenico Majone.[279] Nach Ipsen ist die Ferne des europäischen Rechts von demokratischen Prozessen dessen eigentlicher Witz. Er plädiert gegen eine Parlamentarisierung der Europäischen Union, die Idee einer europäischen Gesellschaft liegt ihm fern.

Den Strukturwandel des europäischen öffentlichen Rechts begleitet die Gefahr, dass er in einen technokratischen Exekutivföderalismus mündet. Das wäre ein Holzweg, der sicherlich nicht zu einer europäischen demokratischen Gesellschaft führt. Wie aber Art. 2 EUV zeigt, ist die europäische Politik einen anderen Weg gegangen, weshalb mit Ipsens und Majones Deutungsschema das heutige Unionsrecht nicht zu rekonstruieren ist. Gleichwohl wirkt Ipsens Ansatz fort: Der Zweite Senat des Bundesverfassungsgerichts denkt das Unionsrecht letztlich in verwaltungsrechtlichen Kategorien (§ 33, § 40) und auch in der Wissenschaft wird er noch vertreten.[280] Das verkennt, dass das Unionsrecht konstitutionalisiert und parlamentarisiert, in die europäische Gesellschaft eingebettet und konflikthaft politisiert ist. Dass damit freilich nicht alle Gefahren kaum verantworteter bürokratischer Herrschaft gebannt sind, zeigen einige Politiken gegenüber Griechenland oder gegenüber Flüchtlingen.[281]

Ungeachtet solcher Defizite ist das Unionsrecht heute das demokratische Recht der europäischen Gesellschaft (§§ 42-44) und nicht nur das Sonderrecht einer Exekutive. Natürlich gibt es weiterhin ein europäisches Verwaltungsrecht, das Bürokratien zur Regelung individueller Freiheit ermächtigt. Der Sonderrechtscharakter iden-

279 Giandomenico Majone, »The European Community as a Regulatory State«, in: Academy of European Law (Hg.), *Collected Courses of the Academy of European Law. Bd. 5 Buch 1*, Den Haag, Boston u. a. 1996, S. 321-419, S. 357.

280 Peter L. Lindseth, *Power and Legitimacy. Reconciling Europe and the Nation-State*, New York, Oxford 2010, S. 251 ff.; Frank Schorkopf, »Der Wertekonstitutionalismus der Europäischen Union«, in: *JuristenZeitung* 75 (2020), S. 477-485, S. 478 f.

281 Michael Ioannidis, »Debt Restructuring in the Light of Pringle and Gauweiler – Flexibility and Conditionality«, in: European Central Bank (Hg.), *ESCB Legal Conference 2016*, Frankfurt/M. 2017, S. 78-92; Catharina Ziebritzki, »The Integrated EU Hotspot Administration and the Question of the EU's Liability«, in: Markus Kotzur u. a. (Hg.), *The External Dimension of EU Migration and Asylum Policies. Border Management, Human Rights and Development Policies in the Mediterranean Area*, Baden-Baden 2020, S. 253-294.

tifiziert solche Akte, die einen legitimierenden öffentlich-rechtlichen Rahmen benötigen. Entsprechende Sonderrechtsregime von Kompetenzen, Verfahren und Pflichten gibt es im Recht der Europäischen Union und in allen Mitgliedstaaten.[282]

Art. 197 und 291 AEUV bestimmen die Verwaltungsaufgaben nicht mit dem Begriff *Anwendung*, sondern mit dem breiteren Begriff der *Durchführung* (englisch *implementation*). Verwalten bedeutet die Implementation politischer Entscheidungen.[283] Das umfasst die Anwendung im Einzelfall, aber ebenso implementierende Rechtsetzung, die Erbringung von Leistungen, die Erarbeitung und Verbreitung von Informationen, Rankings oder *best practices*. Der ReNEUAL-Musterentwurf zum europäischen Verwaltungsrecht enthält jeweils ein ganzes Buch zu administrativer Normsetzung, zu Verträgen und zu behördlichem Informationsmanagement.

Casseses *droit tout puissant* fasst die Vielfalt dieser bürokratischen Implementationsinstrumente. Alle Instrumente dienen der Effektivierung des bürokratischen Zugriffs auf die *administrés* (die verwalteten Personen), so ein aussagekräftiger französischer Begriff für das Gegenüber der Verwaltung.[284] Viele *administrés* sehen sich einem unüberschaubaren und entfremdenden Komplex aus unionalen und staatlichen Bürokratien gegenüber.[285] Dies beklagt sogar Hans Peter Ipsen.[286]

§ 19 Demokratisches Verwaltungsrecht

Eine europäische demokratische Gesellschaft bedarf eines demokratischen Verwaltungsrechts. Dazu gehört seine Parlamentarisierung, aber das reicht nicht aus. Ein demokratisches Verwaltungsrecht

282 Auby, »Die Transformation der Verwaltung und des Verwaltungsrechts. § 56« (Fn. 258), Rn. 13 ff.; Michel Fromont, »Typen staatlichen Verwaltungsrechts in Europa. § 55«, siehe ebd. (Fn. 258), S. 551-576, Rn. 13 ff.

283 Wegweisend Renate Mayntz (Hg.), *Implementation politischer Programme. Empirische Forschungsberichte*, Königstein 1980.

284 Zu diesem Begriff Chrétien, »Frankreich. § 59« (Fn. 261), Rn. 16, 52.

285 Mark A. P. Bovens u. a., »Studying the Real World of EU Accountability. Framework and Design«, in: Mark A. P. Bovens u. a. (Hg.), *The Real World of EU Accountability. What Deficit?*, Oxford, New York 2010, S. 31-62.

286 Ipsen, *Europäisches Gemeinschaftsrecht* (Fn. 277), S. 540.

verlangt mehr als nur Rechtsgrundlagen, die eine demokratische Mehrheit beschlossen hat. Für dieses Mehr gibt die Bezeichnung *Verwaltungsrecht* einen Hinweis, der zu den Anfängen zurückführt.

Während manche Autoren bereits das Sonderrecht des 17. und 18. Jahrhunderts als ein Verwaltungsrecht begreifen,[287] datieren die meisten den Beginn des Verwaltungsrechts auf das 19. Jahrhundert und feiern ihn als einen emanzipatorischen Strukturwandel. Der Wandel liegt darin, dass das Sonderrecht des 18. Jahrhunderts in eine Struktur der rechtlichen Anerkennung des Gegenübers der Verwaltung überführt wird.[288] Das Rechtsgebiet wird nicht nur aus der Perspektive der exekutiven Spitze (*ex parte principis*), sondern auch aus derjenigen der Bürger (*ex parte civium*) konstruiert.

Die Wissenschaft des öffentlichen Rechts im 18. Jahrhundert ist zwar oft der Aufklärung verpflichtet, allerdings zumeist einer obrigkeitlichen und paternalistischen Aufklärung. Sie ist keineswegs immer freiheitlich, sondern oft ein Rechtfertigungsinstrument exekutiver, insbesondere monarchischer Expansion.[289] Die neue Bezeichnung *Verwaltungsrecht* im 19. Jahrhundert signalisiert das Bemühen von Wissenschaftlern, ihr Rechtsgebiet in das Ringen um einen bürgerlichen Rechtsstaat einzubringen.[290] Autoren wie Robert von Mohl, die das Rechtsmaterial als *Verwaltungsrecht* statt als *Policeyrecht* konzipieren, sind Motoren einer progressiven Entwicklung: der Transformation eines reinen Machtverhältnisses zu einem Rechtsverhältnis. Das Gegenüber der Verwaltung emanzipiert sich vom Untertan zum Rechtssubjekt. Das einzige Gebot in

287 Barbara Leitl-Staudinger, »Österreich. § 62«, in: von Bogdandy u. a. (Hg.), *Handbuch Ius Publicum Europaeum. Bd. IV* (Fn. 261), S. 195-228, Rn. 1 ff.; András Jakab, »Ungarn. § 67«, siehe ebd. (Fn. 261), S. 365-396, Rn. 1 ff.; Andrzej Wasilewski, »Polen. § 63«, siehe ebd. (Fn. 261), S. 229-626, Rn. 1 ff.

288 Auby, »Die Transformation der Verwaltung und des Verwaltungsrechts. § 56« (Fn. 258), Rn. 4 f.

289 Michael Stolleis, »Entwicklungsstufen der Verwaltungsrechtswissenschaft«, in: Wolfgang Hoffmann-Riem u. a. (Hg.), *Grundlagen des Verwaltungsrechts. Bd. 1*, München 2006, § 2 Rn. 18 ff.

290 Ausführlich Juan Alfonso Santamaría Pastor, »Spanien. § 66«, in: von Bogdandy u. a. (Hg.), *Handbuch Ius Publicum Europaeum. Bd. IV* (Fn. 261), S. 323-364, Rn. 3; Diana Zacharias, »Der Begriff des Verwaltungsrechts in Europa. § 72«, siehe ebd. (Fn. 261), S. 541-615, Rn. 58 ff.

Hegels Rechtsphilosophie lautet: »Sei eine Person und respektiere die anderen als Personen.«[291]

Patrice Chrétien lässt das eigentliche französische Verwaltungsrecht sogar erst 1873 beginnen, als Frucht der freiheitlichen Verfassung der Dritten Republik. Der *Conseil d'État*, Ratgeber von Napoleon Bonaparte wie von Louis Napoleon, sah sich nach dessen Sturz in einer Legitimitätskrise, der er mit einer deutlich liberaleren Rechtsprechung unter Edouard Laferrière begegnete.[292] Die Neuorientierung erfolgte maßgeblich mittels der richterlichen Entwicklung bürgerschützender Prinzipien, ähnlich wie es hundert Jahre später der EuGH tun wird.[293]

Es sei dabei nicht behauptet, dass die Verwaltungsrechtswissenschaft allein auf der Seite bürgerschaftlicher Emanzipation stehe, weder im 19. Jahrhundert noch heute. Die wichtigste Monographie zum Werk Otto Mayers, in der heutigen Erinnerung die Gründungsfigur des deutschen Verwaltungsrechts, kommt sogar zu dem Schluss, dass es eine »Legalisierung des Polizeistaates« unterbreitete.[294] In Konstellationen, in denen die Hoheitsgewalt nur schwach ausgeprägt ist, tritt die herrschaftliche Komponente des Verwaltungsrechts besonders prägnant zu Tage. So findet sich in Italien im ausgehenden 19. und frühen 20. Jahrhundert ein Verwaltungsrecht, das den Untertan als Rechtssubjekt zwar anerkennt, in dem das Pendel zwischen dem freiheitlichen und dem herrschaftlichen Moment aber weit auf die autoritäre Seite schwingt.[295] Wiederum zeigen sich Parallelen zur Entwicklung des europäischen Verwal-

291 Hegel, *Grundlinien der Philosophie des Rechts* (Fn. 194), § 36.

292 Chrétien, »Frankreich. § 59« (Fn. 261), Rn. 13 ff.

293 So sieht etwa Jürgen Schwarze in den allgemeinen Prinzipien des Verwaltungsrechts den Kern der Disziplin, Jürgen Schwarze, *Europäisches Verwaltungsrecht. Entstehung und Entwicklung im Rahmen der Europäischen Gemeinschaft*, Baden-Baden 2005, S. XLVIII ff. und LII ff.

294 Reimund Schmidt-De Caluwe, *Der Verwaltungsakt in der Lehre Otto Mayers. Staatstheoretische Grundlagen, dogmatische Ausgestaltung und deren verfassungsbedingte Vergänglichkeit*, Tübingen 1999, S. 49, 262.

295 Bernardo Giorgio Mattarella, »Italien. § 45«, in: von Bogdandy u. a. (Hg.), *Handbuch Ius Publicum Europaeum. Bd. III* (Fn. 257), S. 149-185, Rn. 7 ff., vor allem Rn. 22 ff.; Cristina Fraenkel-Haeberle, Diana-Uriana Galetta, »Verwaltungsgerichtsbarkeit in Italien. § 131«, in: Armin von Bogdandy u. a. (Hg.), *Handbuch Ius Publicum Europaeum. Bd. VIII. Verwaltungsgerichtsbarkeit in Europa: Institutionen und Verfahren*, Heidelberg 2019, S. 269-342, Rn. 9 ff., 14.

tungsrechts. Im Konflikt von Interessen des betroffenen Bürgers mit solchen der europäischen Institutionen hat der EuGH über lange Zeit den Letzteren oft den Vorzug gegeben.[296]

Das Verwaltungsrecht im 19. Jahrhundert hat einen emanzipatorischen Gehalt, insoweit es Rechtsinstitute schafft und ausbuchstabiert, in denen die Kompromisse zwischen freiheitlichen und autoritären Kräften operativ werden.[297] Das bleibt im 20. Jahrhundert ein plausibles Programm in schwierigen Lagen. So entwickelt sich ab den 1950er Jahren im Spanien Francos um Eduardo García de Enterría eine glänzende Verwaltungsrechtswissenschaft, welche die wenigen Freiheitsräume des Franco-Regimes dogmatisch durchformt und die Grundlagen für ein demokratisches Verwaltungsrecht unter der Verfassung von 1978 legt.[298] Ähnlich blüht in der Volksrepublik Polen in Epochen zaghafter Liberalisierungen die Verwaltungsrechtswissenschaft auf.[299]

Der Impetus zur Demokratisierung des Verwaltungsrechts ist oft einem neuen Verfassungsrecht zu verdanken. Gibt es im europäischen öffentlichen Recht ein europäisches, insbesondere ein unionales Verfassungsrecht? Während das verwaltungsrechtliche Verständnis für das europäische öffentliche Recht sich ohne größere Konflikte etabliert hat, ist das verfassungsrechtliche Verständnis auf schweren Widerstand gestoßen.

296 Angela Ward, *Judicial Review and the Rights of Private Parties in EC Law*, Oxford 2000, S. 318 ff.

297 Schiera, »Die gemeineuropäische Geschichte des Verwaltungsrechts und seiner Wissenschaft. § 68« (Fn. 269), Rn. 1 ff.

298 Santamaría Pastor, »Spanien. § 66« (Fn. 290), Rn. 67 ff.

299 Andrzej Wróbel, »Polen. § 47«, in: von Bogdandy u. a. (Hg.), *Handbuch Ius Publicum Europaeum. Bd. III* (Fn. 257), S. 229-272, Rn. 49 ff.

E. Verfassungsrecht ohne Verfassungstext

§ 20 Die zweite Sattelzeit

Der Übergang von der ersten in die zweite Periode des europäischen Rechts lässt sich anhand der Doktorarbeit des an der New York University lehrenden Joseph Weiler gut beschreiben. Weiler, in Südafrika geboren, in Israel aufgewachsen, in England ausgebildet, arbeitet von 1978 bis 1985 am Europäischen Hochschulinstitut, wo er für Mauro Cappelletti die berühmte *Florence Integration Project Series* organisiert.[300] Anfang der 1980er Jahre legt er dort als Dissertation sein Gleichgewichtsmodell vor, das den Strukturwandel des Gemeinschaftsrechts in der ersten Periode auf den Punkt bringt.[301]

Weiler zeigt, wie der Krise zwischen Hallstein und de Gaulle (§ 9) der Erfolg der nächsten zwei Jahrzehnte zu verdanken ist. Die Krise wird gelöst, indem der Rat von der Möglichkeit der Mehrheitsentscheidung keinen Gebrauch macht.[302] So kommt es zu einem vermeintlichen Paradox: Viele Juristen schauen auf die EWG und sehen dank unmittelbarer Wirksamkeit, Vorrang und einem autoritativen Gerichtshof eine autonome, aus dem Völkerrecht emanzipierte Rechtsordnung (§ 9, § 37, § 56). Viele Politikwissenschaftler sehen hingegen, vor allem wegen der Einstimmigkeit im Rat, nur eine von vielen internationalen Organisationen, die regulatorische Politik betreiben. Nach Weiler liegt hierin aber kein Paradox, sondern der Schlüssel zu tieferem Verständnis: Die Einstimmigkeit im Rat bietet die politische Rückendeckung für die Autonomisierung des Gemeinschaftsrechts, das seinerseits dank dieser Autonomisierung der Politik ganz neue regulatorische Gestaltungsmöglichkeiten eröffnet (§§ 16-19).

Das politische Einstimmigkeitserfordernis versichert den mit-

300 Mauro Cappelletti u. a. (Hg.), *Integration Through Law. Europe and the American Federal Experience*, Berlin, New York, Bd. 1 bis 5, 1985 bis 1988.

301 Joseph H. H. Weiler, »The Community System. The Dual Character of Supranationalism«, in: *Yearbook of European Law* 1 (1981), S. 267-306; monographisch ders., *Il sistema communitario europeo. Struttura giuridica e processo politico*, Bologna 1985.

302 Jacques Ziller, »Defiance for European Influence – the Empty Chair and France«, in: András Jakab, Dimitry Kochenov (Hg.), *The Enforcement of EU Law and Values. Ensuring Member States' Compliance*, Oxford 2017, S. 422-435.

gliedstaatlichen Regierungen, dass die EWG nur Politiken in ihrem Interesse verfolgt. Daher haben sie ein strukturelles Interesse an der Durchsetzung ihrer mühsam verhandelten Entscheidungen, wofür die Rechtsgemeinschaft die Instrumente bereitstellt. In dieser Aufstellung erstarkt die EWG zum Mittelpunkt der europäischen Koordination und zur Gestalterin vieler Rechtsfelder. Vor diesem Hintergrund versteht sich, dass die Staats- und Regierungschefs die EWG Anfang der 1970er Jahre zum zentralen Forum der innereuropäischen Politikkoordinierung erstarken lassen.[303] Auf dieser Spur entfaltet sich jener Zusammenhang von Rechtsordnungen, den Moslers Europarecht auf den Punkt bringt (§ 10).

Nun kommt Einstimmigkeit mit hohen, oft zu hohen Kosten, wie sogar die souveränitätsbedachte britische Premierministerin Margaret Thatcher fand.[304] Bereits 1986 bekundet die Einheitliche Europäische Akte den Willen der Mitgliedstaaten, im Rat in wichtigen Politikfeldern per Mehrheit zu entscheiden, also einzelne Mitgliedstaaten auch überstimmen zu können. Das bringt Weilers Gleichgewichtsmodell aus dem Gleichgewicht und löst einen neuen Schub von Strukturwandel aus. Verfassungsrechtliche Themen, insbesondere die demokratische Legitimität, erhalten enorme Brisanz.

Dieser Wandel kommt richtig in Fahrt mit dem Fall des Eisernen Vorhangs 1989, der eine Neuordnung Europas unausweichlich macht. Man übersieht heute leicht, dass in jenen Jahren durchaus unterschiedliche Optionen propagiert wurden.[305] Die Mitgliedstaaten finden sich aber, mit US-amerikanischem Segen, darin zusammen, die Neuordnung durch eine gleichzeitige Vertiefung und Erweiterung der Union anzugehen.[306] Den Anfang macht 1992 der Vertrag von Maastricht: Mit diesem Schritt von der Gemeinschaft zur Union und in eine Währungsunion lässt die europäische Ebene

303 Davignon-Bericht vom 27.10.1970, *Bulletin der Europäischen Gemeinschaften*, November 1970, Nr. 1, S. 9-14.

304 Die ganze Geschichte ist im Einzelnen natürlich viel komplizierter, vgl. van Middelaar, *Vom Kontinent zur Union* (Fn. 103), S. 136 ff., 178 ff.

305 G. John Ikenberry, *After Victory. Institutions, Strategic Restraint, and the Rebuilding of Order After Major Wars*, Princeton, Oxford 2001, S. 215 ff.

306 Im Einzelnen van Middelaar, *Vom Kontinent zur Union* (Fn. 103), S. 299 ff. Aus der Perspektive der Zeitgenossen war das weit weniger deutlich. Man erinnere die berühmte Formel des »constitutional chaos«, Deirdre Curtin, »The Constitutional Structure of the Union. A Europe of Bits and Pieces«, in: *Common Market Law Review* 30 (1993), S. 17-69, S. 67.

endgültig den Bereich der *low politics* hinter sich und generiert zunehmend jene Kontroversen, welche für die Formierung der europäischen Gesellschaft entscheidend sein werden. Parallel gewinnen der Europarat und die EMRK neue, die EU komplementierende Rollen (§ 26, § 29, § 44).

Will man diesen Übergang und die Kontroversen, die er generiert, in hegelianischen Kategorien fassen, so bietet sich ein vertrauenstheoretischer Ansatz an. Nach Hegel benötigen öffentliche Institutionen ein »Zutrauen«, »daß mein substantielles und besonderes Interesse im Interesse und Zwecke eines Anderen (hier des Staats) [...] bewahrt und erhalten ist«.[307] Lange Zeit gilt der Nationalstaat als der maßgebliche Rahmen von gesellschaftlichem Vertrauen. Oft wird er als eine gewaltige vertrauensgenerierende und -stabilisierende Einrichtung gedeutet, Carl Schmitt spricht zuspitzend sogar von der Freundschaft zwischen den Bürgern (§ 14). Dies muss nicht protofaschistisch verstanden werden: Auch Alexander Somek sieht *civic friendship* als Kern eines gelingenden demokratischen Gemeinwesens.[308]

Vertrauensbeziehungen zwischen Staaten[309] und zwischen Bürgern unterschiedlicher Nationen[310] sind, wie das verwandte Thema transnationaler Identität (§ 33), erst in jüngerer Zeit zu einem größeren Thema geworden. Es ist dabei erkenntnisstiftend, nicht jede Form kooperativen Verhaltens als Ausdruck von Vertrauen zu werten. Die Forschung unterscheidet etwa Zuversicht (*confidence*) von Vertrauen (*trust*). Im politischen Kontext sollte man von Vertrauen erst sprechen, wenn der Vertrauensgeber dem Vertrauensnehmer aus eigenen Stücken den Zugriff auf bedeutende Rechtsgüter wie Leben, Wohlergehen, Selbstverständnisse eröffnet und sich dadurch verwundbar macht. Dies erklärt auch die Vehemenz, die Diskurse über enttäuschtes Vertrauen oft auszeichnet.[311]

307 Hegel, *Grundlinien der Philosophie des Rechts* (Fn. 194), § 268; Volkmann, »Gespräche mit Hegel« (Fn. 201), S. 490.

308 Somek, »Postnational European Democracy« (Fn. 191), insbes. S. 235-239.

309 Jan Ruzicka, Vincent Charles Keating, »Going Global. Trust Research and International Relations«, in: *Journal of Trust Research* 5 (2015), S. 8-26.

310 Gaspare M. Genna, »Images of Europeans. Transnational Trust and Support for European Integration«, in: *Journal of International Relations and Development* 20 (2017), S. 358-380.

311 Torsten Michel, »Time to Get Emotional. Phronetic Reflections on the Concept of Trust in International Relations«, in: *European Journal of International*

Dieser Vertrauensbegriff beleuchtet das Neue der zweiten Periode des europäischen öffentlichen Rechts. In der ersten Periode verlangen die europäischen regulatorischen Politiken den europäischen Bürgerinnen und Bürgern nicht viel ab, statt Vertrauen gilt ein *permissive consensus* als ausreichend.[312] Dieser reicht in der zweiten Periode nicht mehr aus, wie die tiefen Kontroversen über die europäischen Antworten auf die Finanzkrise, die Staatsschuldenkrise, die Flüchtlingskrise, die Rechtsstaatlichkeitskrise und die Covid-19-Krise gezeigt haben.[313] Auch die Kooperation zwischen den Institutionen der verschiedenen Rechtsordnungen hängt immer mehr an gegenseitigem Vertrauen, das zu einem essentiellen unionsrechtlichen Anliegen erstarkt.[314]

Entsprechend hat Eurobarometer die Kategorie des Vertrauens aufgenommen. Die Ergebnisse sind ernüchternd: Laut Eurobarometer 2019 vertrauen nur 44 Prozent der Unionsbürgerinnen und -bürger den Institutionen der EU. Das ist nicht gut, aber auch kein Argument für den Nationalstaat: Das durchschnittliche Vertrauen in die nationale Regierung und das nationale Parlament liegt im Durchschnitt noch 10 Prozentpunkte niedriger, und zwar bei jeweils 34 Prozent.[315] Das Vertrauen in die Union ist heute größer als in den durchschnittlichen Mitgliedstaat.

Relations 19 (2012), S. 869-890, S. 870; Ute Frevert, »Vertrauen – eine historische Spurensuche«, in: dies. (Hg.), *Vertrauen. Historische Annäherungen*, Göttingen 2003, S. 7-66, S. 8.

312 Zürn, »Politicization Compared« (Fn. 80), S. 978 f.

313 Frank Schorkopf, »Wertesicherung in der Europäischen Union. Prävention, Quarantäne und Aufsicht als Bausteine eines Rechts der Verfassungskrise?«, in: *Europarecht* 51 (2016), S. 147-163, S. 156.

314 EuGH, *EMRK-Beitritt II* (Fn. 142), Rn. 168, 191; *LM* (Fn. 115) Rn. 35 ff.; Koen Lenaerts, »La vie après l'avis. Exploring the principle of mutual (yet not blind) trust«, in: *Common Market Law Review* 54 (2017), S. 805-840; Elena Marie Kullak, *Vertrauen in Europa. Entwicklung und Funktion als Verfassungsgrundsatz des Unionsrechts*, Tübingen 2020, S. 199 f.

315 Europäische Kommission, Standard-Eurobarometer 91, Frühjahr 2019, »Die öffentliche Meinung in der Europäischen Union, Erste Ergebnisse«, Befragung von Juni 2019, S. 5. Zur Belastbarkeit der Daten Karl-Alois Bläser, »Europa im Spiegel der öffentlichen Meinung. Bilanz und Perspektiven des Eurobarometers nach 40 Jahren«, in: *Leviathan* 41 (2013), S. 351-357; kritisch Martin Höpner, Bojan Jurczyk, »Kritik des Eurobarometers. Über die Verwischung der Grenze zwischen seriöser Demoskopie und interessengeleiteter Propaganda«, in: *Leviathan* 40 (2012), S. 326-349.

Die Kontroversen, in denen sich die Ansichten über die Vertrauenswürdigkeit der europäischen und nationalen Institutionen bilden, werden seit den 1990er Jahren regelmäßig in den Begriffen geführt, die nunmehr in Art. 2 EUV kodifiziert sind. Man kann dem entnehmen, dass eine vertrauenswürdige Ordnung den dort niedergelegten Maßstäben verpflichtet sein muss: Gerechtigkeit, Solidarität, Menschenwürde, Freiheit, Demokratie, Gleichheit, Rechtsstaatlichkeit, Minderheitenschutz. Nun wäre es keine Sattelzeit im Sinne von Koselleck, wenn nicht begriffliche Anpassungen nötig wären. Die Bedeutungen dieser Begriffe sind für ihren neuen Kontext neu zu entfalten.

Was sollte die Logik dieser Anpassung sein? Öffentlichrechtler spitzen diese Frage zu einer begrifflichen Frage zu: Kann man das Unionsrecht verfassungsrechtlich verstehen?[316] Die Frage gewinnt zu Beginn der 2000er Jahre so große Relevanz, dass sich seitdem die große Politik in den von Ingolf Pernice und später Matthias Ruffert organisierten *Humboldt-Reden zu Europa* visionär und verfassungstheoretisch positioniert hat.[317] Selten hat die Rechtswissenschaft so eine große politische Debatte orchestriert.

§ 21 Der Siegeszug des verfassungsrechtlichen Ansatzes

Auf den ersten Blick erscheint es nicht schwierig, grundlegende Normen des europäischen öffentlichen Rechts als Verfassungsrecht zu rekonstruieren. Seit langem wird im Völkerrecht mit verfassungsrechtlichen Figuren argumentiert.[318] Wolfgang Friedmann interpretiert schon 1964 den EWG-Vertrag als *international constitutional law*.[319] Das ist keine akademische Flause: Bereits zuvor haben

316 Aus der Feder eines Protagonisten: Jean-Claude Piris, *Does the European Union have a Constitution? Does it need one?*, Cambridge 2001.

317 Ingolf Pernice (Hg.), *Europa-Visionen*, Berlin 2007; Matthias Ruffert (Hg.), *Europa-Visionen. Perspektiven auf Europa vor, während und nach der Krise*, Baden-Baden 2019. Zur europäischen Debatte Renaud Dehousse, *Une Constitution pour l'Europe?*, Paris 2002.

318 Thomas Kleinlein, *Konstitutionalisierung im Völkerrecht. Konstruktion und Elemente einer idealistischen Völkerrechtslehre*, Heidelberg 2012, insbes. S. 5 ff.

319 Friedmann, *The Changing Structure of International Law* (Fn. 149), S. 153 ff., 158. Zeitgleich zum interamerikanischen Recht Mario A. Gómez de la Torre, *Derecho Constitucional Interamericano. Bd. 1*, Quito 1964, S. 225 ff.

Hermann Mosler und Carl Friedrich Ophüls, wichtige juristische Begleiter von Adenauers Europapolitik, die Verträge in verfassungsrechtlichen Kategorien gedeutet.[320] Entsprechend präsentiert die Bundesregierung dem Bundestag den EWG-Vertrag mit den Worten, er rufe »ein europäisches Gebilde verfassungsrechtlicher Gattung ins Leben«.[321]

Mit dieser Deutung steht die Bundesregierung 1957 allerdings weitgehend allein im Kreis der Mitgliedstaaten. 1981 bringt aber der an der Prager Universität ausgebildete und in Michigan lehrende Eric Stein ein verfassungsrechtliches Verständnis des Gemeinschaftsrechts wirkmächtig in den internationalen Diskurs ein, indem er die Rechtsprechung des EuGH als ein *Making of a Transnational Constitution* rekonstruiert.[322] Diese Rekonstruktion ist so überzeugend, dass das *American Journal of International Law* danach kaum noch Beiträge zum Innenrecht der EWG publiziert. Gerichtliche Weihen erhält dieser Sprachgebrauch 1986, als der EuGH den EWG-Vertrag als eine »Verfassungsurkunde der Gemeinschaft« bezeichnet.[323]

Stein und der Gerichtshof operieren allerdings mit einem arg verkürzten Verfassungsverständnis, da es im Wesentlichen auf die Autorität des Gemeinschaftsrechts und des Gerichtshofs fokussiert. Sie beschreiben ein System föderaler Exekution, nicht aber ein hegelianisches System der politischen Vermittlung. Die Debatte hegelianisiert sich in der Neuordnung des Kontinents. Konkreter Anlass sind die Kompetenzerweiterungen des Maastrichter Vertrags, welche die demokratische Legitimation des Gemeinschaftsrechts problematisieren. Ist die behauptete Verfassungsqualität grundlegender Normen des Gemeinschaftsrechts bis dahin ein legitimierendes Argument der Integrationisten,[324] so wird nun die Behauptung ihres

320 Eine historische Rekonstruktion bei Anne Boerger, Morten Rasmussen, »Transforming European Law. The Establishment of the Constitutional Discourse from 1950 to 1993«, in: *European Constitutional Law Review* 10 (2014), S. 199-225, S. 201 ff.

321 BT-Drucks. 2/3340, S. 108.

322 Stein, »Lawyers, Judges, and the Making of a Transnational Constitution« (Fn. 77). Zu Stein: Anne Boerger, »At the Cradle of Legal Scholarship on the European Union. The Life and Early Work of Eric Stein«, in: *The American Journal of Comparative Law* 62 (2014), S. 859-892.

323 ZuGH, *Les Verts/Parlament* (Fn. 82), Rn. 23.

324 EuGH, *Costa/E.N.E.L.*, Rs. C-6/64, Schlussanträge von Generalanwalt Maurice Lagrange v. 25. Juni 1964, *ECLI:EU:C:1964:51*.

fehlendenden Verfassungscharakters zum Argument, den Primat der Mitgliedstaaten und ihrer Rechtsordnungen zu verteidigen.

Verfassungsrecht und Verwaltungsrecht gehören zum öffentlichen Recht, aber sie haben deutlich unterschiedliche Stoßrichtungen. Zugespitzt formuliert: Das Verwaltungsrecht organisiert exekutive Herrschaft, die das Verfassungsrecht legitimiert. Die steilste Form dieser Legitimation lautet, dass Verfassungsrecht, recht betrachtet und betrieben, Herrschaft in Selbstbestimmung transformiere: »We the People«.

Dieses Argument hat zwei Varianten. Die eine hat Paul Kirchhof artikuliert, der Berichterstatter des Maastricht-Urteils des Zweiten Senats, das die Frage nach der europäischen Demokratie als die Kernfrage des europäischen Strukturwandels identifiziert und wirkmächtig auf die politische und juristische Tagesordnung setzt (§ 40). Kirchhofs Kernargument lautet: »In einer Demokratie bestimmt der freie Bürger die Entscheidungen seines Gemeinwesens. Er ist in der Gemeinschaft des Staatsvolkes Mitherrscher, nicht Beherrschter.«[325] Eine Verfassung ist in dieser Perspektive nur als Staatsverfassung denkbar. Die berühmteste juristische Theorie dazu, in hegelianischer und schmittianischer Tradition, stammt von Ernst-Wolfgang Böckenförde, mitentscheidender Richter des Zweiten Senats.[326]

Die andere, weniger staatszentrierte Gestalt des Arguments formuliert Christoph Möllers. Der Begriff der Verfassung, wolle man seinen emanzipatorischen Gehalt nicht verraten, verstehe sich in der Tradition der Amerikanischen und der Französischen Revolution. Eine Verfassung brauche, so Möllers, nicht zwingend Staatlichkeit oder ein Staatsvolk, wohl aber einen Prozess kollektiver Selbstbestimmung, der eine »demokratische Politisierung der Rechtserzeugung durch die Begründung einer neuen Herrschaftsordnung« leiste.[327]

325 Paul Kirchhof, »Der europäische Staatenverbund«, in: Armin von Bogdandy, Jürgen Bast (Hg.), *Europäisches Verfassungsrecht. Theoretische und dogmatische Grundzüge*, Berlin, Heidelberg 2009, S. 1009-1043, S. 1011.

326 Ernst-Wolfgang Böckenförde, »Die Entstehung des Staates als Vorgang der Säkularisation«, in: *Säkularisation und Utopie. Ebracher Studien. Ernst Forsthoff zum 65. Geburtstag*, Stuttgart, Berlin u. a. 1967, S. 75-94.

327 Christoph Möllers, »Verfassunggebende Gewalt – Verfassung – Konstitutionalisierung«, in: von Bogdandy/Bast (Hg.), *Europäisches Verfassungsrecht* (Fn. 325),

Unter diesen beiden paradigmatischen Ansätzen erscheint die Konzeption eines europäischen Verfassungsrechts reduktionistisch oder ideologisch, und es hat kein Strukturwandel zu einem europäischen Verfassungsrecht stattgefunden. Es gibt dann zwar das jeweilige Verfassungsrecht der Mitgliedstaaten, aber kein Unionsverfassungsrecht. Es fehlt entweder das europäische Staatsvolk (Kirchhof) oder aber ein Akt, der als kollektive Selbstbestimmung der Europäer begriffen werden könnte (Möllers). Verfassungsrechtliche Entwicklungen auf der europäischen Ebene können danach nur Holzwege sein.[328]

Beiden Positionen kommt entgegen, dass das ambitionierte politische Projekt, die Europäische Union nach der Durchführung eines Verfassungskonvents auf einen »Verfassungsvertrag« zu gründen, im Frühsommer 2005 scheiterte. An seine Stelle trat der rhetorisch weit nüchternere Reformvertrag von Lissabon,[329] der nach dem Willen der Staats- und Regierungschefs auf das »Verfassungskonzept« (englisch *constitutional concept*, französisch *concept constitutionnel*) verzichtet.[330] Die Erfahrungen im Scheitern des Verfassungsvertrages sind so bitter, dass auch 2020 die politische Spitze über die Zukunft Europas unter Vermeidung der Verfassungsfrage beraten will.[331]

Rechtswissenschaftliche Begrifflichkeit braucht nicht den Segen der Politik. Über die Frage, ob die Verträge, auf denen die Union beruht, Verfassungscharakter besitzen, kann der Europäische Rat,

S. 227-277, S. 229-230. Inzwischen hat er die Position geändert, Möllers, *Die Europäische Union als demokratische Föderation* (Fn. 124).

328 Prononciert Dietrich Murswiek, »Die heimliche Entwicklung des Unionsvertrages zur europäischen Oberverfassung. Zu den Konsequenzen der Auflösung der Säulenstruktur der Europäischen Union und der Erstreckung der Gerichtsbarkeit des EU-Gerichtshofs auf den EU-Vertrag«, in: *Neue Zeitschrift für Verwaltungsrecht* 28 (2009), S. 481-486.

329 Zu einem Vergleich siehe Gráinne de Búrca, »General Report«, in: Heribert Franz Köck, Margit Maria Karollus (Hg.), *Vorbereitung der Europäischen Union für die Zukunft. Notwendige Änderungen des Primärrechts nach der Nicht-Ratifizierung des Vertrags über eine Verfassung für Europa*, Baden-Baden 2008, S. 385-406, S. 391 ff.

330 Europäischer Rat vom 21./22. Juni 2007, Schlussfolgerungen des Vorsitzes (11177/1/07 REV 1), Anlage I: Mandat für die Regierungskonferenz, Rn. 1.

331 de la Baume, »Conference on the Future of Europe« (Fn. 193); Rat der Europäischen Union, Gemeinsame Erklärung zur Konferenz über die Zukunft Europas, Dok.-Nr. 6796/21, 5. März 2021.

ein gubernatives Organ, das noch nicht einmal eine Kompetenz zur Rechtsetzung hat (Art. 15 Abs. 1 EUV), nicht abschließend entscheiden.[332] Zudem ist das, was laut Europäischem Rat das »Verfassungskonzept« ausmacht, rechtswissenschaftlich kaum relevant. Nach den Schlussfolgerungen des Vorsitzes besteht das Verfassungskonzept des Verfassungsvertrags darin, »alle bestehenden Verträge aufzuheben und mit einem einheitlichen Text mit der Bezeichnung ›Verfassung‹ zu ersetzen«.[333] Danach hätten weder Deutschland (*Grundgesetz*) noch Österreich mit seinen über hundert Bundesverfassungsgesetzen eine Verfassung,[334] doch niemand wähnt diese Staaten in einem verfassungslosen Zustand. Die Rechtsprechung des EuGH, welche dem EG-Vertrag den Charakter einer »Verfassungsurkunde« zuspricht, stellt der Europäische Rat zu keinem Zeitpunkt in Frage.[335]

Was spricht für die Annahme eines Strukturwandels, der es erlaubt, in einem gehaltvollen Sinne ein unionales Verfassungsrecht als Kern eines europäischen Verfassungsrechts zu rekonstruieren? Der für mich wichtigste Grund findet sich darin, dass der europäische Vertragsgesetzgeber mit dem Vertrag von Amsterdam (1997) die Union und die europäische Gesellschaft in den Grundbegriffen des demokratischen Konstitutionalismus gründet. Zuvor fehlte eine solche Bestimmung. Mit dem Vertrag von Lissabon schreibt der Vertragsgesetzgeber dies 2007 in Art. 2 EUV fort: Gerechtigkeit, Solidarität, Gleichheit von Frauen und Männern, Pluralismus, Nichtdiskriminierung, Toleranz, Achtung der Menschenwürde, Freiheit, Demokratie, Gleichheit, Rechtsstaatlichkeit und die Wahrung der Menschenrechte einschließlich der Rechte der Personen, die Minderheiten angehören. Diese Bestimmung ist kein toter Buchstabe: Viele große Auseinandersetzungen in der europäischen Gesellschaft nutzen diese Begriffe. Sei es die Eurokrise, die Migrationskrise, die Rechtsstaatlichkeitskrise, die COVID-19-Krise: Stets wird mit diesen großen Begriffen des demokratischen Konstitutionalismus um

332 Europäischer Rat vom 21./22. Juni 2007, Schlussfolgerungen des Vorsitzes (Fn. 330), Rn. 3.

333 Ebd., Rn. 1; Denkschrift der Bundesregierung zum Vertrag von Lissabon vom 13. Dezember 2007, BR-Drs. 928/07, S. 133-197, S. 134.

334 Wiederin, »Österreich. § 7« (Fn. 143), Rn. 44f.

335 Michael Dougan, »The Treaty of Lisbon 2007. Winning Minds, not Hearts«, in: *Common Market Law Review* 45 (2008), S. 617-703, S. 698.

eine gemeinsame Lösung gerungen. Dass ihre Aussage für die streitige Frage in der Regel strittig ist, betont ihre Bedeutung.

Die verfassungsrechtliche Lesart stützt sich keineswegs allein auf die Positivierung verfassungsrechtlicher Prinzipien und deren Relevanz in europäischen Kontroversen. Viele strukturelle Momente kommen hinzu: Das Primärrecht der Union begründet Hoheitsgewalt, statuiert eine Normenhierarchie und legitimiert Rechtsakte, schafft eine Bürgerschaft, gewährt einklagbare Grundrechte und regelt das Verhältnis von Rechtsordnungen, von Hoheitsgewalt und Wirtschaft, von Recht und Politik.[336] Kurz: Sie errichtet ein System der Vermittlung.[337]

Die Prozesse um den Amsterdamer und den Lissaboner Vertrag genügen nicht allen Erwartungen demokratischer Freiheit. Aber das ist auch bei der US-amerikanischen Verfassung nicht der Fall, deren Gründungsväter sich der Organe ihrer Sklaven bedienten,[338] und ebenso beim Grundgesetz der damals noch nicht einmal souveränen Bundesrepublik. Sicherlich übertrifft die politische Mobilisierung im europäischen Verfassungsprozess die Mobilisierung in den allermeisten verfassungsgebenden und verfassungsändernden Prozessen in den EU-Mitgliedstaaten.

Krisen helfen bei der Konzentration auf das Wesentliche. Die Rechtsprechung des EuGH in den Krisen der 2010er Jahre gibt einer verfassungsrechtlichen Rekonstruktion enormen Auftrieb. In einer Reihe bahnbrechender Entscheidungen, insbesondere mit dem Gutachten 2/13[339] sowie den Urteilen in *ASJP*,[340] *Achmea*,[341] *LM*,[342] *Kommission/Polen*,[343] *Wightman*[344] und *CETA*[345] hat der EuGH der

336 Vergleichend Günter Frankenberg, »The Return of the Contract. Problems and Pitfalls of European Constitutionalism«, in: *European Law Journal* 6 (2000), S. 257-276.

337 Hegel, *Grundlinien der Philosophie des Rechts* (Fn. 194), § 302.

338 Ferdinand von Schirach, *Jeder Mensch*, München 2021, S. 6: Washington ließ die Zähne für seine Zahnprothese bei seinen Sklaven herausbrechen.

339 EuGH, *EMRK-Beitritt II* (Fn. 142), Rn. 168.

340 EuGH, *Associação Sindical dos Juízes Portugueses* (Fn. 115), Rn. 30-32.

341 EuGH, *Achmea*, Rs. C-284/16, Urteil v. 6. März 2018, ECLI:EU:C:2018:158, Rn. 34.

342 EuGH, *LM* (Fn. 115), Rn. 35, 48, 50.

343 EuGH, *Kommission/Polen*, Rs. C-619/18, Urteil v. 24. Juni 2010, EC LI:EU:C:2019:531, Rn. 42, 47.

344 EuGH, *Wightman*, Rs. C-621/18, Urteil v. 10. Dezember 2018, ECLI:EU:C:2018:999, Rn. 62-63.

bisherigen funktionalen Logik des Unionsrechts, seiner Rationalität der praktischen Wirksamkeit (*effet utile*), eine genuin verfassungsrechtliche Logik zur Seite gestellt. Er konzipiert die EU als Werteunion, nicht zuletzt um ihre Fundamente gegen autoritäre Entwicklungen zu verteidigen.[346] Heute gehen die Gehalte von Art. 2 EUV weit über Verfassungsästhetik[347] oder leeres Pathos[348] hinaus.

Der Wandel in der dogmatischen Rekonstruktion der unmittelbaren Wirkung und des Vorrangs des Unionsrechts macht dies anschaulich. Diese beiden Grundsätze, die wie keine anderen das Spezifikum des Unionsrechts ausmachen, wurden lange Zeit funktionalistisch gerechtfertigt.[349] In Antwort auf das PSPP-Urteil des Zweiten Senats stellt der Präsident des EuGH eine verfassungsrechtliche Begründung dieser beiden Grundsätze in den Vordergrund. Das tragende Prinzip ist danach die Gleichheit, und zwar der Unionsbürgerinnen und -bürger ebenso wie der Mitgliedstaaten.[350]

Die zweite Periode des europäischen öffentlichen Rechts zeichnet aus, dass die juristische Auseinandersetzung über die Zukunft der europäischen Gesellschaft in verfassungsrechtlichen Kategorien erfolgt. Eine der sichtbarsten europäischen Zeitschriften ist heute die von den Niederlanden aus betriebene und in England verlegte *European Constitutional Law Review*. Der Ansatz, der sich einer verfassungsrechtlichen Rekonstruktion des Unionsprimärrechts prinzipiell widersetzt, hat eine wichtige Schlacht verloren. Die Auseinandersetzung um die Zukunft der europäischen Gesellschaft geht aber weiter, nunmehr in einem verfassungsrechtlich geprägten Diskursfeld.

Der verfassungsrechtliche Ansatz hat das Primärrecht als Rah-

345 EuGH, *CETA*, Gutachten 1/17 v. 30. April 2019, ECLI:EU:C:2019:341, Rn. 110.

346 José Martín y Pérez de Nanclares, »La Unión Europea como comunidad de valores. A vueltas con la crisis de la democracia y del Estado de Derecho«, in: *Teoría y Realidad Constitucional* 43 (2019), S. 121-159, S. 126 f.

347 Joseph H. H. Weiler, »On the Power of the Word. Europe's Constitutional Iconography«, in: *International Journal of Constitutional Law* 3 (2005), S. 173-190.

348 Ulrich Haltern, »Pathos and Patina. The Failure and Promise of Constitutionalism in the European Imagination«, in: *European Law Journal* 9 (2003), S. 14-44.

349 Pescatore, *Le droit de l'intégration* (Fn. 274), S. 84 ff.; näher noch unten § 37, § 56.

350 Koen Lenaerts u. a., »Exploring the Autonomy of the European Legal Order«, in: *Zeitschrift für ausländisches öffentliches Recht und Völkerrecht* 81 (2021), S. 47-88.

menordnung von Politik zu rekonstruieren, es im Lichte verfassungstheoretischer und verfassungsrechtsdogmatischer Bestände zu systematisieren, legitimatorische Grundlagen und Abschlussfiguren zu thematisieren, zwischen gesellschaftlichen und rechtlichen Diskursen zu vermitteln, ein entsprechendes disziplinäres Selbstverständnis zu etablieren.[351] Er erlaubt unterschiedliche Perspektiven, entsprechend den Auffassungen, die in der europäischen Gesellschaft zirkulieren. Eine seiner wichtigsten Aufgaben lautet, der europäischen Gesellschaft ein juristisches Vokabular zu unterbreiten, das ihre Kontroversen prozessiert und legitimen Entscheidungen zuführt.

Hegel bietet sich zur Theoretisierung dieses Verständnisses an, insofern er Verfassung weniger als eine voluntaristische Setzung, sondern vor allem als eine evolutionäre Errungenschaft begreift.[352] Er überwindet die Fixierung auf die Verfassungsgebung, den Gründungsmoment, und eröffnet ein konstitutionelles Verständnis historischer Prozesse und institutioneller Praktiken. Das ermöglicht verfassungsrechtliche Rekonstruktionen vieler europäischer Praktiken, die der Vertragsgesetzgeber erst nach ihrer Erprobung in die Verträge aufnimmt, etwa den Europäischen Rat, das Verständnis der Versammlung als Parlament, die Expansion in viele Politikfelder, Grundrechte, den Vorrang oder die Verschmelzung der verschiedenen Organisationen in einer Union.

Abschließend ist die Unvollendetheit des Prozesses festzuhalten: Jede Rekonstruktion sollte ein so wichtiges Ereignis wie das Scheitern des Verfassungsvertrags reflektieren. Deshalb sollte man nicht von einer Verfassung, sondern nur von Verfassungsrecht sprechen. Damit bleibt eine künftige Inkraftsetzung eines so benannten Rechtsakts bedeutungsvoll. Auch der EuGH reflektiert diese Diffe-

351 Thomas Giegerich, *Europäische Verfassung und deutsche Verfassung im transnationalen Konstitutionalisierungsprozeß. Wechselseitige Rezeption, konstitutionelle Evolution und föderale Verflechtung*, Berlin 2003; Robert Schütze, *European Constitutional Law*, Cambridge 2016; Allan Rosas, Lorna Armati, *EU Constitutional Law. An Introduction*, Oxford 2018; Samantha Besson, *Droit constitutionnel européen. Précis de droit et résumés de jurisprudence*, Bern 2019; Yolanda Gómez Sánchez, Cristina Elías Méndez, *Derecho constitucional europeo*, Cizur Menor 2019.

352 Hegel, *Grundlinien der Philosophie des Rechts* (Fn. 194), § 271, § 274; zu den vielen Mängeln von Hegels Verfassungsbegriff Norberto Bobbio, »La costituzione in Hegel«, in: ders. (Hg.), *Studi hegeliani*, Turin 1981, S. 69-84.

renz. Obwohl er inzwischen in ständiger Rechtsprechung von Verfassungsprinzipien spricht, findet sich der Begriff des Verfassungsgebers nur in einem Schlussantrag eines besonders föderalistisch gesinnten Generalanwalts[353] und in einigen wenigen Entscheidungen des dem EuGH untergeordneten Gerichts.[354] Um die vereinigten politischen Systeme in ihrer primärrechtsschaffenden Rolle zu bezeichnen, erscheint *Vertragsgesetzgeber* besser geeignet.[355]

§ 22 Zur Reichweite des Primats

Art. 2 EUV legt, ähnlich wie Art. 1 italienische Verfassung oder Art. 1 und Art. 20 Grundgesetz, die legitimatorischen Grundlagen und normativen Abschlussfiguren des europäischen öffentlichen Rechts nieder. Das impliziert den Primat verfassungsrechtlicher Maßstäbe gegenüber allem einfachen Recht.

Darin liegt ein gewaltiger Strukturwandel. Bis zur Mitte des 20. Jahrhunderts sind die Verfassungen der meisten europäischen Staaten Dokumente von untergeordneter juristischer Bedeutung.[356] Nur langsam setzt sich das Primat des Verfassungsrechts durch. Wichtige Eckpunkte sind die klare Unterordnung des Gesetzes unter die Verfassung, der Siegeszug der Verfassungsgerichtsbarkeit, die Stärkung der Grund- und Menschenrechte. Hinzu treten, wenngleich durchaus unterschiedlich in den verschiedenen Rechtsordnungen, die Konstitutionalisierung der Rechtsordnung, das

353 EuGH, *Rat/Parlament*, Rs. C-34/86, Schlussanträge von Generalanwalt Federico Mancini v. 2. Juni 1986, ECLI:EU:C:1986:221.

354 EuGH, *Salamander u. a. / Parlament und Rat*, verb. Rs. T-172/98 und T-175/98 bis T-177/98, Urteil v. 27. Juni 2000, ECLI:EU:T:2000:168, Rn. 75 (»Verfassungsgeber der Gemeinschaft«); *One of Us u. a. / Kommission*, Rs. T-561/14, Urteil v. 23. April 2018, *ECLI:EU:T:2018:210, Rn. 113 f. (»verfassungsgebende Gewalt«).*

355 EuGH, *D'Hoop*, Rs. 224/89, Schlussanträge von Generalanwalt Leendert Adrie Geelhoed v. 21. Februar 2002, ECLI:EU:C:2002:103, Rn, 28; *Inuit Tapiriit Kanatami u. a. / Parlament und Rat*, Rs. C-583/11, Schlussanträge von Generalanwältin Juliane Kokott v. 17. Januar 2013, ECLI:EU:C:2013:21, Rn. 111 f.; der EuGH spricht auch von »Verfasser der Verträge«, etwa in *Inuit Tapiriit Kanatami u. a./ Parlament und Rat*, Rs. C-583/11, Urteil v. 3. Oktober 2013, *ECLI:EU:C:2013:625, Rn. 70.*

356 Für Deutschland Rainer Wahl, »Der Vorrang der Verfassung«, in: *Der Staat* 20 (1981), S. 485-516, S. 485-516, insbes. S. 502 ff.

Verständnis verfassungsrechtlicher Prinzipien als gesellschaftliche Werte und als Vehikel sozialer Integration sowie ein verfassungsrechtlich begründetes Ethos des Rechtsstabes.

Das ist aus deutscher Perspektive formuliert; in manchen Ländern mag das materielle Primat mehr Zukunftsmusik denn aktuelle Praxis sein. Im Grundsatz aber finden sich inzwischen diese Entwicklungen, nicht zuletzt dank der Europäisierung, in allen mitgliedstaatlichen Rechtsordnungen (§§ 52-54). Art. 4 Abs. 2 EUV spiegelt dieses Primat: Wenn verfassungsrechtliche Strukturen die Identität der Mitgliedstaaten zum Ausdruck bringen, dann haben sie eine Rolle weit jenseits ihres formellen Vorrangs.

Die Grundlage dieser Expansion bilden die Grund- und Menschenrechte, für die Carl Schmitts Rechtsdenken keine konstruktive Rolle kennt. In der zweiten Hälfte des 20. Jahrhunderts erstarken sie, sei es direkt als Reaktion auf autoritäre oder gar totalitäre Erfahrungen (etwa Italien, Deutschland, Griechenland, Portugal, Spanien, Polen oder Ungarn), sei es im Zuge der Europäisierung und Fortbildung des Rechtsstaates (etwa Frankreich, Großbritannien, Niederlande, Schweden oder die Schweiz) (§ 53). Sogar die österreichische abwägungsskeptische Rechtstradition wird erfasst.[357]

Die Grund- und Menschenrechte sind in einer unabsehbaren Zahl von Konfliktkonstellationen relevant. Dies ermöglicht eine Konstitutionalisierung der Rechtsordnung, also ihre Ausrichtung an den verfassungsrechtlichen Vorgaben.[358] Damit überwindet das Verfassungsrecht den Status einer Materie unter anderen. In Deutschland bildet die Konstitutionalisierung des Verwaltungsrechts am Maßstab des Grundgesetzes sogar das beherrschende öffentlich-rechtliche Thema bis an die Schwelle der 1990er Jahre, um dann von der Europäisierung beerbt zu werden, welche die Entwicklung im europäischen Maßstab vorantreiben sollte.[359]

Dieses in Art. 2 EUV zum Ausdruck kommende Primat öf-

357 Alexander Somek, »Österreich. § 33«, in: Armin von Bogdandy u. a. (Hg.), *Handbuch Ius Publicum Europaeum. Bd. II. Offene Staatlichkeit – Wissenschaft vom Verfassungsrecht*, Heidelberg 2008, S. 637-662, Rn. 35.

358 Gunnar Folke Schuppert, Christian Bumke, *Die Konstitutionalisierung der Rechtsordnung. Überlegungen zum Verhältnis von verfassungsrechtlicher Ausstrahlungswirkung und Eigenständigkeit des »einfachen« Rechts*, Baden-Baden 2000.

359 Wahl, *Herausforderungen und Antworten* (Fn. 271), S. 31 ff., 94 ff.

fentlich-rechtlicher Maßstäbe ist keineswegs selbstverständlich. Es musste sich gegen privatrechtliche Deutungen des europäischen Rechts und der europäischen Gesellschaft durchsetzen (§ 30). Heute bilden aber dank Art. 2 EUV verfassungsrechtliche Maßstäbe die Grundlage rechtlicher Strukturbildung in der europäischen Gesellschaft.[360] Dieses Primat verwirklicht eine zentrale Forderung des modernen Konstitutionalismus. Schon 1791 forderte der damals noch progressive Talleyrand ein Volkswissen über die Verfassung, um die Republik im Herzen aller zu verankern.[361] Hegel knüpft daran an: Er versteht die politische Gesinnung als Patriotismus und meint damit elementare Einstellungen wie Gewaltverzicht, gegenseitige Anerkennung und Rechtsgehorsam.[362] 1970 prägte der Heidelberger Politikwissenschaftler Dolf Sternberger in der *Frankfurter Allgemeinen Zeitung* den Begriff des Verfassungspatriotismus, den Jürgen Habermas zum geflügelten Wort erstarken ließ.[363]

Art. 2 EUV ist diesem Denken verpflichtet. Der Ausdruck *Wert* unterstreicht den Charakter der in dieser Norm niedergelegten Maßstäbe als Abschlussfiguren, als letzte Gründe, als unterhintergehbar (§ 8.3). Auf dieser Spur zeigt Kris Grimonprez, wie Art. 2 EUV den Fluchtpunkt demokratischer Erziehung in der europäi-

360 Paolo Ridola, *Diritto comparato e diritto costituzionale europeo*, Turin 2010, S. 8 ff.; Cesare Pinelli, *Alla ricerca dell'autenticità perduta. Identità e differenze nei discorsi e nei progetti di Europa*, Neapel 2017, S. 40. Das große Lehrbuch von Karl Riesenhuber (Hg.), *Europäische Methodenlehre. Handbuch für Ausbildung und Praxis*, Berlin 2015, hat hingegen kaum einen Platz für die verfassungsrechtlichen Grundlagen, vgl. insbesondere Riesenhuber, »§ 1. Europäische Methodenlehre – Einführung und Übersicht«, siehe ebd., S. 1-6, und ders., »§ 10. Die Auslegung«, siehe ebd., S. 199-224.

361 Luc Heuschling, »Frankreich. § 28«, in: von Bogdandy u. a. (Hg.), *Handbuch Ius Publicum Europaeum. Bd. II* (Fn. 357), S. 491-523, Rn. 4. Zum vielseitigen Charles Maurice de Talleyrand-Périgord bereits oben § 6.

362 Hegel, *Grundlinien der Philosophie des Rechts* (Fn. 194), § 268; Volkmann, »Gespräche mit Hegel« (Fn. 201), S. 495 f.

363 Dolf Sternberger, *Verfassungspatriotismus*, Frankfurt/M. 1990, insbes. S. 17 ff., 24, 30 f.; Jürgen Habermas, »Geschichtsbewußtsein und posttraditionale Identität«, in: ders. (Hg.), *Eine Art Schadensabwicklung*, Frankfurt/M. 1987, S. 161-179, S. 173; europäisierend Joseph H. H. Weiler, »Federalism Without Constitutionalism. Europe's Sonderweg«, in: Kalypso Nicolaïdis, Robert Howse (Hg.), *The Federal Vision. Legitimacy and Levels of Governance in the United States and the European Union*, Oxford, New York 2001, S. 54-70, S. 63.

schen Gesellschaft bilden kann.[364] Es bestätigt sich die hegelianische Konzeption, dass eine komplexe Gesellschaft eine öffentlich-rechtliche Grundlage hat, selbst wenn privatrechtliche Strukturen viele gesellschaftliche Beziehungen prägen.[365] Damit ist die Grundlage eines transformativen Konstitutionalismus gelegt.

364 Kris Grimonprez, *The European Union and Education for Democratic Citizenship. Legal Foundations for EU Learning at School*, Baden-Baden 2020, insbes. S. 339 ff.

365 Hegel, *Grundlinien der Philosophie des Rechts* (Fn. 94), § 258.

F. Transformativer Konstitutionalismus

Viele Bürgerinnen und Bürger sind, aus ganz unterschiedlichen Gründen, der Auffassung, dass weder das europäische Recht noch die europäische Gesellschaft den Maßstäben des Art. 2 EUV vollends genügen. Die Auseinandersetzung, worin diese Defizite liegen und wie ihnen begegnet werden soll, ist eine Quelle europäischer Vergesellschaftung. Das europäische öffentliche Recht bietet der Auseinandersetzung einen Rahmen, es kann aber auch eine eigene Kraft des Strukturwandels sein (§ 4). Das gilt insbesondere, wenn es dabei die Qualität eines transformativen Konstitutionalismus gewinnt.

Im ersten Schritt dieses Abschnitts lege ich dar, dass Strukturwandel im europäischen Recht angelegt ist. Der strukturwandelnde Auftrag wurde lange als Vereinheitlichung mittels Zentralisierung verstanden. Das hat sich überlebt und der Auftrag sollte auf die europäische Gesellschaft umgedeutet werden (§ 23). Besonders schwierig ist dieser Auftrag, insoweit er mitgliedstaatliche Defizite anzugehen erfordert, die den demokratischen Charakter der europäischen Gesellschaft gefährden. Einen entsprechenden Ansatz fasst der Begriff des transformativen Konstitutionalismus zusammen (§ 24). Reiche Erfahrungen in dieser Hinsicht hat das lateinamerikanische Recht, dessen transformativer Konstitutionalismus vorgestellt wird (§ 25), um die europäische Lage zu reflektieren (§ 26).

§ 23 Demokratische Gesellschaft statt *ever closer union*

Die europäischen Verträge sind nicht sprachgewaltig. Eine Losung aber, und zwar eine mit transformatorischer Stoßrichtung, prägt die Imagination Europas: »der immer engere Zusammenschluss«. Sie wird vorbereitet in Art. 1 der Satzung des Europarats, der »eine engere Verbindung zwischen seinen Mitgliedern« als Kernaufgabe formuliert. Imaginationsmächtig wird aber erst die dynamisierte Formulierung für die EWG: Seit 1957 bezeugen die Mitgliedstaaten in der ersten Präambelerwägung des EWG-Vertrags (nunmehr AEU-Vertrags) ihren »festen Willen, die Grundlagen für einen immer engeren Zusammenschluss der europäischen Völker zu schaffen«. Diese Losung des »immer engeren Zusammenschlusses«, insbesondere in ihrer englischen Fassung der *ever closer union*, ist die wohl bekannteste Formulierung des Europarechts. Der transformatorische Impetus hat gefruchtet: Siebenundzwanzig Mitgliedstaaten, die sich jahrhundertelang über ihre gegenseitige Abneigung definieren,[366] verstehen sich inzwischen, wie Art. 2 EUV bekundet, als Teil einer Gesellschaft (§ 2).

Es gibt Stimmen, die meinen, es sei genug mit dem »immer enger«.[367] Das Vereinigte Königreich wollte die Worte sogar aus den Verträgen streichen, was scheiterte. Die Bekundung des Jahres 1957 ist eben kein Relikt früherer Zeiten. 1992 verstärkt der EU-Vertrag vielmehr die Zielsetzung von 1957. Ganz in der Logik der zweiten Phase des europäischen Rechts, Europa mittels eines vertieften Zusammenschlusses neu zu ordnen, bekundet die Präambel des EU-Vertrags die Entschlossenheit, den »Prozess der europäischen Integration auf eine neue Stufe zu heben« und die »Schaffung einer immer engeren Union der Völker Europas [...] weiterzuführen«. Die *immer engere Union* findet sich inzwischen nicht nur in der Präambel, sondern auch in dem verfügenden Teil der Verträge, in Art. 1 Abs. 2 EUV. Das Plenum des EuGH hat 2014, in den integrationspolitischen Wirren der Schuldenkrise, festgestellt, dass die »Verwirklichung des Integrationsprozesses [...] die Daseinsberechtigung der Union selbst darstellt«.[368]

Allerdings geht es 1957 nicht um einen Konstitutionalismus der Maßstäbe des Art. 2 EUV. Es geht vielmehr um politische Einheitsbildung. Hallstein präsentiert die EWG als »Teil eines Aufbauwerkes, das zur Föderation führt«.[369] Mosler sieht das Voranschreiten der europäischen Integration ebenfalls als begriffskonstituierend

366 Karl W. Deutsch, »The Growth of Nations. Some Recurrent Patterns of Political and Social Integration«, in: *World Politics* 5 (1953), S. 168-195.

367 Charlemagne, »Ever Farther Union«, *The Economist* v. 27. 02. 2016; Hans Hugo Klein, »Integration und Verfassung«, in: *Archiv des öffentlichen Rechts* 139 (2014), S. 165-195, S. 192 f.

368 EuGH, *EMRK-Beitritt II* (Fn. 142), Rn. 172. Zu methodischen Konsequenzen Claus Dieter Classen, »Unionsrecht als Integrationsrecht verstehen! Zu Selbstverständnis und Perspektiven der Europarechtswissenschaft«, in: *Jahrbuch des öffentlichen Rechts* 68 (2020), S. 489-513.

369 Hallstein, *Die Europäische Gemeinschaft* (Fn. 76), S. 36.

für das Europarecht.[370] »Europarecht ist«, so Matthias Ruffert im Jahre 2015, »stets das auf Vertiefung und Erweiterung der europäischen Integration angelegte Recht gewesen.«[371] Dieses Verständnis von *immer enger* bringt die Walter Hallstein zugeschriebene Fahrrad-Metapher zum Ausdruck: Der Zusammenschluss falle um, wenn es nicht vorangeht.[372]

Dieses Verständnis der transformatorischen Stoßrichtung kann nicht mehr überzeugen. Bedeutende rechtliche Innovationen, die einer immer stärkeren Zentralgewalt entgegenwirken, wie das Subsidiaritätsprinzip, der Schutz der nationalen Identität, die gestärkten Kompetenzgrenzen (Art. 4 und 5 EUV) oder die Austrittsmöglichkeit (Art. 50 EUV), finden in diesem Verständnis keinen Platz. Zudem umfasst das Europarecht nicht nur das Unionsrecht (§ 10). Das mitgliedstaatliche Europarecht ist noch weit expliziter, wenn es um Grenzen der Integration und Verteidigung nationaler Identität geht (§ 33). Ob ein gesellschaftliches Problem mit mehr oder weniger *Europa* geregelt werden soll, bildet oft den Mittelpunkt der öffentlichen Auseinandersetzung, kann mitgliedstaatliche Wahlen entscheiden und produziert eine wichtige Konfliktlinie im europäischen Parteiensystem.[373]

Die Finalität der Union und des europäischen Rechts sollte so umgestellt werden, dass sie ihren politisierten Gegenstand überzeugender fasst. Dafür sind sie von der Einseitigkeit in der *cleavage*-konstituierenden Frage zu befreien. Wenn es zum Streit kommt, ob ein Sachverhalt überhaupt unionsrechtlich geregelt werden soll, dann sollte weder der engere Begriff des Unionsrechts noch der weitere des europäischen Rechts eine unionsrechtliche Regelung präferieren.

Wie man den immer engeren Zusammenschluss alternativ verstehen sollte, ist Gegenstand einer regen Debatte.[374] Ich habe in

370 Mosler, »Begriff und Gegenstand des Europarechts« (Fn. 101), S. 491, 500.

371 Matthias Ruffert, *Europäische Währungspolitik als Herausforderung für das Recht*, Bonn 2015, S. 37.

372 In der Sache Walter Hallstein, »Mitten auf dem Weg zur Einheit Europas. Zum zehnten Jahrestag der Unterzeichnung des EWG-Vertrags in Rom am 25. März 1957«, in: *Europa-Archiv* 22 (1967), S. 195-206.

373 Dawson/de Witte, »From Balance to Conflict« (Fn. 86), S. 207.

374 Vgl. aus der deutschen Debatte Ulrich Haltern, »Finalität«, in: von Bogdandy/Bast (Hg.), *Europäisches Verfassungsrecht* (Fn. 325), S. 279-331; Stefan Kadelbach (Hg.), *Die Europäische Union am Scheideweg. Mehr oder weniger Europa?*, Ba-

der Vergangenheit vorgeschlagen, das europäische Recht auf den europäischen Rechtsraum auszurichten.[375] Mit diesem Buch gehe ich einen Schritt weiter und postuliere die Maßstäbe des Art. 2 EUV als Verfassungskern des europäischen Rechts, der seine Rekonstruktion ausrichtet (§ 29).

Dieser Schritt führt die Mandate der Europäischen Union und des Europarats zusammen: Beim Europarat ist angesichts der Präambel seiner Satzung immer klar gewesen, dass er persönlicher und politischer Freiheit, Herrschaft des Rechts und Demokratie zu dienen hat. Die beiden transnationalen Pfeiler des europäischen Rechts finden so einen Gleichklang.

§ 24 Emergenz eines neuen Begriffs

Die Verfassung der Vereinigten Staaten von Amerika zielt auf eine »more perfect Union«. Das verlangt, systemische Defizite anzugehen. Ikonisch ist das Urteil *Brown v. Board of Education* des Obersten Gerichtshofs der Vereinigten Staaten. Hundertsiebenundsechzig Jahre nach Inkrafttreten der US-Verfassung geht diese vielleicht berühmteste transformative Entscheidung der bisherigen Rechtsgeschichte das gravierendste Defizit der amerikanischen Gesellschaft an: die rassistisch motivierte Diskriminierung von Bürgerinnen und Bürgern.[376]

Diese Rechtsprechung inspiriert, was eine Generation später als transformativer Konstitutionalismus in Lateinamerika auftreten wird: Viele seiner Protagonisten und Protagonistinnen haben die amerikanische *rights revolution* studiert.[377] Deshalb ist niemand der naiven Ansicht, Urteile allein könnten eine Gesellschaft wandeln.

den-Baden 2015; Gregor Kirchhof u. a. (Hg.), *Von Ursprung und Ziel der Europäischen Union. Elf Perspektiven*, Tübingen 2016.

375 Von Bogdandy, »Was ist Europarecht?« (Fn. 101); zu den Problemen Ackermann, »Eine ›ungeheure Jurisprudenz‹?« (Fn. 110), S. 486 f.

376 US Supreme Court, *Brown v. Board of Education*, 347 U.S. 483 (1954); John Seigenthaler, »Brown v. Board of Education: Making a More Perfect Union«, in: *Stetson Law Review* 34 (2005), S. 457-464.

377 Yves Dezalay, Bryant G. Garth, *The Internationalization of Palace Wars. Lawyers, Economists and the Contest to Transform Latin American States*, Chicago, London 2002, S. 110 ff.

Eine Rechtsprechung kann allenfalls einen Beitrag leisten.[378] Aber auch das ist weit mehr als die übliche Rolle, die sich auf eine Stabilisierung und Fortbildung des Status quo beschränkt. Das Recht mit seinen vielen Akteuren und Institutionen kann eine eigene konstruktive Rolle in gesellschaftlichen Transformationen spielen.

Viele Verfassungen zielen auf demokratische Transformation. Wegweisend sind die mexikanische Verfassung von 1917 und die Weimarer Verfassung von 1919.[379] Sie wollen einen Wandel nicht nur des staatlichen Apparats, sondern der ganzen Gesellschaft. Heute bekunden viele Verfassungen eine solche Programmatik. Das allein ist jedoch noch kein transformativer Konstitutionalismus im Sinne einer spezifischen juristischen Praxis. Transformativer Konstitutionalismus, als juristische Praxis wie als theoretischer Begriff, tritt erst in den 1990er Jahren auf, im Kontext des scheiternden Sowjetsozialismus, des blühenden Menschenrechtsdiskurses, der erstarkenden Verfassungsgerichtsbarkeit, aber auch des wirtschaftspolitischen Washingtoner Konsensus und der US-amerikanischen Hegemonie jener Jahre.[380]

Der transformative Konstitutionalismus bricht sich im globalen Süden seine Bahn. Ikonisch ist die Rechtsprechung des 1991 eingerichteten kolumbianischen Verfassungsgerichts und des südafrikanischen Verfassungsgerichts von 1993.[381] Beide Gerichte entwickeln neue Interpretationen, um massivste systemische Defizite anzugehen, die in Kolumbien in Bürgerkrieg und im den Staat herausfordernden organisierten Verbrechen, in Südafrika in der Apartheid Ausdruck finden.

378 Samuel Moyn, *Not Enough. Human Rights in an Unequal World*, Cambridge, London 2018, insbes. S. 173 ff.; Steven Levitsky, Daniel Ziblatt, *How Democracies Die*, New York 2019, S. 251 ff.

379 Rainer Grote, »The Mexican Constitution of 1917: An Early Example of Radical Transformative Constitutionalism«, in: Armin von Bogdandy u. a. (Hg.), *Transformative Constitutionalism in Latin America. The Emergence of a New Ius Commune*, Oxford 2017, S. 149-170; Rüdiger Voigt (Hg.), *Aufbruch zur Demokratie. Die Weimarer Reichsverfassung als Bauplan für eine demokratische Republik*, Baden-Baden 2020.

380 Paul W. Kahn, »Speaking Law to Power. Popular Sovereignty, Human Rights, and the New International Order«, in: *Chicago Journal of International Law* 1 (2000), S. 1-18.

381 Daniel Bonilla Maldonado, *Constitutionalism of the Global South. The Activist Tribunals of India, South Africa, and Colombia*, Cambridge 2013.

Mit Blick auf das südafrikanische Gericht prägt Karl Klare, Exponent der US-amerikanischen Critical Legal Studies,[382] den Begriff *transformativer Konstitutionalismus.* Klare bezeichnet damit einen langfristigen Prozess der Verfassungsgebung, Verfassungsinterpretation und Verfassungsanwendung, um die politischen und gesellschaftlichen Institutionen und Machtverhältnisse so zu transformieren, dass sie demokratischer, inklusiver und gleicher werden.[383] Damit ist ein großer Begriff geboren.

Dem steht nicht entgegen, dass Klare den südafrikanischen transformativen Konstitutionalismus im Lichte des politischen Programms der Critical Legal Studies als ein dezidiert postliberales Recht verstehen möchte.[384] Gegen diese Engführung verwahrt sich der südafrikanische Verfassungsrechtler Theunis Roux.[385] Entsprechend wird in Lateinamerika das Phänomen als *neo-constitucionalismo* des demokratischen Rechtsstaats bezeichnet.[386] Auf dieser Spur seien Strategien zur Verwirklichung des Art. 2 EUV in systemisch defizitären europäischen Kontexten als transformativer Konstitutionalismus verstanden.

Wie passt ein transformativer Konstitutionalismus zu einem hegelianischen Ansatz? Diese Frage werden nicht nur diejenigen stellen, die den Hegelianismus als konservativ verstehen. Problematischer ist Hegels tiefe Skepsis gegenüber der Hoffnung, eine neue Verfassung könne eine Gesellschaft revolutionieren.[387] Aller-

382 Zum Ansatz Günter Frankenberg, »Partisanen der Rechtskritik. Critical Legal Studies etc.«, in: Sonja Buckel u. a. (Hg.), *Neue Theorien des Rechts*, Tübingen 2020, S. 171-188.

383 Karl E. Klare, »Legal Culture and Transformative Constitutionalism«, in: *South African Journal on Human Rights* 14 (1998), S. 146-188, S. 150.

384 Ebd., S. 150 ff.

385 Theunis Roux, »Transformative Constitutionalism and the Best Interpretation of the South African Constitution. Distinction without a Difference?«, in: *Stellenbosch Law Review* 20 (2009), S. 258-285; Theunis Roux, »A Brief Response to Professor Baxi«, in: Oscar Vilhena Vieira u. a. (Hg.), *Transformative Constitutionalism: Comparing the Apex Courts of Brazil, India and South Africa*, Pretoria 2013, S. 48-51, S. 51.

386 Paolo Comanducci, »Formas de (neo) constitucionalismo. Un análisis metateórico«, in: Miguel Carbonell Sánchez (Hg.), *Neoconstitucionalismo(s)*, Madrid 2003, S. 75-98; zu den verschiedenen Bedeutungen Heinz Klug, »Transformative Constitutionalism as a Model for Africa?«, in: Philipp Dann u. a. (Hg.), *The Global South and Comparative Constitutional Law*, Oxford 2020, S. 141-164.

387 Hegel, *Grundlinien der Philosophie des Rechts* (Fn. 194), § 273; auf dieser Spur

dings hat er an anderer Stelle das transformatorische Potenzial einer neuen Verfassung gesehen und begrüßt.[388] Hegel legt hier, wie an so vielen Stellen, ganz unterschiedliche Pfade an.[389]

Diese Studie folgt einem Pfad, den die freiheitliche Hegelschule im deutschen Vormärz zu bahnen begonnen hat, etwa Rudolf Haym, Eduard Gans (§ 73), Lorenz von Stein. Diese Schule ist eine gestaltende Kraft der Paulskirchenverfassung von 1849, einem Meilenstein des fortschrittlichen Konstitutionalismus.[390] Bekanntlich scheitert diese Verfassung, und die Schule teilt ihr Schicksal. Die Werke des freiheitlichen Hegelianismus verstauben über Jahrzehnte in den Bibliotheken. Rechts- und Linkshegelianismus[391] sowie der staatsrechtliche Positivismus beherrschen das Denken.

Doch dann kommen gegen Ende des 19. Jahrhunderts US-Amerikaner, die den Krisen des amerikanischen Kapitalismus begegnen wollen. Dafür sehen sie es als notwendig an, sich aus den verfassungsrechtlichen Begriffen des 18. Jahrhunderts zu befreien, welche bis dahin das US-amerikanische öffentliche Recht prägen. Sie finden die Werke der freiheitlichen Hegelschule und deren Vermittlungen von individuellen Rechten und allgemeiner Wohlfahrt, Gesellschaft und Staat, Recht und Sittlichkeit. John Dewey, Frank Goodnow und viele andere[392] nehmen diese Ansätze auf, demokratisieren sie und binden sie an die Lebendigkeit der amerikanischen Gesellschaft an. Ihr Denken führt zum amerikanischen Pragmatismus, zum

Karl Marx, »Kritik der Hegelschen Rechtsphilosophie«, in: ders., Friedrich Engels (Hg.), *Werke. Bd. 1*, Berlin 1976, S. 203-333, S. 257; Karl Marx, »Zur Judenfrage«, *Marx-Engels-Werke. Bd. 1*, hg. vom Institut für Marxismus-Leninismus beim Zentralkommitee der SED, Berlin 1981, S. 347-377.

388 Georg Wilhelm Friedrich Hegel, »Über die englische Reformbill (1831)«, in: Eva Moldenhauer, Karl Markus Michel (Hg.), *Werke in zwanzig Bänden mit Registerband. Bd. 11*, Frankfurt/M. 1970, S. 83-128.

389 Vgl. nur Henning Ottmann, *Individuum und Gemeinschaft bei Hegel. Bd. I: Hegel im Spiegel der Interpretationen*, Berlin 1977.

390 Michael Stolleis, *Geschichte des öffentlichen Rechts in Deutschland. Bd. 2: Staatsrechtslehre und Verwaltungswissenschaft 1800 bis 1914*, München 1992, S. 266 ff.

391 Karl Löwith, *Von Hegel zu Nietzsche. Der revolutionäre Bruch im Denken des neunzehnten Jahrhunderts*, Hamburg 1995, S. 65 ff.; stark zuspitzend Hubert Kiesewetter, *Von Hegel zu Hitler. Die politische Verwirklichung einer totalitären Machtstaatstheorie in Deutschland (1815-1945)*, Frankfurt/M. 1995, S. 135 ff.

392 Blake Emerson, *The Public's Law. Origins and Architecture of Progressive Democracy*, New York 2019.

New Deal, zu den Ansätzen eines demokratischen Sozialstaats, zu emanzipatorischen Ansätzen wie den Critical Legal Studies.[393]

Insofern ist die Auseinandersetzung mit dem Pragmatismus und dem progressiven US-amerikanischen Verfassungsrecht für das europäische öffentliche Recht eine Wiederaneignung der freiheitlichen Hegelschule. Jürgen Habermas personifiziert die Rückkehr dieses pragmatisch und amerikanisch geläuterten Hegelianismus nach Deutschland[394] und nutzt ihn für große Fragen der Bonner, Berliner und Brüsseler Republik. Es ist ein Ansatz, der Optimismus erlaubt. Meine 1986 im Schatten der Berliner Mauer abgeschlossene Hegelinterpretation gab mir die Zuversicht, dass diese Mauer fallen würde.[395]

Transformativer Konstitutionalismus ist keine Geschichtsphilosophie oder Modernisierungstheorie (§ 4), sondern ein Ansatz zur Interpretation und Anwendung verfassungsrechtlicher Normen mit dem Ziel, zu gesellschaftlichem Strukturwandel beizutragen. Man kann zwei Verständnisse unterscheiden. Nach einem weiten Verständnis bezeichnet transformativer Konstitutionalismus letztlich jede Verfassungsrechtsprechung, die demokratischen Wandel fördernd begleitet (§ 13).[396] Ein engeres Verständnis koppelt transformativen Konstitutionalismus an systemische Defizite, ohne dass diese Defizite von der Größenordnung von *Brown v. Board of Education,* der südafrikanischen Apartheid oder des kolumbianischen Staatszerfalls sein müssten. Mir scheint das engere Verständnis erkenntnisträchtiger.

393 Duncan Kennedy, »The Structure of Blackstone's Commentaries«, in: *Buffalo Law Review* 28 (1979), S. 205-382, S. 210; das bestätigt die Gegenerzählung von Philip Hamburger, *Is Administrative Law Unlawful?*, Chicago 2014; dazu Eberhard Schmidt-Aßmann, *Das Verwaltungsrecht der Vereinigten Staaten von Amerika. Grundlagen und Grundzüge aus deutscher Sicht*, Baden-Baden 2021, S. 51 ff.

394 Jürgen Habermas, *Theorie des kommunikativen Handelns. Bd. 1: Handlungsrationalität und gesellschaftliche Rationalisierung. Bd. 2: Zur Kritik der funktionalistischen Vernunft*, Frankfurt/M. 1981; Jürgen Habermas, *Faktizität und Geltung. Beiträge zur Diskurstheorie des Rechts und des demokratischen Rechtsstaats*, Frankfurt/M. 1992.

395 Armin von Bogdandy, *Hegels Theorie des Gesetzes*, Freiburg im Breisgau, München 1989, S. 250.

396 Michaela Hailbronner, »Transformative Constitutionalism. Not Only in the Global South«, in: *The American Journal of Comparative Law* 65 (2017), S. 527-565.

Danach gibt es das allgemeine Phänomen des verfassungsrechtlichen Strukturwandels und als dessen Speerspitze den transformativen Konstitutionalismus, der systemische Defizite angeht. Ich sehe solche Defizite in der europäischen Gesellschaft vor allem in der schwachen Institutionalität und der defekten Demokratie einiger Mitgliedstaaten. Wenngleich die aktuelle Lage nicht mit der Lage afroamerikanischer Bürgerinnen und Bürger in den Vereinigten Staaten, der südafrikanischen Apartheid oder der prekären Staatlichkeit in Kolumbien vergleichbar ist, so liegt in ihr doch eine Bedrohung der europäischen Gesellschaft (§ 26, §§ 45-47, §§ 65-67).

§ 25 Lateinamerikanische Innovationen

Es gibt Literatur, die eine Lateinamerikanisierung Europas behauptet.[397] Das ist weder die Prämisse noch der Gegenstand der folgenden Überlegungen. Hier geht es um lateinamerikanische Innovationen und Erfahrungen im Umgang mit systemischen Defiziten, die der Begriff transformativer Konstitutionalismus synthetisiert. Damit soll gezeigt werden, dass ein Vorgehen von EuGH und EGMR, von EU-Kommission und Venedig-Kommission, von Aktivisten und Rechtswissenschaft, von nationalen Gerichten und Ombudspersonen gegen Entwicklungen wie unter der polnischen PiS-Regierung Sinn ergibt und worauf zu achten ist.

Lateinamerika ist interessant, weil es wie Europa systemische Defizite mit einem gemeinsamen Recht und gemeinsamen Institutionen angeht. Es fehlt zwar eine regionale Organisation politischer Einheitsbildung, die mit der Europäischen Union verglichen werden könnte.[398] Gleichwohl gibt es in Lateinamerika gesellschaftlich relevante Vergemeinschaftungsprozesse, insbesondere zur Verwirklichung von verfassungsrechtlichen Grundprinzipien.

397 Arno Tausch, *The City on the Hill? The Latin Americanization of Europe and the lost competition with the U.S.A.*, Amsterdam 2007; Takis Fotopoulos, »The Latin-Americanization of Greece and the Lessons for the European South«, in: *International Journal of Inclusive Democracy* 6 (2010), S. 1-4.

398 Dazu die Beiträge von Adriana Alegrett Salazar, Adriana Dreyzin de Klor, José E. Durán Lima, Thomas Fischer, Rainer Grote, Alfredo Fuentes Hernández, Elena I. Highton, Andrés Malamud, Heinz Gert Preusse, Ricardo Vigil Toledo, in Armin von Bogdandy u. a. (Hg.), *¿Integración suramericana a través del derecho? Un análisis interdisciplinario y multifocal*, Madrid 2009.

Der lateinamerikanische transformative Konstitutionalismus operiert auf zwei Ebenen: der staatlichen und der regionalen Ebene mit zwei aktiven Institutionen, der Interamerikanischen Kommission und dem Interamerikanischen Gerichtshof für Menschenrechte (IAGMR).[399] Weiter gibt es eine horizontale Vernetzung zwischen transformativen staatlichen Institutionen, insbesondere zwischen Gerichten, Ombudspersonen, Staatsanwaltschaften und Bürokratien sowie zwischen Graswurzel- und Nichtregierungsorganisationen, denen viel von der Dynamik im System zu verdanken ist. Diese Institutionen und Gruppen machen den transformativen Konstitutionalismus zu einer gesellschaftlichen Praxis. Im Folgenden geht es vor allem um den Interamerikanischen Gerichtshof. Er zeigt einen transformativen Konstitutionalismus, dessen Entschiedenheit beispiellos ist.

Als rechtliche Grundlage dient die Amerikanische Konvention zum Schutz der Menschenrechte von 1969, seit 1978 in Kraft. Nichts in ihrer Entstehungsgeschichte, ihrem Wortlaut oder ihrem ursprünglichen Kontext legt dabei nahe, dass sie einen transformativen Konstitutionalismus tragen sollte. Die Entwicklung des Interamerikanischen Gerichtshofs ist ähnlich überraschend wie die von EuGH, EGMR und vielen Verfassungsgerichten (§§ 48-51, §§ 55-58). Dass man von ihm wenig erwartete, erklärt sich schon daraus, dass damals in der Region autoritäre oder zumindest repressive Regierungen überwiegen. Sogar unter den elf anfänglichen Konventionsstaaten hatten weniger als die Hälfte demokratisch gewählte Regierungen. Diese Merkwürdigkeit löst sich auf, wenn man versteht, dass die Konvention eher symbolisch der kubanischen Revolution begegnen soll und die Regierungen davon ausgehen, dass sie ähnlich wirkungslos sein würde wie die damalige Europäische Menschenrechtskonvention, an der sie sich orientiert.[400]

399 Rodrigo Uprimny, »Las transformaciones constitucionales recientes en América Latina: Tendencias y desafíos«, in: César A. Rodríguez-Garavito (Hg.), *El derecho en América Latina. Un mapa para el pensamiento jurídico del siglo XXI*, Buenos Aires 2011, S. 109-137, S. 114.

400 Zum Folgenden ausführlich Ximena Soley Echeverría, *The Transformation of the Americas. The Rise of Human Rights and the Inter-American System*, Dissertation, Johann Wolfgang Goethe-Universität Frankfurt/M. – Rechtswissenschaftliche Fakultät 2020, Kap. 1 C., Kap. 2 A.3.; Sabrina Ragone, »The Inter-American System of Human Rights. Essential Features«, in: von Bogdandy u. a. (Hg.), *Transformative Constitutionalism in Latin America* (Fn. 379), S. 279-300, S. 281 ff.

In den folgenden Jahrzehnten erfährt die Konvention aber einen profunden Wandel. Maßgeblich sind politische Entscheidungen im Rahmen der ab den 1980er Jahren einsetzenden Demokratisierung der lateinamerikanischen Staaten, ähnlich wie in Mittel- und Osteuropa eine Dekade später. Die 1980er Jahre bilden für Lateinamerika eine Sattelzeit wie in Europa die Neuordnung des Kontinents nach dem Fall des Eisernen Vorhangs.

Der Glutofen staatlicher Repression in den 1970er Jahren stählt die zuvor meist nur dekorativen Grund- und Menschenrechte zu juristischen Begriffen mit politischer Schlag- und gesellschaftsweiter Zugkraft. Berichte über die Zeit der Repression tragen oft schon als Titel die Losung »Nunca más«: »Nie wieder schwere Menschenrechtsverletzungen« wird ein Leitstern verfassungsrechtlicher Reform und Interpretation.[401] Der Übergang zur Demokratie erfolgt mit klaren Vorstellungen transformatorischer Notwendigkeiten, welche die gestählten Begriffe artikulieren. Menschenrechte und Demokratisierung treten in engsten Zusammenhang und werden auf strukturelle Probleme fokussiert.

Viele Gesellschaften strengen verfassungsändernde, oft sogar verfassungsgebende Prozesse an. Man erinnere die neue Verfassung des größten Staats, Brasilien, im Jahre 1988, oder die kolumbianische von 1991, welche die sichtbarste transformative Verfassungsrechtsprechung in der Region begründet. Diese beiden – wie viele der anderen neuen oder geänderten – Verfassungen werden konzipiert, um das dunkle Vermächtnis repressiven Rechts zu überwinden. Sie enthalten umfangreiche Grundrechtskataloge, Bestimmungen zur Verbesserung demokratischer Partizipation und stärken unabhängige Institutionen, vor allem die Gerichte.[402]

Diese Reformen spiegeln ein neues Rechtsverständnis. Während viele das Recht vor den 1980er Jahren vor allem als Instrument einer Elite verstehen, um sozialen Wandel zu behindern,[403] so sieht man

401 Soley Echeverría, ebd., Kap. 2 B., Kap. 4. Der wohl berühmteste Bericht ist von der Comisión Nacional sobre la Desaparición de Personas, *Nunca más. Informe Final de la Comisión Nacional sobre la Desaparición de Personas*, Buenos Aires 1984.

402 Vgl. César Rodríguez-Garavito, Diana Rodríguez-Franco, *Radical Deprivation on Trial. The Impact of Judicial Activism on Socioeconomic Rights in the Global South*, Cambridge 2015, S. 5, 12

403 Eduardo Novoa Monreal, *El derecho como obstáculo al cambio social*, México 1975.

nun sein Potenzial *für* den sozialen Wandel. Die Kräfte, welche hinter den Verfassungsänderungen stehen, wollen die Rechte im täglichen Leben und die demokratische Beteiligung garantieren.[404] Die Rede, mit welcher der kolumbianische Präsident César Gaviria 1991 die verfassungsgebende Versammlung eröffnet, nimmt den Rechtsstab für die Verwirklichung einer demokratischen Gesellschaft in Verantwortung.[405] Dies impliziert tiefen Strukturwandel: ein soziales Bewusstsein des Rechtsstabs, neue dogmatische Figuren, neue Begründungstechniken.[406] Der traditionelle juristische Formalismus gilt als großes Hindernis, was die Rezeption Robert Alexys erklärt. Seine Formalisierung des Verhältnismäßigkeitsgrundsatzes bietet einen Weg, auf dem eine formalistische Rechtskultur sozial responsiver werden kann.

Diese transformative Stoßrichtung wäre, wie in Südafrika, ein Phänomen des innerstaatlichen Verfassungsrechts geblieben, hätten die neuen oder reformierten Verfassungen nicht die regionalen Menschenrechte inkorporiert. Die dogmatische Figur wird zumeist als Block der Verfassungsmäßigkeit (*bloque de constitucionalidad*) bezeichnet, der aus der jeweiligen nationalen Verfassung und der Amerikanischen Menschenrechtskonvention besteht.[407] Auf dieser Grundlage erhält das Interamerikanische System der Menschenrechte das Mandat, an den Transformationen zu demokratischen Gesellschaften mitzuwirken, und kann eine Schlüsselrolle im nationalen Verfassungsrecht spielen.[408]

404 Uprimny, »Las transformaciones constitucionales recientes en América Latina« (Fn. 399).

405 César Gaviria Trujillo, Informe al Congreso, 1. Dezember 1991, zitiert nach Manuel José Cepeda Espinosa, *Introducción a la constitución de 1991. Hacia un nuevo constitucionalismo*, Bogotá 1993, S. 335.

406 Carlos Santiago Nino, *Fundamentos de derecho constitucional. Análisis filosófico, jurídico y politológico de la práctica constitucional*, Buenos Aires 1992; Javier A. Couso, »The Transformation of Constitutional Discourse and the Judicialization of Politics in Latin America«, in: ders. u. a. (Hg.), *Cultures of Legality. Judicialization and Political Activism in Latin America*, New York 2010, S. 141-160, S. 152 ff.

407 Christina Binder, »¿Hacia una Corte Constitucional Latinoamericana? La jurisprudencia de la Corte Interamericana de Derechos Humanos con un enfoque especial sobre las amnistías«, in: Armin von Bogdandy u. a. (Hg.), *La justicia constitucional y su internacionalización. ¿Hacia un ius constitutionale commune en América Latina?*, Mexiko-Stadt 2010, S. 159-188.

408 Manuel Eduardo Góngora Mera, *Inter-American Judicial Constitutionalism on*

Der lateinamerikanische transformative Konstitutionalismus ist ein Gemeinschaftsprodukt von nationalem Verfassungsrecht und internationalen Menschenrechten. Dieser Konstitutionalismus formalisiert eine Erfahrung der repressiven Zeiten. Wie Keck und Sikkink in Argentinien, Chile und Mexiko beobachten, hat die lateinamerikanische Zivilgesellschaft auf internationale und ausländische Institutionen gesetzt, um der Repression zu begegnen.[409] Die Öffnung der Verfassung gegenüber den Menschenrechten ist die verfassungsrechtliche Validierung dieser Strategie. So ist der lateinamerikanische transformative Konstitutionalismus zweistufig aufgestellt. In diesem Kontext haben sich die Richterinnen und Richter des Interamerikanischen Gerichtshofs in die Demokratisierung eingebracht.[410]

Der transformative Konstitutionalismus des Gerichts sei anhand seiner Rechtsprechung skizziert. Ein Rechtsprechungsstrang betrifft die Stabilisierung demokratischer Regime durch die Entmachtung repressiver Kräfte. Der Gerichtshof verpflichtet die Staaten, schweren Menschenrechtsverletzungen nachzugehen: Verschwindenlassen, Hinrichtungen, Folter. Die Verantwortlichen sind zu ermitteln, zu verfolgen, zu bestrafen, die Opfer und ihre Familien zu entschädigen. 1988, in seinem allerersten Urteil, entscheidet der Gerichtshof, dass die honduranische Regierung das Verschwinden des Studenten Angel Manfredo Velásquez Rodríguez im Jahre 1981 zu verantworten habe.[411] Es folgt das weitgehende Verbot von Amnestiegesetzen. Die Entscheidung in *Barrios Altos v. Perú* ist von Perus demokratischer Übergangsregierung geradezu angefordert worden. Hier erklärt der Gerichtshof zwei Amnestiegesetze des Fujimori-Regimes für völkerrechtswidrig und sogar nichtig.[412]

the Constitutional Rank of Human Rights Treaties in Latin America through National and Inter-American Adjudication, Costa Rica 2011.

409 Margaret E. Keck, Kathryn Sikkink, *Activists Beyond Borders. Advocacy Networks in International Politics*, Ithaka 1998, S. 79 ff.

410 Soley Echeverría, *The Transformation of the Americas* (Fn. 400), S. 209 ff.

411 IAGMR, *Velásquez Rodríguez v. Honduras*, Entscheidung v. 29. Juli 1988 (Merits), Series C, No. 4.

412 IAGMR, *Barrios Altos v. Perú*, Entscheidung v. 14. März 2001 (Merits), Series C, No. 75. Siehe auch IAGMR, *Almonacid Arellano et al. v. Chile*, Entscheidung v. 26. September 2006 (Preliminary Objections, Merits, Reparations and Costs), Series C, No. 154; *La Cantuta v. Perú*, Entscheidung v. 29. November 2006 (Merits, Reparations and Costs), Series C, No. 162.

Manche Urteile des IAGMR sind eben beispiellos, denn eine solche Nichtigerklärung eines Gesetzes haben weder EGMR noch der EuGH bislang gewagt.[413] Ähnlich innovativ ist seine Rechtsprechung zu den Reparationen. Seine Urteile beschränken sich keineswegs auf die bloße Feststellung einer Rechtsverletzung oder die Zuerkennung einer finanziellen Entschädigung. Vielmehr ordnet er kollektive Reparationen an, verlangt eine bestimmte Gesetzgebung oder priorisiert Bedürfnisse der Opfer.[414] Es gibt auch Reparationen mit symbolischem Charakter, etwa öffentliche Zeremonien, in denen die Gesellschaft die historische Wahrheit erfährt, die Benennung von Straßen oder Schulen nach den Namen der Opfer, die Schaffung öffentlicher Gedenkstätten oder Entschuldigungen durch hochrangige Staatsbeamte.

Doch es geht keineswegs nur um die Überwindung des Staatsterrorismus. Der Gerichtshof stützt auch die demokratiekonstituierenden Institutionen: die Gewaltenteilung, die Unabhängigkeit der Justiz, die Meinungsfreiheit, das Recht auf Zugang zu Informationen und auf ein faires Verfahren.[415] Ein weiterer Eckpunkt der Rechtsprechung betrifft den Schutz besonders gefährdeter Personen und Personengruppen, so dass sie an demokratischer Rechtsstaatlichkeit teilhaben können. Der IAGMR verpflichtet die Staaten, schützende Maßnahmen für Jugendliche, Frauen, ältere Menschen, indigene Völker, Menschen mit Behinderungen, Gemeinschaften afrikanischer Abstammung, Personen aus der LGBTQI-Gemeinschaft, Personen in Haft, Binnenvertriebene und Journalisten zu ergreifen. Ein Beispiel betrifft die menschenrechtliche Verantwortung für Femizide aufgrund von Staatsversagen. In dem wohl ersten internationalen Urteil, bei dem mehrheitlich Frauen auf der Rich-

413 Achilles Skordas, Luke Dimitrios Spieker, »Supranational Law«, in: Anne Peters (Hg.), *Max-Planck-Encyclopedia of Public International Law*, Oxford 2021, Rn. 30.

414 IAGMR, *Claude Reyes et al. v. Chile*, Entscheidung v. 16. September 2006 (Merits, Reparations and Costs), Series C, No. 151.

415 IAGMR, *Apitz Barbera et al. (»First Court of Administrative Disputes«) v. Venezuela*, Entscheidung v. 5. August 2008 (Preliminary Objections, Merits, Reparations and Costs), Series C, No. 182; *Reverón Trujillo v. Venezuela*, Entscheidung v. 30. Juni 2009 (Preliminary Objections, Merits, Reparations and Costs), Series C, No. 197; *Chocrón Chocrón v. Venezuela*, Entscheidung v. 1. Juli 2011 (Preliminary Objections, Merits, Reparations and Costs), Series C, No. 227.

terbank sitzen, verpflichtet der IAGMR Mexiko im Fall *González y otras (Campo Algodonero)*, das Verschwinden und die Ermordung von Frauen in Ciudad Juarez aus geschlechterbezogener Perspektive zu untersuchen und präventive Maßnahmen zur Bekämpfung der Diskriminierung von Frauen zu ergreifen.[416]

Im jüngsten Eckpunkt der IAGMR-Rechtsprechung geht es um wirtschaftliche, soziale, kulturelle und ökologische Rechte. Im Jahre 2017 stellt der Gerichtshof im Fall *Lagos del Campo v. Perú* deren Justiziabilität fest und unterstreicht die Interdependenz zwischen den zivilen und politischen Rechten einerseits und den wirtschaftlichen, sozialen, kulturellen und ökologischen Rechten andererseits.[417]

Die interamerikanische Rechtsprechung ist vom ersten Tag an keine Nachahmung der Rechtsprechung des globalen Nordens. Sie ist vielmehr, in Antwort auf die regionalen Defizite, überaus innovativ. 2006 treibt der Gerichtshof seinen gestalterischen Einfluss mit der Doktrin der Konventionalitätskontrolle voran.[418] Danach müssen sich nationale Richter an der Konvention in der Interpretation des IAGMR orientieren. Zunächst scheint er sogar zu verlangen, dass alle Gerichte bei einem Konflikt die Konvention dem parlamentarischen Gesetz vorziehen.[419] Das trifft allerdings auf massive Kritik,[420] woraufhin der Gerichtshof klarstellt, dass die Konventionalitätskontrolle nur im Rahmen der jeweiligen Zuständigkeiten auszuüben ist.[421] Sein transformativer Konstitutionalismus ist prinzipienfest, aber taktisch flexibel.

416 IAGMR, *González et al. (»Cotton Fields«) v. Mexico*, Entscheidung v. 16. November 2009 (Preliminary Objections, Merits, Reparations and Costs), Series C, No. 205.

417 IAGMR, Lagos del Campo v. Perú, Entscheidung v. 31. August 2017 (Preliminary Objections, Merits, Reparations and Costs), Series C, No. 340.

418 IAGMR, *Almonacid-Arellano et al. v. Chile* (Fn. 412); Eduardo Ferrer Mac-Gregor, »The Conventionality Control as a Core Mechanism of the Ius Constitutionale Commune«, in: von Bogdandy u. a. (Hg.), *Transformative Constitutionalism in Latin America* (Fn. 379), S. 321-336.

419 IAGMR, *Cabrera García and Montiel-Flores v. Mexico*, Entscheidung v. 26. November 2010 (Preliminary Objections, Merits, Reparations and Costs), Series C, No. 220, Rn. 225.

420 Diego García-Sayán, *Cambiando el Futuro. Testimonios*, Barranco, Lima 2017. García-Sayán war von 2004 bis 2015 Richter am IAGMR und von 2010 bis 2014 der Präsident des Gerichtshofs.

421 IAGMR, *Gelman v. Uruguay*, Entscheidung v. 24. Februar 2011 (Merits and Reparations), Series C, No. 221, Rn. 193; René Urueña, »Domestic Application of

Wie er dabei im Einzelnen vorgeht und worauf zu achten ist, wird an späterer Stelle dargestellt (§ 65). Diese begrifflich orientierten Ausführungen seien mit lateinamerikanischen Einsichten für die begriffliche Konturierung abgeschlossen. Sie betreffen zum einen das Verhältnis von Juridifizierung und Politisierung, zum anderen die Voraussetzungen eines transformativen Konstitutionalismus.

Es wird behauptet, dass Juridifizierung Entpolitisierung mit sich bringe, was eine erfolgreiche Problembearbeitung letztlich behindere.[422] Dass das keineswegs zwingend ist, zeigt die Juridifizierung gesellschaftlicher Fragen in Lateinamerika. Sie führt zu einer neuen Sprache und zu neuen Foren, um in der Öffentlichkeit strukturelle Defizite zu identifizieren, Forderungen zu artikulieren und so zu politisieren. Der Interamerikanische Gerichtshof ebenso wie viele nationale Gerichte entscheiden nicht nur Streitfälle, sondern gehen defizitäre Strukturen an, geben gesellschaftsweit wirkende transformative Impulse und halten Themen in der Öffentlichkeit. Juridifizierung und Politisierung können also konstruktiv verbunden werden.

Lateinamerika zeigt weiter, was die Voraussetzungen eines transformativen Konstitutionalismus sind, der durch Gerichte betrieben wird. Was die *Hardware* anbelangt, braucht es eine elementare Infrastruktur rechtsstaatlicher Demokratie: eine operative Verfassung mit Grundrechten, ein demokratisches politisches System sowie eine weitgehend unabhängige Justiz. Überaus hilfreich ist ein gleichgesinntes internationales Regime. Im Hinblick auf die *Software* braucht es eine unterstützende Öffentlichkeit sowie eine Gruppe innovativer und hartnäckiger rechtlicher Akteure, die systemische Defizite ihrer Gesellschaft durch Streitfälle angeht, in denen sie sich manifestieren.[423]

International Law in Latin America«, in: Curtis A. Bradley (Hg.), *The Oxford Handbook of Comparative Foreign Relations Law*, New York 2019, S. 565-582.

422 Hirschl, »The Judicialization of Mega-Politics and the Rise of Political Courts« (Fn. 80).

423 Mauricio García Villegas, »El constitucionalismo aspiracional y las estrategias políticas de transformación social«, in: ders., María Adelaida Ceballos Bedoya (Hg.), *Democracia, justicia y sociedad. Diez años de investigación en Dejusticia*, Bogotá 2016, S. 83-95.

§ 26 Europäischer transformativer Konstitutionalismus

Transformatives Recht und transformativer Konstitutionalismus

Auch im europäischen öffentlichen Recht geht es transformativ zu. Hans-Peter Ipsen deutet die Gemeinschaftsverträge als eine Wandelverfassung,[424] Joseph Weiler weist ihnen sogar messianischen Charakter zu.[425] Noch weiter geht Giuliano Amato, einer der prägendsten Verfassungsrechtler seiner Generation, italienischer Ministerpräsident, Vizepräsident des Europäischen Konvents, Richter des italienischen Verfassungsgerichtshofs. Er versteht die Geschichte der europäischen Integration als *Constructing Utopia*.[426]

Das sind keine haltlosen Spekulationen, sondern Früchte bester rekonstruktiver Rechtswissenschaft. Die Verträge, auf denen die Europäische Union und der Europarat aufbauen, erteilen ein transformatives Mandat. Vom »immer engeren Zusammenschluss« und der »immer engeren Union der Völker Europas« war bereits die Rede (§ 23). Die Präambel des EU-Vertrags gibt dieser Transformation Gehalte. Sie zielt auf ein Europa der Solidarität, des wirtschaftlichen und sozialen Fortschritts, des Friedens und der Sicherheit.[427] Die Präambel des AEUV fügt »die stetige Besserung der Lebens- und Beschäftigungsbedingungen, die Verringerung des Abstands zwischen einzelnen Gebieten, einen möglichst hohen Wissensstand« hinzu. Die europäische Demokratie verspricht den Menschen, dass

424 Hans Peter Ipsen, »Die Verfassungsrolle des Europäischen Gerichtshofs für die Integration«, in: Jürgen Schwarze (Hg.), *Der Europäische Gerichtshof als Verfassungsgericht und Rechtsschutzinstanz. Referate und Diskussionsberichte der Tagung des Arbeitskreises Europäische Integration e.V. in Hamburg vom 2.-4. Juni 1983*, Baden-Baden 1983, S. 29-62, S. 29, 32, 51.

425 Joseph H. H. Weiler, »Deciphering the Political and Legal DNA of European Integration. An Exploratory Essay«, in: Julie Dickson, Pavlos Eleftheriadis (Hg.), *Philosophical Foundations of European Union Law*, Oxford 2012, S. 137-158, S. 146 ff.

426 Giuliano Amato u. a., »Introduction«, in: ders. u. a. (Hg.), *The History of the European Union. Constructing Utopia*, London 2019, S. 1-3.

427 Stefan Kadelbach, »Präambel EUV«, in: Hans von der Groeben u. a. (Hg.), *Europäisches Unionsrecht. Vertrag über die Europäische Union, Vertrag über die Arbeitsweise der Europäischen Union, Charta der Grundrechte der Europäischen Union*, Baden-Baden 2015.

es ihnen immer besser geht (§ 41). Diese transformative Teleologie ist in die Kompetenznormen der Verträge integriert und soll die Unionspolitiken leiten.

Gleichwohl würde es zu kurz greifen, den europäischen transformativen Konstitutionalismus bereits in der ersten Sattelzeit beginnen zu lassen. Der Weg der Integration ist, nachdem die Europäische Verteidigungsgemeinschaft am 30. August 1954 in der französischen Nationalversammlung scheitert, eben kein konstitutioneller, sondern der einer Marktintegration.[428] Zwar haben konstitutionalistische Gesichtspunkte immer eine gewisse Rolle gespielt, bei Fragen der Erweiterung, der Identität, des Grundrechtsschutzes. Schon 1962 gelingt es dem Europäischen Parlament mit konstitutionalistischen Argumenten, eine Assoziation oder gar den Beitritt von Francos Spanien zu verhindern.[429] Aber die Union macht erst weit in der zweiten Periode des europäischen öffentlichen Rechts, in den späten 1990er Jahren, den Schritt zu einem gehaltvollen Konstitutionalismus (§§ 20-22). Ähnliches gilt für den Europarat. Zwar hat er seit 1949 das Mandat, durch »einen engeren Zusammenschluss unter seinen Mitgliedern [...] die Ideale und Grundsätze, die ihr gemeinsames Erbe sind, zu schützen und zu fördern«. Wirklichkeitsmächtig wird dieses Mandat aber erst ab der zweiten Sattelzeit (§ 57).

Auch heute sollte man nicht jedes verfassungsrechtlich inspirierte strukturändernde Gesetz oder Urteil als Ausdruck eines transformativen Konstitutionalismus deuten, denn dies würde den Begriff verwässern (§ 24). Er erscheint mir gerade deshalb wertvoll, weil er eine besonders schwierige Herausforderung identifiziert: Die Überwindung eines als systemisch defizitär wahrgenommenen Zustands. Als transformativer Konstitutionalismus sollten nur Strategien gelten, die solche Defizite im Lichte des Verfassungskerns (§ 29) angehen. Es gibt verfassungsrechtlichen Strukturwandel und als einen besonders schwierigen Unterfall den transformativen Konstitutionalismus.

428 Daniel C. Thomas, »Constitutionalization Through Enlargement. The Contested Origins of the EU's Democratic Identity«, in: *Journal of European Public Policy* 13 (2006), S. 1190-1210.

429 Patel, *Projekt Europa* (Fn. 63), S. 198 ff.; Ronald Janse, »The Evolution of the Political Criteria for Accession to the European Community, 1957-1973«, in: *European Law Journal* 24 (2018), S. 57-76.

Verfassungsrechtlicher Strukturwandel als eine europäische Politik ist ein Phänomen der zweiten Periode des europäischen öffentlichen Rechts. Er setzt ein, als die mittel- und osteuropäischen Gesellschaften entscheiden, sich von ihren autoritären Strukturen zu befreien und im Lichte der Werte zu transformieren, die heute Art. 2 EUV niederlegt. Daraufhin erhalten die Verfassungen der Transformationsstaaten, das Unionsrecht und das Recht des Europarates das Mandat, einen entsprechenden Strukturwandel in diesen Gesellschaften zu bewirken. Dieser Konstitutionalismus zeitigt eine Reihe von Erfolgen, kann aber nicht durchgängig demokratische Strukturen etablieren. Eine der großen Fragen unserer Zeit lautet, ob das Erstarken autoritärer Kräfte in eine neue Sattelzeit führt oder aber ein erneuerter transformativer Konstitutionalismus den 1990 begonnenen Wandel weiter voranbringen kann. Dafür ist es hilfreich, den 1990 begonnenen Transformationsprozess mit seinen ambivalenten Erfahrungen und Ergebnissen zu reflektieren.

Die Transformationsgovernance der 1990er Jahre

In den frühen 1990er Jahren scheint alles so offensichtlich und aussichtsreich. Der europäische transformative Konstitutionalismus setzt ein mit den Revolutionen in den mittel- und osteuropäischen Gesellschaften gegen den autoritären Sozialismus, ähnlich wie in Lateinamerika nach der Überwindung autoritärer Regime. Die meisten Träger des gesellschaftlichen Umbruchs wollen demokratische Rechtsstaatlichkeit nach gemeineuropäischen Standards.[430] So kommt es zu vielen Begegnungen und einer intensiven Rezeption des westeuropäischen Verfassungsrechts.[431] Der Begriff des *Ius Publicum Europaeum* legt einen hoffnungsvollen Neustart hin (§ 7). Alsbald begleiten und unterstützen europäische Institutionen die-

430 Gábor Halmai, »Ungarn. § 12«, in: von Bogdandy u. a. (Hg.), *Handbuch Ius Publicum Europaeum. Bd. I* (Fn. 143), S. 687-727, Rn. 9-28; Piotr Tuleja, »Polen. § 8«, ebd., S. 451-506, Rn. 6-21; zu einer Konzeptualisierung im Sinne eines transformativen Konstitutionalismus Pál Sonnevend, »Preserving the *Acquis* of Transformative Constitutionalism in Times of Constitutional Crisis. Lessons from the Hungarian Case«, in: von Bogdandy u. a. (Hg.), *Transformative Constitutionalism in Latin America* (Fn. 379), S. 123-145.

431 Matthias Hartwig, »Staatslegitimation durch Verfassungsrezeption in Mittel- und Osteuropa«, in: *Zeitschrift für ausländisches öffentliches Recht und Völkerrecht* 59 (1999), S. 919-939.

sen Strukturwandel. Allerdings gerät der Prozess ausgesprochen exekutivlastig.

In der zweiten Sattelzeit sind die meisten Akteure zuversichtlich, dass die mittel- und osteuropäischen Gesellschaften diesseits der ehemaligen Sowjetunion sich zu demokratischen Rechtsstaaten entwickeln werden. Francis Fukuyamas hegelianisch inspiriertes Schlagwort vom Ende der Geschichte und Jürgen Habermas' Diktum der nachholenden Revolution drücken diesen Zeitgeist aus.[432] Zugleich ist aber klar, dass der Zeitgeist Institutionen braucht, die ihn verwirklichen. Zunächst setzt man auf die Konferenz für Sicherheit und Zusammenarbeit in Europa (KSZE).[433] Spätestens 1991 wird aber deutlich, dass der Zeitgeist mehr Institutionalität braucht, als die KSZE bieten kann.[434]

1993 verständigen sich die vereinigten westeuropäischen Exekutiven auf eine europäische *Governance*, welche zur Neuordnung Europas die rechtlichen, organisatorischen und legitimatorischen Ressourcen der europäischen Organisationen zusammenführt. Diese Verständigung manifestiert sich in der Entscheidung des Europäischen Rates vom 21. und 22. Juni 1993 zur Eröffnung einer Beitrittsperspektive für die Transformationsstaaten unter den sogenannten Kopenhagener Kriterien, die zugleich das Kernprogramm des späteren Art. 2 EUV niederlegen.[435] Der Europarat folgt mit seiner Wiener Erklärung der Staats- und Regierungschefs vom 9. Oktober 1993.[436] Damit ist die politische Grundlage des weiteren Strukturwandels gelegt.

Auf dieser Grundlage entwickeln Europäische Union, Europarat und KSZE (ab 1994 die OSZE) eine Politik des transformatorischen Konstitutionalismus, ohne allerdings ihre Politik in dieser Begriff-

432 Francis Fukuyama, »The End of History?«, in: *The National Interest* 16 (1989), S. 3-18; Jürgen Habermas, *Die nachholende Revolution*, Frankfurt/M. 1990.

433 Vgl. das abschließende Dokument des Wiener Folgetreffens vom 15. Januar 1989 (Ziff. 18, 19 des Prinzipienteils); weiter die Charta von Paris vom 21. November 1990, S. 5 ff.

434 Siehe z. B. Carolyn Moser, Anne Peters, »Legal Uncertainty and Indeterminacy: Immutable Characteristics of the OSCE?«, in: Mateja Steinbrück Platise u. a. (Hg.), *The Legal Framework of the OSCE*, Cambridge 2019, S. 3-25.

435 Schlussfolgerung des Vorsitzes vom 21./22. Juni 1993 (SN 190/1/93), S. 13. Näher Christophe Hillion, »The Copenhagen Criteria and their Progeny«, in: Christophe Hillion (Hg.), *EU Enlargement. A Legal Approach*, Oxford 2004, S. 1-22.

436 Europarat, Wiener Erklärung vom 9. Oktober 1993.

lichkeit zu reflektieren. Auf den Beitrag des EGMR wird an späterer Stelle eingegangen (§ 57, § 66), hier soll es um administrative und politische Akteure gehen. Ungeachtet einiger Reibungsverluste und gegenseitiger Spannungen formulieren und implementieren diese Organisationen arbeitsteilig die westeuropäischen Vorstellungen demokratischer Rechtsstaatlichkeit gegenüber den Transformationsstaaten. Die Zugkraft dieser Politik verdankt sich vor allem einem selbstgesetzten Ziel der Transformationsstaaten: dem Beitritt zur Europäischen Union.

Ein Prozess zu demokratischer Rechtsstaatlichkeit ist nicht zwingend rechtsstaatlich und demokratisch. Oft verfehlt er die Anforderungen, die er für die Zukunft aufstellt. So ist der europäische transformative Konstitutionalismus jener Jahre von einer westeuropäischen Hegemonie gekennzeichnet.[437] Der rechtliche Fluchtpunkt dieses Konstitutionalismus sind die Beitrittskriterien zur Europäischen Union in Art. O EUV (Vertrag von Maastricht) i. V. m. den Kopenhagener Kriterien, also den heutigen Art. 2 EUV und Art. 49 EUV.[438] Die westeuropäischen Staaten agieren gleichwohl umsichtig. Die konstitutionellen Standards werden im Europarat und in der OSZE und damit in Organisationen erarbeitet, in denen die Transformationsstaaten bereits Mitglieder sind. Ein Ausdruck der Hegemonie ist aber, dass sich die Mitgliedstaaten der EU diesen Standards nicht in gleicher Weise unterwerfen.[439]

Die Konkretisierung der transformatorischen Anforderungen erfolgt auf unterschiedlichen Wegen.[440] Ein Beispiel: Im Bereich des Minderheitenschutzes ist das im Europarat in den Jahren 1993 bis 1995 erarbeitete Rahmenübereinkommen zum Schutz nationaler Minderheiten entscheidend.[441] Seine Ratifikation und Um-

437 Robert Cooper, *The Breaking of Nations. Order and Chaos in the Twenty-First Century*, New York 2003, S. 71 ff.

438 Eine erste Artikulation ist im KSZE-Dokument vom 29. Juni 1990 niedergelegt, Dokument des Kopenhagener Treffens der Konferenz über die menschenrechtliche Dimension der KSZE vom 29. Juni 1990, Punkt 1.

439 Zum österreichischen Entwurf eines EMRK-Zusatzprotokolls vom 26. November 1991 und dem Bozener Entwurf der Föderalistischen Union Europäischer Volksgruppen für ein EMRK-Zusatzprotokoll, Rainer Hofmann, *Minderheitenschutz in Europa. Völker- und staatsrechtliche Lage im Überblick*, Berlin 1995, S. 43.

440 Näher Alison Duxbury, *The Participation of States in International Organisations. The Role of Human Rights and Democracy*, Cambridge 2011, insbes. S. 114-164.

441 Vom 1. Februar 1995, in Kraft getreten am 1. Februar 1998.

setzung gilt als die Anforderung zur Erfüllung der Kopenhagener Kriterien und des Art. O EUV (Vertrag von Maastricht) in Sachen Minderheitenschutz.[442] Weitere Konkretisierungen erfolgen durch Allgemeine Empfehlungen der OSZE sowie Empfehlungen des Ministerkomitees des Europarats und seiner Parlamentarischen Versammlung. Zu einer bedeutenden Institution des europäischen transformativen Konstitutionalismus entwickelt sich alsbald die 1990 gegründete Europäische Kommission für Demokratie durch Recht des Europarats, die sogenannte Venedig-Kommission.[443] Sie setzt sich vor allem aus Richtern und ehemaligen Richtern mit zumeist professoralem Hintergrund zusammen. Zunächst ist ihre Hauptaufgabe, mit hoher Autorität die Regierungen und Gesetzgeber der Transformationsstaaten zu beraten. Inzwischen hat sie die zusätzliche Aufgabe, systemischen Defiziten entgegenzutreten (§ 47, § 61).

Besonders bürokratisch ist die Implementationsphase. Im Mittelpunkt steht die Europäische Union, weil die Zugkraft der Beitrittsperspektive zur Union zu verdanken ist.[444] In diesem Rahmen unterwirft die Europäische Kommission den Strukturwandel in den Transformationsstaaten einer engen Kontrolle.[445] Ein Instrument sind die sogenannten Fortschrittsberichte, die nicht nur für den Beitrittsprozess, sondern auch für finanzielle Zuwendungen von Bedeutung sind. Der transformative Konstitutionalismus erscheint kaum als eine lebendige rechtsstaatliche Demokratie, sondern als ein bürokratisches Gezerre zwischen Exekutiven. Manche sprechen

442 Gwendolyn Sasse, »Minority Rights and EU Enlargement. Normative Overstretch or Effective Conditionality?«, in: Gabriel N. Toggenburg (Hg.), *Minority Protection and the Enlarged European Union. The Way Forward*, Budapest 2004, S. 59-83, S. 61, 68, 72.

443 Ausführlich Christoph Grabenwarter, »Die Venedig-Kommission. Wesen, Arbeitsweise und Bedeutung im Verfassungsgerichtsverbund. § 122«, in: von Bogdandy u. a. (Hg.), *Handbuch Ius Publicum Europaeum. Bd. VII* (Fn. 153), S. 687-712.

444 Karen E. Smith, »Western Actors and the Promotion of Democracy«, in: Jan Zielonka, Alex Pravda (Hg.), *Democratic Consolidation in Eastern Europe. Bd. II. International and Transnational Factors*, Oxford 2001, S. 31-57, S. 31.

445 Dimitry Kochenov, *EU Enlargement and the Failure of Conditionality. Pre-accession Conditionality in the Fields of Democracy and the Rule of Law*, Austin 2008, S. 85-295.

sogar von einer »Schule der Demokratie«,[446] wo man bekanntlich schlechte Noten bekommen und sogar sitzenbleiben kann.

Strukturwandel braucht Exekutiven, aber er braucht auch Legitimität. Hier zeigt sich eine Leerstelle. Kein Transformationsstaat und kein Bürger eines Transformationsstaats hat die Möglichkeit, sich zu wehren. Es gibt weder einen Richter für den Vorwurf der Diskriminierung noch für spezifische Benachteiligungen aus innenpolitischem Opportunismus.[447] So wird der Strukturwandel als asymmetrisch verstanden, die Transformationsstaaten diskriminierend.[448] Die Bürgerinnen und Bürger der Transformationsstaaten sind vollständig mediatisiert: Es gibt keine individualrechtlichen Positionen und Rechtsschutzmöglichkeiten. Das lässt sich aus der Struktur eines Beitrittsprozesses gut erklären. Gleichwohl liegt hier ein Defizit dieses Konstitutionalismus, dessen vielleicht bekanntestes Motto das der Venedig-Kommission ist: »Demokratie durch Recht«.

Manche bauen darauf Diagnosen grandiosen Scheiterns.[449] Mir erscheint das als eine Verkennung vieler Tatsachen und der Lebensleistung vieler Menschen. Mit Blick auf demokratische Rechtsstaatlichkeit attestieren die einschlägigen internationalen Indizes dem europäischen transformativen Konstitutionalismus Erfolg: Alle postsozialistischen Staaten haben sich auf den Weg gemacht, ihre autoritären Strukturen zu überwinden.[450] Aber es ist ebenso festzuhalten, dass insbesondere Ungarn und Polen in den letzten zehn Jahren stark zurückgefallen sind. Laut dem *Nations in Transit Report*

446 Juan Antonio Carrillo Salcedo, *El Convenio Europeo de Derechos Humanos*, Madrid 2003, S. 14.

447 Ein Beispiel bietet die Gotovina-Affäre im Beitrittsverfahren von Kroatien, Michael Rötting, *Das verfassungsrechtliche Beitrittsverfahren zur Europäischen Union und seine Auswirkungen am Beispiel der Gotovina-Affäre im kroatischen Beitrittsverfahren*, Heidelberg 2009, S. 184 ff.

448 Martin Krygier, »Introduction«, in: Wojciech Sadurski u. a. (Hg.), *Spreading Democracy and the Rule of Law? The Impact of EU Enlargement for the Rule of Law, Democracy and Constitutionalism in Post-Communist Legal Orders*, Dordrecht 2005, S. 3-24, S. 12; David Kosař u. a., »The Twin Challenges to Separation of Powers in Central Europe. Technocratic Governance and Populism«, in: *European Constitutional Law Review* 15 (2019), S. 427-461.

449 So etwa Ivan Krastev, Stephen Holmes, *The Light that Failed. A Reckoning*, London 2019; zu den Problemen dieser Studie Aleida Assmann, »Let's Go East!«, in: *Merkur* 839 (2019), S. 15-26.

450 Economist Intelligence Unit, *Democracy Index 2010. Democracy in Retreat*, S. 3.

von Freedom House hat sich Ungarn in den letzten zehn Jahren von einer »consolidated democracy« zu einem »hybrid regime« entwickelt.[451] V-Dem listet Ungarn sogar als »electoral autocracy«.[452] Auch in anderen Indizes gehören Ungarn und Polen zur Spitzengruppe in Sachen Demokratie-Abbau.[453] Wie die beiden Vorschläge zu einem Art. 7 EUV-Verfahren zeigen, gibt es begründete Zweifel, dass sie den Werten des Art. 2 EUV genügen.[454]

Viele Beobachter erklären diese Defizite nicht allein mit dem politischen Geschick von Viktor Orbán und Jarosław Kaczyński, sondern diagnostizieren einen unzulänglichen Strukturwandel der Gesellschaften.[455] Für dieses Stocken werden diverse Gründe angeführt. Der Strukturwandel sei allzu elitär erfolgt, die Rechtskultur sei nicht mitgekommen.[456] Die neue marktwirtschaftliche Wirtschaftsverfassung habe viele Erwartungen enttäuscht, da sie nicht den erwarteten Wohlstand, wohl aber unerwartete Härten gebracht habe.[457] Man kann dies als ein Problem mangelnder Anerkennung und gesellschaftlicher Entfremdung formulieren.[458] Relevant für das

451 Freedom House, *Nations in Transit 2020. Dropping the Democratic Facade*, S. 3.

452 V-Dem Institute, *Autocratization Surges. Resistance Grows. Democracy Report 2020*, S. 16.

453 Sie gehören zu den »Top 10 autocratizing countries«, siehe ebd., S. 16. Siehe auch World Justice Project, *Rule of Law Index. 2020 Insights*, S. 20.

454 Europäische Kommission, Begründeter Vorschlag nach Artikel 7 Absatz 1 EUV zur Rechtsstaatlichkeit in Polen, COM (2017) 835 final, Rn. 6 ff.; Entschließung des Europäischen Parlaments vom 12. September 2018 zu einem Vorschlag, mit dem der Rat aufgefordert wird, im Einklang mit Art. 7 Abs. 1 des Vertrags über die Europäische Union festzustellen, dass die eindeutige Gefahr einer schwerwiegenden Verletzung der Werte, auf die sich die Union gründet, durch Ungarn besteht (2017/2131 (INL)).

455 Heather Grabbe, »Six Lessons of Enlargement Ten Years On. The EU's Transformative Power in Retrospect and Prospect«, in: *Journal of Common Market Studies* 52 (2014), S. 40-56; Dariusz Adamski, »The Social Contract of Democratic Backsliding in the ›New EU‹ Countries«, in: *Common Market Law Review* 56 (2019), S. 623-666.

456 András Jakab, »Institutional Alcoholism in Post-socialist Countries and the Cultural Elements of the Rule of Law. The Example of Hungary«, in: Antonina Bakardjieva Engelbrekt, Xavier Groussot (Hg.), *The Future of Europe. Political and Legal Integration Beyond Brexit*, Oxford 2019, S. 209-248.

457 Sonnevend, »Preserving the *Acquis* of Transformative Constitutionalism in Times of Constitutional Crisis« (Fn. 430), S. 132 f.; David Kosař u. a., »The Twin Challenges to Separation of Powers in Central Europe« (Fn. 449), S. 427.

458 Dazu Rahel Jaeggi, *Entfremdung. Zur Aktualität eines sozialphilosophischen Pro-*

Stocken sind weiter die Subventionen, mit denen die Europäische Union diese Regierungen unterstützt, die Investitionen der deutschen Industrie, die Machtlogik der Europäischen Volkspartei.[459]

Die Idee eines erneuten transformativen Konstitutionalismus sollte diese Beobachtungen aufnehmen. Als deutscher Rechtswissenschaftler will ich mich dabei nicht dazu versteigen, Empfehlungen zur besseren demokratischen Mitnahme der Bevölkerung von Ländern auszusprechen, die ich kaum kenne. Es steht für mich aber außer Frage, dass der weitere Weg dieser Gesellschaften das europäische öffentliche Recht prägen wird. Es gibt auch durchaus Aspekte, die ein deutscher Jurist von Heidelberg aus thematisieren kann. Dazu zählt das Verhältnis von transformativem Konstitutionalismus und offener Marktwirtschaft, also die europäische Wirtschaftsverfassung.

Transformativer Konstitutionalismus und offene Marktwirtschaft

Der Strukturwandel sollte die mittel- und osteuropäischen Gesellschaften demokratisieren und brachte eine rechtsstaatliche Demokratie mit einer dezidiert marktwirtschaftlichen Verfassung, um dem Wohlstandsverlangen rasch nachzukommen. Die Härten des marktwirtschaftlichen Umbaus und die neue gesellschaftliche Ungleichheit haben zum Stocken der demokratischen Transformation beigetragen. Das stellt die grundsätzliche Frage nach dem Verhältnis von transformativem Konstitutionalismus und offener Marktwirtschaft.

Die EU-Verträge legen in Art. 2 EUV die Maßstäbe eines demokratischen Konstitutionalismus nieder, zugleich aber in Art. 3 Abs. 3 EUV und Art. 119 AEUV die Grundsätze einer dezidiert liberalen Wirtschaftsverfassung. Unter dieser Wirtschaftsverfassung hat sich die soziale Ungleichheit in der gesamten europäischen Gesellschaft verstärkt; auch das bildet ein Charakteristikum der zweiten Phase des europäischen öffentlichen Rechts.[460] Diese liberale Wirtschafts-

blems, Berlin 2016; Axel Honneth, *Anerkennung. Eine europäische Ideengeschichte*, Berlin 2018.

459 Mit Blick auf Ungarn Csaba Győry, »Ein Freund, ein guter Freund«, *Verfassungsblog* v. 22.12.2020.

460 Eurostat, *Quality of Life Indicators. Material Living Conditions*, 26.05.2020,

verfassung könnte dagegen sprechen, den Strukturwandel des europäischen öffentlichen Rechts mit der Begrifflichkeit des transformativen Konstitutionalismus zu fassen. Karl Klare, der Schöpfer des Begriffs, unterstreicht dessen postliberale Stoßrichtung (§ 24).

Mich überzeugt dieser Gegensatz nicht. Dass ein transformativer Konstitutionalismus mit einer offenen Marktwirtschaft konzipiert werden kann, zeigt die südafrikanische Verfassung von 1993 und mehr noch die kolumbianische Verfassung von 1991. Ihr demokratisches Programm zielt auf einen grundlegenden gesellschaftlichen Strukturwandel *mit* einer dezidiert offenen Marktwirtschaft.[461] Mir leuchtet diese Verknüpfung von transformatorischem Konstitutionalismus und marktwirtschaftlicher Verfassung ein.

Viele Menschen assoziieren Demokratie mit Wohlstand, und es gibt einen engen Zusammenhang zwischen gesellschaftlichem Wohlstand und demokratischer Stabilität (§ 41). Ein transformativer Konstitutionalismus ist teuer, denn er betont die Solidarität und verlangt damit Umverteilung. Will man gesellschaftliche Verteilungskämpfe vermeiden, so braucht es enorme finanzielle Ressourcen, die wohl nur eine leistungsfähige Marktwirtschaft erwirtschaften kann. Dieses Argument eines prinzipiellen Zusammenklangs bestreitet nicht, dass es viele Spannungen geben kann. Sie sind für die kolumbianische Verfassung wie für die EU gut erforscht.[462]

Diese wie weitere Fragen eines europäischen transformativen Konstitutionalismus der 2020er Jahre werden später aufgenommen (§§ 44-47, §§ 65-67). Jetzt sind aber erst einmal die Prinzipien zu

S. 3 f.; Kaja Bonesmo Fredriksen, »Income Inequality in the European Union«, in: *OECD Economics Department Working Papers No. 952* (2012).

461 José Manuel Álvarez Zárate, »El derecho económico internacional y el ICCAL frente al constitucionalismo económico latinoamericano«, in: Armin von Bogdandy u. a. (Hg.), *El constitucionalismo transformador en América Latina y el derecho económico internacional. De la tensión al diálogo*, Mexiko-Stadt 2018, S. 289-310, S. 303-307.

462 Maria Paula Saffon, »Can Constitutional Courts be Counterhegemonic Powers vis-à-vis Neoliberalism? The Case of the Colombian Constitutional Court«, in: *Seattle Journal for Social Justice* 5 (2007), S. 533-567; René Urueña, »Global Water Governance and the Rise of the Constitutional Regulatory State in Colombia«, in: Navroz K. Dubash, Bronwen Morgan (Hg.), *The Rise of the Regulatory State of the South. Infrastructure and Development in Emerging Economies*, Oxford 2013, S. 26-52; Hauke Brunkhorst, *Das doppelte Gesicht Europas. Zwischen Kapitalismus und Demokratie*, Berlin 2014.

rekonstruieren, die diesem Konstitutionalismus zugrunde liegen und das europäische Recht prägen sollen. Der erste Teil des Buches hat mit den Begriffen Rechtsgemeinschaft, Europarecht, Union, Staat, Souveränität, Zweckverband, Verwaltungs-, Verfassungs- und öffentliches Recht sowie transformativer Konstitutionalismus nur einen Rahmen rekonstruiert, um nun die Begriffe anzugehen, um die es laut Art. 2 EUV in der europäischen Gesellschaft eigentlich geht.

II. Prinzipien

A. Prolegomena

Im europäischen öffentlichen Recht sind nur wenig akademische Gesellschaften so traditions- und einflussreich wie die Vereinigung der deutschen Staatsrechtslehrer. Heinrich Triepel initiiert sie 1922, um den Strukturwandel der Weimarer Verfassung zu verarbeiten, auch in praktischer, politischer Absicht.[1] Die Auswahl der Themen und Vortragenden hat immer ein programmatisches Moment. 1964, ein Jahr nach dem bahnbrechenden *van Gend en Loos*-Urteil des EuGH (§ 56), geht es auf der Kieler Jahrestagung um »Bewahrung und Veränderung demokratischer und rechtsstaatlicher Verfassungsstruktur in den internationalen Gemeinschaften«. Der Vorstand unter dem Schmitt-Schüler Werner Weber wählt als Vortragenden den kaum dreißigjährigen Nachwuchsstar Peter Badura.

Badura, der wohl jüngste Referent in der Geschichte der Vereinigung, nutzt die Chance und setzt ein Zeichen. Vor der versammelten deutschen Staatsrechtslehre stellt er fest: »[D]ie Möglichkeit, demokratische und rechtsstaatliche Verfassungsstrukturen zu bewahren, [wird] angesichts der unvermeidlichen Internationalisierung der Wirtschafts- und Militärverwaltung davon abhängen [...], ob es den Ideen der Demokratie und des Rechtsstaats gelingen wird, das nationalstaatliche Gehäuse zu sprengen.«[2] Das ist auch die Stoßrichtung des Ko-Vortragenden Joseph H. Kaiser (§ 35). Die Kieler Tagung löst die sprichwörtlich gewordene proeuropäische Kieler Welle aus, auf der die deutsche Staatsrechtslehre, sogar ein Teil der Schmittschule, ihre bisherige Europaskepsis[3] überwindet. In der

1 Zu Triepels Vernunftrepublikanismus Armin von Bogdandy, Reinhard Mehring (Hg.), *Heinrich Triepel – Parteienstaat und Staatsgerichtshof. Gesammelte verfassungspolitische Schriften zur Weimarer Republik*, Baden-Baden 2021.

2 Peter Badura, »Bewahrung und Veränderung demokratischer und rechtsstaatlicher Verfassungsstruktur in den internationalen Gemeinschaften«, in: *Veröffentlichungen der Vereinigung der Deutschen Staatsrechtslehrer* 23 (1966), S. 34-104, S. 38.

3 Frieder Günther, *Denken vom Staat her. Die bundesdeutsche Staatsrechtslehre zwischen Dezision und Integration 1949-1970*, München 2004; Anna Katharina Mangold, *Gemeinschaftsrecht und deutsches Recht. Die Europäisierung der deutschen Rechtsordnung in historisch-empirischer Sicht*, Tübingen 2011. Anders aber Schmitt selbst, Carl Schmitt, »Die legale Weltrevolution. Politischer Mehrwert als Prämie auf juristische Legalität und Superlegalität«, in: *Der Staat* 17 (1978), S. 321-339, S. 335 f.

Folge trägt sie zu einem grundbegrifflichen Strukturwandel bei, der das nationalstaatliche Gehäuse deutschen juristischen Denkens zwar nicht sprengt, jedoch, weit besser, europäisch umbaut.

Der erste Teil dieses Buches hat grundbegriffliche Achsen dieses Umbaus gezeigt. Im zweiten Teil geht es nun um den Strukturwandel des Verfassungskerns. Für Badura besteht dieser Kern aus Demokratie und Rechtsstaatlichkeit. Der europäische Vertragsgesetzgeber setzt, ein halbes Jahrhundert später, in Art. 2 EUV ganz in diesem Sinne, wenngleich etwas breiter an, mit Menschenwürde, Freiheit, Demokratie, Gleichheit, Rechtsstaatlichkeit und der Wahrung der Menschenrechte einschließlich der Rechte der Personen, die Minderheiten angehören, Pluralismus, Nichtdiskriminierung, Toleranz, Gerechtigkeit, Solidarität und die Gleichheit von Frauen und Männern.

Der europäische Umbau von Rechtsstaat und Demokratie wie der weiteren Prinzipien des Verfassungskerns ist heute, fast sechzig Jahre nach Baduras Aufruf, keineswegs abgeschlossen. Prinzipienlehren sind aktuell, relevant und umstritten, also ein lohnendes Thema. In einem ersten Schritt lege ich dar, was genau ich mir von Prinzipienlehren verspreche (1), im zweiten, dass es sich bei den Maßstäben des Art. 2 EUV um Prinzipien handelt (2). Sodann geht es um die Spitzenposition dieser Prinzipien als unionaler und sogar europäischer Verfassungskern (3), dessen Rolle ich abschließend in dem Wandel der europäischen Gesellschaft von einer Privatrechts- zu einer Bürgergesellschaft spiegele (4).

§ 27 Das Versprechen

Die Begriffe des Art. 2 EUV bestimmen, worauf es in der europäischen Gesellschaft rechtlich letztlich ankommt. Das qualifiziert sie als Grundprinzipien, auch wenn der Vertragsgesetzgeber von Werten spricht (§ 28). Die Arbeit an Grundprinzipien bietet viele Wege, rechtswissenschaftlich zum Verständnis, zur Verwirklichung und zum Wandel rechtlicher und gesellschaftlicher Strukturen beizutragen.[4] Im Folgenden sei das breite Panorama einschlägiger Beiträge skizziert.

4 Zum Völkerrecht Jochen Rauber, *Strukturwandel als Prinzipienwandel. Theoretische, dogmatische und methodische Bausteine eines Prinzipienmodells des Völkerrechts und seiner Dynamik*, Berlin, Heidelberg 2017.

Historisch: Verfolgt man Prinzipienwandel in der Zeit, so verspricht das ein historisches Verständnis von Strukturwandel. In §§ 20-22 habe ich bereits gezeigt, dass der Bedeutungsgewinn verfassungsrechtlicher Prinzipien die zweite Sattelzeit kennzeichnet. Der rechtswissenschaftliche Strukturwandel ist allerdings zäh und hinkt den politischen Entscheidungen hinterher. Das zeigt schon die Terminologie. Lange spricht man nicht von Verfassungsprinzipien, sondern von allgemeinen Prinzipien (oder Rechtsgrundsätzen), einem Begriff des Zivilrechts, des Verwaltungsrechts und des Völkerrechts (Art. 38 Abs. 1 IGH-Statut). Die beiden wohl wichtigsten Monographien zu den Prinzipien des Unionsrechts fokussieren noch weit im neuen Jahrhundert auf allgemeine Rechtsgrundsätze.[5] Die politische Gründung der Union auf den verfassungsrechtlichen Maßstäben des Art. 2 EUV ist bis heute rechtsdogmatisch nicht vollzogen.

Rekonstruktiv: Dieser Rückstand ist ein Problem, denn Prinzipienlehren sind relevant. Das europäische Demokratieprinzip bietet ein gutes Beispiel. Die prominente Platzierung im EU-Vertrag, seine Rolle in der europarechtlichen Rechtsprechung (§ 32) und die darum kreisenden politischen Debatten zeigen, dass es sich um einen wichtigen Begriff handelt. Manches ist dabei weit konsentiert, anderes hart umstritten, vieles schlicht unklar: Wie soll man die Entscheidung des Vertragsgesetzgebers in Art. 10 EUV verstehen, wenn er eine Demokratie ohne Volk, ohne Wahlrechtsgleichheit, mit den Exekutiven als demokratische Repräsentanten einrichtet (§§ 42-43)? Rechtswissenschaftliche Arbeiten, die dazu Bedeutungen erarbeiten und Argumente für die Auseinandersetzung ersinnen, partizipieren an dem Prozess der Bedeutungszuschreibung. Dies ist ein ewiger Prozess, denn bedeutende Begriffe wie Grundprinzipien sind historisch überdeterminiert, müssen vieldeutig bleiben und lassen sich nicht in vollständige Definitionen auflösen.[6]

Dogmatisch: Nicht weniger wichtig ist das Versprechen von Prinzipienlehren, die Fülle des Materials zu ordnen, indem sie Strukturen hinter der Masse gesetzlicher Bestimmungen und rich-

5 Xavier Groussot, *General Principles of Community Law*, Groningen 2006; Takis Tridimas, *The General Principles of EU Law*, Oxford 2009.

6 Reinhart Koselleck, *Vergangene Zukunft. Zur Semantik geschichtlicher Zeiten*, Frankfurt/M. 1995, S. 119 f.

terlicher Entscheidungen erarbeiten.[7] Dies ist für das hoch fragmentierte europäische Recht, das über diverse Rechtsordnungen verteilt ist, besonders wichtig. Früher, unter der Vorherrschaft des Zivilrechts, verarbeitet die Rechtswissenschaft das Rechtsmaterial vor allem mittels starrer begrifflicher Pyramiden (§ 78). Heute hingegen erschließt sie das Material zumeist in beweglichen prinzipienorientierten Systemen. Der EuGH beschreibt die Unionsrechtsordnung als ein »strukturiertes Netz von miteinander verflochtenen Grundsätzen, Regeln und Rechtsbeziehungen«.[8]

Demokratisch: Prinzipienlehren können dem demokratischen Prinzip dienen. Ihre Bedeutungszuschreibungen und Ordnungsleistungen tragen mittels einer Konstitutionalisierung der Rechtsordnung (§ 22) politische Grundentscheidungen in die Verästelungen des Rechtssystems. In diesen Verästelungen gelten und wirken frühere politische Entscheidungen oft fort, auch nachdem sich die politische Gesamtkonstellation grundlegend geändert hat. Das gilt auch für das Unionsrecht, das sich über Jahrzehnte als ein Recht der Exekutive entwickelt (§ 16). Eine an den Prinzipien des Art. 2 EUV orientierte Rekonstruktion verspricht seine Demokratisierung.

Transformativ: Prinzipienlehren können noch mehr versprechen als nur nachholenden Strukturwandel. Sie können auch den Rechtskorpus an wandelnde gesellschaftliche Verhältnisse, Interessen und Überzeugungen anbinden. Das liegt schon daran, dass die Worte, die Rechtsprinzipien ausdrücken, in gesellschaftlichen Diskursen normative Ideen, Erwartungen und Forderungen, und gerade auch *neue* Ideen, Erwartungen und Forderungen artikulieren. Prinzipien können wie Schleusen wirken, welche die Rechtsordnung an allgemeine normative Diskurse anbinden und in der Gegenrichtung juristische Positionen in diese allgemeinen Diskurse einspeisen.

Diese Rolle ist besonders ausgeprägt, wenn Rechtsprinzipen einen transformativen Konstitutionalismus befeuern. Transformativer Konstitutionalismus ist zumeist prinzipienbasiert: Strukturwandelnde Urteile stützen sich in aller Regel auf Grundprinzipien. Prinzipienlehren können so, fast paradox, sowohl die tragenden

7 Klassisch Immanuel Kant, *Kritik der reinen Vernunft*, Hamburg 1998, S. 355 ff., insbes. S. 358.

8 EuGH, *EMRK-Beitritt II*, Gutachten 2/13 v. 18. Dezember 2014, ECLI:EU:C:2014:2454, Rn. 167; *Wightman u. a.*, Rs. C-621/18, Urteil v. 10. Dezember 2018, ECLI:EU:C:2018:999, Rn. 45.

Strukturen des geltenden Rechts bauen als auch zu Transformationen beitragen (§ 4, §§ 45-47, §§ 65-67, §§ 79-81).

Verfassungsprinzipien ermöglichen eine dem positiven Recht immanente Kritik, die auf die Fortentwicklung des geltenden Rechts abzielt, sei es über die Rechtsprechung, sei es über den politischen Prozess. Solche Kritik unterscheidet sich von der allgemeinen politischen Kritik, da sie in juristischen Argumentationsformen erfolgt, eng mit der bisherigen Operation des Rechts verwoben ist und so leichter vom Recht absorbiert werden kann. Art. 2 EUV ruft aufgrund seines Manifestcharakters zu solcher Kritik auf (§ 76).

Gesellschaftlich: Damit tragen Prinzipienlehren ein Versprechen nicht nur für den engeren juristischen Bereich, sondern für die Entwicklung der europäischen Gesellschaft. Der Vertragsgesetzgeber verspricht sich in dieser Hinsicht von den Grundprinzipien des Art. 2 EUV viel (§ 31): Die Maßstäbe gelten nicht nur in der europäischen Gesellschaft, sondern »zeichnen« sie sogar »aus«. Der Vertragsgesetzgeber misst den Grundprinzipien eine konstitutive Rolle nicht nur für die europäische Rechtsordnung, sondern zudem für die europäische Gesellschaft zu.

Angesichts der repräsentativen Rolle der den Vertragsgesetzgeber konstituierenden Politikerinnen und Politiker bringt sich die europäische Gesellschaft in diesen Diskursen gleichsam selbst hervor (§ 2). Die Wertebegründung der europäischen Gesellschaft hat etwas von einer selbsterfüllenden Prophezeiung. Die sich fortspinnende juristische Auseinandersetzung, was ihre Prinzipien bedeuten, ist Teil des vergesellschaftenden Prozesses. Vor diesem Hintergrund versteht sich das ultimative Versprechen europäischer Prinzipienlehren, an der europäischen Vergesellschaftung mitzuwirken. Die folgenden Überlegungen konzentrieren sich auf diesen Punkt; es geht nicht um eine vollständige Prinzipienlehre.[9]

9 Zuletzt etwa Jörg Philipp Terhechte, *Europäische Verfassungsstudien*, Baden-Baden 2020, S. 217 ff.; Karl-Peter Sommermann, »§ 3. Die gemeinsamen Werte der Union und der Mitgliedstaaten«, in: Matthias Niedobitek (Hg.), *Europarecht. Grundlagen und Politiken der Union*, Berlin 2019, S. 257-292; bemerkenswert die Leerstelle in Takis Tridimas, Robert Schütze (Hg.), *Oxford Principles of European Union Law. Vol. I. The EU Legal Order*, Oxford 2018; zu einem frühen Versuch Armin von Bogdandy, »Europäische Prinzipienlehre«, in: ders. (Hg.), *Europäisches Verfassungsrecht. Theoretische und dogmatische Grundzüge*, Berlin, Heidelberg 2003, S. 149-203.

Handelt es sich bei den Maßstäben des Art. 2 EUV aber überhaupt um Rechtsprinzipien?[10] Das ist keineswegs evident. Art. 2 EUV spricht nicht von Prinzipien, sondern von Werten. Als Werte bezeichnet man oft nicht Rechtsnormen, sondern ethische Überzeugungen.[11] Viele unterscheiden kategorisch zwischen Rechtsprinzipien und Werten: Die Ersten gehörten zum Recht, die Zweiten aber gerade nicht.[12] Im Recht geht es um die Differenz rechtmäßig/rechtswidrig, bei Werten hingegen meist um die Differenz gut/schlecht. Entsprechend unterscheidet die Europäische Kommission in ihrem Vorschlag, der das erste Sanktionsverfahren nach Art. 7 Abs. 1 EUV einleitet: »Neben [!] ihrer Aufgabe als Hüterin des Unionsrechts obliegt der Kommission [...] die Sicherstellung der gemeinsamen Werte der Union.«[13]

Diese Unterscheidung kann nicht überzeugen. Den als Werten bezeichneten Maßstäben des Art. 2 Satz 1 EUV ist Rechtscharakter zuzusprechen.[14] Sie sind im EU-Vertrag, einem Rechtstext, niedergelegt. Sie sind als bindend konzipiert und werden in rechtlich festgelegten Verfahren durch öffentliche Institutionen angewandt (Art. 3, Art. 7, Art. 13 und Art. 49 EUV). Ihre Verletzung kann zu

10 Die deutsche Rechtswissenschaft sprach früher eher von Grundsätzen (berühmt Josef Esser, *Grundsatz und Norm in der richterlichen Fortbildung des Privatrechts*, Tübingen 1956).

11 Hans-Peter Müller, »Auf dem Weg in eine europäische Gesellschaft? Begriffsproblematik und theoretische Perspektiven«, in: *Berliner Journal für Soziologie* 17 (2007), S. 7-31, S. 17.

12 Jürgen Habermas, *Faktizität und Geltung. Beiträge zur Diskurstheorie des Rechts und des demokratischen Rechtsstaats*, Frankfurt/M. 1992, S. 309 ff.; Ernst-Wolfgang Böckenförde, »Zur Kritik der Wertbegründung des Rechts«, in: ders. (Hg.), *Recht, Staat, Freiheit. Studien zur Rechtsphilosophie, Staatstheorie und Verfassungsgeschichte*, Frankfurt/M. 1991, S. 67-91; eine Übersicht bei Roberta Astolfi, *Über Begriffe und Werte im Recht. Eine rechtsphilosophische Analyse der Beziehung zwischen Recht und Gesellschaft am Beispiel der Europäischen Union*, Berlin 2020, S. 93 ff., 189 ff.

13 Erwägung (3) der Empfehlung (EU) 2018/103 der Kommission v. 20. Dezember 2017 zur Rechtsstaatlichkeit in Polen in Ergänzung der Empfehlungen (EU) 2016/1374, (EU) 2017/146 und (EU) 2017/1520.

14 Armin von Bogdandy, »Principles of a Systemic Deficiencies Doctrine. How to Protect Checks and Balances in the Member States«, in: *Common Market Law Review* 57 (2020), S. 705-740, S. 716.

Sanktionen führen, die ebenfalls im EU-Vertrag niedergelegt sind. Welchen Begriff des Rechts man auch verwendet: die Werte des Art. 2 EUV sind aufgrund ihrer Satzung durch den Vertragsgesetzgeber Teil des Unionsrechts.[15] Das bestätigen die Beratungen zu dem, was heute Art. 2 EUV ist.[16]

Anforderungen, die öffentliche Institutionen durchsetzen, sind in rechtlichen Verfahren niederzulegen.[17] Die Maßstäbe des Art. 2 EUV brauchen eine legitimierende Distanz zu politischer Moral, weltanschaulichen Ideologien oder technokratischen *best practices* der *good governance*. Geltung, Interpretation und Anwendung der Maßstäbe des Art. 2 EUV müssen den Standards juridischer Vernunft unterliegen.

Deshalb erscheint Frank Schorkopfs eingängige Begriffsprägung des Wertekonstitutionalismus für die auf Art. 2 EUV gründende Rechtsprechung problematisch.[18] Sie verwischt die Grenzen zwischen rechtlicher und außerrechtlicher Normativität. Schorkopf spricht ausdrücklich von *guter* Ordnung, es geht aber um *rechtliche* Ordnung. Für ihn ist irrelevant, dass die Maßstäbe des Art. 2 Satz 1 EUV ratifiziertes Primärrecht bilden. Schorkopfs Begriffsbildung des Wertekonstitutionalismus ist auch politisch problematisch: Sie kann die Behauptung stützen, die Maßnahmen zur Durchsetzung von Art. 2 EUV seien weltanschaulicher oder gar ideologischer Natur.[19]

15 Ralf Poscher, »The Hand of Midas. When Concepts Turn Legal, or Deflating the Hart-Dworkin Debate«, in: Jaap C. Hage, Dietmar von der Pfordten (Hg.), *Concepts in Law*, Dordrecht 2009, S. 99-115.

16 Alain Pilette, Etienne de Poncis, »Valeurs, objectives et nature de l'Union«, in: Giuliano Amato u. a. (Hg.), *Genèse et destinée de la constitution européenne. Commentaire du Traité établissant une Constitution pour l'Europe à la lumière des travaux préparatoires et perspectives d'avenir*, Brüssel 2007, S. 287-310, S. 300 f.

17 Georg Wilhelm Friedrich Hegel, »Grundlinien der Philosophie des Rechts (1821)«, in: Eva Moldenhauer, Karl Markus Michel (Hg.), *Werke in zwanzig Bänden mit Registerband. Bd. 7*, Frankfurt/M. 1970, § 3.

18 Frank Schorkopf, »Der Wertekonstitutionalismus der Europäischen Union«, in: *JuristenZeitung* 75 (2020), S. 477-485.

19 Vgl. Cabinet Office of the Prime Minister, »They Want to Make Soros's Man the President of the Commission«, Website of the Hungarian Government v. 02. 07. 2019, abrufbar unter ⟨https://2015-2019.kormany.hu/en/the-prime-minister/news/they-want-to-make-soros-s-man-the-president-of-the-commission⟩, letzter Zugriff 01. 07. 2021.

Dogmatisch handelt es sich bei den Maßstäben des Art. 2 EUV um Grundprinzipien.[20] Diese Rechtsnatur weist ihnen bereits der Vertrag von Amsterdam in Art. 6 Abs. 1 EUV zu, und es gibt keinen Anlass anzunehmen, dass der Vertragsgesetzgeber mit dem Vertrag von Lissabon ihre rechtliche Relevanz schmälern will. Als Rechtsprinzipien liegen die als Werte bezeichneten Maßstäbe des Art. 2 EUV im Aufgabenbereich des EuGH, dessen Aufgabe es allein ist, das Recht zu wahren (Art. 19 Abs. 1 EUV), nicht aber die politische Ethik, Moral oder Sitte.[21]

Was aber sind Prinzipien?[22] Dieses Buch versteht Prinzipien, in Übereinstimmung mit der Verwendung durch den Vertragsgesetzgeber,[23] als Rechtsnormen von herausgehobener Bedeutung.[24] Solche Bedeutung ist bei den Maßstäben von Art. 2 EUV offensichtlich.

Diese Qualifizierung der Maßstäbe des Art. 2 Satz 1 EUV schließt nicht aus, dass sie zugleich als ethische Überzeugungen in der europäischen Gesellschaft wirken. In demokratischen Gesellschaften besteht die Vermutung, dass rechtliche Normen und gesellschaftsweite ethische Ausrichtungen überlappen. Einige Maßstäbe des Art. 2 EUV haben als ethische Standards die europäische Politik schon immer begleitet: Man erinnere die Abwehr eines Beitritts von Francos Spanien (§ 26). Indem der Vertragsgesetzgeber 2007 die Grundprinzipien des Unionsrechts als Werte bezeichnet, dockt er die Maßstäbe des Art. 2 Satz 1 EUV an Diskurse, Erfahrungen und Entscheidungen aus einem halben Jahrhundert an. Die Maßstäbe

20 EuGH, *LM*, Rs. C-216/18 PPU, Urteil v. 25. Juli 2018, ECLI:EU:C:2018:586, Rn. 70-73.

21 Vgl. nur EuGH, *LM*, ebd. (Fn. 20), Rn. 35; bisweilen benutzt der EuGH den Begriff Wert als Synonym von Rechtsprinzip, vgl. EuGH, *LM*, ebd. (Fn. 20), Rn. 48; *Centraal Israëlitisch Consistorie van België u. a.*, Rs. C-336/19, Urteil v. 17. Dezember 2020, ECLI:EU:C:2020:1031, Rn. 41, 47, 77.

22 Zu einer guten Übersicht Luca Mezzetti, »Valori, Principî, Regole«, in: ders. (Hg.), *Principî Costituzionali*, Turin 2011, S. 1-178.

23 Näher Armin von Bogdandy, »Grundprinzipien«, in: ders., Jürgen Bast (Hg.), *Europäisches Verfassungsrecht. Theoretische und dogmatische Grundzüge*, Berlin, Heidelberg 2009, S. 13-72, S. 25-26.

24 András Jakab, »Re-Defining Principles as ›Important Rules‹. A Critique of Robert Alexy«, in: Martin Borowski (Hg.), *On the Nature of Legal Principles. ARSP Beiheft 119*, Stuttgart 2010, S. 145-160.

des Art. 2 Satz 1 EUV sind daher keineswegs so unbestimmt, wie manche behaupten.[25]

Wie aber sieht es mit den Maßstäben des Art. 2 Satz 2 EUV aus? Der Vertragsgesetzgeber qualifiziert sie nicht als Werte. Sie dienen, anders als die Grundprinzipien des Art. 2 Satz 1 EUV, nicht als Beitrittsvoraussetzung, können nicht in den Verfahren des Art. 7 EUV durchgesetzt werden und bestimmen nicht die Mandate von Art. 3 Abs. 1 EUV und Art. 13 Abs. 1 EUV. Keine der weiteren Bestimmungen der Verträge nimmt auf Art. 2 Satz 2 EUV Bezug, wenngleich die meisten Maßstäbe in bedeutenden Bestimmungen auftauchen: Nichtdiskriminierung in Art. 21 GRC und im ganzen Teil II des AEUV, Solidarität, Gerechtigkeit sowie Nichtdiskriminierung von Männern und Frauen in Art. 3 Abs. 3 EUV und weiteren Bestimmungen. Der Pluralismus hingegen wird nur knapp in Art. 11 Abs. 2 GRC und die Toleranz wird gar nicht erwähnt.

Diese Maßstäbe des Art. 2 Satz 2 EUV führen zu vielen dogmatischen Fragen, die derzeit vor allem mit Blick auf die Werte des Art. 2 Satz 1 EUV geklärt werden: Rechtsnatur, Bedeutung, Justiziabilität, Anwendungsbereich (§ 67). Vieles erscheint offen, aber zweierlei unbestreitbar. Erstens legitimiert die verfassungsrechtliche Verankerung politische Forderungen nach Solidarität, Pluralismus, Gerechtigkeit, Nichtdiskriminierung und Toleranz. Der Vertragsgesetzgeber ruft die Bürgerinnen und Bürger geradezu dazu auf, mit diesen Begriffen ihre Ideen, Interessen und Werte europäisch zu artikulieren und zu verfolgen. Zweitens dienen die Maßstäbe des Art. 2 Satz 2 EUV der Auslegung des Art. 2 Satz 1 EUV. Wenn die europäische Gesellschaft die Werte des Art. 2 Satz 1 EUV teilt und sich gleichzeitig durch Pluralismus, Toleranz, Solidarität, Gerechtigkeit und Nichtdiskriminierung auszeichnet, dann müssen die Werte des Art. 2 Satz 1 EUV die Maßstäbe von Satz 2 EUV in sich tragen.[26] So handelt es sich bei den Maßstäben

25 Vgl. Christoph Möllers, Linda Schneider, *Demokratiesicherung in der Europäischen Union. Studie zu einem Dilemma*, Tübingen 2018, S. 105 f.

26 Mit Blick auf den Pluralismus EuGH, *Privacy International*, Rs. C-623/17, Urteil v. 6. Oktober 2020, ECLI:EU:C:2020:790, Rn. 62; *La Quadrature du Net u. a.*, verb. Rs. C-511/18, C-512/18 und C-520/18, Urteil v. 6. Oktober 2020, ECLI:EU:C:2020:791, Rn. 114; mit Blick auf die Gerechtigkeit EuGH, *Associação Sindical dos Juízes Portugueses,* Rs. C-64/16, Urteil v. 27. Februar 2018, ECLI:EU:C:2018:117, Rn. 30.

des Art. 2 Satz 2 EUV um bedeutende Rechtsnormen und daher um Rechtsprinzipien.[27]

Art. 2 Satz 2 EUV verdichtet die Werte des Art. 2 Satz 1 EUV, denn im Lichte von Satz 2 weisen die Werte eine dezidiert freiheitliche und solidarische Ausrichtung auf. So überrascht es nicht, dass sich der europäische Gesetzgeber in der Verordnung, mit der er autoritären Tendenzen entgegentritt, auf den gesamten Art. 2 EUV bezieht.[28] Art. 2 EUV bezeichnet in seiner Gesamtheit den europäischen Verfassungskern.

§ 29 Der europäische Verfassungskern

Nach dem Inkrafttreten des Vertrags von Lissabon misst der EuGH, wie die rechtswissenschaftliche Literatur, Art. 2 EUV zunächst nur wenig Bedeutung zu.[29] Art. 2 EUV erscheint im Lichte der gerichtlichen Praxis und des juristischen Schrifttums nicht als Verfassungskern, sondern eher wie eine unverbindliche Präambelerwägung. Angesichts der multiplen Krisen der 2010er Jahre setzt der EuGH dann aber neu an. In einer besonders prägnanten Formulierung statuiert der EuGH zusammenfassend im Jahre 2019:

> Die Autonomie der Unionsrechtsordnung besteht somit darin, dass die Union über einen eigenen verfassungsrechtlichen Rahmen verfügt. Hierzu gehören die in Art. 2 EUV genannten »Werte, auf die sich die Union gründet«, nämlich »die Achtung der Menschenwürde, Freiheit, Demokratie, Gleichheit, Rechtsstaatlichkeit und die Wahrung der Menschenrechte«, die allgemeinen Grundsätze des Unionsrechts, die Vorschriften der Charta und die Vorschriften des EU- und des AEU-Vertrags, zu denen insbesondere die

27 Vgl. Art. 2 lit. a der Verordnung 2020/2092 des Europäischen Parlaments und des Rates über eine allgemeine Konditionalitätsregelung zum Schutz des Haushalts der Union; EuGH, *EAD/Hebberecht*, Rs. C-93/19 P, Schlussanträge von Generalanwältin Juliane Kokott v. 23. April 2020, *ECLI:EU:C:2020:305*, Rn. 36. Anders: Meinhard Hilf, Frank Schorkopf, »Art. 2 EUV«, in: Eberhard Grabitz u. a. (Hg.), *Das Recht der Europäischen Union*, München 70. EL Mai 2020, Rn. 42.

28 1. Präambelerwägung der Verordnung 2020/2092 des Europäischen Parlamentes und des Rates vom 16. Dezember 2020 über eine allgemeine Konditionalitätsregelung zum Schutz des Haushalts der Union.

29 Zu den Problemen juristischer Verdichtung früh Frank Schorkopf, *Homogenität in der Europäischen Union. Ausgestaltung und Gewährleistung durch Art. 6 Abs. 1 und Art. 7 EUV*, Berlin 2000, S. 78 ff.

Vorschriften über die Übertragung und Aufteilung von Zuständigkeiten, die Vorschriften über die Arbeitsweise der Unionsorgane und des Gerichtssystems der Union und die Grundregeln in speziellen Bereichen gehören, die so gestaltet sind, dass sie zur Verwirklichung des Integrationsprozesses im Sinne von Art. 1 Abs. 2 EUV beitragen.[30]

Die neue Zentralität des Art. 2 EUV für den verfassungsrechtlichen Rahmen der Union kommt klar zum Ausdruck. Man kann seine Prinzipien als den Verfassungskern verstehen, der auf der einschlägigen langjährigen Rechtsprechung beruht und so eine gewachsene Substanz hat, die nun Art. 2 EUV aber genuin verfassungsrechtlich ausrichtet. Genau darin liegt ein Strukturwandel des Unionsrechts: Man erinnere, dass die Konstitutionalisierung des Gemeinschaftsrechts in den 1960er Jahren mit formellen Grundsätzen begann: Autonomie der Geltung, Autonomie der Bedeutung, unmittelbare Wirkung, Vorrang (§ 9, § 37, § 56).

Die Werte des Art. 2 Satz 1 EUV legen Grundprinzipien einzigartiger Wichtigkeit nieder. Es sind die Prinzipien, mit denen öffentliches Handeln letztlich zu rechtfertigen ist.[31] Der Vertragsgesetzgeber gründet die Union auf ihnen, und nur auf ihnen. Die Bezugnahmen in weiteren Bestimmungen des Vertrages bezeugen ihre Alleinstellung (Art. 7 EUV, Art. 13 EUV, Art. 49 EUV). Art. 2 EUV ruft die konsentierten Semantiken des Grundsätzlichen auf.[32] Da Werten oft ein Element von Letztbegründung innewohnt, hat Art. 2 EUV sogar etwas von einer Abschlussfigur, also eines argumentativen Schlusspunkts, der keiner weiteren Ausführung bedarf.[33] Man ist erinnert an die Anrufung der verfassungsgebenden Gewalt, der wohl wichtigsten Abschlussfigur des modernen Konstitutionalismus.[34]

Zählt man die Prinzipien des Art. 2 EUV, so bestätigt dies den Eindruck, dass es sich nicht um ein wahlloses Potpourri handelt

30 EuGH, *CETA*, Gutachten 2/17 v. 30. April 2019, ECLI:EU:C:2019:341, Rn. 110.

31 Joël Molinier, *Les principes fondateurs de l'Union européenne*, Paris 2005, S. 24.

32 Albrecht Koschorke, *Hegel und wir*, Berlin 2015, S. 21.

33 Niklas Luhmann, *Gibt es in unserer Gesellschaft noch unverzichtbare Normen?*, Heidelberg 1993, S. 19.

34 Zu einschlägigen Theorien Tobias Herbst, *Legitimation durch Verfassunggebung. Ein Prinzipienmodell der Legitimität staatlicher und supranationaler Hoheitsgewalt*, Baden-Baden 2003, S. 168 ff.; Markus Patberg, *Constituent Power in the European Union*, Oxford 2020, S. 41 ff.

(§ 1). Die Bestimmung listet zwölf Prinzipien auf. Die Zahl 12 ist, als die Zahl des geschlossenen Kreises, die symbolträchtigste Zahl überhaupt: Zwölf Stämme umfasste Israel, zwölf Jünger hatte Christus, zwölf Tore hat das himmlische Jerusalem, zwölf Sterne, als Kranz geordnet, bilden die Krone des apokalyptischen Weibes. Art. 2 EUV nimmt mit der Zahl seiner Prinzipien die Symbolik und das Heilsversprechen der Fahne auf, den zwölf goldenen, im Kreis angeordneten Sternen auf blauem Grund.[35]

Den Grundprinzipien des Art. 2 Satz 1 EUV kommt eine Spitzenstellung im Unionsrecht zu.[36] Da das Unionsrecht das gesamte europäische Recht begründet (§ 10), finden wir zudem in Art. 2 EUV nicht nur den unionalen, sondern weiter den europäischen Verfassungskern. Hegelianisch beschrieben legt Art. 2 EUV die »reelle Idealität«, »die Seele« und die »an und für sich bestimmte Identität« des europäischen Rechts nieder.[37] Das gilt allerdings nur, wenn die Prinzipien des Art. 2 EUV das europäische Recht tatsächlich prägen und so in den gesellschaftlichen Beziehungen zum Tragen kommen.

Der Vertragsgesetzgeber setzt damit einen mächtigen Maßstab der internen Kritik.[38] Dieser Schritt birgt Risiken und eine enorme Herausforderung. Die Kluft zwischen dem, was der Vertragsgesetzgeber an dieser Stelle als europäische Gesellschaft verspricht, und dem, was die Bürgerinnen und Bürgern alltäglich als soziale und politische Wirklichkeit erleben, ist groß, und sie könnte so groß werden, dass vielen das Versprechen nicht mehr glaubwürdig erscheint (§ 46). Der Weg in die Werteunion ist kaum weniger risikoreich als der in die Währungsunion.

Der europäische Verfassungskern zählt zwölf Prinzipien, von denen Art. 2 Satz 1 EUV sechs als Werte heraushebt: »Achtung

35 Charles Brütsch, *Die Offenbarung Jesu Christi*, Zürich 1955, S. 56 ff.; Markus Göldner, *Politische Symbole der europäischen Integration: Fahne, Hymne, Paß, Briefmarke, Auszeichnungen*, Frankfurt/M. 1988.

36 Näher zu einer solchen Rolle Uwe Volkmann, *Grundzüge einer Verfassungslehre der Bundesrepublik Deutschland*, Tübingen 2013, S. 93 ff.; Cesare Pinelli, »Theories Concerning the Hierarchy of Norms«, in: Rainer Grote u. a. (Hg.), *Max Planck Encyclopedia of Comparative Constitutional Law*, Oxford 2016, Rn. 31 ff.

37 Georg Wilhelm Friedrich Hegel, *Wissenschaft der Logik. Bd. 2. Die subjektive Logik (1816)*, Hamburg 1975, S. 375.

38 Zu dieser Denkform Michael Theunissen, *Sein und Schein. Die kritische Funktion der Hegelschen Logik*, Frankfurt/M. 1980, S. 63 ff.

der Menschenwürde, Freiheit, Demokratie, Gleichheit, Rechtsstaatlichkeit und Wahrung der Menschenrechte einschließlich der Rechte der Personen, die Minderheiten angehören«. Art. 2 Satz 2 EUV fügt sechs weitere Prinzipien hinzu: »Pluralismus, Nichtdiskriminierung, Toleranz, Gerechtigkeit, Solidarität und die Gleichheit von Frauen und Männern«. Es stellt sich die Frage nach ihrem Verhältnis. Ich verstehe sie nicht als isolierte Begriffe, sondern als unterschiedliche Aspekte eines einheitlichen Phänomens, eben des Verfassungskerns der europäischen demokratischen Gesellschaft. Eine passende theoretische Figur bietet Habermas' Gleichursprünglichkeit von Demokratie und Menschenrechten: »Die logische Genese dieser Rechte bildet einen Kreisprozess, in dem sich der Code des Rechts und der Mechanismus für die Erzeugung legitimen Rechts, also das Demokratieprinzip, gleichursprünglich konstituieren.«[39]

Dieses Verständnis findet sich an vielen Stellen des europäischen Rechts, so in der zweiten Präambelerwägung der Grundrechtecharta und in europäischen Institutionen. Besonders prägnant tritt es in Entscheidungen gegen autoritäre Tendenzen zu Tage. Sie nehmen zumeist in dem Rechtsstaatsprinzip ihren Ausgangspunkt, gewinnen ihren Gehalt jedoch maßgeblich durch Rekurs auf Demokratie, Pluralismus und die Grundrechte. In diesem Sinne hat auch die Venedig-Kommission die Rechtsstaatlichkeit in ihrer »Rule of Law«-Checklist niedergelegt, die eine Reihe politischer Institutionen bestätigt haben.[40] Der europäische Gesetzgeber hat dieses Verständnis im Jahr 2020 zu bindendem Recht erstarken lassen. Art. 2 der Verordnung 2020/2092 des Europäischen Parlaments und des Rates vom 16. Dezember 2020 über eine allgemeine Konditionalitätsregelung zum Schutz des Haushalts der Union, dem bislang wichtigsten Gesetzgebungsakt zur Verwirklichung des europäischen Verfassungskerns, lautet:

39 Habermas, *Faktizität und Geltung* (Fn. 12), S. 155; Christoph Möllers, »Dogmatik der grundgesetzlichen Gewaltengliederung«, in: *Archiv des öffentlichen Rechts* 132 (2007), S. 493-538, S. 503.

40 European Commission for Democracy through Law, Study No. 711/2013, Rule of Law Checklist, CDL-AD(2016)007rev, 18. März 2016; dazu Michael Fuchs, »Die Vermessung der Rechtsstaatlichkeit. Die »Rule of Law Checklist« der Venedig-Kommission des Europarates«, in: *Europäische Grundrechtezeitschrift* 45 (2018), S. 237-244.

»Rechtsstaatlichkeit« bezeichnet den in Artikel 2 EUV verankerten Wert der Union. Dieser umfasst die Grundsätze der Rechtmäßigkeit, die transparente, rechenschaftspflichtige, demokratische und pluralistische Gesetzgebungsverfahren voraussetzen, der Rechtssicherheit, des Verbots der willkürlichen Ausübung von Hoheitsgewalt, des wirksamen Rechtsschutzes – einschließlich des Zugangs zur Justiz – durch unabhängige und unparteiische Gerichte, auch in Bezug auf Grundrechte, der Gewaltenteilung und der Nichtdiskriminierung und der Gleichheit vor dem Gesetz. Die Rechtsstaatlichkeit ist so zu verstehen, dass auch die anderen in Artikel 2 EUV verankerten Werte und Grundsätze der Union berücksichtigt werden.

Der europäische Verfassungskern ist komplex und pluralistisch. Zu diesem komplexen Pluralismus gehört, dass der Vertragsgesetzgeber die Union nicht auf den Grundrechten ihrer Grundrechtecharta, sondern in Art. 2 EUV auf den Menschenrechten gründet. Es ist zunächst nur Kontingenzen der späten 1940er und frühen 1950er Jahre geschuldet, dass die überstaatlichen Bestandteile des europäischen öffentlichen Rechts heute aus zwei Quellen fließen: dem Unionsrecht und der Europäischen Menschenrechtskonvention (§ 8, § 10). Der Vertragsgesetzgeber von Lissabon nutzt 2007 diese Zweispurigkeit dann für eine Strukturentscheidung, indem er die Union in Art. 2 EUV eben nicht auf den Grundrechten der EU-Grundrechtecharta, sondern auf den Menschenrechten gründet. Während Grundrechte verfassungsrechtliche Garantien einer politischen Gemeinschaft darstellen, gelten Menschenrechte universell und sind als völkerrechtliche Garantien positiviert. So bettet der Vertragsgesetzgeber die Union in eine tendenziell universelle Normativität ein. Die Rolle, die der EU-Vertrag der Europäischen Menschenrechtskonvention zuweist, sichert diese Ausrichtung (§ 59).

§ 30 Von der Privatrechts- zur Bürgergesellschaft

Diese Prolegomena einer europäischen Prinzipienlehre laufen in der These zusammen, dass die Gründung der Union und des europäischen Rechts auf den Prinzipien des Art. 2 EUV den Strukturwandel von einer europäischen Privatrechtsgesellschaft zu einer europäischen Bürgergesellschaft spiegelt. Den rechtlichen Angelpunkt dieser These bildet ein Vergleich des Art. 2 EUV von 2007 mit Art. 2 EWGV von 1957.

In Art. 2 EWGV von 1957 geht es um die Errichtung eines gemeinsamen Marktes, die Annäherung der nationalen Wirtschaftspolitik, eine harmonische Entwicklung des Wirtschaftslebens, eine beständige und ausgewogene Wirtschaftsausweitung, größere Stabilität, eine beschleunigte Hebung der Lebenshaltung und engere Beziehungen zwischen den Mitgliedstaaten. Nicht ein Wort davon findet sich in Art. 2 EUV von 2007. Nunmehr geht es um Pluralismus, Nichtdiskriminierung, Toleranz, Gerechtigkeit, Solidarität und die Gleichheit von Frauen und Männern, um Menschenwürde, Freiheit, Demokratie, Gleichheit, Rechtsstaatlichkeit und die Wahrung der Menschenrechte einschließlich der Rechte der Personen, die Minderheiten angehören. Der kategoriale Wandel ist offensichtlich. Art. 3 EUV, die heute wichtigste Zielbestimmung des Unionsrechts und damit funktionaler Nachfolger von Art. 2 EWGV, bestätigt diesen Strukturwandel. Art. 3 Abs. 1 EUV bestimmt als erstes Ziel der Union, dass sie den Frieden, ihre Werte und das Wohlergehen ihrer Völker fördert.

Damit stellt der Vertragsgesetzgeber die Union in die Tradition der Amerikanischen und der Französischen Revolution, von *Life, Liberty and the Pursuit of Happiness*, von Freiheit, Gleichheit und Brüderlichkeit. Schon Kant und sogar der Monarchist Hegel verstehen diese Prinzipien als republikanisch in Sinne einer Gesellschaft der Bürger.[41] So stehen die Staats- und Regierungschefs auf begriffsgeschichtlich festem Grund, als sie sich am 29. Oktober 2004 unter den Worten »Europapeae rei publicae status« versammeln, um die soeben erfolgte Unterzeichnung des Verfassungsvertrages für die Weltgeschichte zu dokumentieren.[42] »Europaeae rei publicae status« erlaubt diverse Übersetzungen, etwa *Der Zustand des europäischen Staates*. Naheliegender ist, bedenkt man den fehlenden Staatsgründungswillen (§ 12): *Die Verfassung der europäi-*

41 Zu Kants Republikanismus Horst Dreier, »Kants Republik«, in: *JuristenZeitung* 59 (2004), S. 745-756; zu Hegel Klaus Vieweg, »Die Revolution der Freiheit. 250 Jahre Hegel«, in: *Blätter für deutsche und internationale Politik* 8 (2020), S. 109-120; zur Begriffsgeschichte Philipp Hölzing, *Republikanismus. Geschichte und Theorie*, Stuttgart 2014; Thorsten Thiel, *Republikanismus und die Europäische Union. Eine Neubestimmung des Diskurses um die Legitimität europäischen Regierens*, Baden-Baden 2012.

42 Siehe das Foto hier: ⟨https://www.europarl.europa.eu/about-parliament/de/in-the-past/the-parliament-and-the-treaties/draft-treaty-establishing-a-constitution-for-europe⟩, letzter Zugriff 01. 07. 2021.

schen Republik. Gewiss, der Verfassungsvertrag scheitert. Aber 2009 setzt der Vertragsgesetzgeber Art. I-2 Verfassungsvertrag als Art. 2 EUV unverändert in Kraft.

Diesem Wandel korrespondiert ein Wandel im Begriff der europäischen Gesellschaft. Die wohl erste juristische Artikulation der europäischen Gesellschaft, Art. 2 EWGV verarbeitend, ist die einer Privatrechtsgesellschaft. Sie beruht auf der ordoliberalen Schule, der auch Hallstein nahesteht.[43] Dieser Logik entspricht es, ein privatrechtlich geprägtes *Jus Commune* als Herz des europäischen Rechts zu verstehen.[44] Ein eigenes Max-Planck-Institut wird dieser Idee gewidmet, das 1964 gegründete Frankfurter Max-Planck-Institut für europäische Rechtsgeschichte. Gründungsdirektor war mit Helmut Coing ein Zivil- und Römischrechtler, die Institutszeitschrift trug den programmatischen Titel *Jus Commune*.[45]

Die europäische Integration dient nach diesem Verständnis der Entwicklung einer Privatrechtsgesellschaft. Eine solche Privatrechtsgesellschaft ist weniger anspruchsvoll als eine Gesellschaft, die sich über öffentlich-rechtliche Prinzipien definiert. So überrascht es nicht, dass Anfang der 1960er Jahre eine Mitgliedschaft der Türkei und sogar Israels angedacht werden.[46] Die Europäische Wirtschaftsgemeinschaft hätte sich ähnlich wie die Organisation für europäische wirtschaftliche Zusammenarbeit entwickeln können, die heute als Organisation für wirtschaftliche Zusammenarbeit und Entwicklung weltweite wirtschaftliche Koordination betreibt und

43 Franz Böhm, »Privatrechtsgesellschaft und Marktwirtschaft«, in: *Jahrbuch für die Ordnung von Wirtschaft und Gesellschaft* 17 (1966), S. 75-151; Ernst-Joachim Mestmäcker, *Recht in der offenen Gesellschaft. Hamburger Beiträge zum deutschen, europäischen und internationalen Wirtschafts- und Medienrecht*, Baden-Baden 1993, S. 60 ff.; Karl Riesenhuber, »§ 1. Privatrechtsgesellschaft. Leistungsfähigkeit und Wirkkraft im deutschen und europäischen Recht«, in: ders. (Hg.), *Privatrechtsgesellschaft. Entwicklung, Stand und Verfassung des Privatrechts*, Tübingen 2009, S. 1-32, S. 11 ff.

44 Reinhard Zimmermann, »Das römisch-kanonische ius commune als Grundlage europäischer Rechtseinheit«, in: *JuristenZeitung* 47 (1992), S. 8-20.

45 Thomas Duve, »Von der Europäischen Rechtsgeschichte zu einer Rechtsgeschichte Europas in globalhistorischer Perspektive«, in: *Rechtsgeschichte – Legal History* 20 (2012), S. 18-71, S. 21 ff. Inzwischen hat das Institut diese Ausrichtung aufgegeben und sich in »Max-Planck-Institut für Rechtsgeschichte und Rechtstheorie« umbenannt.

46 Kiran Klaus Patel, *Projekt Europa. Eine kritische Geschichte*, München 2018, S. 55.

den wirtschaftlich potenteren Teil der Weltgesellschaft zu vernetzen hilft. Die Vergesellschaftung unter dem EWG-Vertrag nimmt aber eine andere Richtung (§§ 20-22, § 32, § 56), kulminierend in der Entscheidung des Vertragsgesetzgebers von 2007, die Union auf die öffentlich-rechtlichen Maßstäbe des Art. 2 EUV zu gründen.

Man kann diese Entwicklung in der Rechtsprechung nachzeichnen. Während der gesamten ersten Periode des europäischen öffentlichen Rechts ist der Binnenmarkt ein dominierendes Ziel. Noch 1987 sieht der EuGH das Binnenmarktziel als den »wesentlichen Gegenstand des [EWG-]Vertrags«.[47] 2017 ist es hingegen nur noch eine von mehreren, nicht einmal exemplarisch genannten »Grundregeln in speziellen Bereichen, die [...] zur Verwirklichung des Integrationsprozesses beitragen«.[48]

Dieser republikanische Wandel ist mit Hegels Rechtsphilosophie und Marx' Unterscheidung von *bourgeois* und *citoyen* gut zu deuten. Eine Kerneinsicht Hegels lautet, dass das, was er als bürgerliche Gesellschaft bezeichnet, nämlich das marktwirtschaftliche Geschehen sowie eine korrespondierende Verwaltung und Gerichtsbarkeit, aus sich heraus keine Stabilität erlangen kann. Stabilität bedarf einer weitergehenden institutionellen und eben verfassungsrechtlichen Einbettung, die Hegel im Staat entwickelt.[49] Karl Marx nimmt dies später in seiner berühmten Unterscheidung von *bourgeois* und *citoyen* auf: dem am Geschäft, an Eigennutz und an Gewinn orientierten *bourgeois* stellt er den republikanisch gesinnten *citoyen* gegenüber, der das Gemeinwesen trägt.[50]

Der europäische Vertragsgesetzgeber entwickelt in der zweiten Periode des europäischen öffentlichen Rechts zwar keinen europäischen Staat (§ 12), wohl aber eine europäische Bürgerschaft (*citoyenneté*) und öffentliche Institutionen, die er den verfassungsrechtlichen Maßstäben des Art. 2 EUV unterstellt. So zeigt der Vergleich von Art. 2 EUV und Art. 2 EWGV den Strukturwandel der europäischen Gesellschaft von einer Privatrechtsgesellschaft zu einer Bürgergesellschaft. Es ist allerdings keine Bürgergesellschaft im Sinne

47 EuGH, *Giménes Zaera*, Rs. 126/86, Urteil v. 29. September 1987, *ECLI:EU:C:1987:395*, Rn. 10.

48 EuGH, *CETA* (Fn. 30), Rn. 110.

49 Hegel, *Grundlinien der Philosophie des Rechts* (Fn. 17), § 258.

50 Karl Marx, »Zur Judenfrage«, *Marx-Engels-Werke. Bd. 1*, hg. vom Institut für Marxismus-Leninismus beim Zentralkommitee der SED, Berlin 1981, S. 347-377.

Marx', da die europäische Bürgergesellschaft die europäische Privatrechtsgesellschaft als Ausdruck persönlicher Freiheit anerkennt. Anders formuliert: Der Vertragsgeber setzt sowohl auf *bourgeois* als auch auf *citoyen*. Die Spannungen zwischen den Rollen stehen einer produktiven Vermittlung offen, so die Kernüberzeugung der sozialen Marktwirtschaft, die Art. 3 Abs. 3 EUV skizziert.

Das Prinzip der Freiheit, wie es Art. 2 EUV niederlegt, steht für individuelle Selbstbestimmung in der fast kontinentalen Dimension der europäischen Gesellschaft.[51] Es gehört zu ihr als demokratische Gesellschaft, dass die Menschen ihr Leben selbstbestimmt gestalten können, so dass das Privatrecht ein wesentlicher Teil einer freiheitlichen demokratischen Ordnung ist.[52] Damit bietet Art. 2 EUV den ultimativen unionsverfassungsrechtlichen Fluchtpunkt auch der Marktfreiheiten und des Wettbewerbsrechts, letztlich der gesamten europäischen Wirtschaftsverfassung (§ 44).

Die Freiheit des Art. 2 EUV erschöpft sich aber nicht in privatautonomer Gestaltungsfreiheit, sondern verlangt die gleiche Freiheit der Rechtsgenossen.[53] Das bestätigen die Menschenwürde, die Gleichheit und die ergänzenden Grundprinzipien des Art. 2 Satz 2 EUV. Eine terminologische Entwicklung bestätigt dieses Verständnis: Die englische Fassung des Vertrags von Amsterdam spricht von *liberty*, die von Lissabon von *freedom*. Freiheit im Sinne von *liberty* wird oft als nur negative Freiheit gesehen und vertragstheoretisch in privatrechtlichen Kategorien gedacht. *Freedom* wird hingegen mit komplexeren genuin öffentlich-rechtlichen Freiheitskonzeptionen verbunden, die oft in einer hegelianischen Tradition stehen.[54]

Die Diskriminierungsrechtsprechung des EuGH entfaltet das Prinzip der gleichen Freiheit als Element einer demokratischen

51 BVerfGE 89, 155, *Maastricht*, Rn. 69.

52 Walter Hallstein, *Der unvollendete Bundesstaat. Europäische Erfahrungen und Erkenntnisse*, Düsseldorf, Wien 1969, S. 45 f.

53 So heute auch die Privatrechtstheorie, vgl. Gralf-Peter Calliess, »Die Zukunft der Privatautonomie. Zur neueren Entwicklung eines gemeineuropäischen Rechtsprinzips«, in: Brigitta Zöchling-Jud u. a. (Hg.), *Jahrbuch Junger Zivilrechtswissenschaftler 2000. Prinzipien des Privatrechts und Rechtsvereinheitlichung*, Stuttgart u. a. 2001, S. 85-110, S. 90 ff.

54 Ernst-Wolfgang Böckenförde, *Der Staat als sittlicher Staat*, Berlin 1978, S. 23 ff.; Axel Honneth, *Das Recht der Freiheit. Grundriß einer demokratischen Sittlichkeit*, Berlin 2011, S. 232 ff.; es gibt gewiss auch andere Traditionen, vgl. nur Anna Kocharov, *Republican Europe*, Oxford 2017, S. 77 ff.

Gesellschaft etwa über das allgemeine Diskriminierungsverbot, die Unionsbürgerschaft, die Arbeitnehmerfreizügigkeit oder das Diskriminierungsverbot im Assoziationsrecht.[55] Art. 2 EUV schützt die Privatautonomie und die Marktwirtschaft, rechtfertigt aber transformatorische Interventionen, soweit das Privatrecht soziale Abhängigkeitsverhältnisse reproduziert (§ 15). Eine demokratische Gesellschaft muss extreme Machtdifferenzen unter Privaten vermeiden. Diese Kerneinsicht arbeitet ein breites Spektrum von Ansätzen vom demokratischen Sozialismus bis zum Ordoliberalismus aus.[56] Die Rechtsprechung des EuGH ist in diesem Punkt vielen Verfassungsgerichten vorangegangen.[57]

Niemand wird behaupten, dass der Strukturwandel zu einer europäischen Bürgergesellschaft vollzogen ist. Alle sehen Defizite. Das Versprechen einer Prinzipienlehre unter Art. 2 EUV lautet, den weiteren Strukturwandel zur europäischen Bürgergesellschaft zu begleiten, vielleicht sogar zu orientieren.[58]

55 EuGH, *Jany u. a.*, Rs. C-268/99, Urteil v. 20. November 2001, ECLI:EU:C:2001:616; *Abatay u. a.*, verb. Rs. C-317/01 und C-369/01, Urteil v. 21. Oktober 2003, ECLI:EU:C:2003:572.

56 Hermann Heller, *Rechtsstaat oder Diktatur?*, Tübingen 1930, S. 26; David J. Gerber, *Law and Competition in Twentieth-Century Europe. Protecting Prometheus*, Oxford 2001, S. 232 ff.

57 EuGH, *Walrave und Koch/Association Union Cycliste Internationale u. a.*, Rs. C-36/74, Urteil v. 12. Dezember 1974, ECLI:EU:C:1974:140; *Union royale belge des sociétés de football association u. a./Bosman*, Rs. C-415/93, Urteil v. 15. Dezember 1995, ECLI:EU:C:1995:463; *The International Transport Workers' Federation und The Finnish Seamen's Union (»Viking«)*, Rs. C-438/05, Urteil v. 11. Dezember 2007, ECLI:EU:C:2007:772; *Laval un Partneri*, C-341/05, Urteil v. 18. Dezember 2007, ECLI:EU:C:2007:809.

58 Ebenso aus privatrechtlicher Sicht Thomas Ackermann, »Eine ›ungeheure Jurisprudenz‹? Die Europarechtswissenschaft und die Europäisierung des Rechts«, in: *Jahrbuch des öffentlichen Rechts* 68 (2020), S. 471-487, 481 ff.

B. Grundprinzipien und Identitätspolitik

§ 31 Ein schwieriges Feld

Eine Prinzipienlehre, die den Strukturwandel zur europäischen Bürgergesellschaft begleitet, gerät unvermeidlich auf das heikle und umkämpfte Feld der Identitätspolitik. Es ging eben von Anfang an, seit 1950, niemals nur oder auch nur vorrangig um eine gemeinsame Wirtschaft, so dass alle Konflikte monetär zu kalkulieren und bei hinreichendem Wirtschaftswachstum letztlich leicht zu schlichten wären. Der Identitätsbegriff bündelt wie wenige andere viele der schwierigeren Konflikte, die diesen Strukturwandel begleiten. Oft kreisen sie um Prinzipien, die als identitätsprägend verstanden werden.

Das Feld ist schon deshalb schwierig, weil der Begriff *Identität* heikel ist. Der Untertitel von Lutz Niethammers begriffsgeschichtlicher Studie bringt es auf den Punkt: »Heimliche Quellen einer unheimlichen Konjunktur«.[59] Oft oszilliert der Begriff zwischen Sein und Sollen, Beschreibung und Forderung. Er wird kryptonormativ eingesetzt, wenn er normative Aussagen als analytisch verbrämt.

Der Begriff Identität ist zudem oft mit fragwürdigen politischen Positionen besetzt. Dekret Nr. 1, das Augusto Pinochet 1973 nach seinem Militärputsch erlässt, besagt, dass die Streitkräfte die physische und moralische Integrität des chilenischen Staates und seine historische und kulturelle Identität verteidigen.[60] In der europäischen Gesellschaft wollen heute sogenannte identitäre Bewegungen ähnlich staatliche Identität gegen vermeintliche Überfremdung verteidigen.[61] Auch europäische Regierungsparteien nutzen in fragwürdiger Weise diesen Begriff. So weist das ungarische Grundgesetz von 2011, das Fanal einer neuen verfassungsrechtlichen Strömung in der europäischen Gesellschaft, dem Begriff eine Schlüsselrolle zu

59 Lutz Niethammer, *Kollektive Identität. Heimliche Quellen einer unheimlichen Konjunktur*, Reinbek 2000; ebenso Ernst Tugendhat, *Selbstbewusstsein und Selbstbestimmung. Sprachanalytische Interpretationen*, Frankfurt/M. 1997, S. 283 ff.

60 Zitiert nach Robert Barros, *Constitutionalism and Dictatorship. Pinochet, the Junta and the 1980 Constitution*, Cambridge 2002, S. 76 f.

61 Gudrun Hentges u. a. (Hg.), *Europäische Identität in der Krise? Europäische Identitätsforschung und Rechtspopulismusforschung im Dialog*, Berlin 2017.

(Präambel, Art. D, Art. R Abs. 4, Art. XVI Abs. 1).[62] Eine Fraktion *Identität und Demokratie* versammelt im Europäischen Parlament die *Alternative für Deutschland*, die italienische *Lega*, den französischen *Rassemblement National* und die *Freiheitliche Partei Österreichs.*

Es gibt gute Gründe gegen den Identitätsbegriff in einem demokratischen Verfassungsrecht,[63] eine rekonstruktive Rechtswissenschaft kann ihn aber kaum totschweigen. Er bildet nun einmal einen zentralen Begriff im Ringen um eine demokratische europäische Gesellschaft, und zwar nicht nur von Seiten der zuvor erwähnten Positionen. Auch innerhalb des unzweifelhaft demokratischen Lagers wird um die Grundstruktur der europäischen Gesellschaft unter dem Identitätsbegriff gestritten. Gerade weil identitäre Ansprüche der Vermittlung und dem Kompromiss nur schlecht zugänglich erscheinen, sind sie für dieses Buch besonders interessant. Letztlich werde ich zeigen, dass wichtige Strukturen des europäischen öffentlichen Rechts sich als Vermittlungen in solchen Konflikten erklären.

Der Aufschlag für diese Rolle des Identitätsbegriffs kommt von der europäischen Seite, genauer von den vereinigten Spitzen der Mitgliedstaaten. Die Staats- und Regierungschefs weisen dem Begriff 1973 in der Erklärung über die europäische Identität eine verfassungspolitische Schlüsselrolle zu.[64] Diese Erklärung verbindet Identität und Prinzipien auf engste, versteht sie doch die »Grund-

62 Zur Rolle des Begriffs in der ungarischen Rechtsprechung Gábor Halmai, »Abuse of Constitutional Identity«, in: *Review of Central and East European Law* 43 (2018), S. 23-42; Beáta Bakó, »The Zauberlehrling Unchained? The Recycling of the German Federal Constitutional Court's Case Law on Identity-, Ultra Vires- and Fundamental Rights Review in Hungary«, in: *Zeitschrift für ausländisches öffentliches Recht und Völkerrecht* 78 (2018), S. 863-902.

63 Armin von Bogdandy, »Europäische und nationale Identität. Integration durch Verfassungsrecht?«, in: *Veröffentlichungen der Vereinigung der Deutschen Staatsrechtslehrer* 62 (2003), S. 156-219, S. 157; Monika Polzin, *Verfassungsidentität. Ein normatives Konzept des Grundgesetzes?*, Tübingen 2018, S. 133 ff., S. 224 f.; Christoph Schönberger, »Identitäterä. Verfassungsidentität zwischen Widerstandsformel und Musealisierung des Grundgesetzes«, in: *Jahrbuch des öffentlichen Rechts der Gegenwart* 63 (2015), S. 41-62.

64 Dokument über die europäische Identität, angenommen von den Außenministern der Mitgliedstaaten der Europäischen Gemeinschaften am 14. Dezember 1973 in Kopenhagen.

sätze der repräsentativen Demokratie, der Rechtsstaatlichkeit, der sozialen Gerechtigkeit, die das Ziel des wirtschaftlichen Fortschritts ist, sowie der Achtung der Menschenrechte als die Grundelemente der europäischen Identität«. Die Staats- und Regierungschefs vertiefen mit dieser Erklärung von 1973 die Rolle, welche die europäischen Grundsätze seit Anfang der 1960er Jahre spielen, als mit ihrer Hilfe eine Assoziation von Francos Spaniens abgewehrt wird (§ 26).

Nur wenige Erklärungen der Staats- und Regierungschefs haben sich in die europäische Geschichte so tief eingeschrieben. Ihren Hintergrund bilden die Herausforderungen durch die verminderte Rolle der Vereinigten Staaten von Amerika nach dem verlorenen Vietnamkrieg[65] und die gesellschaftlichen Erwartungen, die zur *rights revolution* führen (§ 57). In diesem schwierigen Kontext suchen die Staats- und Regierungschefs einen Weg voran: Heute wissen wir, dass er zur europäischen Gesellschaft führt, von der Art. 2 EUV spricht.

Die Erklärung beinhaltet eine bemerkenswerte Innovation: Identität wird ein Schlüsselbegriff sowohl für die Stellung der Europäischen Gemeinschaft in der Welt als auch für ihre Beziehungen zu den Bürgerinnen und Bürgern. So wie die amerikanische Unabhängigkeitserklärung eine legitimitätserheischende Erklärung nach innen und eine völkerrechtliche Erklärung nach außen enthält, ist der Identitätsbegriff in der Erklärung von 1973 sowohl auf den inneren Zusammenhalt als auch an die Welt gerichtet. Ihm kommt damit eine Rolle zu, die sonst oft der Souveränitätsbegriff spielt.

Die Stiftung einer europäischen Identität ist seitdem ein europäisches Politikfeld und bewegt viele Akteure.[66] Bezeichnend ist das Motto, unter dem 2019 eine neue EU-Kommission zu arbeiten begonnen hat: »Förderung unserer europäischen Lebensweise. Schutz unserer Bürger/innen und unserer Werte«.[67] Die englische Fassung ist in ihrer identitätsprägenden Stoßrichtung noch deutlicher: »Our European Way of Life«. Ähnlich ist die Logik des Vorgehens von Parlament, Rat und Kommission im Rahmen der jüngsten Kon-

65 Patel, *Projekt Europa* (Fn. 46), S. 92 f., 197 ff., 210.

66 Ulrich Haltern, *Europarecht und das Politische*, Tübingen 2005, S. 199 ff.

67 Europäische Kommission, »Förderung unserer europäischen Lebensweise. Schutz unserer Bürger/innen und unserer Werte«, ⟨https://ec.europa.eu/info/strategy/priorities-2019-2024/promoting-our-european-way-life_de⟩, letzter Zugriff 01. 07. 2021.

ferenz über die Zukunft Europas: Sie sucht die europäische Bürgerschaft in die Reformdiskussion zu involvieren, ganz im Sinne demokratischer Identitätspolitik.[68]

Der Identitätsbegriff hat also sein europäisches Debüt an der Seite der europäischen Institutionen und der 1973 noch ganz unentwickelten Grundprinzipien des Gemeinschaftsrechts. Seine Rolle soll aber alsbald komplexer werden, da ihn auch nationale Institutionen beanspruchen. Von besonderer Bedeutung sind mitgliedstaatliche Verfassungsgerichte, die unter dem Begriff der Verfassungsidentität die Kompetenz behaupten, europäische Institutionen im Lichte nationaler Grundprinzipien zu kontrollieren. So kommt es zu der strukturprägenden Dialektik von europäischer und nationaler Identität.

Den Anfang macht, schon ein Jahr nach der Erklärung der Staats- und Regierungschefs, der Zweite Senat des Bundesverfassungsgerichts. Er stellt 1974 in der *Solange I*-Entscheidung fest, dass Art. 24 Abs. 1 GG, die damals maßgebliche Grundlage für die Integration Deutschlands, nicht dazu ermächtige, »die Grundstruktur der Verfassung, auf der ihre Identität beruht, ohne Verfassungsänderung [...] zu ändern« und dass eine Änderung des Vertrages, »die die Identität der geltenden Verfassung der Bundesrepublik Deutschland durch Einbruch in die sie konstituierenden Strukturen aufheben würde«, an Art. 24 GG scheitere.[69]

Im *Solange II*-Beschluss von 1986 heißt es noch kategorischer, dass Art. 24 GG nicht dazu ermächtige, »im Wege der Einräumung von Hoheitsrechten für zwischenstaatliche Einrichtungen die Identität der geltenden Verfassungsordnung durch Einbruch in ihr Grundgefüge, in die sie konstituierenden Strukturen, aufzugeben«.[70] Der Zweite Senat baut diese Rechtsprechung im Maastricht-[71] und im

68 Rat der Europäischen Union, Gemeinsame Erklärung zur Konferenz über die Zukunft Europas, Dok. Nr. 6796/21 (5. März 2021); Jürgen Habermas, »Können komplexe Gesellschaften eine vernünftige Identität ausbilden?«, in: ders., Dieter Henrich (Hg.), *Zwei Reden. Aus Anlass der Verleihung des Hegel-Preises 1973 in der Stadt Stuttgart an Jürgen Habermas am 19. Januar 1974*, Frankfurt/M. 1974, S. 25-84; ders., »Geschichtsbewußtsein und posttraditionale Identität«, in: ders. (Hg.), *Eine Art Schadensabwicklung*, Frankfurt/M. 1987, S. 161-179, S. 173 f.

69 BVerfGE 37, 271, *Solange I*, Rn. 43.

70 BVerfGE 73, 339, *Solange II*, Rn. 104.

71 BVerfG, *Maastricht* (Fn. 51), Rn. 91 ff.

Lissabon-Urteil[72] sowie in seinen Entscheidungen zur Staatsschulden- und Eurokrise,[73] zum Europäischen Haftbefehl,[74] zum OMT- und PSPP-Programm der EZB[75] sowie zur Bankenunion aus.[76] Er radikalisiert sie sogar, insofern noch nicht einmal eine Verfassungsänderung bestimmte Kompetenzen übertragen darf (§ 33). Manche verstehen das Bundesverfassungsgericht als geradezu letzte Bastion demokratischer Verfassungsstaatlichkeit.[77]

Gefährdet dieser Begriff den Bestand der Union? Das ist umstritten. Der Zweite Senat sieht kein Problem. Es gebe keinen Widerspruch zur Europarechtsfreundlichkeit des Grundgesetzes, Konflikte seien selten, das Vorabentscheidungsverfahren stehe zur Verfügung.[78] Ganz anders sieht das EuGH-Generalanwalt Pedro Cruz Villalón, immerhin zuvor Präsident des spanischen Verfassungsgerichts: »[Mir erscheint] die Aufgabe der Wahrung dieser Union, wie wir sie heute haben, kaum weniger als unerfüllbar, wenn man sie in Gestalt einer als ›Verfassungsidentität‹ bezeichneten Kategorie einem absoluten Vorbehalt unterstellen will, der kaum präzisiert wird und praktisch in das freie Ermessen jedes einzelnen Mitgliedstaats gestellt ist. Dies gilt erst recht, wenn von dieser Verfassungsidentität behauptet wird, sie sei eine andere als die in Art. 4 Abs. 2 EUV genannte nationale Identität.«[79] Der Zweite Senat betont aber genau diese Andersartigkeit.[80]

Grundprinzipien sind somit der Angelpunkt von Identitätskonflikten, in denen mächtige Akteure die rechtlichen Strukturen der europäischen Gesellschaft prägen. Diese diskursive Macht des Identitätsbegriffs ist bemerkenswert: Ein von der europäischen

72 BVerfGE 123, 267, *Lissabon*, Rn. 216 ff.

73 BVerfGE 129, 124, *EFSF*, Rn. 120 ff.; BVerfGE 132, 195, *Europäischer Stabilitätsmechanismus*, Rn. 109 f.; BVerfGE 135, 317, *ESM-Vertrag*.

74 BVerfGE 140, 317, *Identitätskontrolle I*.

75 BVerfGE 142, 123, *OMT-Programm*; BVerfGE 146, 216, *PSPP-Vorlagebeschluss*.

76 BVerfGE 151, 202, *Europäische Bankenunion*.

77 Vgl. Hans Heinrich Rupp, »Ausschaltung des Bundesverfassungsgerichts durch den Amsterdamer Vertrag?«, in: *JuristenZeitung* 53 (1998), S. 213-217, S. 215, 216 f.; Ulrich Haltern, »Ultra-vires-Kontrolle im Dienst europäischer Demokratie«, in: *Neue Zeitschrift für Verwaltungsrecht* 39 (2020), S. 817-823.

78 BVerfG, *Identitätskontrolle I* (Fn. 74), Rn. 40 ff.

79 EuGH, *Gauweiler u. a.*, Rs. C-62/14, Schlussanträge von Generalanwalt Pedro Cruz Villalón v. 14. Januar 2015, ECLI:EU:C:2015:7, Rn. 59 ff.

80 BVerfGE 134, 366, *OMT-Beschluss*, Rn. 29.

Ebene in den Integrationsprozess lancierter Begriff artikuliert auch das, was einigen nationalen Institutionen besonders wichtig ist. Damit wird das Anliegen nationaler Besonderheit europaweit in einer einheitlichen europäischen Begrifflichkeit und einer gemeinsamen Ausrichtung auf Grundprinzipien diskutiert. Das ist für die europäische Gesellschaft relevant, insofern sie sich in ihren konflikthaften Diskursen selbst hervorbringt (§ 1.2). Der konflikthafte Strukturwandel des öffentlichen Rechts zu einer europäischen demokratischen Gesellschaft lässt sich am Identitätsdiskurs mit seinen Verfassungsprinzipien gut beobachten.

Worum aber geht es genau? Man muss kein Machiavellist oder Public-Choice-Theoretiker sein, um zu vermuten, dass in dieser Auseinandersetzung Machtansprüche erhoben, verhandelt und verteidigt werden (§ 51). Dennoch kann man diese Konflikte auch so lesen, dass die europäische Gesellschaft unter dem Begriff Identität verhandelt, wie sie ihren Zusammenhalt verstehen will.

§ 32 Identitätstheoretische Eckpunkte

Identität mausert sich über die Jahrzehnte zu einem europapolitischen und europarechtlichen Schlüsselbegriff.[81] Wie wohl kein anderer dient er heute dazu, der Europäisierung Grenzen zu ziehen. Ein Chor von Stimmen ganz unterschiedlicher Provenienz postuliert eine starke kollektive Identität, ein Wir, als Demokratievoraussetzung und folgert daraus die Unmöglichkeit europäischer Demokratie. Im Hintergrund steht die Annahme der Notwendigkeit von Nationalstaatlichkeit (§ 4, § 14).

Die Frage nach einem europäischen Wir erscheint danach fast als Gretchenfrage des europäischen öffentlichen Rechts. Ich will ihr nicht ausweichen. Meine Antwort hat zwei Teile. Zunächst halte ich es für überzogen, die Möglichkeit eines demokratischen Regierungssystems an ein allgemeines Wirgefühl der Bevölkerung zu knüpfen. Zugleich sehe ich durchaus Ansätze einer europäischen kollektiven Identität. Die wissenschaftlichen Grundlagen dieser Antwort seien im Folgenden dargelegt.

81 Grundlegend Erik H. Erikson, *Psychological Issues. Identity and the Life Cycle*, Madison, CT 1959; in deutscher Übersetzung ders., *Identität und Lebenszyklus*, Frankfurt/M. 1966.

Begonnen sei mit einer begrifflichen Klärung. Es gibt, wie bei jedem Grundbegriff, viele Bedeutungen, was viele Unschärfen in den Debatten zu nationaler oder europäischer Identität erklärt. An dieser Stelle, wo es um den Zusammenhang von Grundprinzipien und Identität geht, ist zwischen zwei Bedeutungszweigen zu unterscheiden, die aus dem lateinischen *idem*, dem Stamm des Wortes Identität, wachsen.[82]

Der erste Bedeutungszweig bezeichnet mit Identität eine Gesamtheit von Merkmalen, die etwas oder jemanden kennzeichnen. In diesem Sinne hat nicht nur ein Mensch, sondern auch eine Verfassung eine Identität. Wirkmächtig bezeichnet Carl Schmitt verfassungsrechtliche Grundentscheidungen als Ausdruck der Verfassungsidentität, viele Autoren nehmen das auf.[83] Verfassungsidentität ist hier ein Synonym für Verfassungskern (§ 29), also zumeist einer Gesamtheit von Grundprinzipien. Es geht um Maßstäbe, wie sie Art. 2 EUV, Art. 1 der italienischen Verfassung oder Art. 79 Abs. 3 GG niederlegen.[84]

In dem anderen Bedeutungszweig bezeichnet das Wort innere Einstellungen eines Menschen.[85] Es geht um die »Kennzeichnung eines geistig-seelischen Vorgangs, der über das Miterleben hinaus ein Einleben, über das Zustimmen hinaus ein Übereinstimmen, eine Zugehörigkeit, ein Dazu-Bekennen ausdrückt«.[86] Böckenförde zählt das zu den Voraussetzungen eines freiheitlichen Staates (§ 4). *Kollektive* Identität versteht sich in diesem Sinne. So geht es im

82 Gerold Schmidt, »Identität. Gebrauch und Geschichte eines modernen Begriffs«, in: *Muttersprache* 86 (1976), S. 333-354; Julien Sterck, »Sameness and Selfhood. The Efficiency of Constitutional Identities in EU Law«, in: *European Law Journal* 24 (2018), S. 281-296.

83 Carl Schmitt, *Verfassungslehre*, München, Leipzig 1928, S. 103, 205, 215, 235; ähnlich Peter Häberle, *Europäische Rechtskultur. Versuch einer Annäherung in zwölf Schritten*, Baden-Baden 1994, S. 9 und passim; Paul Kirchhof, »§ 19. Die Identität der Verfassung in ihren unabänderlichen Inhalten«, in: ders., Josef Isensee (Hg.), *Handbuch des Staatsrechts der Bundesrepublik Deutschland, Bd. II. Verfassungsstaat*, Heidelberg 2004, S. 775-814.

84 Karl-Peter Sommermann, »Art. 20 GG«, in: Hermann von Mangoldt u. a. (Hg.), *Kommentar zum Grundgesetz. Bd. 2*, München 2018, Rn. 3; ausf. Polzin, *Verfassungsidentität* (Fn. 63), S. 85 ff.

85 Erik H. Erikson, »Identity, Psychosocial«, in: David L. Sills (Hg.), *International Encyclopedia of the Social Sciences. Bd. 7*, New York 1968, S. 61-65.

86 Schmidt, *Identität* (Fn. 82), S. 338; Jürgen Habermas, *Zur Rekonstruktion des Historischen Materialismus*, Frankfurt/M. 1976, S. 63 ff., 92 ff.

Flaggenbeschimpfungs-Beschluss des Bundesverfassungsgerichts um die »Identifikation der Bürger mit den in der Flagge versinnbildlichten Grundwerten«, auf welche »die Bundesrepublik angewiesen« ist.[87] Mit diesem Identitätsbegriff wird begründet, warum die Grundprinzipien, oft wird in diesem Zusammenhang auch von Grundwerten gesprochen, die den Verfassungskern (die Verfassungsidentität) ausmachen, so ungemein wichtig sein sollen. Sie speisen, so viele Autoren, die kollektive Identität der Bürgerinnen und Bürger als Voraussetzung einer demokratischen Gesellschaft.[88] Auch das hat eine hegelianische Tradition: »eine Verfassung [...] ist die Idee und das Bewußtsein des Vernünftigen«, »Weise und Bildung des Selbstbewußtseins« eines bestimmten Volkes.[89]

Wie aber können Grundprinzipien Relevanz für die Identität eines Menschen erlangen, wie kann sich eine Verfassungsidentität der Bürgerinnen und Bürger bilden?[90] Die Identität eines Menschen kann weder von außen unmittelbar beobachtet werden noch ist sie dem Subjekt in einer inneren Schau unmittelbar zugänglich. Somit notwendige Zwischenschritte werden oft fehlgeleitet durch unzulängliche Vorstellungen, was die Identität eines Menschen ist, wodurch sie sich bildet, worin sie zu Tage tritt.[91]

Die Frage »Wer bin ich?« ist nicht theoretischer, sondern praktischer Natur: Es geht zumeist um das eigene bevorstehende Leben und Handeln.[92] Wenn Hinz zur Kunz sagt: »Du kennst mich doch«, dann bedeutet das in aller Regel: »Du weißt doch, wie ich in der Situation XY handeln werde«. Da Handlungen gegenüber anderen Menschen erfolgen, bildet Identität sich in Bezug auf und mit Hilfe von anderen Menschen: Identität ist auf Intersubjektivität angewiesen. *Hegel* formuliert diese philosophische Grundeinsicht, die vertragstheoretische und *rational choice*-Ansätze abräumt,

87 BVerfGE 81, 278, *Bundesflagge*, Rn. 50; vgl. auch BVerfGE 124, 300, *Wunsiedel*, S. 329, Rn. 66.

88 Nicht allerdings für Böckenförde, der auf das Christentum setzt, Uwe Volkmann, »Gespräche mit Hegel«, in: *Der Staat* 59 (2020), S. 489-512.

89 Hegel, *Grundlinien der Philosophie des Rechts* (Fn. 17), § 274.

90 Manche sprechen von Verfassungskultur: Peter Häberle, Markus Kotzur, *Europäische Verfassungslehre*, Baden-Baden 2016, S. 297 ff.

91 Tugendhat, *Selbstbewusstsein und Selbstbestimmung* (Fn. 59), S. 33 ff.

92 Ebd., S. 38, 189; sehr anschaulich Richard David Precht, *Wer bin ich – und wenn ja, wie viele?*, München 2007.

als »Ich, das Wir, und Wir, das Ich ist«.[93] Die Summe der Momente des Selbstbildes, mittels derer ein Mensch sich in einer Gesellschaft positioniert und agiert, wird heute in der Sozialpsychologie zumeist als seine *soziale Identität* bezeichnet.[94]

Die intersubjektiven gesellschaftlichen Zusammenhänge sind durch Rollen geprägt, so dass sich die Identität eines Individuums durch seine Rollen entwickelt.[95] Rollen sind normative Phänomene, da gesellschaftliche Erwartungen, die an ein Individuum herangetragen werden (§ 35). Da zahlreiche Rollen durch Recht geprägt werden, kann eine verfassungsgestützte Identitätsbildung dadurch erfolgen, dass sie rollenprägendes Recht durchdringt. Die Konstitutionalisierung der Rechtsordnung (§ 22), zumeist dank ihrer Grundprinzipien, gewinnt so gesellschaftliche Relevanz.

Grundprinzipien wirken identitätsbildend, wenn sie rollenrelevante Bestimmungen oder Ausbildungsgehalte prägen.[96] Ein Beispiel bietet die verfassungsrechtlich wie unionsrechtlich geforderte Gleichstellung von Frau und Mann, die zum Wandel von Selbstverständnissen in den Geschlechterbeziehungen über die letzten Jahrzehnte beigetragen haben dürfte. Man darf vermuten, dass die Rechtsprechung des Bundesverfassungsgerichts zu Art. 3 Abs. 2 und die Rechtsprechung des EuGH zu Art. 157 AEUV einen Beitrag zu diesem gesellschaftlichen Strukturwandel geleistet haben, konsolidierend wie dynamisierend.[97]

93 Georg Wilhelm Friedrich Hegel, »Phänomenologie des Geistes (1807)«, in: Eva Moldenhauer, Karl Markus Michel (Hg.), *Werke in zwanzig Bänden mit Registerband. Bd. 3*, Frankfurt/M. 1970, S. 145; Charles Taylor, *Quellen des Selbst. Die Entstehung der neuzeitlichen Identität*, Frankfurt/M. 1994, S. 639 ff.; Rudolf Smend, *Staatsrechtliche Abhandlungen und andere Aufsätze*, Berlin 1994, S. 125, 136, 189, 219 ff.; Dieter Suhr, *Bewußtseinsverfassung und Gesellschaftsverfassung. Über Hegel und Marx zu einer dialektischen Verfassungstheorie*, Berlin 1975, S. 302 ff.

94 Orietta Angelucci von Bogdandy, *Zur Ökologie einer europäischen Identität. Soziale Repräsentationen von Europa und dem Europäer-Sein in Deutschland und Italien*, Baden-Baden 2003, S. 33 ff.

95 Tugendhat, *Selbstbewusstsein und Selbstbestimmung* (Fn. 59), S. 262, 268 f.; BVerfGE 96, 152, *Parteilehrer*, Rn. 36.

96 Kris Grimonprez, *The European Union and Education for Democratic Citizenship. Legal Foundations for EU Learning at School*, Baden-Baden 2020, insbes. S. 339 ff.

97 Ute Sacksofsky, *Das Grundrecht auf Gleichberechtigung. Eine rechtsdogmatische Untersuchung zu Artikel 3 Absatz 2 des Grundgesetzes*, Baden-Baden 1996; Elise Muir, *EU Equality Law: The First Fundamental Rights Policy of the EU*, Oxford 2018, S. 4 ff.

Mit diesem begrifflichen Rüstzeug sei nun die Frage nach der kollektiven Identität angegangen. Als kollektive Identität gelten gleichgerichtete psychische Vorgänge, aufgrund derer Menschen sich als Gruppenmitglieder begreifen. Die stärkste Form dieses Phänomens ist ein Wir. Eine kollektive Identität ist eine bewusste, reflexive gesellschaftliche Zugehörigkeit; oft wird sie mit einem emphatischen Begriff der Öffentlichkeit verbunden.[98] Auf die schwierige Frage nach einer europäischen kollektiven Identität sei im Folgenden eine Antwort entworfen.

Es ist eine erfahrungsgesättigte Binsenwahrheit, dass eine demokratische Gesellschaft ohne ein gewisses Maß an politischer Einheit kaum funktionieren kann.[99] Es spricht auch viel dafür, dass ein Mehr an politischer Einheit der Demokratie oft dient: Unbestritten funktioniert die schwedische Demokratie besser als die in der Ukraine. Diese Einsicht wird mit diversen Begriffen artikuliert: Homogenität (§ 4), Sittlichkeit,[100] Legitimität,[101] Gemeinsinn,[102] Wertegemeinschaft,[103] Grundkonsens,[104] gesellschaftliches Vertrauen (§ 20), Öffentlichkeit[105] und eben kollektive Identität. Viele, gerade auch hegelianische Ansätze, sehen eine demokratische Gesellschaft nur bei einer entwickelten kollektiven Identität möglich (§ 4). Angesichts dieser Meinungslage versteht sich die intensive Suche nach europäischer Identität, aber auch die hartnäckige Verteidigung nationaler Identität.

Hegel'sche Sittlichkeit, breite soziale Legitimität, Gemeinsinn,

98 Vgl. nur Honneth, *Das Recht der Freiheit* (Fn. 54), S. 470 ff.

99 Hermann Heller, *Europa und der Faschismus*, Berlin 1929, S. 10.

100 Hegel, *Grundlinien der Philosophie des Rechts* (Fn. 17), § 258.

101 Joseph H. H. Weiler, »The Transformation of Europe«, in: *The Yale Law Journal* 100 (1991), S. 2403-2483.

102 Charles Taylor, *Wieviel Gemeinschaft braucht die Demokratie? Aufsätze zur politischen Philosophie*, Frankfurt/M. 2001, S. 273 f.

103 Helmut Steinberger, »Aspekte der Rechtsprechung des Bundesverfassungsgerichts zum Verhältnis zwischen Europäischem Gemeinschaftsrecht und deutschem Recht«, in: Kay Hailbronner u. a. (Hg.), *Staat und Völkerrechtsordnung. Festschrift für Karl Doehring*, Berlin, Heidelberg 1989, S. 951-968, S. 968.

104 Armin von Bogdandy, »Zweierlei Verfassungsrecht. Europäisierung als Gefährdung des gesellschaftlichen Grundkonsenses?«, in: *Der Staat* 39 (2000), S. 163-184.

105 Dieter Grimm, *Europa ja – aber welches? Zur Verfassung der europäischen Demokratie*, München 2016, S. 25 ff., 72.

Wertegemeinschaft, Grundkonsens, gesellschaftliches Vertrauen, eine gemeinsame Öffentlichkeit und eben eine entfaltete kollektive Identität sind aber nun einmal in vielen Gesellschaften nur in Ansätzen vorhanden. Bedeutet das, dass solche Gesellschaften demokratieunfähig sind? Die entsprechende Auffassung, dass also ein Wir für eine Demokratie unerlässlich sei, erscheint mir mehr als ein Postulat denn als eine gesicherte Erkenntnis.[106] Zwingende Beweisführungen habe ich nicht gefunden, wohl aber plausible Hinweise, dass der Bedarf leicht überschätzt wird.[107] Erfolgreiche Vergesellschaftung ist, wie Dahrendorf soziologisch und Frankenberg verfassungstheoretisch zeigen, durchaus unter der Prämisse der Differenz und des Konflikts denkbar, soweit die Verfahren der hoheitlichen Willensbildung hinreichend komplex ausgestaltet sind.[108] Auch im Rahmen eines hegelianischen Ansatzes ist es plausibel, auf eine entsprechende demokratische Konfliktkultur zu setzen und Verfassungsprinzipien entsprechend zu interpretieren.[109]

Ich will diese Grundsatzdebatte zur Notwendigkeit eines Wir hier nicht entscheiden.[110] Es können aber einige Übereinstimmungen festgehalten werden, die dem weiteren Gang des Buches helfen. So sind Grundprinzipien unter beiden Ansätzen wichtig: für die einen als mögliche Grundlage kollektiver Identität, vielleicht sogar eines Verfassungspatriotismus (§ 22), für die anderen als Maßstäbe gelingender Willensbildungsprozesse. Weiter sind Grundprinzipien unter beiden Ansätzen für gesellschaftliche Re-

106 Von Bogdandy, *Europäische und nationale Identität* (Fn. 63), S. 178 ff.

107 Friedhelm Neidhardt, »Formen und Funktionen gesellschaftlichen Grundkonsenses«, in: Gunnar Folke Schuppert, Christian Bumke (Hg.), *Bundesverfassungsgericht und gesellschaftlicher Grundkonsens*, Baden-Baden 2000, S. 15-30, S. 16 f., 26 f.; Koschorke, *Hegel und wir* (Fn. 32), S. 189 ff., 202 ff.

108 Ralf Dahrendorf, *Der moderne soziale Konflikt. Essay zur Politik der Freiheit*, München 1994, S. 50 ff., 282 ff.; Günter Frankenberg, *Die Verfassung der Republik. Autorität und Solidarität in der Zivilgesellschaft*, Frankfurt/M. 1996, insbes. S. 32 ff., 133 ff., 213 ff.

109 Volkmann, »Gespräche mit Hegel« (Fn. 88), S. 509 f.; Anuscheh Farahat, *Transnationale Solidaritätskonflikte. Eine vergleichende Analyse verfassungsgerichtlicher Konfliktbearbeitung in der Eurokrise*, Tübingen 2021, II § 2.

110 Zur unklaren Forschungslage John L. Sullivan, John E. Transue, »The psychological underpinnings of democracy. A selective review of research on political tolerance, interpersonal trust, and social capital«, in: *Annual Review of Psychology* 50 (1999), S. 625-650.

flexionsprozesse wichtig, die auch der identitätsskeptische Ansatz keineswegs schmäht. Und mit Blick auf Art. 2 EUV ist interpretativ festzuhalten, dass die Gesellschaft, von der die Norm spricht, keine kollektive Identität voraussetzt, dass sie aber als Ausdruck und sogar Motor eines Prozesses kollektiver Bewusstwerdung verstanden werden kann (§ 2, § 4).

Ein europäischer Prozess kollektiver Bewusstwerdung zeigt sich insbesondere, wenn man nicht mit Carl Schmitt, sondern mit der neueren Sozialpsychologie die europäischen Debatten betrachtet. Schmitt stellt ganz auf positive Gefühle ab, namentlich auf Freundschaft (§ 14). Daran mag man angesichts der vielen Konflikte in der europäischen Gesellschaft zweifeln. Die neuere Sozialpsychologie setzt aber anders an und betont die kognitive Dimension, also die Wahrnehmung, derselben sozialen Kategorie anzugehören.

Die Sozialpsychologie versteht unter sozialer Identität zunächst einmal den Teil des Selbstverständnisses einer Person, der das Wissen um eine Gruppenmitgliedschaft ausmacht.[111] Der affektive Aspekt, den Schmitt in seiner Freund-Feind-Unterscheidung betont, verliert damit an Gewicht. Motivationale und affektive Prozesse der positiven Aufwertung der eigenen Gruppe spielen zwar weiterhin eine wichtige Rolle. Anders als bei Schmitt weisen die Einstellungen gegenüber Fremdgruppen aber eine hohe Variation zwischen Abwertung, Toleranz und Wertschätzung auf.[112] Innerhalb der Gruppe erfolgt eine Betonung des Gemeinsamen, die zu Gleichwertigkeit und damit einhergehender Austauschbarkeit der Gruppenmitglieder führt.[113]

Diese Zuordnungs- und Identifikationsprozesse erfolgen anhand von kommunikativ vermittelten Gehalten. Kollektive Identität bil-

111 Henri Tajfel, John C. Turner, »An Integrative Theory of Intergroup Conflict«, in: William G. Austin, Stephen Worchel (Hg.), *The Social Psychology of Intergroup Relations*, Monterey 1979, S. 33-47; Angelucci von Bogdandy, *Zur Ökologie einer Europäischen Identität* (Fn. 94), S. 33 ff.; Viktoria Kaina, *Wir in Europa. Kollektive Identität und Demokratie in der Europäischen Union*, Wiesbaden 2009, insbes. S. 39 ff.

112 Amélie Mummendey, »Social Discrimination and Tolerance in Intergroup Relations. Reactions to Intergroup Difference«, in: *Personality and Social Psychology Review* 3 (1999), S. 158-174.

113 John C. Turner, »Some Current Issues in Research on Social Identity and Self Categorization Theories«, in: Naomi Ellemers u. a. (Hg.), *Social Identity. Context, Commitment, Content*, Oxford 1999, S. 6-34.

det sich anhand kollektiver Erinnerungen. Die Sozialpsychologie spricht von Einträgen in einem gruppenspezifischen Wörterbuch, die den Mitgliedern mehr oder weniger bekannt sind.[114] Wem es in diesem Buch zu schreiben gelingt, prägt soziale Identität und wirkt an der Gruppenbildung mit.[115] Auf diesem Wege ist hoheitliche Identitätspolitik, wenn mit großem Atem und brauchbaren Gehalten betrieben, in vielen Fällen erfolgreich gewesen. Wichtig ist, dass es zu geteilten Erfahrungen bedeutsamer Ereignisse kommt.[116]

Es gibt nun viele Gründe, warum ein solches Wörterbuch für die europäische Gesellschaft nicht mit den Wörterbüchern verglichen werden kann, die jeweils im 18. und 19. Jahrhundert für die europäischen Nationen angelegt wurden (§ 2, § 4). Es wäre auch inkonsistent, ein solches Wörterbuch für ein starkes europäisches Wir anzustreben: Der Strukturwandel des europäischen öffentlichen Rechts soll, so die derzeitige Grundentscheidung, eben kein Staats- und Nationswerdungsprozess sein (§ 12). Entsprechend sind die Institutionen und Verfahren der demokratischen Vermittlung anders als in einem Nationalstaat zu gestalten (§§ 42-44).

§ 33 Europäische und nationale Identität

Europäische Identitätsbildung durch europäisches Verfassungsrecht, insbesondere europäische Prinzipien, ist möglich. Seit 2002, als ich mich mit dem Thema zum ersten Mal näher befasst habe,[117] ist in dieser Hinsicht viel passiert. Man erinnere, dass es unter dem Vertrag von Maastricht vier unterschiedliche Organisationen gab: EGKS, EG und EAG und daneben die Europäische Union, deren Status völlig unklar war.[118] Diese verworrene und damit wenig

114 Furrio Cerruti, Ennio Rudolph (Hg.), *Un'anima per l'Europa. Lessico di un'identità politica*, Pisa 2002.

115 Jan Assmann, *Das kulturelle Gedächtnis. Schrift, Erinnerung und politische Identität in frühen Hochkulturen*, München 1999, S. 130 ff.; Koselleck, *Vergangene Zukunft* (Fn. 6), S. 108 ff.; Paul Ricœur, »Reflections on a New Ethos for Europe«, in: *Philosophy & Social Criticism* 21 (1995), S. 3-13, S. 6 ff.

116 Ohad David, Daniel Bar-Tal, »A Sociopsychological Conception of Collective Identity. The Case of National Identity as an Example«, in: *Personality and Social Psychology Review* 13 (2009), S. 354-379.

117 Von Bogdandy, »Europäische und nationale Identität« (Fn. 63).

118 Deirdre Curtin, »The Constitutional Structure of the Union. A Europe of Bits

identifikationstaugliche Konstruktion hat der Vertrag von Lissabon überwunden: Heute identifizieren fast alle Bürgerinnen und Bürger die eine Union als verantwortlichen Herrschaftsträger. Weiter verurkundlicht der Vertrag von Lissabon mit Art. 2 EUV identitätstaugliche Gehalte.[119] Die Grundrechtecharta ist zu bindendem Recht erstarkt und hat zu EuGH-Entscheidungen geführt, über die die Medien breit berichten. Europäische Grundprinzipien haben in den Krisen der letzten Jahre an Öffentlichkeit gewonnen (§ 21, § 46).

Insgesamt hat die Politisierung der Union (§ 9) ihre kognitive Relevanz enorm gesteigert. Prozesse europäischer Identitätsbildung sind offensichtlich: Was die kognitive Dimension angeht, so haben laut Eurobarometer 2019, noch unter Beteiligung euroskeptischer Briten, inzwischen immerhin 73 Prozent der Befragten das Gefühl, Bürger der Union zu sein.[120] Mit Blick auf die evaluative Dimension stellt Eurobarometer fest, dass die Unionsbürgerinnen und Unionsbürger den Institutionen der Union oft mehr vertrauen als den mitgliedstaatlichen.[121] Die europäische Gesellschaft, die der Vertragsgesetzgeber 2007 in Art. 2 EUV postuliert, hat eine sozialpsychologische Grundlage.

Die erfolgreiche Bearbeitung eines Problems gebiert oft ein neues. So könnte die europäische Identität, auch wenn sie nicht als ein europäisches Wir daherkommt, nationale Identitäten beschädigen. Potential gibt es durchaus, gerade wegen der Grundprinzipien.

and Pieces«, in: *Common Market Law Review* 30 (1993), S. 17-69; Armin von Bogdandy, »The Legal Case for Unity. The European Union as a Single Organization with a Single Legal System«, in: *Common Market Law Review* 36 (1999), S. 887-910.

119 Zur Verurkundlichung Günter Frankenberg, »Die Rückkehr des Vertrags«, in: Lutz Wingert, Klaus Günther (Hg.), *Die Öffentlichkeit der Vernunft und die Vernunft der Öffentlichkeit. Festschrift für Jürgen Habermas*, Frankfurt/M. 2001, S. 507-538, S. 513 ff.

120 Europäische Kommission, Standard Eurobarometer 91, Frühjahr 2019, Erste Ergebnisse: Die öffentliche Meinung in der Europäischen Union, Befragung Juni 2019, S. 16, abrufbar unter ⟨https://europa.eu/eurobarometer/surveys/detail/2253⟩, letzter Zugriff 01. 07. 2021. Zur Belastbarkeit der Daten oben in § 20.

121 Europäische Kommission, Standard Eurobarometer 93, Sommer 2020, Report: Public Opinion in the European Union, Brüssel 2020, abrufbar unter ⟨https://ec.europa.eu/commfrontoffice/publicopinion/index.cfm/ResultDoc/download/DocumentKy/91061⟩, letzter Zugriff 01. 07. 2021.

Man nehme nur die unionsrechtlichen Diskriminierungsverbote: Ein Grundprinzip des Unionsrechts lautet, dass jede Diskriminierung aus Gründen der Staatsangehörigkeit verboten ist (Art. 18 AEUV). Das untersagt Unterscheidungen, welche für die Relevanz der nationalen Gruppe wichtig sein könnten. Der EuGH hat die Unionsbürgerschaft sogar zu einem europäischen *Status* der Gleichheit entwickelt.[122] Dies erleichtert den europäischen Gruppenbildungsprozess, könnte aber den nationalen Identitäten schaden.

Der Vermittlungsversuch des Vertragsgesetzgebers

Der Vertragsgesetzgeber versucht den Konflikten zu begegnen. Es propagiert die Vorstellung, dass europäische und nationale Identität sich nicht nur nicht ausschließen, sondern sich sogar ergänzen. In diesem Sinne gebietet Art. 4 Abs. 2 EUV die Achtung der nationalen Identität und Art. 9 Abs. 2 EUV baut die Unionsbürgerschaft auf die mitgliedstaatliche Staatsangehörigkeit. Der Vertragsgesetzgeber zielt also auf multiple kollektive Identitäten, bei denen die nationale Identität in eine übergeordnete europäische Identität eingebettet ist. Die Sozialpsychologie bestätigt deren Möglichkeit, wenn subjektive Kompatibilität zwischen den Identitätsgehalten besteht.[123] Das hat die empirische Forschung für den europäischen Fall nachgewiesen.[124] Der Zusammenhang ist dabei unter Jugendlichen größer als unter Erwachsenen.[125] Zudem sind die Unterschiede in der europäischen Identität zwischen Jugendlichen aus Ost- und Westeuropa geringer als unter Erwach-

122 Grundlegend EuGH, *Grzelczyk*, Rs. C-184/99, Urteil v. 20. September 2001, ECLI:EU:C:2001:458, Rn. 31.

123 Carl F. Graumann, »Soziale Identitäten«, in: Reinhold Viehoff, Rien T. Segers (Hg.), *Kultur Identität Europa. Über die Schwierigkeiten und Möglichkeiten einer Konstruktion*, Frankfurt/M. 1999, S. 59-74, S. 67; Sarah E. Martiny, Thomas Kessler, »Managing one's Social Identity. Successful and Unsuccessful Identity Management«, in: *European Journal of Social Psychology* 44 (2014), S. 748-757.

124 Daniel Fuss, Marita A. Grosser, »What Makes Young Europeans Feel European? Results from a Cross-Cultural Research Project«, in: Ireneusz P. Karolewski, Viktoria Kaina (Hg.), *European Identity. Theoretical Perspectives and Empirical Insights*, Münster 2006, S. 209-241.

125 Philipp Jugert u. a., »Contextual Moderators of the Link Between National and European Identity Among European Youth«, in: *Journal of Youth Studies* 22 (2019), S. 436-456.

senen.[126] Die jüngere Generation nimmt die EU eher als selbstverständlichen und kompatiblen Teil ihrer Identität wahr als die ältere. Weiter spielt das Vertrauen in die Institutionen der EU bei der Herausbildung der europäischen Identität eine entscheidende Rolle, ebenso wie Vertrauen in die anderen EU-Bürgerinnen und -Bürger sowie gemeinsame Erfahrungen.[127]

Gleichwohl steht der Vorwurf im öffentlichen Raum, die europäische Ebene bedrohe oder verletze die nationale Identität. Er wird besonders nachdrücklich, wenngleich keineswegs allein, von Parteien und politischen Bewegungen des rechten Spektrums erhoben.[128] Die Sichtbarkeit, die sie damit erlangen, zeigt, dass es eine entsprechende Sorge in der Bevölkerung gibt. Einige Verfassungsgerichte und insbesondere der Zweite Senat des Bundesverfassungsgerichts bieten diesem Vorwurf ein öffentliches Forum, geben ihm mittels einer Dogmatik der Verfassungsidentität Durchschlagskraft und positionieren sich als strukturelle Opposition. Ich sehe das als einen verfassungspolitisch heiklen Weg: Er mag zwar vielleicht politisch nicht hinreichend bearbeitete Ängste abfangen und der europäischen Politik so Legitimation spenden,[129] aber er befeuert eben auch entsprechende Erzählungen und resultiert in problematischen Rechtsprechungslinien.[130]

126 Besir Ceka, Aleksandra Sojka, »Loving it But not Feeling it Yet? The State of European Identity After the Eastern Enlargement«, in: *European Union Politics* 17 (2016), S. 482-503.

127 Soetkin Verhaegen u. a., »The Effect of Political Trust and Trust in European Citizens on European Identity«, in: *European Political Science Review* 9 (2017), S. 161-181; Florian Stoeckel, »Contact and Community. The Role of Social Interactions for a Political Identity«, in: *Political Psychology* 37 (2016), S. 431-442.

128 Vgl. Hentges u. a. (Hg.), *Europäische Identität in der Krise?* (Fn. 60); Guido Levi, Daniela Preda (Hg.), *Euroscepticisms. Resistance and Opposition to the European Community/European Union*, Bologna 2019.

129 Andreas Voßkuhle, »Die Zukunft der Verfassungsgerichtsbarkeit in Deutschland und Europa«, in: *Europäische Grundrechte-Zeitschrift* 47 (2020), S. 165-171, S. 170.

130 Vgl. dazu etwa die Beiträge von Armin von Bogdandy, Başak Çalı, Sabino Cassese, Pedro Cruz Villalón, Daniel Halberstam, Bogdan Iancu, András Jakab, Maria Argelia Queralt Jiménez, Hellen Keller, Sebastian Bates, Koen Lenaerts, Russell Miller, Oreste Pollicino, Daniel Sarmiento, Anna Śledzińska-Simon, Pál Sonnevend, Maximilian Steinbeis, Antoine Vauchez, Joseph H. H. Weiler, Miroslaw Wyrzykowski, in: Armin von Bogdandy u. a., »German Legal Hegemony?«, in: *MPIL Research Paper* 43 (2020).

Es ist auch keineswegs so, dass die Befürchtung, die Union könne die nationale Identität gefährden, politisch überhaupt nicht bearbeitet wird. Es ist allgemein anerkannt, dass die erfolgreiche Vermittlung mitgliedstaatlicher und europäischer Identität eine Kernaufgabe des europäischen öffentlichen Rechts bildet. Der Vertragsgesetzgeber verpflichtet schon 1992, in der zweiten Sattelzeit des europäischen öffentlichen Rechts (§ 20), die Union im Vertrag von Maastricht, die Identität ihrer Mitgliedstaaten zu achten. 2007, im Vertrag von Lissabon, präzisiert er diesen Schutz, indem er diese Identität auf die »grundlegenden politischen und verfassungsmäßigen Strukturen« der Mitgliedstaaten bezieht (Art. 4 Abs. 2 EUV). Weiter reagiert Art. 4 Abs. 1 EUV mit dem Grundsatz der begrenzten Einzelermächtigung auf den Vorwurf, die Union weite illegitim ihren Machtbereich aus (§ 36, § 56). Art. 4 Abs. 2 EUV enthält zudem den Grundsatz der Gleichheit der Mitgliedstaaten sowie einer Staatsfunktionengarantie.

Der Vertragsgesetzgeber nimmt in Art. 4 Abs. 2 EUV die um nationale Prinzipien kreisende Rechtsprechung mitgliedstaatlicher Verfassungsgerichte auf, indem er die nationale Identität auf die »grundlegenden politischen und verfassungsmäßigen Strukturen« fokussiert. Damit spielen die mitgliedstaatlichen Grundprinzipien eine zentrale Rolle. Dieser Fokus besteht keineswegs von Anfang an: Art. F EU-Vertrag in der Maastrichter Fassung spricht allgemein von nationaler Identität, so dass zunächst ein rein historisches, kultur- oder sprachpolitisches Verständnis möglich erschien.[131]

Identität in Art. 4 Abs. 2 Satz 1 EUV erfasst Verständnisse unter beiden Bedeutungszweigen von Identität (§ 32). Nationale Identität meint, wie sich aus dem Relativsatz in Art. 4 Abs. 2 EUV ergibt, zunächst einmal Identitäts*gehalte*. Die Bestimmung schützt aber auch bürgerschaftliche Identifikationsprozesse, soweit sie als Staatsvoraussetzung verstanden werden.

Diese doppelte Schutzrichtung bestätigt der Begriff *national*. Er ist ähnlich schillernd wie *Identität*.[132] Es gibt zum einen ein Ver-

131 Stephan Schill, Christoph Krenn, »Art. 4 EUV. Prinzipien der föderativen Grundstruktur«, in: Eberhard Grabitz u. a. (Hg.), *Das Recht der Europäischen Union*, München 2020, Rn. 16.

132 Siehe Ulrich Dierse, Helmut Rath, »Nation, Nationalismus, Nationalität«, in: Joachim Ritter, Karlfried Gründer (Hg.), *Historisches Wörterbuch der Philosophie. Bd. 6*, Darmstadt 1984, S. 406-414; Sergio Dellavalle, *Una costituzione*

ständnis der Nation, das um Gemeinsamkeiten wie Sprache, Geschichte, Schicksal, Ethnie oder politische Institutionen kreist.[133] Zum anderen gibt es ein Verständnis, das auf den Willen der Einzelnen zur Zusammengehörigkeit abstellt, das sprichwörtliche »plébiscite de tous les jours«.[134] Nation und Identität haben große Überschneidungen, so dass die Bedeutungsgehalte des Tatbestandsmerkmals »nationale Identität« ineinanderfließen.

Art. 4 Abs. 2 EUV legt nicht fest, worin die nationale Identität der einzelnen Mitgliedstaaten besteht. Allerdings bestimmt er mit den »grundlegenden politischen und verfassungsmäßigen Strukturen einschließlich der regionalen und lokalen Selbstverwaltung« einen Rahmen für das, was Art. 4 Abs. 2 EUV schützt. Nicht jede verfassungsrechtliche Norm ist danach als Ausdruck nationaler Identität unter Art. 4 Abs. 2 S. 1 EUV zu achten. Geschützt ist nur Grundlegendes.[135] Das korrespondiert mit der verfassungsgerichtlichen Rechtsprechung.[136]

Da die Norm auch identitätsstiftende nationale Besonderheiten schützt, muss es das betroffene Verfassungsprinzip nicht in allen Mitgliedstaaten geben und es muss auch nicht in Art. 2 EUV genannt sein.[137] Man denke an das sogar gegen Verfassungsänderung abge-

senza popolo? La Costituzione europea alla luce delle concezioni del popolo come »potere costituente«, Mailand 2002, S. 94-138; Armin von Bogdandy, »Hegel und der Nationalstaat«, in: *Der Staat* 30 (1991), S. 513-535.

133 Felix Hanschmann, *Der Begriff der Homogenität in der Verfassungslehre und Europarechtswissenschaft. Zur These von der Notwendigkeit homogener Kollektive unter besonderer Berücksichtigung der Homogenitätskriterien »Geschichte« und »Sprache«*, Berlin, Heidelberg 2008, insbes. S. 149 ff.

134 So die bekannte, wenngleich ambivalente Metapher von Ernest Renan, *Qu'est-ce qu'une nation? (1882)*, hg. von Maya Boutaghou, Paris 2020, S. 51.

135 Ebenso EuGH, *Michaniki*, Rs. C-213/07, Schlussanträge von Generalanwalt Miguel Poiares Maduro v. 8. Oktober 2008, ECLI:EU:C:2008:544, Rn. 33; Enzo Di Salvatore, *L'identità costituzionale dell'Unione europea e degli Stati membri. Il decentramento politico-istituzionale nel processo di integrazione*, Turin 2008, S. 35 ff.

136 BVerfG, *Lissabon* (Fn. 72), Rn. 216 ff., 240; Ústavní soud (Tschechisches Verfassungsgericht), *Lisbon I*, Pl. ÚS 19/08, Rn. 93, 94, 110; Ústavní soud, *Lisbon II*, Pl. ÚS 29/09, Rn. 112 (»material core«); Trybunał Konstytucyjny (Polnisches Verfassungsgericht), *Lisbon*, K32/09, Rn. 2.1.

137 EuGH, *Omega*, Rs. C-36/02, Urteil v. 14. Oktober 2004, ECLI:EU:C:2004:614, Rn. 37 f. m. w. N.; *Dynamic Medien*, Rs. C-244/06, Urteil v. 14. Februar 2008, ECLI:EU:C:2008:85, Rn. 44 ff.; *Bogendorff von Wolffersdorff*, Rs. C-438/14, Urteil v. 2. Juni 2016, ECLI:EU:C:2016:401, Rn. 73.

sicherte Verbot von Adelstiteln in Art. 4 Abs. 7 der griechischen Verfassung. Die parallele Bestimmung im österreichischen Recht führt zu einem der ersten Fälle, in der der EuGH Art. 4 Abs. 2 EUV bemüht.[138] Angesichts der Monarchien in der europäischen Gesellschaft ist dieses Prinzip sicherlich nicht verallgemeinerungsfähig.

Gleichwohl gibt es Schranken dessen, was unter Art. 4 Abs. 2 S. 1 EUV zu achten ist. Sie finden sich insbesondere in Art. 2 Satz 1 EUV. Da diese Werte gegenüber den Mitgliedstaaten über Art. 7 EUV eingefordert werden können, muss die Union als nationale Identität nur achten, was den Maßstäben des Art. 2 Satz 1 EUV genügt.[139] Die europäische Gesellschaft ist pluralistisch, aber nicht radikal pluralistisch. Deshalb versucht der Vertragsgesetzgeber auch die mitgliedstaatlichen Gerichte einzuhegen: Art. 4 Abs. 2 EUV ist eine unionsrechtliche Regelung, zu der dem EuGH das letzte Wort gebührt (Art. 267, 344 AEUV).

So zeichnet sich ab, was dem Vertragsgesetzgeber als vermittelnde Struktur vorschwebt.[140] Der EuGH bestimmt den Schutzbereich des Art. 4 Abs. 2 S. 1 EUV unter Rezeption dessen, was das jeweils zuständige Verfassungsgericht als nationale Identität versteht. Dafür muss der EuGH nach Art. 24 seiner Satzung darauf hinwirken, dass das einschlägige nationale Verständnis in das Verfahren eingebracht wird. Im Ergebnis könnte der EuGH entweder die unionale Maßnahme aufheben oder aufgrund von Art. 4 Abs. 2 EUV eine Durchbrechung des absoluten Vorrangs anordnen.

Prinzipieller Widerstand als Struktur

Dieser Versuch des Vertragsgesetzgebers, also der vereinigten mitgliedstaatlichen Regierungen und Parlamente, die Identitätsrechtsprechung ihrer Gerichte europäisch einzubinden, ist nur teilweise

138 EuGH, *Sayn-Wittgenstein*, Rs. C-208/09, Urteil v. 22. Dezember 2010, ECLI: EU:C:2010:806, Rn. 83, 91.

139 Lucia S. Rossi, »2, 4, 6 (TUE) … l'interpretazione dell' ›Identity Clause‹ alla luce dei valori fondamentali dell'Unione«, *Liber Amicorum Antonio Tizzano. De la Cour CECA à la Cour de l'Union. Le long parcours de la justice européenne*, Turin 2018, S. 858-870; EuGH, *Gauweiler u. a.*, Schlussanträge von Generalanwalt Pedro Cruz Villalón (Fn. 79).

140 Ausführlich Armin von Bogdandy, Stephan Schill, »Overcoming Absolute Primacy. Respect for National Identity under the Lisbon Treaty«, in: *Common Market Law Review* 48 (2011), S. 1417-1453.

erfolgreich (§ 60). Dazu mag beigetragen haben, dass der EuGH den Schutz der nationalen Identität in Art. 4 Abs. 2 EUV eher trivialisiert, indem er die nationale Identität auf einen Abwägungsposten in der allgemeinen Verhältnismäßigkeitsprüfung reduziert.[141] Das ist in der Norm durchaus angelegt: Die Achtungspflicht des Art. 4 Abs. 2 EUV bewirkt, anders als die des Art. 1 Abs. 1 S. 2 GG, keinen absoluten Schutz nationaler Identitätsgehalte.

Eine solche Relativierung ist für viele Verfassungsgerichte kaum akzeptabel, geht es ihnen doch zumeist um den Kernbereich der Verfassung, also um Anforderungen, die zumeist abwägungsfest sind und sicherlich nicht einen Belang unter vielen darstellen. Vor allem aber ist ihnen oft eine Struktur der Vermittlung zuwider, in der letztlich der EuGH den Konflikt entscheidet. Für einige Verfassungsgerichte und insbesondere den Zweiten Senat kommt es maßgeblich darauf an, sich dieses letzte Wort zu sichern.[142]

Die begriffsstrategische Grundlage dieses verfassungsgerichtlichen Widerstandes ist, zwischen der nationalen Identität des Art. 4 Abs. 2 EUV und der mitgliedstaatlichen Verfassungsidentität nach der eigenen Verfassung zu unterscheiden und Letztere als autonomen nationalen Begriff letztverbindlich zu interpretieren.[143] Mit diesem Schachzug schaffen sich die mitgliedstaatlichen Gerichte ein weites Feld, um ihr Verständnis von Verfassungsidentität und insbesondere ihr Verständnis von Grundprinzipien gegen europäische Verträge, Rechtsakte der Unionsorgane und Entscheidungen des EuGH oder des EGMR zu artikulieren und in einigen Fällen auch durchzufechten. Kein Gericht hat dabei eine solche Aktivität an den Tag gelegt wie der Zweite Senat des Bundesverfassungsgerichts.

141 Vgl. nur EuGH, *Coman u.a.*, Rs. C-673/16, Urteil v. 5. Juni 2018, ECLI: EU:C:2018:385, Rn. 42ff.

142 Aus der Fülle des Schrifttums zu dieser Frage vgl. Mattias Kumm, »Who is the Final Arbiter of Constitutionality in Europe? Three Conceptions of the Relationship Between the German Federal Constitutional Court and the European Court of Justice«, in: *Common Market Law Review* 36 (1999), S. 351-386; Daniel Halberstam, »Constitutional Heterarchy. The Centrality of Conflict in the European Union and the United States«, in: Jeffrey L. Dunoff, Joel P. Trachtman (Hg.), *Ruling the World? Constitutionalism, International Law, and Global Governance*, Cambridge 2009, S. 326-355.

143 Dezidiert BVerfG, *OMT-Beschluss* (Fn. 80), Rn. 29; konzilianter zuvor BVerfG, *Lissabon* (Fn. 72), Rn. 216ff., 240.

Meistens beschränken sich die Verfassungsgerichte auf eine allgemeine Feststellung, dass Unionshandeln die grundlegenden Prinzipien der Verfassungsordnung nicht verletzen dürfe.[144] Zu den wenigen Gerichten, die spezifischer werden, gehört das tschechische Verfassungsgericht. Unter Verweis auf Art. 1 Abs. 1 und Art. 9 Abs. 2 der tschechischen Verfassung sieht es die »Grundlagen der Staatssouveränität [...] oder die wesentlichen Attribute des demokratischen Rechtsstaats«,[145] die nationalen und ethnischen Minderheiten, den Gleichheitsgrundsatz und den freien Wettbewerb unter den Parteien geschützt.[146]

Kein Gericht wird so ausführlich wie der Zweite Senat des Bundesverfassungsgerichts, insbesondere in seinem Lissabon-Urteil. Danach ist die nationale Identität Deutschlands durch die Schranken gekennzeichnet, denen auch der verfassungsändernde Gesetzgeber im Rahmen der *Ewigkeitsklausel* in Art. 79 Abs. 3 GG unterliegt.[147] So erhebt er Bereiche zu einer absoluten Schranke, über die noch nicht einmal der verfassungsändernde Gesetzgeber verfügen kann. Ein entsprechender Identitätswechsel könnte daher nur durch Modifizierung der Grundstrukturen der deutschen Verfassung, mithin nur über Art. 146 GG vollzogen werden.[148] Es muss schon überraschen, dass eine Bestimmung, die gegen Diktatur schützen soll, nunmehr verhindern soll, dass die Bundesrepublik an der weiteren »Verwirklichung eines vereinten Europas« mitwirkt, ein Verfassungsauftrag aus der Präambel und Art. 23 Abs. 1 GG. Da das CDU-Programm über Jahrzehnte auf einen europäischen Bundesstaat gezielt hat, erscheint Konrad Adenauers Partei unter dem Lissabon-Urteil des Zweiten Senats fast als eine verfassungsfeindliche Partei.

144 Vgl. etwa Conseil Constitutionnel, Entscheidung Nr. 2006-540 DC vom 27. Juli 2006 – »Gesetz über das Urheberrecht und die verwandten Schutzrechte in der Informationsgesellschaft«, S. 88, 92.

145 Ústavní soud (Tschechisches Verfassungsgericht), Pl. ÚS 50/04; Pl. ÚS 66/04, Absatz-Nr. 53.

146 Ústavní soud (Tschechisches Verfassungsgericht), *Lisbon I* (Fn. 136), Absatz-Nr. 208.

147 BVerfG, *Lissabon* (Fn. 72), Rn. 216 ff., 239 f.

148 Peter M. Huber, »Art. 146«, in: Michael Sachs (Hg.), *Grundgesetz. Kommentar*, München 2018, Rn. 9, 18ff.; Horst Dreier, »Art. 146 GG«, in: ders. (Hg.), *Grundgesetz. Kommentar. Bd. III*, Tübingen 2018, Rn. 15 ff.; offengelassen in BVerfG, *Lissabon* (Fn. 72), Rn. 217.

Angesichts der enormen Probleme, bestimmte Themen dem demokratischen Prozess per Gerichtsbeschluss völlig zu entziehen, sollte man meinen, der Zweite Senat würde ein minimalistisches Verständnis der deutschen Verfassungsidentität verfolgen.[149] Das Gegenteil ist der Fall, der Senat setzt den Schutz außerordentlich breit. Es geht um »ausreichen[d] Raum zur politischen Gestaltung der wirtschaftlichen, kulturellen und sozialen Lebensverhältnisse«.[150] Erfasst sind sämtliche Sachbereiche, die »die Lebensumstände der Bürger, vor allem ihren von den Grundrechten geschützten privaten Raum der Eigenverantwortung und der persönlichen und sozialen Sicherheit prägen, sowie für solche politische Entscheidungen, die in besonderer Weise auf kulturelle, historische und sprachliche Vorverständnisse angewiesen sind und die sich im parteipolitisch und parlamentarisch organisierten Raum einer politischen Öffentlichkeit diskursiv entfalten«.[151]

Der Zweite Senat geht weiter als andere mitgliedstaatliche Verfassungsgerichte, indem er aus den abstrakten Staatsstrukturprinzipien freihändig konkrete sachbereichsspezifische Grenzen postuliert:[152] Geschützt sind unter anderem die Staatsbürgerschaft[153] sowie »Entscheidungen über das materielle und formelle Strafrecht (1), die Verfügung über das Gewaltmonopol polizeilich nach innen und militärisch nach außen (2), die fiskalischen Grundentscheidungen über Einnahmen und – gerade auch sozialpolitisch motivierte – Ausgaben der öffentlichen Hand (3), die sozialstaatliche Gestaltung von Lebensverhältnissen (4) sowie kulturell besonders bedeutsame Entscheidungen etwa im Familienrecht, Schul- und

149 So Ústavní soud (Tschechisches Verfassungsgericht), *Lisbon I* (Fn. 136), Rn. 109.

150 BVerfG, *Lissabon* (Fn. 72), Rn. 249.

151 Ebd.

152 Vgl. etwa Daniel Halberstam, Christoph Möllers, »The German Constitutional Court Says ›Ja zu Deutschland!‹«, in: *German Law Journal* 10 (2009), S. 1241-1258, S. 1249 ff.; Matthias Kottmann, Christian Wohlfahrt, »Der gespaltene Wächter? Demokratie, Verfassungsidentität und Integrationsverantwortung im Lissabon-Urteil«, in: *Zeitschrift für ausländisches öffentliches Recht und Völkerrecht* 69 (2009), S. 443-470, S. 460 f., 466; Christoph Schönberger, »*Lisbon* in Karlsruhe: *Maastricht*'s Epigones At Sea«, in: *German Law Journal* 10 (2009), S. 1201-1218, S. 1209 f.; zustimmend Klaus Ferdinand Gärditz, Christian Hillgruber, »Volkssouveränität und Demokratie ernst genommen. Zum Lissabon-Urteil des BVerfG«, in: *JuristenZeitung* 64 (2009), S. 872-881.

153 BVerfG, *Lissabon* (Fn. 72), Rn. 249.

Bildungssystem oder über den Umgang mit religiösen Gemeinschaften (5)«.[154]

Viele Autoren haben die Probleme dieses Verständnisses überzeugend dargelegt.[155] Die Kritik ist nicht der ersten Erregung nach dem Urteil geschuldet. Auch nach zehn Jahren vertritt Matthias Ruffert, dass diese Entscheidung des Zweiten Senats die Integration mehr erschüttert hat als das Scheitern der Verteidigungsgemeinschaft, die gaullistische Politik des leeren Stuhls, die Eurosklerose oder das Scheitern des Verfassungsvertrags.[156]

Einen wichtigen Beitrag zum Verständnis dieser Problematik hat Dimitri Spieker geliefert.[157] Er zeigt die Grundstruktur des europäischen Identitätskollisionsrechts auf und arbeitet die Sonderstellung der Rechtsprechung des Zweiten Senats komparativ heraus. Das ist wichtig, weil der Senat versucht, seine Rechtsprechung als Teil des Mainstreams darzustellen.

Spiekers Beitrag leistet eine begrifflich angeleitete Verortung der einschlägigen Rechtsprechung, die insbesondere von den belgischen, deutschen, französischen, italienischen, polnischen, spanischen, tschechischen und ungarischen Verfassungsgerichten stammt.[158] In der Zitierpraxis des Zweiten Senats erscheinen diese Entscheidungen als weitgehend gleichsinnig.[159] Dieses Bild hält Spiekers vergleichender Betrachtung nicht stand. Sie geht anhand

154 BVerfG, *Lissabon* (Fn. 72), Rn. 252.

155 Zur Problematik Martin Nettesheim, »Ein Individualrecht auf Staatlichkeit? Die Lissabon-Entscheidung des BVerfG«, in: *Neue Juristische Wochenschrift* 39 (2009), S. 2867-2869, S. 2868 f.; Christian Tomuschat, »Lisbon – Terminal of the European Integration Process? The Judgment of the German Constitutional Court of 30 June 2009«, in: *Zeitschrift für ausländisches öffentliches Recht und Völkerrecht* 70 (2010), S. 251-281, S. 272 f., 278 f.

156 Matthias Ruffert, »Eine Binnenperspektive auf die deutsche Europawissenschaft – zehn Jahre nach der großen Erschütterung«, in: *Jahrbuch des öffentlichen Rechts* 68 (2020), S. 515-525, S. 515 f.

157 Luke Dimitrios Spieker, »Framing and Managing Constitutional Identity Conflicts. How to Stabilize the Modus Vivendi between the Court of Justice and National Constitutional Courts«, in: *Common Market Law Review* 57 (2020), S. 361-398, S. 387.

158 Zum Folgenden ebd., S. 365 ff.; zu einzelnen Rechtsprechungslinien Christian Calliess, Gerhard van der Schyff (Hg.), *Constitutional Identity in a Europe of Multilevel Constitutionalism*, Cambridge 2020.

159 BVerfG, *Identitätskontrolle I* (Fn. 74), Rn. 40 ff., insbes. 50.

dreier Kriterien vor: der relevanten Identitätsgehalte, der Art des geprüften Rechtsakts und der Breite der gerichtlichen Kontrolle.

Eingangs ist festzuhalten, dass alle Gerichte, mit Ausnahme des ungarischen,[160] nur universelle Prinzipien als Prüfungsmaßstab verwenden. Diese Erkenntnis ist für die Struktur des europäischen öffentlichen Rechts wichtig: Sie bestätigt, dass die Grundprinzipien des Art. 2 EUV tatsächlich rechtsordnungsübergreifend die Referenzpunkte sogar zur Bearbeitung streitigster Punkte bilden. Der europäische Rechtspluralismus ist eben kein radikaler.

Mit Blick auf den geprüften Rechtsakt ist zu unterscheiden, ob ein Gericht auch Verfassungsänderungen kontrolliert, die den Anwendungsbereich des Unionsrechts erweitern. Hier zeigt sich, dass nur der italienische Verfassungsgerichtshof, das tschechische Verfassungsgericht[161] und das Bundesverfassungsgericht so weit gehen. Da der Zweite Senat zudem, wie gezeigt, die von ihm entwickelten Schranken in Art. 79 Abs. 3 GG verankert, verabsolutiert es seine Rechtsprechung, anders als alle anderen Gerichte. Einwände des Zweiten Senats können danach nur mittels einer neuen Verfassung überwunden werden. Der Senat beugt sich nur der originären verfassungsgebenden Gewalt, also der demokratischen Urgewalt.[162]

Das dritte Kriterium betrifft die Breite der Kontrolle. Bekanntermaßen hat der Zweite Senat ein Dreigestirn entwickelt: zum Schutz deutscher Grundrechte die *Solange*-Dogmatik, zum Schutz deutscher Kompetenzen die *ultra vires*-Kontrolle und zum Schutz der deutschen Identität die Identitätskontrolle. Ähnlich breit prüfen nur das polnische und das ungarische Gericht. Die anderen Gerichte beschränken sich hingegen auf Grundrechte, mit gewissen Weiterungen beim belgischen und spanischen Gericht.

Zusammenziehend ist festzuhalten, dass die vom Zweiten Senat praktizierte Kontrolle einzigartig ist. Er entwickelt die Verfassungsidentität breit und detailreich und verschließt dem verfassungsändernden Gesetzgeber eine konfliktlösende Anpassung. Wie dünn

160 Halmai, *Abuse of Constitutional Identity* (Fn. 62).

161 Yaniv Roznai, »Legisprudence Limitations on Constitutional Amendments? Reflections on The Czech Constitutional Court's Declaration of Unconstitutional Constitutional Act«, in: *ICL Journal* 8 (2014), S. 29-57.

162 Zu einem Vorschlag der Praktikabilisierung Theodor Schilling, »Eine neue Verfassung für Deutschland. Art. 146 GG und die Rolle des Bundesverfassungsgerichts«, in: *Der Staat* 53 (2014), S. 95-119.

nicht nur die demokratietheoretischen, sondern auch die dogmatischen Grundlagen dafür sind, wird uns an anderer Stelle noch beschäftigen (§ 40).

Über solche Probleme sollte man nicht aus dem Blick verlieren, dass die Dogmatik der mitgliedstaatlichen Verfassungsidentität im Grundsatz eine konstruktive Rolle im europäischen öffentlichen Recht spielt. Man kann sie als Teil der *checks and balances* der europäischen Gesellschaft deuten. Die vielleicht heikelste Bruchstelle zwischen dem Unionsrecht und dem mitgliedstaatlichen Recht stellt zugleich eine demokratiesichernde Struktur dar. Das setzt allerdings voraus, dass die Gerichte konstruktiv kooperieren (§ 60).

Zu Art. 4 Abs. 2 EUV zurückkehrend zeigt sich, dass er nicht zu der Schlüsselbestimmung erstarkt ist, welche die von mitgliedstaatlichen Gerichten formulierte Verfassungsidentität und damit die mitgliedstaatlichen Verfassungsprinzipien mit den Strukturen des Unionsrechts vermittelt. Vielmehr scheint sich als Weg abzuzeichnen, dass die Gerichte, nationale wie europäische, mitgliedstaatliche und unionale Grundprinzipien unmittelbar interpretativ verweben.[163] Der systematische Ort der Vermittlungen findet sich in den Bedeutungszuschreibungen zu den Grundprinzipien. Die Grundstrukturen europäischer Prinzipien ergeben sich, so ist abschließend festzuhalten, aus dem Zusammenhang unionaler, mitgliedstaatlicher und EMRK-Prinzipien.

§ 34 Prinzipienpluralismus

Die Grundstrukturen europäischer Prinzipien sind pluralistisch. Das ergibt sich bereits aus der Zweispurigkeit ihrer überstaatlichen Institutionalisierung einerseits in der Union, andererseits im Europarat mit dem Europäischen Gerichtshof für Menschenrechte. Diese Zweispurigkeit ist zunächst eine historische Kontingenz (§ 8), prägt aber seit Hermann Mosler den Begriff des europäischen Rechts (§ 10). Der Vertragsgesetzgeber weist ihr spätestens durch

163 Andreas Voßkuhle, *Die Idee der Europäischen Wertegemeinschaft*, Köln 2018, S. 30; Koen Lenaerts, »Die Werte der Europäischen Union in der Rechtsprechung des Gerichtshofs«, in: *Europäische Grundrechte-Zeitschrift* 44 (2017), S. 639-642, S. 640.

seine Entscheidung des Jahres 2007, die Union auf den Menschenrechten zu gründen, verfassungsrechtlichen Status zu (§ 29).

Man kann diese Zweispurigkeit von Union und Europarat identitätstheoretisch deuten: Einerseits ist die europäische Identität der Unionsbürgerinnen und -bürger in der Union zentriert. Andererseits würde es ihr Europäersein verkennen, wenn man Dmitri Schostakowitsch, Emir Kusturica oder den Eurovision Song Contest ausblendet.[164] Die europäische Gesellschaft des Art. 2 EUV findet zwar ihren Mittelpunkt in der Europäischen Union, ist aber, anders als eine Staatsnation, nicht entlang der Unionsaußengrenze abgezirkelt. Während ein Denken in der Tradition Carl Schmitts solche Unschärfe bedauert, verstehe ich sie, mit Albrecht Koschorke und Joseph Weiler, als evolutionäre Errungenschaft.[165]

Weiter speist die verfassungsrechtliche Relevanz mitgliedstaatlicher Identität den europäischen Prinzipienpluralismus. Zwar gibt es einen grundsätzlichen Gleichklang: Alle Rechtsordnungen sind auf die Werte des Art. 2 EUV verpflichtet, unionsrechtlich wie verfassungsrechtlich. Aber es gibt enorme Unterschiede, wenn es zu ihrer Bedeutung und Institutionalisierung kommt. Europäische Prinzipienlehren sind in dem Spannungsbogen dieser Vielfalt zu entwickeln.

Die Vielfalt mitgliedstaatlicher Institutionalisierungen der Grundprinzipien ist gewaltig: Es gibt Republiken und Monarchien, parlamentarische und semipräsidentielle Systeme, starke und schwache Parlamente, starke und schwache Parteistrukturen, unitarische und föderale Ordnungen, starke, schwache und fehlende Verfassungsgerichte, erhebliche Divergenzen bei der institutionellen Gewährleistung richterlicher Unabhängigkeit, den Grundrechten und den Wahlsystemen, nicht zuletzt katholische, protestantische, laizistische, sozialistische, etatistische, anarchosyndikalistische, zivilgesellschaftliche, ottomanische und postkoloniale Verfassungstraditionen. So gewiss die europäische Gesellschaft

164 Aus der Fülle der Literatur zu Letzterem Dean Vuletic, *Postwar Europe and the Eurovision Song Contest*, London 2018.

165 Weiter unten, § 59; Koschorke, *Hegel und wir* (Fn. 32), S. 194 ff.; Joseph H. H. Weiler, »Federalism Without Constitutionalism. Europe's Sonderweg«, in: Kalypso Nicolaïdis, Robert Howse (Hg.), *The Federal Vision. Legitimacy and Levels of Governance in the United States and the European Union*, Oxford, New York 2001, S. 54-70.

nicht jeden Aspekt dieser Traditionen als identitätsprägend schützt, so gewiss schützt sie ihre pluralistische Vielfalt, ihre multiple Moderne.[166] Eine Uniformierung nach der Modernisierungsthese[167] verbietet sich für das europäische öffentliche Recht.

Das gilt gerade auch für homogenisierende Prinzipienlehren.[168] Die Grundsätze des Art. 2 EUV haben zwar eine grundlegende Rolle so wie die Grundsätze der Art. 1 und Art. 20 GG. Während aber Kommentierungen zu Art. 2 EUV sich regelmäßig auf wenige Seiten beschränken, haben Kommentierungen zur Menschenwürde, zu Demokratie, Rechts-, Sozial- und Bundesstaatlichkeit des Grundgesetzes oft Buchformat.[169] Man kann anhand von Grundprinzipien viele Strukturen detailliert festlegen. Dafür bedarf es argumentativ eines Verständnisses von Prinzipien als Baugesetze oder Optimierungsgebote,[170] institutionell einer konstruktiven Rechtswissenschaft und gestaltungsfreudigen Gerichtsbarkeit. Das ist in Deutschland weitestgehend akzeptiert, denn die verfassungsrechtliche Vielfalt der Bundesländer ist unter dem Zugriff des Bundesverfassungsgerichts kaum mehr als verfassungsrechtliche Folklore.

Die europäische Vielfalt ist hingegen keine Folklore, weshalb die deutsche Prinzipienverdichtung kein Vorbild für den juristischen Umgang mit den Werten des Art. 2 EUV sein kann, insbesondere als Vorgaben für die Mitgliedstaaten. Bereits die Bezeichnung als *Wert* in Art. 2 EUV legt nahe, dass die in ihm niedergelegten Prinzipien als besonders vage zu verstehen sind. Diese Vagheit ist nicht als Ermächtigung der Unionsorgane gedacht, die Werte zu einem detaillierten Grundriss des gemeineuropäischen Verfassungsrechts

166 Shmuel N. Eisenstadt, »Multiple Modernities«, in: *Daedalus* 129 (2000), S. 1-29; Koschorke, *Hegel und wir* (Fn. 32), S. 182 ff., 208.

167 Wolfgang Zapf, »Die Modernisierungstheorie und unterschiedliche Pfade gesellschaftlicher Entwicklung«, in: *Leviathan* 24 (1996), S. 63-77.

168 Schorkopf, »Der Wertekonstitutionalismus der Europäischen Union« (Fn. 18).

169 Vgl. einerseits Christian Calliess, »Art. 2 EUV«, in: ders., Matthias Ruffert (Hg.), *EUV/AEUV. Das Verfassungsrecht der Europäischen Union mit Europäischer Grundrechtecharta. Kommentar*, München 2016, S. 36-48; andererseits Matthias Herdegen, »Art. 1 Abs. 1 GG«, in: Theodor Maunz, Günter Dürig (Hg.), *Grundgesetz Kommentar I*, München 2016; Bernd Grzeszick, »Art. 20 GG«, in: Theodor Maunz, Günter Dürig (Hg.), *Grundgesetz Kommentar II*, München 2016.

170 Robert Alexy, *Theorie der Grundrechte*, Berlin 1986, S. 75 ff.; Franz Reimer, *Verfassungsprinzipien. Ein Normtyp im Grundgesetz*, Berlin 2001, S. 26 ff.

zu entfalten; das würde mit der Bedeutung mitgliedstaatlicher Verfassungsidentität kollidieren.

Noch zurückhaltender sind mitgliedstaatliche Vorgaben bezüglich der Europäischen Union zu verstehen. Ein britisches Gutachten der 1960er Jahre verlangte für eine britische Mitgliedschaft, dass sich die EWG der Dynastie des Hauses Windsor unterstelle.[171] Von dieser Forderung verfassungsrechtlicher Homogenität rückten die Briten im Weiteren ab. Viele Verfassungen formulieren aber elementare Anforderungen. Typisch ist Art. 8 Abs. 4 der portugiesischen Verfassung, der eine Union verlangt, welche die »fundamentalen Prinzipien des demokratischen Rechtsstaats« beachtet. Das Grundgesetz ist in dieser Hinsicht besonders detailliert: Art. 23 Abs. 1 GG erlaubt eine deutsche Mitgliedschaft nur in einer Union, die »demokratischen, rechtsstaatlichen, sozialen und föderativen Grundsätzen und dem Grundsatz der Subsidiarität« verpflichtet ist und die »einen diesem Grundgesetz im wesentlichen vergleichbaren Grundrechtsschutz« gewährleistet. Sollten diese Grundsätze gegenüber der Union das Identische wie gegenüber deutschen Staatsorganen verlangen, so wäre die Union ein Klon Deutschlands. Das Grundgesetz würde dann nicht ein europäisches Deutschland, sondern ein deutsches Europa gebieten. Das kann nicht gemeint sein, so viel lehrt die deutsche Geschichte des 20. Jahrhunderts.

Europäische Prinzipienlehren müssen kontextsensibel und differenziert vorgehen, je nach der Anwendungskonstellation. Prinzipienlehren zu Art. 2 EUV müssen zwischen vier Konstellationen unterscheiden und den Gehalt der Prinzipien entsprechend justieren. In der ersten Konstellation kommen die Prinzipien des Art. 2 EUV gegenüber Unionsorganen zur Anwendung, hier können sie ihre größte Dichte entfalten (§ 36, §§ 42-44). Die zweite Konstellation betrifft ihre Anwendung gegenüber mitgliedstaatlichen Institutionen im Anwendungsbereich des Unionsrechts, wenn sie Unionsrecht vollziehen oder von ihm derogieren wollen (§ 37). Hier kommt es ebenfalls zu einer dichten Einbindung, die jedoch die mitgliedstaatliche Verfassungsautonomie zu beachten hat. Die dritte Konstellation ist die Verfassungsaufsicht gegenüber den Mitgliedstaaten, exemplarisch in Art. 7 EUV niedergelegt (§ 38, §§ 45-47, § 67, § 80). Das auswärtige Handeln bildet die vierte Konstellation:

171 Walter Hallstein, *Die Europäische Gemeinschaft*, Düsseldorf 1973, S. 67.

Der europäische Vertragsgesetzgeber unterstellt die Außenpolitik den Werten des Art. EUV (Art. 8 Abs. 1, Art. 21 Abs. 2, Art. 32 EUV). Es sollte selbstverständlich sein, dass Art. 2 EUV der europäischen Politik gegenüber China oder dem Vatikanstaat andere Vorgaben macht als gegenüber Polen oder Ungarn.

Der Pluralismus der europäischen Gesellschaft mit ihren vielen Identitäten verlangt differenzierte Prinzipienlehren. Sie müssen den unterschiedlichen Konstellationen gerecht werden und Konflikte im Lichte der Maßstäbe des Art. 2 EUV vermitteln. Auf diesem Weg können Prinzipienlehren das heikle Thema der Identität in der europäischen Gesellschaft fassen, hegen und bearbeiten. Das sei anhand des Prinzips der Rechtsstaatlichkeit dargestellt.

C. Das Prinzip Rechtsstaatlichkeit

§ 35 Vertrauen als Fluchtpunkt

Hallsteins Rechtsgemeinschaft artikuliert wie kein anderer Begriff den Strukturwandel des europäischen öffentlichen Rechts in seiner ersten Periode (§ 8). Es hilft seinem Erfolg, dass nur von Rechts*gemeinschaft* und nicht von Rechts*staat* die Rede ist: Das vermeidet viele Probleme (§ 12). Gleichwohl steht hinter der Rechtsgemeinschaft von Anfang an die Rechtsstaatlichkeit, und das nicht nur bei Verfechtern europäischer Bundesstaatlichkeit wie Hallstein. So lässt auf der Kieler Staatsrechtslehrertagung 1964 Baduras Korreferent, Schmitts Nachlassverwalter Joseph H. Kaiser, seine Überlegungen in den Aufruf münden: »Es ist der Beruf unserer Zeit, einen europäischen Rechtsstaat zu schaffen.«[172]

Kaiser artikuliert einen Zeitgeist, der viele Juristinnen und Juristen beseelt. Die verfassungsrechtliche Sanktionierung ihrer Lebensleistung erfolgt eine Generation später, 1997 im Vertrag von Amsterdam. Der Vertragsgesetzgeber sieht den Integrationsprozess zu einem Punkt vorangeschritten, an dem er die Union wie die Mitgliedstaaten auf die Rechtsstaatlichkeit verpflichten kann. Zwar spricht er in der englischen Fassung unverfänglich von der *rule of law,* ein etablierter Begriff auch des Völkerrechts.[173] In den meisten anderen Sprachfassungen ist er entschiedener. Statt Äquivalente wie *prééminence du droit* oder *Herrschaft des Rechts* zu verwenden, spricht der Vertragsgesetzgeber von *État de droit* und *Rechtsstaatlichkeit.* Der Wandel seit 1964 ist tief. Das zeigt die terminologische Paradoxie des Gebots, dass die nichtstaatliche Union rechtsstaatlich sein muss, und vielleicht mehr noch, dass sich 1997 kaum jemand daran stößt.

172 Joseph H. Kaiser, »Bewahrung und Veränderung demokratischer und rechtsstaatlicher Verfassungsstruktur in den internationalen Gemeinschaften«, in: *Veröffentlichungen der Vereinigung der Deutschen Staatsrechtslehrer* 23 (1966), S. 1-33, S. 28, 33.

173 Sir Gerald Fitzmaurice K.C.M.G.Q.C., »The General Principles Of International Law Considered from the Standpoint Of the Rule of Law (Bd. 92)«, *Collected Courses of the Hague Academy of International Law*, Den Haag 1957; Heike Krieger, Georg Nolte, »The International Rule of Law - Rise or Decline? Approaching current foundational challenges.«, in: dies. u. a. (Hg.), *The International Rule of Law. Rise or Decline?*, Oxford 2019, S. 3-30.

Hinter dem gemeinsamen Begriff der Rechtsstaatlichkeit stehen in den verschiedenen Rechtsordnungen ganz unterschiedliche dogmatische und institutionelle Phänomene. Dieser Pluralismus zeigt sich anschaulich an den vielen Wegen und Gestaltungen der mitgliedstaatlichen Verwaltungs-[174] und der Verfassungsgerichtsbarkeit[175] sowie der jeweiligen Rechtsstaatsdogmatik.[176] Demzufolge gilt es als notorisch schwer, aus dem Prinzip rechtsordnungsüber-

174 Dazu Jean-Bernard Auby, Giovanni Biaggini, Armin von Bogdandy/Peter M. Huber, Sabino Cassese, Giacinto della Cananea, Michel Fromont, Eduardo García de Enterría/Ignacio Borrajo Iniesta, Luc Heuschling, Mats Kumlien/Kjell Åke Modéer, Herbert Küpper, Martin Loughlin, Bernardo Giorgio Mattarella, Jean-Louis Mestre, Benjamin Schindler, Ewald Wiederin, Andrzej Wróbel in: Armin von Bogdandy u. a. (Hg.), *Handbuch Ius Publicum Europaeum. Bd. III. Verwaltungsrecht in Europa: Grundlagen*, Heidelberg 2010; Thomas Ackermann, Javier Barnes, Antonio Cassatella, Sabino Cassese, Luca De Lucia, Martin Eifert, Aurore Gaillet, Michael Guttner/Sebastian Waldmann, Laura Hering, Herwig C.H. Hofmann, Martin Kayser, Helen Keller/Cedric Marti, Benjamin Schindler, Karl-Peter Sommermann, Bettina Stepanek, Stefan Storr, Sebastian Unger, Christian Waldhoff, Ferdinand Wollenschläger in: Armin von Bogdandy u. a. (Hg.), *Handbuch Ius Publicum Europaeum. Bd. IX. Verwaltungsgerichtsbarkeit in Europa: Gemeineuropäische Perspektiven und supranationaler Rechtsschutz*, Heidelberg 2021.

175 Ausführlich dazu die Beiträge von Maria Lúcia Amaral/Ravi Afonso Pereira, Christian Behrendt, Leonard F. M. Besselink, Giovanni Biaggini, Raffaele Bifulco/Davide Paris, Armin von Bogdandy/Christoph Grabenwarter/Peter M. Huber, Anuscheh Farahat, Christoph Grabenwarter, Peter M. Huber, Olivier Jouanjan, Jo Eric Khushal Murkens, Peter E. Quint, Juan Luis Requejo Pagés, László Sólyom, Piotr Tuleja, Kaarlo Tuori in: Armin von Bogdandy u. a. (Hg.), *Handbuch Ius Publicum Europaeum. Bd. VI. Verfassungsgerichtsbarkeit in Europa: Institutionen*, Heidelberg 2016; Armin von Bogdandy/Christoph Krenn, Monica Claes/Bruno de Witte, Pedro Cruz Villalón, Maartje de Visser, Anuscheh Farahat, Christoph Grabenwarter, Constance Grewe, Rainer Grote, András Jakab, José Martín y Pérez de Nanclares, Davide Paris, Markus Vašek, in: Armin von Bogdandy u. a. (Hg.), *Handbuch Ius Publicum Europaeum. Bd. VII. Verfassungsgerichtsbarkeit in Europa: Vergleich und Perspektiven*, Heidelberg 2021.

176 Stanisław Biernat/Dorota Dąbek, Paul Craig, Pavlos-Michael Efstratiou, Pascale Gonod, Christoph Grabenwarter, Michael Holoubek, Peter M. Huber, Tobias Jaag, Wolfgang Kahl, Martin Kayser, Gérard Marcou, Lena Marcusson, Guido Melis/Antonella Meniconi, Oriol Mir, Christoph Möllers, Giulio Napolitano, Vasco Pereira da Silva/André Salgado de Matos, Daria de Pretis, Matthias Ruffert, Karl-Peter Sommermann, Zoltán Szente, Jacques Ziller in: Armin von Bogdandy u. a. (Hg.), *Handbuch Ius Publicum Europaeum. Bd. V. Verwaltungsrecht in Europa*, Heidelberg 2014.

greifende Vorgaben zu entnehmen.[177] Darauf weisen gern mitgliedstaatliche Regierungen hin, denen Verstöße gegen die Rechtsstaatlichkeit vorgeworfen werden.[178]

Der europäische Pluralismus ist aber nicht beliebig, die Rechtsstaatlichkeit des Art. 2 EUV ist keine Kontingenzformel. Aufgrund konzertierter institutioneller Interpretationsarbeit verfügt sie inzwischen über ein klares Anforderungsprofil. In der Sache fordert sie alle elementaren Prinzipien demokratischer Verfassungsstaatlichkeit ein: Also nicht nur Rechtmäßigkeit (Legalität), Rechtssicherheit, Willkürverbot, sondern zudem ein transparentes, demokratisches und pluralistisches Gesetzgebungsverfahren, Gewaltenteilung, Grundrechtsschutz, Zugang zu unabhängigen und unparteiischen Gerichten (§ 29).

Von diesen vielen Teilprinzipien der Rechtsstaatlichkeit soll in diesem Paragraphen nur das Teilprinzip interessieren, das der Rechtsstaatlichkeit einen logischen Vorrang vor den anderen Prinzipien des Art. 2 EUV gibt: die Rechtmäßigkeit, auch als Legalitätsprinzip bezeichnet. Es fasst Anforderungen zusammen, damit Normen überhaupt ihre gesellschaftliche Funktion erfüllen.[179]

In hegelianischer Theorietradition versteht sich diese Funktion als die Stiftung gesellschaftlichen Vertrauens.[180] Sie weist mit vielen anderen Theorien darauf hin, dass die Mitglieder einer Gesellschaft ihr Verhalten orientieren und ihre Beziehungen strukturieren müssen.[181] Zu diesem Zweck schaffen und stabilisieren Gesellschaften

177 Venedig-Kommission, Report on the rule of law (4. April 2011), CDL-AD(2011)003rev, Rn. 4 f.; Rainer Grote, »Rule of law, Rechtsstaat and ›État de Droit‹«, in: Christian Starck (Hg.), *Constitutionalism, Universalism and Democracy. A Comparative Analysis*, Baden-Baden 1999, S. 269-306.

178 Judit Varga, »Facts You Always Wanted to Know about Rule of Law but Never Dared to Ask«, Euronews v. 22. November 2019; Address by Prime Minister Viktor Orbán in the debate on the so-called Sargentini Report (11. September 2018), ⟨www.miniszterelnok.hu/address-by-prime-minister-viktor-orban-in-the-debate-on-the-so-called-sargentini-report/⟩, letzter Zugriff 01. 07. 2021.

179 Verordnung 2020/2092 des Europäischen Parlaments und des Rates über eine allgemeine Konditionalitätsregelung zum Schutz des Haushalts der Union, 6. Präambelerwägung.

180 Hegel, *Grundlinien der Philosophie des Rechts* (Fn. 17), § 268; Volkmann, »Gespräche mit Hegel« (Fn. 87), S. 490.

181 Santi Romano, *Frammenti di un dizionario giuridico*, Mailand 1953, S. 76, 81; Niklas Luhmann, *Das Recht der Gesellschaft*, Frankfurt/M. 1993, S. 150 ff.; Jo-

etwas, das Niklas Luhmann eingängig als normative Erwartungen bezeichnet. Normative Erwartungen unterscheiden sich von kognitiven Erwartungen dadurch, dass sie im Falle ihrer Enttäuschung beibehalten werden. Solche Erwartungen signalisieren, was wahrscheinlich und gesellschaftlich akzeptiert ist. Damit erleichtern, ja ermöglichen sie soziales Handeln und bahnen Wege zu gesellschaftlichem Vertrauen (§ 20).

Eine Gesellschaft besteht aus sozialer Interaktion und kommunikativer Praxis (§ 2). Normative Erwartungen, die diese Interaktion und Praxis tragen, sind konstitutiv für Gesellschaftlichkeit. Anders als in traditionellen oder wenig differenzierten Gesellschaften kommt heute dem Recht beim Schaffen und Stabilisieren normativer Erwartungen eine große Rolle zu. Das gilt insbesondere für die europäische Gesellschaft, die auf weniger gesellschaftsweiten Praktiken aufbaut als die mitgliedstaatlichen Gesellschaften. Entsprechend groß ist die Emphase, die das europäische Recht seit jeher begleitet.[182] »Nirgends ist Europa wirklicher als im Recht.«[183]

Rechtsstaatlichkeit gebietet, dass das Recht tatsächlich herrscht, dass die Maßstäbe des Art. 2 EUV mehr sind als bedrucktes Papier und Parolen europäischer Sonntagsreden. Das Prinzip der *rule of law* verlangt, dass *law rules*. Nur so kann das Recht seiner vertrauensstiftenden Funktion nachkommen. Es geht in einer Rechtsordnung nur rechtsstaatlich zu, wenn ihre Normen das tatsächliche Verhalten ausrichten.

Das gilt für Private wie für Amtsträger. Rechtsstaatlichkeit verlangt, dass öffentliche Gewalt rechtsförmig ausgeübt wird. Alle europäischen Rechtsordnungen kennen daher Rechtsinstitute, die das deutsche Recht als Vorrang und Vorbehalt des Gesetzes bezeich-

seph Raz, *The Authority of Law. Essays on Law and Morality*, Oxford, New York 2009, S. 222.

182 Walter Hallstein, »Die EWG – eine Rechtsgemeinschaft (1962)«, in: Thomas Oppermann (Hg.), *Europäische Reden*, Stuttgart 1979, S. 341-348; oben § 9.

183 So das Comité de Réflexion sur le Préambule de la Constitution, *Redécouvrir le Préambule de la Constitution. Rapport du comité présidé par Simone Veil*, Paris 2008, S. 41; ebenso George A. Bermann, »The Role of Law in the Functioning of Federal Systems«, in: Kalypso Nicolaïdis, Robert Howse (Hg.), *The Federal Vision. Legitimacy and Levels of Governance in the United States and the European Union*, Oxford, New York 2001, S. 191-212; grundlegend Alexis de Tocqueville, *Über die Demokratie in Amerika (1835)*, Zürich 1987, S. 78 ff., 99 f.

net.[184] In Deutschland stehen sie geradezu emblematisch für den Strukturwandel des öffentlichen Rechts im 19. Jahrhundert.[185] Es geht dabei um die Verrechtlichung der zumeist monarchisch geführten Verwaltung. Diese Verrechtlichung kommt mit dem Vorrang des Gesetzes, also der Gesetzesbindung der Exekutive, dem Vorbehalt des Gesetzes. Das verlangt eine gesetzliche Grundlage für staatliche Eingriffe in die persönliche Freiheit, das Eigentum sowie für steuerliche Pflichten und entsprechende Kontrollmechanismen. Rechtsstaatlichkeit hegt und rationalisiert öffentliche Gewalt, überwindet den absolutistischen Machtstaat und ist so ein fortschrittliches Projekt (§ 19).

Die Logik von Vorrang und Vorbehalt des Gesetzes findet sich in allen Rechtsordnungen. Gleichwohl hieße es den europäischen Begriff der Rechtsstaatlichkeit verkennen, würde man ihn in Kopie des deutschen rekonstruieren. Das zeigt schon der Vergleich zum republikanischen französischen Verständnis, etwa in dem zentralen Punkt, worum es in einem Verwaltungsprozess letztlich geht. Zugespitzt formuliert: Vor den deutschen Verwaltungsgerichten verteidigt der *bourgeois* sein individuelles Recht, vor den französischen dient der *citoyen* der demokratischen Rechtsordnung.[186]

184 Vgl. etwa Pascale Gonod, »Frankreich. § 75« in: von Bogdandy u. a. (Hg.), *Handbuch Ius Publicum Europeum. Bd. V* (Fn. 176), S. 159-226, Rn. 81ff., Daria de Pretis, »Italien. § 78«, siehe ebd. (Fn. 176), S. 371-434, Rn. 101 ff.; Horst Dreier, »Deutschland. § 1«, in: Armin von Bogdandy u. a. (Hg.), *Handbuch Ius Publicum Europaeum. Bd. I. Grundlagen und Grundzüge staatlichen Verfassungsrechts*, Heidelberg 2007, S. 3-86, Rn. 121 ff.; Martin Loughlin, »Großbritannien. § 4«, siehe ebd., S. 217-271, Rn. 26; Mario Dogliani, Cesare Pinelli, »Italien. § 5«, siehe ebd., S. 273-325, Rn. 112; Leonard Besselink, »Niederlande. § 6«, siehe ebd., S. 327-388, Rn. 82 ff.; Ewald Wiederin, »Österreich. § 7«, siehe ebd., S. 389-449, Rn. 91 ff., 101; Piotr Tuleja, »Polen. § 8«, siehe ebd., S. 451-506, Rn. 33, 77; Manuel Medina Guerrero, »Spanien. § 11«, siehe ebd., S. 625-685, Rn. 61; Gábor Halmai, »Ungarn. § 12«, siehe ebd., S. 687-727, Rn. 43; Remco Nehmelman, »Niederlande. § 32«, in: Armin von Bogdandy u. a. (Hg.), *Handbuch Ius Publicum Europaeum. Bd. II. Offene Staatlichkeit – Wissenschaft vom Verfassungsrecht*, Heidelberg 2008, S. 613-635, Rn. 10; zusammenfassend Diana Zacharias, »Terminologie und Begrifflichkeit. § 40«, siehe ebd., S. 843-892, Rn. 27, 33.

185 Marek J. Siemek, »Hegel als Philosoph des modernen Rechtsstaates«, in: *Hegel-Jahrbuch* (2008), S. 169-175; Ernst-Wolfgang Böckenförde, »Entstehung und Wandel des Rechtsstaatsbegriffs (1969)«, in: ders. (Hg.), *Recht, Staat, Freiheit. Studien zur Rechtsphilosophie, Staatstheorie und Verfassungsgeschichte*, Frankfurt/M. 2006, S. 143-169.

186 Luc Heuschling, *État de droit, Rechtsstaat, Rule of law*, Paris 2002; Johannes

Recht ist ohne Rechtsbruch nicht zu denken. Ein einzelner Rechtsbruch gefährdet aber keineswegs die gesellschaftliche Funktion des Rechts, im Gegenteil: Rechtswidriges Handeln löst in funktionierenden Rechtssystemen soziale und institutionelle Antworten aus, die normative Erwartungen bestätigen und zu deren Entwicklung beitragen. Ohne die Entscheidungen des EuGH hätte das Unionsrecht nicht seine heutige Bedeutung, vielleicht gäbe es noch nicht einmal eine europäische Gesellschaft (§ 56). Drei Aspekte sind besonders strukturprägend: Erstens das Legalitätsprinzip innerhalb der Unionsrechtsordnung, zweitens das Wirksamkeitsprinzip des Unionsrechts gegenüber dem mitgliedstaatlichen Recht und drittens rechtsstaatliche Institutionalität der Mitgliedstaaten.

§ 36 Legalität des Unionshandelns

Als erster Aspekt der Rechtsstaatlichkeit des Art. 2 EUV sei das unionale Legalitätsprinzip in Anwendung auf Unionsorgane vorgeführt. Es zeigt anschaulich ihre Emanzipation aus dem Recht internationaler Organisationen. Das unionale Legalitätsprinzip teilt sich, wie die mitgliedstaatlichen, in negative und positive Legalität,[187] traditionell als Vorrang und Vorbehalt bezeichnet. Negative Legalität bedeutet, dass jegliches Handeln der Unionsorgane und jeder völkerrechtliche Vertrag der Union mit der Gesamtheit der Vertragsnormen in Übereinstimmung stehen muss (Art. 13 Abs. 2 EUV).[188] Dieser Vorrang begründet eine strikte interne Hierarchie, den Stufenbau der Unionsrechtsordnung: Das gesamte von den

Masing, *Die Mobilisierung des Bürgers für die Durchsetzung des Rechts. Europäische Impulse für eine Revision der Lehre vom subjektiv-öffentlichen Recht*, Berlin 1997; Constance Grewe, Hélène Ruiz Fabri, *Droits constitutionnels européens*, Paris 1995, S. 22 ff.

187 Armin von Bogdandy, Jürgen Bast, »Die vertikale Kompetenzordnung der Europäischen Union. Rechtsdogmatischer Bestand und verfassungspolitische Reformperspektiven«, in: *Europäische Grundrechte-Zeitschrift* 28 (2001), S. 441-458; Jürgen Bast, »Art. 5 EUV [Prinzipien der Kompetenzordnung]«, in: Eberhard Grabitz u. a. (Hg.), *Das Recht der Europäischen Union*, München 2020, Rn. 10 ff.

188 EuGH, *Les Verts/Parlament*, Rs. C-294/83, Urteil v. 23. April 1986, ECLI:EU:C:1986:166, Rn. 23; *EWR-Abkommen I*, Gutachten 1/91 v. 14. Dezember 1991, ECLI:EU:C:1991:490, Rn. 21; *Freihandelsabkommen mit Singapur*, Gutachten 2/15 v. 16. Mai 2017, ECLI:EU:C:2017:376, Rn. 235.

Organen der Union erzeugte Recht steht unter dem Primärrecht. Das Prinzip der negativen Legalität gilt ausnahmslos, es herrscht der absolute Vorrang der Unionsverfassung.

Dieser Vorrang entspricht dem Vorrang der mitgliedstaatlichen Verfassung in der nationalen Rechtsordnung. Es gibt eine bemerkenswerte Parallelität von drei Entwicklungen in der ersten Periode des europäischen öffentlichen Rechts. Die erste ist die soeben angesprochene Etablierung des Vorrangs des Unionsprimärrechts innerhalb der Unionsrechtsordnung, die zweite ist die Etablierung des Vorrangs des Unionsrechts gegenüber den mitgliedstaatlichen Rechtsordnungen (§ 37) und die dritte ist die Etablierung des Vorrangs der mitgliedstaatlichen Verfassung in der nationalen Rechtsordnung (§ 22, § 48). Die interne Konstitutionalisierung des Unionsrechts, die Europäisierung der mitgliedstaatlichen Rechtsordnungen (§§ 52-54) und die interne Konstitutionalisierung der mitgliedstaatlichen Rechtsordnungen erfolgen parallel und bestärken sich gegenseitig.[189]

Die Tiefe des Strukturwandels kommt darin gut zum Ausdruck, dass das Legalitätsprinzip in der Unionsrechtsordnung heute als selbstverständlich erscheint. Das war für die frühe Gemeinschaft keineswegs der Fall.[190] Die Maßstäblichkeit des Gründungsvertrags ist in den allermeisten internationalen Organisationen prekär.[191] Zu verdanken ist sie dem EuGH. Aus der Prämisse einer autonomen Rechtsordnung folgert er früh die ausschließliche Maßgeblichkeit des vertraglich vorgesehenen Vertragsänderungsverfahrens (Art. 48 EUV). Das verhindert paralegale Entwicklungen durch die EU-Institutionen ebenso wie paralegale Einflussnahmen der Mitgliedstaaten. Das Legalitätsprinzip schützt dabei nicht nur die Union,

189 Ähnlich zu den Grundrechten Giacomo Delledonne, Federico Fabbrini, »The Founding Myth of European Human Rights Law. Revisiting the Role of National Courts in the Rise of EU Human Rights Jurisprudence«, in: *European Law Review* 44 (2019), S. 178-195.

190 Karl Carstens, »Die kleine Revision des Vetrages über die Europäische Gemeinschaft für Kohle und Stahl«, in: *Zeitschrift für ausländisches öffentliches Recht und Völkerrecht* 21 (1961), S. 1-37, S. 1, 14.

191 Georg Nolte, »Lawmaking through the UN Security Council. A Comment on Krika de Wet's Contribution«, in: Rüdiger Wolfrum, Volker Röben (Hg.), *Developments of International Law in Treaty Making*, Berlin, Heidelberg, u. a. 2005, S. 237-244, S. 239 ff.

sondern auch die Mitgliedstaaten, da die Kompetenz zur Vertragsfortschreibung und Vertragsänderung beim Vertragsgesetzgeber liegt, also den Mitgliedstaaten zur gesamten Hand in Zusammenarbeit mit den Unionsorganen (Art. 48 und 49 EUV, Art. 5 Abs. 1 EUV).[192] Solche Sicherungen sind in anderen internationalen Organisationen allenfalls in Ansätzen zu beobachten.[193]

Das Legalitätsprinzip bedeutet, dass die Geltung der Verträge sich durch Absprachen der Mitgliedstaaten nicht suspendieren lässt[194] und keine Praxis der Organe Primärrecht derogieren kann.[195] Selbst das vom Rat einstimmig erlassene Recht unterliegt dem Primärrecht. Dies gilt auch für weite Kompetenzen wie Art. 352 AEUV.[196] Dessen frühere Bezeichnung als Kompetenz zur *Vertragsergänzung* ist irreführend.

Bisweilen handeln die im Rat versammelten Vertreter der Mitgliedstaaten nicht als das Unionsorgan Rat, sondern als eine Staatenkonferenz der Mitgliedstaaten. Metaphorisch beschrieben wechseln sie nur den Hut und stehen dann außerhalb des Unionsrechts in der geduldigen Welt des Völkerrechts. Dort ist vieles möglich, was unter dem Unionsrecht nicht geht. Beschlüsse einer solchen Staatenkonferenz, der »im Rat vereinigten Vertreter der Regierungen der Mitgliedstaaten«, sind nicht Akte der Union, sondern inter-

192 EuGH, *WTO,* Gutachten 1/94 v. 15. November 1994, ECLI:EU:C:1994:384, Rn. 52; *EMRK-Beitritt I,* Gutachten 2/94 v. 28. März 1996, ECLI:EU:C:1996:140, Rn. 30; *Pringle,* Rs. C-370/12, Urteil v. 27. November 2012, ECLI:EU:C:2012:756, Rn. 30-37; *F. Hoffmann-La Roche,* Rs. C-572/15, Urteil v. 5. Oktober 2016, ECLI:EU:C:2016:739, Rn. 30.

193 Paul Reuter, Philippe Cahier, *Introduction au droit des traités,* Paris 1995, Rn. 210 f.; Henry G. Schermers, Niels M. Blokker, *International Institutional Law,* Leiden 2018, § 1163.

194 EuGH, *Kommission/Belgien und Luxemburg,* verb. Rs. C-90/63 und C-91/63, Urteil v. 13. November 1964, ECLI:EU:C:1964:80, S. 1345; *Defrenne/SABENA,* Rs. C-43/75, Urteil v. 8. April 1976, ECLI:EU:C:1976:56, Rn. 56; *RTE und ITP/Kommission,* verb. Rs. C-241/91 P und C-242/91 P, Urteil v. 6. April 1995, ECLI:EU:C:1995:98, Rn. 86.

195 EuGH, *LAISA/Rat,* verb. Rs. C-31/86 und 35/86, Urteil v. 28. April 1988, ECLI:EU:C:1988:211, Rn. 12: *Großbritannien/Rat,* Rs. C-68/86, Urteil v. 23. Februar 1988, ECLI:EU:C:1988:85, Rn. 24; *Kommission/Rat (WRC-15),* Rs. C-687/15, Urteil v. 25. Oktober 2017, ECLI:EU:C:2017:803, Rn. 41.

196 EuGH, *Kommission/Italien,* Rs. C-38/69, Urteil v. 18. Februar 1970, ECLI:EU:C:1970:11, Rn. 12 f.

nationale Verträge oder gar nur *Memoranda of Understanding*, aber oft hochwirksam.[197]

Umgehungen der unionrechtlichen Legalität auf diesem Weg ist der EuGH mit dem Prinzip des Vorrangs des Unionsrechts entgegengetreten.[198] In den wenigen Fällen, in denen er dies unterlässt, hat er etablierte normative Erwartungen enttäuscht und entsprechend Kritik geerntet. So hat er sich geweigert, die sogenannte EU-Türkei-Erklärung vom 18. März 2016, abgegeben von den Mitgliedern des Europäischen Rates mit ihrem türkischen Amtskollegen, zu kontrollieren.[199] Viele haben das im Zeichen der unionsrechtlichen Legalität kritisiert.[200]

Verfassungstheoretisch führt die unionsrechtliche Legalität zu einer Zweiteilung des Status und Handlungsvermögens der Mitgliedstaaten. Als verfassungsschaffende und -ändernde Akteure können sie die Union weitestgehend frei gestalten, jedoch nur in den aufwändigen Verfahren der Art. 48 f. EUV. Im Ergebnis bedeutet dies eine Autonomisierung der unionalen Verfassungsordnung. Zugleich beschicken die Mitgliedstaaten den Europäischen Rat und den Rat als unional verfasste Institutionen. Hier sind sie gestaltungsmächtig, aber dem Primärrecht strikt unterworfen. Diese gleichzeitige Exklusion wie Inklusion der *Herren der Verträge* ähnelt der verfassungsrechtlichen Legalität in den Mitgliedstaaten unter dem Vorrang der Verfassung: Die Parlamente repräsentieren den Souverän, sind aber an die Verfassung gebunden.[201] Anders ist die Lage im Vereinigten Königreich; dieser Sonderfall muss im euro-

197 Matthias Goldmann, *Internationale öffentliche Gewalt. Handlungsformen internationaler Institutionen im Zeitalter der Globalisierung*, Heidelberg 2015, S. 319 ff.

198 EuGH, *Hurd v Jones*, Rs. C-44/84, Urteil v. 15. Januar 1986, ECLI:EU:C:1986:2, Rn. 39; *Pringle* (Fn. 192), Rn. 69.

199 EuG, *NF/Europäischer Rat*, Rs. T-192/16, Beschluss v. 28. Februar 2017, ECLI:EU:T:2017:128; *NG/Europäischer Rat*, Rs. T-193/16, Beschluss v. 28. Februar 2017, ECLI:EU:T:2017:129; *NM/Europäischer Rat*, Rs. T-257/16, Beschluss v. 28. Februar 2017, ECLI:EU:T:2017:130; EuGH, *NF u. a./Europäischer Rat*, verb. Rs. C-208/17 P bis C-210/17 P, Beschluss v. 12. September 2018, ECLI:EU:C:2018:705.

200 Jürgen Bast, »Scharade im kontrollfreien Raum. Hat die EU gar keinen Türkei-Deal geschlossen?«, *Verfassungsblog* v. 03.03.2017; Sergio Carrera u. a., »It wasn't me! The Luxembourg Court Orders on the EU-Turkey Refugee Deal«, in: *CEPS Policy Insights* 15 (2017).

201 Niklas Luhmann, »Verfassung als evolutionäre Errungenschaft«, in: *Rechtshistorisches Journal* 9 (1990), S. 176-220, S. 176 ff.

päischen öffentlichen Recht aber inzwischen nicht mehr erörtert werden.

Im Unionsrecht steht, wie in den mitgliedstaatlichen Rechtsordnungen, neben der negativen die positive Legalität: neben dem Vorrang des Gesetzes steht der Vorbehalt des Gesetzes. Die Europäische Union ist ein Hoheitsträger, weil sie über die Macht verfügt, einseitig zu verpflichten. Diese Macht verfasst das Prinzip der positiven Legalität, auch als Vorbehalt der Verträge oder Prinzip der beschränkten Einzelermächtigung bezeichnet (Art. 5 Abs. 1 EUV). Jeder Akt der Unionsorgane muss eine Rechtsgrundlage besitzen.[202] Sie kann sich entweder unmittelbar aus einer Vertragsnorm ergeben oder aus einem Akt des abgeleiteten Rechts, der sich auf die Verträge zurückführen lässt. Während es bei der negativen Legalität nur um die Begrenzung von Hoheitsgewalt geht, setzt das Erfordernis einer Kompetenz noch eine Stufe vorher an: Verlangt ist ein Geltungsgrund.

Kompetenz ist die dogmatische Formel für formalisierte politische Macht, was die Intensität entsprechender Konflikte erklärt (§ 33, § 56). Der Vertragsgesetzgeber hat die Kompetenzordnung zunehmend zum Schutz mitgliedstaatlicher Kompetenzen formuliert. Der Vertrag von Lissabon bezeichnet, im Einklang mit vielen mitgliedstaatlichen Verfassungen, die Unionskompetenzen als von den Mitgliedstaaten »übertragen« (Art. 1 Abs. 1 EUV) und legt die Prinzipien der beschränkten Einzelermächtigung, der Subsidiarität sowie der Verhältnismäßigkeit prominent nieder (Art. 5 Abs. 1 EUV).

Die Unionslegalität schützt die Mitgliedstaaten weiter, indem sie den europäischen politischen Prozess nicht nur an die Kompetenzen und die materialen Zielvorgaben, sondern weiter an organisations- und verfahrensrechtliche Vorgaben bindet. Die sind bestimmter als die Kompetenzen und Ziele und werden vom EuGH strikt kontrolliert.[203] Das gilt für das Innenrecht der Organe wie die Interorganbeziehungen. Das sichert den polyzentrischen und horizontalen Charakter des politischen Systems und damit seine Grundlogik als ein System der vielen Vermittlungen (§ 43). Insgesamt ist festzuhalten, dass das Prinzip der Rechtsstaatlichkeit sich in

202 Bast, »Art. 5 EUV« (Fn. 187), Rn. 15 ff.

203 EuGH, *Großbritannien/Rat* (Fn. 195), Rn. 24.

einem dichten Netz verfassungsrechtlicher Vorgaben konkretisiert, welche rechtsstaatliches Vertrauen in die Unionsorgane stiften.

§ 37 Wirksamkeit im nationalen Recht

Es sind zumeist mitgliedstaatliche Institutionen, welche die erwartungsstabilisierende und vertrauensstiftende Funktion des Unionsrechts den Bürgerinnen und Bürgern vermitteln. Damit diese Funktion des Unionsrechts in der mitgliedstaatlichen Vermittlung nicht verloren geht, hat der Gerichtshof seit den frühen 1960er Jahren die vielleicht berühmtesten Rechtsinstitute des Gemeinschaftsrechts entwickelt: seine Autonomie, seinen Vorrang und vor allem seine Wirksamkeit. Dies sind die charakteristischen Rechtsinstitute seiner ersten Periode, deren Begründung nicht konstitutionalistisch, sondern funktionalistisch erfolgte (§ 16, § 20, § 23, § 56). Heute sind die Rechtsinstitute im Lichte des Art. 2 EUV verfassungsrechtlich zu rekonstruieren, so dass sie die Rechtsstaatlichkeit des Art. 2 EUV substantiieren.[204]

Kein Begriff kennzeichnet dabei den Pfad nicht nur des Unionsrechts, sondern des ganzen europäischen öffentlichen Rechts so wie die Wirksamkeit. Das zeigen schon grobe quantitative Daten: *Wirksamkeit* taucht in 9219 Dokumenten zu EuGH-Entscheidungen auf, weit mehr als jeder andere strukturierende Schlüsselbegriff. Der eng verwandte Begriff der *Geltung* kommt auf 6395 Nennungen, *Vorrang* auf 3820, *Autonomie* auf 1121, *Rechtsstaatlichkeit* auf 131 Dokumente.[205] Die (nützliche, praktische, volle) Wirksamkeit (*effet utile*) als Aspekt von Rechtsstaatlichkeit hat mehr als alle anderen Strukturprinzipien das Verhältnis von Union und Mitgliedstaaten geprägt. Das erscheint nur konsequent: Es ist letztlich die Wirksamkeit des Gemeinschaftsrechts und später des Unionsrechts, die es zu einer Kraft bei der Entstehung und Demokratisierung der europäischen Gesellschaft hat werden lassen.

204 Koen Lenaerts, »New Horizons for the Rule of Law Within the EU«, in: *German Law Journal* 21 (2020), S. 29-34; ders. u. a., »Exploring the Autonomy of the European Legal Order«, in: *Zeitschrift für ausländisches öffentliches Recht und Völkerrecht* 81 (2021), S. 47-88.

205 Treffer auf ⟨https://curia.europa.eu/juris/documents.jsf⟩, letzter Zugriff 01.07.2021.

Das Rechtsinstitut der Wirksamkeit verpflichtet die Mitgliedstaaten, den Regelungszweck einer gemeinschaftsrechtlichen Norm zu realisieren, und im Konfliktfall kann es erforderliche Rechtsfolgen generieren. Es konkretisiert sich in einer ganzen Reihe richterrechtlicher Institute: die unmittelbare Wirksamkeit von Vertragsbestimmungen,[206] Entscheidungen und Beschlüssen,[207] Richtlinien[208] sowie völkerrechtlichen Verpflichtungen der Union,[209] das Gebot effektiver und gleichwertiger Durchführung,[210] das Gebot der unionsrechtskonformen Auslegung des nationalen Rechts,[211] die gemeinschaftsrechtliche Staatshaftung,[212] das Gebot unabhängiger Gerichte.[213] Auch die Autonomie des Unionsrechts und sein Vorrang vor mitgliedstaatlichem Recht[214] rekurrieren oft auf den *effet utile*. Die Entfaltung und Durchsetzung dieser Dogmatik ist ein langer und bis heute unabgeschlossener Prozess (§ 56, § 60).

Die deutsche Rechtsstaatstradition versteht Rechtsstaatlichkeit vor allem als Beschränkung, nicht als Begründung von Herrschaft: Es geht im 19. Jahrhundert um die Einbindung der monarchischen Verwaltung, deren öffentliche Gewalt durch die Staatswerdungsprozesse bereits etabliert ist (§§ 5-7). Von etablierter öffentlicher Gewalt kann hingegen bei den Gemeinschaftsinstitutionen der frühen 1960er Jahre keine Rede sein. Die öffentliche Gewalt der Gemeinschaft, die sich in der Wirksamkeit ihres Rechts realisiert, ist aufgrund ihrer völkerrechtlichen Genese kein Ausgangspunkt

206 EuGH, *Van Gend en Loos/Administratie der Belastingen,* Rs. C-26/62, Urteil v. 5. Februar 1963, ECLI:EU:C:1963:1, S. 24 f.

207 EuGH, *Grad v Finanzamt Traunstein,* Rs. C-9/70, Urteil v. 6. Oktober 1970, ECLI:EU:C:1970:78, Rn. 5.

208 EuGH, *Becker*, Rs. C-8/81, Urteil v. 19. Januar 1982, ECLI:EU:C:1982:7, Rn. 29 f.

209 EuGH, *Haegeman/Belgischer Staat,* Rs. C-181/73, Urteil v. 30. April 1974, ECLI:EU:C:1974:41, Rn. 2 ff.

210 EuGH, *Deutsche Milchkontor GmbH,* verb. Rs. C-205/82 bis C-215/82, Urteil v. 21. September 1983, ECLI:EU:C:1983:233, Rn. 22.

211 EuGH, *Max-Planck-Gesellschaft zur Förderung der Wissenschaften*, Rs. C-684/16, Urteil v. 6. November 2018, ECLI:EU:C:2018:874, Rn. 59.

212 EuGH, *Francovich und Bonifaci/Italien,* verb. Rs. C-6/90 und C-9/90, Urteil v. 19 November 1991, ECLI:EU:C:1991:428, Rn. 33 ff.

213 EuGH, *Associação Sindical dos Juízes Portugueses* (Fn. 26), Rn. 36 ff.

214 EuGH, *Costa/E.N.E.L.*, Rs. C-6/64, Urteil v. 15. Juli 1964, ECLI:EU:C:1964:66, S. 1269; *Simmenthal/ Kommission,* Rs. C-92/78, Beschluss v. 22. Mai 1978, ECLI:EU:C:1978:106, Rn. 39.

des europäischen Strukturwandels, sondern ein essentieller Teil des Prozesses. Das Völkerrecht kennt viele Verträge, allen voran die Satzung der Vereinten Nationen als mögliche Verfassung der Weltgesellschaft,[215] deren Wirksamkeit prekär geblieben ist.

Die Unionsrechtsstaatlichkeit glänzt hell im Vergleich zur üblichen transnationalen Verrechtlichung. Doch die Strahlkraft der europäischen Rechtsstaatlichkeit wäre noch größer, ginge es in allen Mitgliedstaaten ähnlich rechtsstaatlich zu wie in der Union. Hier liegen die wohl größten Defizite und damit Herausforderungen des Art. 2 EUV. Immerhin hat die Union, zusammen mit weiteren Institutionen des europäischen Rechts, in den letzten zehn Jahren begonnen, den mitgliedstaatlichen Strukturwandel zur Überwindung defizitärer Rechtsstaatlichkeit zu fördern und zu fordern.

§ 38 Stärkung schwacher Staatlichkeit

Unionsrechtsstaatlichkeit ist emanzipatorisch, da sie die Rechtsunterworfenen der Mitgliedstaaten zu Rechtssubjekten einer überstaatlichen Rechtsordnung macht, die individueller Freiheit eine neue Dimension eröffnet (§ 19, § 30). Angesichts der Verbundnatur des europäischen Rechts ist Unionsrechtsstaatlichkeit aber auf mitgliedstaatliche Rechtsstaatlichkeit angewiesen. Deshalb gilt die Rechtsstaatlichkeit des Art. 2 EUV nicht nur für die Unionsrechtsordnung, sondern auch für die mitgliedstaatlichen Rechtsordnungen (Art. 7 EUV, Art. 49 EUV).

Bis weit in die zweite Periode des europäischen öffentlichen Rechts wird mitgliedstaatliche Rechtsstaatlichkeit vor allem aus der Perspektive der ordnungsgemäßen Durchführung des Unionsrechts problematisiert.[216] Heute erscheinen die damaligen Probleme als harmlos. Neben dem Problem autoritärer Tendenzen (§§ 45-47, §§ 65-67, §§ 79-81) beruht dieser Wandel auf Phänomenen des

215 Bardo Fassbender, *The United Nations Charter as the Constitution of the International Community*, Leiden 2009.

216 Vgl. einerseits Heinrich Siedentopf, Jacques Ziller (Hg.), *L'Europe des administrations? La mise en œuvre de la législation communautaire dans les États membres*, Brüssel, London 1988; andererseits Michal Bobek, »Europeanization of Public Law«, in: Armin von Bogdandy u. a. (Hg.), *The Max Planck Handbooks in European Public Law. Bd. I. The Administrative State*, Oxford 2017, S. 631-674.

Staatsversagens aufgrund schwacher Institutionalität, um die es im Folgenden geht.[217]

Einzelne Rechtsverletzungen sind kein Problem für Rechtsstaatlichkeit (§ 35). Anders sieht es aus, wenn Rechtsverletzungen als normal erscheinen, weil die öffentlichen Institutionen sie aufgrund von institutioneller Schwäche oder Korruption kaum verfolgen. Unternehmen umgehen das Steuerrecht, das Arbeitsrecht, das Umweltrecht, das Fehlverhalten von Amtsträgern wird nicht sanktioniert, Zivilprozesse ziehen sich endlos. Das untergräbt Rechtsstaatlichkeit, denn irgendwann hört ein Rechtssystem auf, seiner Kernfunktion zu genügen, normatives Erwarten zu unterstützen und Vertrauen zu stiften. Es liegt dann ein *systemisches Defizit* an Rechtsstaatlichkeit vor.

Ein systemisches Defizit an Rechtsstaatlichkeit ist etwas anderes als eine normale Rechtsverletzung (§ 46). Während Personen bei einer normalen Rechtsverletzung die enttäuschte normative Erwartung aufrechterhalten, modifizieren sie ihre Erwartungen bei systemischen Defiziten an Rechtsstaatlichkeit. Obwohl sicherlich verärgert und wahrscheinlich empört, erwarten sie nicht mehr das rechtlich gebotene Verhalten als gesellschaftlichen Normalfall. Andere Mechanismen gesellschaftlicher Stabilisierung (Ausweichen in andere Rechtsordnungen, Vorkasse, Verwandtschaft, mafiöse Organisationen) gewinnen an Relevanz. Talent und Kapital wandern ab. Demokratie und alle weiteren Prinzipien des Art. 2 EUV haben eine bestenfalls prekäre Existenz. Das erklärt den zwar nicht normativen, aber logischen Vorrang des Legalitätsprinzips (§ 39).

Ein systemisches Defizit an Rechtsstaatlichkeit liegt vor, wenn in wichtigen gesellschaftlichen Bereichen das Recht nicht in der Lage ist, normatives Erwarten zu stabilisieren. Sozialwissenschaftliche Indikatoren helfen zu bestimmen, wann das der Fall ist. Der Begriff *systemisches Defizit* ist ein Brückenbegriff, der sozialwissenschaftliche Erkenntnisse in rechtliche Erwägungen einzubringen ermöglicht.[218]

217 Die folgenden Überlegungen beruhen auf Michael Ioannidis, Armin von Bogdandy, »Systemic deficiency in the rule of law. What it is, what has been done, what can be done«, in: *Common Market Law Review* (2014), S. 59-96.

218 Andreas Voßkuhle, »Neue Verwaltungsrechtswissenschaft«, in: Wolfgang Hoffmann-Riem u. a. (Hg.), *Grundlagen des Verwaltungsrechts. Bd. I. Methoden, Maßstäbe, Aufgaben, Organisation*, München 2012, S. 1-64, S. 33 ff.

Solche Erkenntnisse generiert die Weltbank mit ihren Worldwide Governance Indicators (WGI).[219] Es handelt sich um Daten zur Kontrolle von Korruption, zur regulatorischen Qualität, zur Rechtsstaatlichkeit und zur Durchsetzungskraft der Regierung. Eine ähnliche Stoßrichtung hat das World Justice Project (WJP), das einen »Rule of Law Index« anhand von Daten zu neun rechtsstaatlichen Kategorien erstellt: Geltung und Wirksamkeit des Rechts gegenüber der Regierung, das Fehlen von Korruption, Ordnung und Sicherheit, Grundrechte, transparentes Regieren, die Durchsetzung regulatorischen Rechts, die Operationen der Zivil- und der Strafjustiz.[220]

Diverse Feststellungen lassen sich aus den Daten folgern. Erstens ist Rechtsstaatlichkeit nicht allein eine Frage finanzieller Ressourcen: Es gibt Staaten mit einem mittleren Einkommen, die deutlich besser abschneiden als EU-Mitgliedstaaten mit einem deutlich höheren Einkommen. Gemäß den Daten der Weltbank sind Staaten wie Costa Rica, Uruguay und Malaysia rechtsstaatlicher als Bulgarien, Griechenland, Italien oder Rumänien.[221] Zweitens gibt es unter den EU-Mitgliedstaaten ein enormes Gefälle: laut Weltbank befindet sich die Wirksamkeit des Regierungshandelns in Dänemark im Perzentilrang 99,04, in Rumänien hingegen bei 40,38. Ein Perzentilrang von 99,04 bedeutet, dass 99,04 Prozent der betrachteten Länder in der Grundgesamtheit hinter dem betrachteten Land liegen. Beim Kriterium Rechtsstaatlichkeit liegt Finnland auf dem weltweit ersten Platz, während Bulgarien nur einen Mittelplatz unter den über 200 Staaten und Territorien einnimmt.[222]

Es ist zu unterstreichen, dass im globalen Vergleich kein EU-Mitgliedstaat ein gescheiterter oder auch nur schwacher Staat ist.[223] Die

219 ⟨http://info.worldbank.org/governance/wgi/pdf/cc.pdf⟩, letzter Zugriff 01.07.2021.

220 ⟨http://worldjusticeproject.org/what-rule-law⟩, letzter Zugriff 01.07.2021.

221 Der Index ist abrufbar unter ⟨http://info.worldbank.org/governance/wgi/index.aspx#home⟩, letzter Zugriff 01.07.2021.

222 World Bank, World Governance Indicators, Stand 2019, verfügbar unter ⟨http://info.worldbank.org/governance/wgi/Home/Reports⟩, letzter Zugriff 01.07.2021.

223 Vgl. Fund for Peace, Fragile States Index, ⟨https://fragilestatesindex.org/⟩, letzter Zugriff 01.07.2021; Brookings Institution, Index of State Weakness in the Developing World, ⟨https://www.brookings.edu/research/index-of-state-weakness-in-the-developing-world/⟩, letzter Zugriff 01.07.2021; Center for Systemic Peace and Center for Global Policy at Maryland University State, State Fragility

Rechtsstaatlichkeit des Art. 2 EUV verlangt von den EU-Mitgliedstaaten aber mehr als die Wahrung von Standards, die sie von der Demokratischen Republik Kongo oder der Ukraine unterscheiden. Bulgarien oder Rumänien sind nicht schwache Staaten im völkerrechtlichen Sinne, sie sind aber schwache Mitglieder im Sinne des Unionsrechts.[224]

Solche Schwächen an Rechtsstaatlichkeit haben eine individualrechtliche Dimension. Den Aufhänger bilden die Grundrechte auf gute Verwaltung (Art. 41 GRC), auf einen wirksamen Rechtsbehelf und auf ein unparteiisches Gericht (Art. 47 GRC). Es gibt, Hannah Arendts berühmten Gedanken aufnehmend, ein europäisches Recht, europäische Rechte zu haben.[225] Das vielleicht grundlegendste Recht des Unionsrechts lautet, tatsächlich unter dem EU-Recht zu leben. Dieses Recht wird verletzt, wenn dem Einzelnen Rechte wegen systemischer Mängel an Rechtsstaatlichkeit versagt werden.[226] Dieses Recht auf Rechte bestätigt den logischen Vorrang der Rechtsstaatlichkeit vor den anderen Prinzipien. Aus diesem Grund ist die gelebte Rechtsstaatlichkeit in Ländern wie Bulgarien, Griechenland, Italien und Rumänien kein Aspekt des unionsverfassungsrechtlich geschützten Pluralismus, sondern in wichtigen Hinsichten Ausdruck systemischer Defizite.

Besonders viel Aufmerksamkeit gilt in dieser Hinsicht dank der Eurokrise Griechenland.[227] Die *New York Times* betitelt am 26. Februar 2012 einen Bericht mit *The Failing State of Greece*.[228] Der

Index, ⟨http://www.systemicpeace.org/inscr/SFImatrix2018c.pdf ⟩, letzter Zugriff 01.07.2021.

224 Michael Ioannidis, »Weak Members and the Enforcement of EU Law«, in: András Jakab, Dimitry Kochenov (Hg.), *The Enforcement of EU Law and Values: Ensuring Member States' Compliance*, Oxford 2017, S. 476-492, S. 480 ff.

225 Hannah Arendt, *Elemente und Ursprünge totaler Herrschaft*, Frankfurt/M. 1955, S. 479; zum europäischen Grundrecht, europäische Rechte zu haben, Anna Margherita Russo, »La cittadinanza ›sostanziale‹ dell'UE alla luce della proposta del gruppo di Heidelberg: verso una ›reverse Solange‹?«, in: *federalismi* (2014), S. 1-19, S. 7 ff. Verfügbar unter ⟨https://federalismi.it/nv14/articolo-documento.cfm?artid=23938⟩, letzter Zugriff 01.07.2021.

226 Dazu in der parallelen Konstellation autoritärer Tendenzen EuGH, *LM*, (Fn. 20), Rn. 36 f., 48 ff.

227 Kevin Featherstone, Dimitris Papadimitriou, *The limits of Europeanization. Reform capacity and policy conflict in Greece*, Basingstoke, New York 2008, S. 5.

228 Rachel Donadio, »The Failing State of Greece«, The New York Times v. 26.02.2012, Section SR, S. 8.

Beitrag schildert Vorfälle, bei denen Polizei und Judikative unfähig scheinen, die Zerstörung öffentlichen und privaten Eigentums, Plünderung und Brandstiftung zu verhindern oder wenigstens zu verfolgen. Auch weniger gewalttätige, aber alltägliche Phänomene wie weitverbreitete Korruption oder die außergewöhnliche Länge gerichtlicher Verfahren werden im Rahmen der Krise zu einem europäischen Thema. Die Ineffizienz der griechischen Steuerbehörden gilt als ein Grund für die griechische Finanzlage, welche die EU in den frühen 2010er Jahren an den Rand einer Katastrophe gebracht hat.[229] Wenngleich Griechenland nach internationalen Standards zu keinem Zeitpunkt ein schwacher oder gar gescheiterter Staat ist, fragen sich nicht zuletzt viele Griechen, ob Griechenland eine Art schwacher Staat sei, gemessen an europäischen Standards.[230]

Derartige Zweifel bestätigen viele Berichte, etwa die EU-Task-Force für Griechenland, welche bei den Anpassungsprogrammen der EU und des IWF helfen und die griechischen Reformbemühungen unterstützen sollte.[231] Diese Reformen, vereinbart mit europäischen und internationalen Partnern und beschlossen vom griechischen Parlament, haben Verbesserungen gebracht, kommen aber nur schleppend voran.[232] Laut Weltbank befindet sich Griechenland auch im Jahr 2019 beim Kriterium Rechtsstaatlichkeit nur im Perzentilrang 60,58 und beim Kriterium Korruptionsbekämpfung nur im Perzentilrang 56,25.[233]

Bei der Durchsetzung von Verträgen befindet sich Griechenland im *Doing Business*-Ranking der Weltbank auf Platz 146.[234] Auch Daten des Europarats zeigen die Schwächen der griechischen Ju-

229 Die Bekämpfung der Steuerhinterziehung ist seitdem zu einer der Prioritäten der EU geworden, vgl. Schlussfolgerungen des Europäischen Rates vom 23. Mai 2013 (EUCO 75/1/13 REV 1).

230 Kevin Featherstone, »The JCMS Annual Lecture: The Greek Sovereign Debt Crisis and EMU. A Failing State in a Skewed Regime«, in: *Journal of Common Market Studies* 49 (2011), S. 193-217; Nick Malkoutzis, »Is Greece a Failed State?«, Foreign Policy v. 02. 03. 2012.

231 Task Force for Greece, First Quarterly Report, SI(2011) 399/3, 14.

232 ⟨http://ec.europa.eu/economy_finance/assistance_eu_ms/greek_loan_facility/index_en.htm⟩, letzter Zugriff 01. 07. 2021.

233 World Bank, 2019 World Governance Indicators (Fn. 222).

234 World Bank, Doing Business ⟨https://www.doingbusiness.org/en/data/exploretopics/enforcing-contracts?data%2520PointCode=DB_ec_time/⟩, letzter Zugriff 01. 07. 2021.

dikative im Lichte der Artikel 6 und 13 EMRK. So bemängelt der EGMR im Fall *Vassilios Athanasiou u. a. ./. Griechenland* die griechische Unfähigkeit, zeitnahen und effizienten Rechtsschutz zu gewähren, und hebt die strukturellen Probleme hervor.[235] Er betont deren »chronische und anhaltende Natur« und weist darauf hin, dass die Situation in Griechenland »praktisch als Versagung von Rechtsschutz betrachtet werden kann«.[236] Trotz erheblicher Bemühungen und auch einiger Erfolge besteht das Problem fort.[237]

Ähnliche Bedenken werden gegenüber Italien geäußert.[238] Nach den *Worldwide Governance*-Indikatoren der Weltbank liegen viele italienische Institutionen deutlich unter dem europäischen Durchschnitt von Rechtsstaatlichkeit, sei es mit Blick auf die Effizienz der Regierung, die Kontrolle der Korruption oder die Länge von gerichtlichen Verfahren: Im Jahr 2019 liegt Italien in Sachen Rechtsstaatlichkeit und bei der Korruptionsbekämpfung nur knapp vor Griechenland.[239] Bekannt sind die Probleme der gerichtlichen Verfahrensdauer.[240] Bei der Durchsetzung von Verträgen befindet sich

235 EGMR, *Vassilios Athanasiou and others v. Greece*, App. No. 50973/08, Urteil v. 21. Dezember 2010; Vgl. ebenso die Piloturteile in den Fällen *Michelioudakis v. Greece*, App. No. 54447/10, Urteil v. 03. April 2012; *Glykantzi v. Greece*, App. No. 40150/09, Urteil v. 30. Oktober 2012.

236 Michael Mitsopoulos, Theodore Pelagidis, *Understanding the Crisis in Greece. From to Boom to Bust*, London 2011, S. 103 f.

237 European Commission, Commission Staff Working Document, 2020 Rule of Law Report, Country Chapter on the rule of law situation in Greece, Accompanying the document »Communication from the Commission to the European Parliament, the Council, the European Economic and Social Committee and the Committee of the Regions 2020 Rule of Law Report«, Brüssel, 30. 09. 2020, SWD (2020) 307 final, S. 4.

238 Zur italienischen Reformdiskussion Sabino Cassese, *L'Italia: una società senza stato?*, Bologna 2011, S. 82-94, 110; Marcello Clarich, »Riforme amministrative e sviluppo economico«, in: *Rivista trimestrale di diritto pubblico* (2020), S. 159-188; Lorenzo Casini, »Politica e amministrazione: ›the Italian Style‹«, in: *Rivista trimestrale di diritto pubblico* (2019), S. 13-38.

239 World Bank, 2019 World Governance Indicators (Fn. 222); Monica Delsignore, Margherita Ramajoli, »La prevenzione della corruzione e l'illusione di un'amministrazione senza macchia«, in: *Rivista trimestrale di diritto pubblico* (2019), S. 61-76.

240 European Commission, Commission Staff Working Document, 2020 Rule of Law Report Country Chapter on the rule of law situation in Italy, Accompanying the document »Communication from the Commission to the European Parliament, the Council, the European Economic and Social Committee and

Italien im *Doing Business*-Ranking der Weltbank auf Platz 122.[241] Das EU-Justizbarometer bestätigt diese Daten.[242]

Vergleichbare Probleme zeigen sich in Bulgarien und Rumänien, EU-Mitgliedstaaten seit 2007. Laut Weltbank sind Bulgarien und Rumänien mit großem Abstand die letzten aller neu beitretenden EU-Mitgliedstaaten unter dem Indikator *rule of law*.[243] Beide Länder schneiden unter den spezifischeren Indikatoren *Korruptionskontrolle*, *Regulierungsqualität* und *Effektivität der Regierung* schlecht ab. Die Mechanismen, mit denen die Europäische Union Beitrittskandidaten auf die Mitgliedschaft vorbereitet, waren also offensichtlich nicht ausreichend, um die Standards des Art. 2 EUV zu erreichen (§ 25). Daten des Europarats bestätigen die bulgarischen und rumänischen Probleme.[244]

Die Rechtsstaatlichkeitsprobleme dieser Staaten sind altbekannt. Über lange Zeit wurden sie aber kaum thematisiert und weitgehend hingenommen. Vielleicht ging man, sei es mit hegelianischer Geschichtsphilosophie, sei es mit der Modernisierungstheorie, davon aus, dass sie sich als Teil der europäischen Gesellschaft im Lichte des europäischen Mainstreams von Staatlichkeit wandeln würden. Dieses Vertrauen ist verflogen. Mitgliedstaatlicher Strukturwandel zu mehr Rechtsstaatlichkeit ist heute Gegenstand europäischer Politik.[245] Die Kommission hat 2016 ein eigenes Referat der Rechtsstaatspolitik eingerichtet und es gibt eine eigene Generaldirektion zur Unterstützung von Strukturreformen (GD REFORM). Bedeutenden zusätzlichen Schub bekommt dieser Strukturwandel durch

the Committee of the Regions 2020 Rule of Law Report«, Brüssel, 30. 09. 2020, SWD (2020) 311 final, S. 7.

241 World Bank, Doing Business (Fn. 234).

242 European Commission, The 2020 EU Justice Scoreboard, Communication from the Commission to the European Parliament, the Council, the European Central Bank, the European Economic and Social Committee and the Committee of the Regions COM (2020) 306, S. 8 ff.

243 World Bank, 2019 World Governance Indicators (Fn. 222), mit der Indikatorauswahl: 2014, *rule of law* und den zwölf im Jahr 2014 beigetretenen EU-Mitgliedstaaten.

244 Council of Europe, Committee of Ministers, Supervision of the Execution of Judgments and Decisions of the European Court of Human Rights 2020, 14th Annual Report of the Committee of Ministers, 2021, S. 58-59.

245 Emmanuel Crabit, Anna Perego, »L'État de droit. Une politique de l'Union européenne«, in: *Revue du droit de l'Union européenne* 20 (2019), S. 7-14.

zwei neue Instrumente zu Beginn der 2020er Jahre, von denen jedes schon für sich allein ein transformatives Potenzial aufweist: die europäische Staatsanwaltschaft und die Konditionalität zwischen EU-Förderung und Rechtsstaatlichkeit.[246]

Besonders viel ist mit Blick auf die griechische Justiz und Verwaltung geschehen, Erfolge sind zu verzeichnen.[247] Viele sind etwa der Auffassung, dass im Jahre 2021 die griechischen Behörden die Impfung der Bevölkerung gegen COVID-19 besser hinbekommen als die deutschen. Die Auflagen, die mit allen drei Rettungspaketen für Griechenland (2010, 2012, und 2015) kommen, haben wohl doch etwas bewirkt. Die meisten betreffen den Haushalt und Wirtschaftsreformen, aber einige die Stärkung des Staates, insbesondere der Verwaltung und der Justiz.[248] Es kommt unter anderem zu einer substantiellen Justizreform mit elektronischer Registrierung und elektronischer Verfolgung der Verfahren aller Gerichte, einer Reorganisation der Gerichtsorganisation und der Durchsetzung von Gerichtsentscheidungen.

Die erfolgreiche Bearbeitung dieser systemischen Defizite ist ein langwieriger transformativer Prozess.[249] Man kann ihn als einen transformativen Konstitutionalismus verstehen (§§ 45-47). Dies verlangt allerdings, die Stärkung von Justiz und Verwaltung nicht allein an Effektivitätskriterien auszurichten, sondern an dem breiten Begriff von Rechtstaatlichkeit des Art. 2 EUV (§ 29). Die europäische Rechtsstaatspolitik muss sich entscheiden, ob es ihr primär um das gute Funktionieren des Binnenmarkts und der Währungs-

246 Verordnung (EU) 2017/1939 des Rates vom 12. Oktober 2017 zur Durchführung einer verstärkten Zusammenarbeit zur Errichtung der Europäischen Staatsanwaltschaft; Verordnung (EU) 2020/2092 des Europäischen Parlaments und des Rates vom 16. Dezember 2020 über eine allgemeine Konditionalitätsregelung zum Schutz des Haushalts der Union.

247 Dionyssis G. Dimitrakopoulos, Argyris G. Passas, »Reforming Greece's Tax Administration during the Financial Crisis. The Paradox of Power Asymmetry«, in: *South European Society and Politics* 25 (2020), S. 27-48.

248 Michael Ioannidis, »The Judiciary«, in: Kevin Featherstone, Dimitri A. Sotiropoulos (Hg.), *The Oxford Handbook of Modern Greek Politics*, Oxford 2020, S. 117-136.

249 Sebastian Weinzierl, »Die EU-Task-Force für Griechenland. Internationale Beratung am Beispiel der griechischen Steuerverwaltung«, in: Ulf-Dieter Klemm, Wolfgang Schultheiß (Hg.), *Die Krise in Griechenland. Ursprünge, Verlauf, Folgen*, Frankfurt/M., New York 2015, S. 448-460, S. 458.

union geht oder aber um demokratische Rechtsstaatlichkeit. Sie sollte aus den Defiziten ihrer Transformationspolitik der 1990er Jahre lernen (§ 26).

Jürgen Habermas beschreibt die Moderne als ein unvollendetes Projekt.[250] Das bestätigt die Rechtsstaatlichkeit der europäischen Gesellschaft. Da Rechtsstaatlichkeit zum Kern moderner Staatlichkeit gehört (§ 29, § 35), ist in einigen mitgliedstaatlichen Gesellschaften der Strukturwandel der Staatswerdung (§ 5) noch nicht vollendet. Es ist keine kleine Ironie der Geschichte, dass einige nationale Gesellschaften erst als Teil der europäischen Gesellschaft mit ihrem Staatswerdungsprozess weiter vorankommen. Erst die hegelianische, also sowohl transformierende wie bewahrende (§ 4) Aufhebung ihrer Staatlichkeit in der europäischen Rechtsstaatlichkeit verspricht die Vollendung ihrer Rechtsstaatlichkeit. Nicht viel anders, wohl aber noch komplexer ist es bei der Demokratie.

250 Jürgen Habermas, *Die Moderne – ein unvollendetes Projekt. Philosophisch-politische Aufsätze 1977-1992*, Leipzig 1990.

D. Der mühsame Weg zum demokratischen Prinzip

§ 39 Die Debatten der ersten Periode

Der Weg zum demokratischen Prinzip ist noch mühsamer als zu dem der Rechtsstaatlichkeit. Denn immerhin setzt sich schon in den 1950er Jahren die Auffassung durch, dass rechtsstaatliche Anforderungen auf das Handeln der supranationalen Organe *unmittelbar* Anwendung finden (§ 35).[251] Eine bloß *mittelbare* Anwendung, das heißt eine rechtsstaatliche Einbindung nur der mitgliedstaatlichen Funktionsträger, die an der Erarbeitung oder Anwendung europäischer Rechtsakte mitwirken, gilt von Anfang an als unzureichend. Gleiches gilt für die Grundrechte, die, dank des EuGH, ab den späten 1960er Jahren die Gemeinschaftsorgane direkt verpflichten.[252]

Deutlich länger ist der Weg zum demokratischen Prinzip. Die Rechtsfrage, ob das Gemeinschaftsrecht hinreichend demokratisch legimitiert ist, erledigt lange der Verweis, dass die Integrationsgemeinschaft auf demokratisch verfassten Mitgliedstaaten aufbaut. Bis in die neunziger Jahre wird vertreten, dass die Gemeinschaft rechtlich keiner eigenen demokratischen Legitimation bedürfe.[253] Natürlich ist der demokratische Gedanke immer präsent, aber eben nicht als ein Rechtsprinzip.

Supranationale Demokratie bleibt lange ein fast exklusives Thema der Politik, der EuGH steht ganz im Hintergrund. Dabei for-

251 Als Auftakt EuGH, *Algera u. a./Assemblée commune*, Rs. C-7/56, Urteil v. 12. Juli 1957, ECLI:EU:C:1957:7, S. 118; Helmut Lecheler, *Der Europäische Gerichtshof und die allgemeinen Rechtsgrundsätze*, Berlin 1971.

252 Ingolf Pernice, *Grundrechtsgehalte im Europäischen Gemeinschaftsrecht. Ein Beitrag zum gemeinschaftsimmanenten Grundrechtsschutz durch den Europäischen Gerichtshof*, Baden-Baden 1979; Joseph H. H. Weiler, »Eurocracy and Distrust. Some Questions Concerning the Role of the European Court of Justice in the Protection of Fundamental Human Rights within the Legal Order of the European Communities«, in: *Washington Law Review* 61 (1986), S. 1103-1142; Giorgio Gaja, »Aspetti problematici della tutela dei diritti fondamentali nell'ordinamento comunitario«, in: *Rivista di diritto internazionale* (1988), S. 574-589.

253 Albrecht Randelzhofer, »Zum behaupteten Demokratiedefizit der Europäischen Gemeinschaft«, in: Peter Hommelhoff, Paul Kirchhof (Hg.), *Der Staatenverbund der Europäischen Union. Beiträge und Diskussionen des Symposions am 21./22. Januar 1994 in Heidelberg*, Heidelberg 1994, S. 39-56, S. 40.

dern keineswegs nur Verfechter europäischer Bundesstaatlichkeit eine eigene demokratische Legitimation der Gemeinschaft durch ein machtvolles Parlament.[254] Viele weitere Kräfte ziehen am selben Strang. Ein schönes Beispiel bietet der Bericht der Groupe Vedel aus dem Jahre 1972, zusammengesetzt aus dem *Who is Who* des europäischen öffentlichen Rechts.[255] Die Kommission ruft diese Gruppe ins Leben als Reaktion auf eine Entschließung des Rates, eine Wirtschafts- und Währungsunion zu verwirklichen. Der Bericht kommt zu dem Ergebnis, dass eine Parlamentarisierung der Gemeinschaft eine notwendige, wenngleich keineswegs hinreichende Voraussetzung zur demokratischen Begleitung dieser Entwicklung ist.

Dieser Bericht trifft den Punkt und verschafft sich Gehör. Schaut man auf das heutige Europäische Parlament, so haben sich seine Empfehlungen weitgehend durchgesetzt. Aber es gibt eben auch erhebliche Skepsis gegenüber einer europäischen Demokratie. Ein typischer Kompromiss zwischen den Auffassungen zeigt sich in dem alsbald auf den Bericht folgenden »Akt vom 20. September 1976 zur Einführung allgemeiner unmittelbarer Wahlen der Abgeordneten der Versammlung«, also des Europäischen Parlaments. Diese Direktwahl ist ein großer Schritt für das Projekt einer Demokratisierung durch Parlamentarisierung. Aber es findet sich in der Direktwahlakte nirgends der Terminus *Demokratie*, und das Organ wird weiterhin nur als *Versammlung* bezeichnet.[256] Die Rechtsprechung ist entsprechend vorsichtig: Erst ab den achtziger Jahren nutzt der EuGH das Demokratieprinzip, jedoch nur selten und ergänzend.[257]

254 Altiero Spinelli, *Rapporto sull'Europa*, Milano 1965.

255 Kommission der Europäischen Gemeinschaften, Bericht der ad hoc-Gruppe für die Prüfung der Frage einer Erweiterung der Befugnisse des Europäischen Parlaments. »Bericht Vedel«, Bulletin der Europäischen Gemeinschaften, Beilage 4/72; dazu Jochen Abr. Frowein, »Erinnerungen an die ›Groupe Vedel‹«, in: Ulrich Becker u. a. (Hg.), *Verfassung und Verwaltung in Europa. Festschrift für Jürgen Schwarze zum 70. Geburtstag*, Baden-Baden 2014, S. 57-62.

256 Amtsblatt der Europäischen Gemeinschaften Nr. L 278 vom 8. Oktober 1976, Akt über die Einführung allgemeiner unmittelbarer Wahlen der Abgeordneten der Versammlung v. 20. September 1976, S. 1.

257 EuGH, *Roquette/Rat*, Rs. C-138/79, Urteil v. 29. Oktober 1980, ECLI:EU:C:1980:249, Rn. 33; *Kommission/Rat*, Rs. C-300/89, Urteil v. 11. Juni 1991, ECLI:EU:C:1991:244, Rn. 20; zur Entwicklung Koen Lenaerts, »The principle of democracy in the case law of the European Court of Justice«, in: *International and Comparative Law Quarterly* 62 (2013), S. 271-315.

Der Weg des demokratischen Gedankens zum anerkannten Grundprinzip ist mühsam, weil er viele Kompromisse verlangt. Wichtige Kräfte wollen die Union transnational demokratisieren, andere haben aber erhebliche Vorbehalte. Diese Vorbehalte artikulieren und rationalisieren begriffliche Anfechtungen. Ein schwieriger Punkt ist uns bereits als Forderung kollektiver Identität als Voraussetzung einer Demokratie begegnet (§§ 31-34). Nicht weniger schwierig sind die kritischen Fragen nach dem demokratischen Subjekt, nach der Möglichkeit demokratischer Repräsentation ohne Volk und Wahlrechtsgleichheit, nach einer Majorisierung der Bürgerinnen und Bürger kleiner Völker, nach dem eigentlichen Sinn von Demokratie.

Kaum jemand personifiziert diese Zweifel wie Joseph Weiler. Er artikuliert sie in seinem geradezu kanonischen Beitrag »The Transformation of Europe« im *Yale Law Journal* von 1991.[258] Der Einfluss dieses Texts verdankt sich vielen Faktoren: seiner Publikation in einer der weltweit renommiertesten Zeitschriften, seinem Erscheinen just in der zweiten Sattelzeit des öffentlichen Europarechts, der Reputation seines Autors, seiner Prägnanz, seiner propositiven Enthaltsamkeit. Vor allem aber verwirft in ihm ein eigentlich proeuropäischer Autor die Standardlösung proeuropäischer Kräfte.

Weiler rekapituliert und bestätigt die Standarddiagnose des demokratischen Defizits. Sie lautet, dass der Bedeutungsgewinn der Exekutiven demokratietheoretisch problematisch sei, dass deren Kontrolle durch die mitgliedstaatlichen Parlamente nicht ausreiche, dass das Problem sich durch den Übergang zur Mehrheitsentscheidung im Rat Ende der 1980er Jahre noch verschärft habe (§ 20), dass soziale Kräfte einen nur ungleichen Zugang zu den Brüsseler Prozessen hätten. Aber er verwirft die proeuropäische Standardlösung, die dem Defizit mittels einer Stärkung des Europäischen Parlaments beikommen will. Er sieht die Stärkung des Europäischen Parlaments als einen Holzweg.

Weiler beschreibt die Stärkung als unzulänglich, weil essentielle demokratische Anforderungen wie »Nähe, Responsivität, Repräsentativität und Verantwortlichkeit« nicht verwirklicht seien.[259] Zu-

258 Weiler, »The Transformation of Europe« (Fn. 100); dazu die Beiträge in Miguel Poiares Maduro, Marlene Wind (Hg.), *The Transformation of Europe. Twenty-five Years on*, Cambridge 2017.

259 Weiler, »The Transformation of Europe« (Fn. 101), S. 2470 f.

dem verlange demokratische Legitimität ein Zugehörigkeitsgefühl. Weiler gehört in das Lager, das für eine funktionstüchtige Demokratie eine starke kollektive Identität verlangt (§ 32). Ich verstehe ihn dabei nicht als Hegelianer oder gar als Schmittianer, wohl aber im Rahmen des Kommunitarismus (§ 4).[260]

Nicht zuletzt warnt Weiler vor der dunklen Seite einer gelingenden Demokratisierung der Union: Sie könne zu einem europäischen Bundesstaat führen. Eine solche staatliche Gewalt kontinentalen Ausmaßes würde dann leicht den epochalen Zivilisationsgewinn der europäischen Integration verspielen, der in der Hegung des nationalstaatlichen Prinzips liege.

Weilers Alternative lautet letztlich, auf eine demokratische Union zu verzichten. Für ihn findet die Union ihre Legitimität darin, dass sie demokratisches Leben in den Mitgliedstaaten ermögliche, aber die dunklen Seiten des Nationalstaats zähme.[261] Gesellschaftlicher Sinn, Zugehörigkeit und Identität bleiben danach nationale Phänomene.

Den Vertragsgesetzgeber beeindruckt das nicht. Mit dem Vertrag von Maastricht will er, so die Präambel, die Demokratie in der Arbeit der Organe weiter stärken. Dabei setzt er auf eine Parlamentarisierung. Er adelt die Versammlung der Europäischen Gemeinschaft zum Parlament und weist diesem in vielen Politikbereichen eine gestaltende Rolle zu. Weiter führt er sogar eine Unionsbürgerschaft ein. Damit bringt er jedoch die Zweifler nicht zum Schweigen, sondern eröffnet eine neue Runde der Debatte, in der das demokratische Prinzip eine neue Rolle gewinnt: die der Verteidigung des Nationalstaats.

260 Vgl. zuletzt Joseph H. H. Weiler, »Not on Bread Alone Doth Man Liveth (Deut 8:3; Mat 4:4). Some Iconoclastic Views on Populism, Democracy, the Rule of Law and the Polish Circumstance«, in: Armin von Bogdandy u. a. (Hg.), *Defending Checks and Balances in EU Member States*, Berlin 2020, S. 3-13.

261 Joseph H. H. Weiler, *The Constitution of Europe. »Do the New Clothes Have an Emperor?« and Other Essays on European Integration*, Cambridge 1999, S. 249-251, S. 340-342; Joseph H. H. Weiler, »Bread and Circus. The State of European Union«, in: *Columbia Journal of European Law* 4 (1998), S. 223-248, S. 225.

Den ersten großen Beitrag zu dieser Debatte leistet der Zweite Senat des Bundesverfassungsgerichts. Ähnlich wie Weiler konzipiert er die europäische Demokratie vom nationalen Raum und Parlament her. Die Leitentscheidung findet sich im Maastricht-Urteil.[262] Obwohl das Urteil den Vertrag nicht kippt, legt es die Grundlage für strukturellen richterlichen Widerstand gegen den Legitimations- und Machtgewinn europäischer Institutionen.[263] Die Rechtsprechungslinie ist oben vorgestellt (§ 33). Hier sei ihr Schlüsselargument vertieft, das demokratische Prinzip.

Der Zweite Senat erlässt das Maastricht-Urteil am 12. Oktober 1993. Wir befinden uns in der zweiten Sattelzeit des europäischen öffentlichen Rechts (§ 20). Der Eiserne Vorhang ist gerade gefallen. Mit der Aushandlung und der Ratifikation des Vertrags von Maastricht hat die europäische Politik die große Bühne betreten. Und sie bietet sogleich einen Thriller: Man erinnere nur das Scheitern des ersten dänischen Referendums und den hauchdünnen Ausgang des französischen Referendums. Das Karlsruher Verfahren ist Teil der europaweiten, teilweise leidenschaftlichen Kontroverse über Sinn oder Unsinn von mehr Europa. Der Ausgang der Kontroverse erscheint durchaus offen: Viele Wege scheinen möglich.[264]

Das gilt gerade für Deutschland. Denn hier verhandelt man zugleich die Frage, das gehört zum Thriller, wie sich das Land nach der Vereinigung der beiden Landesteile und der Wiedererlangung voller Souveränität positionieren soll.[265] Mit der Wiedervereinigung, der Globalisierung und dem Wegfall der sowjetischen Bedrohung könnte die europäische Integration ihren Sinn für Deutschland erschöpft haben. Vielleicht liegt eine plausiblere Zukunft in globalen

262 BVerfG, *Maastricht* (Fn. 51). Eine umfassende Darstellung der Prozessmaterialien bei Ingo Winkelmann (Hg.), *Das Maastricht-Urteil des Bundesverfassungsgerichts vom 12. Oktober 1993. Dokumentation des Verfahrens mit Einführung*, Berlin 1994.

263 Julio Baquero Cruz, »The Legacy of the Maastricht-Urteil and the Pluralist Movement«, in: *European Law Journal* 14 (2008), S. 389-422.

264 Zur europaweiten Diskussion Mark Franklin u. a., »Uncorking the Bottle. Popular Opposition to European Unification in the Wake of Maastricht«, in: *Journal of Common Market Studies* 32 (1994), S. 455-472.

265 Bino Olivi, *L'Europa difficile. Storia politica dell'integrazione europea 1948-2000*, Bologna 2000, S. 338 f., 341 f., 361 ff.

Abkommen, die zeitgleich in der Uruguay-Runde des GATT verhandelt werden und 1995 zur Welthandelsorganisation führen. Das Vereinigte Königreich entscheidet sich für diesen Weg fünfundzwanzig Jahre später. Die deutsche Politik hingegen optiert letztlich, und zwar mit überwältigender Mehrheit, für den europäischen Weg: 543 Abgeordnete des Bundestags stimmen für den Vertrag von Maastricht, nur 17 sind dagegen.

Damit unzufrieden sind Manfred Brunner, FDP-Politiker, vormals Kabinettchef des deutschen EG-Kommissars Bangemann, und Claudia Roth, später Bundesvorsitzende der Partei Bündnis 90/Die Grünen und Vizepräsidentin des Deutschen Bundestages. Sie erheben Verfassungsbeschwerde. In einer taktischen Meisterleistung wartet der Zweite Senat, bis er das letzte Wort hat: Alle Referenden sind gehalten, alle Parlamente haben entschieden, alle anderen Gerichte haben gesprochen. Die ganze europäische politische Öffentlichkeit blickt nach und auf Karlsruhe. Manchen ist dieser Karlsruher, und damit deutsche Protagonismus wohl peinlich: Bundespräsident Richard von Weizsäcker hat die Ratifikationsurkunde versandfertig in der Schublade. Schon am 13. Oktober 1993, am Tag nach dem Urteil, gibt die italienische Regierung als Depositarin den Eingang der deutschen Ratifikationsurkunde bekannt.

Die Entscheidung hat es in sich und rechtfertigt die Höchstspannung im Vorfeld. Zwar weist der Zweite Senat die Verfassungsbeschwerden gegen die Änderung des Grundgesetzes vom 21. Dezember 1992 und das Gesetz vom 28. Dezember 1992 zum Vertrag über die Europäische Union zurück. So räumt er das letzte Hindernis für einen Quantensprung des europäischen öffentlichen Rechts aus dem Weg. Zugleich aber positioniert er sich, weit mehr als alle anderen Gerichte (§ 33), als Vetoplayer: Er macht dem deutschen Integrationsgesetzgeber und den europäischen Institutionen Vorgaben, legt die Grundlage für absolute Grenzen, die er im Lissabon-Urteil konkretisiert. Letztlich beansprucht der Senat im Dienste der Demokratie die Letztentscheidung über die Weiterentwicklung Europas. Es handelt sich um eine der größten *power grabs* in der Geschichte der Verfassungsgerichtsbarkeit.

Das Urteil löst viele Stellungnahmen aus, sie füllen das gesamte Spektrum von großem Beifall[266] bis vehementer Ableh-

266 Peter M. Huber, »Das Kooperationsverhältnis zwischen BVerfG und EuGH in Grundrechtsfragen. Die Bananenmarktordnung und das Grundgesetz«, in:

nung.[267] Auch Joseph Weiler ist überaus kritisch, trotz eines Gleichklangs in vielen Punkten.[268] Das Urteil hat eine bis dahin wohl einzigartige europäische Rezeption. Die Karlsruher Entscheidung wird zu einem Eintrag in der Geschichte, in der die europäische Gesellschaft sich selbst hervorbringt (§ 2, § 4, § 32).

Die Ausführungen und Zweifel des Zweiten Senats sind bemerkenswert ambivalent. Im Urteil findet sich zum einen das Leitbild einer dualistischen demokratischen Legitimation der Unionsakte, in der sich der nationalstaatliche und der genuin europäische Legitimationsstrang gegenseitig ergänzen. Zum anderen aber zeichnet sich ein Leitbild ab, das Brun-Otto Bryde, später Richter des Ersten Senats des Bundesverfassungsgerichts, mit dem zuspitzenden Titel »Die bundesrepublikanische Volksdemokratie als Irrweg der Demokratietheorie« charakterisiert.[269]

Die so einflussreichen Zweifel seien näher geprüft. Meine Rekonstruktion folgt dabei dem Ansatz, dass der deduktive Argumentationsmodus juristischer Rationalität auch jenseits simpler Definitionen und Subsumtionen Anwendung finden kann.[270] Soweit

Europäische Zeitschrift für Wirtschaftsrecht (1997), S. 517-521, S. 518 ff.; Fritz W. Scharpf, *Regieren in Europa. Effektiv und demokratisch?*, Frankfurt/M., New York 1999, S. 19 f.; Trevor C. Hartley, *The Foundations of European Community Law*, Oxford 1998, S. 240; Hjalte Rasmussen, *The European Court of Justice*, Kopenhagen 1998, S. 272 ff.

267 Zusammenstellung bei Hans-Peter Folz, *Demokratie und Integration. Der Konflikt zwischen Bundesverfassungsgericht und Europäischem Gerichtshof über die Kontrolle der Gemeinschaftskompetenzen*, Berlin, Heidelberg 1999, S. 4; Tim Koopmans, »Rechter, D-mark en democratie. Het Bundesverfassungsgericht en de Europese Unie«, in: *Nederlands Juristenblad* 69 (1994), S. 245-251; Neil MacCormick, »The Maastricht-Urteil. Sovereignty Now«, in: *European Law Journal* 1 (1995), S. 259-266; Antonio López Castillo, *Constitución e integración. El fundamento constitucional de la integración supranacional europea en España y en la R.F.A*, Madrid 1996, S. 193 ff., 354 ff.; Federico Mancini, »Europa. Gründe für einen Gesamtstaat«, in: *Kritische Vierteljahresschrift für Gesetzgebung und Rechtswissenschaft* 81 (1998), S. 386-403, S. 393 f.

268 Joseph H. H. Weiler, »The State ›über alles‹. Demos, Telos and the German Maastricht Decision«, in: Ole Due u. a. (Hg.), *Festschrift für Ulrich Everling. Bd. 2*, Baden-Baden 1995, S. 1651-1688, S. 1654 f.

269 Brun-Otto Bryde, »Die bundesrepublikanische Volksdemokratie als Irrweg der Demokratietheorie«, in: *Staatswissenschaften und Staatspraxis* 5 (1994), S. 305-330.

270 Hans-Joachim Koch, Helmut Rüßmann, *Juristische Begründungslehre. Eine*

der Normtext allein eine interpretative Aussage nicht plausibilisiert, sind die maßgeblichen weiteren Prämissen darzulegen und zu begründen.

Da das Bundesverfassungsgericht nur eine Spruchkompetenz für das Grundgesetz hat, muss die erste Prämisse des Urteils eine Bestimmung des Grundgesetzes bilden. Der Zweite Senat bestimmt als Ausgangspunkt Art. 38 Abs. 1 und 2 GG; die Rügen der Verletzung weiterer Rechte erklärt er als unsubstantiiert und unzulässig (S. 182). Damit fokussiert er die Problematik der Union auf das demokratische Prinzip. Diese Fokussierung ist enorm erfolgreich: Das Wie der europäischen Demokratie wird für die ganze europäische Gesellschaft zur Schlüsselfrage. Man kann sich fragen, wie die weitere Entwicklung des Europarechts gewesen wäre, wenn das italienische oder spanische Verfassungsgericht stattdessen dem Grundsatz der Solidarität eine ähnliche diskursive Macht zugesprochen hätten.[271]

Der Zweite Senat setzt mit Art. 38 Abs. 1 und 2 GG ein. In der Norm findet sich allerdings nichts zur Europäischen Union: Sie gewährleistet vielmehr das aktive und passive Wahlrecht zum deutschen Bundestag. Der Senat setzt dort an, weil die Verletzung dieser Rechte, anders als eine Verletzung des demokratischen Prinzips (Art. 20 Abs. 1 und 2 GG), mittels einer Verfassungsbeschwerde gerügt werden kann. Der Senat folgert in einem gewaltigen Sprung aus dem Wahlrecht zum Bundestag ein Recht auf bestimmte staatsorganisatorische Strukturen (S. 171 f., 182). Auf dieser schmalen Grundlage positioniert er sich als europapolitischer Entscheider: Eine massive Kompetenzausweitung, die massiv kritisiert wird.[272]

Die zweite Prämisse ist eine Definition des unantastbaren Kerns der Demokratie. Der Zweite Senat paraphrasiert dafür Art. 20 Abs. 2 S. 1 GG: »Alle Staatsgewalt geht vom Volke aus.« Danach »gehört« zum »nicht antastbaren Kern des Demokratieprinzips,

Einführung in Grundprobleme der Rechtswissenschaft, München 1982, S. 5 f., 69, 221 ff.

271 Zur kontrafaktischen Methode im Recht Ingo Venzke, »What if? Counterfactual (Hi)Stories of International Law«, in: *Asian Journal of International Law* 8 (2018), S. 403-431.

272 Winkelmann (Hg.), *Das Maastricht-Urteil des Bundesverfassungsgerichts* (Fn. 262), S. 61 ff.; Christian Tomuschat, »Die Europäische Union unter Aufsicht des Bundesverfassungsgerichts«, in: *Europäische Grundrechte-Zeitschrift* (1993), S. 489-496.

daß die Wahrnehmung staatlicher Aufgaben und die Ausübung staatlicher Befugnisse sich auf das Staatsvolk zurückführen lassen und ihm gegenüber verantwortet werden«. Man beachte die kleine, aber wichtige Ergänzung: Art. 20 GG spricht von Volk, der Senat von »Staatsvolk« (S. 182). Wie hochselektiv und bedeutsam dieser Konkretisierungsschritt ist, hat Brun-Otto Brydes Artikel herausgearbeitet. Allerdings ist der Zweite Senat klug genug, den Begriff der Demokratie nicht vollständig zu definieren. Das Verb *gehört* zeigt, dass er nur partiell definiert. Damit bleibt Demokratie jenseits eines Staatsvolks für den Senat begrifflich und grundgesetzlich möglich.

Die zweite Prämisse definiert Demokratie formal, mittels Rückführbarkeit und Verantwortung. Die dritte Prämisse qualifiziert diesen Zurechnungszusammenhang, indem sie einen »hinreichend effektiven Gehalt an demokratischer Legitimation« fordert und damit ein materielles Kriterium einführt. Diese Prämisse rechtfertigt ein Verweis auf eine frühere Entscheidung. Den theoretischen Hintergrund bilden Schriften des mitentscheidenden Verfassungsrichters Ernst-Wolfgang Böckenförde, insbesondere seine Theorie der Legitimationsketten, einer seiner großen Beiträge in der bundesrepublikanischen Urbanisierung von Schmitts Rechtsdenken (§ 4).[273]

Damit trifft der Senat eine weitreichende Entscheidung. Die Legitimationskettendogmatik zeigt, dass er die damalige Gemeinschaft, die heutige Union, als eine verwaltungsrechtliche Einrichtung konzipiert. Denn die Grundlage seiner Argumentation ist der Gesetzesvorbehalt, ein wichtiger verfassungsdogmatischer Baustein zur Demokratisierung der deutschen Verwaltung (§§ 16-19).[274] Auch die *ultra vires*-Kontrolle des Zweiten Senats baut auf einer verwaltungsrechtlichen Dogmatik auf, diesmal des englischen Verwaltungsrechts,[275] ebenso wie seine spätere Dogmatik des »Einfluss-

273 Ernst-Wolfgang Böckenförde, »Demokratie als Verfassungsprinzip«, in: Josef Isensee, Paul Kirchhof (Hg.), *Handbuch des Staatsrechts der Bundesrepublik Deutschland. Bd. II*, Heidelberg 2004, S. 429-496, Rn. 11 ff.

274 Ausf. Armin von Bogdandy, *Gubernative Rechtsetzung. Eine Neubestimmung der Rechtsetzung und des Regierungssystems unter dem Grundgesetz in der Perspektive gemeineuropäischer Dogmatik*, Tübingen 2000, S. 183 ff., 186.

275 Näher Robert Thomas, »Verwaltungsgerichtsbarkeit im Vereinigten Königreich von Großbritannien und Nordirland. § 139«, in: Armin von Bogdandy u. a. (Hg.), *Handbuch Ius Publicum Europaeum. Bd. VIII. Verwaltungsgerichtsbarkeit in Europa. Institutionen und Verfahren*, Heidelberg 2019, S. 827-904, Rn. 84 ff.;

knicks«.[276] Die Union ist aber ein transnationaler politischer Verband mit einem eigenen Parlament, also etwas ganz anderes als eine deutsche Verwaltung. Die Probleme des verwaltungsrechtlichen Ansatzes habe ich bei Ipsens Zweckverbandslehre dargelegt (§ 18).

Die vierte Prämisse besagt, dass Art. 20 Abs. 2 GG weder souveränitätswahrende Einstimmigkeitsregeln noch eine Gestaltung der Union nach dem Muster des deutschen Staatsorganisationsrechts verlangt. Der Senat begründet das mit einer systematischen Interpretation des Art. 20 Abs. 2 GG im Lichte des Art. 23 Abs. 1 GG (S. 183). Eine gegenteilige Auslegung wäre absurd gewesen: Immerhin bekundet die Präambel des Grundgesetzes den Willen des deutschen Volkes, »Glied in einem vereinten Europa« zu sein. Der Senat macht klar, dass er nationale demokratische Souveränität und europäische Integration nicht als ein Nullsummenspiel versteht. Er sieht durchaus den Freiheitsgewinn (§ 30).

Die fünfte Prämisse qualifiziert die vierte. Sie verlangt, die vom deutschen Volk ausgehende Legitimation und Einflussnahme auf den politischen Prozess des überstaatlichen Verbands zu sichern. Demokratie und Machtpolitik fahren somit parallel. Geboten ist vor allem zweierlei: Das Zustimmungsgesetz darf nicht die Kompetenz zur Kompetenzentwicklung (Kompetenz-Kompetenz) übertragen und der Rat muss ein zentrales Entscheidungsorgan auf der supranationalen Ebene bleiben (S. 184).

Die Begründung dieser Prämisse wird stark kritisiert. Die Fokussierung auf den Kollektivsingular *Volk* sei der falsche Ausgangspunkt; die eigentliche Fragestellung sei, adäquate Partizipationschancen der Bürgerinnen und Bürger zu eröffnen.[277] Ich teile diese

Martin Shapiro, *Courts. A Comparative and Political Analysis*, Chicago 1981, S. 116.

276 BVerfG, *OMT-Programm* (Fn. 75), Rn. 131; vorbereitend Peter M. Huber, »Das europäisierte Grundgesetz«, in: *Deutsches Verwaltungsblatt* (2009), S. 574-582, S. 576; zur verwaltungsrechtlichen Figur Frido Wagener, »Typen der verselbständigten Erfüllung öffentlicher Aufgaben«, in: ders. (Hg.), *Verselbständigung von Verwaltungsträgern*, Bonn 1976, S. 31-50, S. 40.

277 Bryde, »Die Volksdemokratie als Irrweg der Demokratietheorie« (Fn. 269), S. 308 f., 324; Habermas, *Faktizität und Geltung* (Fn. 12), S. 141 f.; Manfred Zuleeg, »What Holds a Nation Together? Cohesion and Democracy in the United States of America and in the European Union«, in: *The American Journal of Comparative Law* 45 (1997), S. 505-526, S. 523 f. (Zuleeg war seinerzeit der deutsche Richter am EuGH).

Kritik im Grundsatz, weise jedoch auf dreierlei hin. Erstens muss dieser Volksbegriff nicht völkisch, sondern kann auch als eine Gesamtheit wahlberechtigter Subjekte gelesen werden. Zweitens ist die vom Zweiten Senat gewählte Definition eine nur partielle, so dass weitere Mechanismen demokratischer Legitimation möglich bleiben. Drittens hat der Vertragsgesetzgeber die Bedeutung der Völker immer unterstrichen.

Weitere Kritik entzündet sich daran, dass der Senat die Union als Staatenverbund qualifiziert. Der Begriff des Staatenverbunds ebenso wie der parallele Begriff des Verbunds souverän bleibender Staaten (S. 184 und passim) minimiert die Union zu einem eigenständigen Herrschaftsträger und betont die Mitgliedstaaten. Der Begriff hat im Urteil zunächst einmal einen nur beschreibenden Charakter (S. 188 f.). Normative Funktion hätte der Staatenverbund allerdings, sollte aus ihm ein grundgesetzliches Gebot folgern, die demokratische Legitimation der Union in erster Linie über den Bundestag herzustellen.

Ob dem Begriff Staatenverbund diese gewaltige Rolle zukommt, bleibt in dem Urteil ambivalent. Der dritte Absatz auf Seite 184 weist in diese Richtung. Der vierte Absatz stützt hingegen eine Interpretation, die diese enorme Beschränkung der weiteren Entwicklung der Union vermeidet und eine europäische Demokratie in der Union als weiteren Weg skizziert. Wie gezeigt, folgen spätere Entscheidungen des Zweiten Senats der ersten Linie (§ 32),[278] mündend in der dogmatischen Figur des »Einflussknicks«.[279] Der Vertragsgesetzgeber geht hingegen den zweiten, den europäischen Weg (§§ 42-44).

Soll der Staatenverbund ein Rechtsbegriff sein, bedarf er einer dogmatischen Begründung. Der Senat führt Art. A Abs. 2 EUV, Art. B Abs. 1 EUV und Art. C Abs. 1 EUV an. Dort steht allerdings nichts von einem Staatenverbund, und es macht auch keinen Sinn, in diesen Bestimmungen Schranken für die weitere Entwicklung der Union zu suchen. Ein Primat nationalstaatlicher Demokratie könnte allenfalls aus dem Grundgesetz fließen. Dazu

278 Zur Rechtsprechung zur Eurorettung Farahat, *Transnationale Solidaritätskonflikte* (Fn. 109), S. 181 ff.

279 Anders aber die Grundtendenz bei Gerichtspräsident Andreas Voßkuhle, »Über die Demokratie in Europa«, in: *Aus Politik und Zeitgeschichte* 62 (2012), S. 3-9.

findet sich aber in dem Urteil nichts.[280] Der achtköpfige Senat lässt dem Begriff Staatenverbund keine eigenständige rechtliche Funktion zukommen. Dieses Ergebnis bestätigt die terminologische Varianz: Das Urteil beschreibt den an einer Stelle als »Staatenverbund« bezeichneten Sachverhalt auch als »Rechtsverbund einer zwischenstaatlichen Gemeinschaft« (S. 183). Eine solche Bezeichnungsvielfalt wäre unvertretbar, wäre der Staatenverbund ein Rechtsbegriff.

Letztlich finden sich in dem einstimmig ergangenen Urteil zwei unterschiedliche Demokratiekonzeptionen. Sie verstehen sich vor dem Hintergrund der drei großen Konzeptionen zum Umgang mit der demokratischen Frage in der europäischen Integration. Man mag zuspitzend von einem bundesstaatlichen Lager, einem pluralistischen Lager und einem nationalstaatlichen Lager sprechen.

Das bundesstaatliche Lager sieht die Frage der demokratischen Legitimation der Europäischen Union als eine Frage der politischen Entscheidung und drängt auf ein Europäisches Parlament, das wie die belgische Abgeordnetenkammer, der deutsche Bundestag oder der österreichische Nationalrat die demokratische Hauptlast trägt.[281] Eine Stimme dieses Lagers spricht nicht durch das Urteil des Zweiten Senats. Der Europäische Gerichtshof für Menschenrechte hat sich in seiner Entscheidung in der Rechtssache *Matthews/Vereinigtes Königreich* im Sinne dieser ersten Auffassung ausgesprochen. Die Begründung, die sich stellenweise als eine implizite Kritik des Maastricht-Urteils des Bundesverfassungsgerichtes in die-

280 Vgl. aber die entsprechenden Schriften des Berichterstatters Paul Kirchhof, »§ 183. Der deutsche Staat im Prozeß der europäischen Integration«, in: ders., Josef Isensee (Hg.), *Handbuch des Staatsrechts der Bundesrepublik Deutschland, Bd. VII. Normativität und Schutz der Verfassung – Internationale Beziehungen*, Heidelberg 1992, S. 855-888, Rn. 50 ff.; ders., »Das Maastricht-Urteil des Bundesverfassungsgerichts«, in: Peter Hommelhoff, Paul Kirchhof (Hg.), *Der Staatenverbund der Europäischen Union. Beiträge und Diskussionen des Symposions am 21./22. Januar 1994 in Heidelberg*, Heidelberg 1994, S. 11-25, S. 12 f.

281 Martin Schulz, »Parlamente in Not?«, in: Claudio Franzius u. a. (Hg.), *Modelle des Parlamentarismus im 21. Jahrhundert. Neue Ordnungen von Recht und Politik*, Baden-Baden 2015, S. 35-43, S. 42 f.; Ulrike Guérot, *Warum Europa eine Republik werden muss! Eine politische Utopie*, Bonn 2016, S. 81 ff.; Guy Verhofstadt, *Europe's Last Chance. Why the European States Must Form a More Perfect Union*, New York 2017, S. 229 ff.

sem Punkte liest, begreift das Europäische Parlament nicht als nur das stützende, sondern das zentrale demokratische Organ.[282]

Die pluralistische Sichtweise unterscheidet sich von der bundesstaatlichen dadurch, dass sie auf eine dualistische Legitimationsstruktur abstellt. Ich lese das Urteil so, dass die Würdigung des Europäischen Parlaments auf den Seiten 184-186 mit dieser Sichtweise und der Stoßrichtung des Vedel-Berichts (§ 39) kompatibel ist. Der Senat betont hier die »Notwendigkeit« des Europäischen Parlaments, von dem bereits derzeit demokratische Legitimation ausgehe. Seine legitimierende Rolle werde noch gestärkt, wenn sich einige plausible »vorrechtliche Voraussetzungen« realisieren, etwa eine europäische öffentliche Meinung in einem europäischen Kommunikationsraum.

Eine die weitere Verfassungsentwicklung beschränkende Formel könnte sich allerdings in der Aussage finden, die demokratische Legitimation habe »zuvörderst« über die nationalen Parlamente zu erfolgen (S. 184 und Leitsatz 3a). Zweierlei spricht jedoch gegen eine derartige Lesart: Erstens fehlt es an einer rechtlichen Grundlage und zweitens fährt der Senat mit »Indessen« fort. »Zuvörderst« beschreibt also die Legitimationsstruktur im Jahre 1993. Das überzeugt: Niemand dürfte bestreiten, dass 1993 die demokratische Legitimation der Union »zuvörderst« über die staatlichen Parlamente erfolgt, welche die Verträge ratifizieren und die Regierungsvertreter im Rat legitimieren und kontrollieren.

Auch dem Wort »ergänzend« in diesem vierten Abschnitt ist kein Primat nationaler Legitimation zu entnehmen. Es geht um die Notwendigkeit einer legitimatorischen Abstützung durch das Europäische Parlament. Es würde die Bedeutung dieses Satzes geradezu auf den Kopf stellen, ihm, der die wachsende Rolle des Europäischen Parlamentes nachzeichnet, ein Gebot der Zweitrangigkeit dieses Organs unterschieben zu wollen. So diagnostiziert der Senat hier die schrittweise Verwirklichung einer dualen Legitimationsstruktur. Entsprechend schreibt er wenig später, dass die demokratische Legitimation durch das Europäische Parlament »im Maße

282 EGMR, *Matthews v. United Kingdom*, App. No. 24833/94, Urteil v. 18. Februar 1999, ECHR 1999-I, Rn. 52; Georg Ress, »Das Europäische Parlament als Gesetzgeber. Der Blickpunkt der Europäischen Menschenrechtskonvention«, in: *Zeitschrift für Europarechtliche Studien* 2 (1999), S. 219-230, S. 226 (Ress war seinerzeit der deutsche Richter am EGMR).

des Zusammenwachsens der europäischen Nationen zunehmend« zu der Rückkoppelung über die nationalen Parlamente hinzutritt.

Dieses offene Verständnis verliert sich aber im zweiten Absatz der Seite 186 zugunsten nationalstaatlicher Elemente. Nun vermitteln auf einmal allein die Staatsvölker die Legitimation. Der körperschaftliche Charakter der Union verschwindet ebenso wie die Legitimation über das Europäische Parlament. Das Staatsvolk als maßgebliches Subjekt der Demokratie erstarkt zum dominierenden Angelpunkt. Nirgends aber stellt das Urteil, anders als spätere Entscheidungen des Zweiten Senats, die Parlamentsqualität des Europäischen Parlaments und dessen demokratische Rolle in Frage.

§ 41 Homogenität und Hellers Europa

Allerdings gibt es auch den wohl berühmtesten und meistdiskutierten Satz des Urteils auf Seite 186. Diese Prominenz verdankt sich dabei nicht nur seiner Aussage, sondern auch dem angeführten Nachweis. »Die Staaten bedürfen«, so postuliert der Senat, »hinreichend bedeutsamer eigener Aufgabenfelder, auf denen sich das jeweilige Staatsvolk in einem von ihm legitimierten und gesteuerten Prozeß politischer Willensbildung entfalten und artikulieren kann, um so dem, was es – relativ homogen – geistig, sozial und politisch verbindet (vgl. hierzu H. Heller, Politische Demokratie und soziale Homogenität, Gesammelte Schriften, 2. Band, 1971, S. 421 [427 ff.]), rechtlichen Ausdruck zu geben.«[283] Damit nimmt der Senat das zentrale Thema der Homogenität aus Böckenfördes berühmtem Aufsatz zu den Voraussetzungen eines freiheitlichen Staates auf (§ 4).

Wird dadurch Nationalstaatlichkeit zum Fluchtpunkt des Demokratieprinzips erhoben? Nun geht es dem Senat an dieser Stelle gar nicht um den europäischen demokratischen Prozess, sondern um den deutschen. Der Senat behauptet nicht, dass die »relative Homogenität« oder gar die Nationalstaatlichkeit unabdingbare Voraussetzungen für jedweden demokratischen Prozess seien. Zugleich aber ist es der einzige demokratietheoretische Nachweis. Das

283 Dazu Mancini, »Europa« (Fn. 267), S. 393 f.; Weiler, »The State ›über alles‹« (Fn. 268), S. 1654 f.; Jürgen Schwarze, »Europapolitik unter deutschem Verfassungsrichtervorbehalt«, in: *Neue Justiz* 48 (1994), S. 1-5.

legt nahe, dass diese Quelle das Demokratieverständnis des Senats speist. Aber die Spekulation geht noch weiter, nämlich so weit, dass die eigentliche Quelle gar nicht der Text des aufrechten Demokraten Hermann Heller ist, sondern eine Quelle in der Quelle: Heller zitiert Carl Schmitts *Der Begriff des Politischen*.[284] Im Lichte dieses Schmitt-Textes ist die supranationale Demokratisierung der Union in der Tat ein Holzweg (§ 14).

Die Gründe meiner Ablehnung dieses Ansatzes habe ich bereits dargelegt (§ 33). An dieser Stelle sei gezeigt, dass der vom Zweiten Senat zitierte und autorisierte Heller-Text Wasser auf meine Mühlen ist.

Hellers Schrift erörtert die Voraussetzungen einer Demokratie angesichts der Klassengegensätze der Weimarer Republik. Sicherlich, Heller sieht, wie viele Theoretiker der hegelianischen Tradition,[285] eine kollektive Identität als unerlässlich für eine funktionstüchtige Demokratie (§ 32). Aber er schiebt die traditionellen identitätsstiftenden Faktoren wie gemeinsame Sprache, Geschichte, Kultur als Phänomene der Vergangenheit beiseite, und zwar in der extremsten Vergangenheitsform, im Plusquamperfekt: »In der europäischen Neuzeit [...] waren gemeinsame Sprache, gemeinsame Kultur und politische Geschichte die wichtigsten Faktoren der sozialpsychologischen Angleichung gewesen.«[286] Das dem Katholiken Böckenförde so wichtige Christentum erwähnt der Jude Heller überhaupt nicht.[287]

In der Weimarer Republik, so Heller, kommt es auf etwas ganz anderes an, die Lebenstüchtigkeit der demokratischen Republik hängt an einem einzigen Faden: Die herrschenden Klassen müssen der Arbeiterklasse glaubhaft vermitteln, in den Verfahren und unter den Prinzipien der Reichsverfassung ihre Lage verbessern zu können. Spätere Forschung hat diesen Nexus von demokratischer

284 Das führt zu einem schlimmen Verdacht: Markus Dirk Dubber, »The German Jury and the Metaphysical *Volk*. From Romantic Idealism to Nazi Ideology«, in: *American Journal of Comparative Law* 43 (1995), S. 227-271, S. 259 ff.

285 Hermann Heller, »Hegel und die deutsche Politik«, in: *Zeitschrift für Politik* 13 (1924), S. 132-143.

286 Hermann Heller, »Politische Demokratie und soziale Homogenität (1928)«, in: Martin Drath, Christoph Müller (Hg.), *Gesammelte Schriften. Bd. 2*, Leiden 1971, S. 421-434, S. 429.

287 Wohl aber Joseph H. H. Weiler, *Ein christliches Europa. Erkundungsgänge*, Salzburg 2004.

Stabilität und materieller Lage bestätigt.[288] Die politisch-integrative Funktion der Nation schätzt Heller hingegen gering und er postuliert sogar einen europäischen Bundesstaat als politische Option. Schon 1928, also vor der Katastrophe des Zweiten Weltkriegs, schreibt er, »daß im Nachkriegseuropa der Gedanke des souveränen Nationalstaats bei allen Klassen sehr viel an Überzeugungskraft eingebüßt hat. Der herrschenden Klasse selbst ist die Frage höchst problematisch geworden, ob der heutige Nationalstaat der Selbsterhaltung der Nation besser dient als ein europäischer Bundesstaat. Sehr bald wird sich auch aus diesem Grunde die nationale Idee als ungenügend erweisen, die demokratische Einheitsbildung zu legitimieren.« (S. 433)

Die Ironie dieses Zitats sei abschließend nochmal herausgestellt: Hermann Heller, die wichtigste demokratietheoretische Autorität des Zweiten Senats, sieht bereits vor der Katastrophe des Zweiten Weltkriegs einen europäischen Bundesstaat als plausible Option, um die gesellschaftlichen Konflikte konstruktiv zu bearbeiten.[289] Ein solcher Bundesstaat kann, so Heller, eine verfassungsgestützte Identität aufbauen, wenn er demokratisch *soziale* Rechtsstaatlichkeit verwirklicht.[290] Das liegt ziemlich nah bei dem, was der Vertragsgesetzgeber im Vertrag von Amsterdam von 1997 und noch deutlicher im Vertrag von Lissabon von 2007, nach der Erfahrung des Faschismus, des Nationalsozialismus, des iberischen und griechischen Autoritarismus sowie des Sowjetkommunismus, in Art. 2 EUV als Grundprinzipien niederlegt und der Union in Art. 3 Abs. 1 EUV zu verwirklichen aufgibt.

288 Daron Acemoglu, James A. Robinson, *Why Nations Fail. The Origins of Power, Prosperity and Poverty*, London 2013; Daron Acemoglu u. a., »Democracy Does Cause Growth«, in: *Journal of Political Economy* 127 (2019), S. 47-100.

289 Zum Diskussionskontext der Weimarer Zeit Andreas Osiander, »Missionare oder Analytiker? Versuch einer Neubewertung der ›idealistischen‹ Schule in der Lehre von den internationalen Beziehungen«, in: Jens Steffek, Leonie Holthaus (Hg.), *Jenseits der Anarchie. Weltordnungsentwürfe im frühen 20. Jahrhundert*, Frankfurt/M., New York 2014, S. 25-72.

290 Heller, *Rechtsstaat oder Diktatur?* (Fn. 56), S. 9, 26.

E. Demokratie der vielen Vermittlungen

Die Rettung der nationalen durch eine europäische Demokratie, die Hermann Heller schon 1928 sieht, aber auch die Zweifel an einer supranationalen Demokratie, die Weiler und der Zweite Senat zu Beginn der 1990er Jahre artikulieren, sind Ausdruck der beiden paradigmatischen Positionen in der europäischen Gesellschaft der zweiten Sattelzeit. In den folgenden Jahren beschäftigt sich die europäische Gesellschaft intensiv mit diesem kontroversen Thema.[291] 2007 unterbreitet der Vertragsgesetzgeber dann im Vertrag von Lissabon eine Vermittlung, deren Struktur sich aus den Art. 2 und 9 bis 12 EUV erschließt: eine Demokratie der vielen Vermittlungen. Er entscheidet zugunsten eines komplexen Regierungssystems, dem konstitutiv genau das fehlt, was autoritäre und hybride Regime oft als Demokratie versprechen: demokratische Unmittelbarkeit.[292]

Der Vertragsgesetzgeber bestimmt, dass die Union als eine repräsentative Demokratie operieren soll (Art. 10 Abs. 1 EUV). Um diese Entscheidung konzeptionell nachzuvollziehen, bedarf es einer Rekonstruktion des Demokratiebegriffs. Sie darf nicht apologetisch sein, wenn sie die Normativität des Rechts nicht verraten will (§ 4), sondern muss einen juristischen Weg zwischen Utopie und Anpassung bahnen.[293] Sicherungen bietet dabei die Rechtsvergleichung, da das demokratische Prinzip des Art. 2 EUV im Lichte der gemeinsamer Verfassungsüberlieferungen der Mitgliedstaaten zu verstehen ist (§ 34, § 74). Eine Rekonstruktion muss sich mit diesen Überlieferungen vermitteln lassen.

Zunächst ist zu zeigen, wie es repräsentative Institutionen ohne ein europäisches Staatsvolk geben kann und wen sie überhaupt re-

291 Zu den Positionen Beate Kohler-Koch, Berthold Rittberger, »Charting Crowded Territory. Debating the Democratic Legitimacy of the European Union«, in: dies. (Hg.), *Debating the Democratic Legitimacy of the European Union*, Lanham 2007, S. 1-29.

292 Günter Frankenberg, *Autoritarismus. Verfassungstheoretische Perspektiven*, Berlin 2020, S. 255 ff.

293 Fritz W. Scharpf, *Demokratietheorie zwischen Utopie und Anpassung*, Konstanz 1970; Daniel Innerarity, *Democracy in Europe. A Political Philosophy of the EU*, London 2018, S. 61 ff.

präsentieren (1.). Sodann geht es darum, wie Wahlen ohne Wahlrechtsgleichheit ein repräsentatives Parlament, exekutiv besetzte Räte eine repräsentative Legislative und die vielgescholtenen Triloge eine demokratische Gesetzgebung ergeben können (2). Abschließend kommt möglicher weiterer Strukturwandel zur Sprache (3).

§ 42 In wessen Namen?

Demokratie bedeutet, etymologisch betrachtet, Herrschaft des Volkes. Die Verträge postulieren aber kein europäisches Volk und auch keine europäische Staatsnation (§ 2, § 12).[294] Gleichwohl bestimmt der Vertragsgesetzgeber die Union zu einer repräsentativen Demokratie. Wandelt er auf einem begrifflichen und politischen Irrweg? Baut er pseudodemokratische Institutionen, gleichsam potemkinsche Dörfer einer nur vorgeblich demokratischen Gesellschaft?

Mir scheint eine andere Lesart plausibler: Dem Vertragsgesetzgeber gelingt, was Badura 1964 als den Schlüssel für eine demokratische Zukunft identifiziert (§ 27), nämlich eine befreiende Sprengung des nationalstaatlichen Gehäuses der Demokratie, inklusive ihrer Theorie.[295] Diese Sprengaktion jagt nicht das bestehende Gebäude aus Institutionen, Theorien und Dogmatiken in die Luft. Sie schafft vielmehr Durchbrüche, die einen erweiternden Umbau erlauben. Dieser Umbau verbindet siebenundzwanzig nationalstaatliche Demokratien in einem neuen Haus, das, so Art. 2 EUV im Gleichklang mit Art. 23 Abs. 1 GG, mit seinem fast kontinentalen Ausmaß dem demokratischen Leben neuen Raum gibt.

Es erfolgt kein Neubau auf grüner Wiese, weder institutionell noch begrifflich. Der Vertragsgesetzgeber setzt vielmehr auf den bestehenden nationalen Institutionen und der überkommenen Begrifflichkeit auf. So postuliert er zwar kein europäisches Volk,

294 Einen europäischen Demos postulieren gleichwohl Angela Augustin, *Das Volk der Europäischen Union. Zu Inhalt und Kritik eines normativen Begriffs*, Berlin 2000; EuGH, *Europäische Kommission/Polen u. a., verb. Rechtssachen C-115, 718 & C-719/17*, Schlussanträge von Generalanwältin Eleanore Sharpston v. 31. Oktober 2019, ECLI:EU:C:2019:917, Rn. 253, in Reaktion auf das Brexit-Votum.

295 Martin Nettesheim, »Demokratisierung der Europäischen Union und Europäisierung der Demokratietheorie«, in: Hartmut Bauer u. a. (Hg.), *Demokratie in Europa*, Tübingen 2005, S. 143-189.

spricht aber von den »Völkern Europas« (Art. 1 Abs. 2 EUV), die er sogar als die Völker der Union versteht (»ihren Völkern«, Art. 3 Abs. 1 EUV).

Der EU-Vertrag weist den mitgliedstaatlichen Völkern eine zentrale Rolle in der europäischen Demokratie zu. Der Vertragsgesetzgeber teilt Weilers und des Zweiten Senats Wertschätzung der nationalen Demokratie. Laut EU-Vertrag sind die Völker die demokratischen Subjekte, welche der Union mittels ihrer Ratifikation der Verträge, Beitritte und Finanzmittel (Art. 48 f. EUV, Art. 311 AEUV) sowie über ihre Regierungsmitglieder im Europäischen Rat und dem Rat (Art. 10 Abs. 2 UAbs. 2) demokratische Legitimität spenden. Die starke Rolle der nationalen Parlamente und der Räte hat eine demokratiesichernde Funktion: Sie begegnet der bereits von Kant artikulierten Sorge, eine kontinentale Regierung könnte sich als besonders despotisch erweisen.[296]

Der Volksbegriff spielt in der europäischen Gesellschaft weiterhin eine große Rolle, allerdings in einem neuen Stück. Das zeigt sich schon daran, dass der Vertragsgesetzgeber ihn nicht im Singular, sondern im Plural nutzt. Das impliziert einen Wandel im Demokratiebegriff, wie ein terminologischer Vorschlag anschaulich zum Ausdruck bringt: Er bezeichnet die Union als eine Völkerdemokratie, als eine *Demoicracy*.[297] Demokratie als *Demoicracy* ist keineswegs präzedenzlos und kein Verrat an der Sache. Für »People« in der US-Verfassung und im indischen Verfassungsrecht finden sich ähnliche Verständnisse.[298] Das nationalstaatliche Gehäuse war nie das einzige Haus der Demokratie.

Der Begriff der Völkerdemokratie, der *Demoicracy*, ist hilfreich,

296 Immanuel Kant, »Zum ewigen Frieden (1795)«, in: Karl Vorländer (Hg.), *Kleinere Schriften zur Geschichtsphilosophie, Ethik und Politik*, Hamburg 1964, S. 128-129.

297 Kalypso Nicolaïdis, »The new constitution as european ›demoi-cracy‹?«, in: *Critical Review of International Social and Political Philosophy* 7 (2004), S. 76-93; Francis Cheneval, Frank Schimmelfennig, »The Case for Demoicracy in the European Union«, in: *Journal of Common Market Studies* 51 (2013), S. 334-350.

298 Philipp Dann, Arun K. Thiruvengadam, »Comparing constitutional democracy in the European Union and India. An introduction«, in: dies. (Hg.), *Democratic Constitutionalism in India and the European Union. Comparing the Law of Democracy in Continental Polities*, Cheltenham, Northampton 2021, S. 1-40, S. 2; zu den USA oben, § 12.

aber unzulänglich. Er allein leuchtet die demokratischen Strukturen des EU-Vertrags nicht aus. Er erfasst, in der Metapher des Hauses, nur die seitlichen Durchbrüche, nicht aber das durch die Verbindung entstehende neue Gebäude mit seinem zusätzlichen Stockwerk.

Der Vertragsgesetzgeber stützt die demokratische Legitimation dieses neuen Gebäudes nicht allein auf die Völker, sondern zieht eine zusätzliche demokratische Statik ein: die Unionsbürgerschaft. Auch dieser Schritt beinhaltet keinen Verrat und ist auch nicht präzedenzlos. In einem der berühmtesten Aufsätze der bundesrepublikanischen Staatrechtslehre konzipiert Peter Häberle die deutsche Demokratie als eine »Bürgerdemokratie« und gerade nicht als eine »Volk-Demokratie«.[299]

Titel II des EU-Vertrags, die »Bestimmungen über die demokratischen Grundsätze«, beginnt in Art. 9 EUV mit der Unionsbürgerschaft (§ 12). Die rechtliche Etablierung einer transnationalen Bürgerschaft als demokratische Grundlage öffentlicher Gewalt bildet einen weiteren Durchbruch. Art. 10 EUV legt die Union auf die repräsentative Demokratie fest und bestimmt, dass die »Bürgerinnen und Bürger [...] unmittelbar im Europäischen Parlament vertreten« sind. Sie stehen als demokratische Subjekte neben den mitgliedstaatlichen Völkern.

Der Vertragsgesetzgeber baut die demokratische Legitimation der Unionsorgane auf die mitgliedstaatlichen Völker *und* die Unionsbürgerinnen und -bürger.[300] Das ist weit pluralistischer als »Im Namen des Volkes« (§ 64). Die demokratische Legitimation der EU wird nicht isoliert von einer Ebene aus gespendet, sondern aus einem Zusammenhang von Institutionen: Jener umfassenden Union, von der Art. 1 Abs. 2 EUV spricht (§ 11). Die demokratische Legitimation der Unionsorgane ist komplex, eine Gemeinschaftsleistung. Diese pluralistische Struktur wird nicht dadurch getrübt, dass es letztlich dieselben Individuen sind, die im Wahlakt Legitimation spenden, einmal als Staatsbürger, einmal als Unionsbürgerin:[301]

299 Peter Häberle, »Die offene Gesellschaft der Verfassungsinterpreten«, in: *JuristenZeitung* 30 (1975), S. 297-304, S. 302.

300 Stefan Oeter, »Föderalismus und Demokratie«, in: von Bogdandy/Bast (Hg.), *Europäisches Verfassungsrecht* (Fn. 23), S. 73-120, S. 92.

301 Ingolf Pernice, »Europäisches und nationales Verfassungsrecht«, in: *Veröffentlichungen der Vereinigung der Deutschen Staatsrechtslehrer* 60 (2001), S. 148-415, S. 176; Jelena von Achenbach, *Demokratische Gesetzgebung in der Europäischen*

Maßgeblich ist die Vielfalt demokratischer Vermittlungen, entsprechend der multiplen Rollen und Identitäten.[302]

Art. 10 Abs. 2 EUV legt zwei Stränge demokratischer Repräsentation nieder, einen über den Rat und den Europäischen Rat, einen zweiten über das von der Unionsbürgerschaft direkt gewählte Europäische Parlament: Dies wird im deutschen Schrifttum oft als duale Legitimation bezeichnet.[303] Der die siebenundzwanzig nationalen Systeme bündelnde Strang hat dabei mehr zu tragen, man denke nur an die nationale Ratifikation der Verträge sowie die Schlüsselrolle des Europäischen Rates. Insoweit deckt sich die Einschätzung des Vertragsgesetzgebers mit der des Zweiten Senats im Maastricht-Urteil (§ 40). In einer dialektischen Schleife verlangt das allerdings eine unionale Aufsicht über das nationale Verfassungsrecht: Die Union hat ein ebenso elementares wie berechtigtes Interesse an demokratischen Verhältnissen in ihren Mitgliedstaaten (§§ 45-47, §§ 65-67, § 79-81). In zwei ungemein heiklen Themen hat der EuGH in den späten 2010er Jahren klar gemacht, dass er sich befugt sieht, darauf zu achten: beim Brexit sowie den Auseinandersetzungen zwischen dem spanischen Zentralstaat und den katalanischen Separatisten.[304]

So wichtig der nationale Strang ist, er reicht nicht aus. Nur wenige Stimmen, etwa die Partei *Alternative für Deutschland*, konzipieren eine Union nur der Räte, also ohne das Europäische Parlament.[305] Der Vertragsgesetzgeber weist dem Parlament hingegen eine konstitutive Rolle zu: Er platziert es an der Spitze der Organe. Sowohl Art. 10 EUV als auch Art. 13 EUV nennen es noch vor dem Europäischen Rat.

Union. Theorie und Praxis der dualen Legitimationsstruktur europäischer Hoheitsgewalt, Heidelberg 2014, S. 463.

302 Jürgen Habermas, »Die Krise der Europäischen Union im Lichte einer Konstitutionalisierung des Völkerrechts. Ein Essay zur Verfassung Europas«, in: *Zeitschrift für ausländisches öffentliches Recht und Völkerrecht* 72 (2012), S. 1-44, S. 18 ff.

303 Wohl als Erster Winfried Kluth, *Die demokratische Legitimation der Europäischen Union. Eine Analyse der These vom Demokratiedefizit der Europäischen Union aus gemeineuropäischer Verfassungsperspektive*, Berlin 1995, S. 67 ff.

304 EuGH, *Wightman u. a.* (Fn. 8), Rn. 66; *Junqueras Vies*, Rs. C-502/19, Urteil v. 19. Dezember 2019, ECLI:EU:C:2019:1115, Rn. 63.

305 Nikolas Klausmann, »Nur Populismus? AfD will das Europäische Parlament ›abschaffen‹«, *Polis Blog* v. 23. 05. 2019.

Die repräsentativen Institutionen der Union vertreten die Völker und die Unionsbürgerinnen und Unionsbürger. Repräsentieren sie damit ein demokratisches Wir? Diese Frage ist kaum weniger wichtig als die nach einem Volk. Viele Autoren verlangen für eine Demokratie zwar kein Volk, wohl aber eine kollektive Identität im Sinne eines Wir (§ 32), da sie kollektive Selbstbestimmung als den ultimativen Sinnhorizont von Demokratie postulieren.[306]

Obwohl die Stiftung einer kollektiven europäischen Identität ein Ziel europäischer Politik ist (§ 31), gibt es keine Hinweise, dass der Vertragsgesetzgeber die europäische Demokratie von einem europäischen Wir abhängig macht. Damit zeigt er eine realistische Einschätzung des europäischen Vergesellschaftungsprozesses: Es gibt selbstreflexive Prozesse in der europäischen Gesellschaft (§ 2, § 32), aber kaum jemand behauptet ein europäisches Wir kollektiver Selbstbestimmung. Das »We the People« der amerikanischen Verfassung steht immer im Raum, aber eben nicht im Text: Der EU-Vertrag beginnt mit Seiner Majestät dem König der Belgier, ihm folgt Ihre Majestät die Königin von Dänemark.

Denkt man die Union in Kategorien der kollektiven Selbstbestimmung, dann ist sie ähnlich demokratieunfähig, als wenn man ein Staatsvolk zur Voraussetzung von Demokratie erklärt. Solche Auffassungen gehören zum pluralistischen Meinungsbild der europäischen Gesellschaft und schüren die kritische Grundhaltung der europäischen Gesellschaft gegenüber sich selbst. Kollektive Selbstbestimmung ist eine honorige regulative Idee.[307] Sie taugt aber nicht zur Interpretation des Begriffs Demokratie in Art. 2 EUV und Art. 10 EUV, da sie die diesen Bestimmungen zugrundeliegende politische Entscheidung verkennt.

Diese Entscheidung des Vertragsgesetzgebers gegen Demokratie als Selbstbestimmung ist kein Verrat an der Demokratie. In der Demokratietheorie gibt es zahlreiche anerkannte Positionen, die Demokratie nicht als kollektive Selbstbestimmung, sondern als Prozess einer pluralistischen Gesellschaft deuten.[308] So sehen es

306 Christoph Möllers, *Gewaltengliederung. Legitimation und Dogmatik im nationalen und internationalen Rechtsvergleich*, Tübingen 2005, S. 28 ff.

307 Habermas, *Faktizität und Geltung* (Fn. 12), S. 118.

308 Hugo Preuß, *Gemeinde, Staat, Reich als Gebietskörperschaften. Versuch einer deutschen Staatskonstruktion auf Grundlage der Genossenschaftstheorie*, Berlin 1889; Harold J. Laski, *The foundations of sovereignty*, London 1921; Andreas Voßkuhle,

auch viele Unionsbürgerinnen und Unionsbürger, die wie selbstverständlich die Union als eine Demokratie wahrnehmen (§ 44).

Der Vertragsgesetzgeber positiviert damit keineswegs einen nur minimalistischen Demokratiebegriff.[309] Ein Akt der Union ist zwar nicht mit der Vermutung ausgestattet, kollektive Selbstbestimmung zu verwirklichen, wohl aber, so Art. 2 EUV, den Prinzipien Pluralismus, Nichtdiskriminierung, Toleranz, Gerechtigkeit, Solidarität und die Gleichheit von Frauen und Männern, Achtung der Menschenwürde, Freiheit, Demokratie, Gleichheit, Rechtsstaatlichkeit und Wahrung der Menschenrechte einschließlich der Rechte der Personen, die Minderheiten angehören, zu genügen. Das ist eine komplexere Formel für Demokratie als die der Selbstbestimmung, eine der komplexen europäischen Gesellschaft angemessenere.

Die Organe der Union repräsentieren kein europäisches Volk und kein europäisches Wir, wohl aber, so das Ergebnis dieser Rekonstruktion, die siebenundzwanzig mitgliedstaatlichen Völker und die fast 450 Millionen Individuen, die zugleich Staats- und Unionsbürgerinnen und -bürger sind. Die repräsentativen Organe entscheiden für sie nicht als Wir, wohl aber in ihrem Namen. Der freiheitliche Repräsentationsgedanke siegt über den identitären. Die Unionsorgane verkörpern nicht Bürgerinnen und Bürgern, sondern dienen ihren Interessen (Art. 13 Abs. 1 EUV).

§ 43 Demokratische Repräsentation

Laut Art. 10 EUV Abs. 2 leisten das Europäische Parlament, der Europäische Rat und der Rat demokratische Repräsentation.[310] Mit dieser Qualifizierung scheint der Vertragsgesetzgeber die mitgliedstaatlichen Verfassungstraditionen zu verraten. Er entscheidet sich für ungleiche Wahlen und macht mit den Räten den exekutiven

»Hugo Preuss als Vordenker einer Verfassungstheorie des Pluralismus«, in: *Der Staat* 50 (2011), S. 251–267.

309 Zu diesen Ansätzen Jürgen Habermas, *Legitimationsprobleme im Spätkapitalismus*, Frankfurt/M. 1973, S. 169 ff.

310 Zur demokratischen Repräsentation durch die Europäische Kommission Giacomo Rugge, *Trilogues. The Democratic Secret of European Legislation*, Dissertation, Johann Wolfgang Goethe-Universität Frankfurt am Main – Rechtswissenschaftliche Fakultät 2021, Kapitel VI.2.d.

Bock zum demokratischen Gärtner. Was er an politischem Leben in den Institutionen organisiert, erscheint manchem Beobachter ohne demokratische Substanz. Besonders beklagt wird das unübersichtliche Geschacher zwischen den Organen.

Kein Verrat, sondern Fortentwicklung zeigt sich hingegen, betrachtet man die Entscheidungen mit einem komplexen Begriff der Demokratie der vielen Vermittlungen, der Schmitt und Leibholz, aber auch amerikanische und englische *partisanship* hinter sich lässt. Unter den großen juristischen Demokratietheoretikern artikuliert Schmitts Nemesis wegweisend dieses Verständnis. Hans Kelsen identifiziert den Kompromiss als Herz der Demokratie, also das »Zurückstellen dessen, was die zu Verbindenden trennt, zugunsten dessen, was sie verbindet«.[311]

Um den Eindruck der Apologie zu vermeiden, sei unterstrichen, dass es in diesem Abschnitt allein um die klassifikatorische Dimension des Demokratiebegriffs geht, aufbereitet mit einem staatswissenschaftlichen Methodenmix. Mit seiner Hilfe diskutiere ich, ob man die Union als ein demokratisches oder aber als ein undemokratisches Regierungssystem qualifizieren sollte. Ich behaupte nicht, dass sie das beste aller möglichen demokratischen Regierungssysteme darstellt. Betrachtet man die Lage komparativ, so eröffnen sich vielmehr viele Möglichkeiten der Verbesserung (§ 44).

Ungleiches Wahlrecht

Die Zweifler an der parlamentarischen Natur des Europäischen Parlaments sprechen mit der autoritativen Stimme des Zweiten Senats des Bundesverfassungsgerichts in dessen Lissabon-Urteil. Danach begeht der Vertragsgesetzgeber, insofern er dieses Organ in Art. 10 Abs. 2 EUV als Parlament bezeichnet, einen begrifflichen und verfassungsrechtlichen Fehler. Laut Senat ist es kein Parlament, sondern nur »eine Vertretung der miteinander vertraglich verbundenen Völker«.[312] Das dieser Disqualifikation zugrundelie-

311 Hans Kelsen, *Vom Wesen und Wert der Demokratie*, Tübingen 1929, S. 57; einordnend Robert Christian van Ooyen, »Verfassungsrealismus als sozial-liberal-demokratisches Projekt. Lassalle – Kelsen – Fraenkel – Loewenstein«, in: Robert Christian van Ooyen (Hg.), *Verfassungsrealismus. Das Staatsverständnis von Karl Loewenstein*, Baden-Baden 2007, S. 103-134.

312 BVerfGE 129, 300, *Fünf-Prozent-Sperrklausel EuWG*, Rn. 81.

gende Dogma, ein Parlament müsse zwingend die Vertretung eines Volkes sein, wurde bereits widerlegt (§ 42). Die Disqualifikation des Europäischen Parlaments könnte aber rechtfertigen, dass der Vertragsgesetzgeber auf das Prinzip der Erfolgsgleichheit bei den Wahlen zum Europäischen Parlament verzichtet.

Nach Art. 14 Abs. 3 EUV werden die Mitglieder des Europäischen Parlaments zwar in allgemeiner, unmittelbarer, freier und geheimer, aber nicht in gleicher Wahl gewählt. Die Ungleichheit ergibt sich zunächst daraus, dass, ähnlich wie in den Vereinigten Staaten von Amerika, die Wahlen unter unterschiedlichen mitgliedstaatlichen Gesetzen stattfinden. Der vertragliche Auftrag in Art. 223 Abs. 1 AEUV, ein einheitliches Recht zu erlassen, ist unerfüllt.[313]

Das Kernargument der Disqualifikation aber resultiert aus der in Art. 14 Abs. 2 EUV niedergelegten Entscheidung, dass die Repräsentation im Europäischen Parlament »degressiv proportional« erfolgt. Degressive Proportionalität bedeutet, dass die bevölkerungsreichen Mitgliedstaaten proportional weniger Abgeordnete entsenden als die bevölkerungsärmeren. Das hat den Segen aller mitgliedstaatlicher Parlamente.[314] Im Schnitt vertritt ein Sitz im Europäischen Parlament etwa 630 000 Bürgerinnen und Bürger. Die Spreizung ist allerdings groß: Jeder der 96 deutschen Sitze vertritt je ca. 860 000 Einwohner dieses bevölkerungsreichsten Mitgliedstaats, jeder der 6 maltesischen Sitze je ca. 77 000 Einwohner. Der Erfolgswert einer deutschen Stimme im Vergleich zu einer maltesischen erinnert an den Erfolgswert einer Stimme aus dem dritten Stand im Vergleich zu einer aus dem ersten Stand unter dem preußischen Dreiklassenwahlrecht des späten 19. Jahrhunderts.

Niemand propagiert das aktuelle Wahlrecht zum Europäischen Parlament als Muster eines demokratischen Parlamentarismus: Es kann an vielen Stellen verbessert werden.[315] Aber der Vertragsgesetzgeber hat nicht für Hegels Modell ständischer Repräsentation

313 Zu den Gründen, die das bis heute verhindern, Sergio Alonso de León, »Four decades of the European Electoral Act. A look back and a look ahead to an unfulfilled ambition«, in: *European Law Review* 42 (2017), S. 353-368.

314 Die aktuelle Verteilung bestimmt der Beschluss 2018/937 des Europäischen Rates vom 28. Juni 2018 über die Zusammensetzung des Europäischen Parlaments.

315 Felix Arndt, »Ausrechnen statt aushandeln. Rationalitätsgewinne durch ein formalisiertes Modell für die Bestimmung der Zusammensetzung des Europäischen Parlaments«, in: *Zeitschrift für ausländisches öffentliches Recht und Völkerrecht* 68 (2008), S. 247-279.

entschieden[316] oder für eine Klassenherrschaft der Malteser über die Deutschen. Die vom Zweiten Senat des Bundesverfassungsgerichts propagierte Verabsolutierung der Erfolgsgleichheit der Stimmen verkennt, dass sich das Gebot der Erfolgsgleichheit gegen ständestaatliche oder klassengesellschaftliche Verletzungen demokratischer Gleichheit, also zur Neutralisierung gesellschaftlicher Einflussdifferenzen, formierte.[317] Die numerische Überrepräsentation der Bevölkerungen kleiner Mitgliedstaaten im Europäischen Parlament zementiert aber keine Klassenherrschaft und gesellschaftlichen Einflussdifferenzen. Vielmehr bildet sie, wie in anderen demokratischen Föderationen, einen Baustein des Pluralismus oder des Minderheitenschutzes.[318] Beides sind Grundprinzipien des Art. 2 EUV, die das europäische Demokratieprinzip mit prägen. Es gibt gute demokratische Gründe gegen einen Erfolgswertgleichheitsabsolutismus. Auch unter dem Grundgesetz erklären und rechtfertigen diese Gründe die Überrepräsentation etwa der dänischen und der sorbischen Minderheit.[319]

Der exekutive Bock als demokratischer Gärtner

Der zweite Strang demokratischer Legitimation des europäischen politischen Prozesses geht von den mitgliedstaatlichen Wahlen aus und mündet im Europäischen Rat und im Rat. Diese beiden Organe werden nicht von den Parlamenten der Glieder beschickt wie beim österreichischen Bundesrat und bis 1913 beim US-Senat (Art. 35 BV-G, Art. I Sect. 3 US-Verfassung, geändert durch das 17th Amendment). Vielmehr ähneln sie, da sie Vertretungen der mit-

316 Hegel, *Grundlinien der Philosophie des Rechts* (Fn. 17), § 301.

317 Martin Morlok, »Art. 38«, in: Horst Dreier (Hg.), *Grundgesetz Kommentar. Bd. II*, Tübingen 2015, S. 1053-1134, Rn. 57, 99.

318 Jürgen Habermas, »Zur Prinzipienkonkurrenz von Bürgergleichheit und Staatengleichheit im supranationalen Gemeinwesen. Eine Notiz aus Anlass der Frage nach der Legitimität der ungleichen Repräsentation der Bürger im Europäischen Parlament«, in: *Der Staat* 53 (2014), S. 167-192; Christopher Lord, Johannes Pollak, »Unequal but democratic? Equality according to Karlsruhe«, in: *Journal of European Public Policy* 20 (2013), S. 190-205.

319 § 6 Abs. 3 Satz 2 BWahlG; § 3 Abs. 1 Satz 2 LWahlG Schleswig-Holstein; § 3 Abs. 1 Satz 2 BbgLWahlG; vergleichend Sara Pennicino, »Elections«, in: Rainer Grote u. a. (Hg.), *Max Planck Encyclopedia of Comparative Constitutional Law*, Oxford 2017, Rn. 17.

gliedstaatlichen Regierungen sind, dem deutschen Bundesrat, mit einem wesentlichen Unterschied: Art. 10 Abs. 2 EUV erklärt den Europäischen Rat und den Rat zu demokratischen Repräsentationsorganen. An einer solchen Erklärung fehlt es im Grundgesetz.

In den Räten sitzen die nationalen Exekutiven, so dass Art. 10 Abs. 2 EUV eben den exekutiven Bock zum demokratischen Gärtner macht. Diese Metapher drängt sich auf, wenn man repräsentative Institutionen aus ihrem Gegensatz zu Exekutivorganen versteht. Dieses Verständnis ist besonders präsent in Verfassungstraditionen, in denen sich demokratische Parlamente gegen die Regierungen der Monarchen etablieren mussten.[320] Diese Schlacht ist geschlagen und wurde gewonnen: In allen Mitgliedstaaten, gerade auch in den europäischen Monarchien, benötigen Regierungen parlamentarische Bestätigung. Die Regierungen der Mitgliedstaaten sind demokratische Institutionen, die in den Räten eine demokratische Vermittlungsleistung erbringen. Die grundsätzliche Transformation des Bocks zum Gärtner ist gelungen.

Das Verständnis, die mitgliedstaatlichen Exekutiven seien strukturell undemokratisch, ist wirkmächtig, aber irreführend. Eine bedeutende demokratische Verfassungsentwicklung im 20. Jahrhundert zielt auf Regierungen, die ihre Legitimation aus Wahlen schöpfen und zugleich ein Machtzentrum bilden, welches das Versprechen demokratischer Herrschaft realisieren kann.[321] Das erklärt die demokratische Rolle des Europäischen Rates in der zweiten Periode des europäischen öffentlichen Rechts, die einen tiefen Strukturwandel im europäischen Regierungssystem zeigt.[322]

In der ersten Periode ist das Paradigma die Gemeinschaftsmethode, wonach die Rechtsetzung zunächst in dem Tandem Kommission und Rat und dann in dem Dreieck von Kommission, Rat und Parlament erfolgt. Die seit den 1970er Jahren wachsende Rolle des Europäischen Rats überformt diese Methode, zum Leidwesen mancher Euroföderalisten.[323] Die Vertragsentwicklung in der zwei-

320 Christoph Schönberger, *Das Parlament im Anstaltsstaat. Zur Theorie parlamentarischer Repräsentation in der Staatsrechtslehre des Kaiserreichs (1871-1918)*, Frankfurt/M. 1997, S. 13 ff.

321 Vergleichend Bogdandy, *Gubernative Rechtsetzung* (Fn. 274), S. 39 ff., S. 107 ff.

322 Jan Werts, *The European Council*, London 2008, S. 184 f.

323 Pierre Pescatore, »Some Critical Remarks on the Single European Act«, in: *Common Market Law Review* (1987), S. 9-18, S. 11 ff.

ten Periode bringt den Europäischen Rat als Kollektivorgan in eine Rolle, welche die mitgliedstaatlichen Verfassungen just dem Organ zuschreiben, aus dem er sich zusammensetzt: die der politischen Leitung. Viele Verfassungen konzipieren und viele Bürgerinnen und Bürger verstehen dieses Amt als ein Machtzentrum, das in schwierigen Politikfeldern die allgemeine Richtung vorgeben und Entscheidungsblockaden lösen soll. Ohne politische Handlungsfähigkeit gibt es keine Demokratie.[324]

Der Europäische Rat gewährleistet heute mehr als jedes andere Organ die demokratische Handlungsfähigkeit der Union, als Richtliniengeber, als Gestalter, als Vermittler, als Krisenmanager, als ihr Kommunikator mit der Öffentlichkeit.[325] Hier findet sich eine weitere Ironie des europäischen Strukturwandels: Eine Institution, die zunächst seine intergouvernementale Verkümmerung anzuzeigen scheint, wandelt sich in den vielleicht stärksten Motor europäischer Vermittlungen.[326] Entsprechend inszenieren viele Medien den Europäischen Rat als den Inbegriff der europäischen Kompromissmaschine.

Kompromisse sind, so eine Kernidee dieser Arbeit, im Prinzip, aber keineswegs zwingend verfassungsrechtlich wertvoll (§ 1). Für ihre verfassungsrechtliche Werthaltigkeit ist entscheidend, dass sie den Prinzipien des Art. 2 EUV genügen. Beim Europäischen Rat steht das bisweilen in Frage, insbesondere mit Blick auf die vertraglich vorgesehene Gewaltenteilung. Das zeigt etwa seine Einflussnahme auf die Verordnung 2020/2092 über eine allgemeine Konditionalitätsregelung zum Schutz des Haushalts der Union, die just dem Schutz der Prinzipien des Art. 2 EUV dienen soll.[327]

Problematisch erscheint dabei nicht, dass der Europäische Rat sich überhaupt in das Gesetzgebungsverfahren eingebracht hat, denn es geht um Bestand wie Weiterentwicklung der Union. Der Verordnungsentwurf der Kommission zielt auf eine bedeutende Ergänzung der unionalen Verfassungsaufsicht, betrifft essentielle Interessen der Mitgliedstaaten und wird von Polen und Ungarn

324 Sabino Cassese, *Il buon governo. L'età dei doveri*, Milano 2020, S. 6-11.

325 Luuk van Middelaar, *Alarmus & Excursions. Improvising Politics on the European Stage*, Newcastle upon Tyne 2019, S. 178 ff.

326 Eine Geschichte ganz aus dieser Perspektive bei Luuk van Middelaar, *The Passage to Europe. How a Continent Became a Union*, London 2014.

327 Vgl. die Nachweise oben § 35 (Fn. 179).

massiv bekämpft (§ 45). Es entspricht der Logik des europäischen politischen Systems, dass der Europäische Rat hierzu eine Grundsatzentscheidung trifft. Art. 15 Abs. 1 Satz 1 EUV sieht ausdrücklich vor, dass er die »allgemeinen Zielvorstellungen und Prioritäten« festlegt.[328]

Die Rolle des Europäischen Rates wird hingegen problematisch, wenn er diesen Aufgabenkreis überschreitet und den demokratischen Prozess, wie ihn der Vertragsgesetzgeber eingerichtet hat, überspielt.[329] Art. 15 Abs. 1 Satz 2 EUV verbietet dem Europäischen Rat, gesetzgebend tätig zu werden. Schlußfolgerungen des Rates legen aber bisweilen detailliert fest, was der europäische Gesetzgeber, also Rat und Parlament, erlassen soll. Das beschränkt die demokratischen Repräsentationsleistungen dieser Organe. Im Falle der Verordnung 2020/2092 geht der Europäische Rat sogar noch weiter, indem er der Anwendung detaillierte restriktive Vorgaben macht, was die demokratisch gewollte Verfassungsaufsicht behindert.[330] Eine wichtige Frage zur prinzipienkonformen Weiterentwicklung des Unionsverfassungsrechts lautet daher, wie der Unionsgesetzgeber gegen den Europäischen Rat zu schützen ist. Institutionell fällt diese Aufgabe am ehesten dem Tandem aus Europäischem Parlament und Europäischem Gerichtshof zu.

Die in Art. 15 Abs. 1 EUV vorgesehene Rolle des Europäischen Rates im politischen Prozess der Union ist nichts Ungewöhnliches, sondern Ausdruck der Präsidentialisierung vieler politischer Systeme. Sie versteht sich vor dem Hintergrund steigender Komplexität, von Globalisierung und Europäisierung, den medialen Aufmerksamkeitsstrukturen, der Dynamik von Wahlkämpfen, der Schwäche traditioneller Parteistrukturen.[331] Ungeachtet der Probleme, die die Präsidialisierung mit sich bringt, ist die positive Seite nicht zu übersehen. Das zeigt sich mit Blick auf die ehemals sozialistischen

328 So geschehen in *Schlußfolgerungen des Europäischen Rates*, 17., 18., 19., 20. und 21. Juli 2020, S. 15 f.

329 Näher Editorial Comments, »Compromising (on) the general conditionality mechanism and the rule of law«, in: *Common Market Law Review* 58 (2021), S. 267-284; Bruno de Witte, »The European Union's COVID-19 recovery plan. The legal engineering of an economic policy shift«, in: ebd., S. 635-682, S. 667 ff., 681.

330 *Schlussfolgerungen des Europäischen Rates*, 10./11. Dezember 2020, S. 1-4.

331 Thomas Poguntke, »Die Präsidentialisierung des politischen Prozesses: Welche Rolle bleibt den politischen Parteien?«, in: Julian Krüper u. a. (Hg.), *Parteienwissenschaften*, Baden-Baden 2015, S. 261-282.

Staaten Mittel- und Osteuropas. Es ist ein bedeutender Aspekt der dortigen Transformationsprozesse, dass die Regierung an Statur gegenüber der zuvor alles beherrschenden Regierungspartei gewinnt.[332] Die polnische Situation nach 2015 ist schon deshalb defizitär, weil der mächtigste Politiker des Landes, Jarosław Kaczyński, bis zum Herbst 2020 nicht in der Regierung vertreten ist, sondern als Parteichef die Geschicke des Landes bestimmt.

Das Fortschleppen alten Verfassungsdenkens wie der Gewaltenteilung von Legislative, Exekutive und Judikative behindert das Verständnis der demokratischen Rolle der Räte. Noch hinderlicher ist aber das nationalstaatliche Gehäuse, das Denken vom Staatsvolk her. Im Grundgesetz fehlt eine Art. 10 Abs. 2 UAbs. 2 EUV entsprechende Aussage, die den Bundesrat zum Organ demokratischer Repräsentation erklärt, und der Mainstream der deutschen Staatsrechtslehre verneint ausdrücklich eine solche Rolle.[333] Es herrscht die Vorstellung, dass das deutsche Volk, das allein der Bundestag vertritt, die Gesamtlast der demokratischen Legitimation trage. Die Bundesrepublik ist eben ein unitarischer Bundesstaat.[334]

Die Geschichte des Repräsentationsbegriffs ist windungsreich. Es lässt sich jedoch ohne Verrat an der demokratischen Sache argumentieren, dass der Exekutivföderalismus der pluralistischen Union demokratisch ist.[335] Die europäische Demokratie der vielen Vermittlungen braucht die Vermittlungsleistungen der Räte.

Weilers Zweifel

Der Vertragsgesetzgeber will das Parlament und die Räte als demokratische Institutionen. Dieser Wille allein schafft noch keine lebendige Demokratie. Nun kann man kaum behaupten, dass in

332 Klaus H. Goetz, Hellmut Wollmann, »Governmentalizing central executives in post-communist Europe: a four-country comparison«, in: *Journal of European Public Policy* 8 (2001), S. 864-887.

333 Zur Diskussion Alexander Hanebeck, *Der demokratische Bundesstaat des Grundgesetzes*, Berlin 2004, S. 199-205, 279-282, 312-313.

334 Konrad Hesse, *Der unitarische Bundesstaat*, Karlsruhe 1962; zum Stand Holger Hestermeyer, *Eigenständigkeit und Homogenität in föderalen Systemen. Eine vergleichende Studie der föderalen Ordnungen der Bundesrepublik Deutschland, der Vereinigten Staaten und der Europäischen Union*, Tübingen 2019, S. 115 ff.

335 Zum Exekutivföderalismus Philipp Dann, »Die politischen Organe«, in: von Bogdandy/Bast, *Europäisches Verfassungsrecht* (Fn. 23), S. 335-387, S. 343 ff.

Brüssel nichts los sei. Die Unionsinstitutionen summen vor Aktivität, die Politisierung des europäischen Rechts ist unbestreitbar (§ 9, § 20). Allerdings wird bestritten, dass die Institutionen des EUV dabei einen demokratischen Prozess tragen. Exemplarisch sind die Zweifel Joseph Weilers, die er in den Jahrzehnten nach seiner berühmten Positionierung im Jahre 1991 ausbaut.[336] In deren Licht klären sich viele Strukturen der europäischen Demokratie.

In Weilers Argumentation fällt zunächst die erste Person Plural auf. Demokratie bedeutet für ihn, dass *wir* mittels der Wahlen entscheiden. Dieses Wir ist Ausdruck einer Demokratiekonzeption, die eine starke kollektive Identität verlangt. Der Sinn der Wahl liegt nach Weiler letztlich in der kollektiven Entscheidung zwischen Kandidaten für das Amt des Regierungschefs, die kontrastierende Programme personalisieren. So bestimmt die Wahl *unseren* Willen und *unser* Schicksal. Wohlgemerkt: Weiler will keine solche Demokratisierung der Union (§ 39). Sein Demokratiemodell dient der Kritik des vom Vertragsgesetzgeber eingeschlagenen Wegs. Es beinhaltet aber keine politiktheoretische Empfehlung für die Union und auch keinen Ansatz zur Rekonstruktion des geltenden Rechts.

Man kann die Lage einschätzen wie Weiler. Für mich steht aber fest, dass die Entscheidung des Vertragsgesetzgebers für eine europäische Demokratie ohne kollektive Identität demokratisch abgesichert, theoretisch plausibel und kein Verrat der mitgliedstaatlichen Verfassungstraditionen ist (§ 32, § 42). Gleiches gilt für das europäische Regierungssystem, in dem die Wahlen nicht über den Regierungschef bestimmen und zwischen Rechts und Links entscheiden und das nicht um die Konkurrenz zwischen Regierungsmehrheit und Opposition kreist.

Der Vertragsgesetzgeber entscheidet gegen ein Konkurrenzmodell und für eine Demokratie der vielen Vermittlungen und breiten Mehrheiten, die als Kompromiss-, Konkordanz-, Konsens- oder Verhandlungsdemokratie theoretisiert wird.[337] Das ergibt sich, un-

336 Vgl. oben, § 39, weiter Joseph H. H. Weiler, »Deciphering the Political and Legal DNA of European Integration. An Exploratory Essay«, in: Julie Dickson, Pavlos Eleftheriadis (Hg.), *Philosophical Foundations of European Union Law*, Oxford 2012, S. 137-158; ders., »The Crumbling of European Democracy«, in: Mark A. Graber u. a. (Hg.), *Constitutional democracy in crisis?*, Oxford 2018, S. 629-638.

337 Dann, »Die politischen Organe« (Fn. 335); Oeter, »Föderalismus und Demo-

ter anderem, aus der Zusammensetzung und Stellung der Kommission, der Zusammensetzung und den Abstimmungsmodi in den beiden Räten, aus der Zusammensetzung und den Abstimmungsmodi des Europäischen Parlaments sowie dem regelmäßig erforderlichen Zusammenwirken dieser Institutionen. Die Logik von Art. 15 Abs. 4 EUV, Art. 16 Abs. 4 EUV und 17 Abs. 7 EUV zwingt dazu, dass der europäische politische Prozess stets die Interessen vieler politischer Lager berücksichtigt. Die europäische Demokratie versteht ihr Substrat und nutzt die legitimierende Kraft von Konsensen.[338] Die Idee der Spitzenkandidaten, wonach der Kandidat der größten EP-Fraktion die Kommission präsidieren soll, ändert nichts an der kompromiss-, konkordanz-, konsens- oder verhandlungsdemokratischen Ausrichtung.[339]

Nun könnte diese Entscheidung des Vertragsgesetzgebers für eine Demokratie der vielen Vermittlungen die Idee der Demokratie verraten. Rechtlich ließe sich dieser Vorwurf vielleicht erhärten, wenn die mitgliedstaatlichen Wahlen den Regierungschef bestimmen und zwischen rechter und linker Politik entscheiden würden. Das ist aber kaum der Fall. Die meisten Mitgliedstaaten haben in ihrem Wahlrecht die gesellschaftliche Pluralisierung nachvollzogen.[340] Damit ist die Wahlentscheidung nur eine Etappe auf einem oft langen und unvorhersehbaren Weg zu einer Regierung und einem Regierungsprogramm. Kompromiss-, konsens-, konkordanz- und verhandlungsdemokratische Elemente prägen heute

kratie« (Fn. 300); zu den einzelnen Ansätzen, ihren Übereinstimmungen und Differenzen übersichtlich Manfred G. Schmidt, *Demokratietheorien. Eine Einführung*, Wiesbaden 2019, S. 319-328.

338 Christine Reh, »European Integration as Compromise: Recognition, Concession and the Limits of Cooperation«, in: *Government and Opposition* 47 (2012), S. 414-440.

339 Eine aktuelle Bewertung bei Nicola Lupo, »La forma di governo dell'Unione, dopo le elezioni europee del maggio 2019«, in: Paolo Caretti u. a. (Hg.), *Liber Amicorum per Pasquale Costanzo. Diritto costituzionale in tranformazione. Bd. VI. Diritto costituzionale eurounitario e comparazione costituzionale*, Genua 2020, S. 25-36; Jan-Herman Reestman, Leonard Besselink, »Editorial. Spitzenkandidaten and the European Union's system of government«, in: *European Constitutional Law Review* 15 (2019), S. 609-618.

340 Arend Lijphart, *Patterns of Democracy. Government Forms and Performance in Thirty-Six Countries*, New Heaven, London 2012, S. 130-157; vgl. aber auch Alan Renwick, Volker Weichsel, »Im Interesse der Macht. Ungarns neues Wahlsystem«, in: *Osteuropa* 62 (2012), S. 3-17.

viele Mitgliedstaaten. Kaum jemand bestreitet die Probleme, die das mit sich bringt,[341] aber ebenso wenig den demokratischen Charakter der Mitgliedstaaten. Wäre eine Regierung nur demokratisch, wenn die Wahl unmittelbar über die Regierungschefin entscheidet, müssten Verfahren nach Art. 7 EUV gegen viele Mitgliedstaaten eingeleitet werden.

Bisweilen wird behauptet, die Regeln der Entscheidungsfindung seien so komplex, dass sie kaum jemand verstehe und sie daher eine schwere demokratische Hypothek darstellten.[342] Ich halte beides für unzutreffend. Die öffentliche Wahrnehmung von Brüssel ist die eines zähen Ringens um Kompromisse. In der Tat entscheiden die Räte alle wichtigen Fragen in aller Regel im Konsens. Nur selten, nur als letztes Mittel zur Wahrung der Handlungsfähigkeit, wird per Mehrheit unter einer komplexen Formel entschieden, die keiner Mehrheit ein Durchregieren erlaubt. Die Union ist ein Konsenssystem im Schatten einer qualifizierten Mehrheitsentscheidung. Dies ist weithin bekannt, einzusehen und nutzt die intuitive Legitimität des Konsenses.

Weiler bezweifelt den legitimationsstiftenden Charakter der Wahlen zum europäischen Parlament weiter mit dem Hinweis auf eine geringe Wahlbeteiligung, welche die Sinnleere der europäischen Wahlentscheidung bestätige.[343] Es ist richtig, dass die Wahlbeteiligung von 63 Prozent im Jahr 1979 über einen Tiefpunkt von 43 Prozent im Jahre 2014 auf 51 Prozent im Jahr 2019 gesunken ist. Die Beteiligung ist dabei ungleich: von 88 Prozent in Belgien bis zu 23 Prozent in der Slowakei. Diese Beteiligungsquote bestätigt kaum Weilers Argument. Landtagswahlen in deutschen Bundesländern haben regelmäßig eine ähnliche Beteiligungsquote, aber niemand bezweifelt die demokratische Legitimität der Landesparlamente und Landesregierungen. Sogar bei den partizipationsstärksten Präsidentschaftswahlen im Mutterland der Demokratie, den Vereinigten Staaten von Amerika, liegt die Beteiligung bei nur 42 Prozent

341 Zu Parallelen der demokratischen Probleme der Bundesrepublik und der EU Florian Meinel, *Vertrauensfrage. Zur Krise des heutigen Parlamentarismus*, München 2019, S. 25.

342 Christoph Möllers, *Die Europäische Union als demokratische Föderation*, Köln 2019, S. 24.

343 Weiler, »The Crumbling of European Democracy« (Fn. 336), S. 630.

im Jahr 2014, 53 Prozent in Jahr 2018 und 66 Prozent im Jahr 2020, der stärksten Beteiligung seit Jahrzehnten.

Weiler bestreitet die Sinnhaftigkeit der europäischen Wahlen weiter damit, dass sie keinen spezifisch europäischen Sinn trügen.[344] In der Tat scheinen viele Wählerinnen und Wähler sich nur wenig an den europäischen Wahlprogrammen, sondern vor allem am nationalen Parteienspektrum zu orientieren und sich mit Blick auf die innenpolitische Lage zu entscheiden. Mir erscheint das allerdings keineswegs als sinnentleert, sondern vielmehr als sinnvoll. Zum einen orientieren die Wähler mit der Europawahl die Politik ihrer Regierung in den beiden Räten der Union, zum anderen können sie begründet vermuten, dass die Repräsentanten einer Partei im Europäischen Parlament mit ähnlicher Ausrichtung wie im nationalen Kontext operieren.

Eine solche Wahlentscheidung ist alles andere als sinnlos: Mit ihrer Wahlentscheidung stärken die Bürgerinnen und Bürger die Repräsentanz der von ihnen jeweils präferierten Positionen in den vielen Vermittlungen des europäischen politischen Prozesses. Insoweit sind die Wahlen zum Europäischen Parlament durchaus relevant dafür, wie die Unionsbürgerinnen und -bürger regiert werden. Gewiss geht es zumeist nicht um eine große oder pauschale Rechts-Links-Entscheidung; man erinnere Slogans wie »Freiheit oder Sozialismus«, »Moskau wählt Brandt ... und Sie?«, »Statt Krieg der Sterne Frieden auf Erden« oder, um ein schönes amerikanisches Beispiel zu nennen: »coal, guns, freedom«. Die Wahlen zum Europäischen Parlament verstehen sich nicht als eine große oder pauschale kollektive Richtungsentscheidung zwischen Links und Rechts, sondern als Vermittlung eines weiten Spektrums unterschiedlicher Präferenzen, Interessen und Positionen in den europäischen politischen Prozess.

Es bleibt Weilers Einwand, es fehle in der Union an politischer Verantwortlichkeit, weil niemand für eine schlechte Politik abgewählt werden könne.[345] Doch bei näherem Blick ist auch dieser Vorwurf kaum zu halten. Jeder Abgeordnete muss sich einer Wiederwahl stellen. Die Amtszeit der Kommission ist begrenzt. Es gibt

344 Weiler, *The Constitution of Europe* (Fn. 261), S. 350.

345 Joseph H. H. Weiler, »Europe in Crisis – On ›Political Messianism‹, ›Legitimacy‹ and the ›Rule of Law‹«, in: *Singapore Journal of Legal Studies* (2012), S. 248-268, S. 252.

das Misstrauensvotum nach Art. 234 AEUV, ähnlich dem Impeachmentverfahren gegen den US-Präsidenten nach Art. I Sect. 3 der US-Verfassung. Auch der Rat ist verantwortlich, zurückgebunden in die nationalen demokratischen Systeme, in denen die Europapolitik der Regierung oft eine entscheidende Rolle spielt..[346]

Das europäische Regierungssystem kennt viele Mechanismen demokratischer Verantwortung. Allerdings fällt es einer Kompromiss-, Konsens-, Konkordanz- und Verhandlungsdemokratie schwer, eine Katharsis zu leisten. Ein Beispiel dafür bieten die US-amerikanischen Wahlen vom 3. November 2020. Die Mehrheit der Amerikaner dürfte sie als Befreiung und Richtungsentscheidung des amerikanischen Volkes verstehen. Aber nicht wenige Amerikaner sehen einen Wahlbetrug und die neue Regierung als illegitim.[347]

Der eigentliche Unterschied zwischen der amerikanischen und der europäischen Gesellschaft liegt nicht in der jeweiligen Heterogenität. Er liegt in der jeweiligen Logik der Bearbeitung. Abschließend zugespitzt: das heutige politische System der USA definiert sich aus seiner *partisanship*, aus dem schmittschen Schema von Freund und Feind (§ 14), das europäische aus seinen vielen Vermittlungen.[348] Kompromiss erscheint jenseits des Atlantiks als Verrat an der Sache, diesseits als eine politische Tugend.

Der demokratische Wert trilogischer Gesetzgebung

Die Gesetze bilden die symbolische Mitte der Rechtsordnung, weil die Gesetzgebung die vielen Einzelwillen zur *volonté générale*

346 Zu dem Nexus Cesare Pinelli, »Il doppio cappello dei governi fra Stati e Unione europea«, in: *Rivista trimestrale di diritto pubblico* (2016), S. 639-649.

347 Bright Line Watch, »A Democratic Stress Test – The 2020 Election and Its Aftermath. Bright Line Watch November 2020 surveys«, ⟨http://brightlinewatch.org/a-democratic-stress-test-the-2020-election-and-its-aftermathbright-line-watch-november-2020-survey/⟩, letzter Zugriff 01. 07. 2021.

348 Justin Greenwood, Christilla Roederer-Rynning, »Taming Trilogues. The EU's Law-Making Process in a Comparative Perspective«, in: Olivier Costa (Hg.), *The European Parliament in Times of EU Crisis. Dynamics and Transformations*, Cham 2019, S. 121-141; Cathie Jo Martin, »Conditions for Successful Negotiation. Lessons from Europe«, in: Jane Mansbridge, Cathie Jo Martin (Hg.), *Political Negotiation. A Handbook*, Washington D. C. 2016, S. 199-230.

verschmilzt.[349] Kaum ein anderer Grundsatz prägt das öffentliche Recht der Demokratie wie Art. 6 der französischen Erklärung der Menschen- und Bürgerrechte von 1789: »Das Gesetz ist der Ausdruck des allgemeinen Willens. Alle Bürger haben das Recht, persönlich oder durch ihre Vertreter an seiner Formung mitzuwirken.«

Daher symbolisiert der mühsame und weiterhin unvollendete Weg zu einer europäischen Gesetzgebung den Weg der europäischen Gesellschaft zu ihrer Demokratie.[350] Schon der EGKS-Vertrag von 1951 und dann der EWG-Vertrag von 1957 ermächtigen zum Erlass allgemeiner und abstrakter, also gesetzesgleicher Regeln, aber nicht in der Form von Gesetzen, sondern nur als Verordnungen und Richtlinien. Als Verordnungen und Richtlinien bezeichnen die mitgliedstaatlichen Verfassungstraditionen Maßnahmen der Exekutive, denen just die Dignität und Legitimität des Gesetzes fehlt.

Erst vierzig Jahre später, 1997 im Vertrag von Amsterdam, führt der Vertragsgesetzgeber den Begriff des Gesetzgebers ein, aber ganz an nachgeordneter Stelle und ironischerweise in Bezug auf die normsetzende Rolle des exekutiven Rats. 2004 setzt er aber mit dem Verfassungsvertrag zum großen Sprung an. Nach diesem Vertrag soll auf der Unionsebene ein Gesetzgeber in einem Gesetzgebungsverfahren Unionsgesetze erlassen. Bekanntlich scheitert der Verfassungsvertrag. Wie der Vertragsgeber von Lissabon auf dieses Scheitern reagiert, ist bezeichnend für den windungsreichen Strukturwandel zu einer demokratischen europäischen Gesellschaft.

Der Vertragsgesetzgeber von Lissabon macht den Skeptikern ein kleines Zugeständnis, womit ihm ein weiter Sprung gelingt. Die Union verfügt heute über einen Gesetzgeber (Art. 14 EUV), der mittels der Gesetzgebung (Art. 16 EUV) im ordentlichen Gesetzgebungsverfahren (Art. 289 AEUV) Gesetzgebungsakte (Art. 12 EUV) erlässt. Allerdings bezeichnet der Vertrag die Gesetzgebungsakte nicht als Gesetze, es bleibt bei den Bezeichnungen *Verordnung* und

349 Alf Ross, *Theorie der Rechtsquellen. Ein Beitrag zur Theorie des positiven Rechts auf Grundlage dogmenhistorischer Untersuchungen*, Leipzig, Wien 1929, S. 34 f.; Raymond Carré de Malberg, *La loi, expression de la volonté générale. Étude sur le concept de la loi dans la Constitution de 1875*, Paris 1931; Michael Stolleis, *Im Namen des Gesetzes*, Berlin 2004, S. 14.

350 Jürgen Bast, »Europäische Gesetzgebung – Fünf Stationen in der Verfassungsentwicklung der EU«, in: Claudio Franzius u. a. (Hg.), *Strukturfragen der Europäischen Union*, Baden-Baden 2010, S. 171-181.

Richtlinie. Der Stand des terminologischen Wandels zeigt die Unvollendetheit des demokratischen Strukturwandels.

Der Vertragsgesetzgeber räumt der Gesetzgebung denselben Spitzenplatz ein wie die mitgliedstaatlichen Verfassungstraditionen: Sie ist stets die als erste genannte, also die bedeutendste hoheitliche Funktion (Art. 14 EUV, Art. 16 EUV).[351] Ob das Verfahren dabei demokratische Legitimation stiftet, wird allerdings unter Verweis auf die Triloge oft bezweifelt. Gegen solche Zweifel sei gezeigt, dass die trilogischen Strukturen die europäische Demokratie nicht nur nicht verraten, sondern sogar als bedeutende demokratische Innovationen zu verstehen sind.

Die ordentliche Gesetzgebung der Union ist, entsprechend dem Konzept der dualen Legitimation, komplex. Ein Gesetzgebungsakt verlangt eine »gemeinsame[] Annahme [...] durch das Europäische Parlament und den Rat auf Vorschlag der Kommission« (Art. 289 Abs. 1 AEUV). Dies kommt einem hegelianischen Ansatz entgegen, der auf Vermittlung und deshalb nicht auf Gewaltenteilung, sondern auf Gewaltenkooperation setzt.[352]

Die Unionsgesetzgebung verlangt eine Vermittlung zwischen den Institutionen. Der vom Vertrag genannte Ort, um die unterschiedlichen Interessen, Präferenzen und Positionen zu einem europäischen allgemeinen Willen zu verdichten, ist der Vermittlungsausschuss. Der besteht »aus den Mitgliedern des Rates [...] und ebenso vielen das Europäische Parlament vertretenden Mitgliedern« und hat die Aufgabe, »mit der qualifizierten Mehrheit des Rates und der Mehrheit der das Europäische Parlament vertretenden Mitglieder binnen sechs Wochen nach seiner Einberufung eine Einigung [...] zu erzielen« (Art. 294 Abs. 10 AEUV). Angesichts von durchschnittlich 120 Gesetzgebungsakten pro Jahr sowie vieler unterschiedlicher Interessen, Präferenzen, Positionen und Akteure erwartet man diesen Ort, diese Agora, diesen Marktplatz der europäischen Demokratie als voll, betriebsam, lärmend. Er ist aber still und leer.

In den Jahren 2019/2020 ist der Vermittlungsausschuss nicht ein einziges Mal zusammengekommen. Das ist in der föderalen Bun-

351 Das entgeht der ereignisbetonenden Beobachtung, vgl. etwa Luuk van Middelaar, *Alarums & Excursions. Improvising Politics on the European Stage*, Newcastle 2019.

352 Hegel, *Grundlinien der Philosophie des Rechts* (Fn. 17), §§ 272, 300.

desrepublik kaum anders. Der Vermittlungsausschuss nach Art. 77 Abs. 2 GG, der die Vorstellungen des Bundestags mit denen des Bundesrats vermitteln soll, hat in der laufenden Legislaturperiode nur sechs Vermittlungsverfahren erfolgreich abgeschlossen. An dieser Stelle kann man die Spur zu einer bedeutenden Innovation der europäischen Demokratie aufnehmen.

Die schwindende Bedeutung des deutschen Vermittlungsausschusses ist ein Zeichen des weiteren Erstarkens der deutschen Parteienstaatlichkeit.[353] Unter Leibholz' Demokratiebegriff erfolgen die gesellschaftlichen Vermittlungen insbesondere in der Regierungspartei (§ 3). Dieses Modell hat sich für die Bundesrepublik aufgrund der parteipolitischen Fragmentierung überlebt. Das hat aber dem Parteienstaat keineswegs den Garaus gemacht, sondern nur seinen Strukturwandel bewirkt. Noch mehr als früher erfolgen heute die politisch entscheidenden Vermittlungen nicht nur innerhalb der Regierungspartei, sondern auch zwischen den Parteien.[354] Das erklärt den Bedeutungsschwund des Vermittlungsausschusses.

Angesichts von 190 Parteien im Europäischen Parlament und fehlender europäischer Parteien, die politische Positionierungen institutionsübergreifend steuern, kann die europäische Verhandlungsdemokratie nicht den Weg der deutschen Verhandlungsdemokratie gehen. Sie hat einen anderen, und zwar einen demokratischeren Weg entwickelt: den Trilog.[355]

Triloge sind Gremien, die Vertreter des Rates, des Parlaments und der Kommission zusammenbringen. Sie sind viel kleiner als der Vermittlungsausschuss. Vom Rat nimmt die Präsidentschaft teil, unterstützt durch das Generalsekretariat. Vom Europäischen Parlament kommt der Berichterstatter, begleitet von den Schattenberichterstattern der anderen Fraktionen. Weiter ist die Kommission mit ihrer administrativen Spitze anwesend. In der Regel kommen weniger als 30 Personen zusammen. Das ist essentiell: Der Trilog ermöglicht dank der überschaubaren Teilnehmerzahl

353 Meinel, *Vertrauensfrage* (Fn. 341), S. 35 f.

354 Schmidt, *Demokratietheorien* (Fn. 337), S. 319; kritisch zur Allparteienregierung Ernst-Wolfgang Böckenförde, »Sozialer Bundesstaat und parlamentarische Demokratie«, in: Jürgen Jekewitz u. a. (Hg.), *Politik als gelebte Verfassung: Aktuelle Probleme des modernen Verfassungsstaates*, Wiesbaden 1980, S. 182-199, S. 191 f.

355 Die folgenden Ausführungen beruhen auf der Dissertation von Rugge, *Trilogues. The Democratic Secret of European Legislation* (Fn. 310).

dialogische Begegnung und substantielles Verhandeln. Das unterscheidet ihn vom weit größeren Vermittlungsausschuss, in dem mehr als doppelt so viele Personen zusammenkommen und der später im Gesetzgebungsverfahren vorgesehen ist, wo die diversen Positionen oft schon verhärteter sind. Der dialogischen Begegnung und dem substantiellen Verhandeln dient weiter, dass die Treffen nicht öffentlich sind und es kein Protokoll gibt. Die Treffen sind aber keineswegs geheim: Die Öffentlichkeit wird von einem Trilog unterrichtet und die oft kritischen Schattenberichterstatter können in den Ausschüssen und der Öffentlichkeit von den Vorgängen berichten.[356]

Ein Trilog ist kein Organ, er kann nichts entscheiden. Wohl aber können die Teilnehmer einen Konsens feststellen. Ein solcher Konsens hat es in sich, denn das weitere Verfahren ist zumeist eine Formsache. Das Gesetzgebungsprojekt geht in der abgestimmten Form zurück in den Rat und das Parlament, die es fast immer als den europäischen allgemeinen Willen festlegen, zumeist ohne weitere Aussprache.

Die hohe Erfolgsquote zeigt, dass es einen enormen Erfolgsdruck gibt und die Vertreter der beteiligten Institutionen über starke Verhandlungsmandate verfügen. Alle Teilnehmenden können davon ausgehen, dass die beteiligten Organe ein konsentiertes Ergebnis tragen werden. Sie müssen also intern bereits enorme Vermittlungsleistungen erbracht haben, um mit einer entsprechenden Verhandlungsposition aufwarten zu können. Fehlt es daran, dann wird kein Trilog angestrengt. So liegt etwa der Vorschlag der Kommission zu einer Reform des europäischen Flüchtlingsrechts seit 2016 beim Rat, der bislang angesichts höchst heterogener Vorstellungen noch kein brauchbares Verhandlungsmandat formulieren konnte. In solchen Fällen wird ein Trilog nicht angestrengt.

Das Europäische Parlament erarbeitet sein Verhandlungsmandat im System der doppelten Filterung: Position und Spielraum des Verhandlungsführers müssen sowohl durch die Mehrheit seiner Fraktion als auch durch die Mehrheit des zuständigen Ausschusses

356 Zu den Problemen mit den Vertretern euroskeptischer Parteien vgl. Ariadna Ripoll Servant, Lara Panning, »Eurosceptics in trilogue settings. Interest formation and contestation in the European Parliament«, in: *West European Politics* 42 (2019), S. 755-775.

getragen werden.[357] Ausschuss und Fraktionen dienen nicht nur der Formalisierung anderswo getroffener Vereinbarungen, sondern sind oft der eigentliche Ort der Vermittlung. Die parlamentarischen Verfahren der Willensbildung zielen dabei, ähnlich wie das Verfahren im Rat, auf breite Mehrheiten. In diesem Kontext können die Abgeordneten des Europäischen Parlaments oft besser demokratische Repräsentation leisten als ihre nationalen Kollegen, die in den mitgliedstaatlichen Parlamenten eine Regierungslinie vertreten müssen.[358] Es ist keine Schwäche, sondern eine Stärke der europäischen Demokratie, dass sie die unterschiedlichen Konflikte gerade keiner großen Konfliktlinie unterordnet.[359]

Die institutionelle Logik drängt die Parlamentsdelegation darauf, eine starke politische Alternative gegenüber Kommission und Rat zu entwickeln, da dies der politischen Profilierung der Mandatsträger in der Öffentlichkeit dient. Hier liegt ein Anknüpfungspunkt zur Bearbeitung eines wichtigen Defizits der europäischen Demokratie: des Arguments der Alternativlosigkeit.[360] Die Logik des europäischen Parlamentarismus gebiert Alternativen, so dass von hieraus das politische Defizit der Unionsgesetzgebung systemkonform bearbeitet werden kann.

Triloge treffen auf viel Kritik:[361] Den Bürgerinnen und Bürgern zumeist unbekannte und in obskuren Verfahren bestimmte Parlamentarier erarbeiten abseits der Öffentlichkeit mit der Ratspräsidentschaft in einem intransparenten Geschacher einen Text, der dann fast automatisch zur europäischen *volonté générale* erstarkt. Giacomo Rugge zeigt gegen diese Phalanx, dass Trilogverfahren das

357 Rugge, *Trilogues. The Democratic Secret of European Legislation* (Fn. 310), S. 50.

358 Peter Mair, Jacques Thomassen, »Political representation and government in the European Union«, in: *Journal of European Public Policy* 17 (2010), S. 20-35, S. 23 ff.

359 So aber Möllers, *Die Europäische Union als demokratische Föderation* (Fn. 342), S. 18.

360 Renaud Dehousse, »Constitutional Reform in the European Community. Are There Alternatives to the Majoritarian Avenue?«, in: *West European Politics* 18 (1995), S. 118-136, S. 122, 124 f.; van Middelaar, *Alarums and Excursions* (Fn. 351), S. 240.

361 Deirdre Curtin, Päivi Leino, »In search of transparency for EU law-making. Trilogues on the cusp of dawn«, in: *Common Market Law Review* 54 (2017), S. 1673-1712; Jelena von Achenbach, »Verfassungswandel durch Selbstorganisation. Triloge im europäischen Gesetzgebungsverfahren«, in: *Der Staat* 55 (2016), S. 1-39.

funktionale Äquivalent starker Parteien mit einer Reihe demokratischer Vorzüge sind.[362]

Zunächst ist festzuhalten, dass die Triloge keine rechtswidrige Umgehung des Vermittlungsverfahrens sind: Der Vertragsgesetzgeber erlaubt mit Art. 295 AEUV diese interinstitutionelle Kooperation, die seit Mitte der 1970er Jahre gepflegt wird.

Nach dem überkommenen Leitbild des Parlamentarismus soll das Parlament nach einem Ringen in öffentlicher Sitzung aufgrund des besten Arguments den allgemeinen Willen festlegen. Die Praxis der parlamentarischen Demokratien des 20. Jahrhunderts verfehlt dieses Leitbild, womit Schmitt, die Personifikation der Weimarer Parteien- und Repräsentationskritik, den liberalen Parlamentarismus delegitimiert.[363] Die Genialität von Leibholz' Strukturwandelargument ist, diese Parteikritik ins Konstruktive zu wenden (§ 3). Er kodiert das parteipolitische Geschacher kurzerhand in die zentrale demokratische Vermittlungsleistung um. Diese Umkodierung ist erfolgreich und trägt zum Verständnis der Bundesrepublik als ein demokratisches Gemeinwesen bei; Ähnliches gilt für andere europäische Staaten.[364]

Allerdings liegt damit der Ort der Vermittlung außerhalb der öffentlichen Institutionen und ist verfahrensrechtlich kaum gehegt. Parteien sind private Vereine. Die Bestimmungen des Parteiengesetzes betreffen nicht ihre Willensbildung zu einzelnen Gesetzgebungsvorhaben. Es steht den Beteiligten frei, die Öffentlichkeit über eine Verhandlung zu informieren. Der Zugang zum Ort der Vermittlung ist nicht geregelt. Die Opposition ist in der Regel ausgeschlossen, soweit sie nicht gebraucht wird. Das erschwert ihre demokratische Kontrollfunktion. Die innerparteiliche Logik der Macht kann sich ungehemmt Bahn brechen.

Triloge sind deutlich demokratischer. Zugang und Verfahren

362 Rugge, *Trilogues. The Democratic Secret of European Legislation* (Fn. 310), Kap. V u. VI.

363 Carl Schmitt, *Die geistesgeschichtliche Lage des heutigen Parlamentarismus*, München 1926; zu diesem Verständnis Armin von Bogdandy, »Parlamentarismus in Europa. Eine Verfalls- oder Erfolgsgeschichte?«, in: *Archiv des öffentlichen Rechts* 130 (2005), S. 445-464.

364 Schmidt, *Demokratietheorien* (Fn. 337), S. 439-452; Pietro Scoppola, *La repubblica dei partiti. Evoluzione e crisi di un sistema politico (1945-1996)*, Bologna 1997.

sind bei den Trilogen demokratisch geregelt, unter anderem in der gemeinsamen Erklärung zu den praktischen Modalitäten des neuen Mitentscheidungsverfahrens, der Geschäftsordnung des Europäischen Parlaments und dem Verhaltenskodex des Parlaments für Verhandlungen im Rahmen des ordentlichen Gesetzgebungsverfahrens. Die Öffentlichkeit hat zwar keinen Zugang zu einem Trilog und die Verhandlungsführer müssen sich für ihre Verhandlungsführung auch nicht öffentlich rechtfertigen. Sie haben aber das Parlament zu informieren[365] und unterliegen der Kontrolle der Schattenberichterstatter der konkurrierenden Parteien. Die Opposition ist eingebunden. Dem europäischen Regierungssystem gelingt, wie Rugge herausarbeitet, das Kunststück, einen demokratisch gehegten Raum der Informalität zu institutionalisieren, der einen tatsächlichen Ort der Vermittlung bildet. Mir scheint es schwer, die demokratische Natur dieses Verfahrens zu bestreiten.

Das gilt insbesondere, wenn man Triloge in ihrem verfassungsrechtlichen Kontext sieht. Ein Trilog ist nur das abschließende Glied einer langen Reihe demokratischer Vermittlungen. Deren erstes Glied sind die Kompetenzen und vertraglichen Ziele, legitimiert durch die mitgliedstaatlichen Ratifikationen. Das zweite Glied bilden die Vermittlungen des Europäischen Rats in Form seiner »Impulse«, »Zielvorstellungen« und »Prioritäten« für die europäische Gesetzgebung. Ein drittes Glied ist der jährliche Fahrplan der europäischen Gesetzgebung, den Parlament, Rat und Kommission aushandeln.[366] Auf der Grundlage des Kommissionsvorschlags vermittelt dann jede Institution intern die unterschiedlichen Interessen, Präferenzen und Positionen zu einem Mandat, das einen Trilog ermöglicht. Erst dann kann ein Trilog die unterschiedlichen Interessen, Präferenzen und Positionen zur *volonté générale* der europäischen Gesellschaft verdichten.

Diese vielen komplexen Vermittlungen mögen als ein demokratischer Irrweg erscheinen, versteht man die *volonté générale* als Ausdruck eines kompakten Mehrheitswillens, der sich im Geset-

365 Gijs Jan Brandsma, »Transparency of EU informal trilogues through public feedback in the European Parliament: promise unfulfilled«, in: *Journal of European Public Policy* 26 (2019), S. 1464-1483.

366 Interinstitutionelle Vereinbarung zwischen dem Europäischen Parlament, dem Rat der Europäischen Union und der Europäischen Kommission über bessere Rechtsetzung, ABl. L 123 vom 12.5.2016, S. 1, § 7.

zesbeschluss verwirklicht. Doch ein solcher kompakter Mehrheitswille ist in einer pluralen, ausdifferenzierten, vielfältigen Gesellschaft zumeist eine Fiktion; heute aggregiert die Allgemeinheit des Mehrheitswillens überlappende Besonderheiten.[367] Hegelianisch ausgedrückt: Der europäische Gesetzgebungsakt ist das Ergebnis einer Vielzahl komplexer Vermittlungen, die den Grundprinzipien des Art. 2 EUV entsprechen. Einen Kompromiss, der solchen Vermittlungen entspringt, sollte man nicht als kleinsten gemeinsamen Nenner disqualifizieren, sondern als demokratisch wertvoll begreifen.[368]

Diese Einsicht ist wichtig. Die europäische Gesellschaft ist, um mit einer hegelianischen Figur zu schließen, erst dann ganz bei sich, wenn viele Bürgerinnen und Bürger die Triloge der EU als einen wichtigen Bestandteil ihrer Demokratie verstehen, die eben Kompromisse verlangt und aus Kompromissen besteht. Bis zu dieser Einsicht wird das Problem der Entfremdung die europäische Gesellschaft plagen.[369] Kurzum: Demokratie bedeutet nicht, dass die Bürgerinnen und Bürger sich nicht über die Ergebnisse des politischen Prozesses ärgern oder sie gar als Akte von Selbstbestimmung begreifen.

§ 44 Weiterer demokratischer Strukturwandel

Das bisherige Argument dieses Paragraphen lautet, dass die Europäische Union als ein demokratisches politisches System zu klassifizieren ist. Nun hat der Begriff der Demokratie neben der klassifikatorischen auch eine komparative Dimension. Demokratien können mehr oder weniger demokratisch sein.[370] Zudem, das ist für

367 Pierre Rosanvallon, *La légitimité démocratique. Impartialité, réflexivité, proximité*, Paris 2008, S. 10-12.

368 So die Grundthese in Rugge, *Trilogues: The Democratic Secret of European Legislation* (Fn. 310).

369 Zum Begriff der Entfremdung Rahel Jaeggi, *Entfremdung. Zur Aktualität eines sozialphilosophischen Problems*, Berlin 2016.

370 Hans-Joachim Lauth, *Demokratie und Demokratiemessung. Eine konzeptionelle Grundlegung für den interkulturellen Vergleich*, Wiesbaden 2004; vgl. konkret den Demokratieindex Freedom House, ⟨https://freedomhouse.org/report/freedom-world⟩, letzter Zugriff 01. 07. 2021; Varieties of Democracy (V-Dem), ⟨https://www.v-dem.net/en/⟩, letzter Zugriff 01. 07. 2021; Bertelsmann Trans-

die Perspektive des Strukturwandels essentiell, können und sollten Demokratien demokratischer werden (§ 4; § 23, § 27). Das gilt auch für die Europäische Union.[371]

Laut Eurobarometer 2019 sind 55 Prozent der Befragten zufrieden mit der Demokratie der EU.[372] Einerseits ist das angesichts der kategorischen Verneinung der demokratischen Natur der Union (§ 43) bemerkenswert. Andererseits kann das Ergebnis nicht befriedigen. Die 55 Prozent für die Institutionen der EU liegen im europäischen Vergleich nur im unteren Mittelfeld: Spitzenreiter wie die dänische Demokratie erfreuen sich einer Zufriedenheit von 95 Prozent, die irische kommt auf 80 Prozent, die deutsche immerhin auf 74 Prozent. Schlechter als mit der EU ist die Zufriedenheit mit der französischen Demokratie mit 53 Prozent, der griechischen mit 35 Prozent und der kroatischen mit nur 33 Prozent.[373] Die Komponenten der europäischen Demokratie sind nicht nur vielgestaltig, sondern auch von sehr unterschiedlicher Qualität.

Weiterer demokratischer Strukturwandel ist angesagt. Der erscheint in vielen Hinsichten offen, in manchen aber nicht. So propagiert kaum jemand, man solle die Union am amerikanischen, britischen, chinesischen, russischen oder schweizerischen Regierungstyp ausrichten oder aber zur rein nationalen Demokratie zurückkehren.

Die europäische Gesellschaft bahnt sich ihren eigenen Weg demokratischer Vermittlungen und der Vertragsgesetzgeber beauftragt die Unionsorgane zu weiterem demokratischen Wandel. Sie haben den »Werten Geltung zu verschaffen« (Art. 13 Abs. 1 EUV). Die Positionierung des Art. 2 EUV und der konturierenden Bestimmungen der drei einleitenden Titel des EU-Vertrages legt nahe, das in ihm zum Ausdruck kommende Leitbild einer gegliederten, repräsentativen, menschenrechtsschützenden, rechtsstaatlichen, solidarischen, gerechten Demokratie mit systematischen und teleologischen Argumenten über alle weiteren Regelungen des EU-Vertrags

formation Index: ⟨https://bti-project.org/en/home.html?&cb=00000⟩, letzter Zugriff 01. 07. 2021.

371 Sylvie Goulard, Mario Monti, *La democrazia in Europa. Guardare lontano*, Milano 2012; Antoine Vauchez, *Démocratiser l'Europe*, Paris 2014; Möllers, *Die Europäische Union als demokratische Föderation* (Fn. 342).

372 Europäische Union, Standard Eurobarometer 91, Frühjahr 2019 (Fn. 120), S. 144.

373 Ebd., S. 141.

und des AEU-Vertrags auszudehnen (§ 29). Das impliziert verfassungsrechtlichen Strukturwandel, denn viele spätere Regelungskomplexe der Verträge reflektieren dieses Leitbild nur ungenügend.

Der Auftrag des Art. 13 Abs. 1 EUV vermittelt allerdings kein Mandat der Verfassungsänderung. Das Unionsverfassungsrecht ist ein Verfassungsrecht des Details.[374] Keine strukturwandelnde Auslegung darf seine spezifischen Regelungen ad absurdum führen (§ 36). Das Rechtsstaatsprinzip, Art. 4 EUV und Art. 48 EUV legen insofern ein klares Zeugnis ab.[375] Der Regelungsbestand der Verträge ist Frucht demokratischer Kompromisse, Ausdruck des Pluralismus und nicht zuletzt Zeichen des Kontrollbedürfnisses, das die europäische Gesellschaft gegenüber ihren europäischen Institutionen hegt. In diesem Sinne positioniert die neueste Rechtsprechung die Grundprinzipien des Art. 2 EUV im Gefüge der Verträge.[376]

Vor diesem Hintergrund seien drei Themenkreise strukturwandelnder Prinzipienverwirklichung erörtert. Der erste behandelt das Demokratieprinzip in den Unionsinstitutionen. Der zweite Themenkreis betrifft die Rekonstruktion der fragmentierten Teilverfassungen vieler Politikbereiche im Lichte der Maßstäbe des Art. 2 EUV. Im dritten geht es um die Maßstäbe des Art. 2 EUV in nationalen Gesellschaften, die systemische Defizite aufweisen (§§ 45-47).

Ich behaupte dabei nicht, dass dies die wichtigsten Themen zur Stärkung demokratischer Legitimität sind. Mit Heller, und bestätigt durch Eurobarometer, vermute ich, dass es mehr noch auf die Wahrnehmung der Bürgerinnen und Bürger ankommt, ob sich ihre konkreten Lebenssituationen verbessern. Ein entsprechendes Output des politischen Systems ist eine entscheidende Größe für seine Legitimität,[377] wie die Platzierung der Ziele an der Spitze des EU-Vertrags in Art. 3 EUV bestätigt. Obwohl es hier vordringlich um Policy-Fragen geht, kann eine kritische, rekonstruktive und kontextsensible Rechtswissenschaft durchaus Beiträge liefern.[378]

374 Jean-Claude Piris, *The Constitution for Europe. A Legal Analysis*, Cambridge 2006, S. 59.

375 EuGH, *EMRK-Beitritt I* (Fn. 192), Rn. 10 ff.; *Deutschland/Parlament und Rat*, Rs. C-376/98, ECLI:EU:C:2000:544, Rn. 76 ff.; *Polen/Parlament und Rat*, Rs. C-358/14, ECLI:EU:C:2016:323, Rn. 31 ff.

376 EuGH, *CETA* (Fn. 30), Rn. 110.

377 Zur demokratischen Dignität von Output Scharpf, *Regieren in Europa* (Fn. 266).

378 Ackermann, »Eine ›ungeheure Jurisprudenz‹? (Fn. 58), S. 479 f.

Zur Demokratie in der Arbeitsweise der Unionsorgane: Ein wichtiger Aspekt des Strukturwandels des europäischen öffentlichen Rechts ist das Erstarken des Europäischen Parlaments. Aber selbst nach dem Parlamentarisierungsschub des Amsterdamer Vertrags von 1997 kann man noch zweifeln, ob in der Union das verfassungsrechtliche Leitbild parlamentarisch legitimierter Rechtsetzung gilt. Der Amsterdamer Vertrag weist dem Parlament zwar zahlreiche Kompetenzen zu, aber in vielen Bereichen, und sogar der Rechtsetzung, kann der Rat weiterhin alleine handeln. Es fehlt eine Regelung, welche die Ko-Gesetzgebung von Rat und Parlament zum Prinzip erklärt. Viele meinen, dass es etwa keine Auslegungsregel gibt, wonach im Zweifel die europäische Rechtsetzung auf einer Kompetenz mit parlamentarischer Beteiligung erfolgen soll.[379]

Der Vertrag von Lissabon führt 2007 in Art. 10 EUV ein solches Prinzip ein. Damit fördert er eine Auslegung, im Zweifel derjenigen Kompetenz den Vorzug zu geben, die eine parlamentarische Beteiligung vorsieht.[380] Doch seine Vermutung parlamentarischer Beteiligung reicht noch weiter, denn Art. 10 Abs. 1 EUV beschränkt sich nicht auf die Gesetzgebung, sondern erfasst die gesamte Arbeitsweise der Union. Damit stützt er Interpretationen, welche die Kontrollkompetenzen des Parlaments stärken. Beispiele dafür finden sich insbesondere im Bereich der europäischen Außen- und Sicherheitspolitik.[381]

Art. 10 Abs. 1 EUV bietet einen rechtsimmanenten Maßstab demokratischer Kritik. Ein Beispiel bietet die Regelung der Mittelaufnahme und Mittelvergabe zur Überwindung der Folgen der COVID-19-Pandemie. Hierüber entscheidet allein der Rat, was die

379 EuGH, *Kommission/Rat* (Fn. 257), Rn. 20 f.; anders bereits damals *Kommission/Rat*, Schlussanträge von Generalanwalt Giuseppe Tesauro v. 11. Juni 1991, ECLI:EU:C:1991:115, I-2892 f.; ebenso *Martinez u. a./Parlament*, verb. Rs. T-222/99, T-327/99 und T-329/99, Urteil v. 2. Oktober 2001, ECLI:EU:T:2001:242, Rn. 196, 200.

380 EuGH, *Kommission/Rat* (Fn. 257), Rn. 20; zu den Grenzen EuGH, *Parlament/Rat*, Rs. C-130/10 Urteil v. 19. Juli 2021, ECLI:EU:C:2012:472, Rn. 79.

381 EuGH, *Parlament/Rat*, Rs. C-263/14, Urteil v. 14. Juni 2016, ECLI:EU:C:2016:2436, Rn. 70 f.; zu der facettenreichen Rechtsprechung Carolyn Moser, Berthold Rittberger, «The CJEU and EU (De)constitutionalization – Unpacking Jurisprudential Strategies», in: *Max Planck Institute for Comparative Public Law & International Law Research Paper Series* 9 (2021), S. 1-28, S. 15 ff.

Logik von Art. 10 Abs. 2 EUV verfehlt.[382] Ähnlich defizitär ist die Wahl der Richterinnen und Richter des Gerichtshofs der Europäischen Union (§ 63).

Die europäische Demokratie erschöpft sich nicht im Repräsentationsprinzip. Nach Art. 11 EUV sollen die Unionsorgane demokratisch im Sinne von offen, partizipativ, dialogisch und transparent arbeiten. Das ist nicht nachgeordnet, sondern wesentlich. Die allererste Bestimmung des Vertrags versieht diese Vorgaben sogar mit einem Superlativ. Die Union soll, so Art. 1 EUV, »möglichst offen und möglichst bürgernah« entscheiden.

Natürlich ist die Umsetzung dieser Vorgaben gegenüber fast 450 Millionen Unionsbürgerinnen und Unionsbürgern ungemein voraussetzungsvoll. Viele Projekte erscheinen eher der Werbung als dem Dialog zu dienen. So fällt auf, dass die Dialogplattform zur *Konferenz über die Zukunft Europas* nicht verrät, wie die bürgerschaftlichen Beiträge ausgewertet und in den politischen Prozess eingebracht werden.[383] Man kann aber die Prinzipien durchaus operativ werden lassen: So zeigt die Transparenzrechtsprechung, wie verschlossene Bürokratien in Richtung demokratischerer Verwaltungen entwickelt werden können.[384] Insgesamt bietet Art. 11 EUV eine Fülle von Ansatzpunkten, um den demokratischen Strukturwandel voranzubringen.

Es sind nicht nur spezielle Bestimmungen über die Arbeitsweise der Unionsorgane, die in Spannung zu den Grundprinzipien des EU-Vertrags stehen. Es gibt ähnliche Spannungen mit den Teilverfassungen diverser Unionspolitiken. Die Teilverfassungen sind auf die Logik des Verfassungskerns abzustimmen, also in seinem Lichte fortzuentwickeln.

Diese Spannung lässt sich besonders deutlich zwischen den Prin-

382 Martin Nettesheim, »Next Generation EU«: Die Transformation der EU-Finanzverfassung«, in: *Archiv des öffentlichen Rechts* 145 (2020), S. 381-437, 434.

383 Europäische Union, Konferenz zur Zukunft Europas, Häufig gestellte Fragen, ⟨https://futureu.europa.eu/pages/faq?locale=de⟩, letzter Zugriff 01. 07. 2021.

384 EuGH, *Schweden und Turco/Rat,* Rs. C-39/05 P, Urteil v. 01. Juli 2008, ECLI:EU:C:2008:374; *Rat/Access Info Europe*, Rs. C-280/11, Urteil v. 17. Oktober 2013, ECLI:EU:C:2013:671; *ClientEarth v Commission*, Rs. C-57/16 P, Urteil v. 04. September 2018, ECLI:EU:C:2018:660; *De Capitani/Parliament*, Rs. T-540/15, Urteil v. 22. März 2018, ECLI:EU:T:2018:167; Giacomo Rugge, »Trilogues and Access to Documents. De Capitani v. Parliament«, in: *Common Market Law Review* 56 (2019), S. 237-258.

zipien des Art. 2 EUV einerseits und den wirtschafts- und währungsverfassungsrechtlichen Bestimmungen andererseits beobachten. Die Deutlichkeit ergibt sich aus der inzwischen weitverbreiteten Einsicht, dass sich viele der theoretischen und weltanschaulichen Annahmen der 1980er und 1990er Jahren überlebt haben, auf denen die wirtschafts- und währungsverfassungsrechtlichen Bestimmungen aufbauen.[385] Ein entsprechender Strukturwandel ist inzwischen ins Werk gesetzt.[386] Die Maßnahmen der EU in Reaktion auf die COVID-19-Pandemie bergen das Potential, dass die europäische Gesellschaft in diesem Strukturwandel substantiell vorankommt, insbesondere durch die damit erschlossenen neuen Dimensionen europäischer Solidarität.[387]

Dieser Strukturwandel bedarf begleitender dogmatischer Rekonstruktionen, welche die unionale Wirtschafts- und Währungsverfassung unter die Maßstäbe des Art. 2 EUV stellen. Art. 3 Abs. 3 EUV, Art. 119 AEUV und die sie konkretisierenden Bestimmungen sind im Lichte der Art. 2 und Art. 3 Abs. 1 EUV zu interpretieren. Die Wirtschafts- und Währungsverfassung kann sich so zu einem Instrument europäischer demokratischer Verfasstheit mausern.[388]

Diese Rolle des europäischen Verfassungskerns bestätigt die Rechtmäßigkeit des wohl transformatorischsten aller je von Unionsorganen gemachten Schritte: Mario Draghis »whatever it takes«-Erklärung. Sie impliziert keine Missachtung der Verträ-

385 Daniela Dobre, »Constitución económica: una propuesta al debate conceptual«, in: *Revista de Derecho Público. Teoría y Método* 3 (2021), S. 157-198; Aldo Sandulli, *Il ruolo del diritto in Europa. L'integrazione europea dalla prospettiva del diritto amministrativo*, Mailand 2018, S. 59 ff.

386 Michael Ioannidis, »Europe's New Transformations. How the EU Economic Constitution Changed during the Eurozone Crisis«, in: *Common Market Law Review* 53 (2016), S. 1237-1282; ders., »Between Responsibility and Solidarity. COVID-19 and the Future of the European Economic Order«, in: *Zeitschrift für ausländisches öffentliches Recht und Völkerrecht* 4 (2020), S. 773-783.

387 Der erste Schritt war die Verordnung 2020/672 des Rates vom 19. Mai 2020 zur Schaffung eines Europäischen Instruments zur vorübergehenden Unterstützung bei der Minderung von Arbeitslosigkeitsrisiken in einer Notlage (SURE) im Anschluss an den COVID-19-Ausbruch, ABl. L 159/1; zu den weiteren Maßnahmen Europäischer Rat, Schlussfolgerungen v. 21. Juli 2020, EUCO 10/20; Jürgen Habermas, »30 Jahre danach. Die zweite Chance«, in: *Blätter für deutsche und internationale Politik* 9 (2020), S. 41-56.

388 Zur Freiheitsidee in der europäischen Wirtschaftsverfassung Gerber, *Law and Competition in Twentieth-Century Europe* (Fn. 56).

ge,[389] sondern spiegelt die rechtliche Logik, der die europäische Gesellschaft zu verdanken ist.

Das volle Zitat lautet: »*Within our mandate*, the ECB is ready to do whatever it takes to preserve the euro.«[390] Das unionsrechtliche Mandat ergibt aus Art. 127 Abs. 1 und Art. 282 Abs. 2 AEUV in deren teleologischer Interpretation.[391] Es sei an dieser Stelle nur erinnert, dass Art. 127 Abs. 1 AEUV auf den gesamten Art. 3 und damit auch Art. 3 Abs. 1 EUV verweist. Die EZB ist nicht nur über Art. 13 Abs. 1 EUV, sondern auch über den speziell auf sie zugeschnittenen Art. 127 EUV auf die Verwirklichung der Grundprinzipien verpflichtet. Mit diesem interpretatorischen Spielraum wird es durchaus relevant, dass eine zerbrechende Währungsunion Dynamiken hätte auslösen können, wie sie beim implodierenden Jugoslawien oder aufgrund der deutschen Währungspolitik der frühen 1930er Jahre zu beobachten waren.[392]

Die hier propagierte Rekonstruktion der wirtschafts- und währungsverfassungsrechtlichen Bestimmungen verlangt, ein Verfassungsdenken aufzugeben, das das europäische Vertragsrecht primär als eine liberale Marktverfassung monetaristischer Ausrichtung liest.[393] Wie weit diese Umdeutung bereits die Praxis des Unionsrechts bestimmt, zeigt die EuGH-Rechtsprechung zu den Grundfreiheiten als Bastion mitgliedstaatlicher Demokratie.[394]

389 Zu dieser Auffassung siehe das Vorbringen der Beschwerdeführer bzw. Antragsteller in BVerfG, *OMT-Programm* (Fn. 75), Rn. 16 ff. Vgl. auch die Rekonstruktion von Matthias Ruffert, *The European Debt Crisis and European Union Law*, CMLRev. 48 (2011), S. 1777-1806.

390 Mario Draghi, President of the European Central Bank, »Speech at the Global Investment Conference in London«, 26. Juli 2012, ⟨https://www.ecb.europa.eu/press/key/date/2012/html/sp120726.en.html⟩, letzter Zugriff 01. 07. 2021.

391 Ausf. EuGH, *Gauweiler*, Rs. C-62/14, Urteil v. 16. Juni 2015, ECLI: EU:C:2015:400, Rn. 32 ff.

392 Matthias Goldmann, »The Great Recurrence. Karl Polanyi and the Crises of the European Union«, in: *European Law Journal* 23 (2017), S. 272-289.

393 Ernst-Joachim Mestmäcker, »Zur Wirtschaftsverfassung in der Europäischen Union«, in: Rolf H. Hasse u. a. (Hg.), *Ordnung in Freiheit. Festgabe für Hans Willgerodt zum 70. Geburtstag*, Stuttgart 1994, S. 263-292; Peter-Christian Müller-Graff, »§ 1 Europäisches Wirtschaftsordnungsrecht: Das System«, in: ders. (Hg.), *Enzyklopädie Europarecht. Bd. 4. Europäisches Binnenmarkt- und Wirtschaftsordnungsrecht*, Baden-Baden 2021, Rn. 25 ff.

394 EuGH, *Kommission/Ungarn (Transparenz von Vereinigungen)*, Rs. C-78/18, Urteil v. 18. Juni 2020, ECLI:EU:C:2020:476; unten § 67.

F. Transformativer Konstitutionalismus

§ 45 So notwendig wie schwierig

Bereits § 37 befasst sich mit systemisch defizitären mitgliedstaatlichen Strukturen. Dort geht es jedoch um Phänomene institutioneller Schwäche, nun hingegen um autoritäre Tendenzen. Sicherlich gibt es Überschneidungen, etwa Korruption oder eine unzulängliche Gerichtsbarkeit. Gleichwohl macht es Sinn zu unterscheiden und die europäische Verfassungsaufsicht[395] mit Blick auf autoritäre Tendenzen vorzustellen. Das erfolgt in der Perspektive des transformativen Konstitutionalismus, um ihre gesellschaftliche Dimension zum Ausdruck zu bringen und zum Verständnis der Rechtsnatur, der Anforderungen und Chancen dieser Aufsicht beizutragen.

Der Vertragsgesetzgeber adelt 2007 die Grundprinzipien des EU-Vertrags als europäische Werte. Damit postuliert er sie nicht nur als Rechtsnormen, sondern zudem als ethische Grundsätze, die, weithin geteilt und tief verankert, die europäische Gesellschaft »auszeichnen« (§ 28). Dieser Schritt soll wohl dem europäischen Recht eine neue Quelle von Legitimität und Stabilität eröffnen. Heute erweist sich der Weg in die Werteunion jedoch als ähnlich risikoreich wie der in die Währungsunion, denn der europäische Wertediskurs ist von einem Selbstversicherungsdiskurs zu einem Krisendiskurs mutiert.[396]

Diesen Krisendiskurs befeuern Maßnahmen, mit denen Regierungen einzelner Mitgliedstaaten kontrollierende Institutionen schwächen.[397] Zumeist gilt die Rechtsstaatlichkeit als gefährdet,

395 Eine Aufbereitung des Begriffs bei Matthias F. Schmidt, *Verfassungsaufsicht in der Europäischen Union. Eine akteurszentrierte Analyse der Rechtsstaatlichkeitskrise der Europäischen Union*, Frankfurt/M. 2021.

396 Voßkuhle, *Die Idee der Europäischen Wertegemeinschaft* (Fn. 163) S. 16 ff.

397 Die folgenden Überlegungen speisen sich aus den Beiträgen von Beáta Bakó, Stanislaw Biernat, Armin von Bogdandy, Piotr Bogdanowicz, Matteo Bonelli, Iris Canor, Catherine Dupré, Agnieszka Frackowiak-Adamska, Pawel Filipek, Julia Kirchmayr, Justyna Łacny, Artur Nowak-Far, Jörg Polakiewicz, Giacomo Rugge, Wojciech Sadowski, Matthias Schmidt, Werner Schroeder, Pál Sonnevend, Dimitri Spieker, Maciej Taborowski, Joseph Weiler, Marcin Wiacek, in: Armin von Bogdandy u. a. (Hg.), *Defending Checks and Balances in EU Member States. Taking Stock of Europe's Actions*, Berlin 2021.

aber Menschenrechte und Demokratie sind ebenso in Gefahr (§ 29). Politikwissenschaftlich gelten solche Maßnahmen als geradezu symptomatisch für defekte Demokratien.[398]

Art. 49 EUV erfordert von einem Beitrittskandidaten, dass er »die in Artikel 2 genannten Werte achtet und sich für ihre Förderung einsetzt«. Art. 2 EUV und Art. 49 EUV begründen daher eine Vermutung der Prinzipientreue aller Mitgliedstaaten. Diese Vermutung speist das Selbstverständnis der europäischen Gesellschaft als eine Union freiheitlicher Demokratien, legitimiert die Entscheidungsfindung in der EU, rechtfertigt die gegenseitige Anerkennung von Entscheidungen und begründet gegenseitiges Vertrauen in prinzipiell rechtsförmiges Verhalten aller öffentlichen Institutionen. Solange diese Vermutung gilt, erschüttern auch institutionelle Verletzungen des Unionsrechts nicht die europäische Rechtsordnung, sondern dienen ihrer Reproduktion (§ 35).

Diese Vermutung der Prinzipientreue wankt in Bezug auf diverse EU-Mitgliedstaaten. Die Europäische Kommission für Demokratie durch Recht des Europarats (Venedig-Kommission, § 26) dokumentiert entsprechende Verstöße in acht Gutachten zu Ungarn (Rechtsstaatlichkeit, Grundrechte, Medienfreiheit), sechs zu Polen (Justiz, Gewaltenteilung) und jeweils fünf Gutachten zu Bulgarien (Korruption, Rechtsstaatlichkeit), zu Malta (Gewaltenteilung, Menschenrechte) und zu Rumänien (Korruption, Justiz) – alle allein in den letzten fünf Jahren.[399]

Besondere Sorge bereitet Ungarn.[400] Es ist aber der Umbau der polnischen Justiz ab 2015, der die Verfassungsaufsicht durch EU-Institutionen mobilisiert. Die Reaktionen wenden sich vor allem gegen die Schwächung und teilweise Gleichschaltung der Gerichte. Die polnischen Entwicklungen seien kurz erinnert:[401] Einer der ers-

398 Wolfgang Merkel u. a., »Defekte Demokratie«, in: ders. u. a. (Hg.), *Defekte Demokratie*, Wiesbaden 2003, S. 65-95.

399 Abrufbar unter ⟨https://www.venice.coe.int/WebForms/documents/by_opinion.aspx?v=countries⟩, letzter Zugriff 01. 07. 2021.

400 Entschließung des Europäischen Parlaments vom 12. September 2018 zu einem Vorschlag, mit dem der Rat aufgefordert wird, im Einklang mit Art. 7 Abs. 1 des Vertrags über die Europäische Union festzustellen, dass die eindeutige Gefahr einer schwerwiegenden Verletzung der Werte, auf die sich die Union gründet, durch Ungarn besteht (2017/2131(INL).

401 Europäische Kommission, Begründeter Vorschlag nach Artikel 7 Absatz 1 EUV für einen Beschluss des Rates zur Feststellung der eindeutigen Gefahr einer

ten Schritte der neuen Regierungsmehrheit besteht 2015 darin, das Verfassungsgericht zunächst als Kontrollinstanz zu schleifen und dann mit regierungsnahen Richtern zu besetzen, so dass es inzwischen als ein Instrument der Regierung erscheint.[402] Sodann weitet sie ihren Einfluss auf den Landesjustizrat aus, pensioniert hundertfünfzig von siebenhundert Gerichtspräsidenten und -vizepräsidenten sowie fast 40 Prozent der Richter des Obersten Gerichts und erhöht dort zugleich die Anzahl der Richterstellen. Sie richtet eine neue Disziplinarkammer mit regierungsnahen Richtern ein, die alle anderen Richter sanktionieren kann. Mittels dieser Kammer versucht die polnische Regierung Vorlagen an den EuGH, welche die Rechtmäßigkeit dieser Maßnahmen bestreiten, zu unterbinden und die polnische Richterschaft so der Unterstützung aus Luxemburg zu berauben. Emblematisch sind die Disziplinarmaßnahmen gegen Igor Tuleya, der zur Gallionsfigur der regierungskritischen Richterschaft avanciert ist.[403] Parallel leitet der polnische Justizminister ein Verfahren zur Überprüfung der Verfassungsmäßigkeit von Art. 267 AEUV vor dem polnischen Verfassungsgericht ein, soweit die Vorschrift Vorlagen bezüglich der internen Organisation der Justiz erlaubt.[404] Dieser Gleichschaltung entspricht ein rabiates Vorgehen gegen eine zweite Bastion demokratischer Rechtsstaatlichkeit: die freie Meinungsbildung (§ 79).

Die Prinzipientreue der Mitgliedstaaten ist eine juristische Vermutung und keine juristische Fiktion. Der juristische Unterschied zwischen Vermutung und Fiktion lautet, dass jene widerleglich,

schwerwiegenden Verletzung der Rechtsstaatlichkeit durch die Republik Polen, COM/2017/0835 final; Bericht der polnischen Richterorganisation »Iustitia«, Jakub Kościerzyński (Hg.), *Justice under pressure – repressions as a means of attempting to take control over the judiciary and the prosecution in Poland. Years 2015-2019*, 2020; Wojciech Sadurski, *Poland's Constitutional Breakdown*, Oxford 2019, S. 1-34.

402 Ewa Łętowska, »A Tragic Constitutional Court Judgment on Abortion«, *Verfassungsblog* v. 12. 11. 2020.

403 Ingo Werner, »Kampf um die Unabhängigkeit der Gerichte in Europa. Interview mit Beata Morawiec und Igor Tuleya«, in: *Deutsche Richterzeitung* (2021), S. 142-145; Europäische Kommission, Bericht über die Rechtsstaatlichkeit 2020, Länderkapitel zur Lage der Rechtsstaatlichkeit in Polen, SWD(2020) 320 final, S. 7.

404 Anhängig als Rs. K 7/18; dazu Stanisław Biernat, Monika Kawczyńska, »Though this be Madness, yet there's Method in't. Pitting the Polish Constitutional Tribunal against the Luxembourg Court«, *Verfassungsblog* v. 26. 10. 2018.

diese unwiderleglich ist. Mitgliedstaatliche Prinzipientreue darf nicht zu dem werden, was der Sprachgebrauch unter einer Fiktion versteht, nämlich etwas, das keine tatsächliche Grundlage hat. Die Gefahr, dass mitgliedstaatliche Prinzipientreue als fiktiv verstanden werden könnte, erklärt die Mobilisierung der EU. Nichtstun könnte die Identität der europäischen Gesellschaft gefährden (§ 26).

Letztlich stellt sich die Frage, ob die europäische Gesellschaft defekte Demokratien *umfasst* oder aber *bekämpft*. Beides bringt Strukturwandel. Wenn die europäischen Institutionen nichts tun, dann prägen defekte Demokratien die Grundprinzipien des Art. 2 EUV in Zukunft mit; das ergibt sich aus dem Prinzip der Gleichheit der Mitgliedstaaten (Art. 4 Abs. 2 EUV). Um das zu vermeiden, muss das europäische öffentliche Recht eine wirksame Verfassungsaufsicht entwickeln und auf weitere demokratische Transformationen in diesen Mitgliedstaaten hinwirken.

Aber ergibt eine europäische Verfassungsaufsicht überhaupt Sinn? In einem der berühmtesten Dicta der bundesrepublikanischen Verfassungstheorie postuliert Ernst-Wolfgang Böckenförde (§ 4), eine freiheitliche Rechtsordnung könne ihre Voraussetzungen gar nicht garantieren.[405] Dazu ist einerseits festzuhalten, dass Böckenfördes vermutliche Annahme, die Garantie sei im christlichen Glauben zu finden, heute kaum überzeugt.[406] Andererseits erscheint es durchaus plausibel, zwar nicht dem christlichen Glauben, wohl aber der bürgerschaftlichen Gesinnung eine eigentlich tragende Rolle zuzusprechen (§ 32). Art. 2 EUV atmet dieses Verständnis, wenn er die Union in gesellschaftlichen Werten gründet. In einer hegelianischen Tradition erscheint es weiter plausibel anzunehmen, dass eine Prinzipienpolitik öffentlicher Institutionen eine solche Gesinnung durchaus fördern kann: Diese Institutionen stehen der Gesellschaft ja nicht gegenüber, sondern sind Teil des

405 Ernst-Wolfgang Böckenförde, »Die Entstehung des Staates als Vorgang der Säkularisation«, *Säkularisation und Utopie. Ebracher Studien. Ernst Forsthoff zum 65. Geburtstag*, Stuttgart, Berlin u. a. 1967, S. 75-94, S. 94; dazu Jan-Werner Müller, »What the dictum really meant – and what it could mean for us«, in: *Constellations* 25 (2018), S. 196-206; Jürgen Habermas, »Vorpolitische Grundlagen des demokratischen Rechtsstaats?«, in: ders., Joseph Ratzinger (Hg.), *Dialektik der Säkularisierung. Über Vernunft und Religion*, Freiburg, Basel, u. a. 2005, S. 15-38.

406 Uwe Volkmann, »Gespräche mit Hegel« (Fn. 88), S. 502 ff.

gesellschaftlichen Prozesses. Hegel spricht von der Gesinnung als »Resultat der im Staate bestehenden Institutionen«.[407]

Eine Politik, die auf die Verankerung demokratischer Prinzipien hinwirkt und entsprechende gesellschaftliche Strukturen fordert, ist danach sinnvoll. Zugleich ist offensichtlich, dass solche Prozesse schwierig und langsam sind. Hegel ist besonders skeptisch gegenüber einer oktroyierten Verfassungspolitik von außen; sein Paradebeispiel ist die gescheiterte napoleonische Modernisierung in Spanien.[408] Die von ihm identifizierten Schwierigkeiten konstitutioneller Transformationen sind heute vielfach belegt. Gleichwohl erstarkt die Demokratiepolitik im 20. Jahrhundert zu einem bedeutenden Politikfeld.

Eine Schlüsselfigur ist der Münchener Verfassungsrechtler Karl Löwenstein. Er prägt 1943 im amerikanischen Exil den Begriff der *militant democracy*.[409] Nach der deutschen Niederlage wirkt er an der alliierten Demokratisierungspolitik mit. Das umschließt demokratische Bildungsarbeit, weshalb Löwenstein Carl Schmitts Verhaftung sowie ein Schreibverbot veranlasst:[410] die Rechtswissenschaft ist eben Teil des politischen Bewusstseins einer Gesellschaft (§ 4, § 68, dort auch zum weiteren Verfahren gegen Schmitt).

Die alliierte Politik in Deutschland widerlegt Hegels kategorischen Skeptizismus gegenüber exogener Verfassungspolitik. Die amerikanische Demokratisierung in Deutschland ist erfolgreich, es entsteht mit Böckenförde sogar eine freiheitliche Schmittschule. Löwensteins Ideen werden Bausteine des modernen Konstitutionalismus. Demokratiepolitik etabliert sich als ein transnationales Politikfeld, das trotz zahlreicher Probleme auch viele Erfolge aufweisen kann. Externer Druck hilft demokratischen Transitionen (§§ 25-26).

In den europäischen Verträgen findet sich Löwensteins Vermächtnis,[411] das als transformativer Konstitutionalismus fortent-

407 Hegel, *Grundlinien der Philosophie des Rechts* (Fn. 17), § 268.

408 Ebd. (Fn. 17), § 274 Zusatz.

409 Karl Loewenstein, »Militant Democracy and Fundamental Rights, I«, in: *The American Political Science Review* 31 (1937), S. 417-432; ders., *Verfassungslehre*, Tübingen 1959, S. 449 ff.

410 Reinhard Mehring, *Carl Schmitt. Aufstieg und Fall*, München 2009, S. 442.

411 Frank Schorkopf, *Die Maßnahmen der XIV EU-Mitgliedstaaten gegen Österreich*, Berlin, Heidelberg 2002, S. 119 ff.; Jan-Werner Müller, »The EU as a Militant

wickelt werden kann. Die Betonung des transformativen Moments berücksichtigt, dass die polnische Regierungsmehrheit ihre Gleichschaltungspolitik seit 2015 in vielen Institutionen verankert hat und, ungeachtet der europäischen Kritik, 2019 die Parlaments- und 2020 die Präsidentschaftswahlen erneut gewinnt. Viel spricht dafür, dass die demokratische Transformation der polnischen Gesellschaft stecken geblieben ist (§ 26). Die Grundprinzipien verlangen deshalb nicht nur eine schnelle Abwehr und Rücknahme polnischer Maßnahmen, sie verlangen auch den langwierigen Wandel gesellschaftlicher Strukturen (§ 24).

Das europäische öffentliche Recht erwartet auf diesem Weg schwieriges Neuland. Polnische Institutionen bestreiten vehement dessen Legalität und Legitimität und mobilisieren das gleichgeschaltete polnische Verfassungsgericht zum Gegenschlag.[412] Der polnische Botschafter in Berlin lässt 2017 vernehmen, dass Polen alle europäischen Werte pflege: »Das Problem ist die Interpretation. Brüssel ist zu sehr ideologisch geprägt. Und zwar durch linksliberale Ideologie.«[413] Auch Stimmen, die nicht zum polnischen Regierungslager gehören, sehen Probleme.[414] Joseph Weiler sieht ein Legitimitätsproblem, weil die Union selbst nicht den Werten genüge, welche sie von ihren Mitgliedern einfordert.[415] Selbst das Europäische Parlament kritisiert das Vorgehen der Kommission als einseitig.[416]

Democracy, or: Are There Limits to Constitutional Mutants Within EU Member States?«, in: *Revista de Estudios Políticos* 165 (2014), S. 141-162; Martin Klamt, *Die Europäische Union als streitbare Demokratie. Rechtsvergleichende und europarechtliche Dimensionen einer Idee*, München 2012.

412 Siehe den polnischen Ministerpräsidenten Mateusz Morawiecki, zitiert nach Max Steinbeis, »The Deed, not the Doer«, *Verfassungsblog* v. 03. Februar 2018. Zur Mobilisierung des Verfassungsgerichts unten, § 79.

413 Zitiert nach Voßkuhle, *Die Idee der Europäischen Wertegemeinschaft* (Fn. 163), S. 17.

414 Frank Schorkopf, »Wertesicherung in der Europäischen Union. Prävention, Quarantäne und Aufsicht als Bausteine eines Rechts der Verfassungskrise?«, in: *Europarecht* 51 (2016), S. 147-163, S. 159.

415 Joseph H. H. Weiler, »Epilogue: Living in a Glass House. Europe, Democracy and the Rule of Law«, in: Carlos Closa, Dimitry Kochenov (Hg.), *Reinforcing Rule of Law Oversight in the European Union*, Cambridge 2016, S. 313-326, S. 326.

416 Erwägung (K): Entschließung des Europäischen Parlaments vom 14. November 2018 zu der Notwendigkeit eines umfassenden EU-Mechanismus zum Schutz der Demokratie, der Rechtsstaatlichkeit und der Grundrechte (2018/2886(RSP)).

Solche Bedenken sind von Gewicht, denn Legalität und Prinzipientreue sind elementar für eine legitime Verfassungsaufsicht.[417] Doch Untätigkeit ist keine Option.[418] Die Union muss ihre Werte »fördern« (Art. 3 Abs. 1 EUV) und ihnen »Geltung verschaffen« (Art. 13 Abs. 1 EUV). Nach Art. 2 EUV zeichnet sich die europäische Gesellschaft durch Rechtsstaatlichkeit aus. Angesichts substantiierter Vorwürfe, dass die polnischen Maßnahmen die Rechtsstaatlichkeit verletzen, wäre ein europäisches Schweigen bedeutungsvoll, denn die europäische Gesellschaft wäre dann womöglich nicht das, was sie zu sein bekundet. Vielleicht akzeptiert sie mit einem Schweigen sogar die polnische Gleichschaltungspolitik als Ausdruck europäischer Rechtsstaatlichkeit. Ihr bislang gepflegtes Selbstverständnis als eine Gesellschaft, die sich durch ihre Rechtsstaatlichkeit auszeichnet, wäre kaum haltbar. Wenn sich die Vermutung der Prinzipientreue als Fiktion entpuppt, droht eine Identitätskrise.

Weiter ist zu erinnern, dass die betroffenen Menschen laut Präambel der Charta der Grundrechte im »Mittelpunkt« des Unionshandelns stehen. Die Union hat einen Schutzauftrag. Dieser Auftrag umfasst den Schutz polnischer Bürger gegenüber ihrer eigenen Staatsgewalt, auch diesseits der Schwelle von Staatsterrorismus.[419] Es gibt ein Recht auf wirksame europäische Rechte (§ 38).

Dieser bürgerschaftliche Grund für ein Tätigwerden der Union hat identitätspolitisches Gewicht.[420] Er korrigiert ein Deutungsschema, das alle Polinnen und Polen an die Seite der Regierung und gegen die europäischen Institutionen stellt. Die meisten, 84 Prozent, begreifen sich als Teil der europäischen Gesellschaft[421] und

417 Zur Bedeutung verfassungsgemäßen Vorgehens Ernst-Wolfgang Böckenförde, »Der verdrängte Ausnahmezuszand«, in: *Neue Juristische Wochenschrift* (1978), S. 1881-1890, S. 1883; Pedro Cruz Villalón, *Estados excepcionales y suspensión de garantías*, Madrid 1984.

418 Christophe Hillion, »Overseeing the Rule of Law in the EU. Legal Mandate and Means«, in: Closa/Kochenov (Hg.), *Reinforcing Rule of Law Oversight in the European Union* (Fn. 415), S. 59-81, S. 60-64.

419 Claudio Franzius, »Der Kampf um Demokratie in Polen und Ungarn – Wie kann und soll die Europäische Union reagieren?«, in: *Die öffentliche Verwaltung* (2018), S. 381-388, S. 384.

420 Maria Mälksoo, »The Memory Politics of Becoming European. The East European Subalterns and the Collective Memory of Europe«, in: *European Journal of International Relations* 15 (2009), S. 653-680.

421 Europäische Kommission, Standard Eurobarometer 91, Frühjahr 2019 (Fn. 120), S. 17.

viele kämpfen um die freiheitliche Verfassungsstaatlichkeit ihres Landes. Es ist eine Stunde der Bewährung der Unionsbürgerschaft.

Maßnahmen der Verfassungsaufsicht sind zudem vom Grundsatz des gegenseitigen Vertrauens gefordert. Vertrauen ist eine essentielle Ressource in entwickelten Gesellschaften (§ 35). Die zweite Periode des europäischen öffentlichen Rechts charakterisiert sich geradezu durch ihr Vertrauensbedürfnis (§ 20). Ohne gegenseitiges Vertrauen ist die gegenwärtige Integration der europäischen Gesellschaft unhaltbar.[422] Der EuGH hat den Grundsatz aufgestellt, dass alle Mitgliedstaaten darauf vertrauen müssen, dass alle Mitgliedstaaten das Unionsrecht und insbesondere dessen Grundrechte beachten.[423] Damit reagiert er auf offensichtliche Schwächen des gegenseitigen Vertrauens. Dieses Gebot des gegenseitigen Vertrauens ist aber nicht absolut und kommt mit flankierenden Instrumenten der Vertrauensstabilisierung, darunter die der Verfassungsaufsicht.

Eine aktive europäische Verfassungsaufsicht ist in einem Fall wie dem polnischen unionsrechtlich angezeigt. Sie muss aber das Prinzip des Schutzes nationaler Identität und den europäischen Pluralismus berücksichtigen (§ 33). Art. 2 EUV darf gegenüber den Mitgliedstaaten nicht zu einer Homogenitätsklausel ähnlich wie Art. 28 GG oder Art. IV Sec. 4 und Art. XIII bis XV der US-Verfassung erstarken,[424] darf also die Mitgliedstaaten nicht in einen engen verfassungsrechtlichen Korridor zwängen (§ 34). Den Unionsorganen fehlt das Mandat, die Prinzipien des Art. 2 EUV zu einem gemeineuropäischen Bauplan mitgliedstaatlichen Verfassungsrechts zu entfalten. Jeder Eindruck von Verfassungshomogenisierung ist zu vermeiden.

Eine entsprechende Beschränkung der Verfassungsaufsicht hilft auch, ihren Maßnahmen eine breite Basis in der europäischen Gesellschaft zu verschaffen. Der ist nötig: Der Versuch, eine gewählte Regierung unter eine gemeinsame Verfassung zu beugen, führt

422 EuGH, *N.S. u. a.*, verb. Rs. C-411/10 und C-493/10, Urteil v. 21. Dezember 2011, ECLI:EU:C:2011:865, Rn. 83; *C.K. u.a.*, Rs. C-578/16 PPU, Urteil v. 16. Februar 2017, ECLI:EU:C:2017:127, Rn. 95.

423 So EuGH, *EMRK-Beitritt II* (Fn. 8), Rn. 191; Koen Lenaerts, »La vie après l'avis. Exploring the principle of mutual (yet not blind) trust«, in: *Common Market Law Review* 54 (2017), S. 805-840.

424 Vergleichend Francesco Palermo, Karl Kössler, *Comparative Federalism. Constitutional Arrangements and Case Law*, Oxford, Portland 2017, S. 321 ff.

leicht zu schweren Konflikten. Man erinnere die Eskalation, als der spanische Zentralstaat 2017 seine Verfassungsaufsicht gegen die katalonische Regierungsmehrheit mobilisiert.[425] Einem europäischen Vorgehen gegen die derzeitige polnische Regierungsmehrheit fehlen zudem wichtige Ressourcen, die das Vorgehen des spanischen Zentralstaats gegen die katalanische Regierung stützen, etwa ein Nationalbewusstsein und das Instrument eines bewaffneten Bundeszwangs. Umso wichtiger ist, dass sich möglichst viele Institutionen und gesellschaftliche Kräfte hinter der europäischen Verfassungsaufsicht versammeln. Dem dient es, diese Aufsicht allein auf systemische Defizite auszurichten.

§ 46 Systemische Defizite als Fokus

Das Bundesverfassungsgericht hat unter Art. 28 Abs. 1 GG dem Land Schleswig-Holstein untersagt, Ausländer an der Kommunalwahl zu beteiligen oder die Mitbestimmung der Personalräte in seinen öffentlichen Behörden auszuweiten.[426] Für die Verfassungsaufsicht der Union bedarf es Probleme anderer Größenordnung, namentlich *systemische Defizite*.[427] Systemisches Defizit und verwandte Ausdrücke (*strukturelle*, *generelle* oder *systembedingte Gefährdungen*, *Defizite*, *Probleme*, *Mängel* oder *Schwächen*) bezeichnen Konstellationen in den EU-Mitgliedstaaten, die den europäischen Verfassungskern (§ 29) in Frage stellen. Im Folgenden sei der allgemeine Sprachgebrauch, typische Merkmale des Phänomens und der verfassungsrechtliche Rahmen so verknüpft, dass ein Bedeutungszusammenhang entsteht, der in diesem schwierigen Politikfeld orientiert.

Der verfassungsrechtliche Angelpunkt der Begriffsbildung ist

425 María Jesús García Morales, »Federal execution, Article 155 of the Spanish Constitution and the crisis in Catalonia«, in: *Zeitschrift für öffentliches Recht* 73 (2018), S. 791-830.

426 BVerfGE 83, 37, 53 ff., *Ausländerwahlrecht I*; 93, 37, 66, *Mitbestimmung Schleswig-Holstein*.

427 Armin von Bogdandy, Michael Ioannidis, »Das systemische Defizit. Merkmale. Instrumente und Probleme am Beispiel der Rechtsstaatlichkeit und des neuen Rechtsstaatlichkeitsaufsichtsverfahrens«, in: *Zeitschrift für ausländisches öffentliches Recht und Völkerrecht* 74 (2014), S. 283-328, 293 ff.; umfassende Aufarbeitung bei Schmidt, *Verfassungsaufsicht in der Europäischen Union* (Fn. 395).

Art. 7 EUV. Dieser stellt zunächst klar, dass die Union prüfen und einfordern, eben eine Aufsicht darüber ausüben kann, dass die Mitgliedstaaten den Grundprinzipien des Art. 2 EUV genügen. Es gibt in dieser Hinsicht keine durch Art. 4 Abs. 2 EUV geschützten Identitätsbereiche, keine mitgliedstaatliche *domaine réservée*, keinen Souveränitätsvorbehalt, kein Interventionsverbot.[428] Anders als zu Zeiten Moslers (§ 10) sind inzwischen alle sozialen Beziehungen von den unionsrechtlichen Grundprinzipien erfasst. Art. 7 EUV ist nicht auf die Durchführung des Unionsrechts beschränkt, anders als die Grundrechtecharta nach Art. 51 Abs. 1 S. 1 GRC. Eine Verfassungsaufsicht gegenüber den Mitgliedstaaten liegt in der unionalen Verbandskompetenz. Das umschließt, soweit struktureller Wandel erforderlich ist, den transformativen Konstitutionalismus.

Mit Art. 7 EUV lässt sich der Begriff des systemischen Defizits substantiieren. Maßgeblich ist insbesondere seine Schwelle für ein aufsichtsrechtliches Tätigwerden. Verlangt ist die »eindeutige Gefahr einer schwerwiegenden Verletzung« der Werte des Art. 2 EUV. Sanktionen sind sogar nur möglich, wenn »eine schwerwiegende und anhaltende Verletzung« vorliegt. Diese Schwelle folgt aus der verfassungsrechtlichen Autonomie der Mitgliedstaaten, ihrer primären Verantwortlichkeit für die nationale Verwirklichung der Werte des Art. 2 EUV sowie dem Subsidiaritätsprinzip (Art. 5 Abs. 3 EUV). Diese Grundentscheidung prägt den Rechtsbegriff des systemischen Defizits und ist beim gesamten Instrumentarium der Verfassungsaufsicht zu berücksichtigen.

Weitere Substantiierung vermittelt der Begriffsbestandteil *systemisch*. *Systemisch* grenzt normale Rechtsverletzung aus dem Anwendungsbereich der Verfassungsaufsicht aus. Eine normale Rechtsverletzung zeichnet aus, dass sie als Routine prozessiert werden kann.[429] Allen als *systemisch*, *strukturell* oder *generell defizitär* bezeichneten Situationen ist gemein, dass sie jenseits dieses Normalfalls liegen. Dabei muss es sich nicht um Staatsterrorismus, Staatsstreiche, bewaffnete Aufstände oder den drohenden Zusammenbruch der öf-

428 Mitteilung der Europäischen Kommission, Artikel 7 des Vertrags über die Europäische Union – Wahrung und Förderung der Grundwerte der Europäischen Union, COM/2003/0606 final, S. 5; Europäischer Konvent, Vermerk des Präsidiums: Entwurf der Artikel 1 bis 16 des Verfassungsvertrags, CONV 528/03, S. 11; aus der Literatur Hilf/Schorkopf, »Art. 2 EUV« (Fn. 27), Rn. 18.

429 Von Bogdandy/Ioannidis, »Das systemische Defizit« (Fn. 427), S. 298 ff.

fentlichen Ordnung handeln, wohl aber um krisenhafte Situationen im Sinne einer Bedrohung des Systems.

Systemisch bedeutet im normalen Sprachgebrauch, der biologischen-medizinischen Ursprungsverwendung folgend, *den ganzen Organismus betreffend.* Antonyme von *systemisch* sind *isoliert, vereinzelt, lokal.* Juristisch gelten als *systemisch* zumeist Phänomene der Illegalität, die regelmäßig auftreten, weit verbreitet, tief verwurzelt oder aber von höchsten Stellen als Ausdruck einer politischen Linie angeordnet sind. Phänomene dieser Art werden oft nicht mehr als Ausnahmen, sondern eher als Charakteristika eines Systems erscheinen.[430]

Entsprechend schließt die EU-Kommission vereinzelte Grundrechtsverstöße oder Justizirrtümer aus dem Anwendungsbereich des Rechtsstaatsrahmens aus.[431] Der EuGH verwendet *systemisch* und *allgemein* sogar weitgehend als Synonyme.[432] Allerdings kann ein einzelnes Phänomen, etwa ein Tabubruch wie ein einziger Fall von Folter oder ein politischer Mord, auf ein systemisches Defizit hinweisen. Das gilt insbesondere, wenn es zu keiner adäquaten institutionellen Reaktion kommt, so dass ein Systemversagen zu vermuten ist. Anzeichen dafür gab es nach dem Mord 2017 an der maltesischen Journalistin Daphne Caruana Galizia und den Morden 2018 an dem slowakischen Journalisten Ján Kuciak und seiner Partnerin Martina Kušnírová (§ 79).

Ein weiterer Indikator für ein *systemisches Defizit* ist, dass es Externalitäten in anderen Systemen zeitigt. Das europäische Bankenregulierungsrecht versteht *Systemrisiken* als »Risiken einer Beeinträchtigung des Finanzsystems, die das Potenzial schwerwiegender negativer Folgen für den Binnenmarkt und die Realwirtschaft beinhalten«.[433] Entsprechende Externalitäten von systemischen

430 Vgl. das Wort »systemic« in Merriam-Webster Dictionary und Wikipedia und das Wort »systemisch« in Duden und in Wiktionary.

431 Europäische Kommission, Mitteilung an das Europäische Parlament und den Rat. Ein neuer EU-Rahmen zur Stärkung des Rechtsstaatsprinzips, COM(2014) 158 final, S. 7.

432 EuGH, *LM* (Fn. 20), Rn. 34, 61, 68; *Aranyosi und Căldăraru*, Rs. C-404/15, Urteil v. 5. April 2016, ECLI:EU:C:2016:198, Rn. 89, 93, 104.

433 Art. 2(c) der Verordnung (EU) 1092/2010 über die Finanzaufsicht der Europäischen Union auf Makroebene und zur Errichtung eines Europäischen Ausschusses für Systemrisiken; Jacob Kleinow, *Systemrelevante Finanzinstitute. Systemrisiko und Regulierung im europäischen Kontext,* Wiesbaden 2016, S. 19 f.

Defiziten mitgliedstaatlicher Prinzipientreue betreffen das Selbstverständnis der europäischen Gesellschaft, die Legitimität der Entscheidungsfindung in der EU oder die Möglichkeit gegenseitiger Anerkennung von Entscheidungen. Erst wenn dieses Selbstverständnis, diese Legitimität, diese Möglichkeit wanken, liegt ein systemisches Defizit vor und kommt das Instrumentarium der Verfassungsaufsicht zum Einsatz. Die Kehrseite dieser hohen Eingriffsschwelle ist, dass die Defizite oft eine gesellschaftliche Verankerung haben, was unweigerlich zur Perspektive des transformativen Konstitutionalismus führt.

§ 47 Instrumente

Das europäische öffentliche Recht ist ein pluralistischer Zusammenhang. Das gilt auch für die Instrumente der europäischen Verfassungsaufsicht. Wie in den meisten Bereichen des europäischen Rechts stellt das Instrumentarium der Union aber die organisierende Mitte. Das ergibt sich dogmatisch aus der Schlüsselstellung des Art. 2 EUV (§ 29), hat aber auch pragmatische Gründe. So entlasten europäische Reaktionen über die Union das Verhältnis der Mitgliedstaaten und damit die explosivste Beziehungsebene.[434] Zugleich verfügt die Union über weit mehr transformative Kraft als der Europarat.

Die Union hat gleichwohl lange gezögert, spezifische Schritte der Verfassungsaufsicht zu ergreifen. In seinem vielleicht bekanntesten Statement bezeichnet Kommissionspräsident Barroso 2013 den Einsatz von Art. 7 EUV als »nukleare Option«, womit das Instrument als fast illegitim gebrandmarkt ist.[435] Danach überlässt die Union systemische Defizite in ihren Mitgliedstaaten dem Europarat. Das hat seinen Grund, denn so vermeidet sie schwierige und

434 Jan-Werner Müller, »Should the EU Protect Democracy and the Rule of Law inside Member States?«, in: *European Law Journal* 21 (2015), S. 141-160, S. 145.

435 Miguel Barroso, *State of the Union address 2013*, 11. September 2013, verfügbar unter ⟨http://europa.eu/rapid/press-release_SPEECH-13-684_en.htm⟩, letzter Zugriff 01. 07. 2021; Legality of the Threat or Use of Nuclear Weapons, Advisory Opinion, I. C. J. Reports 1996, S. 226-267; dazu Achilles Skordas, »Epilegomena to a Silence. Nuclear Weapons, Terrorism and the Moment of Concern«, in: *Journal of Conflict and Security Law* 6 (2001), S. 191-224.

vielleicht gar lähmende Konflikte in ihren Institutionen.[436] Auch der EuGH weicht dem Problem zunächst aus. So hat er die weitgehende Gleichschaltung der ungarischen Gerichtsbarkeit als unzulässige Diskriminierung älterer Richter unter der Antidiskriminierungsrichtlinie 2000/78 qualifiziert.[437] So vermied der EuGH jede Thematisierung des Verfassungskerns und damit auch, worum es eigentlich geht.

Das Bild hat sich inzwischen geändert. Kommission wie Parlament haben Verfahren nach Art. 7 EUV angestrengt. Die liegen zwar seit Jahren unabgeschlossen im Rat, gleichwohl üben sie Druck aus. Zudem wird 2020 der europäische Gesetzgeber tätig und macht einen bedeutenden Schritt, indem er die allgemeine Konditionalitätsregelung zum Schutz des Haushalts der Union erlässt. Danach können Verstöße gegen die Rechtsstaatlichkeit zu empfindlichen finanziellen Einbußen führen.[438] Ein weiteres Instrument mit hartem Sanktionscharakter ist die europäische Staatsanwaltschaft.[439] Ergänzend treten das Rechtsstaatlichkeitsaufsichtsverfahren der Europäischen Kommission, ihr *Justizbarometer*,[440] ihre Berichte im Rahmen des Europäischen Semesters[441] und der Rechtsstaatsdialog

436 Kaarlo Tuori, »From Copenhagen to Venice«, in: Closa/Kochenov, *Reinforcing Rule of Law Oversight in the European Union* (Fn. 415), S. 225-246, S. 237.

437 EuGH, *Kommission/Ungarn (Transparenz von Vereinigungen)* (Fn. 389), Rn. 24 ff.; zum Scheitern des Ansatzes Gábor Halmai, »The Early Retirement Age of the Hungarian Judges«, in: Fernanda Nicola, Bill Davies (Hg.), *EU Law Stories. Contextual and Critical Histories of European Jurisprudence*, Cambridge 2017, S. 471-488.

438 Verordnung (EU) 2020/2092 des Europäischen Parlaments und des Rates vom 16. Dezember 2020 über eine allgemeine Konditionalitätsregelung zum Schutz des Haushalts der Union; dazu Justyna Łacny, »The Rule of Law Conditionality Under Regulation No 2092/2020 - Is it all About the Money?«, in: *The Hague Journal on the Rule of Law* 13 (2021), S. 1-27.

439 Verordnung (EU) 2017/1939 des Rates vom 12. Oktober 2017 zur Durchführung einer Verstärkten Zusammenarbeit zur Errichtung der Europäischen Staatsanwaltschaft.

440 Vgl. Mitteilung der Kommission an das Europäische Parlament, den Rat, die Europäische Zentralbank, den Europäischen Wirtschafts- und Sozialausschuss und den Ausschuss der Regionen, EU-Justizbarometer 2018, COM(2018) 364 final, 4 ff.

441 Commission Staff Working Document, Country Report Poland 2018 accompanying the document Communication from the Commission to the European Parliament, the Council, the European Central Bank and the Eurogroup: 2018

des Rates hinzu.[442] Das Europäische Parlament verfügt über die öffentlichkeitsschaffende Befassung, das bislang ungenutzte unionale Parteienrecht[443] sowie, wenngleich weitgehend außerhalb des Zugriffs des Unionsrechts, disziplinierende Instrumente innerhalb der europäischen *Parteienfamilien*.[444] Und dann gibt es Urteile des EuGH (§ 67).

Sind solche weiteren Instrumente der Verfassungsaufsicht zulässig? Die Instrumente des Art. 7 EUV, also der Warnmechanismus nach Art. 7 Abs. 1 EUV und der Sanktionsmechanismus nach Art. 7 Abs. 2 und 3 EUV, könnten die einzigen zulässigen Instrumente zur Durchsetzung von Art. 2 EUV gegenüber den Mitgliedstaaten sein. Das vertreten die polnische und ungarische Regierung in ihrer Klage gegen die Verordnung (EU) 2020/2092. Dann wären weitere, ähnlich ausgerichtete Instrumente unzulässig. Die europäische Verfassungsaufsicht stünde unter der vollständigen Kontrolle der in den Organen der Union vereinten Regierungen der Mitgliedstaaten und wäre angesichts der hohen Verfahrenshürden wenig wirksam.

Das polnische und ungarische Argument führt zu einem elementaren Baustein des europäischen Strukturwandels. Eine der ältesten Lehren des Gemeinschaftsrechts lautet, dass ein im Vertrag niedergelegtes Verfahren nicht die Entwicklung weiterer Instrumente verbietet.[445] Mit dieser Logik etabliert die *Van Gend en Loos*-Entscheidung[446] neben dem vertraglich vorgesehenen Vertragsverletzungsverfahren das Vorabentscheidungsverfahren als Instrument zur Durchsetzung des Gemeinschaftsrechts und Aufsicht über die Mitgliedstaaten (§ 56). Später entwickelt der Gerichtshof

European Semester: Assessment of progress on structural reforms, prevention and correction of macroeconomic imbalances, and results of in-depth reviews under Regulation (EU) No 1176/2011, SWD (2018) 219 final, 3, 29.

442 Schlussfolgerungen des Rates der EU und der im Rat vereinigten Mitgliedstaaten über die Gewährleistung der Achtung der Rechtsstaatlichkeit, Dok.-Nr. 16134/14.

443 Verordnung (EU, Euratom) Nr. 1141/2014 vom 22. Oktober 2014 über das Statut und die Finanzierung europäischer politischer Parteien und europäischer politischer Stiftungen.

444 So erlaubt Art. 9 der Satzung der EVP den Ausschluss, definiert aber keinen Ausschlussgrund.

445 Jürgen Bast, *Grundbegriffe der Handlungsform in der EU*, Berlin, Heidelberg 2006, S. 60 ff.

446 EuGH, *Van Gend and Loos/Administratie der Belastingen* (Fn. 206), Rn. 26.

das Dogma der mitgliedstaatlichen Haftung für eine Verletzung des Unionsrechts, obwohl die Mitgliedstaaten dabei waren, ein anderes Sanktionsverfahren (nunmehr Art. 260 Abs. 2 AEUV) einzufügen.[447]

Art. 7 EUV verbietet also nicht die Schaffung weiterer Instrumente, zieht ihnen aber Grenzen. Die Rolle des Europäischen Rats und das überaus aufwändige Verfahren in Art. 7 EUV legen nahe, dass diese Bestimmung die intensivste Form unionaler Verfassungsaufsicht darstellt.[448] Es fehlt damit der Union die Verbandskompetenz für schärfere Instrumente, etwa einen Ausschluss des Mitgliedstaats[449] oder die Absetzung seiner Regierung, wie es die spanische Regierung mit der katalanischen 2017 nach der Unabhängigkeitserklärung tat.

Die Verfassungsaufsicht der Union steht im Mittelpunkt, aber sie steht nicht allein. Auch mitgliedstaatliche Institutionen können europäische Prinzipien verteidigen und gesellschaftliche Transformationen in anderen Mitgliedstaaten unterstützen. Das ist besonders aussichtsreich, wenn es in Abstimmung erfolgt. So können sich mitgliedstaatliche Institutionen, durch Unionsorgane koordiniert, der Kooperation verweigern und so Druck auf einen defizienten Mitgliedstaat ausüben. Den wichtigsten Anwendungsfall bildet bislang die Nichtkooperation unter dem Europäischen Haftbefehl.[450] Selbst der Zweite Senat des Bundesverfassungsgerichts hat in dieser Sache inzwischen die Führung durch die Europäische Union anerkannt.[451] Die Mitgliedstaaten können weiter drohen, die Union ohne defizitäre Mitgliedstaaten zu vertiefen.[452]

Offen ist die Frage, inwieweit die Mitgliedstaaten unabhängig

447 EuGH, *Francovich und Bonifaci/Italien* (Fn. 212), Rn. 33 ff.

448 In diesem Sinne EuGH, *LM* (Fn. 20), Rn. 70-73.

449 Dazu der Vorschlag von Torsten Stein, »Die rechtlichen Reaktionsmöglichkeiten der Europäischen Union bei schwerwiegender und anhaltender Verletzung der demokratischen und rechtsstaatlichen Grundsätze in einem Mitgliedstaat«, in: Volkmar Götz u. a. (Hg.), *Liber amicorum Günther Jaenicke - Zum 85. Geburtstag*, Berlin, Heidelberg 1998, S. 871-898, S. 873, 890; Boyko Blagoev, »Expulsion of a Member State from the EU after Lisbon. Political Threat or Legal Reality?«, in: *Tilburg Law Review* 16 (2011), S. 191-237.

450 EuGH, *LM* (Fn. 20).

451 BVerfG, Beschluss v. 1. Dezember 2020, 2 BvR 1845/18, *Europäischer Haftbefehl II*; anders noch das Vorgehen in BVerfG, *Identitätskontrolle* (Fn. 74).

452 Franzius, »Der Kampf um Demokratie in Polen und Ungarn« (Fn. 419), S. 388.

vom Unionsrecht das allgemeine völkerrechtliche Instrumentarium zum Einsatz bringen können. In Betracht kommen Maßnahmen von Retorsionen über die Mechanismen der Wiener Vertragsrechtskonvention bis hin zur umstrittenen humanitären Intervention bei schwersten Rechtsbrüchen.[453] Dieses Instrumentarium steht allerdings in einem unionsrechtlichen Rahmen, der einem solchen Vorgehen Grenzen setzt. Das haben die Maßnahmen der vierzehn EU-Mitgliedstaaten gegen Österreich im Jahre 2000 gezeigt, die eine Regierungsbeteiligung der FPÖ verhindern sollten und die teilweise unionsrechtswidrig waren.[454]

Einschlägig sind weiter Instrumente des Europarats. Zwar hat er selbst kaum transformative Macht, entwickelt sie aber im Zusammenwirken mit der Union. Gutachten der Venedig-Kommission des Europarats (§ 26) bilden sogar das sichtbarste Instrument des Monitorings, um verfassungsrechtliche Defizite und Transformationsbedarf zu identifizieren. Weiter gibt es die Entschließungen und Empfehlungen der parlamentarischen Versammlung, des Ministerkomitees sowie des Menschenrechtskommissars des Europarats.

Das europäische Instrumentarium der Verfassungsaufsicht, um systemischen Defiziten in Mitgliedstaaten zu begegnen und auf Transformationen im Sinne des europäischen Verfassungskerns hinzuwirken, ist beträchtlich. Der Begriff des transformativen Konstitutionalismus hilft, den Zeithorizont zu bestimmen, auf Geduld und Rückschläge einzustimmen, den Wert auch kleiner Erfolge zu verstehen und die richtigen Partner zu suchen. Das gilt insbesondere, insoweit der Strukturwandel durch Urteile betrieben wird.

Strukturwandel durch Gerichte mag auf den ersten Blick vernachlässigbar erscheinen. Berühmt ist Hamiltons Beschreibung der Judikative als schwächste der Gewalten.[455] Gegenüber defekten Mitgliedstaaten schien es zunächst sogar, als falle der EuGH kom-

453 International Law Association, *Final Report on Aggression and the Use of Force*, 2018, S. 20 ff.

454 Dazu Martti Ahtisaari, Jochen Abr. Frowein, Marcelino Oreja, Bericht, angenommen am 8. September 2000 in Paris (»Weisenbericht«), Rn. 116; Schorkopf, *Die Maßnahmen der XIV EU-Mitgliedstaaten gegen Österreich* (Fn. 411); Konrad Lachmayer, »Questioning the Basic Values – Austria and Jörg Haider«, in: András Jakab, Dimitry Kochenov (Hg.), *The Enforcement of EU Law and Values – Ensuring Member States' Compliance*, Oxford 2017, S. 436-455.

455 Alexander Hamilton, »Federalist No. 78«, in: *The Federalist Papers* (1788).

plett aus. Doch dann ergeht am 27. Februar 2018 das Urteil *Associação Sindical dos Juízes Portugueses* gegen *Tribunal de Contas*.[456]

Auf den ersten Blick hat dieses Urteil nichts mit den autoritären Tendenzen in Zentraleuropa zu tun. Es beschäftigt sich mit der Klage einer portugiesischen Richtergewerkschaft gegen Gehaltskürzungen aufgrund von Austeritätsmaßnahmen, die zur Bewältigung der portugiesischen Finanzkrise ergangen waren. Niemand warf dabei der portugiesischen Regierung autoritäre Tendenzen vor. Aber der Gerichtshof eröffnet in dem Urteil einen Weg zur gerichtlichen Verteidigung der Werte des Art. 2 EUV. Nicht zuletzt aufgrund zahlreicher Äußerungen von der Richterbank ist klar, dass er diesen Schritt tut, um die europäische Gerichtsbarkeit als eine eigene Kraft gegen die polnische Regierungsmehrheit zu positionieren.[457] Die Rechtsstaatlichkeit des Art. 2 EUV, so das zentrale Argument des Gerichtshofs, gebietet eine ebenso starke wie unabhängige Gerichtsbarkeit. Damit verknüpft er Art. 2 EUV mit dem institutionell vielleicht bedeutsamsten Strukturwandel des europäischen öffentlichen Rechts der letzten 50 Jahre, den Teil III nun rekonstruiert: die Erstarkung der Verfassungsgerichtsbarkeit.

456 EuGH, *Associação Sindical dos Juízes Portugueses* (Fn. 26).

457 Vgl. nur Koen Lenaerts, »Upholding the Rule of Law through Judicial Dialogue«, in: *Yearbook of European Law* 38 (2019), S. 3-17; Lucia Serena-Rossi, »La valeur juridique des valeurs. L'article 2 TUE. Relations avec d'autres dispositions de droit primaire de l'UE et remèdes juridictionnels«, in: *Revue trimestrielle de droit européen* 3 (2020), S. 639-658; Thomas von Danwitz, »Values and the Rule of Law. Foundations of the European Union – An Inside Perspective from the ECJ«, in: *Revue du droit de l'union européenne* 4 (2018), S. 263-270; Egils Levits, »Die Europäische Union als Wertegemeinschaft. Art 2 iVm Art 7 des Vertrages über die Europäische Union als Grundlage und Begrenzung des Staatsordnungsmodells des demokratischen Verfassungsstaates der Mitgliedstaaten«, in: Thomas Jaeger (Hg.), *Europa 4.0? Die EU im Angesicht politischer und technologischer Herausforderungen*, Wien 2018, S. 239-270; Marek Safjan, »The Rule of Law and the Future of Europe«, in: *Il Diritto dell'Unione Europea* (2019), S. 425-441.

III. Gerichte

A. Ein neuer Akteur

Der erste Teil dieses Buches hat den Strukturwandel des europäischen öffentlichen Rechts aus der Perspektive seiner Grundbegrifflichkeit, der zweite aus der Perspektive seiner Grundprinzipien rekonstruiert. Ein hegelianischer Ansatz verlangt aber mehr Konkretheit, insbesondere ein Verständnis gesellschaftlicher Institutionen (§ 4). Eine öffentlich-rechtliche Perspektive interessiert sich insbesondere für Institutionen, die eine Rechtsordnung als Organe einrichtet und mit öffentlicher Gewalt ausstattet.

Der Vertragsgesetzgeber der ersten Sattelzeit legt für das neue europäische Recht eine Grundlage in internationalen und damit exekutiv geprägten Organisationen, allen voran in der Hohen Behörde der Europäischen Gemeinschaft für Kohle und Stahl. Bis heute assoziieren viele die Institutionen des europäischen öffentlichen Rechts mit machtvollen Exekutiven: die beiden Räte (der Rat der Staats- und Regierungschefs sowie der Ministerrat), die Kommission, die Europäische Zentralbank, die vielen Agenturen und natürlich die mitgliedstaatlichen Regierungen mit ihren gewaltigen Apparaten. Man denkt an Männer wie Schuman, Hallstein, Giscard d'Estaing und Schmidt, Delors, Draghi, an Frauen wie Thatcher, Merkel, von der Leyen, Lagarde, an die Abertausende von Staatsdienerinnen, Staatsdienern und europäischen Funktionären, die tagtäglich die europäischen Netzwerke zum Summen bringen. Viele bezeichnen das Regierungssystem der europäischen Gesellschaft als einen Exekutivföderalismus[1] und dessen administrative Seite als europäischen Verwaltungsverbund (§§ 16-19).

Der Strukturwandel der Parlamente ist nicht weniger bemerkenswert. Neben Nationalversammlungen und Volksvertretungen stehen seit der ersten Sattelzeit zwei transnationale Versammlungen: Die parlamentarische Versammlung des Europarats und die der EGKS. Letztere erstarkt in der zweiten Periode des öffentlichen Rechts zu einem vollwertigen Parlament (§ 43). Auch die staatli-

1 Stefan Oeter, »Föderalismus und Demokratie«, in: Armin von Bogdandy, Jürgen Bast (Hg.), *Europäisches Verfassungsrecht. Theoretische und dogmatische Grundlagen*, Berlin 2009, S. 73-120; Jürgen Habermas, *Zur Verfassung Europas. Ein Essay*, Berlin 2011, S. 48 ff.

chen Parlamente wandeln sich: Sie werden zu *mitglied*staatlichen Parlamenten, vernetzen sich und richten ihre Arbeit europäisch aus.[2] Gerade einflussreiche nationale Parlamentarier verfügen inzwischen oft über eine Sozialisation im Europäischen Parlament als Vertreterinnen und Vertreter der Unionsbürgerinnen und -bürger. Die Zeiten, in denen ein EP-Mandat das wenig glorreiche Ende einer politischen Karriere bedeutete, sind lange vorbei.[3] Man kann den Strukturwandel des europäischen öffentlichen Rechts aus einer parlamentarischen Perspektive rekonstruieren.

Dieser Teil wird aber den Strukturwandel aus der institutionellen Perspektive der Gerichtsbarkeit vertiefen, insbesondere der Verfassungsgerichtsbarkeit. Hegels Rechtsphilosophie kennt zwar keine Verfassungsgerichtsbarkeit. Man kann sie aber als Ausdifferenzierung dessen verstehen, was bei ihm die Regierungsgewalt ist, nämlich »das Fortführen und Imstanderhalten des bereits Entschiedenen«.[4] Hegel versteht die Gerichtsbarkeit ja insgesamt als Teil der Regierungsgewalt und nicht als eine dritte Gewalt, die den anderen Gewalten gegenübersteht. Gewaltentrennung ist für ihn ein verfehlter aufklärerischer Ansatz. Ihm geht es nicht um Trennung, sondern um eine Gewaltengliederung, die das konstruktive Potenzial einer jeden Institution zum Tragen bringt.[5]

Hegels Ansatz erklärt die Logik vieler europäischer Verfassungen besser als ein mechanistisches Gewaltenteilungsdenken.[6] Auf dieser Spur kann man Verfassungsgerichtsbarkeit, wie sie sich in der zwei-

2 Philipp Dann, *Parlamente im Exekutivföderalismus. Eine Studie zum Verhältnis von föderaler Ordnung und parlamentarischer Demokratie in der Europäischen Union*, Berlin, Heidelberg u. a. 2004, insbesondere S. 163 ff., 279 ff.; zum besonders kritischen Bereich der Eurokrise Sabrina Ragone (Hg.), *Managing the Euro Crisis. National EU Policy Coordination in Debtor Countries*, London 2017.

3 Peter Rütters, »›Verbleib‹ von in Deutschland gewählten Europa-Abgeordneten«, in: *Zeitschrift für Parlamentsfragen* 44 (2013), S. 783-803.

4 Georg Wilhelm Friedrich Hegel, »Grundlinien der Philosophie des Rechts (1821)«, in: Eva Moldenhauer, Karl Markus Michel (Hg.), *Werke in zwanzig Bänden mit Registerband. Bd. 7*, Frankfurt/M. 1970, § 287.

5 Ebd., § 300.

6 Armin von Bogdandy, *Gubernative Rechtsetzung. Eine Neubestimmung der Rechtsetzung und des Regierungssystems unter dem Grundgesetz in der Perspektive gemeineuropäischer Dogmatik*, Tübingen 2000, S. 147 ff., 422 ff.; Christoph Möllers, *Gewaltengliederung. Legitimation und Dogmatik im nationalen und internationalen Rechtsvergleich*, Tübingen 2005, S. 27 ff.

ten Hälfte des 20. Jahrhunderts auf dem europäischen Kontinent entwickelt, als Regierungsgewalt verstehen, nämlich eben als »das Fortführen und Imstanderhalten des bereits Entschiedenen«. Für die Verfassungsgerichte der europäischen Gesellschaft ist das »bereits Entschiedene« die Verfassungsentscheidung demokratischer Rechtsstaatlichkeit, die sie »imstand erhalten und fortführen«.[7] Das verlangt gemäß der hegelschen Logik viele weitere Vermittlungen (§ 1), gerade im Kontext dynamischer Gesellschaften. In diesem Sinne leistet die Verfassungsgerichtsbarkeit, gesamthaft betrachtet, ab den 1950er Jahren einen Beitrag zum gesellschaftlichen Strukturwandel.

Dieser Teil soll erstens eine Skizze der nationalen Prozesse geben, in denen demokratische Gesellschaften unabhängigen Gerichten Gestaltungsmacht zugestehen (§§ 48-51). Sodann geht es um deren Europäisierung (§§ 52-54). Der dritte Schritt zeigt die Rolle von EuGH und EGMR bei der Herausbildung und Demokratisierung der europäischen Gesellschaft (§§ 55-58). Viele Gerichte spielen somit eine Rolle in der europäischen Gesellschaft, und der vierte Schritt thematisiert ihre gemeinsame, aber differenzierte Verantwortung (§§ 59-61). Sodann wird das demokratische Mandat zum Strukturwandel gefasst (§§ 62-64), um abschließend dessen schwierigsten Fall anzugehen: den transformativen Konstitutionalismus (§§ 65-67).

§ 48 Eine unerwartete Entwicklung

Die Rolle von Gerichten in der europäischen Gesellschaft versteht sich vor dem Hintergrund der Macht, die sie sich in vielen nationalen Gesellschaften erarbeitet haben. Die Gerichtsbarkeit und insbesondere die Verfassungsgerichtsbarkeit erledigt heute keineswegs nur individuelle Streitfälle und ist auch nicht nur kassatorisch

7 Zu neuesten, entgegengesetzten Tendenzen Simina Tanasescu, »Can Constitutional Courts Become Populist?«, in: Martin Belov (Hg.), *The Role of Courts in Contemporary Legal Orders*, Den Haag 2019, S. 305-321; Zoltán Szente, »Subverting Judicial Independence in the New Authoritarian Regimes: Comparing Polish and Hungarian Judicial Reforms«, siehe ebd., S. 341-358. Dazu unten, §§ 65-67 und §§ 79-81.

als »negativer Gesetzgeber« tätig.[8] Fast überall gestaltet sie wichtige gesellschaftliche Fragen und betreibt dabei Strukturwandel, den die oft vagen verfassungsrechtlichen Vorgaben kaum vorzeichnen. Giuliano Amato erläuterte mir einmal, dass er sich als einer der fünfzehn italienischen Verfassungsrichter als gestaltungsmächtiger begreift denn in seiner vorherigen Rolle als italienischer Ministerpräsident. Michael Stolleis, Pionier der deutschen und europäischen Geschichte des öffentlichen Rechts, charakterisiert die beiden Senate des Bundesverfassungsgerichts sogar als »Herzkammern der Republik«.[9]

Schaut man zurück, so zeigt sich in solcher verfassungsgerichtlicher Macht Strukturwandel. Gerichte spielen im alten europäischen öffentlichen Recht keine Rolle. Bei Hegel garantieren der »Geist des Volkes« und politische Institutionen die Verfassung,[10] Richterrecht ist ihm ein Graus.[11] Carl Schmitts *Jus Publicum Europaeum* zitiert ein einziges Urteil, seine *Verfassungslehre* gerade mal eine Handvoll. Die britischen Gerichte fallen im öffentlichen Recht über lange Zeit fast komplett aus.[12] Das Verwaltungsrecht, das der französische *Conseil d'État* entwickelt, dient der Kontrolle der nachgeordneten Verwaltung. Die im 19. Jahrhundert entstehende deutsche Verwaltungsgerichtsbarkeit ist ebenfalls zahm.[13] Das berühmteste Urteil des berühmtesten Verwaltungsgerichts, das Kreuzberg-Urteil des Preußischen Oberverwaltungsgerichts, erklärt

8 Pedro Cruz Villalón, »Die Entwicklung der Verfassungsgerichtsbarkeit in Europa. § 110«, in: Armin von Bogdandy u. a. (Hg.), *Handbuch Ius Publicum Europaeum. Bd. VII. Verfassungsgerichtsbarkeit in Europa: Vergleich und Perspektiven*, Heidelberg 2021, S. 1-66, Rn. 81 ff.; Carl Schmitt, *Der Hüter der Verfassung*, Berlin 1932.

9 Michael Stolleis (Hg.), *Herzkammern der Republik. Die Deutschen und das Bundesverfassungsgericht*, München 2011.

10 Georg Wilhelm Friedrich Hegel, *Enzyklopädie der philosophischen Wissenschaften im Grundrisse. Dritter Teil. Die Philosophie des Geistes (1830)*, Frankfurt/M. 1970, § 540. Zur Entwicklung konzis Christian Walter, »Art. 93 GG«, in: Theodor Maunz, Günter Dürig (Hg.), *Grundgesetz Kommentar I*, München 2018, Rn. 4 ff.

11 Hegel, *Grundlinien der Philosophie des Rechts* (Fn. 4), § 211.

12 Jo Eric Kushal Murkens, »Verfassungsgerichtsbarkeit im Vereinigten Königreich. § 108«, in: Armin von Bogdandy u. a. (Hg.), *Handbuch Ius Publicum Europaeum. Bd. VI. Verfassungsgerichtsbarkeit in Europa: Institutionen*, Heidelberg 2016, S. 795-852.

13 Bert Schaffarzik, Karl-Peter Sommermann (Hg.), *Handbuch der Geschichte der Verwaltungsgerichtsbarkeit in Deutschland und Europa*, Berlin 2019.

eine polizeiliche Anordnung für rechtswidrig, welche ein Bauvorhaben behindert.[14]

Diese schmale Rolle der Gerichtsbarkeit im Verfassungsrecht ist bis weit ins 20. Jahrhundert der europäische Regelfall.[15] Eine Verfassungsgerichtsbarkeit, also eine Gerichtsbarkeit zu Maßstäben, wie sie später Art. 2 EUV niederlegt, die auch den Gesetzgeber kontrolliert, ist in jenen Jahrzehnten allenfalls ein *fakultativer* Bestandteil demokratischer Verfassungen. Vielen gilt es geradezu als demokratisches Gebot, parlamentarische Gesetze gegen eine gerichtliche Kontrolle zu immunisieren.[16]

Vor dem Zweiten Weltkrieg gibt es nur in wenigen europäischen Staaten eine Verfassungsgerichtsbarkeit, so in Norwegen, Österreich und der Schweiz sowie in ersten Ansätzen in der Tschechoslowakei, der Zweiten Spanischen und der Weimarer Republik. Auch nach dem Zweiten Weltkrieg setzt sich die Institution nur langsam durch. Für das Grundgesetz ist eine Verfassungsgerichtsbarkeit zwar aufgrund der nationalsozialistischen Verbrechen und Vorgaben der Alliierten gesetzt, schon in Italien ist das aber anders. In der italienischen verfassungsgebenden Versammlung bezeichnet der ehemalige Ministerpräsident Francesco Saverio Nitti das anvisierte Verfassungsgericht als eine »absurde Neuerung«, »die es in keinem Land der Welt gibt«, eine »unnötige und schädliche« Institution für einen »ernsthaften Staat«.[17]

Nitti setzt sich in Italien nicht durch, denn die Verfassung von

14 Entscheidung des Preußischen Oberverwaltungsgerichts vom 14. Juni 1882, PrOVGE 9, S. 353.

15 Zur paradigmatischen Funktion des deutschen, englischen und französischen öffentlichen Rechts Sabino Cassese, »The Administrative State in Europe«, in: Armin von Bogdandy u. a. (Hg.), *The Max Planck Handbooks in European Public Law. Bd. I. The Administrative State*, Oxford 2017, S. 57-97, S. 57, 60 ff.; Michel Fromont, »A Typology of Administrative Law in Europe«, siehe ebd., S. 579-599, S. 585 ff.

16 Einflussreich Édouard Lambert, *Le Gouvernement des juges et la lutte contre la législation sociale aux États-Unis. L'Expérience américaine du contrôle judiciaire de la constitutionnalité des lois*, Paris 1921.

17 Siehe Raffaele Bifulco, Davide Paris, »Der italienische Verfassungsgerichtshof. § 100«, in: von Bogdandy u. a. (Hg.), *Handbuch Ius Publicum Europaeum. Bd. VI* (Fn. 12), S. 271-356, Rn. 5.; David Kosař, Ladislav Vyhnánek, »The Constitutional Court of Czechia«, in: Armin von Bogdandy u. a. (Hg.), *The Max Planck Handbooks in European Public Law. Bd. III. Constitutional Adjudication. Institutions*, Oxford 2020, S. 120-181, S. 122 ff.

1948 sieht ein Verfassungsgericht vor. Eine Verfassungsgerichtsbarkeit soll aber über Jahrzehnte eine europäische Rarität bleiben.[18] Der institutionelle Zusammenschluss der europäischen Verfassungsgerichte, die Konferenz der Europäischen Verfassungsgerichte, startet 1972 mit nur vier Mitgliedern, dem Bundesverfassungsgericht sowie dem italienischen, dem jugoslawischen und dem österreichischen Verfassungsgerichtshof.[19]

Dann aber setzt ein gewaltiger Strukturwandel ein.[20] Heute zählt die *Konferenz der Europäischen Verfassungsgerichte* vierzig Mitglieder. Das Ergebnis des Wandels ist populär: Die Öffentlichkeit siedelt sie oft weit oben in der Vertrauenspyramide an, zumeist weit vor politischen Akteuren.[21] Und während die Gerichtsbarkeit früher anonym war und sich technokratisch gab, stehen heute oberste Gerichte und sogar einzelne Richterinnen und Richter auf der öffentlichen Bühne und erklären, rechtfertigen, verteidigen wichtige Urteile ihrer Gerichte.[22] Bisweilen verkünden sie sogar, wie man sie für künftige Fälle zu verstehen hat.

§ 49 Die Vielfalt der Moderne

Es hieße die Strukturen des europäischen Rechts allerdings gründlich verkennen, würde man die vielen Institutionen der Verfassungsgerichtsbarkeit im europäischen Rechtsraum über einen Kamm scheren. Ihre Vielfalt erklärt, warum ich den umständlichen Ausdruck *Verfassungsgerichtsbarkeit* nutze. Es fehlt schon an einer

18 Zum jugoslawischen Verfassungsgericht Constance Grewe, »Die Verfassungsgerichtsbarkeit in ex-Jugoslawien in der Perspektive des europäischen Rechtsraums. § 111«, in: von Bogdandy u. a. (Hg.), *Handbuch Ius Publicum Europaeum. Bd. VII.* (Fn. 8), S. 67-128, Rn. 26 ff.

19 ⟨www.confeuconstco.org⟩, letzter Zugriff 01. 07. 2021.

20 Das ist ein globales Phänomen, vgl. Duncan Kennedy, »Three Globalizations of Law and Legal Thought. 1850-2000«, in: David Trubek, Alvaro Santos (Hg.), *The New Law and Economic Development – A Critical Appraisal*, Cambridge 2006, S. 19-73, S. 63.

21 Christine Landfried, »Die Verfassungsgerichtsbarkeit im europäischen Rechtsraum. Eine politikwissenschaftliche Analyse. § 124«, in: von Bogdandy u. a. (Hg.), *Handbuch Ius Publicum Europaeum. Bd. VII* (Fn. 8), S. 769-798, Rn. 27.

22 Eine dogmatische Aufbereitung bei Jannika Jahn, *Die Medienöffentlichkeit der Rechtsprechung und ihre Grenzen*, Baden-Baden 2021, S. 60 ff.

einheitlichen Institutionalisierung. Neunzehn EU-Mitgliedstaaten haben ein spezifisches Verfassungsgericht, wenn man den *Conseil constitutionnel* als ein solches versteht,[23] aber acht EU-Mitgliedstaaten, nämlich Dänemark, Estland, Finnland, Griechenland, Irland, die Niederlande, Schweden und Zypern, eben nicht. Letzteres versteht sich nicht als eine defizitäre Reminiszenz früherer Zeiten, sondern als Ausdruck politischer Entscheidungen.[24] Die Vielfalt der Verfassungsgerichtsbarkeit validiert das Theorem der Vielfalt der Moderne (*multiple modernities*) sogar für den doch kleinen Kreis der Gesellschaften, die sich in der Union zu einer europäischen Gesellschaft zusammengeschlossen haben (§ 30). Die Idee der einen Moderne, die in einer Gesellschaft exemplarisch verwirklicht wird, wie sie Hegel in Preußen propagierte, hat ausgedient.

Es ist bezeichnend, dass die europäische Ebene die Differenz zwischen einem obersten Gericht und einem Verfassungsgericht reproduziert. Einerseits gibt es den EuGH, der wie ein oberstes Gericht zur Letztentscheidung aller Rechtsfragen zuständig ist, andererseits den EGMR, der sich nur um individuelle Rechte kümmert. Der vieladrige Weg der europäischen Verfassungsgerichtsbarkeit folgt keinem Modell, insbesondere nicht dem sogenannten europäischen Modell der Verfassungsgerichtsbarkeit.[25]

Die Vielfalt unter der mitgliedstaatlichen Verfassungsgerichtsbarkeit erklärt sich zunächst daraus, dass die maßgeblichen Institutionen zu ganz unterschiedlichen Zeitpunkten in ganz unterschiedlichen Kontexten eingerichtet wurden und sich entsprechend unterschiedlich entwickelt haben. Der historische Institutionalismus fasst das mit den Begriffen der *critical junctures* und der Pfadabhängigkeit.[26] Die Spanne reicht vom niederländischen Hoge

23 Zu den entsprechenden Fragen Olivier Jouanjan, »Verfassungsrechtsprechung in Frankreich. § 99«, in: von Bogdandy u. a. (Hg.), *Handbuch Ius Publicum Europaeum. Bd. VI* (Fn. 12), S. 207-270, Rn. 22-25.

24 Näher Kaarlo Tuori, »Verfassungsgerichtsbarkeit in Finnland. § 98«, in: von Bogdandy u. a. (Hg.), *Handbuch Ius Publicum Europaeum. Bd. VI* (Fn. 12), S. 159-206, Rn. 71, 82-86, 117; Leonard Besselink, »Verfassungsgerichtsbarkeit in den Niederlanden. § 101«, siehe ebd., S. 357-412, Rn. 28 ff.

25 Zu diesem Modell Victor Ferreres Comella, *Constitutional Courts and Democratic Values. A European Perspective*, New Haven, London 2009, S. 111 ff.; Luca Mezzetti, »Sistemi e modelli di giustizia costituzionale«, in: ders. (Hg.), *Sistemi e modelli di giustizia costituzionale*, Padua 2009, S. 1-98, S. 1, 5 ff.

26 Giovanni Capoccia, »Critical Junctures«, in: Orfeo Fioretos u. a. (Hg.), *The Ox-*

Raad, eingerichtet nach den napoleonischen Kriegen durch die Verfassung von 1815, über den österreichischen Verfassungsgerichtshof von 1920 bis hin zu den postsozialistischen Verfassungsgerichten der mittel- und osteuropäischen Mitgliedstaaten der 1990er Jahre.[27]

Es lassen sich drei Kontexte identifizieren, denen sich eine nationale Verfassungsgerichtsbarkeit primär verdankt. In einigen Staaten, so insbesondere in Österreich, Zypern und Belgien, aber auch der Schweiz, antwortete sie ursprünglich auf eine föderale Spannungslage. In vielen Staaten bilden hingegen autoritäre Erfahrungen und die Sicherung demokratischer Strukturen den Ausgangspunkt, so in Italien, Deutschland, Portugal, Spanien sowie vielen postsozialistischen Staaten. In einer dritten Gruppe, etwa Frankreich, den Niederlanden oder den nordischen Staaten, versteht sich die Entwicklung einer Verfassungsgerichtsbarkeit vor allem aufgrund der allgemeinen Erstarkung individueller Rechte ab den 1970er Jahren.

Entsprechend unterschiedlich fallen die Kompetenzen der Gerichte aus.[28] Die richterliche Gesetzeskontrolle beschränkt sich in

ford Handbook of Historical Institutionalism, Oxford 2016, S. 89-106, S. 89; Nils Grosche, Eva Ellen Wagner, »Einführung in das Tagungsthema. Pfadabhängigkeit hoheitlicher Ordnungsmodelle«, in: Mainzer Assistententagung Öffentliches Recht e.V. (Hg.), *Pfadabhängigkeit hoheitlicher Ordnungsmodelle: 56. Assistententagung Öffentliches Recht*, Baden-Baden 2016, S. 11-26.

27 Jochen Abr. Frowein, Thilo Marauhn (Hg.), *Grundfragen der Verfassungsgerichtsbarkeit in Mittel- und Osteuropa*, Berlin, Heidelberg u. a. 1998; Otto Luchterhandt u. a., *Verfassungsgerichtsbarkeit in Mittel- und Osteuropa*, Baden-Baden 2007; Grewe, »Die Verfassungsgerichtsbarkeit in ex-Jugoslawien in der Perspektive des europäischen Rechtsraums. § 111« (Fn. 18), Rn. 25 ff.

28 Cruz Villalón, »Die Entwicklung der Verfassungsgerichtsbarkeit in Europa. § 110« (Fn. 8), Rn. 30; im Einzelnen ausführlich in alphabetischer Reihenfolge Maria Lúcia Amaral, Ravi Afonso Pereira, »Das portugiesische Verfassungsgericht. § 104«, in: von Bogdandy u. a. (Hg.), *Handbuch Ius Publicum Europaeum. Bd. VI* (Fn. 12), S. 519-572; Christian Behrendt, »Der belgische Verfassungsgerichtshof. § 96«, siehe ebd. (Fn. 12), S. 23-80; Besselink, »Verfassungsgerichtsbarkeit in den Niederlanden. § 101«, (Fn. 24); Giovanni Biaggini, »Verfassungsgerichtsbarkeit in der Schweiz. § 105«, siehe ebd. (Fn. 12), S. 573-638; Bifulco/Paris, »Der italienische Verfassungsgerichtshof. § 100«, (Fn. 17); Anuscheh Farahat, »Das Bundesverfassungsgericht. § 97«, siehe ebd. (Fn. 12), S. 81-158; Christoph Grabenwarter, »Der österreichische Verfassungsgerichtshof. § 102«, siehe ebd. (Fn. 12), S. 413-470; Jouanjan, »Verfassungsrechtsprechung in Frankreich. § 99« (Fn. 23); Murkens, »Verfassungsgerichtsbarkeit im Vereinigten Königreich. § 108« (Fn. 12); Juan Luis Requejo Pagés, »Das spanische Verfassungsgericht. § 106«, siehe ebd.

einigen Rechtsordnungen auf eine bloße Nichtanwendungskompetenz im konkreten Fall, in anderen verfügen die Gerichte über eine Verwerfungskompetenz als *negativer Gesetzgeber*, einige Gerichte sehen sich sogar zur Ersatzgesetzgebung befugt. Der verfassungsgerichtliche Schutz individueller Rechte kann als ein bloßes gerichtliches Zwischenverfahren ohne Rolle des Betroffenen erfolgen, so in Italien oder in der EU, oder als eigenes Verfahren, das der Betroffene selbst betreibt, so die Verfassungsbeschwerde in Deutschland und Polen oder die Individualbeschwerde beim EGMR. Bei den Verfahren zu Streitigkeiten zwischen politischen Organen ist überhaupt kein gemeinsamer Nenner auszumachen.

Angesichts dieser Spannbreite fragt sich, ob ein Gericht ein europäisches Modell verkörpert. Entsprechende Vorschläge reichen vom *Conseil constitutionnel*[29] bis zum Bundesverfassungsgericht.[30] Ein Modell ist aber etwas Reproduzierbares, was dem Karlsruher Gericht den Modellcharakter nimmt. Seine besonders mächtige Rolle ist einer einmaligen Kombination von Umständen geschuldet: dem verlorenen Krieg, der totalitären Erfahrung, der alliierten Macht, dem alliierten Wunsch einer Verfassungsgerichtsbarkeit, der deutschen Autoritätsgläubigkeit, vielen Jahrzehnten stabiler Regierungsmehrheiten.[31] Dass Karlsruhe als Modell wenig taugt, zeigt sich auch darin, dass einige Verfassungsgerichte, die sich an Karlsruhe orientierten, in enorme Schwierigkeiten geraten sind[32] – was nicht immer berücksichtigt wird.[33] Insgesamt soll-

(Fn. 12), S. 639-704; László Sólyom, »Das ungarische Verfassungsgericht. § 107«, siehe ebd. (Fn. 12), S. 705-794; Piotr Tuleja, »Der polnische Verfassungsgerichtshof. § 103«, siehe ebd. (Fn. 12), S. 417-518; Tuori, »Verfassungsgerichtsbarkeit in Finnland. § 98« (Fn. 24).

29 Élisabeth Zoller, *Introduction au droit public*, Paris 2013, insbesondere S. 197 ff.

30 Samuel Issacharoff, *Fragile Democracies. Contested Power in the Era of Constitutional Courts*, New York 2015, S. 138 ff.

31 Christoph Schönberger, »Anmerkungen zu Karlsruhe«, in: Matthias Jestaedt u. a. (Hg.), *Das entgrenzte Gericht. Eine kritische Bilanz nach sechzig Jahren Bundesverfassungsgericht*, Berlin 2011, S. 9-76, S. 21 ff.

32 Zu den Krisen in Spanien und Ungarn Requejo Pagés, »Das spanische Verfassungsgericht. § 106« (Fn. 28) und Sólyom, »Das ungarische Verfassungsgericht. § 107« (Fn. 28).

33 Solche Erwartungen finden sich in BVerfG, Urteil v. 05. Mai 2020, 2 BvR 859/15 (*Public Sector Purchase Programme – PSPP)*; Dietrich Murswiek, »ECB, ECJ, Democracy, and the Federal Constitutional Court. Notes on the Federal Constitu-

te man auf Vorstellungen eines europäischen Modells verzichten.[34]

§ 50 Der Hebel zum Strukturwandel

Montesquieu, Hamilton und Kelsen, das Dreigestirn der Gerichtstheorie, sehen in Gerichten bekanntlich keine Institutionen, die Strukturen einer Gesellschaft prägen und wandeln. Die Macht der Gerichte gilt Montesquieu als »en quelque façon nulle«, Hamilton sieht sie als die schwächste der drei Gewalten, Kelsen konzipiert selbst die Verfassungsgerichtsbarkeit nur als *negativen Gesetzgeber*. In der Tat erlassen Gerichte keine abstrakten Normen, sondern entscheiden konkrete Streitfälle. Aber diese konkreten Entscheidungen haben es, das Allgemeine, oft in sich.[35]

Heute ist für die gerichtliche Rechtserzeugung besonders wichtig, dass Gerichte ihre Kompetenz, streitige Fälle zu entscheiden, begründet ausüben müssen. Die Begründungspflicht ist eine Innovation des 18. Jahrhunderts zur Kontrolle der Gerichte.[36] Hegel ist diese Pflicht so wichtig wie die Veröffentlichung der Gesetze und die Öffentlichkeit des Urteils.[37] In der Begründung liegt heute das wohl wichtigste verfassungsgerichtliche Instrument zur Gestaltung gesellschaftlicher Strukturen. Wieder einmal ist Strukturwandel die unabsehbare Folge von Innovationen: Eine Pflicht, welche die Macht der Richter beschränken sollte, wandelt sich zu ihrem stärksten gestalterischen Instrument.

Die allgemeine Bedeutung, die ein Verfassungsgericht einer Norm interpretativ zuweist, setzt oft einen neuen Maßstab, der nicht allein der Begründung der Entscheidung im streitigen Fall dient, sondern künftige Fälle präjudiziert. Von einer späteren recht-

tional Court's Referral Order from 14 January 2014«, in: *German Law Journal* 15 (2014), S. 147-165, S. 147.

34 Andreas Voßkuhle, »Die Zukunft der Verfassungsgerichtsbarkeit in Deutschland und Europa«, in: *Europäische Grundrechte-Zeitschrift* 47 (2020), S. 165-171.

35 Martin Shapiro, *Courts. A Comparative and Political Analysis*, Chicago 1981, S. 28 ff.

36 Dieter Werkmüller, »Urteilsbegründung«, in: Adalbert Erler u. a. (Hg.), *Handwörterbuch zur Deutschen Rechtsgeschichte. V. Band: Straftheorie – Zycha*, Berlin 1998, S. 611-614.

37 Hegel, *Grundlinien der Philosophie des Rechts* (Fn. 4), § 224 f.

lichen Argumentation wird erwartet, dass sie auf früheren einschlägigen Entscheidungen aufbaut und dies ausweist.[38] Die Teilnehmer am Rechtsdiskurs können sich solchen Präjudizien kaum entziehen, selbst wenn sie sie für abwegig halten. Das folgt schon daraus, dass die bisherige Rechtsprechung oft das wichtigste Argument eines Gerichts darstellt.[39] Bei obersten Gerichten ist es zudem oft seine eigene bisherige Rechtsprechung. Eine veröffentlichte verfassungsgerichtliche Entscheidung setzt einen autoritativen Bezugspunkt für spätere juristische Diskurse. Rechtsdienste in öffentlichen Institutionen und große Teile der juristischen Literatur beschäftigen sich mit der verallgemeinernden Aufarbeitung solcher Präjudizien. Eine mögliche integrative Wirkung der Verfassung, die bereits Talleyrand im Auge hatte (§ 22), beruht weniger auf dem abstrakten Text, sondern vor allem auf der gesellschaftsweiten Diffusion verfassungsgerichtlicher Interpretationen.[40]

Ein weiterer Eckpunkt verfassungsgerichtlicher Gestaltungsmacht ist der Verhältnismäßigkeitsgrundsatz, der vielleicht wichtigste deutsche Beitrag zur europäischen und globalen Verfassungsrechtskultur.[41] Die vagen Kriterien der *Geeignetheit*, *Erforderlichkeit* und *Angemessenheit* ermöglichen es einem Gericht, bei einem gesellschaftlich umstrittenen Thema praktisch jedwede Maßnahme als verfassungswidrig oder -konform zu deuten und dabei Maßstäbe für künftige Maßnahmen niederzulegen.

Die interpretatorische Gestaltungsmacht ist bei der Verfassungsgerichtsbarkeit besonders groß, da der Gesetzgeber die verfassungsrichterliche Maßstabsbildung zumeist nur im schwierigen Verfahren der Verfassungsänderung rechtsförmig korrigieren kann und die oft vagen verfassungsrechtlichen Bestimmungen weiten Spielraum geben. Es ist heute jedem klar, dass der Verfassungstext kaum jemals eine verfassungsgerichtliche Entscheidung determiniert.

38 Daniel Effer-Uhe, »Präjudizienbindung, Rechtssicherheit und Vertrauensschutz«, in: *Jahrbuch des öffentlichen Rechts* 68 (2020), S. 37-61, S. 38 ff.

39 András Jakab, »Verfassungsgerichtliche Argumentation im europäischen Rechtsraum. § 114«, in: von Bogdandy u. a. (Hg.), *Handbuch Ius Publicum Europaeum. Bd. VII* (Fn. 8), S. 225-290, Rn. 54 ff.; vgl. auch unten, § 58.

40 Hans Vorländer, *Die Deutungsmacht der Verfassungsgerichtsbarkeit*, Wiesbaden 2006.

41 Bernhard Schlink, *Abwägung im Verfassungsrecht*, Berlin 1976, S. 48 ff., 203 ff.; Moshe Cohen-Eliya, Iddo Porat, »Proportionality and the Culture of Justification«, in: *The American Journal of Comparative Law* 59 (2011), S. 463-490.

Viele Beteiligte kultivieren geradezu den Eindruck der Offenheit der anstehenden Entscheidung, was eine öffentlichkeitswirksame Spannung erzeugt.

Verfassungsgerichtliche Maßstabsbildung ist politisch, da sie die Allgemeinheit betrifft, über enorme Spielräume verfügt und oft weltanschaulich orientiert ist.[42] Damit kollabiert keineswegs die Unterscheidung zwischen Politik und Recht, denn gerichtliche Maßstabsbildung ist nicht mit Rechtsetzung durch Gesetze gleichzusetzen. Die Unterscheidung von Gesetzgebung und Rechtsprechung bleibt eine der wichtigsten Differenzierungen im Rechtssystem. Präjudizien funktionieren anders als Gesetze. Auch die Organisation, Personalauswahl, Kompetenzen, Verfahren, Handlungsformen, Rechtfertigungslast und Argumentationslogik unterscheiden sich fundamental zwischen Gerichten einerseits, Parlament und Regierung andererseits. Ein Gericht, das als parteipolitisch oder gar als verlängerter Arm der Regierung wahrgenommen wird, verfehlt seine demokratische Rolle (§ 79).

Die Gestaltungsmacht der Gerichte verlangt mehr als nur Interpretationen, sie benötigt auch Autorität. Diese beruht auf gesellschaftsweiter Wertschätzung sowie auf der Berufsgruppe der Juristen: den einflussreichen Rechtsdiensten der öffentlichen Institutionen, der Fachöffentlichkeit mit ihren vielen Richtern, Rechtsanwältinnen, Verwaltungsjuristen und Rechtswissenschaftlerinnen, den über Rechtsfragen berichtenden Journalisten, rechtlich ausgerichteten Nichtregierungsorganisationen. Diese mächtige Gruppe eint eine Grundüberzeugung: Dass höchstrichterliche Entscheidungen autoritative Bezugspunkte juristischer Diskurse sind. Auf dieser Grundlage haben viele Gerichte sich ein Mandat zum Strukturwandel erarbeitet und zu demokratischen Strukturen beigetragen.

42 Peter M. Huber, »Verfassungsgerichtsbarkeit und Politik im europäischen Rechtsraum. § 123«, in: von Bogdandy u. a. (Hg.), *Handbuch Ius Publicum Europaeum. Bd. VII* (Fn. 8), S. 713-768, Rn. 21; Armin von Bogdandy, Ingo Venzke, *In wessen Namen? Internationale Gerichte in Zeiten globalen Regierens*, Berlin 2014, S. 34, 136 ff.

Drei Wege, wie mitgliedstaatliche Verfassungsgerichte sich ihr strukturwandelndes Mandat erarbeiten, seien näher dargestellt. Dies soll das Verständnis der Verfassungsgerichtsbarkeit vertiefen und eine rechtsvergleichend informierte Darstellung des Strukturwandels durch EuGH und EGMR vorbereiten. Zwei Aspekte sind von besonderem Interesse: Strategien interpretativer Kompetenzerweiterung und das Verhältnis zu anderen Gerichten. Das wird exemplarisch am Bundesverfassungsgericht, am italienischen Verfassungsgerichtshof (*Corte costituzionale, Corte*) und am französischen Verfassungsrat (*Conseil constitutionnel, Conseil*) vorgeführt.

Die Auswahl rechtfertigt sich dadurch, dass sie die Verfassungsgerichte der bevölkerungsreichsten Mitgliedstaaten und, vielleicht deshalb, besonders einflussreich sind. Später errichtete Verfassungsgerichte (in Portugal, in Spanien, in ehemals sozialistischen Staaten) haben sich insbesondere am deutschen und italienischen Gericht orientiert. Beide symbolisieren den möglichen justiziellen Beitrag zur demokratischen Transformation einer Gesellschaft.[43] Da dies das große Thema des europäischen Konstitutionalismus in der zweiten Hälfte des 20. Jahrhunderts ist, wirken die beiden postautoritären Gerichte diskursprägend. Frankreich bietet hingegen die einflussreichste öffentlich-rechtliche Tradition, die sich nicht über einen autoritären Bruch, sondern über eine demokratische Kontinuität definiert.

Weder der deutsche noch der französische oder italienische Verfassungsgeber konzipierte die Gerichte mit der Macht, die sie heute haben. In Italien war die Einrichtung verfassungsgerichtlicher Autorität, wie beschrieben, bis zuletzt grundsätzlich umstritten. Auch der bundesdeutsche Verfassungsgeber zielte keineswegs auf das heutige machtvolle Organ ab.[44] Die Einführung einer Verfassungsgerichtsbarkeit spielte bei den verfassungsgebenden Beratungen eine nachgeordnete Rolle. Das Grundgesetz regelt nur wenige Fragen der Verfassungsgerichtsbarkeit, und diese vielfach unzulänglich. So verlangt es keine qualifizierte Mehrheit bei der Richterwahl: Eine

43 Cruz Villalón, »Die Entwicklung der Verfassungsgerichtsbarkeit in Europa aus der Perspektive des europäischen Rechtsraums. § 110« (Fn. 8), Rn. 104 ff.

44 Näher Christian Walter, »Art. 93 GG«, in: Theodor Maunz, Günter Dürig (Hg.), *Grundgesetz Kommentar I*, München 2018, Rn. 46 ff. m. w. N.

Regierungsmehrheit könnte das Bundesverfassungsgericht ähnlich kapern wie die polnische Regierungsmehrheit das polnische Verfassungsgericht im Jahre 2015 (§ 45).

Beim *Conseil constitutionnel* ist es noch deutlicher, dass der Verfassungsgeber keine Institution im Sinn hatte, die Gestaltungsmacht ausübt. Nicht zufällig wählt er in der Verfassung der V. Republik von 1958 die Bezeichnung als Rat und nicht als Gericht. Der Verfassungsgeber wollte kein Verfassungsgericht nach österreichischem oder insbesondere deutschem oder italienischem Muster.[45] Der *Conseil constitutionnel* ist eben kein Organ einer postautoritären Gesellschaft. Der Verfassungsgeber von 1958 will mit ihm vielmehr die Gewaltenteilung schützen. Als Reaktion auf den negativ bewerteten parlamentarischen Zentralismus der III. und IV. Republik geht es insbesondere um den Schutz der Exekutive gegen Übergriffe der Legislative. Die *raison d'être* des *Conseil* ist 1958 der Schutz der Exekutive, nicht die Entfaltung von Grundrechten oder einer demokratischen Gesellschaft.[46] Der spätere Wandel des *Conseil constitutionnel* zu einem Gericht des Grundrechtsschutzes gilt daher sogar im laizistischen Frankreich als ein *Verfassungswunder*.[47]

Die Kompetenzausweitungen, mit denen sich das Bundesverfassungsgericht und die *Corte* als Motor einer demokratischen Gesellschaft etablieren, sind allerdings kaum weniger spektakulär. Die grundlegenden Urteile aller drei Gerichte werden heute als heroische Schritte zur gesellschaftlichen Demokratisierung erinnert:[48] das Lüth-Urteil, das Urteil 1/1956[49] und die Entscheidung *Liberté d'association*.[50] Ihr gemeinsamer Nenner ist eine massive Ausweitung der Reichweite verfassungsrechtlicher Bestimmungen und

45 Jouanjan, »Verfassungsrechtsprechung in Frankreich. § 99« (Fn. 23), S. 222.

46 Dominique Rousseau u. a., *Droit du contentieux constitutionnel*, Paris 2020, S. 29 ff.

47 Jouanjan, »Verfassungsrechtsprechung in Frankreich. § 99« (Fn. 23), S. 222.

48 Natürlich gibt es auch andere Stimmen, vgl. Otto Depenheuer, »Grenzenlos gefährlich. Selbstermächtigung des Bundesverfassungsgerichts«, in: Christian Hillgruber (Hg.), *Gouvernement des juges. Fluch oder Segen*, Paderborn 2014, S. 79-117.

49 Vittoria Barsotti u. a., *Italian Constitutional Justice in Global Context*, New York 2016, S. 30.

50 Conseil Constitutionnel, Entscheidung Nr. 71-44 DC vom 16. Juli 1971 – »Gesetz zur Ergänzung der Artikel 5 und 7 des Gesetzes vom 1. Juli 1901 über Vereinsgründungsverträge«; George D. Haimbaugh, Jr., »Was it France's Marbury v. Madison?«, in: *Ohio State Law Journal* 35 (1974), S. 910-926.

damit der gerichtlichen Kompetenzen. Im Lüth-Urteil schreibt das Bundesverfassungsgericht in seinem vielleicht wichtigsten und meistzitierten Satz, dass »das Grundgesetz [...] in seinem Grundrechtsabschnitt auch eine objektive Wertordnung aufgerichtet hat« und dass dieses Grundwertsystem »als verfassungsrechtliche Grundentscheidung für alle Bereiche des Rechts gelten« muss.[51] Damit kann das Gericht letztlich über alle Fragen judizieren. Das Urteil 1/1956 der *Corte* weist den Grundrechten Rechtscharakter zu und damit zugleich die Rechtsauffassung des obersten Gerichts (der *Corte di Cassazione*) zurück, wonach Grundrechte eine nur programmatische Funktion hätten.[52] Damit dehnt sie ihren Zugriff enorm aus.

Noch weiter ist der Schritt des *Conseil constitutionnel* in seiner Entscheidung *Liberté d'association* aus dem Jahre 1971. Dazu muss man wissen, dass die Verfassung der V. Republik von 1958 fast ohne Grundrechte auskommt, wohl aber in ihrer Präambel frühere Erklärungen und Rechte erwähnt.[53] Dieser Grundrechtsminimalismus ist dreizehn Jahre später offensichtlich ungenügend, denn die *rights revolution* hat inzwischen eingesetzt (§ 57). So postuliert der *Conseil* kurzum die rechtsverbindliche Natur der in der Präambel erwähnten Rechte. Die Schwäche des juristischen Arguments behindert nicht den Erfolg der Aktion, die eine Institution zum Schutz der Exekutive zu einem – zunächst embryonalen – Grundrechtsgericht transformiert.

Wie erklärt sich ein solcher Strukturwandel? Kaum eine rechtswissenschaftliche Stimme wird behaupten, dass der Rechtstext, die juristische Dogmatik oder Interpretationslehren die Entscheidung eines Gerichtes determinieren können.[54] Was zu einer konkreten

51 BVerfGE 7, 198, *Lüth*, S. 205; dazu Matthias Jestaedt, »Phänomen Bundesverfassungsgericht. Was das Gericht zu dem macht, was es ist«, in: ders. u. a. (Hg.), *Das entgrenzte Gericht* (Fn. 31), S. 77-158, S. 112 ff.

52 Bifulco/Paris, »Der italienische Verfassungsgerichtshof. § 100« (Fn. 17), S. 281-282.

53 Näher Olivier Jouanjan, »Frankreich. § 2«, in: Armin von Bogdandy u. a. (Hg.), *Handbuch Ius Publicum Europaeum. Bd. I. Grundlagen und Grundzüge staatlichen Verfassungsrechts*, Heidelberg 2007, S. 87-150.

54 Hans Kelsen, *Reine Rechtslehre. Einleitung in die rechtswissenschaftliche Problematik*, Leipzig, Wien 1934, S. 82 f.; Ulfrid Neumann, »Theorie der juristischen Argumentation«, in: Winfried Brugger u. a. (Hg.), *Rechtsphilosophie im 21. Jahrhundert*, Frankfurt/M. 2008, S. 233, 241.

Entscheidung geführt hat, darüber kann man rechtswissenschaftlich in aller Regel nur spekulieren. Zwar behaupten manche, eine leitende Motivation als unabhängige Variable isoliert zu haben. Ran Hirschl postuliert, dass Richter handeln wie »jeder andere ökonomische Akteur: als egoistische (›self-interested‹) Individuen«.[55] Entsprechend sehen viele die Sorge um die eigene Machtposition als leitende Motivation der Abwehrreaktionen mancher Verfassungsgerichte gegen transnationale Gerichte, so etwa mit Blick auf das PSPP-Urteil des Zweiten Senats des Bundesverfassungsgerichts.[56] Die geringe Erklärungskraft dieses Theorems zeigt sich allerdings schon darin, dass auch die geradezu gegenläufige Ausrichtung der Beschlüsse »Recht auf Vergessen I und II« des Ersten Senats damit erklärt werden.[57]

Insgesamt erscheint mir das Geflecht aus Eigennutz, Streben nach Macht und Ruhm, weltanschaulichen Grundannahmen, kultureller Prägung, den angelernten Protokollen juristischen Argumentierens, familiären und gruppenspezifischen Hintergründen, den Zwängen kollektiven Entscheidens auf einer pluralistisch zusammengesetzten Richterbank, aber eben auch aus dem Ruf der Gerechtigkeit, dem Sinn des Gesetzes und nicht zuletzt dem Ethos des Rechtsgehorsams als allzu komplex und unentwirrbar, als dass man einzelne Faktoren isolieren und damit gerichtliches Entscheiden erklären könnte. In diesem Sinne beschränken sich die weiteren Ausführungen darauf, Verständnis zu suchen, Entwicklungsverläufe nachzuzeichnen, Argumente, Begriffe und Zusammenhänge zu entwickeln.

Alle drei Gerichte erarbeiten sich interpretativ eine Machtposition, aber ihre Rollen im Rahmen der nationalen Gerichtsbarkeit

55 Ran Hirschl, *Comparative Matters. The Renaissance of Comparative Constitutional Law*, Oxford 2014, S. 168.

56 Martin Wolf, »German court decides to take back control with ECB ruling«, *Financial Times* v. 13.05.2020, S. 17; Noel Dorr, »Why is a German court undermining the European Union?«, *The Irish Times* v. 28.05.2020, S. 10; Julien Dubarry, »Prendre la Constitution au sérieux. Regard franco-allemand sur l'enchevêtrement des discours juridique et politique au prisme de la proportionnalité«, in: *Recueil Dalloz* 27 (2020), S. 1525-1533, S. 1525.

57 BVerfG, Beschluss des Ersten Senats v. 06. November 2019, 1 BvR 276/17, Rn. 60; dazu Mattias Wendel, »Das Bundesverfassungsgericht als Garant der Unionsgrundrechte«, in: *JuristenZeitung* 75 (2020), S. 157-168.

unterscheiden sich fundamental.[58] Dem *Bundesverfassungsgericht* gelingt, was keinem anderen Verfassungsgericht bislang gelungen ist: Es etabliert sich als Spitze des deutschen Gerichtssystems. Im Lüth-Urteil setzt es sich gegenüber dem Bundesgerichtshof durch, der sich als Nachfolger des Reichsgerichts eigentlich berufen fühlte, das oberste deutsche Gericht zu sein. Das Urteil, das eine Entscheidung des Bundesgerichtshofs aufhebt, bringt zum Ausdruck, dass das Bundesverfassungsgericht mit den Fachgerichten nicht zusammenarbeitet, sondern sie korrigiert. Dass dies eine strategische Weichenstellung ist, zeigt sich an seiner Handhabung der konkreten Normenkontrolle in Art. 100 Abs. 1 GG, die der italienischen konkreten Normenkontrolle stark ähnelt. Anders als die *Corte* setzt das Bundesverfassungsgericht jedoch die Messlatte für deren Zulässigkeit so hoch an, dass es Fachgerichte davon abhält, von ihr Gebrauch zu machen.[59]

So steht das Bundesverfassungsgericht letztentscheidend an der Spitze des Justizsystems. Angesichts umfassenden Rechtsschutzes (Art. 19 Abs. 4 GG) ist die Verfassungsbeschwerde in allererster Linie ein Rechtsbehelf gegen ein Urteil, eine Urteilsverfassungsbeschwerde. Das ist im europäischen Vergleich ein seltener Rechtsbehelf.[60] Das Bundesverfassungsgericht prüft in den allermeisten Fällen, ob die Fachgerichtsbarkeit die in der Verfassung verankerten individuellen Rechte verletzt hat.[61] Sicherlich hebt das Bundesverfassungsgericht nur einen winzigen Prozentsatz der Entscheidungen der Fachgerichtsbarkeit auf,[62] was aber seiner augusten Rolle keinen Abbruch tut.

So haben die beiden Gerichte auch andere Adressaten im Auge. Während sich der italienische Verfassungsgerichtshof, wie der

58 Der Abschnitt beruht auf Armin von Bogdandy, Davide Paris, »Power is Perfected in Weakness. On the Authority of the Italian Constitutional Court«, in: Vittoria Barsotti u. a. (Hg.), *Dialogues on Italian Constitutional Justice. A Comparative Perspective*, London, New York u. a. 2021, S. 263-280.

59 Jörg Luther, *Die italienische Verfassungsgerichtsbarkeit*, Baden-Baden 1990, S. 82 ff.

60 Markus Vašek, »Verfassungsgerichtsbarkeit und Grundrechtsschutz in Europa. § 117«, in: von Bogdandy u. a. (Hg.), *Handbuch Ius Publicum Europaeum. Bd. VII* (Fn. 8), S. 419-488.

61 Vgl. Jahresstatistik 2020, abrufbar unter ⟨https://www.bundesverfassungsgericht.de/DE/Verfahren/Jahresstatistiken/2020/gb2020/Gesamtstatistik%202020.pdf?__blob=publicationFile&v=2⟩, S. 23, letzter Zugriff 01. 07. 2021.

62 Siehe Jahresstatistik 2020 (Fn. 61), S. 24.

EuGH, im Wesentlichen an das vorlegende Gericht wendet, ist hingegen der Bürger Hauptadressat der Entscheidungen des deutschen Verfassungsgerichts, ähnlich wie es beim EGMR der Fall ist. Der sprichwörtliche Ausdruck vom *Gang nach Karlsruhe*[63] artikuliert diese bürgerschaftliche Erwartung, beim Bundesverfassungsgericht am Ende eines langen Rechtswegs Gerechtigkeit zu finden.

Eine solche Rolle hat die *Corte* gegenüber den anderen Gerichten nie durchsetzen können. Zwar hat sie in ihrer Entscheidung 1/1956 zunächst gegen die *Cassazione* gepunktet. In diesem Fall, es geht um die Meinungsfreiheit, erklärt sie ein Gesetz als verfassungswidrig, das die *Cassazione* zuvor als verfassungsgemäß angesehen hatte. Damit stellt sich die *Corte* auf die Seite des unteren Gerichts, das ihr die Frage vorlegt und damit gegen die Auslegung und, noch schlimmer, gegen die Autorität der *Cassazione* rebelliert.

Zehn Jahre nach diesem Sieg des Verfassungsgerichtshofs kommt es jedoch zum sogenannten ersten *Krieg der Gerichte*. In ihm muss die *Corte* viel Gelände wieder abgeben. Kern der Auseinandersetzung ist ihr Versuch, ihre Interpretation eines Gesetzes der *Cassazione* aufzudrängen, also jenen Schritt in die Konstitutionalisierung der Rechtsordnung zu machen, für den das Lüth-Urteil des Bundesverfassungsgerichts steht.

Der Versuch der Corte scheitert. Darin offenbart sich eine wichtige Struktur der italienischen Verfassungsgerichtsbarkeit: Die *Corte* kann ihre Autorität nur im Verbund mit der Fachgerichtsbarkeit entfalten. Sie ist, aus deutscher Sicht kaum vorstellbar, ein Verfassungsgericht ohne Verfassungsbeschwerde. Es gibt keinen direkten Zugang.[64] Die wichtigste Kompetenz der *Corte*, die der konkreten Normenkontrolle, hängt von der Bereitschaft der Fachgerichtsbarkeit ab, ihr Fragen der Verfassungsmäßigkeit von Gesetzen vorzulegen. Anders als das Bundesverfassungsgericht schützt die *Corte* die Rechte des Einzelnen nicht vor den Fachgerichten, sondern zusammen mit ihnen. Kooperation, nicht Korrektur, lautet die Formel. Einen Buchtitel wie »Der Gang nach Karlsruhe« gibt es in Italien nicht.

Die *Corte* verbrämt ihre Niederlage mit der neuen Doktrin des

63 Uwe Wesel, *Der Gang nach Karlsruhe. Das Bundesverfassungsgericht in der Geschichte der Bundesrepublik*, München 2004.

64 Das ist rechtvergleichend die Ausnahme; Vašek, »Verfassungsgerichtsbarkeit und Grundrechtsschutz in Europa. § 117« (Fn. 60), Rn. 43.

diritto vivente.[65] Danach hinterfragt sie nicht, ob die *Cassazione* eine bessere, nämlich verfassungskonforme Auslegung des Gesetzes hätte entwickeln können, was den Konflikt entschärft. Die *Corte* setzt die höchstrichterliche Auslegung als die gesetzlich gebotene und beschränkt sich darauf, die Verfassungsmäßigkeit des Gesetzes in der Auslegung der *Cassazione* zu überprüfen. Damit ist ihre Gestaltungsmacht viel begrenzter, denn die Festlegung eines bestimmten Verständnisses des Gesetzes mittels einer verfassungskonformen Auslegung ist eines der wichtigsten Instrumente im Arsenal eines gestaltungsfreudigen Verfassungsgerichts.[66]

Diese Schwäche ihrer Kompetenzausstattung veranlasst die *Corte*, eine enge Zusammenarbeit mit der Fachgerichtsbarkeit aufzubauen. Sie entwickelt eine interjudizielle Relationalität, die die italienische Verfassungsgerichtsbarkeit prägt.[67] Das Konzept des justiziellen Dialogs, den deutsche Juristinnen und Juristen vor allem für die Interaktion des Bundesverfassungsgerichts mit den europäischen Gerichten nutzen, beschreibt in Italien auch das Verhältnis des Verfassungsgerichtshofs zur Fachgerichtsbarkeit.

Noch schwieriger ist es für den *Conseil constitutionnel,* eine Rolle neben dem obersten Zivilgericht, der *Cour de Cassation,* und dem obersten Verwaltungsgericht, dem *Conseil d'État*, zu finden. Über viele Jahrzehnte ist er schlichtweg keine Instanz des Rechtsschutzes der Bürgerinnen und Bürger. Die Verfassungsreform von 1974 ermöglicht zwar, dass die parlamentarische Opposition ein Verfahren vor dem Verfassungsrat (*saisine parlementaire*) einleitet. Es bleibt aber dabei, dass der *Conseil constitutionnel* nur vor dem Inkrafttreten eines Gesetzes auf Antrag politischer Institutionen dessen Verfassungsmäßigkeit prüfen kann. Erst die Verfassungsreform von 2008 führt ein Vorabentscheidungsverfahren ein, so dass der Verfassungsrat in Rechtsstreitigkeiten zwischen Staat und Bürger involviert werden kann. Aber auch das ist so gestaltet, dass der *Conseil constitutionnel* die Machtstellung der *Cour de Cassation* und des

65 Corte Costituzionale, sentenza n. 11/1965 und sentenza n. 52/1965 sowie sentenza n. 127/1966 und sentenza n. 49/1970; Bifulco/Paris, »Der italienische Verfassungsgerichtshof. § 100« (Fn. 17), S. 316-318.

66 Anuscheh Farahat, »Verfassungsgerichtsbarkeit und Gewaltengliederung im europäischen Rechtsraum. § 116« in: von Bogdandy u. a. (Hg.), *Handbuch Ius Publicum Europaeum. Bd. VII* (Fn. 8), S. 313-418, Rn. 135.

67 Barsotti u. a., *Italian Constitutional Justice in Global Context* (Fn. 49), S. 236.

Conseil d'État kaum beeinträchtigt: Nur diese beiden Gerichte können eine Normenkontrolle einleiten, eine ganz seltene und überaus restriktive Gestaltung.[68] Der Verfassungsrat kann nicht, wie die *Corte* in Italien oder der EuGH, zum Verbündeten erstinstanzlicher Gerichte werden.[69] Gleichwohl gewinnt die französische konkrete Normenkontrolle eine Rolle. Zehn Jahre nach ihrer Einführung stellt der *Conseil constitutionnel* fest, dass 80 Prozent seiner Entscheidungen in diesem Verfahren ergehen.[70]

Ähnlich unterschiedlich ist die Macht gegenüber politischen Institutionen. Die enorme verfassungsgerichtliche Autorität, die das Bundesverfassungsgericht alsbald beansprucht, fasst ein berühmter, Konrad Adenauer zugeschriebener, Satz zusammen: »Dat ham wir uns so nich vorjestellt.«[71] Diese Worte bringen den Entwicklungspfad des Bundesverfassungsgerichts auf den Punkt: Es baut seine Autorität in Konfrontation mit der politischen Macht aus, in der das Gericht sich als öffentlichkeitswirksames Gegengewicht zur Regierungsmehrheit etabliert.

Das Gründungsjahrzehnt des Gerichts wird als ein Jahrzehnt epischer Siege erinnert. Man denke nur an seinen *Statuskampf*, in dem es die Abhängigkeit vom noch nationalsozialistisch durchsetzten Justizministerium überwindet und sich als ein Verfassungsorgan neben Bundespräsident, Bundestag, Bundesregierung und Bundesrat etabliert.[72] Im Ersten Rundfunkurteil (ZDF-Urteil) unterbindet das Bundesverfassungsgericht auf die Klage SPD-geführter Länder

68 Laurence Gay, »Le double filtrage des QPC. Une spécificité française en question? Modalités et incidences de la sélection des questions de constitutionnalité en France, Allemagne, Italie et Espagne«, in: ders. (Hg.), *La question prioritaire de constitutionnalité. Approche de droit comparé*, Brüssel 2014, S. 51-90, S. 53, 72 ff.

69 Thierry Santolini, »La question prioritaire de constitutionnalité au regard du droit comparé«, in: *Revue française de droit constitutionnel* 93 (2013), S. 83-105, S. 94.

70 »Avant-propos du Président Laurent Fabius«, in: *Titre VII*, Hors-série, *QPC 2020: les dix ans de la question citoyenne*, Oktober 2020, ⟨https://www.conseil-constitutionnel.fr/publications/titre-vii/avant-propos-du-president-laurent-fabius⟩, letzter Zugriff 01. 07. 2021.

71 Zitiert nach Schönberger, »Anmerkungen zu Karlsruhe« (Fn. 31), S. 26.

72 Näher Wesel, *Der Gang nach Karlsruhe* (Fn. 63), S. 54-82; Christian Walter, »Art. 93 GG«, in: Theodor Maunz, Günter Dürig (Hg.), *Grundgesetz Kommentar I*, München 2018, Rn. 93 ff.; zu Gerhard Leibholz, dem Autor der Denkschrift, oben, § 3.

die Einrichtung eines regierungsnahen Fernsehkanals,[73] eines wichtigen Projekts der CDU-geführten Bundesregierung.

In Italien laufen die Dinge anders. Ein Ausspruch wie der Adenauers wird nicht erinnert. Bedenkt man, wie umstritten der Verfassungsgerichtshof in der verfassungsgebenden Versammlung war, kann es kaum verwundern, dass der italienische Verfassungsgerichtshof weit vorsichtiger als das deutsche Gericht zu Werke geht. Sein Grundsatzurteil 1/1956 betrifft überhaupt nicht den demokratischen Gesetzgeber. Es geht um ein Gesetz aus der Zeit des Faschismus, welches die Meinungsfreiheit einschränkt. Die Exekutive des demokratischen Italiens hat dieses (und ähnliche repressive Gesetze) zwar weiter genutzt, will es aber doch nicht wirklich verteidigen. Der Verfassungsgerichtshof erklärt es für verfassungswidrig und bezeugt so seinen demokratischen Antifaschismus. In ihrer Kontrolle faschistischer Gesetze erspäht die *Corte* ein Feld, auf dem sie ohne größere Konflikte mit der Politik ihre Rechtsprechung und Autorität entwickeln kann.[74] Karlsruhe hat diesen Umweg nicht nötig und überlässt solche Gesetze der Fachgerichtsbarkeit.[75] Der *Conseil constitutionnel* ist noch zurückhaltender, wenn es um die Kontrolle des Gesetzgebers geht.[76] Allerdings prüft er, im Sinne seiner ursprünglichen Rolle als Hüter der Gewaltenteilung, detaillierter als die beiden anderen Gerichte die Einhaltung des parlamentarischen Verfahrens.[77]

Das so unterschiedliche Verhältnis der drei Gerichte zum Gesetzgeber, zur Regierungsmehrheit, sei anhand ihres Umgangs mit der höchst sensiblen Frage des Schwangerschaftsabbruchs illustriert. Alle Entscheidungen entstammen dem Jahre 1975 und damit den Jahren, als der Individualrechtsschutz in vielen Gesellschaften zu einem wichtigen Legitimationsfaktor erstarkt. In seiner langen und dogmatisch ebenso innovativen wie ausgefeilten Entscheidung *Schwangerschaftsabbruch I* verwirft das Bundesverfassungsgericht die Fristenlösung, ein gesetzgeberisches Schlüsselprojekt der sozial-

73 BVerfGE 12, 205, *Rundfunkentscheidung*.

74 Elena Malfatti u. a., *Giustizia costituzionale*, Torino 2018, S. 357.

75 BVerfGE 2, 124, *Normenkontrolle II*.

76 Georges Bergougnous, »Le Conseil constitutionnel et le législateur«, in: *Les Nouveaux Cahiers du Conseil constitutionnel* 38 (2013), S. 5-21, S. 18.

77 Julie Benetti, »La procédure parlementaire en question dans les saisines parlementaires«, in: *Les Nouveaux Cahiers du Conseil constitutionnel* 49 (2015), S. 87-92.

liberalen Koalition. Ein mächtiges Gericht bietet einer mächtigen Regierungsmehrheit die Stirn. Das Bundesverfassungsgericht legt fest, wann menschliches Leben beginnt und wie es zu schützen ist.[78]

Im selben Jahr wird die *Corte* mit der Frage konfrontiert, ob die generelle Strafbarkeit des Schwangerschaftsabbruchs einen Verfassungsverstoß darstellt.[79] Parlamentarische Versuche der Liberalisierung waren an den Christdemokraten gescheitert. In diesem Kontext fragt ein Strafgericht die *Corte*, ob eine Strafbarkeit verfassungsgemäß ist, wenn die Schwangerschaft sogar die Gesundheit der Frau gefährdet. Die *Corte* vermeidet jede Ausführung zum Anfang und der Natur des ungeborenen Lebens. In der Sache entscheidet sie sehr knapp, dass zwar das ungeborene Leben verfassungsrechtlichen Schutz genießt, der Abbruch einer Schwangerschaft bei einer gesundheitlichen Gefahr für die Mutter aber zulässig ist.

Auch der *Conseil constitutionnel* wird 1975 mit dem Thema konfrontiert, die Konstellation ähnelt der deutschen. Der Entwurf des liberalisierenden Gesetzes wird durch opponierende Abgeordnete durch eine *saisine parlementaire* vor den *Conseil constitutionnel* gebracht. Dieser Entwurf ist ein wichtiges Projekt der liberal orientierten Präsidentschaft von Valéry Giscard d'Estaing. Der *Conseil* geht einen dritten Weg. In einer knappen Entscheidung macht er klar, dass er solche Entscheidungen der parlamentarischen Mehrheit nicht hinterfragt.[80] Er entwickelt seine Standardformel für den Umgang mit solchen Fällen, wonach die Verfassung ihm »keine allgemeine Ermessens- und Entscheidungsbefugnis wie diejenige, die das Parlament innehat, überträgt, sondern ihm nur die Zuständigkeit zuspricht, über die Verfassungsmäßigkeit der ihm zur Prüfung vorgelegten Gesetze zu entscheiden«. Er weist auch das Ansinnen zurück, den Gesetzentwurf am Maßstab von Art. 2 EMRK zu kontrollieren.

Die Unterschiedlichkeit der drei Gerichte spiegelt sich in ihrem Argumentationsstil. Das Bundesverfassungsgericht entfaltet seine Gestaltungsmacht oft in einem eigenen, der Verfassungsinterpre-

78 BVerfGE 39, 1, *Schwangerschaftsabbruch I.*

79 Corte Costituzionale, sentenza n. 27/1975.

80 Entscheidung Nr. 74-54 DC vom 15. Januar 1975 – »Gesetz über den Schwangerschaftsabbruch I«; das folgende Zitat stammt aus § 1 der Entscheidung, in der deutschen Fassung auf der Website des *Conseil constitutionnel.*

tation gewidmeten Abschnitt, dem berühmten Abschnitt »C. I«,[81] säuberlich getrennt von der späteren Anwendung der Interpretationen auf den konkreten Fall. Diese Trennung erleichtert die Entfaltung weitreichender Interpretationen, die weit über den konkreten Fall hinausweisen. Damit seine Direktiven von niemandem übersehen werden, stellt es sie der Entscheidung in den sogenannten Leitsätzen voran, die sich oft wie abstrakte Gesetze lesen.

Im Gegensatz dazu verfolgt der Argumentationsstil des italienischen Verfassungsgerichtshofs einen eher minimalistischen Ansatz. Die *Corte* formuliert keine Leitsätze, die denen des Bundesverfassungsgerichts ähneln. Weiter zeigt sich der Minimalismus in der sogenannten Absorptionstechnik. Wenn mehrere Gründe für eine Verfassungswidrigkeit geltend gemacht werden und das Gericht der Ansicht ist, dass einer dieser Gründe ausreicht, um das angefochtene Gesetz für verfassungswidrig zu erklären, prüft es zunächst den eindeutigsten Grund und erklärt die anderen möglichen Gründe für »absorbiert«, ohne sie zu prüfen.[82] Das Bundesverfassungsgericht hingegen ergeht sich oft in *obiter dicta*, also allgemeinen Aussagen, die für die Entscheidung des Falles unnötig sind, aber große gestalterische Bedeutung haben.[83] Aufgrund dieses minimalistischen Ansatzes übt die *Corte* eine weit geringere dirigierende Funktion gegenüber Legislative und Gesellschaft aus als das Bundesverfassungsgericht.

Der *Conseil* ist allgemein bekannt für einen besonders apodiktischen und kryptischen Argumentationsstil, dem kaum verallgemeinernde Aussagen entnommen werden können.[84] Allerdings ist Wandel zu verzeichnen. So gibt er 2016 seine Übung auf, Entscheidungen in einem einzigen, extrem unübersichtlichen und unzugänglichen Satz niederzulegen.[85] Gleichwohl bleibt es bei einer

81 Oliver Lepsius, »Die maßstabsetzende Gewalt«, in: Jestaedt u. a. (Hg.), *Das entgrenzte Gericht* (Fn. 31), S. 159-280, S. 161.

82 Andrea Bonomi, *L'assorbimento dei vizi nel giudizio di costituzionalità in via incidentale*, Napoli 2013.

83 Ein jüngstes Beispiel ist BVerfG, Beschluss v. 18. November 2020, 2 BvR 477/17 (*Staatshaftung bei Auslandseinsätzen der Bundeswehr*).

84 Arthur Dyèvre, »The French Constitutional Council«, in: András Jakab u. a. (Hg.), *Comparative Constitutional Reasoning*, Cambridge, New York u. a. 2017, S. 323-355.

85 Conseil constitutionnel, Entscheidung Nr. 2016-540 QPC vom 10. Mai 2016 – »Société civile Groupement foncier rural Namin et Co« und Conseil constitu-

sehr knappen Argumentation, so dass die Erwägungen ohne den Kommentar des Generalsekretärs des *Conseil constitutionnel* kaum entschlüsselt werden können.[86]

Das Bundesverfassungsgericht auf der einen Seite, die *Corte* und der *Conseil* auf der anderen Seite verkörpern zwei unterschiedliche Logiken, wie ein Verfassungsgericht Strukturen einer demokratischen Gesellschaft prägt, *maximalistisch* oder *minimalistisch*. Maximalistisch und minimalistisch sind keine kontradiktorischen, sondern komparative Begriffe. Es geht nicht um ein *Entweder-oder*, sondern um ein *Mehr-oder-weniger*. Die beiden Begriffe sind analytisch und nicht bewertend gemeint. Maximalistisch bedeutet nicht aktivistisch oder gar *ultra vires*, minimalistisch nicht lethargisch oder gar *captured*.

Beide Ausrichtungen werden wissenschaftlich hochrangig propagiert.[87] Das Bundesverfassungsgericht ist mit seinem tendenziellen Maximalismus von herausragender Gestaltungsmacht, wird gar als Herz der Republik gepriesen,[88] die *Corte* bildet mit ihrem tendenziellen Minimalismus neben dem Staatspräsidenten das stabilste Element der demokratischen Verfassung,[89] und der *Conseil constitutionnel* wird sogar als neue Inkarnation des europäischen Modells der Verfassungsgerichtsbarkeit gepriesen.[90] Das kann man nicht verrechnen. So erklärt sich, warum weder die französische noch die italienische Verfassungsrechtswissenschaft sich für die Einführung einer Verfassungsbeschwerde stark machen, die aus

tionnel, Entscheidung Nr. 2016-539 QPC vom 10. Mai 2016 – »Mme Ève G.«; Nicole Belloubet, »La motivation des décisions du Conseil constitutionnel: justifier et réformer«, in: *Les Nouveaux Cahiers du Conseil constitutionnel* 55-56 (2017), S. 5-21.

86 Ruth Katharina Weber, *Der Begründungsstil von Conseil constitutionnel und Bundesverfassungsgericht. Eine vergleichende Analyse der Spruchpraxis*, Tübingen 2019, S. 120-127.

87 Einerseits Cass R. Sunstein, *One case at a time. Judicial minimalism on the Supreme Court*, Cambridge u.a. 1999, S. 3-72, S. 259-263; andererseits Mattias Kumm, »Who is Afraid of the Total Constitution? Constitutional Rights as Principles and the Constitutionalization of Private Law«, in: *German Law Journal* 7 (2006), S. 341-370.

88 Vgl. Stolleis (Hg.), *Herzkammern der Republik* (Fn. 9).

89 Cruz Villalón, »Die Entwicklung der Verfassungsgerichtsbarkeit in Europa aus der Perspektive des europäischen Rechtsraums. § 110« (Fn. 8), Rn. 104, 108.

90 Zoller, *Introduction au droit public* (Fn. 29).

deutscher Sicht geradezu im Mittelpunkt demokratischer Verfassungsstaatlichkeit steht.

Der Strukturwandel aller drei Gerichte ist weitsichtigen Richterpersönlichkeiten zu verdanken, aber ebenso einer verbreiteten Einsicht, dass pluralistische, freiheitliche, demokratische Gesellschaften sich oft mit Hilfe einer verfassungsgerichtlichen Institution besser entfalten können. Wir werden sehen, dass dies für die europäische Gesellschaft ebenso der Fall ist (§§ 55-58). Zuvor seien jedoch einige Eckpunkte der Europäisierung der mitgliedstaatlichen Verfassungsgerichtsbarkeit dargelegt. Denn der Strukturwandel des EuGH und EGMR von internationalen Schiedsinstanzen zu Schlüsselinstitutionen der europäischen Gesellschaft ist nur im Rahmen des europäischen Strukturwandels der nationalen Verfassungsgerichtsbarkeit verständlich.

B. Europäisierung nationaler Verfassungsgerichtsbarkeit

Der in §§ 48-51 beschriebene Aufstieg der Verfassungsgerichtsbarkeit ist nichts spezifisch Europäisches, sondern eine globale Entwicklung, insbesondere der beiden Jahrzehnte um die Jahrtausendwende.[91] Viele Staaten besitzen inzwischen eine Verfassungsgerichtsbarkeit, ausgeübt entweder durch ein oberstes Gericht oder aber ein spezifisches Verfassungsgericht.[92] Die gerichtliche Gewährleistung und Entwicklung verfassungsrechtlicher Legalität bilden zentrale Bestandteile demokratischer Rechtsstaatlichkeit, wie sie nach dem Fall des Eisernen Vorhangs 1989 Modellcharakter hatte.[93]

Die Verfassungsgerichtsbarkeit in der europäischen Gesellschaft ist Teil eines globalen Phänomens. Sie ist aber zugleich sehr speziell.[94] So ist sie aufgrund ihrer europarechtlichen Einbettung besonders komplex. Diese Komplexität zeigt sich schon darin, dass die Verfassungsgerichtsbarkeit für die europäische Gesellschaft nicht, wie üblich, letztlich in der Verantwortung eines einzigen Höchstgerichts zusammengezogen ist, sondern von vielen Institutionen ausgeübt wird: EuGH, EGMR, den Höchstgerichten der Mitgliedstaaten, oft auch nachgeordneten Gerichten. Dem Pluralismus der europäischen Gesellschaft entspricht ein Pluralismus der Institutionen der Verfassungsgerichtsbarkeit.

Die nationale Verfassungsgerichtsbarkeit sieht sich durch diese Einbettung einem Wandel ausgesetzt, der auf ihre konsolidierten

91 Doreen Lustig, Joseph H. H. Weiler, »Judicial Review in the Contemporary World. Retrospective and Prospective«, in: *International Journal of Constitutional Law* 16 (2018), S. 315-372; Lucio Pegoraro, *Giustizia costituzionale comparata. Dai modelli ai sistemi*, Turin 2015; Michel Fromont, *Justice constitutionnelle comparée*, Paris 2013.

92 Sabino Cassese, »Fine della solitudine delle corti costituzionali, ovvero il dilemma del porcospino«, in: *Ars interpretandi* 20 (2015), S. 21-32.

93 Bruce Ackerman, »The Rise of World Constitutionalism«, in: *Virginia Law Review* 83 (1997), S. 771-797.

94 Der folgende Abschnitt schöpft aus Armin von Bogdandy u. a., »Verfassungsgerichtsbarkeit im europäischen Rechtsraum. § 95«, in: dies. (Hg.), *Handbuch Ius Publicum Europaeum. Bd. VI* (Fn. 12), S. 1-21.

Wissensbestände, Praktiken, Selbstverständnisse, Wertvorstellungen und Machtressourcen transformierend einwirkt.[95] Drei Aspekte, die Verfassungsgerichte über die Vorlagepflicht hinaus (§ 56, § 60) zu Unionsgerichten machen, seien näher beleuchtet: die europarechtliche Pflicht zur Verfassungsgerichtsbarkeit, die Pluralisierung der Rechtsquellen und die verfassungsgerichtliche Verbundbildung.

§ 52 Europarechtliche Mandatierung

Die mitgliedstaatlichen Verfassungen verteilen das Mandat zur Verfassungsgerichtsbarkeit sehr unterschiedlich (§ 49). EuGH und EGMR haben diese Mandate aber gründlich überformt. Heute üben deshalb alle Gerichte aller Mitgliedstaaten verfassungsgerichtliche Funktionen auf einer gemeinsamen Grundlage aus.

Der vom EuGH induzierte Strukturwandel wird symbolisiert von der berühmten *Simmenthal*-Entscheidung aus dem Jahre 1978.[96] Wie so oft ist der Strukturwandel gar nicht die primäre Absicht. Es ging dem EuGH nicht um die Einführung einer dezentralen Verfassungsgerichtsbarkeit, sondern um die Sicherung des Vorrangs und damit der Effektivität des Unionsrechts (§ 37). Der Strukturwandel kommt, wie so oft, sozusagen nebenbei.

Der Streitgegenstand erscheint geradezu trivial: Gebühren für gesundheitspolizeiliche Untersuchungen von importiertem Dosenfleisch, niedergelegt allerdings in einem italienischen Gesetz. Die verfassungsgerichtliche Dimension liegt darin, dass der EuGH jedem italienischen Gericht die Kompetenz zuspricht, von der Anwendung eines unionsrechtswidrigen Gesetzes abzusehen. Nach der italienischen Verfassung, wie nach der deutschen, polnischen oder spanischen, verlangt dies eine Entscheidung des Verfassungsgerichts. Der EuGH beschneidet mit diesem Urteil somit die vielleicht wichtigste Kompetenz der Verfassungsgerichte. Laut EuGH

95 Aida Torres Pérez, »The Challenges for Constitutional Courts as Guardians of Fundamental Rights in the European Union«, in: Patricia Popelier u. a. (Hg.), *The Role of Constitutional Courts in Multilevel Governance*, Cambridge 2013, S. 49-76, S. 53.

96 EuGH, *Amministrazione delle finanze dello Stato/Simmenthal,* Rs. C-106/77, Urteil v. 09. März 1978, ECLI:EU:C:1978:49.

können auch in Mitgliedstaaten mit einer zentralisierten Gesetzeskontrolle alle Gerichte eine Gesetzeskontrolle durchführen, soweit ein Verstoß gegen Unionsrecht im Raum steht. Der Vertragsgesetzgeber legitimiert später diese Rechtsprechung in der Erklärung Nr. 17 zum Vertrag von Lissabon.

Zunächst birgt dieser Strukturwandel nur wenig Konfliktstoff, denn Gebühren für Fleischimporte gehören nicht zum Kernbereich verfassungsgerichtlicher Arbeit. Der Konfliktstoff wächst im Zuge der verfassungsrechtlichen Vertiefung des Unionsprimärrechts im Vertrag von Amsterdam (1997), in der Grundrechtecharta (2000) und im Vertrag von Lissabon (2007). Der verfassungsgerichtliche Bedeutungsgewinn aller nationalen Gerichte bedrängt die Rolle der Verfassungsgerichte, was viele thematisierte Konflikte ausgelöst hat.[97] Der EuGH ist in entsprechenden Konflikten ein entschiedener Verteidiger der Verfassungsgerichtsbarkeit aller Gerichte. Die mitgliedstaatlichen Verfassungsgerichte dürfen die unionsrechtlich begründete Befugnis nicht schmälern, also weder Vorabentscheidungsgesuche der einfachen Gerichte behindern[98] noch ihre Kontrollkompetenz beschränken.[99]

Diese Rechtsprechung des EuGH dient europäischer Einheitsbildung als Voraussetzung europäischer demokratischer Herrschaft (§ 56). Wie sehr sie aber unmittelbar zum Schutz einer demokratischen Gesellschaft wirken kann, zeigt sich in der polnischen Krise demokratischer Rechtsstaatlichkeit. Polnische Gerichte haben seit

97 Cruz Villalón, »Die Entwicklung der Verfassungsgerichtsbarkeit in Europa. § 110« (Fn. 8), Rn. 159; Farahat, »Das Bundesverfassungsgericht. § 97« (Fn. 28), Rn. 137 ff.; José Martín y Pérez de Nanclares, »Verfassungsgerichtliche Kooperation im europäischen Rechtsraum. § 119«, (Fn. 8), S. 539-617, Rn. 2, 12 ff., 35; Davide Paris, »Der Einfluss von Unionsrecht und der EMRK auf die nationale Verfassungsgerichtsbarkeit. § 120«, siehe ebd., S. 619-643, Rn. 13, 22 ff., 31 ff.; Monica Claes, Bruno de Witte, »Rollen der nationalen Verfassungsgerichtsbarkeit im europäischen Rechtsraum. § 121«, siehe ebd., S. 643-686, Rn. 4, 59 ff.; Juan Luis Requejo Pagés, »Gestalt und Probleme der europäischen Verfassungsgerichtsbarkeit. § 125«, siehe ebd., S. 799-851, Rn. 11, 120 f.; Vašek, »Verfassungsgerichtsbarkeit und Grundrechtsschutz in Europa. § 117« (Fn. 60), Rn. 74 ff., 92 ff.

98 EuGH, *Melki und Abdeli*, verb. Rs. C-188/10 und C-189/10, Urteil v. 22. Juni 2010, ECLI:EU:C:2010:363; *A*, Rs. C-112/13, Urteil v. 11. September 2014, ECLI:EU:C:2014:2195.

99 EuGH, *Åkerberg Fransson*, Rs. C-617/1, Urteil v. 07. Mai 2013, ECLI:EU:C:2013:280, Rn. 48.

2018 Vorabentscheidungsverfahren zum EuGH angestrengt, damit dieser die Reformen der polnischen Justiz prüfe (§ 45). Sie versuchen so, die Rückendeckung der Union für die Sicherung richterlicher Unabhängigkeit und demokratischer Rechtsstaatlichkeit zu gewinnen.[100] Dagegen ersucht der polnische Justizminister den polnischen Verfassungsgerichtshof, Art. 267 AEUV für verfassungswidrig zu erklären, soweit er den nationalen Gerichten erlaubt, Vorabentscheidungen zu Fragen des Systems, der Form und der Organisation der Justiz sowie bezüglich Verfahren vor Gerichten der EU-Mitgliedstaaten einzureichen. Die europaweite Kritik, die dem polnischen Justizminister daraufhin entgegenschlägt, bezeugt, wie tief diese unionrechtlich begründete dezentrale Verfassungsgerichtsbarkeit inzwischen verankert ist.

Die zweite europarechtliche Überformung der nationalen Verfassungsgerichtsbarkeit erfolgt durch das Straßburger Konventionssystem. Zwar verpflichtet der EGMR die nationalen Gerichte nicht, konventionswidrige Gesetze unangewendet zu lassen. Er hat, anders als sein amerikanisches Pendant, der Interamerikanische Gerichtshof für Menschenrechte, bislang keine Dogmatik der Konventionalitätskontrolle entwickelt.[101] Wohl aber besteht eine konventionsrechtliche Verpflichtung, die Rechtsprechung des EGMR zu respektieren, festgestellte Verletzungen zu beheben und zukünftige Verstöße zu verhindern.[102] Mit dem Rechtsinstitut des Piloturteils reklamiert der EGMR zudem die Kompetenz, Gesetz-

100 Stanisław Biernat, Monika Kawczyńska, »Though this be Madness, yet there's Method in't. Pitting the Polish Constitutional Tribunal against the Luxembourg Court«, *Verfassungsblog* v. 26. 10. 2018.

101 Eduardo Ferrer Mac-Gregor, »The Conventionality Control as a Core Mechanism of the Ius Constitutionale Commune«, in: Armin von Bogdandy u. a. (Hg.), *Transformative Constitutionalism in Latin America. The Emergence of a New Ius Commune*, Oxford 2017, S. 321-336. Eine solche Verpflichtung besteht in einigen europäischen Staaten aufgrund nationalen Verfassungsrechts, Jouanjan, »Verfassungsrechtsprechung in Frankreich. § 99« (Fn. 23), Rn. 71.

102 Janneke Gerards, »The European Court of Human Rights and the National Courts. Giving Shape to the Notion of ›Shared Responsibility‹«, in: dies., Joseph Fleuren (Hg.), *Implementation of the European Convention on Human Rights and of the Judgments of the ECtHR in National Case Law. A Comparative Analysis*, Cambridge 2014, S. 13-94, S. 27; Raffaela Kunz, *Richter über internationale Gerichte? Die Rolle innerstaatlicher Gerichte bei der Umsetzung der Entscheidungen von EGMR und IAGMR*, Berlin 2020.

gebungsaufträge zu erteilen.[103] Diese richterrechtlichen Vorgaben sind auf erheblichen Widerstand gestoßen, wurden aber von den Konventionsstaaten bestätigt.[104]

Nach diesen Vorgaben müssen die nationalen Gerichte alles im Rahmen ihrer Zuständigkeit Mögliche tun, um die Vorgaben der EMRK in der Interpretation des EGMR einzuhalten.[105] Sie haben das nationale Recht konventionskonform auszulegen und so die verfassungsgerichtliche Aufgabe, fundamentalen Rechten nach Straßburger Vorgaben zur Wirksamkeit zu verhelfen. Die Richterin des *Supreme Court* des Vereinigten Königreichs, Brenda Hale, später Ikone englischer Rechtsstaatlichkeit dank ihrer Kontrolle der Regierung Johnson, hob hervor, dass »es erstaunlich ist, wie viel auf diese Weise erreicht werden kann«.[106]

Ungeachtet dieser europarechtlichen Überformung bleibt es dabei, dass kein europäischer Staat europarechtlich verpflichtet ist, ein Verfassungsgericht einzurichten oder seinen Gerichten die Kompetenz zur Nichtigerklärung von Gesetzen einzuräumen. Aber eine nachträgliche Beschränkung der Verfassungsgerichtsbarkeit ist inzwischen schwierig, wie sich in der polnischen Krise demokratischer Rechtsstaatlichkeit zeigt. Der Anstoß zu dieser Stärkung der Verfassungsgerichtsbarkeit kommt von der Venedig-Kommission des Europarats.

Bis zur polnischen Krise lautete die allgemeine Linie der Venedig-Kommission, dass sie »die Einrichtung eines Verfassungsge-

103 EGMR, *Broniowski v. Poland*, App. 31443/96, Urteil v. 22. Juni 2004, ECHR 2004-V; Martín y Pérez de Nanclares, »Verfassungsgerichtliche Kooperation im europäischen Rechtsraum. § 119« (Fn. 97), Rn. 134 ff.

104 Europarat, Erklärung von Kopenhagen, verabschiedet auf der Hochrangigen Konferenz vom 12. bis 13. April 2018, ⟨http://rm.coe.int/copenhagen-declaration/16807b915c⟩, letzter Zugriff 01. 07. 2021, Rn. 14, 17, 41; Jörg Polakiewicz, Irene Suominen-Picht, »Aktuelle Herausforderungen für Europarat und EMRK«, in: *Europäische Grundrechte-Zeitschrift* (2018), S. 383-390.

105 Europarat, Erklärung von Kopenhagen (Fn. 104), Rn. 3, 8, 14, 26 ff.; Oddný Mjöll Arnardóttir, »Res Interpretata, Erga Omnes Effect and the Role of the Margin of Appreciation in Giving Domestic Effect to the Judgments of the European Court of Human Rights«, in: *European Journal of International Law* 28 (2017), S. 819-843.

106 Baroness Hale, »The Supreme Court in the United Kingdom Constitution«, *The Bryce Lecture 2015*, Oxford, 05. Februar 2015, S. 12, ⟨www.supremecourt.uk/docs/speech-150205.pdf⟩, letzter Zugriff 01. 07. 2021.

richts oder eines gleichwertigen Organs« nur empfahl, nicht aber als rechtlich geboten erachtete.[107] In ihrer Stellungnahme zur Reform des polnischen Verfassungsgerichtshofs betont sie dann aber, dass »überall dort, wo ein Verfassungsgericht eingerichtet wurde, dieses *unabhängige* Verfassungsgericht eines der zentralen Elemente zur Gewährleistung der Gewaltenteilung darstellt« und dass, »solange die Situation der Verfassungskrise im Zusammenhang mit dem Verfassungsgerichtshof ungeklärt bleibt und der Verfassungsgerichtshof seine Arbeit nicht effizient ausführen kann, nicht nur die Rechtsstaatlichkeit, sondern auch die Demokratie und Menschenrechte in Gefahr sind«.[108] Danach wird es für eine Regierungsmehrheit außerordentlich schwierig, eine operative Verfassungsgerichtsbarkeit europarechtskonform zu schwächen.

Sicherlich verfügt die Venedig-Kommission nicht über die Machtmittel, dieses Verständnis gegenüber einer entschlossenen Regierungsmehrheit durchzusetzen. Ihre Stellungnahme ist aber ein autoritativer Baustein für die Auffassung, dass eine funktionstüchtige Verfassungsgerichtsbarkeit für die Verfassungsordnungen in der europäischen Gesellschaft unionsrechtlich von zentraler Bedeutung ist, wie das Artikel 7 EUV-Verfahren gegen Polen zeigt (§ 61).

Es erscheint derzeit offen, inwieweit europäische Reaktionen die Unabhängigkeit der polnischen Verfassungsgerichtsbarkeit werden sichern können. Wohl aber zeigen sie, dass eine Verfassungsgerichtsbarkeit, anders als bis zum Fall des Eisernen Vorhangs, kein bloßes verfassungsrechtliches Accessoire mehr ist. Sie zählt inzwischen zur Grundstruktur der europäischen Gesellschaft.

§ 53 Pluralisierung der Rechtsquellen

Die Komplexität europäischen Richtens zeigt sich weiter in der Pluralisierung der Rechtsquellen. Die von Hans Kelsen theoretisierte Grundstruktur der Verfassungsgerichtsbarkeit beruhte auf der

107 Europäische Kommission für Demokratie durch Recht (Venedig-Kommission), Rule of Law Checklist, 106th Plenary Session (Venedig, 11.-12. März 2016), Rn. 108.

108 Europäische Kommission für Demokratie durch Recht (Venedig-Kommission), Opinion on Amendments to the Act of 25 June 2015 on the Constitutional Tribunal, 106th Plenary Session (Venedig, 11.-12. März 2016), Rn. 135.

hierarchischen Unterordnung des Gesetzes unter die Verfassung.[109] Entsprechend richtete sich die Verfassungsgerichtsbarkeit auf eine einzige und oberste Rechtsquelle aus: die nationale Verfassung. Ihre Verantwortung bezieht sich lange allein darauf, die Geltung der nationalen Verfassung in ihrem territorialen Anwendungsbereich zu sichern.[110]

Mit einem solchen Verständnis kommt man in der europäischen Gesellschaft, in der die verfassungs-, konventions- und unionsrechtlichen Ebenen miteinander verflochten sind (§ 10), nicht mehr weiter. Heute muss sich eine nationale Verfassungsgerichtsbarkeit oft mit Normen und Urteilen einer anderen Rechtsordnung auseinandersetzen. Dies sind insbesondere Entscheidungen von EuGH und EGMR, aber auch solche anderer Verfassungsgerichte. Es prägt die Struktur der Verfassungsgerichtsbarkeit in Europa, dass die unterschiedlichen Institutionen der diversen Rechtsordnungen verbunden sind.[111] Weltweit gibt es Vergleichbares allenfalls in Lateinamerika (§ 25).

Der Pluralismus der Rechtsquellen wird von den Gerichten ganz unterschiedlich gelebt und ausgestaltet.[112] Manche Gerichte leben ihn, sprechen aber nicht darüber. Der französische *Conseil constitutionnel* zitiert in seinen Entscheidungen nicht den EGMR, aber Analysen zeigen, dass er die Straßburger Rechtsprechung nicht nur berücksichtigt, sondern ihr sogar zumeist folgt.[113] In einigen Rechtsordnungen ist die EMRK weitgehend in das Verfassungsrecht integriert, so insbesondere in Österreich, wo sie Verfassungsrang genießt.[114] In Italien verlangt Artikel 117 Absatz 1 der italienischen

109 Wegweisend Hans Kelsen, »Wesen und Entwicklung der Staatsgerichtsbarkeit«, in: *Veröffentlichungen der Vereinigung der Deutschen Staatsrechtslehrer* 5 (1929), S. 30-88, S. 37.

110 So der US Supreme Court, etwa in seiner Rechtsprechung zu Guantánamo *Rasul v. Bush*, 542 U.S. 466 (2004).

111 Vittoria Barsotti u.a., »Introduction. Dialogue as a Method«, in: dies. u.a. (Hg.), *Dialogues on Italian Constitutional Justice* (Fn. 58), S. 1-19; Martín y Pérez de Nanclares, »Verfassungsgerichtliche Kooperation im europäischen Rechtsraum. § 119« (Fn. 97), Rn. 9 ff.

112 Vašek, »Verfassungsgerichtsbarkeit und Grundrechtsschutz in Europa. § 117« (Fn. 60), Rn. 74 ff.

113 Jouanjan, »Verfassungsrechtsprechung in Frankreich. § 99« (Fn. 23), Rn. 113.

114 Grabenwarter, »Der österreichische Verfassungsgerichtshof. § 102« (Fn. 28), Rn. 123.

Verfassung, dass der nationale Gesetzgeber die völkerrechtlichen Verpflichtungen Italiens berücksichtigt; hierdurch erstarkt eine völkerrechtliche zu einer verfassungsrechtlichen Pflicht.[115] Das spanische *Tribunal Constitucional* interpretiert Artikel 10 Absatz 2 der Verfassung mit selbigem Ergebnis.[116] Eine ähnlich starke Berücksichtigung findet sich in den Niederlanden oder den skandinavischen Staaten.

Diese Lösung ist angesichts Art. 1 Abs. 2 GG auch unter dem Grundgesetz möglich.[117] Das Bundesverfassungsgericht hält die EMRK und die zugehörige Rechtsprechung jedoch auf Distanz, indem es Art. 59 Abs. 2 GG als Schlüsselnorm postuliert. Danach genießt die Konvention nur Gesetzesrang. Das bedeutet nicht, dass das Bundesverfassungsgericht die Konvention geringschätzt. Vielmehr judiziert es in ständiger Rechtsprechung, dass »die Gewährleistungen der Konvention [...] die Auslegung der Grundrechte und rechtsstaatlichen Grundsätze des Grundgesetzes« beeinflussen und dass »[d]er Konventionstext und die Rechtsprechung des Europäischen Gerichtshofs für Menschenrechte [...] auf der Ebene des Verfassungsrechts als Auslegungshilfen für die Bestimmung von Inhalt und Reichweite von Grundrechten und rechtsstaatlichen Grundsätzen des Grundgesetzes« dienen.[118] Auf diesem Weg vermeidet es, dass seine Entscheidungen im Dauerkonflikt mit Straßburg stehen.

Die Rolle, die die EMRK für das Bundesverfassungsgericht spielt, ist, anders als bei den meisten anderen Verfassungsgerichten, eher von ergänzender, wenn nicht sogar untergeordneter Natur. Besonders deutlich zeigt dies die Entscheidung des Zweiten Senats über das Streikverbot für Beamte: Der erste und primäre Prüfungsmaßstab ist das Grundgesetz, wohingegen die Konventionsmäßigkeit des Verbots zu einem späteren Zeitpunkt geprüft und als eine Bestätigung des bereits gefundenen Ergebnisses präsentiert wird.[119]

115 Bifulco/Paris, »Der italienische Verfassungsgerichtshof. § 100« (Fn. 17), Rn. 170.

116 Requejo Pagés, »Das spanische Verfassungsgericht. § 106« (Fn. 28), Rn. 88-89.

117 Nils Sternberg, *Der Rang von Menschenrechtsverträgen im deutschen Recht unter besonderer Berücksichtigung von Art. 1 Abs. 2 GG*, Berlin 1999, S. 227.

118 BVerfGE 111, 307, *Görgülü*, Rn. 32.

119 BVerfGE 148, 296, *Streikverbot für Beamte*; Laura Hering, »Beamtenstreik zwischen Karlsruhe und Straßburg: Art. 11 EMRK und die konventionskonforme Auslegung durch das BVerfG. Anmerkungen und Überlegungen zu BVerfG, Urt. v. 12.6.2018, Az. 2 BvR 1738/12«, in: *Zeitschrift für ausländisches öffentliches Recht und Völkerrecht* (2019), S. 241-270, S. 256.

Es gibt also ganz unterschiedliche Modi, wie die Institutionen der Verfassungsgerichtsbarkeit den Pluralismus verfassungsrechtlicher Quellen praktizieren. Gleich ist aber die Komplexität der Grundstruktur. Sie ist Ausdruck der rechtsordnungsübergreifenden Natur des Europarechts (§ 10). Die Gerichte antworten darauf mit einer Verbundbildung.

§ 54 Verbundbildung

Die Gerichte haben sich vernetzt, wie viele andere öffentliche Institutionen in der europäischen Gesellschaft auch.[120] Soweit es um Gerichte mit verfassungsgerichtlichen Aufgaben geht, hat sich dafür in der deutschen Rechtssprache der Begriff des Verfassungsgerichtsverbunds eingebürgert.[121] Zunächst bezeichnet er nur die besonders konfliktträchtige Interaktion staatlicher Verfassungsgerichte mit EuGH und EGMR, inzwischen erfasst er auch die Interaktion mit anderen staatlichen Gerichten.

Während Behauptungen einer globalen Gemeinschaft von Richtern (*global community of judges*) eher im spekulativen Raum verbleiben,[122] ist die dichte Vernetzung in der europäischen Gesellschaft gut belegt. Viele Richterinnen und Richter stehen in dauerhaftem und bisweilen engem Kontakt mit Kollegen aus anderen Rechtsordnungen.[123] Obwohl ihr eigentliches Mandat lautet, anhängige Fälle zu entscheiden, werden die Ausrichtung von und das Reisen zu gemeinsamen Veranstaltungen, auf denen die laufenden Fälle noch nicht einmal erörtert werden dürfen, als Teil des

120 Monica Claes, Maartje de Visser, »Courts United? On European Judicial Networks«, in: Antoine Vauchez, Bruno de Witte (Hg.), *Lawyering Europe. European Law as a Transnational Social Field*, Oxford 2013, S. 75-100.

121 Andreas Voßkuhle, »Der europäische Verfassungsgerichtsverbund«, in: *Neue Zeitschrift für Verwaltungsrecht* 29 (2010), S. 1-8.

122 Antje Wiener, Philip Liste, »Lost Without Translation? Cross-Referencing and a new Global Community of Courts«, in: *Indiana Journal of Global Legal Studies* 21 (2014), S. 263-296.

123 Sabino Cassese, *Dentro la Corte. Diario di un giudice costituzionale,* Bologna 2015; Stefan Martini, »Lifting the Constitutional Curtain? The Use of Foreign Precedent by the German Federal Constitutional Court«, in: Tania Groppi, Marie-Claire Ponthoreau (Hg.), *The Use of Foreign Precedents by Constitutional Judges*, Oxford 2013, S. 229-252.

richterlichen Auftrags begriffen und vom Steuerzahler finanziert. Das hat seinen guten Grund. Dieser Kommunikationszusammenhang dürfte eine Voraussetzung dafür sein, dass die Gerichte ihr komplexes Mandat überzeugend wahrnehmen. Man kann diesen Zusammenhang soziologisch als institutionalisiertes Netzwerk, methodisch als Rechtsvergleichung und rechtlich als einen Verbund deuten. Es ist ein Aspekt der »Union der Völker Europas«, von der Art. 1 Abs. 2 EUV spricht.

Dieser Verbund betrifft den Kern verfassungsrechtlicher Tätigkeit. Christoph Grabenwarter, nunmehr Präsident des österreichischen Verfassungsgerichtshofs, hält fest, dass »die heutige Praxis der Verfassungsgerichtsbarkeit [...] nicht die isolierte Tätigkeit von Höchstrichtern ist, die eine klar abgegrenzte Rechtsschicht interpretativ zu erschließen und verbindlich zum Maßstab zu machen hat. Vielmehr liegt ihr ein komplexer und integrativer Interpretations- und Rechtsanwendungsvorgang zugrunde.«[124] Entsprechend machen viele nationale Höchstgerichte inzwischen wichtige Urteile in englischer Sprache online verfügbar. Man will offenbar außerhalb der nationalen Zielgruppen Gehör finden.[125] Es wird sogar vermutet, dass die innerstaatliche Stellung eines Verfassungsgerichts zunehmend von seiner internationalen Anerkennung abhängt.[126]

Ein institutionalisiertes Forum bietet die *Konferenz der Europäischen Verfassungsgerichte*. Sie sollte ursprünglich die Verfassungsgerichtsbarkeit in den sozialistischen Ländern stärken,[127] durchlief dann aber einen profunden Strukturwandel. Heute repräsentiert sie ein Netzwerk, welches Institutionen mit verfassungsgerichtlichen Zuständigkeiten aus ganz Europa zusammenbringt. Der europäischen Vielfalt entsprechend geht der Kreis der vertretenen Gerichte über die Verfassungsgerichte hinaus. Mitglied ist auch

124 Christoph Grabenwarter, »Zusammenfassung der Ergebnisse der vorangegangenen Sitzungen für den XVI. Kongress der Konferenz der Europäischen Verfassungsgerichte«, in: Verfassungsgerichtshof der Republik Österreich (Hg.), *Die Kooperation der Verfassungsgerichte in Europa. Aktuelle Rahmenbedingungen und Perspektiven*, Wien 2014, S. 174-179.

125 Mattias Wendel, »Richterliche Rechtsvergleichung als Dialogform: Die Integrationsrechtsprechung nationaler Verfassungsgerichte in gemeineuropäischer Perspektive«, in: *Der Staat* 52 (2013), S. 339-370, S. 364.

126 Nick Huls, »The Ebb and Flow of Judicial Leadership in the Netherlands«, in: *Utrecht Law Review* 8 (2012), S. 129-138.

127 Sólyom, »Das ungarische Verfassungsgericht. § 107« (Fn. 28), Rn. 11.

der *Hoge Raad* der Niederlande, obwohl er weder ein spezifisches Verfassungsgericht ist noch Gesetze verwerfen darf. Es ist bemerkenswert, dass EuGH und EGMR hingegen keine Mitglieder der Konferenz sind.

Angesichts der strukturbildenden Bedeutung institutionalisierter Begegnung ist auch die europäische Ebene aktiv. 2005 finanziert die EU-Kommission die Entstehung des Netzwerks der Präsidenten der obersten Gerichtshöfe der Mitgliedstaaten der Europäischen Union, das die Kommunikation zwischen den europäischen Institutionen und diesen Gerichten, aber nicht den Verfassungsgerichten bündelt. Eine die Letzteren umfassende, EU-zentrierte Netzwerkbildung entsteht erst 2017 im *Justiziellen Netzwerk der Europäischen Union* (JNEU).

2015 ruft der EGMR ein *Superior Courts Network* ins Leben.[128] Es steht allen nationalen Höchst- und Verfassungsgerichten offen. Der EGMR stellt ihnen seine internen Arbeitsinstrumente zur Verfügung, verlangt aber von den nationalen Gerichten, ihn bei seiner rechtsvergleichenden Arbeit zu unterstützen.[129] Aus Deutschland nehmen die fünf obersten Gerichtshöfe des Bundes teil, jedoch nicht, wenig überraschend am Ende dieses Abschnitts, das Bundesverfassungsgericht.

Die Europäisierung der mitgliedstaatlichen Verfassungsgerichte im Allgemeinen und ihre Verbundbildung im Besonderen erfolgt keineswegs nur zur Unterstützung der europäischen Institutionen. Vielmehr hat die Verbundbildung auch die Aufgabe, Widerstand gegen EuGH und EGMR zu organisieren. Gemeinsames Handeln – wenn also mehrere Verfassungsgerichte im zeitlichen Zusammenhang ähnlich urteilen – verspricht, wirkungsvoller zu sein. Die Gerichte stehen dann weniger im Verdacht, einen kritikwürdigen nationalen Sonderweg zu bahnen oder spezifische nationale Interessen zu verteidigen. Europäisierung bedeutet keineswegs, sich europäischen Institutionen zu fügen. Der Strukturwandel durch EuGH und EGMR erfolgt unter den wachsamen Augen ihrer mitgliedstaatlichen Peers.

128 Vgl. EGMR, *Cooperation Charter of the Superior Court Network*, Straßburg 2015.

129 Erik Fribergh, Roderick Liddell, »The Interlaken Process and the Jurisconsult«, in: Leif Berg u. a. (Hg.), *Cohérence et impact de la jurisprudence de la Cour européenne des droits de l'homme. Liber amicorum Vincent Berger*, Oisterwijk 2013, S. 177-187, S. 184.

C. Europäische Gesellschaft durch EuGH und EGMR

Die Verfassungsgerichtsbarkeit ist von einer seltenen und nachgeordneten Institution zu einer Kraft erstarkt, die gesellschaftliche Strukturen in einem demokratischen Sinne wandeln kann. Ihre transformative Kraft wurde soeben anhand der nationalen Verfassungsgerichtsbarkeit gezeigt. Über transformative Kraft verfügen auch der Gerichtshof der Europäischen Union (EuGH) in Luxemburg und der Europäische Gerichtshof für Menschenrechte (EGMR) in Straßburg. Dieser Abschnitt verfolgt den Strukturwandel dieser beiden Gerichte näher, wie stets im Sinne eines *Genitivus obiectivus* wie *subiectivus*: Es geht um den Wandel dieser Gerichte selbst ebenso wie um das, was sie in der europäischen Gesellschaft bewirkt haben.

In Deutschland und Italien hätten sich, eingebettet in NATO, EWG, OECD und mit einem Hüter ihrer Verfassungen im Weißen Haus von Washington, D. C., wohl auch ohne Bundesverfassungsgericht und *Corte Costituzionale* demokratische Gesellschaften entwickelt. Bei der europäischen Gesellschaft sieht das anders aus. Man kann sich kaum vorstellen, dass es ohne die Rechtsprechung von EuGH und EGMR heute die europäische Gesellschaft geben würde, von der Art. 2 EUV spricht. EuGH und EGMR sind mehr noch als die nationalen Verfassungsgerichte Protagonisten des europäischen Strukturwandels. Mit Blick auf den EuGH hält Eric Stein, Professor der Michigan Law School, im vielleicht berühmtesten Satz zum Europarecht fest, dass der EuGH »jenseits der Aufmerksamkeit der Politik und der Massenmedien den verfassungsrechtlichen Rahmen einer föderalen Struktur in Europa geformt hat« (a federal-type structure in Europe).[130] Und mit Blick auf die Konvention, die Grundlage des EGMR, artikuliert Jochen Frowein (vielzitiert in einem Vortrag vor der Michigan Law School) nur wenig später, sie sei eine »sleeping beauty«, die nicht zuletzt er als Mitglied und Vizepräsident der Kommission wachgeküsst habe.[131]

130 Eric Stein, »Lawyers, Judges, and the Making of a Transnational Constitution«, in: *American Journal of International Law* 75 (1981), S. 1-27, S. 1.

131 Jochen Abr. Frowein, »European Integration Through Fundamental Rights«, in: *University of Michigan Journal of Law Reform* 18 (1984), S. 5-27, S. 8.

§ 55 Das ursprüngliche Mandat

Weder dem EuGH noch dem EGMR war ein verfassungsgerichtliches und strukturwandelndes Mandat in die Wiege gelegt.[132] Sie haben es sich vielmehr, ähnlich wie das Bundesverfassungsgericht, der *Conseil constitutionnel* und die *Corte costituzionale*, im Kontext des rechtlichen, politischen, sozialen und ökonomischen Wandels in Interaktion mit vielen Akteuren erarbeitet. Die ursprünglichen Vertragsgeber sehen EuGH und EGMR in einer nachgeordneten Rolle. Der EuGH wird zum Schutz mitgliedstaatlicher Interessen gegenüber einer neu geschaffenen supranationalen Verwaltungsbehörde eingerichtet, der EGMR soll eine letzte Versicherung gegen den Totalitarismus bieten. Ihre heutige komplementäre Verfassungsgerichtsbarkeit ist eine unvorhergesehene Errungenschaft und zeugt von einem Wandel im europäischen öffentlichen Recht.

Der EuGH: ein europäisches Verwaltungsgericht

Die frühen Pläne zur europäischen wirtschaftlichen Integration sind französisch geprägt. Man setzt, ganz im Sinne der damals vorherrschenden Idee französischer Wirtschaftsverwaltung, nicht auf einen überstaatlichen Gesetzgeber und schon gar nicht auf ein starkes Gericht, sondern auf eine expertokratisch besetzte Verwaltungsbehörde (§ 16). Dies ist die Grundidee des Schuman-Plans, der am 9. Mai 1950 von der französischen Regierung präsentiert wird und den Grundriss einer europäischen Wirtschaftsintegration im Bereich von Kohle und Stahl enthält.[133] Mit weitreichenden regulativen Befugnissen ausgestattet, soll eine Hohe Behörde, der Vorläufer der Europäischen Kommission, den Kohle- und Stahlsektor in den sechs Mitgliedstaaten der Gemeinschaft überwachen, die Zusammenlegung der Märkte herbeiführen und die Produktion von Kohle und Stahl ausweiten.[134] Auf dieser Spur entwickelt

132 Die folgenden Ausführungen schöpfen aus Armin von Bogdandy, Christoph Krenn, »EuGH und EGMR: zwei Senate einer europäischen Verfassungsgerichtsbarkeit. § 118«, in: von Bogdandy u. a. (Hg.), *Handbuch Ius Publicum Europaeum. Bd. VII* (Fn. 8), S. 489-544.

133 Timo Tohidipur, *Europäische Gerichtsbarkeit im Institutionensystem der EU. Zu Genese und Zustand justizieller Konstitutionalisierung*, Baden-Baden 2008, S. 17-23.

134 Hermann Mosler, »Der Vertrag über die Europäische Gemeinschaft für Kohle

sich das verwaltungsrechtliche Verständnis der Integration (§§ 16-18).

Die Idee zur Gründung eines Gerichts entspringt der Sorge um mitgliedstaatliche Souveränität. Es sind vor allem Belgien und die Niederlande, die auf ein Gegengewicht zu den Eingriffs- und Regulierungsmöglichkeiten der Hohen Behörde drängen. Es geht also ursprünglich um die Überwachung supranationaler Verwaltungstätigkeit zum Schutze mitgliedstaatlicher Interessen und nicht um den Aufbau einer neuen Rechtsordnung.[135]

Die kompetenzielle Ausgestaltung des Gerichtshofs, der 1952 seine Arbeit aufnimmt, ist ein Kompromiss aus französischen Vorstellungen exekutiver Gestaltungsmacht und den Bedenken der kleineren Staaten. Da es vor allem um Rechtsschutz gegen Verwaltungshandeln geht, orientiert man sich am französischen *Conseil d'État*,[136] dem Archetyp eines Verwaltungsgerichts (§ 17). Verfahrensrechtliches Herzstück des EGKS-Gerichtshofs ist die Nichtigkeitsklage, heute weitgehend gleichlautend in Art. 263 AEUV enthalten. Sie wird an den französischen *recours pour excès de pouvoir* angelehnt, weicht jedoch in wesentlichen Punkten von ihm ab.[137] Im Vergleich zum *Conseil d'État* ist der Zugang zum Gerichtshof stark beschränkt und die ökonomischen Grundlagen der Entscheidungen der Hohen Behörde unterliegen nicht der gerichtlichen Prüfung. So ergibt sich eine »*discordance totale*«[138] im Vergleich zur Machtfülle des *Conseil d'État*. Es geht zudem nur um Einzelfallprüfung, nicht um Systembildung.[139]

und Stahl. Entstehung und Qualifizierung«, in: *Zeitschrift für ausländisches öffentliches Recht und Völkerrecht* 14 (1951), S. 1-45, S. 1, 10.

135 Anne Boerger-De Smedt, »La Cour de Justice dans les négociations du traité de Paris instituant la CECA«, in: *Journal of European Integration History* 14 (2008), S. 7-33, S. 7, 13.

136 Paul Reuter, »Quelques aspects institutionnels du Plan Schuman«, in: *Revue du droit public et de la science politique en France et à l'étranger* (1951), S. 105-124, S. 105, 120.

137 Näher Eva Drewes, *Entstehen und Entwicklung des Rechtsschutzes vor den Gerichten der Europäischen Gemeinschaften. Am Beispiel der Nichtigkeitsklage*, Berlin 2000.

138 Jean L'Huillier, »Une conquête du droit administratif français. Le contentieux de la Communauté européenne du charbon et de l'acier«, in: *Recueil Dalloz* 13 (1953), S. 63-66, S. 63, 65.

139 Ernst Steindorff, *Die Nichtigkeitsklage. Im Recht der Europäischen Gemeinschaft für Kohle und Stahl*, Frankfurt/M. 1952, S. 116.

Mitgliedstaatliches Handeln kann der Gerichtshof in den Anfangsjahren fast gar nicht überprüfen. Art. 88 EGKS-Vertrag sieht zwar vor, dass die Hohe Behörde vertragsbrüchige Staaten mit Sanktionen belegen kann. Der Gerichtshof kommt jedoch erst ins Spiel, wenn Mitgliedstaaten gegen das Vorgehen der Hohen Behörde Einspruch erheben. Vor allem hat das Vorabentscheidungsverfahren, mit dem der EuGH später die mitgliedstaatlichen Rechtsordnungen europäisieren wird, im EGKS-Vertrag nur die Kontrolle supranationaler Macht zum Gegenstand. Im Gegensatz zum heutigen Art. 267 AEUV können ausschließlich Fragen nach der Gültigkeit von Akten der Gemeinschaftsorgane gestellt werden.

Sicherlich gibt es im EGKS-Gericht und in seinem wissenschaftlichen und politischen Umfeld Akteure, die sich eine weitergehende Rolle des Gerichts wünschen. Von föderalistisch gesinnter Seite wird früh auf Ansätze verfassungsgerichtlicher Kompetenzen des Gerichts hingewiesen.[140] In einigen Entscheidungen sind Keime der späteren verfassungsgerichtlichen Rechtsprechung erkennbar.[141] Das Hauptgeschäft ist aber die Kontrolle individuell-konkreter Verwaltungsakte der Hohen Behörde.[142] Minimalismus scheint das Stichwort der Zeit.

Der EGMR: eine liberal-demokratische Rückfallversicherung

Auch der EGMR ist ein Nachkriegsphänomen. Die EMRK tritt am 3. September 1953 in Kraft, der Straßburger Gerichtshof nimmt am 23. Februar 1959 seine Arbeit auf. Anders als der eher verwaltungsgerichtliche EuGH steht der EGMR von Anfang an in engem

140 Vgl. Maurice Lagrange, »La Cour de justice des Communautés européennes du Plan Schuman à l'Union européenne«, in: Pierre-Henri Teitgen (Hg.), *Mélanges Fernand Dehousse. Bd. 2. La construction européenne*, Brüssel 1979, S. 127-136, S. 127-129.

141 Anna Katharina Mangold, *Gemeinschaftsrecht und deutsches Recht. Die Europäisierung der deutschen Rechtsordnung in historisch-empirischer Sicht*, Tübingen 2011, S. 97-106.

142 Die verwaltungsgerichtliche Funktion bleibt wichtig; zum Stand der Entwicklung Laura Hering, »Der Gerichtshof der Europäischen Union als Verwaltungsgericht. § 153«, in: Armin von Bogdandy u. a. (Hg.), *Handbuch Ius Publicum Europaeum. Bd. IX. Verwaltungsgerichtsbarkeit in Europa: Gemeineuropäische Perspektiven und supranationaler Rechtsschutz*, Heidelberg 2021, S. 645-700.

Zusammenhang mit der Entwicklung der Verfassungsgerichtsbarkeit,[143] insofern er sich wie nationale Verfassungsgerichte mit dem Schutz individueller Rechte befassen soll. Allerdings ist der EGMR als bloße Rückfallversicherung gegen autoritäres Abgleiten konzipiert.[144] Er soll erst tätig werden, wenn der Grundrechtsschutz auf nationaler Ebene zu scheitern droht.

Diese reduktionistische Vorstellung bestimmt selbst progressive Vorarbeiten, etwa den Entwurf der föderalistischen *Europäischen Bewegung*, der einen mächtigen Menschenrechtsgerichtshof vorsah. Er soll Betroffenen eine direkte Beschwerde eröffnen und in Extremsituationen sogar die verfassungsgerichtliche Kompetenz haben, staatliche Gesetze aufzuheben.[145] Der Ministerrat des Europarats, der den endgültigen Konventionstext beschließt und zur Ratifikation auflegt, legt dann Menschenrechtsgarantien nieder, welche die meisten Mitgliedstaaten als bloßes Festschreiben ihrer nationalen Standards verstehen, und sieht einen nur schwachen Gerichtshof ohne obligatorische Zuständigkeit vor.[146]

Erst 1959 sind die notwendigen Erklärungen von acht Vertragsstaaten abgegeben, so dass der EGMR seine Arbeit für diese Staaten aufnehmen kann. Die Relevanz und die Kompetenzen des Gerichtshofs sind gering. Die Menschenrechtskommission bildet eine enge Schleuse und schirmt ihn weitgehend ab. Sie bemüht sich nach Tatsachenfeststellung und Anhörung der Parteien um gütliche Einigung. Nur wenn dies scheitert, kommt der Gerichtshof ins Spiel. Innerhalb einer Frist von drei Monaten kann er durch die Kommission oder durch einen beteiligten Vertragsstaat angerufen werden, nicht jedoch durch die Betroffenen. Selbst der damalige Vizepräsident und spätere Präsident des Gerichtshofs, Henri Rolin,

143 Andrew Moravcsik, »The Origins of Human Rights Regimes. Democratic Delegation in Postwar Europe«, in: *International Organization* 54 (2000), S. 217-252.

144 Luzius Wildhaber, »Changing Ideas about the Tasks of the European Court of Human Rights«, in: ders. (Hg.), *The European Court of Human Rights. 1998-2006. History, Achievements, Reform*, Kehl 2006, S. 136-149.

145 Ed Bates, *The Evolution of the European Convention on Human Rights. From its Inception to the Creation of a Permanent Court of Human Rights*, New York 2010, S. 54 ff.

146 Mikael Rask Madsen, »The Protracted Institutionalization of the Strasbourg Court. From Legal Diplomacy to Integrationist Jurisprudence«, in: Jonas Christoffersen, Mikael Rask Madsen (Hg.), *The European Court of Human Rights between Law and Politics*, Oxford 2011, S. 43-60.

sieht in einer vielbeachteten Rede im Jahr 1965 kaum eine Zukunft für den EGMR.[147] Zwischen 1955 und 1965 entscheidet er ganze zwei Fälle.[148]

Im Jahr 2019 erledigt der EGMR hingegen 40667 Anträge. Der EuGH erledigt 865 Fälle, das ihm eingegliederte Gericht (Art. 19 Abs. 1 EUV) 874 Fälle, insgesamt also 1739 Fälle.[149] Beide sind zu großen Institutionen herangewachsen. Der EGMR hat im Jahr 2021 47 Richterinnen und Richter, einen Mitarbeiterstab von 640 Personen und einen Jahreshaushalt von knapp 74 Millionen Euro; der Gerichtshof der Europäischen Union verfügt insgesamt über 76 Richterinnern und Richter, 11 Generalanwälte, 2235 Bedienstete und im selben Jahr über einen Haushalt von 444 Millionen Euro.[150] Beide Gerichte sind zu mächtigen Akteuren des europäischen Strukturwandels erstarkt und üben verfassungsgerichtliche Funktionen aus. Ganz selbstverständlich bewegen sich die Richterinnen und Richter im Kreis ihrer Kollegenschaft aus den obersten nationalen Gerichten. Heute sind EuGH und EGMR als europäische Justiz fest im Bewusstsein der europäischen Gesellschaft verankert, selbst wenn viele Bürger und sogar manche Juristen Mühe haben, Luxemburg und Straßburg zu unterscheiden. Wie kam es dazu?

147 Henri Rolin, »Has the European Court of Human Rights a Future?«, in: *Howard Law Journal* 11 (1965), S. 442-451.

148 EGMR, *Lawless v. Ireland (No. 3)*, App. No. 332/57, Urteil v. 01. Juli 1961, Series A, No. 3; EGMR, *De Becker v. Belgium*, App. No. 214/56, Urteil v. 27. März 1962, Series A, No. 4.

149 EGMR, Analysis of Statistics 2019, Straßburg 2020, S. 4; EuGH, Jahresbericht 2019. Rechtsprechungstätigkeit. Überblick über die Rechtsprechungstätigkeit des Gerichtshofs und des Gerichts der Europäischen Union, Luxemburg 2019, S. 5, 54.

150 EGMR, How the Court Works. ECHR Registry. ECHR Budget, 2020, ⟨https://echr.coe.int/Pages/home.aspx?p=court/howitworks&c⟩, letzter Zugriff 01. 07. 2021; EuGH, Der Gerichtshof in Zahlen, 2020, ⟨https://curia.europa.eu/jcms/jcms/P_80908/de/⟩, letzter Zugriff, 01. 07. 2021.

§ 56 Einheitsbildung: der EuGH

Die internationale Gesellschaft gilt als anarchisch und schon deshalb als nicht demokratisch.[151] Eine demokratische Gesellschaft verlangt handlungsfähige Institutionen mit effektiven Instrumenten öffentlicher Gewalt. Die Kurzformel dafür lautet: politische Einheit.

Die heutige europäische politische Einheit verdankt sich nicht allein, aber doch maßgeblich der Rechtsprechung des EuGH. Sie befördert seit über sechzig Jahren einen europäischen politischen Prozess und effektiviert dessen Ergebnisse. Das verkennt die herrschende Deutung, die darin nur einen Prozess der Verrechtlichung sieht.[152] Genauer betrachtet arbeitet der EuGH aber an rechtlichen Strukturen, die eine genuin europäische Politisierung des europäischen Zusammenlebens erlauben (§ 9).

Ende der 1950er Jahre befindet sich die europäische Integration in einer schwierigen Lage. Die Kohle-und-Stahl-Gemeinschaft ist hinter den Erwartungen zurückgeblieben und die Europäische Politische Gemeinschaft in der französischen Nationalversammlung am Widerstand der Gaullisten und Kommunisten gescheitert. Die französische Regierung, welche das supranationale Design der EGKS maßgeblich propagiert hat, setzt vor diesem Hintergrund auf deutlich mehr Intergouvernementalität.[153] So erhält die Europäische Wirtschaftsgemeinschaft eine gegenüber der EGKS neue institutionelle Gestalt. Das institutionelle Zentrum bildet keine supranationale Verwaltungsbehörde mehr, sondern der von den mitgliedstaatlichen Regierungen beschickte Rat, der die Integration mit Verordnungen und Richtlinien legislativ voranbringen soll.

Diese Rechtsetzung erweist sich als derart schwierig, dass die junge Gemeinschaft ihre Ziele zu verfehlen droht und sich alsbald

151 Vgl. die Themen in Hedley Bull, *The Anarchical Society. A Study of Order in World Politics*, Houndsmills 1977.

152 So ein Grundthema von Dieter Grimm, zuletzt in: Dieter Grimm, »Staat und Verfassung vor 60 Jahren und heute«, in: Sebastian Bretthauer u. a. (Hg.), *Wandlungen im Öffentlichen Recht. Festschrift zu 60 Jahren Assistententagung – Junge Tagung Öffentliches Recht*, Baden-Baden 2020, S. 95-112, S. 111.

153 Anne Boerger-De Smedt, »Negotiating the Foundations of European Law, 1950-57. The Legal History of the Treaties of Paris and Rome«, in: *Contemporary European History* 21 (2012), S. 339-356.

im Krisenmodus befindet, der in der plastischen Terminologie des historischen Institutionalismus als *critical juncture* bezeichnet werden kann.[154] In dieser Lage reagiert der Gerichtshof mit einer transformativen Rechtsprechung.[155] Sie hilft, europäische öffentliche Gewalt in ihren beiden zentralen Aspekten zu entfalten: der Erzeugung eines europäischen politischen Willens und seiner Durchsetzung im unüberschaubaren Geflecht sozialer Beziehungen. Bereits 1966 diagnostiziert Jean-Pierre Colin eine »Richterherrschaft in den Europäischen Gemeinschaften«.[156] Diese Anlehnung an Édouard Lamberts berühmtes gerichtskritisches Buch hätte Widerstand erwarten lassen.[157] Aber der große Widerstand gegen den EuGH bleibt aus. So hilft seine Rechtsprechung bei der Bildung politischer Einheit, womit sich die Gesellschaft, von der Art. 2 EUV spricht, formieren kann. Seine rechtsstaatliche Härtung des Gemeinschaftsrechts wurde bereits dargestellt (§§ 35-38). Nun seien einige weitere Aspekte seiner Einheitsbildung näher beleuchtet, die das institutionelle Verständnis des Gerichts vertiefen.

Förderung europäischer Rechtsetzung

Die strukturbildende Rechtsprechung des EuGH stärkt seit den frühen 1960er Jahren die Handlungsfähigkeit der politischen Organe der Gemeinschaft. Das gängige Narrativ verdeckt dies, weil es den EuGH als Ersatzgesetzgeber präsentiert, insbesondere dank seiner expansiven Rechtsprechung zu den Grundfreiheiten. Es war aber immer offensichtlich, dass keine Rechtsprechung das Fehlen

154 Zum Begriff Giovanni Capoccia, R. Daniel Kelemen, »The Study of Critical Junctures: Theory, Narrative, and Counterfactuals in Historical Institutionalism«, in: *World Politics* 59 (2007), S. 341-369.

155 Walter Hallstein, *Die echten Probleme der europäischen Integration*, Kiel 1965, S. 9; Hans-Jürgen Schlochauer, »Der Gerichtshof der Europäischen Gemeinschaften als Integrationsfaktor«, in: Ernst von Caemmerer u. a. (Hg.), *Probleme des europäischen Rechts. Festschrift für Walter Hallstein zu seinem 65. Geburtstag*, Frankfurt/M. 1966, S. 431-452, S. 431; Pierre Pescatore, »La carence du législateur communautaire et le devoir du juge«, in: Gerhard Lüke u. a. (Hg.), *Rechtsvergleichung, Europarecht und Staatenintegration. Gedächtnisschrift für Léontin-Jean Constantinesco*, Köln u. a. 1983, S. 559-580, S. 559.

156 Jean-Pierre Colin, *Le Gouvernement des Juges dans les Communautés Européennes*, Paris 1966.

157 Lambert, *Le Gouvernement de juges* (Fn. 16).

eines politischen Prozesses kompensieren kann. Deshalb lautet eine Grundlogik seiner Rechtsprechung, die Mitgliedstaaten zu europäischer Gesetzgebung zu bewegen.[158]

Dies zeigt plastisch die paradigmatische Rechtsprechung zur Warenverkehrsfreiheit (nunmehr Art. 28 bis 37 AEUV). Im *Dassonville*-Urteil des Jahres 1974 geht es um eine Erschwerung der Vermarktung schottischen Whiskys in Belgien. Mit dem Urteil stellt der EuGH praktisch jede nationale Regulierung des freien Warenverkehrs unter unionsrechtlichen Rechtfertigungszwang: »Jede Handelsregelung der Mitgliedstaaten, die geeignet ist, den innergemeinschaftlichen Handel unmittelbar oder mittelbar, tatsächlich oder potenziell zu behindern, ist als Maßnahme mit gleicher Wirkung wie eine mengenmäßige Beschränkung anzusehen« und damit zunächst einmal verboten.[159] Das erfasst Umweltstandards ebenso wie Verkaufsverbote am Sonntag.[160]

Solche Regelungen sind allerdings gemeinschaftsrechtlich zulässig, wenn sie verhältnismäßig ein öffentliches Interesse fördern. Ob das der Fall ist, entscheidet der EuGH, mal mit mehr Sympathien für einen freien Markt, mal mit mehr Verständnis für öffentliche Interessen. Die Rechtsprechung hat vielen nationalen regulatorischen Maßnahmen den Garaus gemacht. Deshalb wird sie gern mit dem pejorativen Ausdruck der *negativen Integration* bedacht, als neoliberal inspirierte Marktintegration durch richterrechtliche Deregulierung, vielleicht sogar als Angriff auf den sozialen Kompromiss im Nachkriegseuropa.[161] Manche verstehen diese Rechtsprechung als Zeuge des kapitalistischen Bias der Integration.[162]

158 Jukka Snell, »The Internal Market and the Philosophies of Market Integration«, in: Catherine Barnard, Steve Peers (Hg.), *European Union Law*, Oxford 2017, S. 310-338, S. 319 ff.; Rainer Forst, *Das Recht auf Rechtfertigung. Elemente einer konstruktivistischen Theorie der Gerechtigkeit*, Frankfurt/M. 2007.

159 EuGH, *Dassonville*, Rs. C-8/74, Urteil v. 11. Juli 1974, ECLI:EU:C:1974:82, Rn. 5.

160 Eleanor Sharpston, »About that Sunday Trading Mess ….«, in: Fabian Amtenbrink u. a. (Hg.), *The Internal Market and the Future of European Integration. Essays in Honour of Laurence W. Gormley*, Cambridge 2019, S. 150-163.

161 Fritz W. Scharpf, *Regieren in Europa. Effektiv und demokratisch?*, Frankfurt/M., New York 1999, S. 47 ff. Vgl. aber die Neubestimmung bei Martin Höpner, Susanne K. Schmidt, »Can We Make the European Fundamental Freedoms Less Constraining? A Literature Review«, in: *Cambridge Yearbook of European Legal Studies* 22 (2020), S. 1-23, S. 5 ff.

162 Johan Galtung, *Europe in the Making*, New York 1989.

Bei näherer Betrachtung zeigt sich aber, dass man diese Rechtsprechung besser versteht, wenn man sie nicht auf der Spur des Neoliberalismus, sondern der Förderung europäischer politischer Einheit deutet. In den Urteilen findet sich zumeist der Vorbehalt, dass die Grundfreiheiten nur dann anzuwenden sind, wenn keine sekundärrechtliche Regelung besteht.[163] Anderes gilt nur bei der Arbeitnehmerfreizügigkeit, die der EuGH, vielleicht in Antwort auf den Vorwurf eines kapitalistischen Bias, als ein Grundrecht interpretiert, das abhängig Beschäftigte schützt.[164]

Der europäische Gesetzgeber kann somit beim Waren-, Dienstleistungs-, Niederlassungs- und Kapitalverkehr den fraglichen Sachverhalt anders regeln als vom Gerichtshof auf der Grundlage der Grundfreiheiten entschieden. Der EuGH wendet die Grundfreiheiten gegenüber dem Unionsgesetzgeber lediglich bei Verstößen gegen Grundsätze des gemeinsamen Marktes an. Diese Differenzierung versteht sich nicht als Frucht einer parteilichen Voreingenommenheit des EuGH zugunsten der Unionsorgane,[165] sondern als Ausdruck der Tendenz, den europäischen politischen Prozess zu stärken, also die europäische Einheitsbildung voranzubringen.

Diese Tendenz, die gemeinsame europäische Rechtsetzung zu fördern und so bei der Formierung eines genuin europäischen politischen Willens zu helfen, unterliegt auch weiteren Linien seiner Rechtsprechung, etwa seiner Kontrolle des europäischen Gesetzgebers. Das ist zunächst nur der Rat, später das Tandem aus Rat und Parlament (heute Art. 263 AEUV). Dem EuGH wird dabei seit jeher vorgeworfen, dieser Aufgabe nur ungenügend nachzukommen. Er

163 EuGH, *Cassis de Dijon*, Rs. C-120/78, Urteil v. 20. Februar 1979, ECLI:EU:C:1979:42 Rn. 8; *Ålands Vindkraft*, Rs. C-573/12, Urteil v. 1. Juli 2014, ECLI:EU:C:2014:2037, Rn. 57; Thorsten Kingreen, »Art. 36 AEUV«, in: Christian Calliess, Matthias Ruffert (Hg.), *EUV/AEUV. Das Verfassungsrecht der Europäischen Union mit Europäischer Grundrechtecharta. Kommentar*, München 2016, S. 395-398, Rn. 18 m.w.N.; zur komplexen Rechtsprechung näher Phil Syrpis, »The Relationship between Primary and Secondary Law in the EU«, in: *Common Market Law Review* 52 (2015), S. 461-487.

164 EuGH, *Union royale belge des sociétés de football association u. a./Bosman u. a.*, Rs. C-415/93, Urteil v. 15. Dezember 1995, ECLI:EU:C:1995:463, Rn. 129; Siofra O'Leary, »Free Movement of Persons and Services«, in: Paul Craig, Gráinne de Búrca (Hg.), *The Evolution of EU Law*, New York 2011, S. 499-546, S. 505 ff.

165 So aber Gunnar Beck, *The Legal Reasoning of the Court of Justice of the EU*, Oxford 2012, S. 318 ff.

setze die unionale Kompetenzordnung gegenüber dem europäischen Gesetzgeber nicht effektiv durch,[166] nehme die Grundrechte nicht ernst und prüfe Maßnahmen der Unionsorgane nur lax.[167] Die restriktive Handhabe der Nichtigkeitsklage erschwere es dem Bürger allzu sehr, Rechtsschutz gegenüber Unionsorganen zu erhalten.[168]

Die unionsseitige Verfassungsgerichtsbarkeit des EuGH mag aus der Perspektive mancher Rechtsordnungen, gerade der deutschen mit ihrem entscheidungsfreudigen Bundesverfassungsgericht, defizitär erscheinen. Aus der Perspektive der europäischen Gesellschaft stellt sich die Sache aber anders dar, da es zunächst einmal darum geht, diese Gesellschaft überhaupt mit funktionstüchtigen Institutionen und notwendigen Instrumenten zu versehen.

Die Debatte um die Verbandskompetenzen der Union dreht sich zunächst vor allem um drei Bestimmungen. Art. 352 AEUV, die sogenannte Vertragsabrundungskompetenz, erlaubt ein Tätigwerden durch einstimmigen Ratsbeschluss, wenn dies der europäischen Politik zum Erreichen der Vertragsziele erforderlich erscheint, aber die spezifischen Kompetenzen in den Verträgen nicht einschlägig sind. Insbesondere in den 1970er und 1980er Jahren toleriert der Gerichtshof praktisch jede im Rat konsentierte Nutzung dieser Kompetenznorm.[169] Hintergrund ist die politische Entscheidung der Staats- und Regierungschefs Anfang der 1970er Jahre, den institutionellen Rahmen der Europäischen Wirtschaftsgemeinschaft für eine weit über Wirtschaftsfragen hinausgehende Koordinierung zu nutzen, wenn man sich denn einigen kann.[170] So stößt die Ge-

166 Peter M. Huber, »Europa am Scheideweg – Zur Notwendigkeit einer realistischen und nachhaltigen Fortentwicklung der Europäischen Union, deutschen ›Hausaufgaben‹ und der Bedeutung eines Narrativs«, in: Claudio Franzius u.a. (Hg.), *Die Neuerfindung Europas*, Baden-Baden 2019, S. 215-234, S. 215, 225 ff.

167 Jason Coppel, Aidan O'Neill, »The European Court of Justice. Taking Rights Seriously?«, in: *Legal Studies* 12 (1992), S. 227-239, S. 227.

168 Jürgen Kühling, »Grundrechte«, in: Armin von Bogdandy, Jürgen Bast (Hg.), *Europäisches Verfassungsrecht. Theoretische und dogmatische Grundzüge* (Fn. 1), S. 657-704, S. 657, 701.

169 Grundlegend EuGH, *Hauptzollamt Bremerhaven/Massey Ferguson*, Rs. C-8/73, Urteil v. 12. Juli 1973, ECLI:EU:C:1973:90, Rn. 3 f.

170 »Erklärung der Staats- und Regierungschefs der Mitgliedstaaten der Europäischen Gemeinschaften in Paris am 19. und 20. Oktober 1972«, in: *Bulletin der Europäischen Gemeinschaften* 10 (1972), S. 15-24.

meinschaft in Bereiche wie Umwelt-, Sozial-, Forschungs- oder Regionalpolitik vor; Vorstöße, deren Legitimität der Vertragsgesetzgeber bei späteren Vertragsrevisionen regelmäßig bestätigt. Als der EuGH in seinem ersten Gutachten zum geplanten EMRK-Beitritt der Gemeinschaft dann feststellt, dass dieser Beitritt eine verfassungsrechtliche Qualität hat und daher nicht auf der Grundlage einer Kompetenz für die einfache Gesetzgebung erfolgen kann, ist die Kritik aber ebenfalls laut.[171]

Der zweite Fluchtpunkt der Kompetenzdiskussion findet sich in Art. 114 AEUV, der zentralen Kompetenzgrundlage zur Harmonisierung der binnenmarktrelevanten Gesetzgebung.[172] Schranken setzt der Gerichtshof erst Ende der 1990er Jahre im Urteil zur Tabakwerbe-Richtlinie; es ist seine erste Aufhebung eines unionalen Legislativakts wegen Kompetenzüberschreitung.[173] Gleichwohl zeigt er den Unionsorganen weiterhin nur wenige Grenzen auf.[174]

Die Zurückhaltung, die der EuGH bei der Prüfung eines föderalen Gesetzgebers zu Tage legt, ist rechtsvergleichend keine Seltenheit. Die Schweiz bietet ein gutes Beispiel. Aus Art. 190 der Schweizerischen Bundesverfassung ergibt sich sogar, dass das Bundesgericht Bundesgesetze überhaupt nicht aufheben kann, während kantonale Gesetze seiner umfassenden Kontrolle unterliegen.[175]

171 Giorgio Gaja, »Opinion 2/94, Accession by the Community to the European Convention for the Protection of Human Rights and Fundamental Freedoms, given on 28 March 1996, not yet reported«, in: *Common Market Law Review* 33 (1996), S. 973-989, S. 981 ff.; Matthias Ruffert, »Anmerkung zu EuGH, 28. 3. 1996 – Gutachten 2/94. Beitritt der Gemeinschaft zur EMRK«, in: *JuristenZeitung* 51 (1996), S. 623-627.

172 Etwa die Einrichtung von Agenturen, vgl. EuGH, *Vereinigtes Königreich/Parlament und Rat*, Rs. C-66/04, Urteil v. 06. Dezember 2005, ECLI:EU:C:2005:743; näher Pieter van Cleynenbreugel, »Meroni Circumvented? Article 114 TFEU and EU Regulatory Agencies«, in: *Maastricht Journal of European and Comparative Law* 21 (2014), S. 64-88, S. 64 f.

173 EuGH, *Deutschland/Parlament und Rat*, Rs. C-376/98, ECLI:EU:C:2000:544, Urteil v. 05. Oktober 2000, Rn. 83-84.

174 Vgl. Sacha Garben, Inge Govaere, »The Division of Competences between the EU and the Member States. Reflections on the Past, the Present and the Future«, in: dies. (Hg.), *The Division of Competences between the EU and the Member States. Reflections on the Past, the Present and the Future*, Oxford 2017, S. 3-18, S. 3, 7.

175 Zu dieser Regel und ihren Ausnahmen Biaggini, »Verfassungsgerichtsbarkeit in der Schweiz. § 105« (Fn. 28).

Diese Regelung hat ihre Wurzel in dem Bestreben nach föderaler Einheitsbildung, ähnlich wie die ursprüngliche Verfassungsgerichtsbarkeit auch in den Vereinigten Staaten und Österreich.[176]

Der dritte Fluchtpunkt betrifft die Kompetenzen der Unionsorgane im Rahmen der Wirtschafts- und Währungsunion. Die Unionsorgane ergreifen vor dem Hintergrund der schweren Währungs- und dann Wirtschaftskrise, welche die Union ab 2008 massiv gefährdet, eine Reihe von Maßnahmen, welche wohl jenseits des Horizonts des Vertragsgesetzgebers liegen und die europäische Wirtschaftsverfassung transformieren.[177] Der EuGH trägt diesen Kompetenzgebrauch mit,[178] was zuletzt zu dem bislang schwersten Konflikt mit dem Bundesverfassungsgericht geführt hat.[179] Ironischerweise verlangt der Zweite Senat in diesem Urteil, dass die EZB und der EuGH maßgeblich wirtschaftspolitische Belange wie Staatsverschuldung, Sparguthaben, Altersversorgung, Immobilienpreise und das Überleben wirtschaftlich nicht überlebensfähiger Unternehmen berücksichtigen. Die Ironie liegt darin, dass die kompetenzbegrenzende Funktion von Art. 127 AEUV als maßgeblicher Vorschrift darin liegt, dass die EZB sich auf Preisstabilität ausrichten muss.[180] Man kann der Rechtsprechung des Zweiten Senats etwas abgewinnen: Mit ihr kann die maßgeblich Deutschland zu verdankende ursprünglich neoliberale Ausrichtung der EZB aus Deutschland heraus kaum noch eingefordert werden. Es wäre eine wahrlich ironische List der Vernunft, wenn diese Entscheidung des Zweiten Senats der europäischen Gesellschaft helfen würde, jene Strukturen hinter sich zu lassen.[181]

Auch die Grundrechtsrechtsprechung des EuGH passt in das Bild eines auf Einheitsbildung ausgerichteten Gerichts. Der Ge-

176 Marcus Höreth, *Die Selbstautorisierung des Agenten. Der Europäische Gerichtshof im Vergleich zum U.S. Supreme Court*, Baden-Baden 2008, S. 191-237.

177 Michael Ioannidis, »Europe's New Transformations. How the EU Economic Constitution Changed during the Eurozone Crisis«, in: *Common Market Law Review* 53 (2016), S. 1237-1282.

178 EuGH, *Weiss u. a.*, Rs. C-493/17, Urteil v. 11. Dezember 2018, ECLI:EU:C:2018:1000.

179 BVerfG, *PSPP* (Fn. 33), Rn. 138 ff.

180 BVerfG, *PSPP*, ebd., Rn. 165 ff.

181 Matthias Goldmann, »The European Economic Constitution after the PSPP Judgment. Towards Integrative Liberalism?«, in: *German Law Journal* 21 (2020), S. 1058-1077.

richtshof hat den Grundrechtsschutz auf unionaler Ebene vorangetrieben.[182] Diese Entwicklung verdankt sich jedoch dem Druck mitgliedstaatlicher Verfassungsgerichte, welche den Vorrang des Unionsrechts nur bei effektivem europäischen Grundrechtsschutz akzeptieren (§ 33). Die Grundrechtsrechtsprechung des EuGH entsteht also zur Sicherung der Autonomie der Gemeinschaftsrechtsordnung.[183] Entsprechend zurückhaltend erfolgt über lange Zeit seine grundrechtliche Prüfung der Unionsgesetzgebung.

In jüngster Zeit gewinnt die Grundrechtsrechtsprechung des EuGH an Profil.[184] Auf der Grundlage der Grundrechtecharta, die 2009 in Kraft tritt, etabliert er eine intensivierte Prüfung, die in einigen Fällen zur Aufhebung unionaler Gesetzgebungsakte führt. Als Leitstern der Neuausrichtung der EuGH-Grundrechtsrechtsprechung kann das Urteil *Digital Rights Ireland* gesehen werden.[185]

Gleichwohl bleibt es bei einer grundsätzlichen Differenz gegenüber vielen mitgliedstaatlichen Verfassungsgerichten und dem EGMR, weil der EuGH über Grundrechte mit einem deutlich engeren Fokus judiziert. Seine Grundrechtsjudikatur ist immer auch von dem Ziel der einheitlichen Wirkung des Unionsrechts geprägt. Diese unionsrechtliche Ausrichtung entspricht den ausdrücklichen Vorgaben des Vertragsgesetzgebers: Eine der wichtigsten Bestimmungen der Grundrechtecharta, Art. 51 GRC, soll gerade verhindern, dass der EuGH die Rolle eines allgemeinen europäischen Standardsetzers übernimmt.

Der EuGH betreibt europäische Einheitsbildung weiter durch seine Rechtsprechung zur Kooperation zwischen Kommission, Rat und Parlament.[186] Prozessual gelingt ihm dies, indem er Art. 263 Abs. 2 AEUV zu einer Art unionalem Organstreitverfahren ent-

182 Bruno de Witte, »The Past and Future Role of the European Court of Justice in the Protection of the Human Rights«, in: Philip Alston (Hg.), *The EU and Human Rights*, New York 1999, S. 859-897, S. 859.

183 Im Detail Claes/de Witte, »Rollen der nationalen Verfassungsgerichtsbarkeit im europäischen Rechtsraum. § 121« (Fn. 97), Rn. 44.

184 Vgl. Allan Rosas, »Five Years of Charter Case Law. Some Observations«, in: Sybe Alexander de Vries u. a. (Hg.), *The EU Charter of Fundamental Rights as a Binding Instrument. Five Years Old and Growing*, Oxford, Portland 2015, S. 11-20.

185 EuGH, *Digital Rights Ireland und Seitlinger u. a.*, verb. Rs. C-293/12 und C-594/12, Urteil v. 08. April 2014, ECLI:EU:C:2014:238, Rn. 47.

186 Vgl. etwa EuGH, *Rat/Kommission*, Rs. C-409/13, Urteil v. 14. April 2015, ECLI:EU:C:2015:217, Rn. 76 ff.

wickelt, das Streitigkeiten, welche die politische Willensbildung zwischen den Organen gefährden könnten, schlichtet. Zugleich unterstützt er die Parlamentarisierung der Union und so die demokratische Komponente europäischer Einheitsbildung.[187] Das bekannteste Beispiel ist die Begründung der Klagelegitimation des Europäischen Parlaments entgegen dem Wortlaut des damaligen Art. 173 EWG-Vertrag.[188] Die Mitgliedstaaten nehmen auch diese Rechtsfortbildung auf und schreiben sie als Art. 263 Abs. 2 AEUV in die Verträge ein.

Durchsetzung europäischer Rechtsetzung

Öffentliche Gewalt verlangt nicht allein die Formierung eines gemeinsamen politischen Willens, sondern auch dessen Durchsetzung. Völkerrechtliche Verträge und Akte internationaler Organisationen haben es in dieser Hinsicht schwer. Nach dem traditionellen Souveränitätsdenken sind internationale Normen innerstaatlich von nachgeordneter Bedeutung.

Aus diesem Grund ist die Durchsetzung des Gemeinschaftsrechts, also des gemeinsam erzeugten europäischen politischen Willens, in den frühen 1960er Jahren ein zentrales europarechtliches Thema.[189] Sicherlich gibt es auch heute noch enorme Durchsetzungsprobleme, aber immerhin eine gefestigte Dogmatik, die den Institutionen der Durchsetzung zur Seite steht (§ 37). Diese Dogmatik ist die Frucht der vielleicht berühmtesten Rechtsprechungslinie des EuGH. Sie positioniert das Gemeinschaftsrecht gegenüber dem nationalen Recht als vorrangige Normschicht und wird als Konstitutionalisierung der Gründungsverträge theoretisiert. Diese Rechtsprechungslinie bildet die bekannteste Erzählung des Europarechts.[190]

187 Stefania Ninatti, Maurizio Arcari, »Patterns of Democracy in the Case Law of the EU Court of Justice and the European Court of Human Rights«, in: *Polish Yearbook of International Law* 35 (2015), S. 171-192.

188 EuGH, *Parlament/Rat*, Rs. C-70/88, Urteil v. 04. Oktober 1991, ECLI:EU:C:1991:373, Rn. 26.

189 Antoine Vauchez, »The Transnational Politics of Judicialization. Van Gend en Loos and the Making of EU Polity«, in: *European Law Journal* 16 (2010), S. 1-28.

190 Stein, *Lawyers, Judges, and the Making of a Transnational Constitution* (Fn. 130); Joseph H. H. Weiler, »The Transformation of Europe«, in: *The Yale Law Journal* 100 (1991), S. 2403-2483.

Sie beginnt 1963 mit dem Fall *Van Gend en Loos*, eine von proeuropäischen Kräften sorgsam ausgesuchte und betriebene Rechtssache.[191] Der EuGH postuliert hier die unmittelbare Wirkung einer Bestimmung des EWG-Vertrags im nationalen Recht, so dass Einzelne sich vor nationalen Gerichten darauf berufen können. Der Streitgegenstand selbst war eher harmlos. Es ging um einen Zollsatz von 8 statt 3 Prozent auf einen chemischen Stoff. Und doch beging der EuGH den fünfzigsten Jahrestag dieser Entscheidung dann mit der wohl größten Festveranstaltung seiner Geschichte.[192] In *Costa gegen ENEL*,[193] einem ebenfalls integrationspolitisch betriebenen Fall über einen geradezu läppischen Streitgegenstand,[194] begründet der EuGH kurz darauf den Vorrang des Unionsrechts vor nationalem Recht. Bis heute symbolisieren diese Urteile mehr als alle anderen die Identität des Unionsrechts und jene Aspekte des Strukturwandels, die spezifisch dem EuGH zu verdanken sind.[195]

Der Schlüsselgedanke ist von großartiger Schlichtheit. Es geht um die Effektivität des Unionsrechts bei der Regelung gesellschaftlicher Beziehungen.[196] Mit den beiden Dogmen der unmittelbaren Wirksamkeit und des Vorrangs macht sich das Gemeinschaftsrecht auf, das zu werden, was Hegel als konkrete Freiheit, Hauriou als Institution, Bourdieu als ein rechtliches Feld bezeichnet: ein relevanter Faktor in den gesellschaftlichen Machtbeziehungen.[197]

Die Verwirklichung dieses Gedankens erfolgt nicht von heute

191 EuGH, *Van Gend en Loos/Administratie der Belastingen*, Rs. C-26/62, Urteil v. 05. Februar 1963, ECLI:EU:C:1963:1.

192 EuGH, 50th Anniversary of the Judgment in Van Gend en Loos 1963-2013, Luxemburg 2013; sprechende Bilder unter ⟨https://curia.europa.eu/jcms/jcms/P_95693/en/⟩, letzter Zugriff 01. 07. 2021.

193 EuGH, *Costa/E.N.E.L.*, Rs. C-6/64, Urteil v. 15. Juli 1964, ECLI:EU:C:1964:66.

194 Allerdings mit einem bedeutenden politischen Hintergrund; Amadeo Arena, »From an Unpaid Electricity Bill to the Primacy of EU Law. Gian Galeazzo Stendardi and the Making of *Costa v. ENEL*«, in: *European Journal of International Law* 30 (2019), S. 1017-1037.

195 Vgl. nur EuGH, *EMRK-Beitritt II*, Gutachten 2/13 v. 18. Dezember 2014, ECLI:EU:C:2014:2454, Rn. 166.

196 Pierre Pescatore, »The Doctrine of ›Direct Effect‹. An Infant Disease of Community Law«, in: *European Law Review* 8 (1983), S. 155-157, S. 155.

197 Robert Lecourt, »Quel eut été le droit des communautés dans les arrêts de 1963 et 1964?«, *L'Europe et le droit. Mélanges en hommage à Jean Boulouis*, Paris 1991, S. 349-361, S. 349, 360.

auf morgen. Der Prozess der Durchsetzung gegenüber nationalen Gerichten, Behörden, Parlamenten sollte vielmehr langwierig sein.[198] Sogar im EuGH selbst sind diese Dogmen zunächst umkämpft: Über *Van Gend* wird erzählt, die Entscheidung sei mit vier gegen drei Stimmen gefallen.[199] *Van Gend en Loos* ist zudem eine vergleichsweise einfache Entscheidung. Nur langsam tastet sich der Gerichtshof weiter vor, in engem Kontakt mit den europäischen Institutionen, nationalen Regierungen und Gerichten. Schritt für Schritt weitet er diese Dogmatik aus. Erst 2016 kann Christian Wohlfahrt feststellen, dass die unmittelbare Wirkung des Unionsrechts die Regel, nicht mehr die Ausnahme ist.[200] Unionsrecht ist wie nationales Recht anzuwenden, durchzusetzen und zu sanktionieren.

Die unmittelbare Wirkung ist heute kein Streitthema mehr, anders der Vorrang: Um die Frage seiner Reichweite kreist die vielleicht bekannteste Streitfrage nicht nur des Unionsrechts, sondern des ganzen Europarechts: Gilt er ausnahmslos, so die Rechtsprechung des EuGH, oder aber nur in Grenzen, über welche die mitgliedstaatliche Verfassungsgerichtsbarkeit wacht, so das Bundesverfassungsgericht und einige andere nationale Gerichte?[201] Dieser Konflikt ist für diese Studie auch deshalb von besonderer Bedeutung, weil in ihm konkurrierende Verständnisse europäischer Demokratie aufeinanderstoßen (§ 33).

Es ist festzuhalten, dass die Mitgliedstaaten 2009 die Rechtsprechung des EuGH zum Vorrang ausdrücklich legitimiert haben. Die Erklärung Nr. 17 zum Vertrag von Lissabon lautet: »Die Konferenz weist darauf hin, dass die Verträge und das von der Union auf der

198 Karen J. Alter, *Establishing the Supremacy of European Law. The Making of an International Rule of Law in Europe*, Oxford u. a. 2001, S. 64-181.

199 Morten Rasmussen, »Revolutionizing European Law. A History of the Van Gend en Loos Judgment«, in: *International Journal of Constitutional Law* 12 (2014), S. 136-163.

200 Christian Wohlfahrt, *Die Vermutung unmittelbarer Wirkung des Unionsrechts. Ein Plädoyer für die Aufgabe der Kriterien hinreichender Genauigkeit und Unbedingtheit*, Heidelberg 2016; anders aber Daniele Gallo, *L'efficacia diretta del diritto dell'Unione europea negli ordinamenti nazionali. Evoluzione di una dottrina ancora controversa*, Mailand 2018.

201 Stephan Schill, Christoph Krenn, »Art. 4 EUV. Prinzipien der föderativen Grundstruktur«, in: Eberhard Grabitz u. a. (Hg.), *Das Recht der Europäischen Union*, München 2020, Rn. 24-38.

Grundlage der Verträge gesetzte Recht im Einklang mit der ständigen Rechtsprechung des Gerichtshofs der Europäischen Union unter den in dieser Rechtsprechung festgelegten Bedingungen Vorrang vor dem Recht der Mitgliedstaaten haben.« Diese Erklärung ist derart eindeutig, dass der widerständige Zweite Senat des Bundesverfassungsgerichts wohlweislich jede Erwähnung vermeidet.[202]

Der prozessuale Hebel

Der Mechanismus, mit dem der EuGH Einheitsbildung betreibt, ist vor allem das Vorabentscheidungsverfahren, heute in Art. 267 AEUV geregelt. Die meisten der oben genannten Entscheidungen fallen in diesem Verfahren. Hier entscheidet der Gerichtshof eine unionsrechtliche Frage in einem Zwischenverfahren, das ein mitgliedstaatliches Gericht einleitet und das danach den Streitfall abschließt. Das Verfahren verkoppelt den EuGH mit den mitgliedstaatlichen Gerichten, also auch mit deren Legitimität und Autorität. Es bildet die zentrale prozessuale Achse der Union der Gerichte, des Gerichtsverbunds, über welche die mitgliedstaatlichen Gerichte die zusätzliche Rolle von Unionsgerichten gewinnen. Art. 267 AEUV ist wohl die wichtigste Norm für den Strukturwandel des europäischen öffentlichen Rechts.

Das Verfahren findet sich bereits im EGKS-Vertrag von 1951, wird aber für die Römischen Verträge textlich etwas erweitert, was im Ergebnis einen weltgeschichtlichen Unterschied macht. Der EuGH kann in diesem Verfahren nun nicht nur, wie unter dem EGKS-Vertrag, die Gültigkeit des Unionsrechts prüfen, sondern es zudem auch auslegen, also interpretieren. Nach den obigen Ausführungen zu den Machtressourcen von Gerichten (§ 51) kann es nicht überraschen, dass diese Kompetenz die wichtigste Machtressource des EuGH bildet. Ohne diese Interpretationsbefugnis hätte das heutige Europa andere Strukturen.

Diese Bedeutung ist ein gutes Beispiel für unvorhergesehene Anwendungen des europäischen Rechts, die gänzlich neue Horizonte aufschließen. Die Neuerung im EWG-Vertrag gegenüber dem EGKS-Vertrag geht auf eine Verhandlungsuntergruppe europäischer Juristen zurück, die bei der Aushandlung des Vertrags eine

202 BVerfG, *PSPP* (Fn. 33), Rn. 234 ff.

wichtige Rolle spielen, die sogenannte *groupe juridique*. Wie der spätere luxemburgische EuGH-Richter Pierre Pescatore, Mitglied der Gruppe, berichtet, wurde das Vorabentscheidungsverfahren unter Hinweis auf das Vorlageverfahren zum italienischen Verfassungsgericht und zum Bundesverfassungsgericht diskutiert; die verfassungsgerichtliche Dimension lag damit eigentlich offen.[203] Gleichwohl wird die Möglichkeit der Kontrolle mitgliedstaatlichen Rechts nicht gesehen. Es geht der Gruppe vielmehr um die einheitliche Auslegung der Rechtsakte des Rates. Niemand sieht die Auslegung voraus, die der EuGH 1963 im Urteil *Van Gend en Loos* entwickeln sollte und auf der das europäische Recht heute ruht.

Dank der Urteile *Van Gend en Loos* und *Costa gegen ENEL* wandelt sich das Vorabentscheidungsverfahren in ein System zur Prüfung mitgliedstaatlicher Rechtsakte, das der italienischen konkreten Normenkontrolle über nationale Gesetze nahe kommt.[204] Insbesondere unterinstanzlichen mitgliedstaatlichen Gerichten eröffnet es neue Möglichkeitsräume. Sie können nationale Gesetze und sogar die eigenen Höchstgerichte mit Hilfe des EuGH kontrollieren.[205] Beide profitieren legitimatorisch voneinander. Der EuGH legt das Unionsrecht aus, wendet es jedoch nicht an, nationale Gerichte folgen lediglich der EuGH-Auslegung, doch aus ihren Urteilen folgt dank unionsrechtlicher Anordnung die Unanwendbarkeit nationaler Gesetze.[206]

Das Verfahren nach Art. 267 AEUV operiert ähnlich wie die italienische konkrete Normenkontrolle (§ 51). Wie für die *Corte costituzionale* sind die unterinstanzlichen Gerichte für den EuGH die primären Gesprächspartner. Erst in jüngerer Zeit haben Vorlagen zur Vorabentscheidung von Höchst- und vor allem Verfassungsgerichten merklich zugenommen.[207] Gleichwohl ist der EuGH

203 Pierre Pescatore, »Les travaux du ›groupe juridique‹ dans la négotiation des traités de Rome«, in: *Revue d'histoire luxembourgeoise* 34 (1982), S. 145-161, S. 8-9.

204 Dazu Bifulco/Paris, »Der italienische Verfassungsgerichtshof. § 100« (Fn. 17), Rn. 52-60.

205 Weiler, »The Transformation of Europe« (Fn. 190), S. 2426.

206 Zu diesem Kooperationsverhältnis Anne-Marie Slaughter u. a., *The European Court and National Courts. Doctrine & Jurisprudence: Legal Change in its Social Social Context*, Oxford 1998.

207 Vgl. Claes/de Witte, »Rollen der nationalen Verfassungsgerichtsbarkeit im europäischen Rechtsraum. § 121« (Fn. 97), Rn. 19.

ganz entschieden, den Zugang für alle Gerichte offenzuhalten. Ein Zwischenverfahren, bei dem etwa, vergleichbar mit dem Modell des französischen *Conseil constitutionnel*,[208] nur Höchstgerichte eine Frage zur Verfassungsmäßigkeit an den EuGH richten können, ist, so die konsequente Rechtsprechung des EuGH, nicht mit dem Unionsrecht vereinbar.[209]

Der EuGH hält die Zulässigkeitshürden zudem niedrig. Ähnlich wie bei der italienischen *Corte*, und ganz anders als beim deutschen Bundesverfassungsgericht, genügt dem EuGH die Plausibilisierung der Relevanz einer Vorlage für die Lösung des Ausgangsrechtsstreits (§ 51). Der flexible, aber im Prinzip großzügige Umgang mit Vorlagefragen der mitgliedstaatlichen Gerichte erlaubt es dem Gerichtshof, bedeutsame Fragen an sich zu ziehen und an den Strukturen der europäischen Gesellschaft mitzuwirken.[210] Wie wichtig dies nicht nur für die europäische Einheitsbildung, sondern auch für die demokratische Verfasstheit der europäischen Gesellschaft ist, wurde zuletzt angesichts des Versuchs autoritärer Kräfte in Polen offensichtlich, polnischen Richtern die Durchführung eines Vorabentscheidungsverfahrens zu verbieten (§ 45, § 67).

§ 57 Vermenschenrechtlichung: der EGMR

Die europäische *rights revolution*

Das andere genuin europäische Gericht der europäischen Gesellschaft ist der EGMR. Sein Strukturwandel gestaltet sich ganz anders als der des EuGH, ist aber kaum weniger wichtig. Es besteht wohl Konsens, dass der Straßburger Gerichtshof über die letzten fünf Jahrzehnte maßgeblich zur Verankerung der Menschenrechte als Teil der europäischen Grundstruktur beigetragen hat.[211] Das ist be-

208 Näher Jouanjan, »Verfassungsrechtsprechung in Frankreich. § 99« (Fn. 23), Rn. 92-97.

209 EuGH, *Melki und Abdeli* (Fn. 98).

210 Vgl. die großzügige Handhabung im Rahmen des Brexit: EuGH, *Wightman u. a.*, Rs. C-621/18, Urteil v. 10. Dezember 2018, *ECLI:EU:C:2018:999*, Rn. 20-36.

211 Laurence R. Helfer, »Redesigning the European Court of Human Rights. Embeddedness as a Deep Structural Principle of the European Human Rights Regime«, in: *European Journal of International Law* 19 (2008), S. 125-159, S. 125;

deutsam, weil in den 1970er Jahren der Schutz essentieller Rechte zu einer überragend wichtigen Anforderung an legitime öffentliche Gewalt erstarkte.[212] In den Vereinigten Staaten fand man dafür eine hyperbolische, aber einprägsame Formulierung: die *rights revolution*.[213] Uns begegnete diese Entwicklung bereits in Lateinamerika, wo den Menschenrechten sogar die Funktion zukam, gegen extreme Repression zu kämpfen (§ 25). Es sei auch nicht vergessen, welche Bedeutung die 1975 in der Schlussakte von Helsinki proklamierten Menschenrechte zur Überwindung des autoritären Sozialismus hatten.[214]

In diesem Kontext beginnt der EGMR einen europaweiten Ausbau grundlegender individueller Rechte, welche die nationalen Gesellschaften demokratisiert und auch europäisiert. Es gibt verschiedene Angebote, diese Rolle des EGMR zu deuten: als menschenrechtlicher Impulsgeber,[215] als strukturgebendes Verfassungsgericht,[216] als letzte Instanz individuellen Rechtsschutzes.[217] Aus der Perspektive einer europäischen demokratischen Gesellschaft erscheint mir als besonders bedeutsam, dass seine Rechtsprechung Machtbeziehungen unter Rechtfertigungszwang aus der Perspektive der betroffenen Person stellt. Das sei als Vermenschenrechtlichung bezeichnet.[218]

Die Rechtsprechung des EGMR trägt in einem dreifachen Sin-

Francisco Javier García Roca, *La transformación del Convenio Europeo de Derechos Humanos*, Cizur Menor 2019, S. 69 f.

212 Zu den Gründen Kennedy »Three Globalizations of Law and Legal Thought: 1850-2000« (Fn. 20) S. 61 ff.; Samuel Moyn, *The Last Utopia. Human Rights in History*, Cambridge 2010, S. 8.

213 Charles R. Epp, *The Rights Revolution. Lawyers, Activists, and Supreme Courts in Comparative Perspective*, Chicago, London 1998; Mitchel de S.-O.-l'E. Lasser, *Judicial Transformations. The Rights Revolution in the Courts of Europe*, New York 2009.

214 Jan Eckel, *Die Ambivalenz des Guten. Menschenrechte in der internationalen Politik seit den 1940ern*, Göttingen 2014, insbes. S. 711 ff.

215 Başak Çalı, »The Purposes of the European Human Rights System. One or Many?«, in: *European Human Rights Law Review* 3 (2008), S. 299-306, S. 299, 303.

216 Christian Walter, »Art. 93 GG«, in: Theodor Maunz, Günter Dürig (Hg.), *Grundgesetz Kommentar I*, München 2018, Rn. 84 ff.

217 EGMR, High Level Conference on the Future of the European Court of Human Rights. Brighton Declaration, 19./20. April 2012, Rn. 35c.

218 Diese Idee verdanke ich Jürgen Bast.

ne zu einer europäischen demokratischen Gesellschaft bei. Erstens bringt sie die europaweite Geltung der Menschenrechte voran, was für eine demokratische Gesellschaft unabdingbar ist.[219] Zweitens fasst sie diese Menschenrechte so weit, dass sie praktisch jede Machtausübung unter Rechtfertigungszwang stellt, bei enormen Machtasymmetrien sogar zwischen Privaten.[220] Beschränkungen sind zwar zulässig, aber sie müssen sich gegenüber jedem Betroffenen in der Logik des Verhältnismäßigkeitsgrundsatzes rechtfertigen. Mit Rainer Forst bildet dieses Recht auf Rechtfertigung einen wesentlichen Baustein einer demokratischen Gesellschaft.[221] Drittens leistet diese Rechtsprechung einen Beitrag zu einer europäischen demokratischen Gesellschaft, weil sie ihr die Begriffe für wichtige Diskurse gibt, in denen sich diese Gesellschaft selbst hervorbringt (§ 2).

Diese Rolle des EGMR wurde dadurch ermöglicht, dass in jenen Jahren viele Konventionsstaaten keine starke positivrechtliche und institutionelle Basis für eine hausgemachte *rights revolution* hatten. Oft fehlen ein moderner Grundrechtskatalog und eine entwickelte Verfassungsgerichtsbarkeit.[222] Diese Leerstellen bieten dem EGMR und der ehemaligen Menschenrechtskommission eine Gelegenheit zur Relevanz, die sie erfolgreich nutzen. Sie beginnen, die *rights revolution* in einer Vielzahl von Ländern zu unterstützen, und übernehmen so eine Aufgabe, die mit der eines Verfassungsgerichts vergleichbar ist. Der Gerichtshof gewinnt dafür, im Windschatten der EWG,[223]

219 Alec Stone Sweet, Helen Keller, »The Reception of the ECHR in National Legal Orders«, in: dies. (Hg.), *A Europe of Rights. The Impact of the ECHR on National Legal Systems*, Oxford 2008, S. 3-30.

220 Heike Krieger, »Funktionen von Grund- und Menschenrechten«, in: Oliver Dörr u. a. (Hg.), *EMRK/GG. Konkordanzkommentar zum europäischen und deutschen Grundrechtsschutz*, Tübingen 2013, S. 287-365.

221 Rainer Forst, »The Justification of Basic Rights. A Discourse-Theoretical Approach«, in: *Netherlands Journal of Legal Philosophy* 45 (2016), S. 7-28, S. 8 ff.; ders. »The Nature of Human Rights«, in: David Held, Pietro Maffettone (Hg.), *Global Political Theory*, Cambridge 2016, S. 22-39.

222 Vgl. etwa für die Niederlande Ramses A. Wessel, Wim E. van de Griendt, »Niederlande. § 19«, in: Armin von Bogdandy u. a. (Hg.), *Handbuch Ius Publicum Europaeum. Bd. II. Offene Staatlichkeit: Wissenschaft vom Verfassungsrecht*, Heidelberg 2008, S. 177-210, Rn. 52 ff.; für Österreich Christoph Grabenwarter, »Österreich. § 20«, siehe ebd., S. 211-241, Rn. 64 ff.

223 Mikael Rask Madsen, »The Challenging Authority of the European Court of

die Unterstützung einer Vielzahl von Akteuren und so eine Schlüsselrolle für die demokratische Rechtsstaatlichkeit in Europa. Heute wird er mit diesem Mandat identifiziert.[224]

Diese Rolle fällt dem Gerichtshof nicht in den Schoß.[225] Er muss vielmehr durch umsichtiges Handeln Legitimitätskapital aufbauen und die Staaten zunächst davon überzeugen, überhaupt Zusatzprotokolle zu ratifizieren, welche die Individualbeschwerde zur Menschenrechtskommission und die Zuständigkeit des Gerichtshofs beinhalten. Die frühe Arbeit der Menschenrechtskommission und die ersten Urteile des EGMR Anfang der 1960er Jahre sind entsprechend von einer souveränitätsfreundlichen Interpretation der Konvention getragen.

1967 führt der Militärputsch in dem Konventionsstaat Griechenland das europäische Menschenrechtssystem an eine Weggabelung (*critical juncture*). Es ist zu entscheiden, ob die Konvention weiterhin vor allem eine symbolische Bedeutung in der Blockkonfrontation gegen den Warschauer Pakt haben soll oder aber zudem eine praktische Rolle im Westen. Die Kommission weiß, ähnlich wie einige Jahre später die Interamerikanische Kommission, ihre Chance zu nutzen.[226]

Auf dieser Grundlage beginnt der EGMR ab Mitte der 1970er Jahre seine vorsichtige Haltung zu wandeln. Inzwischen haben alle achtzehn Mitglieder des Europarats die Konvention ratifiziert, und dreizehn haben sogar der Zuständigkeit des EGMR und dem Recht auf individuelle Beschwerde zugestimmt. Dazu gehören Frankreich und das Vereinigte Königreich, die tonangebend und zunächst sehr skeptisch waren, sich dem EGMR zu unterwerfen. In der Phase der wachsenden Akzeptanz und Autorität stellt sich die zentrale Frage, wie die Konvention zu interpretieren sei: völkerrechtlich und souveränitätsfreundlich oder aber verfassungsrechtlich und staatliche

Human Rights. From Cold War Legal Diplomacy to the Brighton Declaration and Backlash«, in: *Law and Contemporary Problems* 70 (2016), S. 141-178, S. 152.

224 Europarat, Erklärung von Kopenhagen (Fn. 104), Rn. 2.

225 Zum Folgenden Mikael Rask Madsen, »From Cold War Instrument to Supreme European Court. The European Court of Human Rights at the Crossroads of International and National Law and Politics«, in: *Law & Social Inquiry* 32 (2007), S. 137-159.

226 James Becket, »The Greek Case Before the European Human Rights Commission«, in: *Human Rights* 1 (1970), S. 91-117.

Macht effektiv beschränkend. Zugespitzt wird diese Frage in der Rechtssache *Golder gegen Großbritannien*,[227] die im Narrativ des EGMR eine ähnliche Rolle spielt wie *Van Gend en Loos* für den EuGH.

Es geht um die Rechte von Gefängnisinsassen. Sidney Elmer Golder beabsichtigt, ein Zivilverfahren gegen einen Gefängnisaufseher wegen übler Nachrede anzustrengen, und will sich von einem Anwalt beraten lassen. Dies wird ihm verweigert, worauf Golder Beschwerde bei der EMRK-Kommission einlegt. Das Vereinigte Königreich trägt vor, die Konvention sei als Vertrag zwischen souveränen Staaten eng auszulegen. Die Kommission sieht das anders und der Gerichtshof folgt ihr. Das Recht auf ein faires Verfahren gewährleistet den Zugang zu einem Gericht, obwohl Art. 6 EMRK das nicht ausdrücklich sagt. Die Konvention muss, so das Kernargument, unter Berücksichtigung von Ziel und Zweck ausgelegt werden, so dass in konkreten Konfliktsituationen tatsächlich Nutzen aus ihr gezogen werden kann.[228] Der Anfang der Geschichten des EGMR und des EuGH könnten nicht unterschiedlicher sein: Die Rechte eines Häftlings auf Beistand gegen die Gefängnisverwaltung hier, die Rechte eines großen Unternehmens auf einen niedrigeren Steuersatz gegen die Zollverwaltung dort.

Ähnlich wie *Van Gend en Loos* am EuGH ist *Golder* eine schon gerichtsintern umstrittene Entscheidung. Sie ergeht mit neun zu drei Stimmen bei drei vehement abweichenden Voten. Der berühmte österreichische Richter Verdross, Schüler Kelsens und einer der Väter des internationalen Konstitutionalismus, moniert, der EGMR sei ein besonderes internationales Gericht, da er über Konflikte zu entscheiden habe, die nicht *zwischen,* sondern *in* Vertragsstaaten entstünden. Daher seien die Verpflichtungen aus der Konvention eng auszulegen.[229]

Ungeachtet solch kritischer Stimmen geht der Gerichtshof weiter voran. Die Konvention ist so zu lesen, dass sie Rechte beinhaltet, die praktisch und effektiv und nicht theoretisch und illusorisch

227 EGMR, *Golder v. United Kingdom*, App. No. 4451/70, Urteil v. 21. Februar 1975, Series A, No. 18, Rn. 26-36.

228 Ebd., Rn. 26-36.

229 Sondervotum von Richter Alfred Verdross, EGMR, *Golder v. United Kingdom* (Fn. 227).

sind.[230] Zudem ist die Konvention ein *lebendes Instrument* (*living instrument*) und muss im Lichte sich wandelnder Verhältnisse gelesen werden.[231] So löst sich die Interpretation der EMRK von ihren völkerrechtlichen Wurzeln.[232] Für die gesellschaftliche Verankerung der Konvention ist dies ein entscheidender Schritt: Der EGMR weist die Konventionsrechte als autonom, effektiv machtbeschränkend und dynamisch aus und erzeugt so Anschlussfähigkeit und praktische Relevanz für konkrete Konflikte in den Konventionsstaaten.

Heute sind viele Entscheidungen des EGMR kaum von Entscheidungen nationaler Verfassungsgerichte zu unterscheiden.[233] Das strukturbildende und verfassungsgerichtliche Selbstverständnis des Gerichtshofs kommt in einer seiner berühmtesten Aussagen klar zum Ausdruck: Die Konvention sei ein »verfassungsrechtliches Instrument der europäischen öffentlichen Ordnung« (*constitutional instrument of European public order*).[234] Der EGMR legt die Rechtsgarantien nicht nur für den Einzelfall aus, sondern entwickelt sie zu einem progressiven Fallrecht mit strukturbildender Wirkung.[235]

Auf Kritik an dieser Mandatsübernahme reagiert der EGMR mit der ingeniösen und beschwichtigenden Doktrin des sogenannten Beurteilungsspielraums (*margin of appreciation*), der den Mitgliedstaaten Beurteilungsspielräume zuerkennt.[236] Diese Doktrin ändert aber nichts am verfassungsrechtlichen Charakter der EGMR-Interpretationspraxis. Auch nationale Verfassungsgerichte arbeiten mit

230 EGMR, *Airey v. Ireland*, App. No. 6289/73, Urteil v. 09. Oktober 1979, Series A, No. 32, Rn. 24.

231 EGMR, *Tyrer v. United Kingdom*, App. No. 5856/72, Urteil v. 25. April 1978, Series A, No. 26, Rn. 31.

232 George Letsas, »The ECHR as a living instrument. Its meaning and legitimacy«, in: Andreas Føllesdal u.a. (Hg.), *Constituting Europe. The European Court of Human Rights in a National, European and Global Context*, New York 2013, S. 106-141.

233 Christian Walter, »Die Europäische Menschenrechtskonvention als Konstitutionalisierungsprozeß«, in: *Zeitschrift für ausländisches öffentliches Recht und Völkerrecht* 59 (1999), S. 961-983.

234 EGMR, *Loizidou v. Turkey*, App. No. 15318/89, Urteil v. 18. Dezember 1996, ECHR 1996-VI, Rn. 75.

235 EGMR, *Ireland v. United Kingdom*, App. No. 5310/71, Urteil v. 18. Januar 1978, Series A, No. 25, Rn. 154.

236 Josephine Asche, *Die Margin of Appreciation. Entwurf einer Dogmatik monokausaler richterlicher Zurückhaltung für den europäischen Menschenrechtsschutz*, Heidelberg 2018, S. 13 ff.

solchen Doktrinen des Beurteilungsspielraums und des gesetzgeberischen Ermessens.[237] Gleiches gilt für die Praxis des EGMR, weite Beurteilungsspielräume bei Fragen einzuräumen, zu denen die Konventionsstaaten konträre Positionen vertreten.[238]

Eine bemerkenswerte Fortentwicklung erfährt die Doktrin in der Form des prozeduralen Beurteilungsspielraums.[239] Der EGMR untersucht danach gerichtliche und parlamentarische Verfahren in den Konventionsstaaten daraufhin, ob sie seine Vorgaben prozessieren, also die europäischen Menschenrechte solide verankert sind. Er akzeptiert nationale Urteile eher, wenn die nationalen Gerichte eine Abwägung durchgeführt haben, die sich ersichtlich an seiner Rechtsprechung orientiert.[240] Ähnliches gilt für parlamentarische Verfahren.

Aus Sicht der Verankerung europäischer Menschenrechte birgt das Instrument des prozeduralen Beurteilungsspielraums Potential. Es kann die Verankerung der Konvention und der Rechtsprechung des EGMR bei gleichzeitiger Respektierung der verfassungsrechtlichen Vielfalt fördern.[241] Der prozedurale Beurteilungsspielraum ist gleichwohl ein heikles Instrument. Das gilt vor allem mit Blick auf parlamentarische Verfahren. Es ist fraglich, ob der EGMR in der Lage ist, die Qualität parlamentarischer Debatten adäquat zu beurteilen. Wird von Abgeordneten erwartet, dass sie konventionsrechtlich statt politisch argumentieren, so kann dies zu einer inakzeptablen Verengung parlamentarischer Diskurse führen. Das zeigt

237 Constance Grewe, »Vergleich zwischen den Interpretationsmethoden europäischer Verfassungsgerichte und des Europäischen Gerichtshofes für Menschenrechte«, in: *Zeitschrift für ausländisches öffentliches Recht und Völkerrecht* 61 (2001), S. 459-473, S. 459, 465.

238 Bilyana Petkova, »The Notion of Consensus as a Route to Democratic Adjudication?«, in: *Cambridge Yearbook of European Legal Studies* 14 (2012), S. 663-695.

239 EGMR, *Evans v. United Kingdom*, App. No. 6339/05, Urteil v. 10. April 2007, ECHR 2007-I, Rn. 86; Janneke Gerards, »Procedural Review by the ECtHR. A Typology«, in: dies., Eva Brems (Hg.), *Procedural Review in European Fundamental Rights Cases*, Cambridge 2017, S. 127-160.

240 Robert Spano, »The Future of the European Court of Human Rights Subsidiarity. Process-Based Review and the Rule of Law«, in: *Human Rights Law Review* 18 (2018), S. 473-494, S. 487-488.

241 Thomas Kleinlein, »The Procedural Approach of the European Court of Human Rights. Between Subsidiarity and Dynamic Evolution«, in: *International & Comparative Law Quarterly* 68 (2019), S. 91-110.

die scharfe Kritik aus dem Vereinigten Königreich auf die Feststellung des EGMR, dass die menschenrechtlichen Aspekte des Wahlrechts für Strafgefangene im britischen Parlament nicht adäquat diskutiert worden seien.[242]

Der EGMR entwickelt seine strukturprägende Rolle vor allem mit Blick auf Konventionsstaaten, die keine Verfassungsgerichtsbarkeit oder keinen aktuellen Grundrechtskatalog besitzen. Es fragt sich, welche Rolle dem EGMR für Staaten zukommt, die, wie Deutschland oder Italien, über eine entwickelte Verfassungsgerichtsbarkeit verfügen. Diese Gerichte gewährleisten den Individualrechtsschutz selbständig und benötigen hierfür nicht wirklich Hilfe aus Straßburg. Dementsprechend gestaltet sich die Rolle des Gerichtshofs hier etwas anders: Sie liegt vor allem in der europäischen Einbettung, was den europäischen Charakter dieser Staaten und Gesellschaften, jenseits ihrer geographischen Lage, verstärkt. Dank der Straßburger Entscheidungen sind der deutsche und der italienische Grundrechtsschutz in ein europaweites Menschenrechtssystem eingebettet, das über ein gemeinsames Vokabular, eine gemeinsame fallgestützte Dogmatik und sogar Ansätze einer gemeinsamen Rechtskultur verfügt. Diese Einbettung erzeugt allerdings einen spezifischen Konflikttypus, da sie eine Straßburger Kontrolle der nationalen Verfassungsgerichte verlangt.[243]

Die strukturprägende Rechtsprechung des EGMR hat Widerstand hervorgerufen.[244] Ab 2010 prüfen die Konventionsstaaten im sogenannten Interlaken-Prozess das Mandat des EGMR, begleitet von einem regen wissenschaftlichen Diskurs.[245] Die im April 2018 verabschiedete Kopenhagener Erklärung unterstreicht, dass man nicht beabsichtige, den europäischen Menschenrechtsschutz ein-

242 Angelika Nußberger, »Procedural Review by the ECHR. View from the Court«, in: Gerards/Brems (Hg.), *Procedural Review in European Fundamental Rights Cases* (Fn. 239), S. 161-176, S. 163.

243 Davide Paris, »Allies and Counterbalances. Constitutional Courts and the European Court of Human Rights. A Comparative Perspective«, in: *Zeitschrift für ausländisches öffentliches Recht und Völkerrecht* 77 (2017), S. 623-649.

244 Marten Breuer (Hg.), *Principled Resistance to ECtHR Judgments. A New Paradigm?*, Berlin 2019.

245 Çalı, »The Purposes of the European Human Rights System« (Fn. 215), S. 299; Helen Keller u. a., »Debating the Future of the European Court of Human Rights after the Interlaken Conference. Two Innovative Proposals«, in: *European Journal of International Law* 21 (2010), S. 1025-1048, S. 1025.

zuschränken oder gar zu schwächen.[246] Gleichwohl halten es die Konventionsstaaten für wichtig zu unterstreichen, dass der Gerichtshof nur in Ausnahmefällen die Abwägung aller Umstände an sich ziehen soll. Im Normalfall seien die nationalen Gerichte dafür zuständig.[247]

Nach Abschluss des Interlaken-Prozesses kann festgehalten werden, dass der Gerichtshof weiterhin die Unterstützung vieler wichtiger Akteure genießt.[248] Die Erklärung bestätigt die Umsetzung der Urteile als fundamentale Pflicht jedes Konventionsstaats.[249] Der politische Interlaken-Prozess, in dem viele eine Gefahr für die Autorität des EGMR sahen, stärkt so letztlich seine Rolle für die demokratische Rechtsstaatlichkeit in Europa.[250] Die breite Politisierung des Gerichtshofes zeigt, dass die oft lautstarken Stimmen der Kritik viel vereinzelter sind, als es bisweilen den Anschein hat.

Der prozessuale Hebel

Das verfahrensrechtliche Herzstück des Konventionssystems ist die Individualbeschwerde, Art. 34 EMRK.[251] Ist für den EuGH das Vorabentscheidungsverfahren die zentrale Verfahrensart europaweiter Einheitsbildung, so ist Art. 34 EMRK der verfahrensrechtliche Schlüssel für die Vermenschenrechtlichung der europäischen Gesellschaft.

Dank Art. 34 EMRK gibt es einen steten Strom an Fällen. Unabhängig vom Willen der Staaten oder der Kooperationsbereitschaft nationaler Gerichte bekommt der EGMR so das Material für sein Fallrecht. Das war keineswegs immer so, sondern ist eine Entwicklung der zweiten Periode des Strukturwandels des europäischen öffentlichen Rechts. Über lange Zeit gibt es nur eine Indivi-

246 Europarat, Erklärung von Kopenhagen (Fn. 104), Rn. 26 ff.

247 Ebd., Rn. 28c (Hervorhebung durch Verf.).

248 Europarat, The Interlaken Process. Measures Taken from 2010 to 2019 to Secure the Effective Implementation of the European Convention on Human Rights, 2020.

249 Siehe Europarat, Erklärung von Kopenhagen (Fn. 104), Rn. 19 ff.

250 Ebd., Rn. 2.

251 Zur Staatenbeschwerde, die zuletzt an Bedeutung gewonnen hat, vgl. Geir Ulstein, Isabella Risini, »Inter-State Applications under the European Convention on Human Rights. Strengths and Challenges«, EJIL:Talk! v. 24. 01. 2020.

dualbeschwerde zur Kommission. Erst dank des 9. Zusatzprotokolls können beschwerdeführende Personen ab 1994 von der Menschenrechtskommission vor den Gerichtshof ziehen. Das 11. Zusatzprotokoll, das 1998 in Kraft tritt, schafft die Europäische Menschenrechtskommission ganz ab und setzt den Gerichtshof als einzige Instanz zur Beurteilung ein.[252]

Der Zuschnitt der Straßburger Individualbeschwerde ist heute ähnlich weit wie die Verfassungsbeschwerde in Deutschland[253] oder Spanien.[254] Da die Konvention nicht unterscheidet, welches nationale Organ Quelle einer möglichen Konventionsverletzung ist, urteilt der Gerichtshof über Verwaltungsakte und Gerichtsentscheidungen ebenso wie über gesetzgeberisches[255] und sogar verfassungsgesetzgeberisches[256] Handeln. Sicherlich haben EGMR-Urteile nicht die Wirkung verfassungsgerichtlicher Urteile, sie können insbesondere einen konventionswidrigen Akt nicht aufheben.[257] Immerhin legt der Gerichtshof inzwischen bisweilen fest, wie einer Konventionsverletzung abzuhelfen ist.[258]

Das Individualbeschwerdeverfahren ist ein eigenes Verfahren nach Abschluss des innerstaatlichen Rechtswegs, Art. 35 Abs. 1 EMRK, kein Zwischenverfahren wie das Vorabentscheidungsverfahren zum EuGH nach Art. 267 AEUV. Daher fehlt den Entscheidungen des EGMR die Durchschlagskraft von EuGH-Urteilen im Vorabentscheidungsverfahren. Zwar gibt es seit 2018 dank des 16. Zusatzprotokolls Ansätze eines ähnlichen Verfahrens beim EGMR. Aber dieses Zusatzprotokoll wurde bislang nur von zehn Konventionsstaaten ratifiziert, die Vorlagebefugnis ist optional und auf Höchstgerichte beschränkt, das Verfahren hat nur gutachterlichen

252 Volker Schlette, »Europäischer Menschenrechtsschutz nach der Reform der EMRK«, in: *JuristenZeitung* 54 (1999), S. 219-226.

253 Farahat, »Das Bundesverfassungsgericht. § 97« (Fn. 28), Rn. 51-67.

254 Requejo Pagés, »Das spanische Verfassungsgericht. § 106« (Fn. 28), Rn. 73-83.

255 EGMR, *Marckx v. Belgium*, App. No. 6833/74, Urteil v. 13. Juni 1979, Series A, No. 31, Rn. 58.

256 EGMR, *Baka v. Hungary*, App. No. 20261/12, Urteil v. 23. Juni 2016, ECHR 2016.

257 Jochen Abr. Frowein, »Art. 46 EMRK«, in: ders., Wolfgang Peukert (Hg.), *Europäische Menschenrechtskonvention*, Kehl am Rhein 2009, S. 602-610.

258 Vgl. die Zusammenstellung im Sondervotum von Richter Pinto de Albuquerque in EGMR, *Moreira Ferreira v. Portugal (No. 2)*, App. No. 19867/12, Urteil v. 11. Juli 2017, ECHR 2017, Rn. 2-18.

Charakter und wurde bislang kaum erprobt.[259] Der Hebel und damit die strukturwandelnde Kraft des EGMR bleiben auch mit diesem Verfahren viel schwächer als der Hebel des EuGH.[260]

Gleichwohl führt dieser prozessuale Hebel zu einer engen Verbindung mit der nationalen Gerichtsbarkeit. Denn das Erfordernis der Erschöpfung des innerstaatlichen Rechtswegs bedeutet immerhin, dass, wo möglich, zuvor eine Verfassungsbeschwerde durchgeführt werden muss. Damit entscheiden nationale Verfassungsgerichte in der Regel vor dem EGMR. Dies schafft unmittelbare Interaktion.[261] Nicht selten entwickelt sich ein Dialog zwischen nationaler Verfassungsgerichtsbarkeit und EGMR, der oft zur Befriedung eines Rechtsprechungskonflikts führt.[262] Aus Deutschland sei nur an die Debatte über die Bedingungen der Verwahrung potenzieller Straftäter erinnert.[263] Das Ganze funktioniert natürlich nur, wenn alle beteiligten Institutionen im Prinzip bereit sind zu kooperieren (§ 60).

Auf diesem Weg haben sich die EMRK und der EGMR tief im Bewusstsein der europäischen Gesellschaft verankert. Das beweisen die 44500 Beschwerden, die den Gerichtshof allein im Jahre 2019 erreichen. Grundkenntnisse des Straßburger Systems gehören zum Pflichtkanon der Juristenausbildung. Wenn der EGMR sich als *Gewissen Europas* (*The Conscience of Europe*) bezeichnet,[264] so ist das

259 Protokoll Nr. 16 zur Konvention zum Schutze der Menschenrechte und Grundfreiheiten.

260 Siehe auch Koen Lemmens, »Protocol No. 16 to the ECHR. Managing Backlog through Complex Judicial Dialogue«, in: *European Constitutional Law Review* 15 (2019), S. 691-713.

261 Vgl. Catherine Van de Heyning, »Constitutional Courts as Guardians of Fundamental Rights. The Constitutionalisation of the Convention through Domestic Constitutional Adjudication«, in: Patricia Popelier u. a. (Hg.), *The Role of Constitutional Courts in Multilevel Governance* (Fn. 95), S. 19-48, S. 21.

262 Vgl. Gerards, »The European Court of Human Rights and the National Courts« (Fn. 102), S. 75-82.

263 Helmut Pollähne, »Europäische Rechtssicherheit gegen Deutsches Sicherheitsrecht? Zur EGMR-Entscheidung in Sachen nachträgliche (Verlängerung der) Sicherungsverwahrung«, in: *Kritische Justiz* 43 (2010), S. 255-269.

264 Europarat, *The Conscience of Europe. 50 Years of the European Court of Human Rights*, London 2010; kritisch Kanstantsin Dzehtsiarou, Vassilis P. Tzevelekos, »The Conscience of Europe that Landed in Strasbourg. A Circle of Life of the European Court of Human Rights«, in: *The European Convention on Human Rights Law Review* 1 (2020), S. 1-6.

die pathetische Artikulation einer europäischen gesellschaftlichen Tatsache. Er repräsentiert auch weltweit wie kein anderes Gericht die Grundprinzipien der europäischen Gesellschaft, denn kein europäisches Gericht wird außereuropäisch so oft wie er zitiert.[265]

§ 58 Die Macht europäischer Präjudizien

EuGH und EGMR können die Strukturen der europäischen Gesellschaft nur prägen, wenn ihre Entscheidungen präjudizielle Wirkungen entfalten (§ 50). Da diese abstrakt und allgemein, also gesetzesähnlich sind, wird ein heikles und umstrittenes Kapitel aufgeschlagen. Einige Eckpunkte stehen gleichwohl fest. So ist anerkannt, dass es eine präjudizielle Wirkung von EuGH- und EGMR-Urteilen gibt, selbst wenn die angloamerikanische Rechtsfigur des *stare decisis* nicht gilt und eine allgemein anerkannte Dogmatik fehlt.[266] Beide Gerichte sprechen wie selbstverständlich von ihrem Fallrecht (*case law*).

Das ist alles andere als ungewöhnlich. Nicht nur EuGH und EGMR beanspruchen Gestaltungsmacht durch Präjudizien, sondern alle obersten mitgliedstaatlichen Gerichte (§ 50). Oft ist die eigene Rechtsprechung das wichtigste Argument für ein bestimmtes Ergebnis. Entsprechend orientieren sich die meisten Juristinnen und Juristen. Ab dem ersten Semester werden angehende Juristinnen und Juristen darauf getrimmt, ganz selbstverständlich mit den Kondensaten nationaler und inzwischen eben auch europäischer höchstrichterlicher Entscheidungen zu arbeiten. Es handelt sich somit um eine bedeutende rechtskulturelle Prägung, welche die rechtserzeugende und strukturprägende Macht der Gerichtsbarkeit zu einem gemeineuropäischen Phänomen macht.

Rückgrat höchstrichterlicher Autorität ist üblicherweise ein Instanzenzug. Daran fehlt es zwischen den nationalen Gerichten

265 Jakab, »Verfassungsgerichtliche Argumentation im europäischen Rechtsraum. § 114« (Fn. 39), Rn. 130.

266 Marc Jacob, *Precedents and Case-based Reasoning in the European Court of Justice. Unfinished Business*, Cambridge 2014, S. 218 ff.; Mehrdad Payandeh, *Judikative Rechtserzeugung. Theorie, Dogmatik und Methodik der Wirkung von Präjudizien*, Tübingen 2017, S. 11 ff.

und EGMR bzw. EuGH. Es gibt zwar Verfahren, welche sie mit den nationalen Gerichten verbinden, insbesondere das Vorabentscheidungsverfahren (EuGH) und die Individualbeschwerde (EGMR). Beide sind aber nicht als Rechtsmittel in einem hierarchischen Instanzenzug konzipiert und haben bislang, anders als die Urteilsverfassungsbeschwerde des Bundesverfassungsgerichts, auch keinen solchen Charakter entfaltet.

Ungeachtet des Fehlens eines Instanzenzuges haben die beiden Gerichte ein weitreichendes Fallrecht entwickelt. Das des EuGH ist dabei weit autoritativer als das des EGMR. Den Angelpunkt bildet die im *CILFIT*-Urteil begründete Dogmatik.[267] Wieder einmal kommt ein gewaltiger Strukturwandel auf leisen Sohlen. Letzteres zeigt sich schon im Gegenstand der Entscheidung. Konkret geht es um eher triviale Gebühren für gesundheitspolizeiliche Untersuchungen. Aber auch die Dogmatik wird vorsichtig formuliert. Der Gerichtshof postuliert die präjudizielle Wirkung seiner Urteile für die nationalen Gerichte rein verfahrensrechtlich. Die *CILFIT*-Dogmatik regelt konkret nur, wann ein letztentscheidendes nationales Gericht von einem Vorabentscheidungsersuchen absehen kann, Das ist der Fall, wenn eine »gesicherte Rechtsprechung des Gerichtshofs vorliegt« und das Gericht ihr folgt. Das kann kaum als *ultra vires* angegriffen werden. Dieser Grundsatz impliziert aber eine Vorlagepflicht in allen anderen Fällen. Daraus folgt eine weitreichende und prozedural gesicherte Bindung an die EuGH-Rechtsprechung. Mit diesem genialen Schachzug vermeidet der Gerichtshof die höchst schwierige Frage nach dem Rechtsgrund der präjudiziellen Wirkung. Der Schachzug ist erfolgreich. Die hohe Autorität seiner Rechtsprechung ist europaweit akzeptiert.[268] Das Bundesverfas-

267 EuGH, *CILFIT/Ministero della Sanità*, Rs. C-283/81, Urteil v. 06. Oktober 1982, ECLI:EU:C:1982:335; Ulrich Haltern, *Europarecht. Dogmatik im Kontext. Bd. 2. Rule of Law – Verbunddogmatik – Grundrechte*, Tübingen 2017, S. 129 ff. Zum Anpassungsbedarf EuGH, *Consorzio Italian Management, Catania Multiservizi SpA/Rete Ferroviaria Italiana SpA*, Rs. C-561/19, Schlussanträge von Generalanwalt Michal Bobek v. 15. April 2021, ECLI:EU:C:2021:291.

268 EuGH, »Research Note. Application of the Cilfit Case-Law by National Courts or Tribunals against whose Decisions there is No Judicial Remedy under National Law«, (2019); Michal Bobek, »Europeanization of Public Law«, in: Armin von Bogdandy u. a. (Hg.), *The Max Planck Handbooks in European Public Law. Bd. I* (Fn. 15), S. 631-674, S. 640 ff., 649 ff.

sungsgericht unterstützt diese Dogmatik: Ein deutsches Gericht, das sich nicht an sie hält, verletzt das Grundgesetz.[269]

Auch der EGMR misst seinen Entscheidungen präjudizielle Wirkungen zu.[270] Sein wissenschaftlicher Dienst kondensiert sie zu einer kasuistischen Dogmatik und lässt sie in viele Sprachen übersetzen.[271] Der eigentlich nur auf Englisch und Französisch arbeitende EGMR versucht sich so an die sprachlichen Rahmenbedingungen des EuGH anzunähern, wo die amtliche Übersetzung aller wichtigeren Urteile in die vierundzwanzig EU-Amtssprachen die Regel ist, was die europaweite Diffusion ungemein erleichtert.

Präjudizielle Wirkungen von EGMR-Entscheidungen sind heute im Grundsatz breit anerkannt.[272] Die Konventionsstaaten haben sie nach einer kritischen Prüfung ausdrücklich bestätigt.[273] Allerdings gibt es hinsichtlich des EGMR weit mehr Vorbehalte als hinsichtlich des EuGH. Dies sei anhand der Rechtsprechung des Bundesverfassungsgerichts und der italienischen *Corte* gezeigt.

Das BVerfG spricht der Straßburger Rechtsprechung eine »jedenfalls faktische Orientierungs- und Leitfunktion« zu.[274] Die deutschen Gerichte müssen sich mit einschlägigen EGMR-Urteilen »gebührend auseinandersetzen«, sie in ihren Willensbildungsprozess

269 BVerfGE 73, 339, *Solange II*, S. 366 f.; Gabriele Britz, »Verfassungsrechtliche Effektivierung des Vorabentscheidungsverfahrens«, in: *Neue Juristische Wochenschrift* 19 (2012), S. 1313-1317; vergleichend Xabier Arzoz Santisteban, *La garantía constitucional del deber de reenvío prejudicial*, Madrid 2020.

270 Siehe etwa EGMR, *Ireland v. United Kingdom* (Fn. 235), Rn. 154; EGMR, *Opuz v. Turkey*, App. No. 33401/02, Urteil v. 09. Juni 2006, ECHR 2009, Rn. 163. Die nachfolgende Passage beruht auf Armin von Bogdandy, Laura Hering, »Im Namen des Europäischen Clubs rechtsstaatlicher Demokratien. Zu Identität, Mandat und nationaler Pufferung der EGMR-Rechtsprechung«, in: *JuristenZeitung* 75 (2020), S. 53-63.

271 EGMR, *»Bringing Convention standards closer to home«. The Court's Case-Law Translations Project (2012-2016). Achievements and Remaining Challenges*, Februar 2017.

272 Mehrdad Payandeh, »Die Präjudizienwirkung der Entscheidungen des Europäischen Gerichtshofs für Menschenrechte«, in: *Jahrbuch des öffentlichen Rechts* 68 (2020), S. 1-36.

273 Siehe Europarat, Erklärung von Kopenhagen (Fn. 104), Rn. 26.

274 Zuletzt BVerfG, *Streikverbot für Beamte* (Fn. 119), Rn. 129, m. w. N.; der Begriff stammt wohl von Hermann Mosler, »Schlußbericht«, in: Irene Maier (Hg.), *Europäischer Menschenrechtsschutz. Schranken und Wirkungen*, Heidelberg 1982, S. 333-347, S. 355, 366.

einbeziehen und bei der Verhältnismäßigkeitsprüfung berücksichtigen. Obwohl die EMRK nur den Rang eines Bundesgesetzes hat (Art. 59 Abs. 2 GG), kommt der EGMR-Rechtsprechung sogar bei der Auslegung von Grundrechten und rechtsstaatlichen Grundsätzen des Grundgesetzes die Rolle einer »Auslegungshilfe« zu. Zudem kann eine Verfassungsbeschwerde auf eine Konventionsverletzung gestützt werden.[275] Das BVerfG selbst interpretiert allerdings die deutschen Grundrechte zumeist unabhängig von der Straßburger Rechtsprechung. Es beschränkt sich darauf, sein Interpretationsergebnis in deren Licht zu prüfen.[276]

Die *Corte Costituzionale* nutzt die EMRK in der Auslegung des EGMR sogar als primären Maßstab seiner eigenen Verfassungskontrolle.[277] Mit den Entscheidungen Nr. 348 und 349 aus dem Jahr 2007, den sogenannten Zwillingsentscheidungen,[278] zieht die *Corte* die Kontrolle der Beachtung der Konventionsrechte an sich. Sie stützt sich dabei auf die 2001 erfolgte Neufassung von Art. 117 Abs. 1 der italienischen Verfassung, wonach Gesetze die internationalen Verpflichtungen respektieren müssen. Mit dieser Rechtsprechung vertieft die *Corte*, anders als das BVerfG, die strukturbildende Kraft der EGMR-Rechtsprechung in Italien. Dies dürfte dem verfassungsgerichtlichen Mainstream in Europa entsprechen, dessen Stoßrichtung Daniel Thym mit der treffenden Losung »Vereinigt die Grundrechte!«[279] versah.

In Italien bildet die EMRK in der Straßburger Auslegung den zentralen Prüfmaßstab der Verfassungskonformität. Das dient nicht nur dem EGMR, sondern auch der *Corte*. Sie verbietet den ordentlichen Gerichten, die Konventionswidrigkeit nationaler Gesetze festzustellen, was nach Neufassung des Art. 117 Abs. 1 der italienischen Verfassung durchaus möglich erschien und von eini-

275 BVerfG, *Görgülü* (Fn. 118).

276 Exemplarisch vorgeführt in BVerfG, *Streikverbot für Beamte* (Fn. 119), Rn. 172 ff.

277 Zur Entwicklung Bifulco/Paris, »Der italienische Verfassungsgerichtshof. § 100« (Fn. 17), Rn. 170 ff.

278 Corte Costituzionale, sentenze n. 348 und 349/2007 *Sentenze gemelle*. Zu den sog. Zwillingsentscheidungen siehe Barsotti u. a., *Italian Constitutional Justice in Global Context* (Fn. 49), S. 226.

279 Daniel Thym, »Vereinigt die Grundrechte!«, in: *JuristenZeitung* 70 (2015), S. 53-63; ausführlich Thomas Kleinlein, *Grundrechtsföderalismus*, Tübingen 2020, S. 335 ff.

gen Gerichten so praktiziert wurde.[280] Die *Corte* beansprucht diese Kompetenz allein für sich.[281] Dadurch bleibt die Interpretation der italienischen Grundrechte eng mit den Konventionsrechten verbunden. Zugleich vermeidet die *Corte*, massiv an Boden gegenüber der *Corte di Cassazione* und dem *Consiglio di Stato* zu verlieren. Das Bundesverfassungsgericht beugt einem solchen Bedeutungsverlust schon dadurch vor, dass es der Konvention nur Gesetzesrang zumisst.

Konflikthaft wird es, wenn der Autoritätsanspruch von EuGH und EGMR weiter geht als die Folgebereitschaft nationaler Gerichte. Das sei wiederum anhand des Bundesverfassungsgerichts und der *Corte* gezeigt. Beide artikulieren die Grenzen der präjudiziellen Wirkung von EuGH-Urteilen nach ihren allgemeinen Maßstäben über die Grenzen supranationaler Hoheitsgewalt. So wendet das Bundesverfassungsgericht seine *Solange-*, *ultra-vires-* und Identitätsdogmatik, die *Corte* ihre *controlimiti*-Dogmatik an.[282] Da diese Dogmatiken nur auf seltene Ausnahmefälle zielen, erkennen die beiden Gerichte die präjudizielle Wirkung von EuGH-Urteilen im Sinne der *CILFIT*-Doktrin weitestgehend an.[283]

Auch der Anspruch des EGMR hinsichtlich der Wirkungen einschließlich der interpretativen Autorität seiner Urteile ist kategorisch.[284] Er unterscheidet nicht zwischen einer Entscheidung eines Ausschusses mit drei, einer Kammer mit sieben oder der Großen Kammer mit siebzehn Richtern und auch nicht zwischen einer Neuentwicklung und einer durch mehrere Entscheidungen in unterschiedlichen Besetzungen gefestigten Rechtsprechung.

Diesen kategorischen Anspruch des EGMR machen viele Gerichte nicht mit, allen voran das Bundesverfassungsgericht und die *Corte*

280 Giuseppe Martinico, »Judicial Disobedience and the ECtHR. The Italian Case«, in: Marten Breuer (Hg.), *Principled Resistance to ECtHR Judgments. A New Paradigm?* (Fn. 244), S. 137-160, S. 139 ff.

281 Davide Paris, Karin Oellers-Frahm, »Zwei weitere völkerrechts›unfreundliche‹ Entscheidungen des italienischen Verfassungsgerichthofs aus dem Jahr 2015 (Nr. 49 und 50)«, in: *Europäische Grundrechte-Zeitschrift* (2016), S. 245-252, S. 246.

282 Vgl. § 34, zuletzt BVerfG, Beschluss v. 01. Dezember 2020, 2 BvR 1845/18 (*Europäischer Haftbefehl II*), Rn. 40; Corte Costituzionale, ordinanza n. 24/2017 *Taricco*.

283 EuGH, »Research Note« (Fn. 268).

284 EGMR, *G.I.E.M. S.R.L. a.o. v. Italy*, App. Nos. 1828/06, 34163/07, 19029/11, Urteil v. 28. Juni 2018, Rn. 252.

Costituzionale. Das Urteil des Zweiten Senats zum Streikverbot für Beamte beschränkt die präjudizielle Wirkung für deutsche Gerichte darauf, dass sie Straßburger »Aussagen zu Grundwertungen der Konvention […] identifizieren und sich hiermit auseinander[…] setzen«.[285] Das deutsche Recht könne nur konventionsgemäß ausgelegt werden, »[s]oweit im Rahmen geltender methodischer Standards Auslegungs- und Abwägungsspielräume eröffnet« sind. Und auch in diesem Rahmen dürfen deutsche Gerichte keinesfalls »schematisch parallelisieren«, sondern müssen die EMRK mittels eines »aktiven (Rezeptions-)Vorgangs« in die innerstaatliche Verfassungsordnung und das »vorhandene, dogmatisch ausdifferenzierte nationale Rechtssystem ein[…]passen«. Entscheidungen des EGMR, die nicht gegen die Bundesrepublik ergangen sind, sind kontextsensibel zu rezipieren. Das Bundesverfassungsgericht begrenzt die präjudizielle Wirkung der EGMR-Rechtsprechung, insofern es eine Konsolidierung und eine Verträglichkeitsprüfung durch nationale Gerichte verlangt. Es baut also eine temporale und diskursive Pufferung ein. Das ist weit von der präjudiziellen Wirkung entfernt, die Karlsruhe seinen eigenen Entscheidungen und auch Entscheidungen des EuGH zuspricht.[286]

Eine ähnliche Pufferung sieht die Rechtsprechung der *Corte* vor. Im Jahr 2015 entscheidet sie, dass die Fachgerichte die Straßburger Rechtsprechung nur dann im Wege einer konventionskonformen Auslegung oder durch Einleitung eines Normenkontrollverfahrens beachten müssen, wenn es sich um Piloturteile oder eine konsolidierte Rechtsprechung handele.[287] Kriterien für Letztere sind, ob die Große Kammer die betreffende Entscheidung getroffen hat, ob es abweichende Meinungen gibt, ob es sich um eine ständige Rechtsprechung handelt, aber auch, ob die Rechtsprechung die Besonderheiten der italienischen Rechtsordnung zutreffend berücksichtigt.

Diese Pufferungsdogmatiken haben viel Kritik geerntet:[288] Sie

285 BVerfG, *Streikverbot für Beamte* (Fn. 119), Rn. 131 ff.

286 Payandeh, *Judikative Rechtserzeugung* (Fn. 266), S. 373 ff.

287 Corte Costituzionale, sentenza n. 49/2015, Rn. 7; Paris/Oellers-Frahm, »Zwei weitere völkerrechts›unfreundliche‹ Entscheidungen« (Fn. 281), S. 247 ff.

288 EGMR, *G.I.E.M. S.R.L. a.o. v. Italy* (Fn. 284), Rn. 252; Francesco Viganò, »La Consulta e la tela di Penelope«, in: *Diritto Penale Contemporaneo* 2 (2015), S. 333-343; Helen Keller, Reto Walther, »The Bell of Görgülü Can't Be Unrung – Can

untergraben, so heißt es, die Autorität des EGMR. Die Kriterien der Unterscheidung sind vage, das befördert Beliebigkeit. Es ist fraglich, ob alle Richterinnen und Richter so differenzierte EGMR-Analysen überhaupt durchführen können. Zugleich impliziert diese Pufferung jedoch, dass die nationalen Gerichte und insbesondere die obersten Gerichte die Legitimationslast für die EGMR-Rechtsprechung mittragen und so das schwierige Geschäft der Vermenschenrechtlichung mit stützen. Die demokratische Legitimation der EGMR-Entscheidungen ist schwach, insbesondere für die Präjudizierung gesellschaftlich umstrittener Lebenssachverhalte.

Die Öffnung der nationalen Rechtsordnungen für EGMR-Präjudizien bürdet dem Gerichtshof eine gewaltige Legitimationslast auf. So gesehen entpuppt sich die vermeintliche Schwächung des EGMR durch eine puffernde nationale Rechtsprechung als eine legitimatorische Entlastung. Wenn die staatlichen Gerichte nicht strikt an Straßburger Präjudizien gebunden sind, dann übernehmen sie eigene Verantwortung im europäischen Menschenrechtsschutz und steuern ihre demokratische Legitimation bei. Diese Kontrollmöglichkeit ist jedoch im Sinne der gemeinsamen Verantwortung für das europäische öffentliche Recht auszuüben.

It?«, in: *The Global Community Yearbook of International Law and Jurisprudence* 19 (2020), S. 83-114.

D. Gemeinsame, aber differenzierte Verantwortung

Der pluralistischen Natur der europäischen Gesellschaft entspricht der Pluralismus ihrer Institutionen. Das europäische Recht untersteht nicht einem einzigen obersten Gericht wie in Indien oder den Vereinigten Staaten. Selbst die letzte Verantwortung liegt bei einer ganzen Reihe von Institutionen, die in unterschiedliche und nicht streng hierarchisch geordnete Kontexte eingebunden sind. Das ergibt sich schon aus der jeweiligen Rechtsgrundlage. Der EuGH findet sie im EU-Vertrag, der EGMR in der EMRK, die mitgliedstaatlichen Gerichte in ihren jeweiligen Verfassungen.

Die Richterinnen und Richter schwören unterschiedliche Amtseide, sind aber dem gemeinsamen europäischen Recht verpflichtet (§§ 52-53). So tragen sie eine gemeinsame, aber differenzierte Verantwortung für das europäische Recht. Im Folgenden geht es um drei Aspekte dieser Verantwortung: das Verhältnis zwischen dem EuGH und dem EGMR (1.), das Verhältnis dieser beiden Gerichte zur mitgliedstaatlichen Verfassungsgerichtsbarkeit (2.) und eine gemeinsame Positionierung gegenüber autoritären Strukturen (3.).

§ 59 Zwei Senate einer Verfassungsgerichtsbarkeit

Viele europäische Bürgerinnen und Bürger, ja sogar manche Juristin und mancher Jurist haben Schwierigkeiten, zwischen Luxemburg und Straßburg zu unterscheiden. Nicht selten werden die beiden Institutionen verwechselt. Wer das nur belächelt, der übersieht leicht eine tiefe Wahrheit, die in der Verwechselung aufscheint.

EGMR und EuGH verfolgen unterschiedliche Mandate: der EGMR die Vermenschenrechtlichung von Machtverhältnissen, der EuGH europäische Einheit (§§ 56-57). Man kann diese unterschiedliche Ausrichtung aber konstruktiv wenden, denn die beiden Mandate lassen sich als komplementär in der Strukturbildung der europäischen Gesellschaft verstehen. Der EGMR zielt auf eine freiheitliche Grundstruktur, in der jede Machtausübung sich rechtfertigen muss, der EuGH ist primär ausgerichtet auf eine unionale öffentliche Gewalt, die eine europäische demokratische Gesellschaft überhaupt erst ermöglicht. So haben sie eine gemeinsame, wenngleich differenzierte Verantwortung.

Man kann diese Komplementarität mit einer Metapher zuspitzen, welche die beiden Gerichte als die zwei Senate der Verfassungsgerichtsbarkeit der europäischen Gesellschaft beschreibt.[289] Diese Metapher ist inspiriert vom Bundesverfassungsgericht, das in zwei Senate mit den Schwerpunkten Grundrechte (Erster Senat) und Staatsorganisationsrecht (Zweiter Senat) gegliedert ist. Im Lichte dieser Metapher sei die Strukturbildung durch EGMR und EuGH verglichen und weitergedacht. In der Sache geht es um eine dogmatische Rekonstruktion der beiden Gerichte, welche ihre gemeinsame Verantwortung reflektiert.

Die Metapher der zwei Senate einer Verfassungsgerichtsbarkeit ist vom Unionsrecht her gedacht. Art. 2 EUV, Art. 6 Abs. 3 EUV und Art. 52 Abs. 3 GRC sind ihre wichtigsten Stützen. Die beiden letzteren Bestimmungen begründen die rechtliche Relevanz der EMRK- und EGMR-Rechtsprechung für den EuGH. Noch grundsätzlicher begründet Art. 2 EUV die Relevanz des EGMR für den EuGH.

Art. 2 EUV gründet die Union nicht auf die Grundrechte, also nicht auf die Normen, welche ihre Grundrechtecharta niederlegt, sondern auf die Menschenrechte. Menschenrechte gelten universell und sind als völkerrechtliche Garantien positiviert, Grundrechte sind hingegen verfassungsrechtliche Garantien einer politischen Gemeinschaft. Indem Art. 2 EUV die Union auf die Menschenrechte und nicht ihre Grundrechte gründet, verfügt er eine universelle Ausrichtung der Union, von der bereits die Präambel spricht. Darin findet sich ein wichtiger Aspekt des europäischen Prinzipienpluralismus, der zum Verständnis der europäischen Gesellschaft beiträgt (§ 34).

Die Rolle, die der EU-Vertrag dann der EMRK und damit dem EGMR zuweist, sichert diese universelle Ausrichtung. Indem die in der Europäischen Union organisierte europäische Gesellschaft dem in 47 Staaten verankerten EGMR eine verfassungsgerichtliche Rolle zuspricht, baut sie eine mächtige strukturelle Sicherung gegen einen EU-Partikularismus ein, zumal die EGMR-Rechtsprechung den

289 Die Idee entstammt einem Gespräch mit Juan Luis Requejo Pagés. Zuerst ausgearbeitet in von Bogdandy/Krenn, »EuGH und EGMR. Zwei Senate einer europäischen Verfassungsgerichtsbarkeit. § 118« (Fn. 132).

universellen Menschenrechtsschutz reflektiert.[290] Die Asymmetrie der Verantwortungsbereiche von EuGH und EGMR ist demnach keine Schwäche der europäischen Grundstruktur, sondern vielmehr Ausdruck ihrer universalistischen Ausrichtung.

Die Metapher von den zwei Senaten einer Verfassungsgerichtsbarkeit hat ein Problem, weil der EuGH nur für die 27 EU-Mitgliedstaaten judiziert, der EGMR darüber hinaus für weitere 20 Konventionsstaaten. Im EGMR tragen Richter und Richterinnen aus demokratisch so schwierigen Staaten wie Aserbaidschan, Russland und der Türkei zur Auslegung und Anwendung der Konvention bei. Sollte der EGMR aufgrund der Mitgliedschaft solcher Staaten eine mit Art. 2 EUV inkompatible Rechtsprechung entwickeln, so hätte sich die hier propagierte Zusammenschau der beiden Gerichte erledigt. Eine solche Übernahme zeichnet sich jedoch nicht ab.

Meine Zusammenschau von EuGH und EGMR leugnet nicht die Unterschiede und das Trennende. Die beiden Gerichte beruhen auf unterschiedlichen Rechtsgrundlagen. Sie sind in unterschiedliche Organisationen eingebunden: der EuGH in die finanzstarke Europäische Union, der EGMR in den chronisch unterfinanzierten Europarat. Entsprechend bewegen sich EuGH-Richter in chauffierten Luxuskarossen, EGMR-Richter trifft man hingegen in öffentlichen Verkehrsmitteln. Verfahrensrechtlich sind sie bislang nicht verbunden, obwohl Art. 6 Abs. 2 EUV einen Verfassungsauftrag der Verkoppelung erteilt.

Meine Zusammenschau behauptet nicht, dass die beiden Gerichte stets gut kooperieren oder ihr Verhältnis spannungsfrei ist.[291] Lange gab es eher ein Nebeneinander der beiden Gerichte. Mit dem Inkrafttreten der Grundrechtecharta 2009 hat der Luxemburger Gerichtshof zudem begonnen, eine eigenständige Grundrechterechtsprechung zu entwickeln, welche den EGMR an den Rand zu drängen droht.[292] Als der EuGH dann im Dezember 2014 den

290 Linos-Alexander Sicilianos, »The European Court of Human Rights Facing the Security Council. Towards Systemic Harmonization«, in: *International & Comparative Law Quarterly* 66 (2017), S. 783-804, S. 804.

291 Zu Spannungen zwischen den Senaten des Bundesverfassungsgerichts Ralf Eschelbach, »§ 14. Zuständigkeit der Senate und Einberufung des Plenums«, in: Dieter Umbach u. a. (Hg.), *Bundesverfassungsgerichtsgesetz. Mitarbeiterkommentar und Handbuch*, Heidelberg 2005, S. 260-275, S. 264.

292 Gráinne de Búrca, »After the EU Charter of Fundamental Rights. The Court of Justice as a Human Rights Adjudicator?«, in: *Maastricht Journal of European and*

Beitritt der EU zur EMRK zum zweiten Mal stoppte, wurde das als Kooperationsverweigerung gedeutet.[293] Die Entscheidung befremdet enorm, weil der Vertragsgesetzgeber diesen Beitritt, in Antwort auf die erste negative Entscheidung des EuGH in dieser Sache, als ausdrücklichen Auftrag formuliert hat (Art. 6 Abs. 2 EUV). Man ist an die Rechtsprechung des Zweiten Senats des Bundesverfassungsgerichts gegenüber dem EuGH erinnert (§ 33).

Meine Zusammenschau behauptet auch nicht, dass die beiden Gerichte nach derselben Logik operieren. Es gibt enorme Differenzen angesichts unterschiedlicher Pfade, Mitgliedschaften, Kontexte, Verfahren und Standards.[294] Der Pfad des EGMR folgt dem Prinzip der Subsidiarität: Er wird erst zuständig, wenn die Organe der Konventionsstaaten keinen den EMRK-Verbürgungen genügenden Grundrechtsschutz gewährleisten.[295] Den Pfad des EuGH bestimmt der Gedanke der Rechtseinheit, den es im Rahmen des Europarats nicht gibt. Plastisch wird dieser Unterschied in der gegensätzlichen Auslegung einer Zwillingsbestimmung des Konventions- und des Unionsrechts: Artikel 53 EMRK und Artikel 53 der Grundrechtecharta. Beide Bestimmungen legen fest, dass die Konvention bzw. die Charta höheren Schutz durch nationale Grundrechte erlauben. Während Artikel 53 EMRK als Ausdruck der Grundrechtsvielfalt verstanden wird,[296] hat der EuGH solcher Vielfalt enge Grenzen gesetzt. Im Anwendungsbereich des Unionsrechts gestattet er höhere nationale Grundrechtsstandards nur, »sofern durch diese Anwen-

Comparative Law 20 (2013), S. 168-184, S. 174-178; Jasper Krommendijk, »The Use of ECtHR Case Law by the Court of Justice After Lisbon«, in: *Maastricht Journal of European and Comparative Law* 6 (2015), S. 812-835, S. 832 f.

293 EuGH, *EMRK-Beitritt II* (Fn. 195); vgl. etwa Steve Peers, »The EU's Accession to the ECHR. The Dream Becomes a Nightmare«, in: *German Law Journal* 16 (2015), S. 213-222, S. 221 f.

294 Daniel Halberstam, »›It's the Autonomy, Stupid!‹. A Modest Defense of Opinion 2/13 on EU Accession to the ECHR, and the Way Forward«, in: *German Law Journal* 16 (2015), S. 105-146; Christoph Krenn, »Autonomy and Effectiveness as Common Concerns. A Path to ECHR Accession After Opinion 2/13«, in: *German Law Journal* 16 (2015), S. 147-167.

295 EGMR, *Handyside v. United Kingdom*, App. No. 5493/72, Urteil v. 07. Dezember 1976, Series A, No. 24, Rn. 48; Robert Spano, »Universality or Diversity of Human Rights? Strasbourg in the Age of Subsidiarity«, in: *Human Rights Law Review* 14 (2014), S. 487-502.

296 Jochen Abr. Frowein, »Art. 53 EMRK«, in: ders./Peukert (Hg.), *Europäische Menschenrechtskonvention* (Fn. 257), S. 619.

dung weder das Schutzniveau der Charta, wie sie vom Gerichtshof ausgelegt wird, noch der Vorrang, die Einheit und die Wirksamkeit des Unionsrechts beeinträchtigt werden«.[297] Damit sind divergierende Grundrechtsstandards in der EU nur in engen Grenzen möglich.[298]

Gleichwohl ist der enge Zusammenhang zwischen den beiden Gerichten, den die Metapher von den zwei Senaten artikuliert, kaum bestreitbar. Zwei embryonale Institutionen internationaler Streitbeilegung, entstanden in Antwort auf den Zweiten Weltkrieg, sind mittels der Aneignung verfassungsgerichtlicher Techniken zu machtvollen Akteuren erstarkt. Beide prägen die Grundstruktur der europäischen Gesellschaft und sind auf das Ziel europäischer Einheit ausgerichtet (Art. 1 Satzung Europarat und Art. 1 EUV). Beide verfolgen demokratische Rechtsstaatlichkeit in einer kontinentalen Dimension. Beide judizieren dank der Zusammensetzung ihres Kollegiums und Mitarbeiterstabs aus einer genuin europäischen Perspektive. Und beide Gerichte sind aufeinander angewiesen. Die europäische Einheitsbildung durch den EuGH stärkt den *compliance pull* der Rechtsprechung des EGMR (§ 25). Im Gegenzug ist die Strukturbildung des EuGH funktional begrenzt, insbesondere auf dem so wichtigen Feld der Grundrechte (Art. 51 GRC). Die Strukturbildung des EGMR betrifft die gesamte europäische Gesellschaft.

§ 60 Wachsende Wälder und fallende Bäume

EuGH und EGMR tragen eine gemeinsame, wenngleich differenzierte Verantwortung für das europäische Recht und die europäische Gesellschaft. Ähnliches gilt für die mitgliedstaatlichen Gerichte. Rechtliche Grundlagen für ihre europäische Verantwortung finden sich in Art. 4 Abs. 3 EUV, der europarechtlichen Mandatierung der mitgliedstaatlichen Gerichte (§ 52) sowie in den Euro-

297 EuGH, *Melloni*, Rs. C-399/11, Urteil v. 26. Februar 2013, ECLI:EU:C:2013:107, Rn. 60; *Siragusa*, Rs. C-206/13, Urteil v. 06. März 2014, ECLI:EU:C:2014:126, Rn. 32.

298 EuGH, *M.A.S. und M.B.*, Rs. C-42/17, Urteil v. 05. Dezember 2017, *ECLI:EU:C:2017:936*; Clara Rauchegger, »National Constitutional Rights and the Primacy of EU Law: M.A.S.«, in: *Common Market Law Review* 55 (2018), S. 1521-1547.

paklauseln der mitgliedstaatlichen Verfassungen.[299] Sie fließt auch aus dem Rechtsstaatsprinzip: Eine Luxemburger oder Straßburger Entscheidung kann in der sozialen Wirklichkeit oft nur dank einer weiteren Entscheidung eines nationalen Gerichts realisiert werden, da EuGH und EGMR staatliche Entscheidungen in aller Regel nicht aufheben können.[300] Strukturell ergibt sich die gemeinsame Verantwortung aus der Verantwortung für die eigene Rechtsordnung, die aufgrund der engen Verzahnung auf die anderen angewiesen ist.

Besonderes Interesse gilt den Verfassungsgerichten, da deren bisherige Rolle mehr als die aller anderen Gerichte durch die Rechtsprechung des EuGH und des EGMR betroffen ist. Während die meisten mitgliedstaatlichen Gerichte durch ihre Europäisierung an Kompetenzen und Bedeutung gewonnen haben, ist die Monopolstellung der Verfassungsgerichte in Bedrängnis geraten (§§ 52-54). Der daraus resultierende Konflikt ist intensiv europarechtswissenschaftlich beforscht.[301] Idealtypisch haben die Verfassungsgerichte zwei Optionen: gegenhalten[302] oder, in europäischer Verantwortung, mitmachen.[303]

Da Idealtypen sich nur ganz selten verwirklichen, gehen alle

299 Mattias Wendel, *Permeabilität im europäischen Verfassungsrecht. Verfassungsrechtliche Integrationsnormen auf Staats- und Unionsebene im Vergleich*, Tübingen 2011; Dana Burchardt, *Die Rangfrage im europäischen Normenverbund. Theoretische Grundlagen und dogmatische Grundzüge des Verhältnisses von Unionsrecht und nationalem Recht*, Tübingen 2015, S. 199 ff.

300 Es gibt eine Ausnahme betr. der Zentralbanken, EuGH, *Rimšēvičs*, verb. Rs. C-202/18 und C-238/18, Urteil v. 26. Februar 2019, ECLI:EU:C:2019:139, Rn. 69 ff.; Alicia Hinarejos, »The Court of Justice Annuls a National Measure Directly to Protect ECB Independence: *Rimšēvičs*«, in: *Common Market Law Review* 56 (2019), S. 1649-1660.

301 Claes/de Witte, »Rollen der nationalen Verfassungsgerichtsbarkeit im europäischen Rechtsraum. § 121«, (Fn. 97), Rn. 25 ff.

302 Paradigmatisch Jan Komárek, »Why National Constitutional Courts Should not Embrace EU Fundamental Rights«, in: Sybe de Vries u. a. (Hg.), *The EU Charter of Fundamental Rights as a Binding Instrument. Five Years Old and Growing* (Fn. 184), S. 75-92.

303 Paradigmatisch Davide Paris, »Constitutional Courts as European Union Courts. The Current and Potential use of EU Law as a Yardstick for Constitutional Review«, in: *Maastricht Journal of European and Comparative Law* 24 (2017), S. 792-821; Francisco Balaguer Callejón u. a., »Encuesta sobre el TJUE como actor de constitucionalidad«, in: *Teoría y Realidad Constitucional* 39 (2017), S. 13-82.

Verfassungsgerichte Mittelwege. Zum einen haben viele den Strukturwandel des EuGH und des EGMR aktiv gefördert. Man denke insbesondere an ihre prinzipielle Anerkennung der präjudiziellen Wirkung von EuGH- und EGMR-Entscheidungen (§ 58). Speziell mit Blick auf den EuGH ist die Rücknahme ihrer Kontrolle von nationalen Umsetzungsakten und Bewehrung der Vorlagepflicht zum EuGH zu erinnern. Als Krönung dieser Unterstützung gilt gemeinhin, dass ein Verfassungsgericht seiner unionsrechtlichen Vorlagepflicht selbst nachkommt und in einem Vorlageverfahren die Rechtsauffassung des EuGH einholt und umsetzt.[304]

Zugleich haben sich mitgliedstaatliche Verfassungsgerichte aber als Kontrollinstanzen gegenüber EGMR und EuGH in Stellung gebracht, zumeist unter Rekurs auf das demokratische Prinzip (§ 33). Allseits bekannt ist der Streit über die Reichweite des unionsrechtlichen Vorrangs. Die Dogmatik des EuGH geht von einem vorbehaltlosen Vorrang des Unionsrechts vor mitgliedstaatlichem Verfassungsrecht aus (§ 37).[305] Die mitgliedstaatlichen Verfassungsgerichte erkennen diesen Vorrang zwar im Prinzip an, machen jedoch Vorbehalte, die es ihnen ermöglichen, den EuGH zu kontrollieren.[306]

Dieser Streit gilt als so symbolisch für die Grundstrukturen des europäischen öffentlichen Rechts, dass er zum juristischen Basiswissen gehört. Damit schreibt die Juristenausbildung den europäischen Pluralismus tief in das juristische Weltbild künftiger Generationen ein, ähnlich wie sie zuvor mit Kelsens Normenpyramide getrimmt wurden. Sie lernen, dass in der europäischen Gesellschaft nicht jede wichtige Frage einer endgültigen Klärung bedarf, ja ihre Umstrittenheit zu einer demokratischen Gesellschaft gehören kann.

Die Politik kann mit dieser offenen Konstellation offenbar gut leben. Sie hat zum einen die Vorrang-Rechtsprechung des EuGH nie zu korrigieren versucht, obwohl die vielen Vertragsänderungen zahlreiche Gelegenheiten dazu boten.[307] Der prominent ver-

304 Monica Claes, »Luxembourg, Here We Come? Constitutional Courts and the Preliminary Reference Procedure«, in: *German Law Journal* 16 (2015), S. 1331-1342.

305 Koen Lenaerts u. a., »Exploring the Autonomy of the European Legal Order«, in: *Zeitschrift für ausländisches öffentliches Recht und Völkerrecht* 81 (2021), S. 47-88.

306 Zum Stand der Diskussion Schill/Krenn, »Art. 4 EUV« (Fn. 201) Rn. 14-38.

307 Karen J. Alter, »Who Are the ›Masters of the Treaty‹? European Governments

tretenen Forderung nach einem Kompetenzgericht, das den EuGH ersetzt oder gar kontrolliert, sind die Mitgliedstaaten nie nachgekommen.[308] Sie haben seine Vorrang-Rechtsprechung sogar explizit unterstützt: 2009 in der Erklärung Nr. 17 zum Vertrag von Lissabon. Zum anderen hat die Politik aber auch nie versucht, einen Instanzenzug einzurichten, so dass der EuGH (oder der EGMR) ein nationales verfassungsgerichtliches Urteil als übergeordnete Instanz aufheben könnte. Ebenso wenig haben die Mitgliedstaaten rechtspolitische Vorschläge aufgenommen, die Vorlagepflicht der mitgliedstaatlichen Verfassungsgerichte im nationalen Recht festzuschreiben.[309] Carl Schmitt identifiziert diesen Punkt mit seiner Feststellung, dass das Offenbleiben der Machtfrage eine echte Föderation auszeichnet.[310]

Anknüpfend an Christoph Grabenwarter, einen der Motoren verfassungsgerichtlicher Zusammenarbeit in Europa, kann man die spezifische Verantwortung der mitgliedstaatlichen Verfassungsgerichte in drei Funktionen fassen: einer Verbindungsfunktion, einer Legitimationsfunktion und einer Kontrollfunktion.[311] In der *Verbindungsfunktion* kommt zum Ausdruck, dass die Verfassungsgerichte ein Bindeglied zwischen den staatlichen Gerichten und den europäischen Gerichtshöfen bilden. Das Erfordernis der Rechtswegerschöpfung für Beschwerden an den EGMR erfordert sogar die vorherige Befassung des zuständigen Verfassungsgerichts. Im Gegenzug sind Verfassungsgerichte häufig die ersten Gerichte, die sich näher mit neuer verfassungsrechtlich relevanter Rechtspre-

and the European Court of Justice«, in: dies. (Hg.), *The European Court's Political Power*, Oxford 2009, S. 109-136, S. 128 f.

308 Joseph H. H. Weiler u. a., »Certain Rectangular Problems of European Integration«, in: *Project IV/95/02, European Parliament Directorate General for Research* (1996), S. 69; Bernhard W. Wegener, »Karlsruher Unheil – Das Urteil des Bundesverfassungsgerichts vom 5. Mai 2020 (2 BvR 859/15) in Sachen Staatsanleihekäufe der Europäischen Zentralbank«, in: *Europarecht* 55 (2020), S. 347-363, S. 360 f.

309 Jan Bergmann, Ulrich Karpenstein, »Identitäts- und Ultra vires-Kontrolle durch das Bundesverfassungsgericht. Zur Notwendigkeit einer gesetzlichen Vorlageverpflichtung«, in: *Zeitschrift für Europarechtliche Studien* 4 (2009), S. 529-542.

310 Carl Schmitt, *Verfassungslehre*, München, Leipzig 1928, S. 370 ff.

311 Grabenwarter, »Zusammenfassung der Ergebnisse der vorangegangenen Sitzungen für den XVI. Kongress der Konferenz der Europäischen Verfassungsgerichte« (Fn. 124).

chung von EuGH und EGMR auseinandersetzen und diese so in den innerstaatlichen Rechtsdiskurs einbringen. Es gibt viele Kommunikationskanäle.

Weiter haben Verfassungsgerichte eine *Legitimationsfunktion*. Indem sie europäische Entscheidungen rezipieren und zustimmend zitieren, verleihen sie ihnen zusätzliche Legitimation, die für die innerstaatliche Rezeption oft entscheidend ist (§ 58). Eng damit verbunden ist die *Kontrollfunktion*: Einige Verfassungsgerichte beanspruchen eben die Kompetenz, EuGH- und EGMR-Entscheidungen zu überprüfen und ihre Wirkungen unterbinden zu können. Man kann diese Kontrollfunktion konstruktiv als Teil der *checks and balances* europäischer öffentlicher Gewalt deuten, so dass die mitgliedstaatlichen Gerichte europäische Verantwortung übernehmen. Sie kann aber auch ein Instrument dessen sein, was Claus-Dieter Ehlermann als konstitutionellen Protektionismus bezeichnet. Die argumentativen Instrumente sind dabei dieselben, nämlich Dogmatiken, die zumeist um die Identität der nationalen Verfassung kreisen (§ 33).

Konflikte sind damit programmiert. Wichtig ist, dass sie nicht eskalieren, also die Konfliktbearbeitung im Lichte gemeinsamer Verantwortung erfolgt. Dem kommt entgegen, dass sich die verfassungsgerichtliche Interaktion im europäischen Rechtsraum durch ein hohes Maß an Flexibilität auszeichnet.[312] Diese Flexibilität ist Ausdruck einer bemerkenswerten Entwicklung. Das kelsenianische Modell der Verfassungsgerichtsbarkeit ist ganz eng bezüglich der Entscheidungsmöglichkeiten, denn es kennt nur die Nichtigkeit des als defekt befundenen Aktes. Dagegen gibt es im europäischen Verbund der Rechtsordnungen viele Optionen, aber nie die harte Rechtsfolge der Nichtigkeit.[313]

Urteile des EGMR sind im Wesentlichen deklaratorischer Natur und überlassen den Konventionsstaaten schon dadurch Spielraum bei der Behebung einer festgestellten Konventionsverletzung. Flexibilität ergibt sich auch aus der Möglichkeit, gegen eine EGMR-Entscheidung die Große Kammer des Gerichtshofs anzurufen. Auf

312 Claes/de Witte, »Rollen der nationalen Verfassungsgerichtsbarkeit im europäischen Rechtsraum. § 121« (Fn. 97), Rn. 7 ff.; Requejo Pagés, »Gestalt und Probleme der europäischen Verfassungsgerichtsbarkeit. § 125« (Fn. 97), Rn. 67 ff.

313 Frank Schorkopf, *Staatsrecht der internationalen Beziehungen*, München 2019, S. 40 ff.

diesem Weg kann der EGMR in seiner autoritativsten Zusammensetzung Kammerentscheidungen korrigieren, die zu schweren Konflikten geführt haben.[314]

Die Autorität des EuGH ist größer als die des EGMR, gleichwohl übt auch er sich in Flexibilität. Das zeigt schon seine Vorrangdogmatik. In den 1960er Jahren war umstritten, ob der im *Costa/ENEL*-Fall begründete Vorrang gegenüber nationalem Recht als Geltungsvorrang, also mit Nichtigkeitsfolge, oder nur als ein weicherer Anwendungsvorrang konzipiert werden sollte. Die weichere Lösung setzte sich durch.[315] Weiter bietet die Tenorierung, die Entscheidungsformel, von EuGH-Urteilen Möglichkeiten, Konflikte konstruktiv zu bearbeiten. Der EuGH beschränkt sich oft darauf, den nationalen Gerichten Orientierung zu geben, so dass er ihnen nicht nur die eigentliche Entscheidung, sondern auch die Interessenabwägung im Einzelfall überlässt.[316] Der *Taricco*-Fall zeigt, dass Artikel 267 AEUV sogar als eine Art Rechtsmittel gegen eine frühere Entscheidung des EuGH dienen kann, so dass der EuGH sich im Lichte der verfassungsgerichtlichen Einwände korrigieren kann.[317]

Die einschlägigen Dogmatiken der Verfassungsgerichte sind

314 Beispielhaft die *Horncastle*-Saga EGMR, *Al-Khawaja and Tahery v. United Kingdom*, App. No. 26766/05 and 22228/06, Urteil v. 20. Januar 2009, ECHR 2009 – IV; *R v Horncastle and* others (2009), UKSC 14; EGMR, *Al-Khawaja and Tahery v. United Kingdom*, App. No. 26766/05 and 22228/06, Urteil v. 15. Dezember 2011.

315 Vgl. einerseits Eberhard Grabitz, *Gemeinschaftsrecht bricht nationales Recht*, Hamburg 1966, S. 113; andererseits Manfred Zuleeg, *Das Recht der Europäischen Gemeinschaften im innerstaatlichen Bereich*, 1969, S. 140 ff.

316 Takis Tridimas, »Constitutional Review of Member State Action. The Virtues and Vices of an Incomplete Jurisdiction«, in: *International Journal of Constitutional Law* 9 (2011), S. 737-756; Daniel Sarmiento, »Half a Case at a Time. Dealing with Judicial Minimalism at the European Court of Justice«, in: Monica Claes u. a. (Hg.), *Constitutional Conversations in Europe. Actors, Topics and Procedures*, Mortsel 2012, S. 13-40.

317 Matteo Bonelli, »The Taricco Saga And the Consolidation of Judicial Dialogue in the European Union. CJEU, C-105/14 Ivo Taricco and Others, ECLI:EU:C:2015:555; and C-42/17 M.A.S., M.B., ECLI:EU:C:2017:936 Italian Constitutional Court, Order no. 24/2017«, in: *Maastricht Journal of European and Comparative Law* 25 (2018), S. 357-373; Lucia S. Rossi, »M.A.S. e M.B. e la torre di Babele: alla fine le Corti si comprendono ... pur parlando lingue diverse«, in: Chiara Amalfitano (Hg.), *Primato del Diritto dell'Unione Europea e Controlimiti alla Prova della »Saga Taricco«*, Mailand 2017, S. 153-168.

ebenfalls überaus flexibel. Man übertreibt nur wenig, wenn man sie als Joker im Machtspiel der Gerichte betrachtet.[318] Die gemeinsame Verantwortung zeigt sich darin, dass sie ihre Joker nur ganz selten und als *ultima ratio* ziehen, um einen Stich zu machen. Ein Verfassungsgericht muss einen solchen Spielzug mit einer schweren Gefahr für grundlegende Verfassungsprinzipien rechtfertigen und sollte dem EuGH zuvor die Möglichkeit geben, den Konflikt zu beheben.[319]

In der Wahrnehmung der gemeinsamen Verantwortung gibt es unterschiedliche Stile. Idealtypisch kann man zwischen einem maximalistisch-letztentscheidenden und einem minimalistisch-relationalen Stil unterscheiden (§ 51). Der erste findet sich vor allem beim Bundesverfassungsgericht, der zweite beim italienischen Verfassungsgerichtshof.

Wenn das Bundesverfassungsgericht einen Konflikt zwischen EU- und Verfassungsrecht wahrnimmt, neigt es dazu, dem Europäischen Gerichtshof mit markigen Worten zu sagen, innerhalb welcher Grenzen es bereit ist, den Vorrang des EU-Rechts zu akzeptieren. Man denke an die Karlsruher Reaktion auf die breite Auslegung des Anwendungsbereichs der Charta in *Åkerberg Fransson*.[320] Zwei Monate nach dem Urteil des EuGH formuliert es, zumal in einem *obiter dictum*, also ohne Anlass: Der *Åkerberg-Fransson*-Entscheidung »darf [...] keine Lesart unterlegt werden, nach der diese offensichtlich als *Ultra-vires*-Akt zu beurteilen wäre [...]. Insofern darf die Entscheidung nicht in einer Weise verstanden und angewendet werden, nach der für eine Bindung der Mitgliedstaaten durch die [Grundrechtecharta] jeder sachliche Bezug einer Regelung zum bloß abstrakten Anwendungsbereich des Unionsrechts oder rein tatsächliche Auswirkungen auf dieses ausreiche[n].«[321] Das Bundesverfassungsgericht lässt in aller Regel wenig Spielraum für Interpretationen, so auch hier: Der EuGH muss das *Åkerberg-Fransson*-Präjudiz eng auslegen, wenn er einen schweren Konflikt ver-

318 EuGH, *Gauweiler u. a.*, Rs. C-62/14, Schlussanträge von Generalanwalt Pedro Cruz Villalón v. 14. Januar 2015, ECLI:EU:C:2015:7, Rn. 59.

319 Näher Armin von Bogdandy u. a. »Verfassungsgerichtsbarkeit im europäischen Rechtsraum. § 126«, in: dies. u. a. (Hg.), *Handbuch Ius Publicum Europaeum. Bd. VII* (Fn. 8), S. 847-875, Rn. 29 ff.

320 EuGH, *Åkerberg Fransson* (Fn. 99).

321 BVerfGE 133, 277, *Antiterrordateigesetz.*

meiden will.[322] In diesem Sinne legt das Bundesverfassungsgericht im Lissabon-Urteil einen detaillierten Katalog unübertragbarer Staatsaufgaben nieder (§ 33). Ähnlich kategorisch formuliert es im OMT-Verfahren.[323] Das Bundesverfassungsgericht nimmt die gemeinsame Verantwortung dadurch wahr, dass es seine Position klar artikuliert.

In *Taricco* verfolgt die *Corte Costituzionale* einen geradezu gegenläufigen Ansatz. In der Sache geht es um die effektive Bestrafung von Steuerbetrügereien, auch zum Nachteil des EU-Haushalts. Aufgrund der oft langsamen italienischen Justiz verjähren solche Straftaten oft, was dem Schutz europäischer Interessen erheblich schadet. Deshalb qualifiziert der EuGH die italienische Verjährungsregel in dem Fall als unanwendbar, da sie gegen das unionsrechtliche Effektivitätsprinzip (§ 37) verstoße.[324] Das zuständige italienische Strafgericht legte die Frage des Gehorsams gegenüber diesem EuGH-Urteil daraufhin der *Corte* vor. Diese legte ihrerseits die Frage erneut dem EuGH vor, unter Hinweis darauf, dass eine Bestrafung gegen das elementare verfassungsrechtliche Rückwirkungsverbot verstoßen würde.

Der Vorlagebeschluss 24/2017 zum Europäischen Gerichtshof enthält zweifellos eine Drohung. Die *Corte* macht deutlich, dass sie wahrscheinlich ihre stärkste Waffe, ihre *controlimiti*-Dogmatik, einsetzen würde, sollte der EuGH sein *Taricco*-Urteil aufrechterhalten. Im Gegensatz zum deutschen Verfassungsgericht skizziert sie jedoch nicht die Entscheidung, die sie vom EuGH erwartet. Sie beschränkt sich vielmehr minimalistisch darauf, einen Konflikt zwischen einem Urteil des EuGH und einem obersten Grundsatz der italienischen Verfassung festzustellen. Ebenso wenig legt sie, anders als das Bundesverfassungsgericht, im Vorlagebeschluss die Reichweite des Grundsatzes näher dar, so dass offenbleibt, was sie letzt-

322 Daniel Thym, »Die Reichweite der EU-Grundrechte-Charta. Zu viel Grundrechtsschutz?«, in: *Neue Zeitschrift für Verwaltungsrecht* (2013), S. 889-896; Filippo Fontanelli, »Hic Sunt Nationes. The Elusive Limits of the EU Charter and the German Constitutional Watchdog. Court of Justice of the European Union: Judgment of 26 February 2013, Case C-617/10 Åklagaren v. Hans Åkerberg Fransson«, in: *European Constitutional Law Review* 9 (2013), S. 315-334, S. 327 ff.

323 BVerfGE 134, 366, *OMT-Beschluss*.

324 EuGH, *Taricco*, Rs. C-105/14, Urteil v. 8. September 2015, ECLI:EU:C:2015:555, Rn. 35-44.

lich für akzeptabel halten würde. So hat sie einen Schritt in einen für ihre verfassungsgerichtliche Autorität wichtigen Konflikt getan, sich zugleich aber praktisch alle Optionen offengehalten.

Sowohl der deutsche als auch der italienische Ansatz können zu einer konstruktiven Konfliktbearbeitung führen.[325] Der EuGH hat seine Maßstäbe entsprechend dem Vorabentscheidungsersuchen des italienischen Verfassungsgerichtshofs angepasst.[326] Gleiches gilt für seine *Åkerberg-Fransson*-Rechtsprechung in Reaktion auf die deutsche Kritik.[327] Mir scheint allerdings, dass der relationale italienische Stil besser zur gemeinsamen Verantwortung der Gerichte passt, die letztlich nur dialogisch wahrgenommen werden kann.

Die gemeinsame Verantwortung der Gerichte birgt erhebliche Kosten für die Rechtssicherheit und die Verfahrensdauer.[328] Sie erscheinen aber als ein akzeptabler Preis. Niemand sollte den Zivilisationsgewinn übersehen, der darin liegt, wie die pluralistische europäische Gesellschaft ihre Konflikte gerichtlich bearbeitet, hegt und nicht selten sogar löst. Diese Zivilisationsleistung kann jedoch nur erbracht werden, wenn die Gerichte von einem gemeinsamen Verständnis der verfassungsgerichtlichen Funktion getragen und sich ihrer gemeinsamen Verantwortung bewusst sind, die europäischen Grundprinzipien leben und sich selbst europäisieren.[329]

Fasst man diese Beobachtungen zusammen, so drängt sich die Metapher von einem geräuschlos wachsenden Wald auf, in dem ab und zu laut krachend ein Baum fällt, die Davide Paris in die Diskussion eingeführt hat.[330] Seit nunmehr sechzig Jahren wächst in

325 Von Bogdandy/Paris, »Power is Perfected in Weakness« (Fn. 58).

326 EuGH, *M.A.S.* (Fn. 298).

327 Siehe EuGH, *Siragusa* (Fn. 297); *Torralbo Marcos,* Rs. C-265/13, Urteil v. 27. März 2014, ECLI:EU:C:2014:187; *Julian Hernández,* Rs. C-198/13, Urteil v. 10. Juli 2014, ECLI:EU:C:2014:2055.

328 Dana Burchardt, »Kehrtwende in der Grundrechts- und Vorrangrechtsprechung des EuGH? Anmerkung zum Urteil des EuGH vom 5.12.2017 in der Rechtssache M.A.S. und M.B. (C-42/17, ›Taricco II‹)«, in: *Europarecht* 53 (2018), S. 248-263; Anneli Albi, »An Essay on How the Discourse on Sovereignty and on the Cooperativeness of National Courts Has Diverted Attention From the Erosion of Classical Constitutional Rights in the EU«, in: Claes u. a. (Hg.), *Constitutional Conversations in Europe* (Fn. 316), S. 41-70.

329 Siehe Marta Cartabia, »Courts' Relations«, in: *International Journal of Constitutional Law* 18 (2020), S. 3-11.

330 Davide Paris, »A Falling Tree Makes More Noise Than a Growing Forest. On the Constitutional Courts' Underestimated Contribution to the Domestic En-

gemeinsamer Verantwortung der Wald europäischer gerichtlicher Kooperation; er gibt der europäischen Gesellschaft Luft zum Atmen. Konflikte ziehen deshalb viel Aufmerksamkeit auf sich. Man ist zu Recht beunruhigt, wenn man einen Richtertrupp mit Axt zu erspähen meint.[331] Die Logik der gemeinsamen Verantwortung lässt aber erwarten, dass Konflikte in aller Regel nicht eskalieren.[332]

Das bedeutet nicht, dass man die krachend fallenden Bäume ignorieren sollte. Insbesondere der EGMR hat mit Fällen der Nichtbefolgung zu kämpfen.[333] Aber auch der EuGH kennt Fälle der Nichtbefolgung, insbesondere das PSPP-Urteil des Zweiten Senats des Bundesverfassungsgerichts.[334] Hier war eine gemeinsame Konfliktbearbeitung der Gerichte nicht mehr möglich. So musste die deutsche Politik tätig werden. Sie erledigte das Problem mit der geringstmöglichen Aufregung: In einem Beschluss, gegen den nur die Fraktion *Alternative für Deutschland* stimmte, erklärte der Bundestag, dass er, anders als der Zweite Senat, keine Zweifel an der Rechtmäßigkeit des europäischen Handelns hat,[335] womit er

forcement of the European Convention on Human Rights«, in: *Zeitschrift für ausländisches öffentliches Recht und Völkerrecht* 77 (2017), S. 581-584.

331 Franz C. Mayer, »Auf dem Weg zum Richterfaustrecht? Zum PSPP-Urteil des BVerfG«, *Verfassungsblog* v. 07.05.2020.

332 Arthur Dyèvre, »Domestic Judicial Defiance in the European Union. A Systemic Threat to the Authority of EU Law?«, in: *Yearbook of European Law* 35 (2016), S. 106-144; Matthias Goldmann, »Constitutional Pluralism as Mutually Assured Discretion. The Court of Justice, the German Federal Constitutional Court, and the ECB«, in: *Maastricht Journal of European and Comparative Law* 23 (2016), S. 119-135.

333 Vgl. nur EGMR, *Hirst v. United Kingdom (No. 2)*, App. No. 74025/01, Urteil v. 06. Oktober 2005, ECHR 2005-IX; Andreas von Staaden, *Strategies of Compliance with the European Court of Human Rights*, Philadelphia 2018; Diana Panke, »The European Court of Human Rights under scrutiny: explaining variation in non-compliance«, in: *Comparative European Politics* 18 (2020), S. 151-170; Patricia Popelier u. a., *Criticism of the European Court of Human Rights*, Cambridge 2017.

334 Sabino Cassese, »Il guinzaglio tedesco«, *Il Foglio* v. 19.05.2020; Joachim Imad, »Nicolas Goetzmann, ›L'Allemagne cherche à germaniser le droit européen‹«, *Le Figaro* v. 06.05.2020; Naomi O'Leary, »How a German Court Fired a Shot that Could Unravel the EU«, *The Irish Times* v. 13.05.2020; Christian Reiermann, »Dieses Urteil ist ein Attentat«, *Der Spiegel* v. 08.02.2020; Heinrich Wefing, »Die Rechthaber«, *Die Zeit* v. 06.05.2020.

335 Online-Dienste des Deutschen Bundestages, Bundestag. EZB hat Karlsruher Vorgaben zu Anleihekäufen erfüllt, 2020, ⟨https://www.bundestag.de/

den Konflikt im Sinne der europäischen Verantwortung Deutschlands löste.

§ 61 Der Einschätzungsverbund

Die gemeinsame Verantwortung der Gerichte hat in den letzten Jahren aufgrund autoritärer Strukturen in einigen Mitgliedstaaten eine zusätzliche Dimension gewonnen. Solche Strukturen sind aussichtsreicher und legitimer zu bekämpfen, je mehr Institutionen sie als defizitär identifizieren. Gemeinsame Verantwortung impliziert, dass sich die verschiedenen Gerichte zu einem europäischen Einschätzungsverbund zusammenfinden.

Die Feststellung eines Verstoßes gegen ein Grundprinzip, eines systemischen Defizits (§ 46), erfolgt in aller Regel mittels einer *bewertenden Gesamtbetrachtung*. Die feststellenden Institutionen, also auch der EuGH und der EGMR, nehmen eine Reihe detailliert beschriebener Maßnahmen im Lichte abstrakt bleibender Prinzipien in den Blick.[336] Bei einer solchen Gesamtbetrachtung von Entwicklungen, Ereignissen, Maßnahmen und Positionierungen haben die Gerichte enorme Ermessensspielräume; die Anwendung ist in diesem Sinne unvermeidlich politisch. Leicht lässt sich so der Vorwurf erheben, ein Urteil sei aus sachfremden Erwägungen motiviert.

Diese Praxis der wertenden Gesamtbetrachtung antwortet auf die Schwierigkeiten, autoritäre Strukturen juristisch zu fassen. Juristische Anwendungsdiskurse haben normalerweise einzelne Handlungen zum Gegenstand, autoritäre Strukturen ergeben sich aber oft nur in der Betrachtung einer *Gesamtheit* von Handlungen. Die einzelnen Gesetze oder Maßnahmen können ganz harmlos erscheinen.[337] Exemplarisch ist die Bewertung des Umbaus der polnischen Justiz ab 2015 (§ 45). Die Feststellung einer »eindeutigen

dokumente/textarchiv/2020/kw27-de-anleihekaeufe-703660⟩, letzter Zugriff 01.07.2021.

336 Ebenso die Argumentation der Kommission, vgl. Europäische Kommission, Begründeter Vorschlag nach Artikel 7 Absatz 1 EUV zur Rechtsstaatlichkeit in Polen, COM(2017) 835 final, Rn. 109, 173.

337 EuGH, *A.K. (Unabhängigkeit der Disziplinarkammer des Obersten Gerichts)*, verb. Rs. C-585/18 bis C-625/18, Urteil v. 19. November 2019, ECLI:EU:C:2019:982, Rn. 142.

Gefahr einer schwerwiegenden Verletzung« eines der in Art. 2 EUV genannten Werte erfolgt mittels einer Gesamtschau aller die Justiz betreffenden Maßnahmen unter Berücksichtigung der politischen und sozialen Verhältnisse des Landes, also auch im Kontext des Vorgehens gegen andere Institutionen der Kontrolle wie die parlamentarische Opposition, Medien, Wissenschaft, Nichtregierungsorganisationen.

Der Legitimität einer solchen bewertenden Gesamtbetrachtung dient es, wenn es sich um eine gemeinsame Bewertung ebenso unabhängiger wie autoritativer Institutionen handelt. Es hilft dem europäischen transformativen Konstitutionalismus, wenn er von einem *Einschätzungsverbund* getragen ist. Je mehr Institutionen ein systemisches Defizit sehen, desto größer ist die Legitimität einer solchen Feststellung. So rekurrieren der EuGH, der EGMR, die EU-Kommission und die Venedig-Kommission aufeinander.[338] Auch Einschätzungen von internationalen Gremien sowie zivilgesellschaftlichen Organisationen sind von Gewicht.[339]

EuGH und EGMR haben in dieser Sache zu einem Gleichklang und so zu einer gemeinsamen Wahrnehmung ihrer Verantwortung gefunden. Angesichts des nicht einfachen Verhältnisses der beiden Gerichte (§ 59) erschien es keineswegs ausgemacht, dass sie ihre Rechtsprechung gegenseitig stützen würden. In den neuesten Urteilen zeigt sich jedoch ein Schulterschluss. So konkretisiert der EuGH in der Rechtssache *Kommission gegen Ungarn* das EU-Grundrecht auf Versammlungsfreiheit anhand der einschlägigen EGMR-Rechtsprechung und der EGMR konkretisiert in der Rechtssache *Guðmundur Andri Ástráðsson* das Konventionsrecht auf ein faires Verfahren anhand der EuGH-Rechtsprechung zur polnischen Justizreform.[340]

338 Vgl. nur Europäische Kommission, Begründeter Vorschlag nach Artikel 7 Absatz 1 EUV zur Rechtsstaatlichkeit in Polen (Fn. 336), Rn. 18, 32, 95, 116 ff.; EuGH, *Aranyosi und Căldăraru* verb. Rs. C-404/15 und C-659/15 PPU, Urteil v. 05. April 2016, ECLI:EU:C:2016:198; *LM*, Rs. C-216/18 PPU, Schlussanträge von Generalanwalt Evgeni Tanchev v. 28. Juni 2018, ECLI:EU:C:2018:517. Ausführlich Rafael Bustos Gisbert, »La influencia de los textos no vinculantes del Consejo de Europa sobre independencia judicial en el TEDH y en la UE«, in: *Teoría y Realidad Constitucional* 47 (2021), S. 161-198.

339 Europäische Kommission, Begründeter Vorschlag nach Artikel 7 Absatz 1 EUV zur Rechtsstaatlichkeit in Polen (Fn. 336), Rn. 33, 63, 76, 80, 82.

340 EuGH, *Kommission/Ungarn (Transparenz von Vereinigungen)*, Rs. C-78/18, Ur-

Die Logik des Einschätzungsverbunds gilt auch für mitgliedstaatliche Gerichte, die sich mit autoritären Strukturen eines anderen Mitgliedstaats konfrontiert sehen. Das hat Konsequenzen für den Maßstab, den ein Gericht anlegt: Es kann die Strukturen an nationalen, internationalen oder aber den Maßstäben des Art. 2 EUV messen. Der große Vorteil von Art. 2 EUV liegt darin, dass ein mitgliedstaatliches Gericht ein Vorabentscheidungsverfahren beim EuGH durchführen kann. Das ist im Umgang mit autoritären Strukturen in einem anderen Mitgliedstaat von besonderer Bedeutung. Die Involvierung des EuGH mindert die Gefahr einer bilateralen Eskalation. Zudem ermöglicht die Einschaltung des EuGH eine Verteidigung der europäischen Werte in einem Prozess, der ebendiese respektiert. Denn der Wert der Rechtsstaatlichkeit verlangt ein faires Verfahren, der inkriminierte Mitgliedstaat ist zu beteiligen. Ein nationales Gericht kann einem anderen Staat eine solche Beteiligung nur schwer bieten, anders als der EuGH.

Dieser Weg verlangt, dass auch Verfassungsgerichte die Werte des Art. 2 EUV zum Maßstab nehmen (§ 29). Diese Europäisierung ihres Mandats setzt sich nur langsam durch und ist insbesondere im Bundesverfassungsgericht lange auf Ablehnung gestoßen. Insofern ist es eine Wegmarke der gemeinsamen Verantwortung, dass auch das Bundesverfassungsgericht, hier nun der Erste Senat, diesen Weg seit dem November 2019 im Zeichen gemeinsamer Verantwortung beschreitet.[341] In Konstellationen unionsrechtlicher Harmonisierung soll die verfassungsgerichtliche Prüfung allein anhand der Unionsgrundrechte in enger Kooperation mit dem EuGH erfolgen. Bei mitgliedstaatlichen Gestaltungsspielräumen will er unionales und deutsches Verfassungsrecht parallel prüfen, kann aber die deut-

teil v. 16. Juni 2020, ECLI:EU:C:2020:476, Rn. 112; EGMR, *Guðmundur Andri Ástráðsson v. Iceland,* App. No. 26374/18, Urteil v. 01. Dezember 2020; Angelika Nußberger, »La prise en compte de la Charte des droits fondamentaux de l'Union par la Cour européenne des droits de l'homme«, in: Anastasia Iliopoulou-Penot, Lamprini Xenou (Hg.), *La charte des droits fondamentaux, source de renouveau constitutionnel européen?*, Brüssel 2020, S. 69-76.

341 BVerfG, Beschluss des Ersten Senats v. 06. November 2019, 1 BvR 16/15 (*Recht auf Vergessen I* und *Recht auf Vergessen II*) (Fn. 57); zu den anderen Gerichten im Bereich der Grundrechte vgl. die Beiträge in Michal Bobek, Jeremias Adams-Prassl (Hg.), *The EU Charter of Fundamental Rights in the Member States*, Oxford 2020.

schen Grundrechte dabei im Lichte der Charta auslegen.[342] Diese Logik passt auch auf den Umgang mit systemischen Defiziten.

Diese Neuorientierung ist auf viel Zustimmung gestoßen:[343] Der Erste Senat verabschiedet das Konzept separater Grundrechtssphären, positioniert sich als ein europäisches Grundrechtsgericht und wirkt so an der Entfaltung des Unionsverfassungsrechts mit. Mit der Betonung des Vorrangs des Unionsrechts stärkt er zudem die Position der verfassungs- und unionstreuen polnischen Richterinnen und Richter, die deswegen disziplinarisch belangt werden (§ 45, § 79). Der Erste Senat tritt so an die Seite des EuGH im Kampf gegen autoritäre Tendenzen und bestätigt dessen spezifische Rolle.[344] Damit stärkt er die gemeinsame, aber differenzierte Verantwortung der Gerichte für das europäische öffentliche Recht.

342 Zum Folgenden BVerfG, *Recht auf Vergessen I* (Fn. 357) Rn. 42 ff.

343 Wendel, »Das Bundesverfassungsgericht als Garant der Unionsgrundrechte« (Fn. 57); Ulrich Karpenstein, Matthias Kottmann, »Vom Gegen- zum Mitspieler. Das BVerfG und die Unionsgrundrechte«, in: *Europäische Zeitschrift für Wirtschaftsrecht* (2020), S. 185-189; Jürgen Kühling, »Das ›Recht auf Vergessenwerden‹ vor dem BVerfG. November(r)evolution für die Grundrechtsarchitektur im Mehrebenensystem«, in: *Neue Juristische Wochenschrift* (2020), S. 275-280; Rainer Hofmann u. a., »Die Wandlung des Grundrechtsschutzes durch das Bundesverfassungsgericht. Recht auf Vergessen I und II als ›Solange III‹?«, in: *Kritische Vierteljahresschrift für Gesetzgebung und Rechtswissenschaft* 102 (2019), S. 277-292; Matej Avbelj, »The Federal Constitutional Court Rules for a Bright Future of Constitutional Pluralism«, in: *German Law Journal* 21 (2020), S. 27-30.

344 Matthias Goldmann, »As Darkness Deepens. The Right to be Forgotten in the Context of Authoritarian Constitutionalism«, in: *German Law Journal* 21 (2020), S. 45-54.

E. Demokratische Gerichte

§ 62 Das Mandat zum Strukturwandel

Gerichte haben sich zu Akteuren im Prozess gesellschaftlicher Vermittlung gemausert. Sie entscheiden nicht nur Einzelfälle, sondern prägen Strukturen der europäischen Gesellschaft. Da fragt sich, ob diese Rolle und insbesondere ihre Gestaltungsmacht den demokratischen Charakter der europäischen Gesellschaft kompromittiert. In der wohl berühmtesten europäischen Studie zur Verfassungsgerichtsbarkeit warnt Édouard Lambert unter dem ikonischen Titel *Le gouvernement des juges*, Gerichten Gestaltungsmacht zu überlassen.[345] Seitdem erörtert die Wissenschaft vom öffentlichen Recht nur wenige Themen mit ähnlicher Leidenschaft und theoretischem Aufwand.[346] Einen Fixpunkt bietet wieder Carl Schmitt, dem zufolge eine expansive Rechtsprechung insbesondere zu Grund- und Menschenrechten die Differenz von Recht und Politik verwischen und gesellschaftliche Fragen uferlos moralisieren würde.[347] Im Fol-

345 Lambert, *Le gouvernement des juges* (Fn. 16); zum Einfluss Peter E. Quint, »Der Einfluss des Supreme Court der Vereinigten Staaten von Amerika auf die Verfassungsgerichtsbarkeit in Europa, § 109«, in: von Bogdandy u. a. (Hg.), *Handbuch Ius Publicum Europaeum*. Bd. VI (Fn. 12), S. 853-908, Rn. 36 ff.

346 Zur Debatte Guy Canivet, »Les limites de la mission du juge constitutionnel«, in: *Cités* 69 (2017), S. 41-58; Pablo Lucas Murillo de la Cueva, »La independencia y el gobierno de los jueces. Un debate constitucional«, in: *Teoría y Realidad Constitucional* 40 (2017), S. 351-368; Luís Roberto Barroso, »Countermajoritarian, Representative, and Enlightened: The Roles of Constitutional Courts in Democracies«, in: *The American Journal of Comparative Law* 67 (2019), S. 109-143; Cruz Villalón, »Die Entwicklung der Verfassungsgerichtsbarkeit in Europa. § 110« (Fn. 8), Rn. 132; Grewe, »Die Verfassungsgerichtsbarkeit in ex-Jugoslawien in der Perspektive des europäischen Rechtsraums. § 111« (Fn. 18), Rn. 74 ff.; Maartje de Visser, »Verfassungsgerichtliche Legitimität im europäischen Rechtsraum: eine institutionell-verfahrensrechtliche Perspektive. § 115«, siehe ebd. (Fn. 8), S. 291-329; Farahat, »Verfassungsgerichtsbarkeit und Gewaltengliederung im europäischen Rechtsraum. § 116« (Fn. 65), Rn. 69 ff.; Landfried, »Die Verfassungsgerichtsbarkeit im europäischen Rechtsraum. Eine politikwissenschaftliche Analyse. § 124« (Fn. 21), Rn. 14 ff., 49 ff.

347 Schmitt, *Der Hüter der Verfassung* (Fn. 8); ders., *Die Tyrannei der Werte*, Berlin 2011.

genden sei eine Schneise durch diese große Diskussion geschlagen, um den Forschungsgegenstand weiter zu vertiefen.

Da eine unabhängige, unparteiliche und gesellschaftlich relevante Verfassungsgerichtsbarkeit seit den 1980er Jahren zum essentiellen Bestand rechtsstaatlicher Demokratie gehört (§ 48), können kritische Stimmen sie in der europäischen Gesellschaft lange Zeit nicht wirklich bedrängen. Das ändert sich in den letzten zehn Jahren, wie sich insbesondere in Ungarn und Polen zeigt. Viktor Orbáns *illiberale Demokratie* ist wohl die erste verfassungspolitische Idee aus Mittel- und Osteuropa mit europaweiter Aufmerksamkeit.[348] Sie artikuliert eine Entwicklung, welche demokratische Unmittelbarkeit betont und so das geltende europäische öffentliche Recht mit seiner Logik breiter Vermittlungen in Frage stellt. Und das keineswegs nur in jenen Ländern: »Die Peripherien [sind] gegenüber den Verfestigungstendenzen im Zentrum die ›heißeren‹ Zonen neuer Sinnproduktion.«[349]

Die verfassungsrechtlichen Arbeiten von Béla Pokol, Humboldt-Stipendiat bei Niklas Luhmann,[350] Professor für Rechtstheorie und -soziologie an der Universität Szeged, Vorsitzender des Ausschusses für Verfassungsfragen des ungarischen Parlaments (1998 bis 2002) und seit 2011 Richter des ungarischen Verfassungsgerichts, artikulieren diese Position.[351] Ein zentrales Theorem ist der *dual state*. Pokol sieht die Doppelstruktur des Staates zwar nicht, wie Ernst Fraenkel in seinem gleichnamigen Buch über das nationalsozialistische Deutschland, darin, dass sich über dem rechtsstaatlichen Normenstaat ein terroristischer Maßnahmenstaat

348 Vgl. oben § 26. Die Begriffsprägung stammt, mit einer kritischen Stoßrichtung, von Fareed Zakaria, »The Rise of Illiberal Democracy«, in: *Foreign Affairs* 76 (1997), S. 22-43.

349 Albrecht Koschorke, *Hegel und wir*, Berlin 2015, S. 162.

350 Béla Pokol, *Theoretische Soziologie und Rechtstheorie. Kritik und Korrigierung der Theorie von Niklas Luhmann*, Passau 2013.

351 Béla Pokol, *Double state and doubling of the legal system. Constitutional law and duplication of the branches of law*, Budapest 2020; ders., »The Gradual Duplication of the Legal System Through Constitutional Adjudication«, in: *SSRN Electronic Journal* (2019). Vgl. auch Cristina E. Parau, *Transnational Networking and Elite Self-Empowerment. The Making of the Judiciary in Contemporary Europe and Beyond*, Oxford 2018; dazu Conor Gearty, »The Courts in Europe Today. Subverting or Saving Democracy?«, in: *European Constitutional Law Review* 16 (2020), S. 770-780.

ausbildet.[352] Pokol findet aber eine problematische Verdopplung, weil sich die parlamentarische, von der demokratischen Mehrheit getragene Gesetzgebung einer ideologischen Verfassungsrechtsprechung beugen muss, welche die gesamte Rechtsordnung undemokratisch überlagert.

Trotz Pokols dezidiertem Antikommunismus gibt es bemerkenswerte Parallelen zum Verständnis der Verfassungsgerichtsbarkeit seitens der sozialistischen Rechtwissenschaft, die sie als ein undemokratisches Instrument der Klassenherrschaft deutete.[353] Auch für Pokol steht hinter den Richtern eine Klasse, die er allerdings mehr ideologisch als ökonomisch definiert. Er versteht die Verfassungsrichter als Teil einer internationalen Elite, die, bei allem Konflikt im Detail, der demokratischen Mehrheit eine letztlich linksliberale Weltsicht aufzwingen und so Gesellschaften transformieren will.

Damit setzt Pokol einen neuen Akzent. Bei Lambert perpetuiert die Verfassungsgerichtsbarkeit undemokratisch die Vorstellungen der alten nationalen Elite; Lambert bekämpft sie, ähnlich wie Hermann Heller,[354] als Hemmschuh für eine demokratische Sozialgesetzgebung. Ähnlich erklärt Hirschl viele Jahre später die gerichtszentrierte Konstitutionalisierung als eine konservative Strategie derjenigen, die ihre gesellschaftliche Hegemonie in Gefahr sehen.[355] Pokol hingegen nimmt die Verfassungsgerichtsbarkeit nicht als konservierend, sondern als strukturwandelnd wahr: Sie transformiere die Gesellschaft, und zwar entlang der linksliberalen Maßstäbe einer globalen Gruppe. Damit steht er nicht alleine: Auch der Tscheche David Kosař, weltanschaulich nicht aus Pokols Lager, versteht die Einführung einer liberalen Verfassungsgerichtsbarkeit letztlich als eine konstitutionelle Fremdbestimmung, die für Erfolge von Viktor Orbán und Jarosław Kaczyński mitverantwortlich sei.[356]

352 Ernst Fraenkel, *The Dual State. A Contribution to the Theory of Dictatorship*, New York, London u. a. 1941; ders., *Der Doppelstaat. Recht und Justiz im »Dritten Reich«*, Frankfurt 1974.

353 Tuleja, »Der polnische Verfassungsgerichtshof. § 103« (Fn. 28), Rn. 3.

354 Hermann Heller, *Rechtsstaat oder Diktatur?*, Tübingen 1930, S. 9.

355 Hirschl, *Comparative Matters* (Fn. 55), S. 264.

356 David Kosař u. a., »The Twin Challenges to Separation of Powers in Central Europe. Technocratic Governance and Populism«, in: *European Constitutional Law Review* 15 (2019), S. 427-461. Hierzu bereits oben, § 26.

In diesem weiten Feld verfassungspolitischer und -theoretischer Positionierungen kann man die demokratische Legitimität der Verfassungsgerichtsbarkeit zunächst in einer Gesamtschau erfassen.[357] Dabei erscheint mir von besonderer Bedeutung, dass eine demokratische Gesellschaft sich heute nicht nur durch eine frei gewählte Regierungsmehrheit auszeichnet, sondern durch die Gewährleistung vieler weiterer Maßstäbe. Art. 2 EUV artikuliert sie exemplarisch für die europäische Gesellschaft, die sich auszeichnen soll durch »Pluralismus, Nichtdiskriminierung, Toleranz, Gerechtigkeit, Solidarität und die Gleichheit von Frauen und Männern«, und das unter den Werten »der Achtung der Menschenwürde, Freiheit, Demokratie, Gleichheit, Rechtsstaatlichkeit und der Wahrung der Menschenrechte einschließlich der Rechte der Personen, die Minderheiten angehören«.

Eine solche Gesellschaft ist nur möglich, wenn gesellschaftliche Machtausübung sich im Lichte dieser Maßstäbe rechtfertigen muss und dabei einer Kontrolle unterliegt.[358] Diese Kontrolle ist besonders glaubwürdig, wenn sie letztlich bei einer von der Regierungsmehrheit unabhängigen und unparteilichen, professionell betriebenen Gerichtsbarkeit liegt.[359] Da die Maßstäbe offen sind, gehört deren interpretative Konkretisierung zum demokratischen Mandat der Verfassungsgerichtsbarkeit. Diese einfache Logik erklärt die Legitimität, welche die meisten Akteure verfassungsgerichtlichem Strukturwandel zusprechen.

Man kann diesen gesamthaften Ansatz mit Böckenfördes einflussreicher Legitimationskettendogmatik verdichten. Sie kommt mit einer kritischen Stoßrichtung, sah doch Böckenförde, auf Schmitts Spuren, die Bundesrepublik in der Gefahr, ein Jurisdiktionsstaat zu werden.[360] Böckenförde prüft die demokratische Le-

357 Anuscheh Farahat, *Transnationale Solidaritätskonflikte. Eine vergleichende Analyse verfassungsgerichtlicher Konfliktbearbeitung in der Eurokrise*, Tübingen 2021, § 3.

358 James Madison, »Federalist No. 10«, in: *The Federalist Papers* (1787), S. 51; Forst, *Das Recht auf Rechtfertigung* (Fn. 158).

359 Kelsen, »Wesen und Entwicklung der Staatsgerichtsbarkeit« (Fn. 109), S. 55.

360 Ernst-Wolfgang Böckenförde, »Grundrechte als Grundsatznormen. Zur gegenwärtigen Lage der Grundrechtsdogmatik«, in: *Der Staat* 29 (1990), S. 1-31, S. 29; noch dezidierter Bernd Rüthers, *Die heimliche Revolution vom Rechtsstaat zum Richterstaat. Verfassung und Methoden. Ein Essay*, Tübingen 2016, S. 29 ff., 79 ff.

gitimation von Gerichten in drei Hinsichten:[361] den rechtlichen Grundlagen eines Gerichts mit seinem Rechtsprechungsmandat (die *funktionell-institutionelle* Legitimation), den zu interpretierenden und anzuwendenden Rechtsakten (die *sachlich-inhaltliche* Legitimation) und den Strukturen, in denen die Richterinnen und Richter berufen werden (die *personell-organisatorische* Legitimation).

Betrachtet man damit die Verfassungsgerichtsbarkeit in der europäischen Gesellschaft, so verfügt sie über solide demokratische Legitimation. Mit Blick auf die *funktionell-institutionelle* Legitimation sowie die *sachlich-inhaltliche* Legitimation ist festzuhalten, dass die europäischen Verträge und die mitgliedstaatlichen Verfassungen, auch die der mittel- und osteuropäischen Mitgliedstaaten, von frei gewählten Parlamenten oder in freien Referenden in Kraft gesetzt oder reformiert worden sind. Gewiss haben Europarat und Europäische Union im Hintergrund mitgewirkt, aber von undemokratischer Fremdbestimmung kann man nicht sprechen (§ 26). Demokratische Zweifel bestehen allerdings an dem ungarischen Grundgesetz, das Orbáns verfassungsändernde Mehrheit 2011 ohne Einbeziehung der Opposition entwickelte und verabschiedete.[362]

Demokratische Legitimität verlangt demokratische Änderbarkeit. In den diskursprägenden Vereinigten Staaten kann die Verfassung praktisch nicht geändert werden. Das ist in der europäischen Gesellschaft anders. Die mitgliedstaatlichen Verfassungen sind zumeist leichter zu ändern, selbst wenn einige Kernaussagen verstärkten Schutz genießen.[363] Für die Unionsverträge oder die EMRK gilt allerdings, dass sie nur einstimmig geändert werden können (Art. 48 EUV, Art. 39 Wiener Vertragsrechtskonvention). Dafür gibt es die Austrittsmöglichkeit (Art. 50 EUV, Art. 58 EMRK). In den USA kann sich kein Bundesstaat auf diesem Weg dem Obersten Gerichtshof entziehen.

361 Ernst-Wolfgang Böckenförde, *Verfassungsfragen der Richterwahl*, Berlin 1974; zum Hintergrund ders., »Demokratie als Verfassungsprinzip«, in: Josef Isensee, Paul Kirchhof (Hg.), *Handbuch des Staatsrechts der Bundesrepublik Deutschland. Bd. II*, Heidelberg 2004, S. 429-496.

362 Dazu András Jakab, Pál Sonnevend, »Kontinuität mit Mängeln. Das neue ungarische Grundgesetz«, in: *Zeitschrift für ausländisches öffentliches Recht und Völkerrecht* 72 (2012), S. 79-102, noch in der Hoffnung, die Kontinuität würde siegen.

363 Sabrina Ragone, *I controlli giurisdizionali sulle revisioni costituzionali. Profili teorici e comparativi*, Bologna 2011, S. 29 ff., 125 ff.

Es bleibt die Frage nach *personell-organisatorischer* Legitimation. Parlamente, wenngleich in unterschiedlicher Form, spielen bei der Wahl von Verfassungsrichterinnen und -richter zumeist eine erhebliche Rolle. Weiter sind die verfassungsrichterlichen Mandate in Europa weit kürzer als in den diskursbestimmenden USA.[364] Die somit häufigeren Wahlakte stärken die demokratische Legitimation der europäischen Gerichte.[365] Es ficht diese demokratische Legitimationskette nicht an, dass die Besetzungsverfahren durchaus verbessert werden können (§ 63) und ihre Ergebnisse nicht immer von allen bejubelt werden.

Nun erledigt der Nachweis einer Legitimationskette nicht die demokratische Frage. Die Legitimationskette muss vielmehr ein *hinreichendes* Maß an demokratischer Legitimation erzeugen.[366] Das erscheint kritisch insbesondere, wenn Gerichte gesellschaftliche Strukturen prägen. Wichtige Autoren bezweifeln bereits, ob die Richterinnen und Richter des Bundesverfassungsgerichts über hinreichende demokratische Legitimität verfügen.[367] Danach sieht es für den EGMR und den EuGH noch schwieriger aus, da ihre Legitimationsketten länger und verschlungener sind.[368]

In der Tat hat kein parlamentarischer Vertrags-, Verfassungs- oder Gesetzgeber einem Gericht ein gestalterisches Mandat ausdrücklich übertragen. Die großen Urteile, die heute das Mandat vieler Gerichte symbolisieren, liegen jenseits des Erwartungshorizonts des parlamentarischen Vertrags-, Verfassungs- oder Gesetzgebers (§§ 48-51, §§ 55-57). Und doch erscheinen sogar solche

364 Christoph Grabenwarter, »Die Bestellung der Richter in vergleichender Perspektive. § 112«, in: von Bogdandy u. a. (Hg.), *Handbuch Ius Publicum Europaeum. Bd. VII* (Fn. 8), S. 129-166, insbes. Rn. 95 ff.; Landfried, »Die Verfassungsgerichtsbarkeit im europäischen Rechtsraum. Eine politikwissenschaftliche Analyse. § 124« (Fn. 21), Rn. 29 ff.

365 Ferreres Comella, »Constitutional Courts and Democratic Values« (Fn. 25), S. 96.

366 Böckenförde, *Verfassungsfragen der Richterwahl* (Fn. 360), S. 75 f., 141.

367 Andreas Voßkuhle, Gernot Sydow, »Die demokratische Legitimation des Richters«, in: *JuristenZeitung* 57 (2002), S. 673-682, S. 676-679.

368 Alain Zamaria, »Democratic Legitimacy and Non-Majoritarian Institutions: Reflections on the Functional and Democratic Legitimacy of International Adjudicative Bodies and Independent Regulatory Agencies«, in: Hélène Ruiz Fabri u. a. (Hg.), *International Judicial Legitimacy. New Voices and Approaches*, Baden-Baden 2020, S. 19-44, S. 19, 24 ff.

bisweilen als revolutionär bezeichnete[369] Entscheidungen als demokratisch legitim, wenn man sie in dem weiteren Rahmen komplexer Demokratien versteht.

Die Einsicht in die gesellschaftliche und demokratische Komplexität ist weit verbreitet.[370] Entsprechend ist das Dogma, wonach eine demokratische Gesellschaft sich allein über den Mehrheitsbeschluss der Nationalversammlung gestalten soll, verblasst.[371] So haben viele demokratische Gesellschaften wenig Schwierigkeiten, neben dem Parlament machtvolle Institutionen einzurichten und sie mit offenen Mandaten auszustatten. Dies gilt für Zentralbanken ebenso wie für die Verfassungsgerichtsbarkeit.

Die Gestaltungsmacht von Gerichten ist nicht unbeschränkt, sondern vielfach eingebunden: durch das Mehrheitserfordernis in einem pluralistischen Kollegium, die Standards vertretbarer Tenorierung und Begründung, die Sorge um Autorität und Legitimität, durch andere Gerichte des europäischen Rechtsprechungsverbunds. Die Parlamente spielen weiterhin eine große Rolle: Sie können die strukturprägenden Deutungen der Verfassungsgerichtsbarkeit legitimatorisch stützen, indem sie die Rechtsprechung aufgreifen. Sie können aber ebenso legitim intervenieren, etwa durch Verfassungsänderung, Vertragsänderung, mittels der Personalauswahl, durch die Beteiligung in späteren Verfahren, um eine Rechtsprechungslinie zu ändern oder eng zu halten. Der Weg zu einem strukturprägenden Präjudiz ist lang und involviert viele Akteure.[372] Die Anerkennung der Gestaltungsmacht der Gerichte bedeutet keineswegs, dass jede Entscheidung klaglos hinzunehmen ist. Im Gegenteil ist Kritik essentiell für die demokratische Einbettung der Gerichte.

369 Joseph H. H. Weiler, »A Quiet Revolution. The European Court of Justice and its Interlocutors«, in: *Comparative Political Studies* 26 (1994), S. 510-534; Rasmussen, »Revolutionizing European Law« (Fn. 199).

370 Pierre Rosanvallon, *Das Jahrhundert des Populismus. Geschichte, Theorie, Kritik*, Hamburg 2020, S. 35 ff.

371 Pierre Rosanvallon, *La légitimité démocratique. Impartialité, réflexivité, proximité*, Paris 2008, S. 116 ff., 222 ff. Rechtsvergleichend von Bogdandy, *Gubernative Rechtsetzung* (Fn. 6), S. 41 ff.

372 Nele Yang, *Die Leitentscheidung. Zur Grundlegung eines Begriffs und seiner Erforschung im Unionsrecht anhand des EuGH-Urteils Kadi*, Berlin, Heidelberg 2018, insbes. S. 37 ff.; Aida Torres Pérez, »In Nobody's Name. A Checks and Balances Approach to International Judicial Independence«, in: Ruiz Fabri u. a. (Hg.), *International Judicial Legitimacy* (Fn. 368), S. 45-70.

Béla Pokol hat also durchaus Recht, dass die Verfassungsgerichtsbarkeit ihr demokratisches Mandat verfehlen kann. Allerdings finden sich die wichtigsten Beispiele dafür nicht unter Gerichten, die gegen die Regierungsmehrheit entscheiden. Ein fundamentales Verfehlen liegt vielmehr vor, wenn die Verfassungsgerichtsbarkeit zum willfährigen Diener einer Regierung wird. Diese Gruppe wird angeführt von dem Verfassungssenat des venezolanischen obersten Gerichts, das sich unter den Präsidenten Chavez und Maduro zu einem Schwert der Regierungspolitik transformiert.[373] Auch das polnische und das ungarische Verfassungsgericht wandeln auf diesem Pfad.[374]

Das venezolanische, das polnische und das ungarische Beispiel zeigen zugleich, dass eine nationale Verfassungsgerichtsbarkeit oft kein großes Hindernis für eine entschiedene Regierungsmehrheit bildet, die sich verfassungsgerichtlicher Kontrolle entledigen will.[375] Verstünde man als Kernmandat der Verfassungsgerichtsbarkeit die Abwehr autoritärer Tendenzen im eigenen Land, so erschiene sie heute von eher geringer Bedeutung.[376] Versteht man sie hingegen als Institution zur Entfaltung einer komplexen Gesellschaft, die sich durch »Pluralismus, Nichtdiskriminierung, Toleranz, Gerechtigkeit, Solidarität und die Gleichheit von Frauen und Männern auszeichnet« unter den Werten »der Achtung der Menschenwürde, Freiheit, Demokratie, Gleichheit, Rechtsstaatlichkeit und der Wahrung der Menschenrechte einschließlich der Rechte der Perso-

373 Allan R. Brewer Carías, *La consolidación de la tiranía judicial. El juez constitucional controlado por el poder ejecutivo asumiendo el poder absoluto*, Caracas 2017; Jesús María Casal Hernández, »The Constitutional Chamber and the Erosion of Democracy in Venezuela«, in: *Zeitschrift für ausländisches öffentliches Recht und Völkerrecht* 80 (2020), S. 913-972.

374 Wojciech Sadurski, »Polish Constitutional Tribunal Under PiS: From an Activist Court, to a Paralysed Tribunal, to a Governmental Enabler«, in: *Hague Journal on the Rule of Law* 11 (2018), S. 63-84; Beáta Bakó, »Hungary's Latest Experiences with Article 2 TEU: The Need for ›Informed‹ EU Sanctions«, in: Armin von Bogdandy u. a. (Hg.), *Defending Checks and Balances in EU Member States. Taking Stock of Europe's Actions*, Berlin, Heidelberg 2021, S. 35-69, S. 48 ff.

375 Günter Frankenberg, *Autoritarismus. Verfassungstheoretische Perspektiven*, Berlin 2020, S. 165-169.

376 Anders aber das kolumbianische Verfassungsgericht, dazu Samuel Issacharoff u. a., »Judicial Review of Presidential Re- Election Amendments in Colombia«, in: Rainer Grote u. a. (Hg.), *Max Planck Encyclopedia of Comparative Constitutional Law*, Oxford 2020.

nen, die Minderheiten angehören«, dann kommt der Verfassungsgerichtsbarkeit eine große Rolle gesellschaftlicher Vermittlung zu. Verfassungsgerichtliche Gestaltungsmacht kompromittiert also nicht den demokratischen Charakter der europäischen Gesellschaft, sondern hilft vielmehr, ihn zu entfalten.

§ 63 Demokratische Personalpolitik

Die weitere Entfaltung des demokratischen Charakters muss allerdings auch die Richtermacht selbst im Auge behalten, insbesondere die Auswahl der EGMR- und EuGH-Richterinnen und Richter.[377] Entgegen einem verbreiteten Verständnis ist die Auswahl nicht technischer Natur,[378] sondern hat enormen politischen Gehalt und damit demokratische Relevanz. Eine nähere Betrachtung zeigt erhebliche Defizite und legt Strukturwandel nahe.

Die Verträge umreißen die Auswahl nur lose. Der Vertrag über die Arbeitsweise der Europäischen Union verlangt Unabhängigkeit und Fachkenntnis (Art. 251 Abs. 1 und Art 254 Abs. 2 AEUV), die Europäische Menschenrechtskonvention ein »hohes sittliches Ansehen« und juristische Kompetenz (Art. 21 Abs. 1 EMRK). Das erlaubt sehr unterschiedliche Verständnisse des Richteramts. Man kann die richterliche Tätigkeit als puren Erkenntnisakt oder aber als kreative Rechtsarbeit begreifen. Für den einen mag die gebotene Rolle durch Zurückhaltung und Minimalismus bestimmt sein, für die andere hingegen durch aktive Gestaltung, also eine eher maximalistische Ausrichtung. Man kann die Union als ein föderales Gemeinwesen denken oder als Instrument zwischenstaatlicher Kooperation, die Staaten oder aber die Bürgerinnen und Bürger als normativen Fluchtpunkt richterlichen Entscheidens begreifen. Dies sind legitime Verständnisse der richterlichen Tätigkeit. Zudem fließen unweigerlich politische Überzeugungen und gesell-

377 Dazu die Beiträge in Michal Bobek (Hg.), *Selecting Europe's Judges. A Critical Review of the Appointment Procedures to the European Courts*, Oxford 2015; Volker Epping, »Die demokratische Legitimation der dritten Gewalt der Europäischen Gemeinschaften«, in: *Der Staat* 36 (1997), S. 349-380.

378 Vgl. Jean-Marc Sauvé, »Selecting the European Union's Judges«, in: Bobek (Hg.), *Selecting Europe's Judges* (Fn. 377), S. 78-85.

schaftliche Grundverständnisse in die richterliche Rechtsarbeit ein.[379]

All das in den Auswahlverfahren zu thematisieren, setzt Richterinnen und Richter keineswegs Politikern gleich[380] und stellt ihre Unparteilichkeit und Unabhängigkeit nicht in Frage. Es darf zudem nicht ausgeblendet werden, dass die Vergabe von einflussreichen, prestigeträchtigen und oft gut dotierten Richterstellen häufig ein wichtiger Aspekt von Regierungspolitik ist und auch deshalb demokratischer Kontrolle bedarf. Entsprechend überzeugt es, dass die meisten Parlamente sich eine Rolle bei der Auswahl für Verfassungs- oder Höchstgerichte erkämpft haben.

Eine Rekonstruktion der Auswahl im Lichte des Demokratieprinzips bedeutet kein Votum für eine pauschale Politisierung. Eine Direktwahl von Richtern und Richterinnen wie in einigen Bundesstaaten der Vereinigten Staaten oder in Bolivien ist nicht erstrebenswert.[381] Weiter ist zu unterstreichen, dass Unabhängigkeit und Unparteilichkeit essentielle Elemente des demokratischen Mandats der Gerichte sind. Konkret geht es um zwei Punkte: erstens, dass repräsentative Institutionen den legislativen Aspekt der Richterauswahl auf offene und kooperative Weise festlegen, und zweitens, dass die zuvor erarbeiteten Kriterien in den Auswahlverfahren transparent und deliberativ (Art. 11 Abs. 2 und 3 EUV) angewandt werden.

Zum legislativen Aspekt: In der EU und im Europarat werden die vagen vertraglichen Vorgaben auf markant unterschiedliche Weise konkretisiert. In Straßburg ist die Beratende Versammlung des Europarats, ein aus nationalen Abgeordneten zusammengesetztes parlamentarisches Organ (Art. 22 ff. Satzung Europarat), die treibende Kraft. In offenen und deliberativen Verfahren hat sie

379 Gil Carlos Rodríguez Iglesias, »The Judge Confronts Himself as Judge – Presentation«, in: Robert Badinter, Stephen Breyèr (Hg.), *Judges in Contemporary Democracy. An International Conversation*, New York 2004, S. 275-316, S. 281.

380 Christoph Möllers, »Legalität, Legitimität und Legitimation des Bundesverfassungsgerichts«, in: Matthias Jestaedt u. a. (Hg.), *Das entgrenzte Gericht* (Fn. 31), S. 281-422, S. 314 ff.

381 Zu den USA Russell Wheeler, »Judicial Independence in the United States of America«, in: Anja Seibert-Fohr (Hg.), *Judicial Independence in Transition*, Berlin, Heidelberg 2012, S. 521-565, S. 528 ff.; zu den Direktwahlen von Richtern im Sinne der 2009 in Kraft getretenen bolivianischen Verfassungsreform vgl. Amanda Driscoll, Michael Nelson, »The 2011 Judicial Elections in Bolivia«, in: *Electoral Studies* 31 (2012), S. 628-632.

Kriterien aufgestellt und dabei umstrittene Fragen entschieden. In Brüssel geht es weitaus zugeknöpfter zu. Dort sitzt der sogenannte Artikel-255-Ausschuss an zentraler Stelle, der in seinen Tätigkeitsberichten Kriterien für die Auswahl niedergelegt hat.[382]

Die Personalauswahl für den EGMR ist eine der sichtbarsten und wichtigsten Kompetenzen der Beratenden (parlamentarischen) Versammlung. Sie wählt nach Artikel 22 EMRK einen Kandidaten aus dem nationalen Dreiervorschlag. Dabei fordert sie, dass der vorherige nationale Auswahlprozess demokratisch, transparent und ohne Diskriminierung abläuft.[383] Da die nationale und die transnationale Komponente der Auswahl eng miteinander verbunden sind, werden Erfolg und Legitimität des Prozesses vom Zusammenwirken nationaler und transnationaler Institutionen bestimmt.[384]

Seit Mitte der 1990er Jahre hat die parlamentarische Versammlung die Auswahlverfahren aktiv gestaltet. In einer Reihe von Rechtsakten, Empfehlungen, Resolutionen und Berichten hat sie Vorgaben niedergelegt.[385] Die Richterbank soll aus Personen bestehen, die kompetent und kommunikativ sind, die gesellschaftspolitische Dimension ihrer Aufgabe erkennen, Menschlichkeit und ein Bekenntnis zum Dienst an der Allgemeinheit mitbringen, Mehrsprachigkeit ist wichtig.[386] Im Richterkollegium sollen die Geschlechter gleichmäßig vertreten sein, der Anteil der Richterinnen soll auf mindestens vierzig Prozent erhöht werden.

Man mag streiten, ob all diese Kriterien überzeugen. Aus demokratischer Perspektive besticht aber das Verfahren, wie der Umgang

382 Zuletzt Sixth Activity Report of the Panel Provided for by Article 255 of the Treaty on the Functioning of the European Union, Oktober 2019, ⟨https://curia.europa.eu/jcms/upload/docs/application/pdf/2020-01/qcar19002enn_002_-_public.pdf⟩, letzter Zugriff 01. 07. 2021.

383 Europarat (parlamentarische Versammlung), Resolution 1646 (2009), Rn. 2. Vgl. schon Europarat (parlamentarische Versammlung), Empfehlung 1649 (2004). Dies kann z. B. öffentliche Stellenausschreibungen und die Anhörung nationaler Parlamente umfassen. Diese Forderungen werden vom Ministerkomitee unterstützt: Europarat (Ministerkomitee) CM (2012) 40 final (29. März 2012).

384 Europarat (parlamentarische Versammlung), Resolution 1646 (Fn. 383), Rn. 1.

385 Bericht des Committee on Legal Affairs and Human Rights der Versammlung, AS/Jur/Inf (2012) 02 rev4 (07. Dezember 2012).

386 Europarat (parlamentarische Versammlung) Report of the Committee on Legal Affairs and Human Rights, Doc. 9963 (07. Oktober 2003), Rn. 56.

mit der Anforderung von Geschlechtergerechtigkeit zeigt.[387] Die Versammlung hat nach intensiven Debatten die Vorgabe aufgestellt, dass nationale Kandidatenvorschlagslisten (Art. 22 EMRK) grundsätzlich weibliche Kandidaten aufführen müssen.[388] Sie fand Übereinstimmung mit der »zweiten Kammer« des Europarats, dem Ministerkomitee, setzte sich mit der rechtlichen Bewertung des EGMR auseinander und reagierte auf die Anliegen nationaler Regierungen. Die kooperativen, deliberativen und ebenenübergreifenden Elemente dieses Prozesses überzeugen im Lichte demokratischer Prinzipien.

In der Europäischen Union verläuft die Entwicklung von Kriterien zur Richterauswahl in anderen Bahnen. Der sichtbarste Akteur ist der durch den Lissabon-Vertrag eingerichtete Artikel-255-Ausschuss.[389] Seine Hauptaufgabe besteht darin, die Entscheidung der Regierungen der Mitgliedstaaten durch eine Beurteilung einzelner Kandidaten vorzubereiten. In seinen Tätigkeitsberichten hat dieses Expertengremium Kriterien aufgestellt, die es zur Bewertung heranzieht. Die Experten werden nach einem kooptativen Modus ernannt: Der Vorschlag zur Zusammensetzung des Artikel-255-Ausschusses kommt vom Präsidenten des EuGH.[390]

Die Einrichtung dieses Gremiums stellt eine wertvolle Entwicklung dar, um die fachliche Qualifikation der Kandidaten zu bewerten. Betrachtet man die Richterauswahl aus der Perspektive demokratischer Prinzipien, können Experten aber nur eine beschränkte Rolle spielen,[391] insbesondere bei der Erarbeitung von Verfahren

387 Stéphanie Hennette-Vauchez, »More Women – But Which Women? The Rule and the Politics of Gender Balance at the European Court of Human Rights«, in: *European Journal of International Law* 26 (2015), S. 195-221; Freya Baetens (Hg.), *Identity and Diversity on the International Bench*, Oxford 2021.

388 Europarat (parlamentarische Versammlung), Resolution 1366 (2004), abgeändert durch Resolution 1426 (2005), Resolution 1627 (2008) und Resolution 1841 (2011).

389 Beschluss des Rates vom 25. Februar 2010 über die Arbeitsweise des in Artikel 255 des Vertrags über die Arbeitsweise der Europäischen Union vorgesehenen Ausschusses (2010/124/EU).

390 Dazu Henri de Waele, »Not Quite the Bed that Procrustes Built. Dissecting the System for Selecting Judges at the Court of Justice of the European Union«, in: Bobek (Hg.), *Selecting Europe's Judges* (Fn. 377), S. 24-50.

391 Voßkuhle/Sydow, »Die demokratische Legitimation des Richters« (Fn. 367), S. 677.

und Kriterien. Der Ausschuss hat das erkannt. Er betont zum Beispiel, dass er sich nicht mit der Zusammensetzung der Richterbank zu befassen hat.[392] Fragen sozialer Repräsentativität oder die gleichmäßige Vertretung der Geschlechter auf der Richterbank liegen außerhalb seines Zuständigkeitsbereichs.

Die Zahlen legen den Befund nahe, dass die demokratisch-kooperative Strategie im Europarat erfolgversprechender ist als das Verfahren nach Art. 255 AEUV, wenn es etwa um die Gleichheit zwischen den Geschlechtern geht. Am EGMR sind weit mehr Stellen mit Frauen besetzt als am EuGH. Die fehlende Gleichheit am EuGH steht in deutlicher Spannung zu den Grundprinzipien des Art. 2 EUV. Die Beteiligung des Europäischen Parlaments könnte hier eine Verbesserung bringen. Das Parlament fordert seit dem *Spinelli*-Bericht[393] immer wieder eine aktive Rolle im Auswahlverfahren von EuGH-Richtern.[394] Eine solche Beteiligung entspricht der Logik des Art. 10 EUV und erscheint als vielversprechender Weg, um die diskursive Qualität und öffentliche Wahrnehmung des Prozesses zu erhöhen. Seine Beteiligung wäre ohne Vertragsänderung möglich: Das Europäische Parlament könnte, beraten durch den Artikel-255-Ausschuss, allgemeine Kriterien zur Richterauswahl in Form von Entschließungsanträgen oder Empfehlungen aufstellen.[395]

Der zweite Aspekt betrifft die Besetzung einzelner Richterstellen.[396] Den Ausgangspunkt der Richterauswahl bilden in der EU und im Europarat Kandidatenvorschläge der Mitgliedstaaten. Sie müssen geeignete Personen in das Verfahren bringen. In keinem der beiden Systeme werden heute Regierungsvorschläge einfach durchgewinkt. Sie haben vielmehr Expertenausschüsse eingerich-

392 Second Activity report of the Panel Provided for by Article 255 of the Treaty on the Functioning of the European Union, 26. Dezember 2012, ⟨http://register.consilium.europa.eu/pdf/en/13/st05/st05091.en13.pdf⟩, letzter Zugriff 01.07.2021, S. 7.

393 Entwurf eines Vertrags zur Gründung der Europäischen Union, ABl. C 77 vom 19.3.1984, S. 33, Art. 30 Abs. 2.

394 Gregorio Garzón Clariana, »Le rôle du Parlement européen dans le développement de la Cour de justice«, in: Ninon Colneric u. a. (Hg.), *Festschrift für Gil Carlos Rodríguez Iglesias*, Berlin 2003, S. 21-39, S. 25 ff.

395 Art. 120 der Geschäftsordnung des Europäischen Parlaments.

396 Zur Kritik Henri de Waele, »Not Quite the Bed that Procrustes Built« (Fn. 390); David Kosař, »Selecting Strasbourg Judges. A Critique«, siehe ebd., S. 120-161.

tet, welche die Einhaltung der Vorgaben sicherstellen sollen. Dem Artikel-255-Ausschuss der EU korrespondiert im Europarat ein Gremium mit sieben Experten, das informell nach seinem ersten Präsidenten Luzius Wildhaber benannt ist. Es soll die Mitgliedstaaten über die Eignung von Kandidaten beraten, bevor ein nationaler Dreier-Vorschlag der parlamentarischen Versammlung übermittelt wird.[397] Diese Einbindung von Experten ist wertvoll. Oftmals sind sie durch ihre persönliche und berufliche Erfahrung besonders geeignet, Informationen zu sammeln, zu ordnen und zu bewerten, also etwa die berufliche Qualifikation, Unabhängigkeit und Unparteilichkeit von Kandidaten zu beurteilen.[398] Entsprechend fragwürdig ist es, dass Konventionsstaaten die Bewertung des Gremiums immer wieder ignorieren und Kandidaten vorschlagen, die das Panel abgelehnt hat.[399] Besonders bedauerlich ist, dass die parlamentarische Versammlung dabei mitmacht.

In der Europäischen Union entscheiden gemäß Artikel 253 und 254 AEUV die Regierungen der Mitgliedstaaten. Eine anachronistisch anmutende Konstruktion sorgt sogar dafür, dass das Verfahren der Richterauswahl in der EU gerichtlicher Nachprüfung gänzlich entzogen ist. Die fehlende Einbindung des Europäischen Parlaments erscheint unvereinbar mit der Logik des Art. 10 EUV. Das bestätigt ein Vergleich: Bei Auswahlverfahren zu anderen unabhängigen Unionsorganen hat es zumindest eine beratende Rolle (Art. 283 Abs. 2 und Art. 286 Abs. 2 AEUV).

Im Ergebnis ist festzuhalten, dass EuGH und EGMR zwar demokratische Institutionen im Sinne der klassifikatorischen Dimension des Demokratiebegriffs sind, es im Sinne seiner komparativen Dimension aber erhebliche Defizite und somit Verbesserungspotenzial gibt (§ 44). Das betrifft nicht nur die Personalauswahl für die Richterbank, sondern auch die Gestaltung der Verfahren und die Art der Begründung.[400]

397 Europarat (Ministerkomitee), Resolution CM/Res(2010)26.

398 Draft CDDH report on the review of the functioning of the Advisory Panel of experts on candidates for election as judge to the European Court of Human Rights, GT-GDR-E(2013)R2 Addendum II (19. September 2013).

399 Steering Committee for Human Rights, Selection and election of judges of the European Court of Human Rights, Straßburg 2018, S. 34-43.

400 Überlegungen hierzu von meiner Seite in von Bogdandy/Venzke, *In wessen Namen?* (Fn. 42), S. 234 ff.; weiter Farahat, *Transnationale Solidaritätskonflikte* (Fn. 356), § 3 B.

§ 64 In wessen Namen?

Ein weiterer Aspekt des richterlichen Mandats betrifft die Frage, wer dieses Mandat erteilt. Viele nationale Gerichte antworten, indem sie *Im Namen des Volkes* oder *der Republik* urteilen.[401] Urteile des EuGH oder EGMR geben hingegen keinerlei vergleichbare Auskunft.[402] Der Unterschied zeigt sich auch im Amtseid. Nach § 11 BVerfGG ist zu geloben, dass er oder sie »als gerechter Richter allezeit das Grundgesetz der Bundesrepublik Deutschland getreulich wahren [...] werde«. In Österreich ist gem. § 29 Abs. 1 Richter- und Staatsanwaltschaftsdienstgesetz zu schwören, die ganze Kraft in den Dienst der Republik zu stellen. Nach Art. 4 EuGH Verfahrensordnung ist hingegen nur zu geloben, »dass ich mein Amt unparteiisch und gewissenhaft ausüben und das Beratungsgeheimnis wahren werde«. Ähnlich dünn ist der Amtseid beim EGMR nach Regel 3 der *Rules of the Court*. Das spiegelt, wie unklar die neuen Strukturen der Verantwortlichkeit sind.

Welche Worte könnten eingangs einer EuGH- oder EGMR-Entscheidung stehen, um eine Idee ihrer demokratischen Legitimation zu vermitteln? Die folgende Rekonstruktion wird zu zwei Vorschlägen führen, die das Mandat und das Verhältnis der beiden Gerichte und die Struktur der europäischen Gesellschaft weiter erschließen.

Zunächst zum EGMR: Welche Formel könnte seine demokratische Legitimation ähnlich der Formel *Im Namen des Volkes* artikulieren?[403] Man mag an einen Verweis auf die Konvention denken. Dann würde es heißen *Im Namen der Europäischen Menschenrechtskonvention*, so als ob ein nationales Gericht *Im Namen des Geset-*

401 Siehe § 25 Abs. 4 BVerfGG; Art. 454 des französischen Zivilverfahrensgesetzes; Art. 101 Abs. 1 der italienischen Verfassung; Art. 202 Abs. 1 der portugiesischen Verfassung; Artikel 82 Abs. 2 österreichisches Bundes-Verfassungsgesetz; Art. 49 Abs. 10 der tschechischen Verwaltungsprozessordnung. Zur Formel Peter-Christian Müller-Graff, »Zur Geschichte der Formel ›Im Namen des Volkes‹«, in: *Zeitschrift für Zivilprozess* 88 (1975), S. 442-445; Michael Stolleis, *Im Namen des Gesetzes*, Berlin 2004, S. 7 ff.

402 Zur Weisheit dieses Schweigens Freya Clausen, »In the Name of the European Union, the Member States and/or the European Citizens?«, in Ruiz Fabri u. a. (Hg.), *International Judicial Legitimacy* (Fn. 368), S. 249-270.

403 Der nachfolgende Abschnitt beruht auf diesem Aufsatz: von Bogdandy/Hering, »Im Namen des Europäischen Clubs rechtsstaatlicher Demokratien« (Fn. 270).

zes als Eingangsformel nutzte.[404] Dies würde aber verkennen, dass nicht das Gesetz, sondern der parlamentarische Beschluss die Quelle demokratischer Legitimität bildet.

Die einzelstaatlichen Ratifikationen der Konvention sind von grundlegender Bedeutung für die demokratische Legitimität des EGMR. So ist zu erwägen, dem klassischen völkerrechtlichen Verständnis folgend, ob der EGMR *Im Namen der streitenden Staaten* entscheidet. Das mag für den Internationalen Gerichtshof passen, aber nicht für den Straßburger Gerichtshof: In aller Regel streiten vor dem EGMR nicht zwei Staaten, sondern ein Staat und ein Individuum, oft sogar ein Bürger des verklagten Staates. Was dann?

Die demokratische Legitimität des Straßburger Gerichtshofs beruht auf der Ratifikation der Konvention durch *alle* Vertragsparteien. Er entscheidet also *Im Namen aller Konventionsstaaten*. Das holistische *alle* bringt einen wichtigen Aspekt zum Ausdruck: Ein Urteil des EGMR dient nicht nur der Entscheidung des streitigen Falls, sondern zudem einem gemeinsamen Anliegen aller Konventionsstaaten. Die Präambel der EMRK spricht von einer »wahrhaft demokratischen politischen Ordnung« in ganz Europa. Die EMRK lässt den traditionellen Bilateralismus des Völkerrechts weit hinter sich, denn die Entscheidungen des EGMR verfolgen ein Gemeinschaftsinteresse der Konventionsstaaten.

Die Formel *Im Namen aller Konventionsstaaten* lässt sich weiter verdichten, denn die EMRK überwindet nicht nur den traditionellen Bilateralismus, sondern zudem den traditionellen Werterelativismus des Völkerrechts. Die Konventionsstaaten müssen *rechtsstaatlich und demokratisch* sein.[405] Gewiss erfüllten nicht alle Staaten bei ihrem Beitritt alle Anforderungen. Aber defizitäre Staaten wurden aufgenommen mit der Verpflichtung, dass sie ihre demokratischen und rechtsstaatlichen Strukturen im Sinne der Konvention entwickeln.[406]

404 In diesem Sinne für den EuGH Luuk van Middelaar, *The Passage to Europe. How a Continent Became a Union*, London 2014, S. 27: »on behalf of the European treaty«.

405 Siehe Präambel und Art. 3 Satzung des Europarates; Joseph Zand, »The Concept of Democracy and the European Convention on Human Rights«, in: *University of Baltimore Journal of International Law* 5 (2017), S. 195-227.

406 Europarat, Parliamentary Assembly, Application by Russia for membership of the Council of Europe, Opinion 192 (1996), Nr. 7.

Die Anforderungen an Rechtsstaatlichkeit und Demokratie gewinnen Kontur in ihrer dreifachen Entgegensetzung gegen die totalitären Systeme der Achsenmächte, den Sowjetkommunismus[407] und autoritäre konservative Regime wie die griechischen Obristen[408] sowie durch die konsolidierte Praxis der Straßburger Organe. Verlangt sind neben wirksamem Grundrechtsschutz Demokratie, politischer Pluralismus und ein funktionstüchtiges System der Gewaltenteilung.[409] Dies ergibt sich bereits aus der Präambel der Konvention, wonach die Menschenrechte und Grundfreiheiten »am besten durch eine wahrhaft demokratische politische Ordnung« gesichert werden. Die Konvention soll dabei nicht nur »das Volk gegen Diktaturen [...] schützen«, sondern, ebenso wichtig im heutigen Kontext, »den Widerstand in allen Staaten gegen einen schleichenden Versuch, die herrschende Lebensweise zu untergraben, [...] stärken«.[410]

Angesichts dieser materiellen Aufladung lässt sich die Formel weiterentwickeln, indem man *Konventionsstaaten* durch *demokratische Rechtsstaaten* ersetzt. Der Gerichtshof entscheidet dann *Im Namen europäischer demokratischer Rechtsstaaten*. Diese Formel unterstreicht zugleich die wohl größte Herausforderung des EGMR: dies angesichts schwierigster Mitglieder wie Aserbaidschan, Russland und der Türkei weiterhin glaubwürdig tun zu können (§ 66).

Nun betrifft die Konvention nicht nur den Staatsapparat und die formale Organisation öffentlicher Gewalt. Sie ist auch deshalb ein wegweisender Vertrag, weil sie den traditionellen Horizont des Völkerrechts noch in einer dritten Hinsicht überwindet. Sie stattet das Individuum mit Rechten aus und lässt es, unter anderem mittels der Individualbeschwerde, zu einem transnationalen Akteur erstarken. Die Konvention stärkt die Individuen, auch als politische Subjekte. Die Sicherung demokratischer Rechte ist eine zentrale Rechtsprechungslinie des Gerichtshofs mit Entscheidungen zur

407 Madsen, »From Cold War Instrument to Supreme European Court« (Fn. 225).

408 Heinz A. Richter, *Griechenland 1950-1974. Zwischen Demokratie und Diktatur*, Ruhpolding 2013, S. 323 ff.

409 EGMR, *Campbell and Fell v. United Kingdom*, App. No. 7819/77, Urteil v. 28. Juni 1984, Serie A Nr. 80, Rn. 78.

410 Siehe Europarat, Collected Edition of the »Travaux préparatoires«, 1979, Bd. 5, S. 332, Bd. 1, S. 30.

politischen Vereinigungsfreiheit gem. Art. 11 EMRK,[411] zur politischen Meinungsfreiheit gem. Art. 10 EMRK,[412] dem Recht auf freie Wahlen gem. Art. 3 des ersten Zusatzprotokolls.[413]

Diese Dimension ist eine bedeutende Errungenschaft und sollte in der Eingangsformel zum Ausdruck kommen. Auch nationale Gerichte entscheiden nicht *Im Namen des Staates*, sondern eben *des Volkes* oder *der Republik*. Diese Dimension lässt sich artikulieren, indem man die Formel verkürzt auf *Im Namen europäischer rechtsstaatlicher Demokratien*. Indem *Staaten* in *Demokratien* aufgehoben werden, kommt zum Ausdruck, dass die Bürgerschaft mit einbezogen ist. Man beachte den Plural: Der Gerichtshof spricht nicht im Namen einer abstrakten Idee politischer Ordnung. Die Formel unterstreicht, dass die demokratische Legitimität des Gerichtshofs von den demokratisch organisierten Völkern der Konventionsstaaten stammt.

Schließlich sollte die Formel zum Ausdruck bringen, dass die demokratische Legitimität des Gerichtshofs eine Gemeinschaftsleistung der europäischen Demokratien ist. Dies führt zu dem Begriff der *Gemeinschaft*.[414] Die europäischen rechtsstaatlichen Demokratien haben sich unter der Satzung des Europarates und der Konvention zusammengefunden, um Ziele zu verfolgen, die sie alleine nicht erreichen können. Das wichtigste Ziel ist ein regionales Menschenrechtssystem, welches ihre gleichlaufenden verfassungsrechtlichen Entscheidungen absichert.[415] Dafür haben die Konventionsstaaten gemeinsame, verselbständigte, mit öffentlicher Gewalt versehene Institutionen eingerichtet, etwa den Gerichtshof, dessen Richterinnen und Richter sie gemeinsam in einem parlamentarischen Verfahren wählen und mit demokratischer Legitimität ausstatten. Er entscheidet danach *Im Namen der Gemeinschaft rechtsstaatlicher Demokratien*.

Alle Bemerkungen zum EGMR treffen auch auf den EuGH zu.

411 EGMR, *Vona v. Hungary*, App. No. 35943/10, Urteil v. 09. Juli 2013, Rn. 58.

412 EGMR, *Handyside v. United Kingdom* (Fn. 295), Rn. 49.

413 EGMR, *Matthews v. United Kingdom*, App. No. 24833/94, Urteil v. 18. Februar 1999, ECHR 1999-I Rn. 42.

414 Richard Bellamy, »The Democratic Legitimacy of International Human Rights Conventions. Political Constitutionalism and the European Convention on Human Rights«, in: *European Journal of International Law* 25 (2015), S. 1019-1042, S. 1031 ff.

415 Bates, *The Evolution of the European Convention on Human Rights* (Fn. 145) S. 5.

Die Europäische Union ist sogar noch weit mehr als der Europarat eine *Gemeinschaft europäischer rechtsstaatlicher Demokratien.* Die Anforderungen des Art. 48 EUV nehmen die Kriterien des Art. 4 Satzung Europarat auf, sind aber anspruchsvoller. Weiter unterscheidet sich die Binnenstruktur der Union merklich von der des Europarats. Korrespondierend ihrer ungleich größeren Machtfülle gibt es eine eigene Bürgerschaft, direkte Wahlen und detaillierte demokratische Vorgaben. Die Art. 9 bis 12 EUV legen »Bestimmungen über die demokratischen Grundsätze« nieder, die für alle Organe der Europäischen Union gelten (Art. 13 EUV), also auch für den EuGH.

Nun gibt es kein europäisches Volk (§ 12). Daher kann der EuGH nicht *Im Namen des Volkes*, sondern allenfalls *Im Namen seiner Völker* entscheiden (§ 42). Das würde allerdings eine große Innovation des Unionsrechts ausblenden: die Unionsbürgerschaft (§ 12).

Der Eingangsartikel des Titels II der Verträge über die demokratischen Grundsätze setzt mit der Unionsbürgerschaft ein. Auf dieser Grundlage steht zu erwägen, das demokratische Mandat des EuGH mit der Formel *Im Namen der Unionsbürger und Unionsbürgerinnen* zu fassen.[416] Man würde das unionale Demokratieprinzip allerdings verkennen, stellte man *allein* den Unionsbürger in den Mittelpunkt. Das Unionsrecht erkennt die demokratische Organisation aller Unionsbürger durch die Mitgliedstaaten an. So stehen neben dem Unionsbürger die demokratisch verfassten Völker der Mitgliedstaaten, die als organisierte Verbände in der Union tätig werden. Die Verträge sprechen, soweit das Demokratieprinzip im Raum steht, zum einen von den Völkern der Mitgliedstaaten und zum anderen von den Unionsbürgern. Hiermit sind die zentralen Elemente benannt, die das unionale Demokratieprinzip bestimmen. Die Union beruht auf einer *dualen Legitimationsstruktur*: der Gesamtheit der Unionsbürger *und* den mitgliedstaatlich verfassten Völkern (§ 42).

Diese duale Legitimationsstruktur ist ein bedeutender Ausdruck des europäischen Strukturwandels. Welche Formel könnte sie auf den Punkt bringen? Naheliegend erscheint *Im Namen der Unionsbürgerinnen und Unionsbürger und der Völker der Mitgliedstaaten.*

416 In diesem Sinne Stephan Wernicke, »Au nom de qui? The European Court of Justice between Member States, Civil Society and Union Citizens«, in: *European Law Journal* 13 (2007), S. 380-407, S. 406 ff.

Dieses Verständnis hat es sogar in Art. I-1 Abs. 1 des gescheiterten Verfassungsvertrags von 2004 geschafft, wohlgemerkt sogar mit Blick auf die verfassungsvertragsgebende Gewalt.[417] Hier, mit Blick auf die Rechtsprechung des EuGH, geht es allein um die Ausübung konstituierter Gewalt, bei der, anders als die verfassungsvertragsgebende Gewalt, das Europäische Parlament nach Art. 10 Abs. 2 EUV eine Schlüsselrolle spielt.

Man kann noch einen weiteren Schritt machen. Laut Art. 1 Abs. 2 EUV ist das übergreifende Anliegen des europäischen Zusammenschlusses *eine Union der Völker Europas*. Der unbestimmte Artikel *eine* zeigt an, dass diese Union des Art. 1 Abs. 2 EUV mehr ist als die formale Organisation *Europäische Union*, von der Art. 1 Abs. 3 EUV und alle weiteren Artikel der Verträge sprechen und die nach Art. 47 EUV Rechtspersönlichkeit trägt. Art. 1 Abs. 2 EUV artikuliert den Gesamtzusammenhang aus der Rechtsperson *Europäische Union* und den Mitgliedstaaten, also eben den Zusammenschluss, den alle Mitglieder der europäischen Gesellschaft in ihrer Doppelnatur als Unions- und Staatsangehörige tragen (§ 11). Das nimmt Jean Monnets berühmte Formel des eigentlichen Zwecks des Integrationsprozesses auf: »Wir koalieren keine Staaten, sondern wir vereinen Menschen.«[418]

In dieser breiten Bedeutung des Art. 1 Abs. 2 EUV korrespondieren Union und die europäische Gesellschaft. Entsprechend entscheidet der EuGH *Im Namen der Union*. Von hier aus ist das Mandat des EuGH zu konkretisieren, »ihren Werten Geltung zu verschaffen, ihre Ziele zu verfolgen, ihren Interessen, denen ihrer Bürgerinnen und Bürger und denen der Mitgliedstaaten zu dienen« (Art. 13 Abs. 1 EUV). Das kann in kritischen Situationen das Mandat eines transformativen Konstitutionalismus umfassen.

417 Dazu European Convention, Reactions to draft Articles 1 to 16 of the Constitutional Treaty (26. Februar 2003), CONV 574/1/03 REV 1, Annex, S. 2.

418 Jean Monnet, *Mémoires*, Paris 1976, S. 7: »Nous ne coalisons pas des États, nous unissons des hommes.«

F. Transformativer Konstitutionalismus

Die Verfassungsgerichtsbarkeit hat über die letzten Jahrzehnte die Entwicklung des öffentlichen Rechts stark geprägt und damit zur Entstehung und Demokratisierung der europäischen Gesellschaft beigetragen. Einige Rechtsprechungslinien gewinnen sogar die Qualität eines transformativen Konstitutionalismus (§ 24). Welche Probleme sich dabei zeigen und worauf es ankommt, sei anhand lateinamerikanischer Erfahrungen dargestellt. Diese zeigen exemplarisch, wie ein Gericht in schwierigen Situationen demokratischen Wandel stärken kann. Sodann geht es um die einschlägige Rechtsprechung der beiden europäischen Gerichte. Ich beginne mit dem EGMR, der seit mehr als zwei Jahrzehnten solche Entscheidungen trifft, anders als der EuGH, der erst am 27. Februar 2018 diese Linie aufnimmt.

§ 65 Herausforderungen und Antworten

Es ist der binären Logik des Rechts geschuldet, dass es nach einem Urteil immer einen Verlierer gibt. Viele sehen in der Akzeptanz des Unterlegenen die eigentliche Crux der richterlichen Funktion: Warum und wann fügt er sich dem ihn benachteiligenden Urteilsspruch?[419] Das fragt sich insbesondere, wenn ein Gericht seine Entscheidung nicht einfach vollstrecken kann, so etwa bei einem Verfassungsgericht gegen eine Regierung oder einem internationalen Gericht gegen einen Staat. Akzeptanz ist besonders voraussetzungsreich, wenn ein Gericht gesellschaftliche Transformationen verlangt. Breiter Widerstand ist zu erwarten. Drei damit verbundene Herausforderungen seien angesprochen: Die Gefahr der Politisierung, die Notwendigkeit eines stützenden sozialen Feldes sowie der Einwand, ein unbefolgtes Urteil sei nicht nur sinnlos, sondern sogar schädlich.

Politischer Widerstand gegen Gerichte, die strukturwandelnde Entscheidungen erlassen, ist ein großes Thema der letzten Jahre.[420]

419 Niklas Luhmann, *Legitimation durch Verfahren*, Berlin 1969, insbes. S. 57 ff.; Shapiro, *Courts* (Fn. 35), S. 2.

420 Ximena Soley, Silvia Steininger, »Parting ways or lashing back? Withdrawals,

Dieser Widerstand birgt eine Politisierung in dem Sinne, dass politische Akteure die Legalität und Legitimität einer Rechtsprechung oder gar eines Gerichts insgesamt in Frage stellen. Das gefährdet die Autorität eines Gerichts, seine vielleicht wichtigste Ressource.

Doch es gibt auch eine andere Seite: Autorität ist nie nur verliehen, sondern immer auch genommen. Politischer Widerstand bietet einem Gericht die Chance, seine Autorität zu stärken (§ 51). Natürlich braucht es viel Urteilskraft und politisches Geschick, um eine solche Chance zu nutzen. Eine wissenschaftliche Analyse kann solche Urteilskraft nicht ersetzen, wohl aber zeigen, dass Gerichte einen solchen Konflikt nicht kategorisch scheuen müssen. Lateinamerika bietet interessantes Anschauungsmaterial.

Im Jahr 2017 gutachtet der Interamerikanische Gerichtshof auf Antrag der Regierung von Costa Rica, dass gleichgeschlechtliche Paare heterosexuellen Paaren gleichzustellen sind.[421] Hintergrund ist, dass die Regierung nach einem Trumpf gegen einen zögerlichen Gesetzgeber sucht. Die Umsetzung des Gutachtens wird zum zentralen Wahlkampfthema. Die beiden Kandidaten der zweiten Wahlrunde definieren sich über ihre gegenläufige Positionierung zu dieser Rechtsprechung. Der unterstützende Kandidat gewinnt die Wahl,[422] welche fast als ein Referendum über die gesellschaftliche Autorität und Bedeutung des Interamerikanischen Gerichtshofs in Costa Rica verstanden werden kann.

Noch interessanter ist ein öffentlicher Brief an die Interamerikanische Menschenrechtskommission vom April 2019.[423] Absender

backlash and the Inter-American Court of Human Rights«, in: *International Journal of Law in Context* 14 (2018), S. 237-257; Madsen, »From Boom to Backlash? The European Court of Human Rights and the Transformation of Europe«, in: Helmut Aust, Esra Demir (Hg.), *The European Court of Human Rights. Current Challenges in Historical and Comparative Perspective*, Cheltenham 2021, S. 21-42.

421 IAGMR, Opinión Consultiva OC-24/17: Identidad de Género, e Igualdad y No Discriminación a Parejas del Mismo Sexo, (2017); René Urueña, »Reclaiming the Keys to the Kingdom (of the World): Evangelicals and Human Rights in Latin America«, in: Janne E. Nijman, Wouter G. Werner (Hg.), *Netherlands Yearbook of International Law 2018: Populism and International Law*, Den Haag 2019, S. 175-207.

422 Kirk Semple, »Costa Rica Election Hands Presidency to Governing Party Stalwart«, *The New York Times* v. 01. 04. 2018.

423 La República Argentina, la República Federativa del Brasil, la República de Chile, la República de Colombia y la República del Paraguay, Declaración Sobre el

sind die allesamt als politisch rechts zu verortenden Präsidenten von Argentinien, Brasilien, Chile, Kolumbien und Paraguay, Mauricio Macri, Jair Bolsonaro, Sebastián Piñera, Iván Duque und Mario Abdo Benítez. Der Brief erkennt die Bedeutung des Interamerikanischen Menschenrechtssystems zwar an, fordert aber, dass seine Institutionen das Subsidiaritätsprinzip stärker respektieren, restriktivere Auslegungsmethoden anwenden und mit »gebührender Kenntnis und Berücksichtigung der politischen, wirtschaftlichen und sozialen Realitäten der Staaten« arbeiten sollen.

Das stellt den transformativen Konstitutionalismus des Interamerikanischen Menschenrechtssystems in Frage. Deshalb mobilisieren über zweihundert NGOs gegen den Brief.[424] Sie portraitieren ihn als Angriff auf das System, das die Wiederherstellung demokratischer Verhältnisse symbolisiert und absichert.[425] Ihr Widerstand hat Erfolg. Die systemkritische Koalition der fünf Präsidenten, die immerhin 70 Prozent der Bevölkerung und 80 Prozent des GDP der Region repräsentieren, zerfällt. Es kommt zu keiner konzertierten Unterwanderung des Systems, etwa durch eine entsprechende Personalpolitik. Der einzige so verstandene Kandidat für ein Amt im System scheitert, auf Protest aus der Zivilgesellschaft, in der Generalversammlung der Organisation amerikanischer Staaten.[426] Die chilenische Regierung, die den Brief initiiert hat, schlägt für freiwerdende Posten mit Antonia Urrejola Noguera und Patricia Pérez Goldberg alsbald Kandidatinnen vor, die der Logik des Interamerikanischen Systems verpflichtet sind.

Man kann den Brief der fünf Präsidenten mit dem Interlaken-Prozess zum EGMR vergleichen (§ 57), der sich ebenfalls politischem Widerstand gegen eine strukturprägende Rechtsprechung

Sistema Interamericano de Derechos Humanos, 2019, ⟨https://repositorio.uca.edu.ar/handle/123456789/8628⟩, letzter Zugriff 01. 07. 2021.

424 Siehe »Embates al Sistema Interamericano de Derechos Humanos vulneran la protección regional de los DD.HH«, 02. Mai 2019 ⟨https://asilegal.org.mx/comunicados/embates-al-sistema-interamericano-ddhh/⟩, letzter Zugriff 01. 07. 2021.

425 Zu dieser Rolle des Systems Carlos Santiago Nino, *Radical Evil on Trial*, New Haven 1996, S. 68 f.

426 Jacobo García, »Derrotada la iniciativa encabezada por Colombia para reformar la defensa de Derechos Humanos en la OEA«, *El País* v. 28. Juni 2019; ⟨https://www.wcl.american.edu/impact/initiatives-programs/center/documents/2019-informe-del-panel-independiente-de-expertos/⟩, letzter Zugriff 01. 07. 2021.

verdankt. Lange Zeit dominieren EGMR-kritische Stimmen diesen Prozess, letztlich aber mobilisieren sich die weit zahlreicheren Akteure, welche die Rechtsprechung des EGMR als legal und legitim verstehen. So bestätigt, ja fördert die oft gefürchtete Politisierung der Rechtsprechung ihre soziale Legitimität. Ähnliches zeigt sich in Polen. Dort mobilisiert die Regierung gegen die Rechtsprechung des EuGH, welche rechtsstaatliche Richter gegen ihre politische Gleichschaltung unterstützt. In dieser Politisierung wird jedoch deutlich, dass die Rechtsprechung des EuGH breite gesellschaftliche Unterstützung in Polen genießt.[427]

Die zweite Herausforderung betrifft die Notwendigkeit eines tragenden sozialen Feldes.[428] Gerade eine transformierende Rechtsprechung ist keine einsame Aktivität von Richterinnen und Richter. Sie bedarf zahlreicher weiterer Akteure, die passende Sachverhalte identifizieren, als Rechtsfälle aufbereiten, zu Gericht tragen, dort verhandeln, den Prozess der Umsetzung führen und begleiten, die Entscheidungsgründe als Präjudizien in andere soziale Interaktionen einbringen.[429] Die Entscheidungen eines Gerichts sind nur die Spitze eines Eisbergs sozialer Praxis. Dabei setzt eine erfolgreiche Rechtsprechung keineswegs voraus, dass dieses Feld bei der Gründung eines Gerichts bereits existiert: Vielmehr kann die Gründung eines Gerichts die Formierung eines solchen Feldes nach sich ziehen.[430]

Auch in diesem elementaren Sinne wirken Gerichte auf gesellschaftliche Strukturbildung ein. In Lateinamerika haben sich viele zivilgesellschaftliche Organisationen erst dank der Möglichkeiten

427 Maria Pankowska, »Majority of Poles take EU Court of Justice side in fighting PiS attack on courts«, ruleoflaw.pl v. 19. 11. 2019.

428 Antoine Vauchez, »Introduction. Euro-lawyering, Transnational Social Fields and European Polity-Building«, in: Antoine Vauchez, Bruno de Witte (Hg.), *Lawyering Europe* (Fn. 120), S. 1-18; grundlegend Pierre Bourdieu, »The Force of Law. Toward a Sociology of the Juridical Field«, in: *Hastings Law Journal* 38 (1986), S. 814-853.

429 Näher Marcelo Neves, *Verfassung und Positivität des Rechts in der peripheren Moderne. Eine theoretische Betrachtung und Interpretation des Falls Brasilien*, Berlin 1992, S. 37 ff., 160 ff.; Antoine Vauchez, »Communities of International Litigators«, in: Cesare P. R. Romano u. a. (Hg.), *The Oxford Handbook of International Adjudication*, Oxford 2014, S. 655-668, S. 656 f.

430 Stéphanie Hennette-Vauchez, »The ECHR and the Birth of (European) Human Rights Law as an Academic Discipline«, in: Antoine Vauchez, Bruno de Witte (Hg.), *Lawyering Europe* (Fn. 120), S. 122-136, S. 123.

des Interamerikanischen Systems entfaltet. Das dient der Demokratisierung der Region.[431] Ähnliches gilt in Mittel- und Osteuropa. Man denke nicht nur an NGOs wie *Amnesty International*, die *Stefan Batory Foundation*, die *Helsinki Foundation for Human Rights*, das *Centre for Legal Resources*, die Initiative *Wolne Sądy* (Freie Gerichte), sondern auch an Vereinigungen wie die polnischen Richterorganisationen *Iustitia* und *Themis*, die Organisation von Staatsanwälten *Lex Super Omnia* oder *Asociația Forumul Judecătorilor din România*, welche sich allesamt gegen die Angriffe der Regierung zur Wehr setzen.[432] Das Vorgehen der ungarischen Regierung gegen zivilgesellschaftliche Organisationen wie die *Open Society Foundation* und die *Central European University* bestätigt, dass es sich um relevante gesellschaftliche Kräfte handelt.[433]

Dieses Feld besteht nicht nur aus Akteuren, die Karen Alter und Laurence Helfer als advokatorische Juristen bezeichnen,[434] also etwa Menschenrechtsaktivisten oder die aktivistische Rechtswissenschaft. Zum Feld zählen auch die Vertreter der befassten staatlichen Institutionen und insbesondere mitgliedstaatliche Gerichte. In diesem Feld kommt es zu iterativen Interaktionen zwischen den Akteuren, in denen gemeinsam gelernt und geteilte normative Erwartungen aufgebaut werden. Diese Interaktionen wirken sich auf die Weltsicht, die Interessen und Strategien aller beteiligten Akteure aus, der Aktivisten, der zuständigen Behörden, der Wissenschaft und nicht zuletzt der Richterinnen und Richter.[435]

Eine transnationale Rechtsprechung, die auf gesellschaftliche

431 Par Engstrom (Hg.), *The Inter-American Human Rights System. Impact Beyond Compliance*, Cham 2019.

432 Konrad Adenauer Stiftung, Asociația Forumul Judecătorilor din România (Hg.), *900 Days of Uninterrupted Siege upon the Romanian Magistracy. A Survival Guide*, Bukarest 2020.

433 Der EuGH hat beide Gesetze für unionsrechtswidrig erklärt, EuGH, *Kommission/Ungarn (Transparenz von Vereinigungen)* (Fn. 340); *Kommission/Ungarn (Enseignement supérieur)*, Rs. C-66/18, Urteil v. 06. Oktober 2020, ECLI:EU:C:2020:792; Luke Dimitrios Spieker, »Werteverteidigung im Binnenmarkt? Das ungarische Transparenzgesetz auf dem Prüfstand des EuGH«, in: *Europäische Zeitschrift für Wirtschaftsrecht* 31 (2020), S. 854-858.

434 Karen J. Alter, Laurence R. Helfer, *Transplanting International Courts. The Law and Politics of the Andean Tribunal of Justice*, Oxford 2017, S. 230-233.

435 Alexander E. Wendt, »The Agent-Structure Problem in International Relations Theory«, in: *International Organization* 41 (1987), S. 335-370.

Strukturen einwirkt, bedarf der Rezeption durch nationale Gerichte.[436] Es ist daher ein großer Erfolg für die europäische oder interamerikanische Rechtsprechung, wenn nationale Richterinnen und Richter sich selbst als europäische oder interamerikanische Richter bezeichnen und identifizieren. Das Dogma des EuGH, dass jedes mitgliedstaatliche Gericht zugleich ein Unionsgericht ist (§ 10, § 60), versteht sich vor diesem Hintergrund.

Eine solche Identität nationaler Gerichte kann in einem Konflikt durchaus erstarken. Im Jahre 2012 entscheidet der Interamerikanische Gerichtshof, dass die Entscheidung des Obersten Gerichtshofs von Costa Rica, welche die In-vitro-Fertilisation für verfassungswidrig erklärt, gegen die Amerikanische Menschenrechtskonvention verstößt.[437] Ein Parlamentsgesetz, die Interamerikanische Entscheidung vollziehend, erlaubt daraufhin diese Behandlung. Evangelikale Gruppen bringen sodann dieses Gesetz vor den Obersten Gerichtshof von Costa Rica, der es gemäß seiner bisherigen Rechtsprechung und ungeachtet der Interamerikanischen Entscheidung für verfassungswidrig erklärt.[438] Der IAGMR reagiert umgehend mit einer Entscheidung, welche die Legalität der In-vitro-Fertilisation in Costa Rica bestätigt.[439] Auf dieser Eskalationsstufe akzeptieren die Richter und Richterinnen in Costa Rica dann doch die Autorität des IAGMR.[440] Kurz darauf bestätigt die Präsidentin des Obersten Gerichtshofs, Carmenmaría Escoto, ausdrücklich, dass ihr Gericht, ungeachtet aller Kontroversen, sich der Interamerikanisierung verpflichtet sehe und zu ihr beitrage.[441]

436 Diana Guarnizo-Peralta, »¿Cortes pasivas, cortes activas, o cortes dialógicas? Comentarios en torno al caso Cuscul Pivaral y otros v. Guatemala«, in: Mariela Morales Antoniazzi u. a. (Hg.), *Interamericanización de los DESCA. El caso Cuscul Pivaral de la Corte IDH*, México 2020, S. 429-453; vgl. auch oben §§ 62-64.

437 IAGMR, *Artavia Murillo et al. (»In Vitro Fertilization«) v. Costa Rica*, Entscheidung v. 28. November 2012 (Merits), Series C, No. 257.

438 Sala Constitucional de la Corte Suprema de Costa Rica, Sentencia No. 2016-01692 vom 03. Februar 2016.

439 IAGMR, *Artavia Murillo et al. (»In Vitro Fertilization«) v. Costa Rica*, Entscheidung v. 26. Februar 2016 (Resolution on compliance), Rn. 26, 36.

440 Manuel Avendaño, »Magistrado Luis Fernando Salazar: Es momento de que la Sala IV se haga a un lado«, La Nación v. 01. 03. 2016.

441 Siehe Poder Judicial – República de Costa Rica, »Presidenta de la Corte en ejercicio destaca labor de la Corte IDH«, 2018, ⟨https://pj.poder-judicial.go.cr/index.php/prensa/389-cme-corteidh⟩, letzter Zugriff 01. 07. 2021. Zum Begriff

Für den EuGH, den EGMR und den IAGMR bedeutet dies, dass sie diese Akteure im Blick haben sollten, die ihre Rechtsprechung mittragen und in die soziale Wirklichkeit einbringen. Die gerichtliche Verbundbildung ist ein wichtiger Baustein (§ 54, § 60), aber ebenso die Stärkung des weiteren Feldes gesellschaftlicher Akteure. Die geringe Rolle von zivilgesellschaftlichen Organisationen vor dem EuGH und dem EGMR, verglichen mit dem Interamerikanischen Gerichtshof, lässt vermuten, dass hier Entwicklungspotenzial besteht.[442]

Das führt zur letzten Herausforderung, nämlich einer plausiblen Antwort auf die Frage, ob ein unbefolgtes Urteil nicht nur sinnlos, sondern sogar schädlich sein könnte. Sie ist für strukturwandelnd ausgerichtete Urteile besonders relevant, zum einen, weil es eben letztlich um gesellschaftliche Wirksamkeit geht, zum anderen, weil die Befolgungsrate hier besonders niedrig ist. Das Thema wird zumeist unter dem Begriff der Compliance behandelt, also ob ein unterlegener Staat den Rechtsverstoß behebt und die Rechtslage anpasst.[443]

Die Compliancequote erscheint oft als maßgeblicher Indikator für transformative Wirkungen und gilt sogar als Indikator für die Autorität eines Gerichts.[444] Der EGMR hat in dieser Hinsicht mit erheblichen Schwierigkeiten zu kämpfen.[445] Aber auch der EuGH

der Interamerikanisierung Mariela Morales Antoniazzi, »Interamericanización. Fundamentos e impactos«, in: Armin von Bogdandy u. a. (Hg.), *Cumplimiento e impacto de las sentencias de la Corte Interamericana y el Tribunal Europeo de Derechos Humanos. Transformando realidades*, Mexico Stadt 2019, S. 57-98.

442 Shai Dothan, »Luring NGOs to International Courts. A Comment on CLR v. Romania«, in: *Zeitschrift für ausländisches öffentliches Recht und Völkerrecht* 75 (2015), S. 635-669; Elif Erken, »The Participation of Non-Governmental Organisations and National Human Rights Institutions in the Execution of Judgments of the Strasbourg Court. Exploring Rule 9 Communications at the Committee of Ministers«, in: *European Convention on Human Rights Law Review* 2 (2020), S. 248-276.

443 Alexandra Huneeus, »Compliance with Judgments and Decisions«, in: Cesare P. R. Romano u. a. (Hg.), *The Oxford Handbook of International Adjudication* (Fn. 429), S. 438-459.

444 Karen J. Alter u. a., »How Context Shapes the Authority of International Courts«, in: dies. (Hg.), *International Court Authority*, Oxford 2018, S. 24-57.

445 Vgl. etwa Committee of Ministers, Annual Report 2018, Supervision of the execution of judgments and decisions of the European Court of Human Rights, S. 71 ff.

ist herausgefordert (§ 33, § 67). Diese Bedeutung scheint den Gerichten nahezulegen, strukturelle Probleme nicht anzugehen, um ihre Autorität nicht zu gefährden. Insofern ist es erkenntnisträchtig, dass der Interamerikanische Gerichtshof einen ganz anderen Weg gewählt hat.

Der Interamerikanische Gerichtshof hat eine besonders magere Compliancequote.[446] Wenn man nur darauf schaut, übersieht man aber viele transformative Wirkungen. Bereits der Prozess zur Förderung von *Compliance* kann Wirkungen zeitigen, und der Interamerikanische Gerichtshof versucht, entsprechende innerstaatliche Dynamiken zu fördern. So beharrt er auf Informationspflichten, reist zu Ortsbesichtigungen, organisiert Anhörungen, auf denen sich staatliche Behörden, die Opfer sowie Interessenvertreter, insbesondere aus der Zivilgesellschaft, austauschen.[447]

Die *Compliance* von Staaten mit einem internationalen Urteil ist etwas anderes als die Durchsetzung eines zivilrechtlichen Urteils gegen einen säumigen Schuldner. Deshalb sind internationale Entscheidungen oft vage und erhalten erst im Rahmen des Implementierungsprozesses, im Dialog mit den beteiligten Staaten, genauere Konturen.[448] Zudem ist der Kontext der Implementierung selten statisch, und der Interamerikanische Gerichtshof versucht nicht selten, ihn zu beeinflussen. Seine Rechtsprechung zielt oft darauf ab, dass weitere Akteure die Entscheidung nutzen können, um einen unterstützenden Kontext zu fördern: Wie kann die nationale Justiz *diese* Entscheidung nutzen, um ihre *Compliance* zu befördern? Wie kann sich die Zivilgesellschaft um *diese* Entscheidung herum mobilisieren? Auf diesem Weg entstehen *Compliance-Partnerschaften*.[449]

446 Damian A. Gonzalez-Salzberg, »Do States Comply with the Compulsory Judgments of the Inter-American Court of Human Rights? An Empirical Study of the Compliance with 330 Measures of Reparation«, in: *Revista do Instituto Brasileiro de Direitos Humanos* 13 (2013), S. 93-114.

447 Ausf. Armin von Bogdandy, René Urueña, »International Transformative Constitutionalism in Latin America«, in: *American Journal of International Law* 114 (2020), S. 403-442, S. 425 ff.

448 So zum EuGH Tanja A. Börzel u. a., »Obstinate and Inefficient: Why Member States Do Not Comply With European Law«, in: *Comparative Political Studies* 43 (2010), S. 1363-1390; Tridimas, »Constitutional Review of Member State Action« (Fn. 316).

449 Alexandra Huneeus, »Constitutional Lawyers and the Inter-American Court's

Ein Gericht wirkt nicht allein durch das Nadelöhr der Urteilsumsetzung, wie wiederum der Interamerikanische Gerichtshof zeigt.[450] Bis in die 1980er Jahren spielten Menschenrechte in den meisten lateinamerikanischen Staaten kaum eine Rolle. Inzwischen sind hingegen interamerikanische Normen, Entscheidungen und Institutionen in der gesamten Region präsent. Sie haben sich mit nationalen Normen zu einem gemeinsamen Recht der Menschenrechte verwoben und schaffen so ein neues soziales Feld von Möglichkeiten für Strukturwandel.[451] In diesem Feld bewegen sich viele Akteure. Transformativer Konstitutionalismus bedeutet, dass hartnäckige soziale Probleme, die einst nur als politisch oder gar revolutionär bearbeitbar erschienen, nun auch als Rechtsfragen artikuliert und in den Formen des Rechts bearbeitet werden. Das kann weitreichende Effekte haben. Die transformative Rechtsprechung des kolumbianischen Verfassungsgerichts etwa hat zu dem 2016 mit dem Friedensnobelpreis ausgezeichneten Friedensprozess beigetragen.[452]

Die lateinamerikanischen Erfahrungen empfehlen einen breiten Blick auf EuGH und EGMR. Gerade in schwierigen Situationen hat es einen Wert, das Defizitäre als defizitär rechtskräftig zu identifzieren, das Gebotene öffentlich auszusprechen und ihm verpflichtete gesellschaftliche Kräfte zu stärken. Wenn nationale Institutionen einem Urteil des EGMR oder des EuGH nicht nachkommen, dann sollte die europäische Antwort lauten, dass dies vor allem ein Problem der devianten nationalen Institution ist und nicht des EuGH oder des EGMR.

Varied Authority«, in: *Law and Contemporary Problems* 79 (2016), S. 179-207; Lisa J. Conant, *Justice Contained*, Ithaca, New York 2002, S. 214 ff.

450 Oscar Parra Verra, »The Impact of Inter-American Judgments by Institutional Empowerment«, in: von Bogdandy u. a. (Hg.), *Transformative Constitutionalism in Latin America* (Fn. 101), S. 357-373; Par Engstrom, »Introduction. Rethinking the Impact of the Inter-American Human Rights System«, in: ders. (Hg.), *The Inter-American Human Rights System* (Fn. 431), S. 1-22.

451 Normtheoretisch reflektiert bei Christoph Möllers, *Die Möglichkeit der Normen. Über eine Praxis jenseits von Moralität und Kausalität*, Berlin 2018, S. 127 f., 131 ff.

452 Abkommen vom 24. November 2016, Fuerzas Armadas Revolucionarias de Colombia, Ejército del Pueblo – FARC-EP y Gobierno de Colombia, Acuerdo Final Para La Terminación Del Conflicto y La Construcción de Una Paz Estable y Duradera.

§ 66 Die Vorgaben des EGMR

Seit den 1980er Jahren bewirkt der Europäische Gerichtshof für Menschenrechte eine Vermenschenrechtlichung der europäischen Gesellschaft (§ 57). Man kann bereits das transformatorisch deuten.[453] Allerdings findet sich in dieser Rechtsprechung kaum die Dimension, dass sie gezielt systemische Defizite angeht.[454] Das ändert sich erst, als in den 1990er Jahren die sogenannten Transformationsstaaten dem Europarat und der EMRK beitreten. Der EGMR beginnt, diese Staaten in ihrer verfassungsrechtlichen Transformation zu begleiten.[455]

Es entstehen neue Rechtsprechungslinien, die weit stärker als bislang die nationale Autonomie beschränken. Man erinnere Entscheidungen zur Struktur der nationalen Gerichtsbarkeit sowie zu den vielen heiklen Fragen der gerichtlichen Handhabung des demokratischen Übergangs (*transitional justice*).[456] Der EGMR legt dar, mit welchen innerstaatlichen Maßnahmen einer Konventionsverletzung abzuhelfen ist.[457] Er ordnet die Wiederaufnahme von Strafverfahren, die Rückgabe bei Enteignungen oder die Freilassung aus dem Gefängnis an. In strukturbildender Hinsicht noch bedeutender ist die Anordnung genereller Maßnahmen insbesondere durch sogenannte Piloturteile.[458] In einem Piloturteil identifiziert der Gerichtshof ein systemisches Problem, benennt die notwendigen Schritte zur Abhilfe und setzt eine Frist. In der Sache erteilt er einen Gesetzgebungsauftrag.[459]

453 Madsen, »From Cold War Instrument to Supreme European Court« (Fn. 225).

454 Vgl. aber die Rechtsprechung zur überlangen Gerichtsdauer, dazu bereits oben § 38.

455 Iulia Motoc, Ineta Ziemele (Hg.), *The Impact of the ECHR on Democratic Change in Central and Eastern Europe. Judicial Perspectives*, Cambridge 2016; Zur Qualifizierung als transformativen Konstitutionalismus Pál Sonnevend, »Preserving the *Aquis* of Transformative Constitutionalism in Times of Constitutional Crisis. Lessons from the Hungarian Case«, in: von Bogdandy u. a., *Transformative Constitutionalism in Latin America* (Fn. 101), S. 123-145.

456 Eva Brems, »Transitional Justice in the Case Law of the European Court of Human Rights«, in: *International Journal of Transitional Justice* 5 (2011), S. 282-303.

457 Helen Keller, Daniela Kühne, »Zur Verfassungsgerichtsbarkeit des Europäischen Gerichtshofs für Menschenrechte«, in: *Zeitschrift für ausländisches öffentliches Recht und Völkerrecht* 76 (2016), S. 245-307.

458 EGMR, *Broniowski v. Poland* (Fn. 103).

459 Markus Daniel Fyrnys, »Expanding Competences by Judicial Lawmaking. The

Die transformatorische Rechtsprechung des EGMR beginnt in den 1990er Jahren noch unter der Erwartung, letztlich würde sich in allen Konventionsstaaten demokratische Rechtsstaatlichkeit durchsetzen (§ 26). Nach deren Enttäuschung muss der EGMR seinen transformativen Konstitutionalismus neu justieren.[460] Eine wichtige Rechtsprechungslinie zielt jetzt darauf, elementare Anforderungen europäischer rechtsstaatlicher Demokratien zu definieren und einzufordern. Die meisten Urteile ergehen gegenüber Staaten außerhalb der Europäischen Union. Gleichwohl ist diese Rechtsprechung auch für die Europäische Union bedeutsam: Ein Verstoß gegen EMRK-Kerngehalte indiziert eine Verletzung des Verfassungskerns von Art. 2 EUV.[461] Man kann diese EGMR-Rechtsprechung als transformativen Konstitutionalismus begreifen, weil sie, ähnlich wie die Rechtsprechung des Interamerikanischen Gerichtshofs, strukturelle Defizite angeht. Im Folgenden sei dieser transformative Konstitutionalismus anhand der Rechtsprechung zum Notstand, zu den Kerngehalten und zum Rechtsmissbrauch skizziert.[462]

Art. 15 EMRK ermöglicht es den Konventionsstaaten, im Notstandsfall Konventionsrechte zu suspendieren. Der Gerichtshof agiert vorsichtig und billigt den Konventionsstaaten einen weiten Beurteilungsspielraum zu.[463] Aber er verdichtet die Anforderungen an die »unbedingte Erforderlichkeit«, führt eine Verhältnismäßigkeitsprüfung ein und unterwirft dadurch Notstandsmaßnahmen einem europäisch kontrollierten Rechtfertigungszwang.[464]

Vor allem die Lage in der Türkei ab 2016 stellt den EGMR vor

Pilot Judgment Procedure of the European Court of Human Rights«, in: *German Law Journal* 12 (2011), S. 1231-1260, S. 1231, 1244, 1254.

460 Dieser Abschnitt beruht auf von Bogdandy/Hering, »Im Namen des Europäischen Clubs rechtsstaatlicher Demokratien« (Fn. 270).

461 EuGH, *Aranyosi und Căldăraru* (Fn. 338), Rn. 86 f.

462 Allerdings gibt es auch Hinweise, dass der Gerichtshof zurückweicht; Laurence R. Helfer, Erik Voeten, »Walking Back Human Rights in Europe?«, in: *European Journal of International Law* 31 (2020), S. 797-827.

463 Armin von Bogdandy, Luke Dimitrios Spieker, »Protecting Fundamental Rights Beyond the Charter. Repositioning the Reverse Solange Doctrine in Light of the CJEU's Article 2 TEU Case-Law«, in: Michal Bobek, Jeremias Adams-Prassl (Hg.), *The EU Charter of Fundamental Rights in the Member States* (Fn. 341), S. 525-546.

464 EGMR, *A and others v. United Kingdom*, App. No. 3455/05, Urteil v. 19. Februar 2009; *Mehmet Hasan Altan v. Turkey*, App. No. 13237/17, Urteil v. 20. März 2018.

große Herausforderungen.[465] Einerseits wird er in dieser Lage dringend gebraucht, andererseits ist die türkische Regierung überaus widerständig, so dass der EGMR seine Autorität riskiert. Er nimmt die Herausforderung an: In den Rechtssachen *Altan* und *Alpay* prüft der EGMR erstmals die Meinungsfreiheit (Art. 10 EMRK) im Rahmen eines Ausnahmezustands und hält fest, dass auch im Notstand das Recht auf Meinungsfreiheit nur in absoluten Ausnahmefällen derogiert werden kann.[466] Er betont die Bedeutung der Meinungsfreiheit für eine lebendige Demokratie und weist darauf hin, dass ein Ausnahmezustand nicht als Vorwand dafür dienen dürfe, die Freiheit politischer Diskussionen einzuschränken, die das Herzstück einer demokratischen Gesellschaft bilde.

In der Rechtsprechung des EGMR findet sich die deutliche Unterscheidung von Verfassungsrecht und Verfassungskern. Der EGMR spricht im Rahmen seines Mandats, die *rights revolution* in Europa mitzutragen (§ 57), wie die meisten Verfassungsgerichte individuellen Rechten einen sehr weiten Anwendungsbereich zu. Zugleich aber erlaubt er Einschränkungen, wenn diese eine Verhältnismäßigkeitsprüfung überstehen. Danach erscheint jede restriktive Maßnahme letztlich rechtfertigungsfähig. Einer völligen Relativierung begegnet der Begriff des Kerngehalts,[467] der an den Begriff des Verfassungskerns anschließt (§ 29). Konventionsrechte bestehen aus verschiedenen Elementen, wobei die Kerngehalte wichtiger und schützenswerter sind.[468] Betrifft eine Maßnahme einen Kerngehalt, so weicht der übliche abwägungsorientierte Argumentationsstil des EGMR einem stärker kategorialen Stil. Dieser Stil zeichnet rote Linien, weil er auf eine einzelfallbezogene Gesamtabwägung von betroffenen Rechtsgütern und Interessen weitgehend verzichtet.

Besonders klar erkennbar ist der Kerngehaltsschutz bei den Ver-

465 Ferdinand Weber, »Die Europäische Menschenrechtskonvention und die Türkei – Zum Notstand sowie zur Möglichkeit der Wiedereinführung der Todesstrafe«, in: *Die Öffentliche Verwaltung* 69 (2016), S. 921-929.

466 EGMR, *Mehmet Hasan Altan v. Turkey* (Fn. 464), Rn. 206 f.; *Şahin Alpay v. Turkey*, App. No. 16538/17, Urteil v. 20. März 2018, Rn. 177 ff.

467 Jochen von Bernstorff, »Kerngehaltsschutz durch den UN-Menschenrechtsausschuss und den EGMR. Vom Wert kategorialer Argumentationsformen«, in: *Der Staat* 50 (2011), S. 165-190.

468 Ingrid Leijten, *Core Socio-Economic Rights and the European Court of Human Rights*, Cambridge 2018, S. 2, 11.

boten der Folter (Art. 3 EMRK) und der Sklaverei (Art. 4 EMRK), bei denen sich der Gerichtshof auf eine Gesamtabwägung überhaupt nicht einlässt.[469] Auch das Verbot staatlicher Tötung (Art. 2 Abs. 2 EMRK) kennt als Kerngehalt nur enge und abwägungsunabhängige Ausnahmen.[470] Schwieriger anzuwenden sind kategoriale Argumentationsformen bei Menschenrechten, die weit gefassten Schrankenregelungen unterliegen, wie Privatsphäre, Religions-, Meinungs- oder Versammlungsfreiheit (Art. 8 bis 11 EMRK). Kriterium der Unterscheidung ist die dogmatische Figur des Kerns (oder Wesensgehalts). So können regierungskritische Meinungsäußerungen aufgrund von Sicherheitsinteressen des Staates nur eingeschränkt werden, wenn sie die Grenze einer Anstiftung zur Gewalt überschreiten.[471] Insgesamt steht die politische Kommunikation wegen ihrer demokratischen Schlüsselrolle unter hohem Schutz.[472]

Seit einigen Jahren arbeitet der Gerichtshof an einem weiteren Instrument, das auf Schwächen demokratischer Rechtsstaatlichkeit reagiert: das Verbot des Rechtsmissbrauchs, der sich in der Verfolgung der politischen Opposition zeigt.[473] 2004 stellt der Gerichtshof erstmals eine Verletzung von Art. 18 i. V. m. Art. 5 EMRK im Fall *Gusinskiy* fest.[474] Spätere Rechtssachen befassen sich mit prominenten Oppositionspolitikern in Russland und der Türkei wie Alexei Nawalny und Selahattin Demirtaş.[475] Im ersten *Mammadov*-Urteil stellt der Gerichthof eine Verletzung von Art. 5 i. V. m. Art. 18 EMRK fest. Hieraus folgt, dass der Beschwerdeführer von den nationalen Behörden freigesprochen werden muss. Der Op-

469 EGMR, *Gäfgen v. Germany*, App. No. 22978/05, Urteil v. 01. Juni 2010, Rn. 69.

470 EGMR, *McCann and others v. United Kingdom*, App. No. 18984/91, Urteil v. 27. September 1995, Series A, No. 324, Rn. 150.

471 Siehe beispielsweise EGMR, *Zana v. Turkey*, App. No. 18954/91, Urteil v. 25. November 1997, ECHR 1997-VII und *Sürek and Özdemir v. Turkey*, App. No. 23927/94 and 24277/94, Urteil v. 08. Juli 1999.

472 Grundlegend EGMR, *Lingens v. Austria*, App. No. 9815/82, Urteil v. 08. Juli 1986, Series A, No. 103.

473 Corina Heri, »Loyalty, Subsidiarity, and Article 18 ECHR: How the ECtHR Deals with Mala Fide Limitations of Rights«, in: *European Convention on Human Rights Law Review* 1 (2020), S. 25-61.

474 EGMR, *Gusinsky v. Russia*, App. No. 70276/01, Urteil v. 19. Mai 2004, ECHR 2004-IV.

475 EGMR, *Navalnyy v. Russia*, App. No. 29580/12, Urteil v. 15. November 2018; *Selahattin Demirtaş v. Turkey (No. 2)*, App. No.14305/17, Urteil v. 22. Dezember 2020.

positionspolitiker ist auch aus der Haft zu entlassen, womit der EGMR den politischen Pluralismus stärkt, der für eine demokratische Transformation unerlässlich ist.

Die Kammerentscheidung in der Rechtssache *Mammadov v. Azerbaijan* löst das erste Verfahren nach Art. 46 Abs. 4 EMRK aus. In der einstimmigen Entscheidung stellt die Große Kammer des EGMR fest, dass Aserbaidschan dieses Urteil nicht umgesetzt und damit seine Konventionsverpflichtungen verletzt habe.[476] Die Sinnhaftigkeit dieser Entscheidung stellen etwa Fiona de Londras und Kanstantsin Dzehtsiarou in Frage, weil es unwahrscheinlich sei, dass sie die Umsetzung befördere.[477] Die lateinamerikanischen Erfahrungen zeigen hingegen, dass eine solche Entscheidung gleichwohl sinnvoll ist. Selbst wenn die Regierung nicht einlenkt, wird das Gebotene doch klar artikuliert, der innerstaatlichen Opposition der Rücken gestärkt sowie das Selbstverständnis der im Europarat verbundenen Konventionsstaaten als einer Gemeinschaft rechtsstaatlicher Demokratien bestätigt (§ 64). Natürlich löst das nicht die schwierige Frage, wie mit den devianten Staaten umgegangen werden sollte.[478]

Die transformative Kraft des EGMR wirkt vor allem über die Hebel der Union (§ 26). Diese Hebel sind gegenüber Aserbaidschan, Russland und der Türkei schwächer als gegenüber Beitrittskandidaten (§ 26) und EU-Mitgliedstaaten. Zudem wirken Hebel nur, wenn sie auch angesetzt werden. Zwei geradezu ikonische Hebel der Union gegenüber ihren Mitgliedstaaten, das Vertragsverletzungsverfahren und das Vorabentscheidungsverfahren, kommen lange Zeit nicht zum Einsatz. Erst mit seinem Urteil vom 27. Februar 2018 signalisiert der EuGH, dass er gewillt ist, in diesen beiden

476 EGMR, *Ilgar Mammadov v. Azerbaijan*, App. No. 15172/13, Urteil v. 29. Mai 2019; Başak Çalı, »No Going Nuclear in Strasbourg. The Infringement Decision in Ilgar Mammadov v. Azerbaijan by the European Court of Human Rights«, *Verfassungsblog* v. 30. 09. 2019.

477 Fiona de Londras, Kanstantsin Dzehtsiarou, »Mission Impossible? Addressing Non-Execution Through Infringement Proceedings In The European Court Of Human Rights«, in: *International & Comparative Law Quarterly* 66 (2017), S. 467-490, S. 486 ff.

478 Dazu Silvia Steininger, »With or Without You. Suspension, Expulsion, and the Limits of Membership Sanctions in Regional Human Rights Regimes«, in: *Zeitschrift für ausländisches öffentliches Recht und Völkerrecht* 81 (2021), S. 539-572.

Verfahren seinem Auftrag aus Art. 13 Abs. 1 EUV nachzukommen, den europäischen »Werten Geltung zu verschaffen« (§ 47).

§ 67 Die Mobilisierung des EuGH

Dass die Rechtsprechung des EuGH mächtig ist und transformativ wirkt, ist altbekannt. Sie ist konstitutiv für die heutige europäische Gesellschaft (§ 56). Da viele diese Rechtsprechung nicht nur als transformativ, sondern auch als konstitutionalistisch deuten,[479] könnte man seit der Entscheidung *Van Gend en Loos* des Jahres 1963 von einem transformativen Konstitutionalismus sprechen.

Das würde allerdings verdecken, dass der Weg der Integration in der ersten Phase des europäischen öffentlichen Rechts nicht der konstitutionelle, sondern der einer Marktintegration ist (§ 23). Es gibt zwar konstitutionalistische Ansätze, insofern der EuGH die Gemeinschaftsorgane auf die Wahrung von Grundrechten verpflichtet, die Mitwirkung des Europäischen Parlaments stärkt und der Arbeitnehmerfreizügigkeit und dem Verbot der Geschlechterdiskriminierung eine grundrechtliche Qualität zuspricht.[480] Doch diese Innovationen verstehen sich besser als konstitutionalistische Abstützung funktionaler Marktintegration denn als ein transformativer Konstitutionalismus im Lichte von Art. 2 EUV. Damit dient der EuGH treu dem funktional ausgerichteten Mandat des Vertragsgesetzgebers von 1957.

Erst in der zweiten Periode des europäischen öffentlichen Rechts legt der Vertragsgesetzgeber die Grundlagen einer gehaltvollen Verfassungsgerichtsbarkeit. Man findet sie zunächst kryptisch im Vertrag von Maastricht von 1992, dann deutlicher im Vertrag von Amsterdam 1997 und ab 2007 in Art. 2 EUV als den europäischen Verfassungskern (§ 20, § 29).

Der EuGH wendet sich diesem Verfassungskern nur zögerlich zu (§ 21). Systemische Defizite in der mitgliedstaatlichen demo-

479 Vgl. nur Stein, »Lawyers, Judges, and the Making of a Transnational Constitution« (Fn. 130); Tohidipur, *Europäische Gerichtsbarkeit im Institutionensystem der EU* (Fn. 133).

480 Miguel P. Maduro, »Reforming the Market or the State? Article 30 and the European Constitution. Economic Freedom and Political Rights«, in: *European Law Journal* 3 (1997), S. 55-82.

kratischen Verfasstheit bleiben zunächst ganz außerhalb seines Gesichtsfelds. Das entspricht einer Art europäischer Arbeitsteilung, wonach der Europarat sich um die rechtsstaatliche Demokratie in den EU-Mitgliedstaaten kümmert.

Man kann dieses Zögern dogmatisch rechtfertigen, etwa indem man die Werte des Art. 2 EUV als so abstrakt und unbestimmt versteht, dass sie ein Gericht nicht operationalisieren kann.[481] Dafür lassen sich auch Argumente der Gewaltenteilung anführen. Eine gerichtliche Anwendung der Werte weitet den Machtbereich der Justiz auf höchst politische Konflikte aus und eröffnet ihr erhebliche Spielräume. All dies wird vermieden, wenn man die Werte als nicht justiziabel begreift.

Emblematisch in dieser Hinsicht ist der Umgang des EuGH mit dem Umbau der ungarischen Justiz, welche die frisch gewählte Orbán-Regierung mittels einer Pensionierung von Richtern voranbringt. Als die Kommission dagegen 2012 ein Vertragsverletzungsverfahren durchführt, geht der EuGH diese Entmachtung der Justiz nur als unzulässige Altersdiskriminierung an, was die verfassungsrechtliche und systemische Dimension vermeidet.[482]

Mit diesem Urteil wird die Unabhängigkeit der ungarischen Justiz nicht gerettet. Die Lage verschlimmert sich vielmehr kontinuierlich. Weitere Staaten nehmen Ungarns Weg. Da nun die europäische Politik in der Wertekrise ähnlich gelähmt erscheint wie in der Währungskrise, mobilisiert sich letztlich der EuGH in der Wertekrise ähnlich wie die EZB in der Währungskrise (§ 44). In beiden Fällen erfolgt die Mobilisierung über eine erweiternde

481 Dimitry Kochenov, Laurent Pech, »Monitoring and Enforcement of the Rule of Law in the EU. Rhetoric and Reality«, in: *European Constitutional Law Review* 11 (2015), S. 512-540, S. 520; Salvatore Fabio Nicolosi, »The contribution of the Court of Justice to the codification of the founding values of the European Union«, in: *Revista de Derecho Comunitario Europeo* 51 (2015), S. 613-643, S. 643; Bernd Martenczuk, »Art. 7 EUV und der Rechtsstaatsrahmen als Instrumente der Wahrung der Grundwerte der Union«, in: Stefan Kadelbach (Hg.), *Verfassungskrisen in der Europäischen Union*, Baden-Baden 2018, S. 41-60, S. 46.

482 EuGH, *Kommission/Ungarn,* Rs. C-286/12, Urteil v. 6. November 2012, ECLI: EU:C:2012:687, Rn. 24 ff.; Gábor Halmai, »The Early Retirement Age of the Hungarian Judges«, in: Fernanda Nicola, Bill Davies (Hg.), *EU Law Stories: Contextual and Critical Histories of European Jurisprudence*, Cambridge 2017, S. 471-488.

Interpretation des Mandats.[483] So kommt es 2018 zu einem verfassungsrechtlichen Quantensprung in den EuGH-Urteilen, die auf die autoritären Tendenzen in Polen reagieren. Sie operationalisieren die Werte des Art. 2 EUV mit Blick auf systemische Defizite, welche die neue Regierungsmehrheit im polnischen Justizsystem ab 2015 verursacht (§ 45).

Der EuGH bereitet diese Rechtsprechung in der Rechtssache *Associação Sindical dos Juízes Portugueses* (*ASJP*) dogmatisch vor (§ 47). Die Entscheidung entnimmt Art. 19 EUV in Verbindung mit Art. 2 EUV Vorgaben für die institutionelle Sicherung der Unabhängigkeit mitgliedstaatlicher Gerichte.[484] Es folgt alsbald die Entscheidung *LM* (*Mängel des Justizsystems*), wo es um den Vollzug eines polnischen Haftbefehls durch irische Behörden geht. Mit ihr zeichnet sich die Möglichkeit ab, dass Individuen europäische Werte in Verbindung mit ihren Grundrechten europarechtlich einfordern.[485] Konkret geht es um die Gewaltenteilung, eine unabhängige Justiz, das Grundrecht auf ein unparteiisches Gericht und auf ein faires Verfahren.

Die beiden Entscheidungen überlappen und ergänzen sich. Mit der Rechtssache *Associação Sindical dos Juízes Portugueses* (*ASJP*) entwickelt der EuGH das dezentralisierte System des EU-Rechtsschutzes, das kapillar in der gesamten europäischen Gesellschaft verankert ist, in ein System der Verfassungsaufsicht. Jedes mitgliedstaatliche Gericht ist als Unionsgericht nunmehr zuständig, nicht nur die in Art. 7 EUV genannten Institutionen. Parallel mobilisiert der EuGH mit der Rs. *LM* die »Wachsamkeit der an der Wahrung ihrer Rechte interessierten Einzelnen«, so die berühmte Formel aus dem Urteil *Van Gend en Loos*, für die Verwirklichung nicht nur des Binnenmarkts, sondern der europäischen Grundprinzipien.[486] Eine Flut von Vorabentscheidungsgesuchen zeigt, dass diese Ein-

483 Zu einer Rekonstruktion des Unionsrechts aus dieser Perspektive Antoine Vauchez, *Démocratiser l'Europe*, Paris 2014.

484 EuGH, *Associação Sindical dos Juízes Portugueses,* Rs. C-64/16, Urteil v. 27. Februar 2018, ECLI:EU:C:2018:117.

485 EuGH, *LM* (Fn. 20), Rn. 47 ff. Zu dem Urteil siehe die Beiträge von Stanislaw Biernat, Piotr Bogdanowicz, Matteo Bonelli, Iris Canor, Catherine Dupré, Agnieszka Frackowiak-Adamska, Pawel Filipek, Giacomo Rugge und Maciej Taborowski in: Armin von Bogdandy u. a. (Hg.), *Defending Checks and Balances in EU Member States. Taking Stock of Europe's Actions* (Fn. 373).

486 EuGH, *Van Gend en Loos/Administratie der Belastingen* (Fn. 191).

zelnen und mitgliedstaatliche Gerichte diese Rolle wahrzunehmen gewillt sind. Das ist, wie die Geschichte der Integration ebenso wie die lateinamerikanischen Erfahrungen zeigen, ein fundamentaler transformativer Schritt.

Dem auch von EuGH-Richtern vertretenen Argument, die Maßstäbe des Art. 2 EUV seien wegen ihrer Vagheit gerichtlich gar nicht anwendbar,[487] begegnet der Gerichtshof vermittelnd mittels einer Normenkumulation, die methodisch als eine systematische Auslegung daherkommt. Er wendet den Verfassungskern an, aber nicht isoliert, sondern nur in Verbindung mit anderen Vertragsbestimmungen, die durch ihre prinzipienbezogene Auslegung an Reichweite und Gehalt gewinnen.[488] Damit kann der EuGH fast alle Konstellationen kontrollieren, die zuvor außerhalb seines Zugriffs lagen.[489]

Die Entscheidung *LM* ist noch eher vorbereitender Natur, weil der angegriffene polnische Haftbefehl mangels einer konkreten Gefahr für die betroffene Person zu vollziehen ist. Der EuGH stoppt in diesem Fall nicht die Kooperation mit den polnischen Behörden. Kurze Zeit später aber greift er sanktionierend ein, indem er in zwei von der Kommission eingeleiteten Vertragsverletzungsverfahren einen Teil der polnischen Justizreformen für unionsrechtswidrig erklärt.[490] Damit gibt er den widerständigen polnischen Richtern

487 Egils Levits, »Die Europäische Union als Wertegemeinschaft. Art 2 iVm Art 7 des Vertrages über die Europäische Union als Grundlage und Begrenzung des Staatsordnungsmodells des demokratischen Verfassungsstaates der Mitgliedstaaten«, in: Thomas Jaeger (Hg.), *Europa 4.0? Die EU im Angesicht politischer und technologischer Herausforderungen*, Wien 2018, S. 239-270, S. 262.

488 Armin von Bogdandy, Luke Dimitrios Spieker, »Countering the Judicial Silencing of Critics. Article 2 TEU Values, Reverse Solange, and the Responsibilities of National Judges«, in: *European Constitutional Law Review* 15 (2019), S. 391-426, S. 409 ff.; Lucia Serena-Rossi, »La valeur juridique des valeurs. L'article 2 TUE: relations avec d'autres dispositions de droit primaire de l'UE et remèdes juridictionnels«, in: *Revue trimestrielle de droit européen* 3 (2020), S. 639-658, S. 650.

489 Vgl. allerdings die prozeduralen Beschränkungen in EuGH, *Miasto Łowicz (Régime disciplinaire concernant les magistrats)*, Rs. C-558/18, Urteil v. 26. März 2020, ECLI:EU:C:2020:234.

490 EuGH, *Kommission/Polen (Unabhängigkeit des Obersten Gerichts)*, Rs. C-619/18, Urteil v. 11. Juli 2019, ECLI:EU:C:2019:531; *Kommission/Polen (Unabhängigkeit der ordentlichen Gerichte)*, Rs. C-192/18, Urteil v. 05. November 2019, ECLI:EU:C:2019:924.

Rückhalt, was sich in einer Reihe von Vorabentscheidungsersuchen äußert (§ 79).

Ganz besonders konfliktreich wird der Streit um die polnische Disziplinarkammer (§ 45). Mit Rückendeckung des EuGH[491] erklärt ein noch mit unabhängigen Richtern besetzter Senat des polnischen Obersten Gerichtshofs, dass die Disziplinarkammer rechtswidrig ist.[492] Gleichwohl stellt die Kammer ihre Tätigkeit nicht ein. Daraufhin erlässt der EuGH eine einstweilige Anordnung, die von Polen verlangt, die Vollziehung des Gesetzes auszusetzen.[493] Dem kommt die Disziplinarkammer insofern nach, als sie keine Disziplinarverfahren mehr durchführt, aber sie sieht sich weiter kompetent, mit ähnlichem Effekt die richterliche Immunität aufzuheben.[494] Zudem legt sie dem polnischen Verfassungsgericht die Frage vor, ob die polnische Verfassung den Vollzug der einstweiligen Anordnung des EuGH verbiete. Die Blaupause und legitimatorische Rückendeckung für ein entsprechendes Urteil des polnischen Verfassungsgerichts liefert das PSPP-Urteil des Zweiten Senats des Bundesverfassungsgerichts.[495]

Der Konflikt zwischen dem EuGH und der polnischen Regierungsmehrheit sowie den von ihr bestimmten Richterinnen und Richtern ist präzedenzlos. Die Herstellung einer Lage, in der die polnische Justiz dem europäischen Verfassungskern genügt, zeichnet sich als ein langer Prozess ab, der im Sinne eines transformativen Konstitutionalismus den Wandel polnischer Strukturen verlangt.

Nach der Auffassung vieler Beobachter ist die Lage in Ungarn noch defizitärer als in Polen, da die Gleichschaltung von Institutionen und Gesellschaft dort deutlich weiter fortgeschritten erscheint. Im Jahr 2020 klagt die Kommission gegen ein ungarisches

491 EuGH, *A.K. (Unabhängigkeit der Disziplinarkammer des Obersten Gerichts)* (Fn. 336).

492 Oberster Gerichtshof (Polen), Urteil v. 05. Dezember 2019, Rs. III PO 7/18; Anordnungen v. 15. Januar 2020, Rs. III PO 8/18 und III PO 9/18; Beschluss v. 23. Januar 2020, Rs. BSA I-4110-1/20.

493 EuGH, *Kommission/Polen (Régime disciplinaire des juges)*, Rs. C-791/19, Beschluss v. 03. März 2020, ECLI:EU:C:2020:147.

494 Adam Bodnar, Pawl Filipek, »Time Is of the Essence«, *Verfassungsblog* v. 30.11.2020.

495 Stanisław Biernat, »How Far is it from Warsaw to Luxembourg and Karlsruhe. The Impact of the PSPP Judgment on Poland«, in: *German Law Journal* 21 (2020), S. 1104-1115.

Gesetz, das Organisationen der Zivilgesellschaft, die aus dem Ausland Unterstützung erhalten, sanktionsbewehrte Registrierungs-, Melde- und Offenlegungspflichten auferlegt.[496] Solche Gesetze sind probate Mittel, zivilgesellschaftliche Kräfte zu schwächen, die demokratischen Strukturwandel fördern. Angesichts der Verschärfung des Problems und vielleicht auch dank eines neuen EuGH-Präsidenten weicht der Gerichtshof nunmehr, anders als 2012, der grundsätzlichen Frage nicht mehr aus.

Unter Zitierung des EGMR hält er fest, »dass das Recht auf Vereinigungsfreiheit eine der wesentlichen Grundlagen einer demokratischen und pluralistischen Gesellschaft ist, da es den Bürgern ermöglicht, kollektiv in Bereichen von gemeinsamem Interesse tätig zu werden und dadurch zum ordnungsgemäßen Funktionieren des öffentlichen Lebens beizutragen«.[497] Dieses Urteil erklärt das ungarische Gesetz für unzulässig und schützt damit Gruppen, die Akteure demokratischer Transformation sind. Er konstruiert dabei die Anwendbarkeit der Grundrechtecharta über die ökonomischen Grundfreiheiten. Somit richtet der EuGH die Wirtschaftsverfassung an den Maßstäben des Art. 2 EUV aus. Die wirtschaftlichen Grundfreiheiten erhalten eine dem Verfassungskern dienende Rolle (§ 44).

Diese politisch heikle interpretatorische Ausweitung des Mandats hat gute theoretische und dogmatische Gründe. Theoretisch ist sie eine konventionelle Rechtsfortbildung, das, was Hegel als »das Fortführen und Imstanderhalten des bereits Entschiedenen« bezeichnet (vor § 48). Diese Rechtsfortbildung erhält und führt fort, dass alle öffentliche Gewalt der europäischen Gesellschaft rechtsstaatlich und demokratisch sein muss. Ohne eine Mobilisierung wanken das Selbstverständnis der europäischen Gesellschaft als eine Union freiheitlicher Demokratien, die Legitimität der Entscheidungsfindung in der EU, die gegenseitige Anerkennung von Entscheidungen und das Vertrauen in prinzipiell rechtsförmiges Verhalten aller öffentlicher Institutionen (§ 45).

Auch dogmatisch ist der Weg gangbar. Unzweifelhaft obliegt

496 EuGH, *Kommission/Ungarn (Transparenz von Vereinigungen)* (Fn. 340); näher Spieker, »Werteverteidigung im Binnenmarkt« (Fn. 433); Vgl. auch EuGH, *Privacy International*, Rs. C-623/17, Urteil v. 06. Oktober 2020, ECLI:EU:C:2020:790, Rn. 62.

497 EuGH, *Kommission/Ungarn (Transparenz von Vereinigungen)* (Fn. 340), Rn. 112.

dem EuGH das Mandat, den »Werten Geltung zu verschaffen« (Art. 13 Abs. 1 EUV). Die Werte des Art. 2 EUV bilden rechtsdogmatisch Rechtsprinzipien und sind damit grundsätzlich der gerichtlichen Anwendung zugänglich (§ 28). Das politische Verfahren Art. 7 EUV sperrt nicht die Durchführung der gerichtlichen Verfahren der Vertragsverletzung und der Vorabentscheidung (Art. 258, 259 und 267 AEUV). Art. 269 AEUV bestimmt nur, dass der Gerichtshof die materiellen Voraussetzungen des Art. 7 EUV nicht überprüfen kann. Angesichts des Fehlens eines expliziten Verbots und der allgemeinen Rolle des EuGH in der Rechtsunion besteht eine starke Vermutung, dass Werte grundsätzlich der Gegenstand von Verfahren unter Art. 257, 258 und 267 AEUV sein können.[498] Die Frage der Justiziabilität der Werte beantwortet der EuGH über die bereits beschriebene vermittelnde Normenkumulation.

Zwei abschließende verfassungstheoretische Erwägungen stützen die Legitimität dieser gerichtlichen Mobilisierung gegen systemische Defizite. Erstens beschränkt sich der EuGH auf das Ziehen roter Linien.[499] Er interpretiert die Werte so, dass sie nur besonders problematische Maßnahmen verbieten und systemische Defizite identifizieren, ohne aber die gebotene Gestaltung mitgliedstaatlicher Institutionen vorzugeben. Die Logik der roten Linien erklärt, was auf den ersten Blick als eine knappe und daher zunächst wenig überzeugende Argumentation erscheinen mag. Im Mittelpunkt steht, was nicht geht. Der EuGH bestätigt den minimalistischen Ansatz in seiner Entscheidung zu Unabhängigkeit der Justiz in Malta.[500] Die geringe interpretatorische Entfaltung der Werte beeinträchtigt zwar die argumentative Überzeugungskraft der Entscheidung. Aber genau diese Enthaltsamkeit vermeidet eine Maßstabsbildung auf einer mittleren Ebene, die zu einer erheblichen

498 Piotr Bogdanowicz, Matthias Schmidt, »The infringement procedure in the rule of law crisis. How to make effective use of Article 258 TFEU«, in: *Common Market Law Review* (2018), S. 1061-1100, S. 1069-1073; Christophe Hillion, »Overseeing the Rule of Law in the EU. Legal Mandate and Means«, in: Carlos Closa, Dimitry Kochenov (Hg.), *Reinforcing Rule of Law Oversight in the European Union*, Cambridge 2016, S. 59-81.

499 Armin von Bogdandy u. a., »Guest Editorial. A potential constitutional moment for the European rule of law – The importance of red lines«, in: *Common Market Law Review* (2018), S. 983-995.

500 EuGH, *Repubblika*, Rs. C-896/19, Urteil v. 20. April 2021, ECLI:EU:C:2021:311.

Beschränkung der mitgliedstaatlichen Verfassungsautonomie führen könnte und sich daher verbietet (§ 33 und § 34).

Diesen Ansatz bestätigen ähnliche Argumentationsstrukturen beim EGMR, zuletzt im Urteil der Großen Kammer in der Rechtssache *Guðmundur Andri Ástráðsson.*[501] Es ergeht gegen Island, meint aber, ähnlich wie das *ASJP*-Urteil des EuGH, vor allem Entwicklungen wie in Polen und Ungarn. Der EGMR behandelt eine großangelegte Reform des isländischen Justizsystems, in deren Verlauf der Justizminister in die Richterernennung intervenierte. Der Gerichtshof erklärt diese Interventionen als Verstoß gegen Art. 6 EMRK. Dabei ist er einerseits bedacht, Art. 6 EMKR nicht zu einem Modell der Personalrekrutierung zu verdichten. Andererseits unterstreicht er die demokratische Bedeutung einer vertrauenswürdigen Justiz sowie seine eigene Prüfungskompetenz.[502]

Zweitens stützt die Legitimität dieses transformativen Konstitutionalismus, dass er keine einsame Operation des EuGH, sondern ein breiter europäischer Prozess ist. Die interpretatorische Verdichtung der Vorgaben des Art. 2 EUV erfolgt in einem breiten Prozess, in dem neben dem EuGH die Kommission, Rat und Parlament als europäische Gesetzgeber sowie der Europäische Gerichtshof für Menschenrechte und die Venedig-Kommission des Europarats mitwirken (§ 29). Gleiches gilt für die Anwendung des Verfassungskerns. Die Bewertung, dass ein systemisches Defizit vorliegt, ist keine einsame Entscheidung einer einzelnen Institution, sondern stets das Ergebnis eines kollektiven Prozesses im europäischen Einschätzungsverbund (§ 61).

Zu diesem Interpretations- und Einschätzungsverbund zählen nicht nur Gerichte und andere öffentliche Institutionen wie die Europäische Kommission, der Rat, das Europäische Parlament, die Parlamentarische Versammlung des Europarats, sein Ministerkomitee und seine Venedig-Kommission. Vielmehr hat die europäische rechtswissenschaftliche Öffentlichkeit maßgeblichen Anteil. Man kann, so scheint mir, in den rechtswissenschaftlichen Reaktionen auf die Herausforderungen autoritärer Tendenzen das Phänomen der Selbsterzeugung der europäischen Gesellschaft beobachten. Ge-

501 EGMR, *Guðmundur Andri Ástráðsson v. Island* (Fn. 340).

502 Ebd., Rn. 207 ff.; *Thiam v. Frankreich*, App. No. 80018/12, Urteil v. 18. Oktober 2018; EGMR, *Xero Flor v. Polen*, App. No. 4907/18, Urteil v. 07. Mai 2021, Rn. 252.

radezu paradigmatisch erscheint mir in dieser Hinsicht die Rolle, die Max Steinbeis' *Verfassungsblog* in den letzten Jahren gewonnen hat.

Doch die Rolle der Rechtswissenschaft reicht noch weiter. Viele der Entscheidungen, die dieses Buch verarbeitet, sind von Richterinnen und Richtern geprägt, die eine professorale Identität haben. Man kann das die öffentlich-rechtlichen Strukturen prägende Richterrecht der europäischen Gesellschaft folglich als ein Professorenrecht karikieren. Der Wahrheitsgehalt dieser Karikatur ist Gegenstand des vierten Teils dieses Buches.

IV. Wissenschaft

A. Rolle und Gestalt europäischer Rechtswissenschaft

§ 68 Wissenschaftliches Selbstbewusstsein

Wissenschaftliche Rekonstruktionen der sozialen Welt haben eine eigene Rolle und ihre eigene Mächtigkeit (§ 4). Man erinnere Hegels Quintessenz: »Die theoretische Arbeit, überzeuge ich mich täglich mehr, bringt mehr zustande in der Welt als die praktische, ist erst das Reich der Vorstellungen revolutioniert, dann hält die Wirklichkeit nicht mehr aus.«[1] Diese Ansicht wird außerhalb des Hegelianismus geteilt. Der Gesellschaftstheoretiker Ernest Gellner postuliert in englischer Anschaulichkeit: »An der Basis der modernen sozialen Ordnung steht nicht der Henker, sondern der Professor.«[2] Ganz ähnlich sieht es der Chefökonom des 20. Jahrhunderts, John Maynard Keynes, nach dem jede Idee, welche die Welt beherrscht, einem akademischen Schreiberling zu verdanken ist.[3] Carl Schmitt reklamiert in dem wohl berühmtesten Buch zur europäischen Rechtswissenschaft dabei für die Rechtswissenschaft sogar einen Vorrang. Sie sei »das erstgeborene Kind des modernen europäischen Geistes, des neuzeitlichen, occidentalen Rationalismus«, von »fast legislatorischer Würde« und, wenn es hart auf hart komme, das »letzte Asyl des Rechtsbewußtseins«.[4]

Das sind keine Aussagen von toten weißen Männern, die sich nur ihren Beruf schönreden. Man mag Hegels Idealismus, Gellners Drastik, Keynes Selbstgefälligkeit und Schmitts Hyperbel ableh-

1 Johannes Hoffmeister (Hg.), *Briefe von und an Hegel. Bd. I. 1785-1812*, Hamburg 1969, S. 251-255, S. 253.

2 Ernest Gellner, *Nations and Nationalism*, Oxford 1983, S. 34.

3 John Maynard Keynes, *The General Theory of Employment, Interest and Money (1935)*, hg. von Palgrave Macmillan, London 2018, S. 383.

4 Carl Schmitt, *Die Lage der europäischen Rechtswissenschaft*, Tübingen 1950, S. 29, 18, 32. Zur Bedeutung etwa Mauro Barberis, *Europa del diritto. Sull'identità giuridica europea*, Bologna 2008, S. 15 ff., S. 25; Luigi Garofalo, *Intrecci schmittiani*, Bologna 2020. Eine historische Kontextualisierung bei Reinhard Mehring, »Carl Schmitts Schrift ›Die Lage der europäischen Rechtswissenschaft‹«, in: *Zeitschrift für ausländisches öffentliches Recht und Völkerrecht* 77 (2017), S. 853-875, S. 862. Die folgenden Überlegungen beruhen auf Armin von Bogdandy, »Die heutige Lage der europäischen Rechtswissenschaft im Spiegel von Schmitts Schrift«, in: *Jahrbuch des öffentlichen Rechts* 68 (2020), S. 409-438.

nen. Aber es ist kaum zu bestreiten, dass Rechtswissenschaftler, und immer mehr auch Rechtswissenschaftlerinnen, eine eigene Rolle spielen: Sie beschreiben *ihre* Rechtsordnungen nicht von außen, sondern gestalten sie von innen. Sie prägen und verwalten die tragenden Begriffe und Prinzipien (§§ 5-24, §§ 27-43). Mit ihnen fassen, erklären, legitimieren sie rechtliche und politische Strukturen, inspirieren, begleiten, kritisieren die Rechtsentwicklung, formen den Nachwuchs des Rechtsstabs, dem fast alle formalisierten Operationen der Gesellschaft eben ihre Formalisierung verdanken. Viele Professoren, und immer mehr Professorinnen, propagieren ihre Begriffe, Lehren, Theorien in der akademischen wie der allgemeinen Öffentlichkeit, als Rechtsbeistand, als Experten in politischen Prozessen oder gar in Urteilen, die sie für ihr Gericht mit professoraler Feder schreiben. Die meisten Urteile, die dieses Buch näher diskutiert (§ 33, § 40, §§ 48-67), stammen aus einer solchen Feder.

Meine Darstellung des Strukturwandels des europäischen öffentlichen Rechts umfasst deshalb eine Rekonstruktion seiner Wissenschaft. Deren Tücken, gerade nach Jahrzehnten der Mitwirkung, beschreibt anschaulich mein Münchener Kollege Ulrich Haltern.[5] Er weist zugleich einen rettenden Weg: die offene Subjektivität. Es geht also um mein Verständnis einer holistischen, rekonstruktiven und transformativen Wissenschaft des europäischen öffentlichen Rechts, die mit ihrer spezifischen Vernunft das demokratische Projekt des Art. 2 EUV voranbringt. Zu diesem Verständnis gehört, dass diese subjektive Reflexion eigener Prämissen durchaus wissenschaftlich sein kann (§ 77).

Wie in den bisherigen Teilen zu den Begriffen, Prinzipien und Gerichten meint Strukturwandel *der* Rechtswissenschaft einen *Genitivus obiectivus* und einen *Genitivus subiectivus* (§ 4): Zum einen folgen ihre Strukturen dem breiten Feld gesellschaftlicher Kräfte, zum anderen spielen Rechtswissenschaftlerinnen und Rechtswissenschaftler, mit Hegel, Gellner, Keynes und Schmitt, eine eigene Rolle. Sie haben Handlungsmacht, *agency*, und tragen deshalb Verantwortung.

Der vielleicht berühmteste Fall, der das durchspielt, ist der Fall Carl Schmitt. Der amerikanische Staatsanwalt Robert Kempner,

5 Ulrich Haltern, »Europarecht und ich«, in: *Jahrbuch des öffentlichen Rechts* 68 (2020), S. 439-469, S. 440 f.

der als preußischer Staatsanwalt 1932 noch Hitlers Anklage wegen Hochverrats und ein Verbot der NSDAP betrieben hatte, sieht 1947 zwar keine Handhabe, Schmitt wegen seiner Wissenschaft strafrechtlich zu belangen.[6] Die für Schmitt so schmerzliche Ausgrenzung in den Folgejahren zeigt aber viele weitere gesellschaftliche Sanktionsmechanismen für missbrauchte Handlungsmacht.

Wenn Rechtswissenschaft gesellschaftlich wichtig ist, dann braucht eine europäische Gesellschaft eine europäische Rechtwissenschaft. Das impliziert eine Feststellung, aber noch mehr ein Programm zum Strukturwandel, sind doch die meisten Rechtswissenschaften national geprägt[7] und bisweilen sogar von epistemischem Nationalismus gekennzeichnet.[8] Das Programm einer *europäischen* Rechtswissenschaft ist weder Ausdruck europaenthusiastischer Naivität noch Propaganda im Kielwasser transnationaler politischer oder ökonomischer Eliten, sondern eine Implikation des in Art. 2 EUV angelegten demokratischen Projekts.

Die Gestalt europäischer Rechtswissenschaft sei in drei Hinsichten skizziert, mit und gegen Schmitts *Lage der europäischen Rechtswissenschaft*. Schmitt konzipiert eine europäische Rechtswissenschaft ohne europäische Institutionen, die heutige arbeitet hingegen im Kontext solcher Institutionen (§ 69). Weiter stellt sich im Lichte der schmittschen Schrift die Frage nach hegemonialen Strukturen (§ 70). Um denen zu begegnen, erscheint mir die weitere Europäisierung rechtswissenschaftlicher Identitäten besonders relevant (§ 71).

6 Robert M. W. Kempner, *Das Dritte Reich im Kreuzverhör. Aus den unveröffentlichten Vernehmungsprotokollen des Anklägers*, München 1969, S. 293 ff.; dazu auch Helmut Quaritsch (Hg.), *Carl Schmitt. Antworten in Nürnberg*, Berlin 2000, S. 27 ff.; zu seiner Verhaftung auf Veranlassung von Karl Löwenstein oben, § 45.

7 András Jakab, *European Constitutional Language*, Cambridge 2016, S. 83 f.; Daniel Thym, »Zustand und Zukunft der Europarechtswissenschaft in Deutschland«, in: *Europarecht* 50 (2015), S. 671-702; Armin Hatje, Peter Mankowski, »›Nationale Unionsrechte‹. Sprachgrenzen, Traditionsgrenzen, Systemgrenzen, Denkgrenzen«, in: *Europarecht* 49 (2014), S. 155-169; Bruno de Witte, »European Union Law. A Unified Academic Discipline?«, in: Antoine Vauchez, Bruno de Witte (Hg.), *Lawyering Europe. European Law as a Transnational Social Field*, Oxford, Portland 2013, S. 101-116, S. 114 f.

8 Anne Peters, »Die Zukunft der Völkerrechtswissenschaft. Wider den epistemischen Nationalismus«, in: *Zeitschrift für ausländisches öffentliches Recht und Völkerrecht* 67 (2007), S. 721-776.

Eine europäische Rechtswissenschaft im Sinne des Art. 2 EUV gewinnt scharfe Konturen im Gegenlicht von Schmitts Schrift. Das ergibt sich bereits daraus, dass Schmitts *Lage* rein gar nichts mit dem Integrationsprojekt zu tun hat, sondern ganz dem staatszentrierten Recht der europäischen Mächte verhaftet ist (§ 7). Dies liegt zunächst natürlich daran, dass es 1950 kein europäisches Recht wie das heutige Unionsrecht gibt, also ein den verschiedenen europäischen Staaten gemeinsames Recht, das den Schlüssel zur heutigen europäischen Rechtswissenschaft bildet.[9] Es gibt für Schmitt auch kein Äquivalent: Seine *Lage* behauptet ja gerade das Ende des *Jus Publicum Europaeum*, wie er wenig später im *Nomos der Erde* breit ausformuliert.

An diesem Punkt ist nachzuhaken. Immerhin erscheint Schmitts Buch im Jahr der Schuman-Erklärung (§ 8) und die Satzung des Europarats vom 5. Mai 1949 ist bereits ein Jahr in Kraft.[10] Zudem liegt es für Schmitt eigentlich auf der Hand, Aktualität und Relevanz seiner Schrift, die seine Karriere neu starten soll, durch Bezüge auf die beginnende europäische Integration zu stärken. So mancher Nazi erfindet sich nach dem Weltkrieg neu als Verfechter der europäischen Integration.[11] Es muss verwundern, dass keine Zeile der schmittschen Schrift dieses Nachkriegsprojekt würdigt.

Die Ferne seiner europäischen Rechtswissenschaft von der europäischen Integration, welche die heutige europäische Rechtswis-

9 Reinhard Zimmermann, »Europa und das römische Recht«, in: *Archiv für die civilistische Praxis* 202 (2002), S. 243-316, S. 247.

10 Eine Reflexion der weltpolitischen Lage in Carl Schmitt, »Die geschichtliche Struktur des heutigen Welt-Gegensatzes von Ost und West«, in: Armin Mohler (Hg.), *Freundschaftliche Begegnungen. FS für Ernst Jünger zum 60. Geburtstag*, Frankfurt/M. 1955, S. 135-167, S. 137.

11 Vgl. die Wandlung des Rassentheoretikers Hanno F. Konopath zum Schöpfer der Europafahne, Winfried Mogge, »›Wir lieben Balder, den Lichten ...‹. Völkisch-religiöse Jugendbünde vom Wilhelminischen Reich zum ›Dritten Reich‹«, in: Uwe Puschner, Clemens Vollnhals (Hg.), *Die völkisch-religiöse Bewegung im Nationalsozialismus. Eine Beziehungs- und Konfliktgeschichte*, Göttingen 2012, S. 45-64, S. 56 f. Die Urheberschaft ist umstritten und wird auch dem Holocaust-Überlebenden Paul Lévy und Arsène Heitz zugesprochen. Markus Göldner, *Politische Symbole der europäischen Integration. Fahne, Hymne, Hauptstadt, Pass, Briefmarke, Auszeichnungen*, Frankfurt/M. 1988, S. 58 ff.

senschaft trägt, dürfte nicht dem embryonalen Zustand des europäischen Strukturwandels im Erscheinungsjahr geschuldet sein, sondern der schmittschen Weltsicht. Sein Schweigen zu den Integrationsbemühungen der Nachkriegszeit erscheint beredt. Das einzige Mal, das er explizit Stellung bezieht, beschreibt er eine politische Einheit Europas als allenfalls »das Neben- (um nicht zu sagen: Abfall-)produkt einer globalen politischen Einheit unseres Planeten«.[12] Wahrscheinlich sieht er diese Bemühungen im Lichte seines Verständnisses der Genfer Institutionen, also als Machenschaften hegemonialer Kräfte zum Schaden Deutschlands. Die Bundesrepublik mit ihrer Westintegration und der europäische Einheitsbau bleiben ihm fremd. Der letzte Satz der *Lage* bringt seine Position auf den Punkt: Es »wird sich zeigen, dass selbst die Sprachverwirrung besser sein kann als die babylonische Einheit«.[13]

Schmitt baut seine europäische Rechtswissenschaft auf einem ganz anderen Fundament. Sie bildet ein integrationsfernes Kontrastprogramm mit zahlreichen lehrreichen Problemen. Ein erstes Problem zeigt sich bereits in der gewaltigen Aussage des Titels: der schieren Behauptung, dass es 1950, fünf Jahre nach dem Zweiten Weltkrieg, eine europäische Rechtswissenschaft gebe und sogar während des Kriegs gegeben habe. Schmitt hatte ja wesentliche Teile des Textes bereits in den Kriegsjahren vorgetragen.

Schmitt stützt diese Behauptung mit drei Argumenten. Das erste ist polemisch und *ex negativo*: Er identifiziert die Verneinung einer europäischen Rechtswissenschaft mit engstirnigem Gesetzespositivismus.[14] Sodann behauptet Schmitt, dass nach Sinn und Inhalt wesentliche Rechtsbegriffe und rechtliche Institutionen der europäischen Völker in auffälliger Weise übereinstimmen, und zwar sowohl einzelne Normen als auch die »systematische Struktur des Ganzen«, und das »in jeder einzelnen Rechtsdisziplin«.[15] Belege hierfür bringt er nicht, da diese Übereinstimmung »jedem Kenner dieser Disziplinen geläufig« sei. Daraus folge eine »sehr starke Gemeinschaft des europäischen Rechts«, »eine echte europäische

12 Carl Schmitt, »Die legale Weltrevolution. Politischer Mehrwert als Prämie auf juristische Legalität und Superlegalität«, in: *Der Staat* 17 (1978), S. 321-339, S. 335 f., dazu schon oben § 18.

13 Schmitt, *Die Lage der europäischen Rechtswissenschaft* (Fn. 4), S. 32.

14 Ebd., S. 7 f.

15 Ebd., S. 9.

Gemeinschaft«, »Züge eines echten *common law*«, und das in allen Fächern.[16] Er erklärt diese Übereinstimmung mit einem fortwährenden innereuropäischen Prozess der »Begegnungen und gegenseitigen Beeinflussungen«, einer tausendjährigen »Geschichte von gegenseitigen Rezeptionen«.

So verschmelzen wundersam die vielen nationalen Rechtswissenschaften zu einer europäischen Rechtswissenschaft. Es kann sogar eine europäische Rechtswissenschaft geben, ohne dass Rechtswissenschaftler sich dessen bewusst sein müssten. Wieder einmal legt Schmitt eine Blickachse, in der alles ganz anders aussieht. Er entwirft einen scheinbar deskriptiven, in der Sache aber zutiefst normativen Begriff mit enormen Implikationen, den er dem Leser mit historischen Rekonstruktionen und seinem Formulierungszauber nahebringt.[17]

Schmitts Begriffsbildung vermag jedoch schon damals kaum zu überzeugen. Zunächst ist sie unterkomplex, denn man kann eine Wissenschaft ohne Institutionen eigentlich gar nicht denken. Das gilt nicht nur für die Wissenschaft des nationalen Rechts; auch die transnationale Wissenschaft des Völkerrechts verdankt sich maßgeblich transnationalen Institutionen wie dem *Institut de droit international*, der *International Law Association*, der Haager Akademie für Völkerrecht.[18] Die europäische Rechtswissenschaft hat da bis heute nicht viel zu bieten. Helmut Coing, Gründungsdirektor des Frankfurter Max-Planck-Instituts für europäische Rechtsgeschichte und ganz dem Gedanken eines europäischen *Jus Commune* verpflichtet, hält noch 1990 die Europäisierung der Rechtswissenschaft für ein reines Zukunftsprojekt.[19] Man darf von Schmitt, dem konkreten Ordnungsdenker, schon erwarten, dass er das Fehlen solcher Institutionen thematisiert.

Weiter kann man kaum ausblenden, dass viele Rechtswissenschaftler anderer europäischer Länder fünf Jahre nach Ende des Zweiten Weltkriegs kaum bereit sein dürften, mit den vielen schwer

16 Ebd., S. 9 f.

17 Jannis Lennartz, *Juristische Granatsplitter. Sprache und Argument bei Carl Schmitt in Weimar*, Tübingen 2018, S. 12.

18 Martti Koskenniemi, *The Gentle Civilizer of Nations. The Rise and Fall of International Law 1870-1960*, Cambridge 2001, S. 11 ff.

19 Helmut Coing, »Europäisierung der Rechtswissenschaft«, in: *Neue Juristische Wochenschrift* 15 (1990), S. 937-941.

belasteten deutschen Rechtswissenschaftlern in einer gemeinsamen Rechtswissenschaft zwangsfusioniert zu werden. Der Antisemitismus in der deutschen Rechtswissenschaft ist sogar unvereinbar mit dem Rechtswissenschaftsverständnis, das Schmitt selbst in der *Lage* predigt: »eine auch im Kampf nicht entfallende, auf gegenseitiger Achtung beruhende Anerkennung als Person« oder »Sinn für Reziprozität und für das Minimum eines geordneten Verfahrens«.[20] In der Tat muss sich die deutsche Rechtswissenschaft ihre Anerkennung nach dem Zweiten Weltkrieg erst wieder verdienen.[21] Schmitts terminologischer Coup der *europäischen Rechtswissenschaft* soll diesen Weg wohl abzukürzen helfen, kann es aber nicht. Kein Opfer des deutschen Angriffskriegs wird den apologetischen zweiten Satz des schmittschen Textes akzeptieren, wonach Europa »sich in zwei Weltkriegen selbst zerfleischt hat«.

Noch untauglicher ist Schmitts Begriffsbildung für unsere Zeit. Mit ihr zerfließt die europäische Rechtswissenschaft in einer globalen.[22] Sein Argument, dass viele der »wesentlichen Rechtsbegriffe und Rechtsinstitutionen« in allen europäischen Rechtsordnungen anzutreffen sind, hat Gehalt. Aber es führt heute nicht zu einer europäischen, sondern zu einer globalen Rechtswissenschaft, denn man trifft auf diese Rechtsbegriffe und Rechtsinstitutionen in fast allen Rechtsordnungen der Erde.[23] Dies gilt sogar für China, also das Land, dem man heute am ehesten einen Gegenentwurf gesellschaftlicher Ordnung zum »Westen« oder zum »globalen Norden« zutrauen dürfte.[24] Sicherlich haben diese rechtlichen Ordnungsstrukturen nicht überall dieselbe gesellschaftliche Wirkmacht, sondern konkurrieren mit anderen Ordnungskräften: Man denke an die Macht von großen Unternehmen, politischen Netzwerken, clanförmigen Organisationen und nicht zuletzt organisierter Kri-

20 Schmitt, *Die Lage der europäischen Rechtswissenschaft* (Fn. 4), S. 30.

21 Felix Lange, *Praxisorientierung und Gemeinschaftskonzeption. Hermann Mosler als Wegbereiter der westdeutschen Völkerrechtswissenschaft nach 1945*, Berlin, Heidelberg 2017, S. 41 ff.

22 Sabino Cassese, »La globalisation du droit«, in: Patrick Titiun (Hg.), *La conscience des droits. Mélanges en l'honneur de Jean-Paul Costa*, Paris 2011, S. 113-128.

23 Für das Verfassungsrecht Günter Frankenberg, »Constitutions as Commodities. Notes on a Theory of Transfer«, in: Günter Frankenberg (Hg.), *Order from Transfer. Comparative Constitutional Design and Legal Culture*, Cheltenham 2013, S. 1-26.

24 Uwe Kischel, *Rechtsvergleichung*, München 2015, S. 756 f., 774, 784 ff.

minalität. All dies ist aber auch in europäischen Ländern anzutreffen und ändert nichts daran, dass die der europäischen Tradition entstammenden wesentlichen Rechtsbegriffe und Institutionen heute globale Phänomene bilden.

Nun könnte man meinen, der »fortwährende innereuropäische Prozess der Begegnung und gegenseitigen Beeinflussung« könne eine spezifisch europäische Rechtswissenschaft konstituieren. Schmitts Text verbreitet die Atmosphäre einer europäischen Gelehrtenrepublik, die Stimmen aller europäischen Nationen beteiligt und Gehör gewährt. Sicherlich würde eine globale Rechtswissenschaft an dieser Anforderung angesichts extremer Asymmetrien scheitern.[25]

Allerdings gibt es mit diesem Argument auch keine europäische Rechtswissenschaft, denn die schmittsche Gelehrtenrepublik Europa gab es weder damals noch heute. Schmitts eigene Schrift spricht Bände: Sie ist ein Gespräch innerhalb der deutschen Rechtswissenschaft. Gewiss ist seine *Lage* garniert mit auswärtigen Bezugnahmen, die aber Gang und Gehalt kaum beeinflussen, sondern allenfalls bestätigen. Letztlich zeichnet Schmitt eine Linie von Friedrich Carl von Savigny zu sich selbst im Horizont der hegelschen Philosophie.[26]

Heute gibt es mehr Begegnung und Beeinflussung, aber man kann das kaum innereuropäisch abgrenzen. Die Bedeutung der US-amerikanischen Rechtsfakultäten ist allzu gewaltig. Vielleicht nicht in der Forschung zum römischen Recht, zum Kirchenrecht oder zum materiellen Strafrecht, aber wohl doch zu den entscheidenden Fragen der globalen Wirtschaft, der globalen Ordnung und der globalen Sicherheit ist die Schlüsselstellung einer Handvoll amerikanischer Institutionen »jedem Kenner dieser Disziplinen geläufig«.[27]

25 César Rodríguez Garavito, »Un nuevo mapa para el pensamiento jurídico latinoamericano«, in: ders. (Hg.), *El derecho en América Latina. Un mapa para el pensamiento jurídico del siglo XXI*, Buinos Aires 2011, S. 11-22, S. 15; Michael Riegner, »Transformativer Konstitutionalismus und offene Staatlichkeit im regionalen Verfassungsvergleich mit Lateinamerika«, in: *Jahrbuch des öffentlichen Rechts* 67 (2019), S. 265-299.

26 Carl Schmitt, *Verfassungsrechtliche Aufsätze aus den Jahren 1924-1925. Materialien zu einer Verfassungslehre*, Berlin 1958, S. 427 ff.

27 Mathias Reimann, »The American Advantage in Global Lawyering«, in: *Rabels Zeitschrift für ausländisches und internationales Privatrecht* 78 (2014), S. 1-36.

Wichtige Autoren diagnostizieren diese US-amerikanische Hegemonie sogar im Fach Europarecht.[28]

Schmitts Verständnis europäischer Rechtswissenschaft kann nicht überzeugen. Sie braucht vor allem, anders als Schmitts *Lage* es bereits auf ihrer ersten Seite behauptet, einen europäischen politischen Willen und einen europäischen Gesetzgeber. Die europäische Rechtswissenschaft ist als eingebettet in den gesellschaftlichen Prozess zu sehen, der seine öffentlich-rechtliche Grundlage in Art. 2 EUV hat.

Die heutige europäische Rechtswissenschaft verdankt sich dem europäischen politischen Willen. Die 1961 gegründete *Fédération Internationale pour le Droit Européen* (F. I.D.E.) entsteht als ein integrationspolitisches Instrument von EuGH und Kommission.[29] Das *Collège d'Europe* mit Standorten in Brügge und Natolin bildet die vielleicht wichtigste wissenschaftliche Ausbildungsstätte für den europäischen Beamtennachwuchs. Das spiegelt eine bewährte europäische Tradition: Seit der europäischen Neuzeit fördern viele Fürsten eine ihrem Staatswerdungsprozess kongeniale Rechtswissenschaft.[30]

Das akademisch bedeutendste politische Projekt der ersten Periode des europäischen öffentlichen Rechts ist die Gründung des Europäischen Hochschulinstituts in Florenz im Jahre 1972.[31] Die europäische Politik bekommt, was sie wollte: Mauro Cappelletti und Joseph Weiler positionieren das Institut bereits in den späten

28 Anthony Arnull, »The Americanization of EU Law Scholarship«, in: Anthony Arnull u. a. (Hg.), *Continuity and Change in EU Law. Essays in Honour of Sir Francis Jacobs*, Oxford 2008, S. 415-431; Aldo Sandulli, *Il ruolo del diritto in Europa. L'integrazione europea dalla prospettiva del diritto amministrativo*, Mailand 2018, S. 193 f.

29 Zur F. I.D.E. vgl. Julia Laffranque, »FIDE – Uniting Great Minds of European Law. 50 Years of the International Federation for European Law«, in: *Juridica International* 18 (2011), S. 173-181; Antoine Vauchez, »The Transnational Politics of Judicialization. Van Gend en Loos and the Making of EU Polity«, in: *European Law Journal* 16 (2010), S. 1-28, S. 10.

30 Walter Pauly, »Deutschland. § 58«, in: Armin von Bogdandy u. a. (Hg.), *Handbuch Ius Publicum Europaeum. Bd. IV. Verwaltungsrecht in Europa: Wissenschaft*, Heidelberg 2011, S. 41-80, Rn. 1; Barbara Leitl-Staudinger, »Österreich. § 62«, siehe ebd., S. 195-228, Rn. 3; András Jakab, »Ungarn. § 67«, siehe ebd., S. 365-396, Rn. 2.

31 Präambel, Art. 2 Abs. 1 UAbs. 1 des Übereinkommens über die Gründung eines Europäischen Hochschulinstituts.

1970er Jahren als eine führende Stätte der europäischen Rechtswissenschaft unter dem Schlüsselbegriff *integration through law.*[32] Die unter diesem Titel veröffentlichten Bände enthalten eine europäisch bunte Mischung von Ansätzen, deren Mitte die Prämisse der transformierenden Kraft des Gemeinschaftsrechts und der Rechtsvergleich zu den Vereinigten Staaten von Amerika bildet. Bislang hat kein weiteres rechtswissenschaftliches Projekt ähnliche Sichtbarkeit gewinnen können.

Das Europäische Hochschulinstitut allein kann eine europäische Rechtswissenschaft allerdings nicht tragen. Die Europäisierung der nationalen Rechtswissenschaften ist unerlässlich. Entsprechend finanziert die Union seit langem dedizierte Jean-Monnet-Lehrstühle an staatlichen Universitäten und einschlägige wissenschaftliche Projekte. Ein massiver Schub kommt Anfang der 2000er Jahre vom Europäischen Rat, welcher der Europäisierung der nationalen Wissenschaftssysteme mit seinen Beschlüssen von Lissabon (2000) und Barcelona (2002) höchste politische Weihen verleiht. Der wichtigste Ausdruck dieser Wissenschaftspolitik ist das in Art. 179 Abs. 1 AEUV niedergelegte Projekt, einen europäischen Forschungsraum zu schaffen.[33] Im Mittelpunkt steht der Europäische Forschungsrat (*European Research Council*, ERC)[34] und die ihm zugeordnete Exekutivagentur ERCEA.[35] Sie bringen einen enormen Europäisierungsschub, denn die Zahl eingeworbener ERC-Grants begründet eine europäische Reputationshierarchie.[36]

Der Sog dieser Hierarchie ist eine europäisierende Kraft, welche auch die nationale Wissenschaftspolitik an die nationalen Rechts-

32 Mauro Cappelletti u. a. (Hg.), *Integration Through Law. Europe and the American Federal Experience*, Berlin, New York, Bd. 1 bis 5, 1985 bis 1988.

33 Álvaro De Elera, »The European Research Area. On the Way Towards a European Scientific Community?«, in: *European Law Journal* 12 (2006), S. 559-574.

34 Beschluss der Kommission vom 12. Dezember 2013 zur Einrichtung des Europäischen Forschungsrates (2013/C 373/09).

35 Durchführungsbeschluss der Kommission vom 17. Dezember 2013 zur Einrichtung der Exekutivagentur des Europäischen Forschungsrats und zur Aufhebung des Beschlusses 2008/37/EG (2013/779/EU).

36 Zur Rolle von Reputation Niklas Luhmann, *Die Wissenschaft der Gesellschaft*, Frankfurt/M. 1990, S. 245-251; Helmut Goerlich, »Die Rolle von Reputation in der Rechtswissenschaft«, in: Eric Hilgendorf, Helmuth Schulze-Fielitz (Hg.), *Selbstreflexion der Rechtswissenschaft*, Tübingen 2021, S. 207-240.

wissenschaften weitergibt.[37] Sogar die polnische Regierung gestaltet 2019 das Anreizsystem so um, dass polnische Rechtswissenschaftler zu einem europäischen Publikum sprechen sollen.[38] Das ist schon bemerkenswert – gerade von einer nationalkonservativen Regierung gegenüber einer Rechtswissenschaft, die wie wenige andere den nationalen Zusammenhalt, Überlebenswillen und Widerstand repräsentiert: Polnische Professoren unterrichteten das polnische öffentliche Recht während des Jahrhunderts der polnischen Teilung ebenso wie im Untergrund während der deutschen Besatzung im Zweiten Weltkrieg.[39]

§ 70 Das Hegemonieproblem

Die Dynamik zu einer europäischen Rechtswissenschaft speist sich aus Monnets Idee eines in Gleichheit geeinten Europas.[40] Diese Idee unterliegt dem Versprechen des Art. 2 EUV. Die Integrationsdynamik trifft aber auf die Sorge und den Verdacht, sie könne gleichheitswidrige Strukturen von Vorherrschaft weniger oder gar einzelner befördern. Anhaltspunkte ergeben sich zum einen aus kollektiven Phänomenen wie dem deutsch-französischem Tandem, dem Artikel-255-Ausschuss (§ 63), der Praxis der Arbeitssprachen oder der *Governance* der mittel- und osteuropäischen Transforma-

37 Wissenschaftsrat, *Perspektiven der Rechtswissenschaft in Deutschland. Situation, Analysen, Empfehlungen*, Köln 2012.

38 Also auf Englisch in den großen transnationalen Zeitschriften; siehe dazu das polnische Ministerium für Wissenschaft und Hochschulwesen (Ministerstwo Nauki i Szkolnictwa Wyższego), abrufbar unter ⟨https://www.gov.pl/web/nauka/nowe-rozszerzone-wykazy-czasopism-naukowych-i-recenzowanych-materialow-z-konferencji-miedzynarodowych-oraz-wydawnictw-monografii-naukowych⟩, letzter Zugriff 01.07.2021.

39 Irena Lipowicz, »Polen. § 34«, in: Armin von Bogdandy u. a. (Hg.), *Handbuch Ius Publicum Europaeum. Bd. II. Offene Staatlichkeit – Wissenschaft vom Verfassungsrecht*, Heidelberg 2008, S. 663-695, Rn. 10 ff.; Andrzej Wasilewski, »Polen. § 63«, in: von Bogdandy u. a. (Hg.), *Handbuch Ius Publicum Europaeum. Bd. IV* (Fn. 30), S. 229-262, Rn. 21

40 François Duchêne, *Jean Monnet. The First Statesman of Interdependence*, New York 1994, S. 127; Koen Lenaerts, »No Member State is More Equal than Others. The Primacy of EU law and the Principle of the Equality of the Member States before the Treaties«, *Verfassungsblog* v. 08. 10. 2020.

tionsprozesse (§ 26). Zum anderen gibt es, noch kritischer, die Sorge und den Verdacht, das europäische öffentliche Recht befördere letztlich die Hegemonie eines Staates. Um diesen zweiten Typus geht es im Folgenden.

Daniel Halberstam, Eric Steins Nachfolger an der *University of Michigan*, fasst diesen Verdacht begrifflich, indem er zwei Typen von Hegemonie unterscheidet: einerseits eine Hegemonie aufgrund kultureller Ressourcen, etwa wissenschaftlicher Beispielhaftigkeit, andererseits eine Hegemonie aufgrund harter Macht, etwa durch ein schlagkräftiges Militär, eine starke Wirtschaft oder, für unseren Kontext besonders relevant, weitreichende Entscheidungskompetenzen.[41] Halberstam exemplifiziert den ersten Typus mit Carl Schmitts *Lage der europäischen Rechtswissenschaft*, den zweiten mit Heinrich Triepels *Die Hegemonie* von 1938. Letzteres sagt übrigens Hitlers Scheitern voraus; zwischen den Zeilen, versteht sich.[42]

Der europäische Wissenschaftsraum der letzten dreißig Jahre formt sich am Beispiel der angelsächsischen Wissenschaftswelt. Im rechtswissenschaftlichen Bereich sind die US-amerikanischen *Elite Law Schools* prägend, ausgestattet mit einzigartiger akademischer Leuchtkraft. Cappellettis und Weilers *integration through law*-Projekt (§ 68) ist auch in dieser Hinsicht wegweisend und repräsentativ. Hinzu tritt die Macht der englischen Sprache.[43] Wie bereits gesagt, nehmen manche diese kulturelle Hegemonie sogar im Bereich des europäischen Rechts wahr (§ 69).

Diese kulturelle Hegemonie birgt strukturwandelndes Potenzial für die Rechtswissenschaften in Europa. So schwächt sie die bislang dominierende Ausrichtung auf die Dogmatik (§ 78). Der ERC nimmt, in meiner Einschätzung segensreich, eine wichtige Rolle in diesem Wandel ein.

Es ist schwer, die Hegemonie US-amerikanischer Institutionen als undemokratisch zu kritisieren: Sie ist durch freie Entschei-

41 Daniel Halberstam, »Anti-Hegemony and Its Discontents. On Germany in Europe«, *Verfassungsblog* v. 14. 10. 2020.

42 Heinrich Triepel, *Die Hegemonie. Ein Buch von führenden Staaten*, Stuttgart, Berlin 1938.

43 Dazu kontrovers einerseits Christian Tomuschat, »The (Hegemonic?) Role of the English Language«, in: *Nordic Journal of International Law* 86 (2017), S. 196-227; andererseits Marta Cartabia, »La lingua inglese e lo studio del diritto pubblico«, in: *Rivista trimestrale di diritto pubblico* (2018), S. 907-918

dungen demokratisch legitimierter Institutionen vermittelt. Das unterscheidet sie von hegemonialen Strukturen, die Julia Emtseva in der Völkerrechtswissenschaft aus einer Perspektive des globalen Südens aufzeigt.[44] Nicht wenige deutsche Wissenschaftlerinnen und Wissenschaftler erinnern dankbar ihre US-amerikanische Prägung.[45]

Schmitts *Lage der europäischen Rechtswissenschaft* lädt nun ein, hegemoniale Strukturen nicht nur mit Blick auf die USA und die Welt des Common Law, sondern auch mit Blick auf Deutschland zu prüfen. Seine Schrift propagiert – unter dem Titel *europäische Rechtswissenschaft* – eine kulturelle Hegemonie *deutscher* Rechtswissenschaft: Ihr seien die »Keime des Geistes« der europäischen Rechtswissenschaft zu verdanken. Schmitt verwirft das französische wie das englische Rechtsdenken als unzulänglich[46] und postuliert letztlich nur zwei Rechtsgelehrte als maßgeblich: explizit Savigny und implizit sich selbst. Schmitts Europäismus ist ein verdeckter Nationalismus.[47]

Sollte der von Schmitt abgelehnte europäische Integrationsprozess, in einer ironischen Schleife, dieses schmittsche Anliegen befördern? Die Bestrebungen europäischer Integration sind immer wieder als Versuch deutscher Vorherrschaft gedeutet worden (§ 14). Selbst des Nationalismus unverdächtige Autoren diagnostizieren seit Jahren eine deutsche Hegemonie in Europa und propagieren sie sogar als geboten und erwünscht.[48] Für andere ist die Behauptung deutscher Vorherrschaft hingegen ein guter Grund, einzelne Unionspolitiken oder sogar die Union insgesamt abzulehnen (§ 14).

44 Julia Emtseva, »Practicing Reflexivity in International Law. Running a Never-Ending Race to Catch Up with the Western International Lawyers«, in: *Max Planck Institute for Comparative Public Law & International Law Research Paper* 11 (2021), S. 1-12.

45 Vgl. nur Haltern, »Europarecht und ich« (Fn. 5), S. 447 f., 455 f.

46 Schmitt, *Die Lage der europäischen Rechtswissenschaft* (Fn. 4), S. 24 f.

47 So auch die Kontinuitäten zu Carl Schmitt, »Die geschichtliche Lage der deutschen Rechtswissenschaft«, in: *Deutsche Juristen-Zeitung* 41 (1936), S. 15-21.

48 Christoph Schönberger, »Hegemon wider Willen. Zur Stellung Deutschlands in der Europäischen Union«, in: *Merkur* 66 (2012), S. 1-8; Angelo Bolaffi, *Cuore tedesco. Il modello Germania, l'Italia e la crisi europea*, Rom 2013; Zanny Minton Beddoes, »Europe's Reluctant Hegemon. Special Report«, The Economist v. 13. 06. 2013; Simon Bulmer, William E. Paterson, *Germany and the European Union. Europe's reluctant Hegemon?*, London 2019.

Wie dominant ist die deutsche Rechtswissenschaft? Aus der Rechtsarbeit in den europäischen Institutionen berichten nichtdeutsche Juristen von der Durchsetzungskraft des *German legal mindset*, geformt durch die deutsche Rechtswissenschaft. Der Index von Daniel Innerarітys Buch *Democracy in Europe* nennt nur einen Mitgliedstaat, *Germany*, den aber dreizehnmal. Der italienische Verwaltungsrechtler Aldo Sandulli, nicht der Germanophilie verdächtigt, begreift das europäische Verwaltungsrecht als ein Produkt der deutschen Verwaltungsrechtswissenschaft, selbst wenn das berühmteste Buch aus englischer Feder stamme.[49] Ein aufgrund des Brexit abnehmender Einfluss britischer Rechtswissenschaft könnte einer deutschen rechtswissenschaftlichen Vorrangstellung Vorschub leisten. Selbst das vorliegende Buch könnte Teil einer solchen Entwicklung sein.

Deutschland dürfte der europäische Staat sein, der die meisten Ressourcen in die Rechtswissenschaft investiert. Und anders als die Niederlande, Norwegen, die Schweiz oder das Vereinigte Königreich, beschränkt es die Nutzung dieser Ressourcen weitestgehend auf Inländer. Das wirft lange Schatten. So ist selbst die deutsche Forschung, die sich um eine europäische Perspektive bemüht, oft tief deutsch geprägt und propagiert schon deshalb deutsche Positionen und Denkmuster.[50]

Solche nationale Verhaftung zeigt auch dieses Buch. Sein Ansatz, die europäische Gesellschaft mit Art. 2 EUV zu entschlüsseln, kann man als typisch deutschen Hypertextualismus verstehen,[51] und sein begriffliches und systematisches Vorgehen gilt sogar als der »eigentliche Glutkern des ›*German Approach*‹«.[52]

Nationale Verhaftung bedeutet aber nicht zwingend hegemoniales Streben. Eine dadurch gekennzeichnete Literatur kann auch Ausdruck des Pluralismus der europäischen Gesellschaft sein. In diesem Sinne verstehe ich dieses Buch als einen legitimen, wenn-

49 Sandulli, *Il ruolo del diritto in Europa* (Fn. 28), S. 165. Autor jenes Buches ist Paul Craig.

50 Vgl. den Bericht von Başak Çalı, »The Two Faces German Legal Hegemony?«, *Verfassungsblog* v. 07.10.2020.

51 Russell A. Miller, »The Ugly German«, *Verfassungsblog* v. 13.10.2020.

52 Christoph Schönberger, *Der ›German Approach‹. Die deutsche Staatsrechtslehre im Wissenschaftsvergleich*, Tübingen 2015, S. 2.›

gleich einseitigen Vorschlag auf einem kompetitiven europäischen Marktplatz der Ideen.[53]

Auf diesem akademischen Marktplatz gibt es keine deutsche Hegemonie.[54] Betrachtet man die Verlage, die Herausgeber und die Autoren der im europäischen Rechtsraum führenden Zeitschriften zu den Themen dieses Buches (etwa die *Common Market Law Review*, die *European Constitutional Law Review*, das *European Law Journal*,[55] das *European Journal of International Law*, das *Maastricht Journal of Comparative and European Law* oder das *International Journal of Constitutional Law*), so sieht man vielfältige und zumeist transnationale Ausrichtungen. Fast jede rechtswissenschaftliche Idee, die in der ganzen europäischen Gesellschaft Gehör finden möchte, muss sich der transnationalen Logik dieser Medien beugen. Wenn überhaupt, so gibt es eine Dominanz anglo-amerikanischer geprägter Verständnisse, Institutionen und Personen.

Es gibt nur zwei deutsch konnotierte Publikationsorgane, denen im gesamten europäischen Rechtsraum eine relevante Rolle zukommt: das *German Law Journal* und der *Verfassungsblog*. Doch deren Idee und Praxis ist kein *deutsches Europa*, sondern, so verstehe ich den Grundtenor beider Medien, ein *europäisches Deutschland*[56] als Teil einer europäischen demokratischen Gesellschaft, die sich durch die Prinzipien des Art. 2 EUV auszeichnet.[57] Diesem Geist fühlt sich dieses Buch verpflichtet.

Wenn es schon keine kulturelle Hegemonie deutscher akademischer Publikationen gibt, so könnte dem deutschen Professo-

53 Als Forschungsprogramm formuliert bei Matthias Jestaedt, »Wissenschaft im Recht. Rechtsdogmatik im Wissenschaftsvergleich«, in: *JuristenZeitung* 69 (2014), S. 1-12, S. 12.

54 András Jakab, »The Fading International Influence of German Constitutional Thinking«, *Verfassungsblog* v. 09. 10. 2020; Argelia Queralt Jiménez, »Influence Yes, Hegemony No. German Legal Science Viewed from Spain«, *Verfassungsblog* v. 11. 10. 2020; Daniel Sarmiento, »On the Road to German Hegemony in EU Law?«, *Verfassungsblog* v. 07. 10. 2020.

55 Das gilt allerdings nur bis zu seinem Absturz im Jahre 2020, vgl. Alessandra Arcuri u. a., »In Defense of Academic Freedom and Autonomy«, *Verfassungsblog* v. 06. 02. 2020.

56 Anknüpfend an dieses Wortspiel Thomas Manns Ulrich Beck, *Das deutsche Europa*, Berlin 2012, S. 7.

57 Eine hegemoniale Lesart hingegen bei Bogdan Iancu, »Status Quo Hegemony? Conflicting Narratives about the ›Rule of Law‹«, *Verfassungsblog* v. 06. 10. 2020.

renrecht aber eine Hegemonie triepelscher Art zukommen. Seine Machtressource ist die Stellung des Bundesverfassungsgerichts im europäischen Recht. Insbesondere der Zweite Senat hat seinen europarechtlichen Entscheidungsbereich enorm weit ausgedehnt und sich als Letztentscheider in europarechtlichen Fragen aufgestellt (§ 40). Aufgrund seiner innerstaatlichen Autorität stützen die Machtressourcen der Bundesrepublik, des bevölkerungsreichsten und wirtschaftsstärksten Mitgliedstaats der Union, die europäische Autorität seiner Rechtsprechung (§ 33, § 40, § 43, § 60).

Diese einzigartige Rolle des Gerichts zieht die deutsche Rechtswissenschaft mit sich. Im Windschatten des Bundesverfassungsgerichts gewinnt sie, so Antoine Vauchez, eine den europäischen Diskursraum strukturierende Rolle. Das gilt sowohl für die Positionen, die seinen Entscheidungen beipflichten, als auch für diejenigen, die widersprechen.[58] Vauchez fasst diese Entwicklung so zusammen: Das Bundesverfassungsgericht verdeutscht durch seine Rechtsprechung europäische Konflikte, etwa um innereuropäische Solidarität, und europäisiert zugleich deren deutsche Diskussionsformate.

Den Verdacht eines Hegemoniestrebens hat zuletzt das PSPP-Urteil des Zweiten Senats vom 05. Mai 2020 geschürt. Sabino Cassese, der Nestor des europäischen öffentlichen Rechts, diagnostiziert auf der Titelseite der Tageszeitung *Il Foglio* am 19. Mai 2020, der Senat wolle die Union an die deutsche Leine legen.[59] Pál Sonnevend versteht das Urteil als einen dogmatisch kaum kaschierten Akt, bestimmte deutsche Interessen zu verteidigen.[60] Oreste Pollicino sieht das Bundesverfassungsgericht in einer beherrschenden Stellung, die es missbraucht.[61]

Wie ist mit dieser Sorge umzugehen? Hilfreich könnte die Einberufung des Plenums des Bundesverfassungsgerichts sein, das die Rechtsprechung des Zweiten Senats auf die kooperativere Linie des Ersten Senats bringt (§ 61). Nach der massiven Kritik am

58 Antoine Vauchez, »Vicarious Hegemony. The German Crisis of European Law«, *Verfassungsblog* v. 06. 10. 2020.

59 Sabino Cassese, »The Paths of European Legal Scholarship«, *Verfassungsblog* v. 05. 10. 2020.

60 Pál Sonnevend, »How Not to Become Hegemonial. Self-Preservation Through Verfassungsdogmatik«, *Verfassungsblog* v. 13. 10. 2020.

61 Oreste Pollicino, »The European ›Market‹ for Constitutional Ideas. Abuse of a Judicial Dominant Position?«, *Verfassungsblog* v. 09. 10. 2020.

PSPP-Urteil sind bereits Anzeichen in dieser Richtung festzustellen.[62] Dem Problem grundlegender begegnen könnte eine weitere Europäisierung der deutschen Rechtswissenschaft. Aus ihr wird die Richterschaft rekrutiert, sie ist ihr wichtigster Ideenlieferant und Gesprächspartner. Besonders prägend dürfte dabei eine weitere Europäisierung rechtwissenschaftlicher Identitäten sein.

§ 71 Rechtswissenschaftliche Identitäten

Der Strukturwandel zu einer europäischen Rechtswissenschaft umfasst das Selbstverständnis der Akteure (§ 32). Ein solcher Wandel zeigt sich zunächst in dem, was man so macht. Da gibt es neue Themen, die sich in den Mittelpunkt des gemeinsamen wissenschaftlichen Interesses schieben und über die man sich akademisch definiert, etwa der europäische Verbund als neues Paradigma für Demokratie, Grundrechte, regulatorische Politiken oder Rechtsschutz, gegenseitiges Vertrauen, *nationale* Identität als *europarechtliches* Forschungsfeld. Das sind alles Themen, die sich aus jener Interaktion zwischen Rechtsordnungen ergeben, die der holistische Begriff des europäischen Rechts artikuliert (§ 11). Wer heute *sein* nationales öffentliches Recht ohne jedes *Außen* rechtswissenschaftlich bearbeitet, wirkt fast archaisch.[63]

Sicherlich führen neue Themen nicht immer zu einem Strukturwandel disziplinärer Identitäten. Diese neuen Themen lockern aber die Anbindung eines Wissenschaftlers, einer Wissenschaftlerin an *seine* oder *ihre* Rechtsordnung der primären juristischen Sozialisation. Darin liegt ein strukturwandelndes Moment, denn die überkommenen rechtswissenschaftlichen Selbstverständnisse sind durch starke Abgrenzungen geprägt: eigenes gegen fremdes, nationales gegen internationales Recht. Der epistemische Nationalismus hat ein starkes identitätsprägendes Moment. Mein holistisches Verständnis verwirft solche Prägungen nicht, bettet sie aber in den breiteren Kontext des europäischen Rechts ein (§ 33).

62 BVerfGE 140, 317, *Identitätskontrolle.*

63 Thomas Ackermann, »Eine ›ungeheure Jurisprudenz‹? Die Europarechtswissenschaft und die Europäisierung des Rechts«, in: *Jahrbuch des öffentlichen Rechts* 68 (2020), S. 471-487.

Der holistische Begriff des europäischen Rechts korrespondiert mit dem europäischen Forschungsraum. Viele Dynamiken dieses Raums transformieren die disziplinären Identitäten durch Veränderungen nicht nur der Themen, sondern auch der wissenschaftlichen Fragestellungen, Aufmerksamkeitskulturen, Stile, Methoden, hoheitlichen wie wissenschaftsinternen Organisationsformen, Medien, Reputationsformen, Karrierewege, wissenschaftliche Loyalitäten, Gleichheitsstrukturen.[64]

Oft wird die Identität eines Fachs methodisch bestimmt, in der kontinentalen Rechtswissenschaft durch die sogenannte juristische Methode (§ 78). Diese steht unter Druck und kann das methodische Selbstverständnis heute nicht mehr alleine prägen. Sichtbarkeit im europäischen Forschungsraum, also das, was die meisten Leitungen akademischer Institutionen mehr als alles andere von ihrem wissenschaftlichen Personal erwarten, beruht vor allem auf problemorientierter, grundbegrifflicher, theoretischer, interdisziplinär ausgerichteter Forschung, aber kaum auf dogmatischen Beiträgen zu Einzelfragen, Lehrbüchern oder Kommentaren, dem Gros der kontinentalen rechtswissenschaftlichen Produktion. Klassifikatorische Kraftakte wie das seinerzeit wegweisende Lehrbuch des Verwaltungsrechts von Hans Wolff und Otto Bachof mit seinen neun Gliederungsebenen wirken heute fremd.[65] Hinzu tritt der Bedeutungsgewinn der rechtsvergleichenden Methode mit entsprechender Horizonterweiterung (§ 74).

Zugleich wandeln sich die Machtstrukturen vieler Wissenschaftssysteme. Die Chance und der Druck, hoch sichtbar in internationalen Zeitschriften mit anonymisierter *peer review* zu publizieren, schwächt die Macht der alten Garde in den meisten Rechtswissenschaften. Es ist bezeichnend, dass die *Fédération Internationale pour le Droit Européen*, die als Zusammenschluss der nationalen europarechtlichen Gesellschaften nicht selten von den Vorsitzenden der nationalen Gesellschaften geprägt ist, in der akademischen Bedeutung fast sofort von der 2014 gegründeten *International Society of Public Law* überholt wurde. Dieser bunte und

64 Maurizio Fioravanti, »Italien. § 31«, in: von Bogdandy u. a. (Hg.), *Handbuch Ius Publicum Europaeum. Bd II.* (Fn. 39), S. 585-612, Rn. 60; Luc Heuschling, »Frankreich. § 28«, siehe ebd., S. 591-523, Rn. 53.

65 Hans J. Wolff, Otto Bachof, *Verwaltungsrecht. Ein Studienbuch*, München 1974.

offene Marktplatz der Ideen ist maßgeblich Sabino Cassese und Joseph Weiler zu verdanken.[66]

Transformierend wirken auch neue Karrieremuster im Ausland, die insbesondere englische, irische, niederländische, norwegische, schottische oder schweizerische Fakultäten eröffnen. Dort tätige Ausländer meinen oft, dass sie in ihrem Heimatsystem ziemlich chancenlos waren. Es fällt auf, dass viele der europaweit hörbaren Stimmen als Arbeitsmigranten von solchen Institutionen aus sprechen. Der europäische Forschungsraum verstärkt die Freiheit, selbstbestimmt eine Karriere mit den eigenen wissenschaftlichen Interessen zu verfolgen. Man darf vermuten, dass diese Gruppe von besonderer Bedeutung für eine genuin europäische wissenschaftliche *Community* ist. Das führt zum wichtigsten Punkt.

Es gibt ein entwickeltes europäisches öffentliches Recht, aber nur Ansätze einer europäischen, also gemeinsamen Rechtswissenschaft im Sinne einer wissenschaftlichen *Community*. Der Großteil der rechtswissenschaftlichen Stimmen begreift sich in erster Linie mit Blick auf die jeweilige nationale *Community*, in der sich ihre berufliche Zukunft entscheidet. Diese Vorherrschaft nationaler Identität kann als kollektive Ausrichtung heute kaum überzeugen. Wenn die nationalen Rechtswissenschaften den Weg einer europäischen demokratischen Gesellschaft begleiten wollen, müssen sie ihre Einbettung in diese Gesellschaft reflektieren und befördern. Es gibt eine Parallele zur Stiftung demokratischer Legitimität (§ 43).

Die rechtswissenschaftliche Europäisierung ist mühsam: die Sprachenfrage, die Unübersichtlichkeit der Forschungs- und Publikationslandschaft, die Vielgestaltigkeit des europäischen Wissenschafts- und Rechtsraums, welche die wenigen englischsprachigen Publikationen, die europaweit zirkulieren, nur unzulänglich abbilden können.[67] Wenn aber Mehrsprachigkeit, ein komparativer Ansatz, transnationale Kooperationen und ein europäisches Publikationsprofil die Türen zu attraktiven Positionen öffnen,

66 Zu deren Programm Sabino Cassese, »An International Society of Public Law«, in: *ICON.S Working Paper – Conference Proceedings Series 1* 1 (2015); Joseph H. H. Weiler, »The International Society for Public Law – Call for Papers and Panels«, in: *International Journal of Constitutional Law* 12 (2014), S. 1-3.

67 Dabei zeigt die Autorenschaft vieler dieser Zeitschriften, dass die Redaktionen oft erhebliche Anstrengungen machen, die Diversität abzubilden.

werden viele die Anstrengungen auf sich nehmen und so den Strukturwandel mittragen.[68]

Dass dieser Weg plausibel ist, bestätigt der Blick ins europäische Ausland. 2012 trug ich diese Ideen in Leiden auf der *Staatsrechtconferentie* vor, der jährlichen Konferenz des *Staatsrechtkring*, der niederländischen Staatsrechtslehrervereinigung.[69] Anders als die deutsche Staatsrechtslehrervereinigung lässt die niederländische Vereinigung Personen zu, die das deutsche Wissenschaftssystem mit der merkwürdigen Bezeichnung *Nachwuchs* belegt.[70] Von ihnen kam kategorischer Widerspruch gegen meine Feststellung, die nationale Identität dominiere weiterhin die wissenschaftlichen Identitäten. Für viele war die Zugehörigkeit zur niederländischen oder belgischen oder auch flämischen Gemeinschaft nur eine von mehreren Identitäten: wichtig, aber nicht beherrschend und eingebettet in den weiteren europäischen und internationalen Kontext. Sie verstanden sich als selbstbewusste Bürgerinnen und Bürger der europäischen Gesellschaft, deren Defizite sie nicht müde wurden zu unterstreichen.

In den Augen dieser Personen mag dieses Buches eine, in Anschluss an Hegels berühmte Formulierung, schon alt gewordene Gestalt des europäischen Lebens zeichnen.[71] Aber die Stoßrichtung ihres Widerspruchs bestärkt das Vertrauen, dass der weitere Wandel keineswegs zur nietzscheanischen Morgenröte einer dritten Sattelzeit (§ 8) führen muss, in der die Setzung, das Versprechen und der Auftrag von Art. 2 EUV nicht mehr gelten.

68 Konkrete Vorschläge bei Gernot Sydow, »Die Europarechtswissenschaft europäisieren? Überlegungen zur Strukturentwicklung der juristischen Fakultäten und zur Lehre des Europarechts«, in: *Jahrbuch des öffentlichen Rechts* 68 (2020), S. 545-559; Christophe Jamin, *La cuisine du droit. L'École de Droit de Sciences Po. Une expérimentation française*, Paris 2012, S. 171 ff.

69 Der Tagungsband ist veröffentlich unter Michael Diamant u. a. (Hg.), *The Powers that Be. Op zoek naar nieuwe checks and balances in de verhouding tussen wetgever, bestuur, rechter en media in de veellagige rechtsorde*, Oisterwijk 2013.

70 Wissenschaftsrat, *Perspektiven der Rechtswissenschaft in Deutschland* (Fn. 37), S. 13 ff.

71 Georg Wilhelm Friedrich Hegel, »Grundlinien der Philosophie des Rechts (1821)«, in: Eva Moldenhauer, Karl Markus Michel (Hg.), *Werke in zwanzig Bänden mit Registerband. Bd. 7*, Frankfurt/M. 1970, Vorwort, S. 28. Zum gleichwohl möglichen Erkenntnisgewinn Jens Petersen, *Die Eule der Minerva in Hegels Rechtsphilosophie*, Berlin 2015, insbes. S. 6 ff., 152 ff.

B. Eine autonome Stimme der Vernunft

§ 72 Autonomie und Demokratie

Wenn Rechtswissenschaft eine tragende Rolle hat, dann sollte sie in der demokratischen Gesellschaft demokratisch ausgerichtet sein.[72] Das widerspricht, auf den ersten Blick, einer autonomen, konstruktiven und engagierten Rolle (§ 68). Zu einer demokratischen Rechtswissenschaft scheint eher ein normativ enthaltsamer Positivismus zu passen, der den Willen des demokratischen Gesetzgebers getreu umzusetzen hilft, vielleicht mit einer Kritikerrolle im Nebenjob. Ich bestreite nicht, dass hierin wichtige Aufgaben liegen. Ich sehe aber mit Hegel, Gellner, Keynes und Schmitt darüberhinausgehende Aufgaben, damit der demokratische Strukturwandel der europäischen Gesellschaft vorankommt.

Auch dieses Verständnis sei mit Carl Schmitts *Lage* vertieft. Ihm wäre eine Unterordnung unter die parlamentarische Rechtsproduktion ein Graus gewesen – umso mehr in Verbindung mit dem Ziel der europäischen Forschungspolitik, die Europäische Union »zum wettbewerbsfähigsten und dynamischsten wissensbasierten Wirtschaftsraum der Welt« zu machen.[73] Ähnlich würde Schmitt die Grundtendenz der europäischen Forschungspolitik wahrnehmen, der europäischen Rechtswissenschaft das US-amerikanische Beispiel nahezulegen (§ 70).

Nichts liegt Schmitts Idee einer europäischen Rechtswissenschaft ferner als solche Indienstnahme oder Unterordnung. »Abstandnahme«, das ist die Losung seines Textes. Schmitts *Lage* diagnostiziert eine Krise der Rechtswissenschaft, weil sie ihre Autonomie weitge-

72 Norberto Bobbio, *Teoria della scienza giuridica*, Turin 1950, S. 137 f.; Oliver Lepsius, »Rechtswissenschaft in der Demokratie«, in: *Der Staat* 52 (2013), S. 157-186, S. 178 ff.

73 Schlussfolgerungen des Vorsitzes, Europäischer Rat (Lissabon), 23. und 24. März 2000 (SN 100/1/00 REV 1), Nr. 5; Matthias Ruffert, »Art. 179 AEUV«, in: Christian Calliess, ders. (Hg.), *EUV/AEUV. Das Verfassungsrecht der Europäischen Union mit Europäischer Grundrechtecharta. Kommentar*, München 2016, S. 1883-1888, Rn. 10. Langsam befreit sie sich aus diesem Zugriff; Kiran Klaus Patel, »Kooperation und Konkurrenz. Die Entstehung der europäischen Wissenschafts- und Forschungspolitik seit 1945«, in: *Vierteljahrshefte für Zeitgeschichte* 69 (2021), S. 183-209, S. 207 f.

hend verloren habe: Einerseits habe sie sich der Rationalität anderer Wissenschaften ergeben, andererseits begleite sie als bloße Gesetzeskunde die Rechtsproduktion.[74] Dagegen pocht Schmitt auf eine autonome Rechtswissenschaft.

Er betont die Autonomie als Leitkriterium rechtswissenschaftlicher Forschung: »Die Lage der europäischen Rechtswissenschaft ist [...] immer durch zwei Gegensätze bestimmt gewesen: zur Theologie, Metaphysik und Philosophie auf der einen und zur bloß technischen Normenkunde auf der anderen Seite.«[75] In neuerer Zeit tritt noch die Notwendigkeit der Abgrenzung zu den Sozialwissenschaften hinzu.[76] Kippte die Rechtswissenschaft in die eine oder andere Richtung, so würde sie »in anderen Fakultäten aufgehen und das Ergebnis eines halben Jahrtausends preisgeben«.[77] Insoweit folgt er also nicht dem Philosophen Hegel, der die interessanten rechtlichen Fragen für seine Rechtsphilosophie beansprucht und die Rechtswissenschaft auf eine nur historische, also begriffslose, und rein instrumentelle Wissenschaft reduziert.[78] In Schmitts *Lage*, anders als in den meisten anderen Schriften, steht ein Rechtswissenschaftler im Mittelpunkt. Es ist die wohl größte Figur der deutschen Rechtswissenschaft überhaupt, Friedrich Carl von Savigny.

Ich schließe mich Schmitts Pochen an, wenngleich aus einem anderen Motiv: Eine demokratische europäische Gesellschaft kann auf eine autonome Rechtswissenschaft kaum verzichten. Das ergibt sich bereits aus der rechtsordnungs- und gesellschaftskonstituierenden Rolle des ihr eigentümlichen Vernunftgebrauchs (§ 2, § 68). Sie folgt weiter aus den Anforderungen moderner repräsentativer Demokratien als Regierungssysteme der Distanz, Reflexion und Vermittlung (§ 1, §§ 42-43). Da die unterschiedlichen Maßstäbe des Art. 2 EUV erst in ihrem komplexen Zusammenspiel das demokratische Projekt verwirklichen, bedarf dies einer vermittelnden Wissenschaft. Das Potential von Prinzipienlehren bei der Demokratisierung einer Rechtsordnung wurde bereits dargelegt (§ 27).

74 Schmitt, *Die Lage der europäischen Rechtswissenschaft* (Fn. 4), S. 28.

75 Ebd., S. 29.

76 Ebd., S. 18.

77 Ebd., S. 29.

78 Georg Wilhelm Friedrich Hegel, »Grundlinien der Philosophie des Rechts (1821)«, in: Eva Moldenhauer, Karl Markus Michel (Hg.), *Werke in zwanzig Bänden mit Registerband. Bd. 7*, Frankfurt/M. 1970, § 2, § 212.

Diese rechtswissenschaftliche Vernunftform ist kompatibel mit einer demokratischen Gesellschaft, wie Mauro Barberis, Jürgen Habermas oder Alexander Somek zeigen.[79] Dies zeigt auch gerade die Außensicht.[80] Der in Triest wie in Macao unterrichtende Mauro Bussani hält fest, den *Cambridge Companion to Comparative Law* abschließend, dass die westliche Demokratie, ja die gesamte westliche Kultur an der Autonomie des Rechts hängt.[81]

Ohne eine Rechtswissenschaft mit einem »Sinn für Logik und Folgerichtigkeit der Begriffe und Institutionen« gibt es kein Recht.[82] Diese Vernunftformen bilden laut Schmitt sogar »die Grundlage eines rationalen Mensch-Seins«.[83] Uns soll an dieser Stelle nicht beschäftigen, wie diese Begriffsbildung zu anderen schmittschen Positionierungen passt,[84] sondern warum Schmitts Überlegungen heute Resonanz finden. Er sieht die Autonomie der Rechtswissenschaft insbesondere durch den »motorisierten Gesetzgeber« gefährdet,[85] wozu er nicht nur das Parlament zählt, sondern jede Form exekutiver Normerzeugung. Das unsere Zeit so beschäftigende *law making* durch Gerichte (§§ 48-67) liegt 1950 noch außerhalb seines Blickfelds; es wäre nur Wasser auf seine Mühlen. Die Beschleunigung der Normerzeugung begreift er als Teil der allgemeinen Beschleu-

79 Barberis, *Europa del diritto* (Fn. 4), S. 10 ff.; Jürgen Habermas, »Discourse Theory and International Law. An Interview with Jürgen Habermas«, 2013, abrufbar unter ⟨https://esil-sedi.eu/wp-content/uploads/2018/04/2013InterviewHabermas.pdf⟩, letzter Zugriff 01. 07. 2021, S. 4; Alexander Somek, »The Indelible Science of Law«, in: *International Journal of Constitutional Law* 7 (2009), S. 424-441, S. 431 ff.

80 Marcelo Neves, *Verfassung und Positivität des Rechts in der peripheren Moderne. Eine theoretische Betrachtung und Interpretation des Falls Brasilien*, Berlin 1992.

81 Mauro Bussani, »Democracy and the Western legal tradition«, in: Mauro Bussani, Ugo Mattei (Hg.), *The Cambridge Companion to Comparative Law*, Cambridge 2012, S. 384-396, S. 392 f.

82 Schmitt, *Die Lage der europäischen Rechtswissenschaft* (Fn. 4), S. 30.

83 Ebd. Zum Naturrecht in dieser Aussage Michael Stolleis, »Carl Schmitt«, in: Martin J. Sattler (Hg.), *Staat und Recht. Die deutsche Staatslehre im 19. und 20. Jahrhundert*, München 1972, S. 123-146, S. 145.

84 Mehring, »Carl Schmitts Schrift ›Die Lage der Europäischen Rechtswissenschaft‹« (Fn. 4), S. 862.

85 Näher Carl Schmitt, »Vergleichender Überblick über die neueste Entwicklung des Problems der gesetzgeberischen Ermächtigungen (Legislative Delegationen)«, in: *Zeitschrift für ausländisches öffentliches Recht und Völkerrecht* 6 (1936), S. 252-268.

nigung des gesellschaftlichen Wandels. Angesichts seines Hinweises auf die Marktordnungen darf man vermuten, dass er sie vor allem durch die Wirtschaft verursacht sieht.[86]

Schmitts Positionierung der Rechtswissenschaft speist sich damit, nicht besonders originell, aus einem kapitalismuskritischen Konservatismus, sie erschöpft sich aber nicht darin. Dass auch er den Wert der juristischen Rationalität gegenüber ökonomischer Eigenlogik und der ihr atemlos folgenden Politik vertritt, lässt sie nicht falsch werden. Vielmehr trifft er einen gerade für die europäische Rechtswissenschaft zentralen Punkt. Es sei erinnert, dass sie mit der Aufgabe entstand, der Entfaltung eines europäischen Markts zu dienen (§ 8, § 56, § 69).

Dass die Rechtswissenschaft der Hegemonie ökonomischer Rationalität trotzen kann und trotzen soll, führt Aldo Sandulli, Exponent der demokratischen Schule des italienischen Verwaltungsrechts, luzide für die europäische Gesellschaft aus.[87] Seinen Ausgangspunkt bildet keine konservative Kritik der Moderne, sondern die weithin konsentierte und inspirierte Formel vom Ende des *embedded liberalism.* Diese Formel schließt an Hellers Analyse an (§ 41) und artikuliert den sozialen Konsens im Nachkriegseuropa, der die demokratische Regierungsform in Westeuropa gesellschaftlich verankerte und stabilisierte.[88] Das Ende des *embedded liberalism* beklagen heute selbst ehemals dezidiert neoliberale Kräfte.[89] Laut Sandulli kann eine europäische Rechtswissenschaft zu einem erneuten *embedding* beitragen, indem sie den demokratischen Grundprinzipien mehr gesellschaftliche Mächtigkeit verleiht.

Sandulli will der Rationalität anderer gesellschaftlicher Sphären vor allem gegenüber den starken ökonomischen Akteuren mehr Macht verschaffen und so gesellschaftliche Integration stärken. Der

86 Vgl. auch Schmitt, »Die geschichtliche Struktur des heutigen Welt-Gegensatzes von Ost und West« (Fn. 10), S. 155.

87 Sandulli, *Il ruolo del diritto in Europa* (Fn. 28). Ein wichtiger Gewährsmann ist ihm Matthias Goldmann, »The Great Recurrence. Karl Polanyi and the Crises of the European Union«, in: *European Law Journal* 23 (2017), S. 272-289.

88 Begriffsprägend John Gerard Ruggie, »International Regimes, Transactions, and Change. Embedded Liberalism in the Postwar Economic Order«, in: *International Organization* 36 (1982), S. 379-415; Tony Judt, *Postwar. A History of Europe Since 1945*, New York 2005, S. 324 ff.

89 Emblematisch Charlemagne, »The New Nationalism«, *The Economist* v. 19. 11. 2016. Vgl. bereits oben, § 26.

Rechtswissenschaft komme dabei eine herausgehobene Rolle zu:[90] Sie soll im Lichte rechtlicher Werte Ordnungsmuster entwerfen, die zwischen den Rationalitäten der verschiedenen gesellschaftlichen Systeme und Sphären vermitteln. Dieses Programm adressiert die europäische Rechtswissenschaft in besonderem Maße, da zum einen die Malaise vor allem ein Problem des marktaffinen Unionsrechts ist, zum anderen den nationalen Rechtswissenschaften die notwendige Reichweite fehlt.

Eine Rechtswissenschaft als eigenständige Stimme der Vernunft zur Verwirklichung eines demokratischen Projekts – das ist eine markige Position zum Beruf der europäischen Rechtswissenschaft, in der sich dieses Buch wiederfindet (§ 26, § 44). Die Autonomie der Rechtswissenschaft dient dem demokratischen Projekt, indem sie Begriffe liefert, in der die Gesellschaft sich ihrer selbst bewusst werden kann, das gewaltige Material theoretisch wie dogmatisch fasst, Defizite ausweist und Wege konzipiert, auf denen das komplexe demokratische Projekt des Art. 2 EUV vorankommen kann (§ 2, § 4, § 27, § 32, § 68). Das verlangt weit mehr als nur den Nachvollzug der Entscheidungen repräsentativer Institutionen im Hauptberuf und Kritik im Nebenjob.

Eine Schlüsselrolle hat dabei die Kategorie der Vermittlung (§ 1). Laut Sandulli bedeutet das transformative Programm, dass die europäische Rechtswissenschaft die einseitigen Rationalitäten anderer Wissenschaften im Medium des Rechts zu einer Synthese führt und diese Synthese wirklichkeitsmächtig werden lässt.[91] Zu diesem Zweck soll sie Einsichten, welche andere Wissenschaften formulieren, aufnehmen, aber im Lichte der Grundrechte, konstitutioneller Prinzipien und der Erkenntnisse anderer Wissenschaften so verarbeiten, dass das Gemeinwohl gefördert wird. Dies nimmt ein zentrales Moment von Schmitt auf, der die eigentliche Rolle der Rechtswissenschaft in der *Lage* als »ein System von Vermittlungen« beschreibt, was auch Somek zum Ausgangspunkt seiner Rechtstheorie macht.[92] So kann Rechtswissenschaft gesellschaftliche Vernunft artikulieren.

90 Sandulli, *Il ruolo del diritto in Europa* (Fn. 28), S. 188, 195.

91 Ebd., *Il ruolo del diritto in Europa* (Fn. 28), S. 197-210, insbes. S. 209.

92 Schmitt, *Verfassungsrechtliche Aufsätze aus den Jahren 1924-1925* (Fn. 26), S. 429; dazu ausführlich Alexander Somek, *Rechtssystem und Republik. Über die politische Funktion des systematischen Rechtsdenkens*, Wien, New York 1992, S. 20 ff.

Sandulli spricht ihr dabei ein Primat gegenüber den anderen Wissenschaften zu (*interdisciplinarietà a primazia giuridica*).[93] Die von der Rechtswissenschaft entwickelten Vermittlungen sollen bei Sandulli als Juristenrecht sogar eine jurisgenerative Rolle genießen.[94] Das erinnert an die fast legislatorische Würde, die Schmitt der Rechtswissenschaft zuspricht. Dem stehen berechtigte demokratische Zweifel sowie Befürchtungen in Bezug auf einen allzu mächtigen Juristenstand gegenüber.[95] Es entspricht aber der gesellschaftlichen Rolle von Rechtswissenschaftlerinnen und Rechtswissenschaftlern, dass sie als Teil einer wissenschaftlichen, einer juristischen und nicht zuletzt einer demokratischen Öffentlichkeit kommunikative Macht ausüben.

§ 73 Rechtsvergleichung mit Eduard Gans

Eine europäische Rechtswissenschaft hat viele Anforderungen zu erfüllen. Sie muss zunächst einmal die ebenso holistische wie pluralistische Natur des europäischen Rechts verarbeiten, also sich in einem breiteren Horizont als nur einer einzigen Rechtsordnung aufstellen. Das vergleichende Argument bildet einen Baustein europäischer rechtswissenschaftlicher Vernunft. Es vermittelt zwischen den durch viele Kompromisse geformten Rechtsordnungen der Mitgliedstaaten.[96] Solche Vermittlungen tragen zu rechtlichen Strukturen bei, welche zur europäischen Gesellschaft passen, breit in ihr verankert sind und sie zugleich fortbilden. Das nimmt ein hegelianisch geprägtes Verständnis der Rechtsvergleichung auf.

Dieses Verständnis beruht auf den Schriften des Hegelschülers Eduard Gans, dessen wichtigste Wirkungsstätte die Berliner Universität ist. Der von Hegel geförderte jüdische Jungstar ist ein Vordenker des Vormärz, ein Bindeglied zwischen Hegel und Marx

93 Sandulli, *Il ruolo del diritto in Europa* (Fn. 28), S. 202.

94 Ebd. (Fn. 28), S. 152. Solcher Ehrgeiz ist also kein »spezifisch deutsches« Phänomen, so aber Schönberger, *Der ›German Approach‹* (Fn. 52), S. 47 f.

95 Ernst Fraenkel, *Zur Soziologie der Klassenjustiz*, Berlin 1927.

96 Sabino Cassese, »The ›Constitutional Traditions Common to the Member States‹ of the European Union«, in: *Rivista trimestrale di diritto pubblico* 67 (2017), S. 939-948; Paolo Ridola, *Diritto comparato e diritto costituzionale europeo*, Turin 2010, S. 52 f.

und Antipode Savignys und dessen reformunwilliger Privatrechtswissenschaft.[97] Das zusammenfassende Urteil der inklusivsten einschlägigen Wissensgemeinschaft, niedergelegt in *Wikipedia*, lautet: ein »liberaler Pragmatiker mit einem sehr frühen Blick auf ein in Frieden geeintes Europa«. Gans arbeitet hegelianisch, also begrifflich, systematisch, historisch. Er bereichert, das ist sein wichtigster Beitrag zum Strukturwandel der Rechtswissenschaft, den hegelianischen Ansatz in der Rechtswissenschaft um den systematischen Rechtsvergleich.[98]

Gans' Beitrag bringt die vergleichende Analyse verschiedener rechtlicher Gestaltungen in die wissenschaftliche Rekonstruktion des Vernünftigen ein. Er ist sogar der Erste, so Stefan Vogenauer, der eine systematische und dogmatisch ausgerichtete Rechtsvergleichung durchführt.[99] Das wirkt abstraktem Essentialismus, blutleeren Modellierungen oder nationalen Verkürzungen entgegen, welche heute die rechtswissenschaftliche Konkretisierung des demokratischen Prinzips für die europäische Gesellschaft plagen.

Gans' rechtsvergleichendes Schlüsselwerk ist sein vierbändiges *Erbrecht in weltgeschichtlicher Entwicklung. Eine Abhandlung der Universalrechtsgeschichte,* publiziert zwischen 1824 und 1835.[100] Es geht dort, wie bei Hegel, um die Überwindung des Abstrakten.[101] Gans erschließt in einem gewaltigen Kraftakt das chinesische, indische, mosaisch-talmudische, islamische, griechische sowie das antike und das mittelalterliche römische Erbrecht. Jedes wird nach den-

97 Johann Braun, »Eduard Gans (1797-1839): Ein homo politicus zwischen Hegel und Savigny«, in: Helmut Heinrichs u. a. (Hg.), *Deutsche Juristen jüdischer Herkunft*, München 1993, S. 45-57, S. 53.

98 Heinz Mohnhaupt, »Universalrechtsgeschichte und Vergleichung bei Eduard Gans«, in: Reinhard Blänkner u. a. (Hg.), *Eduard Gans (1797-1839). Politischer Professor zwischen Restauration und Vormärz,* Leipzig 2001, S. 339-366.

99 Stefan Vogenauer, »Rechtsgeschichte und Rechtsvergleichung um 1900. Die Geschichte einer anderen ›Emanzipation durch Auseinanderdenken‹«, in: *Rabels Zeitschrift für ausländisches und internationales Privatrecht* 76 (2012), S. 1122-1154, S. 1127.

100 Zum Spektrum der Deutungen Corrado Bertani, »Das Erbrecht in weltgeschichtlicher Entwickelung (1824-1835) von Eduard Gans. Das erste Zeugnis vom Einfluss Hegels auf die Privatrechtsgeschichtsschreibung«, in: *Rechtsgeschichte* 11 (2007), S. 110-138.

101 Wilhelm R. Beyer, »Gans' Vorrede zur Hegelschen Rechtsphilosophie«, in: *Archiv für Rechts- und Sozialphilosophie* 45 (1959), S. 257-273, S. 261.

selben Aspekten der Verwirklichung konkreter Freiheit aufbereitet: Familie, Vermögen, Willkür und Testament. Der Fortschritt gegenüber Hagemeiers erzählender Rechtsvergleichung ist gewaltig (§ 5).

Die von Gans propagierte zentrale Rolle der Rechtsvergleichung ist immer wieder eingefordert worden. In diesem Sinne präsentiert sie Konrad Zweigert, der Begründer der wegweisenden funktionalen Methode der Rechtsvergleichung,[102] als »universale Methode«, Jürgen Basedow sechzig Jahre später sogar als »obligatorische Methode«.[103] Peter Häberle prägt 1989 das geflügelte Wort der Rechtsvergleichung als »fünfter« Auslegungsmethode.[104]

Ein solches *mainstreamen* hat sich allerdings nicht durchgesetzt.[105] Insbesondere für eine dogmatische Verwendung sind die Rechtsgrundlagen arg dünn und demokratische Zweifel entsprechend stark. Gans konnte mit Hegel auf eine universale Vernunft setzen, die sich als der Gang Gottes in der Geschichte Geltung verschafft. Ein heutiges Äquivalent könnte vielleicht ein globaler Konstitutionalismus bilden, der die Satzung der Vereinten Nationen von 1945 oder den internationalen Pakt über bürgerliche und politische Rechte von 1966 als verfassungsrechtliche Grundlage eines weltumspannenden Rechts der Menschheit postuliert. Meines Erachtens fehlt aber einem solchen Konstitutionalismus die rechtliche, politische und gesellschaftliche Basis.[106] Die Weltgesellschaft ist anders verfasst (§ 2). Eine globale Rechtsvergleichung, die mit dogmatischem Anspruch der Verwirklichung gemeinsamer Prinzipien nachspürt, erscheint heute, zumindest im öffentlichen Recht, angesichts der politischen Heterogenität der Welt kaum belastbar.

102 Kischel, *Rechtsvergleichung* (Fn. 24), S. 93-216.

103 Konrad Zweigert, »Rechtsvergleichung als universale Interpretationsmethode«, in: *Zeitschrift für ausländisches und internationales Privatrecht* 15 (1949), S. 5-21; Jürgen Basedow, »Hundert Jahre Rechtsvergleichung. Von wissenschaftlicher Erkenntnisquelle zur obligatorischen Methode der Rechtsanwendung«, in: *JuristenZeitung* 71 (2016), S. 269-280.

104 Peter Häberle, »Grundrechtsgeltung und Grundrechtsinterpretation im Verfassungsstaat – Zugleich zur Rechtsvergleichung als ›fünfter‹ Auslegungsmethode«, in: *JuristenZeitung* 44 (1989), S. 913-919, S. 916 ff.

105 Karl Riesenhuber, »Rechtsvergleichung als Methode der Rechtsfindung?«, in: *Archiv für die civilistische Praxis* 218 (2018), S. 693-723.

106 Armin von Bogdandy u. a., »From Public International to International Public Law. Translating World Public Opinion into International Public Authority«, in: *European Journal of International Law* 28 (2017), S. 115-145, S. 126 f.

Ganz anders ist das Potential innereuropäischer Rechtsvergleichung, insbesondere seit dem Inkrafttreten des Vertrags von Amsterdam.[107] Sie erfolgt zwischen Rechtsordnungen, die mit konstitutioneller Qualität verbunden sind und eine rechtlich verfasste Gesellschaft organisieren. Alle Rechtsakte jedweder öffentlichen Gewalt in der Union sind dem gemeinsamen Verfassungskern verpflichtet (§ 29). Der innereuropäische Rechtsvergleich verfügt über eine rechtliche Grundlage, die für den Vergleich selbst mit anderen Demokratien wie Australien, Israel, Kanada, dem Vereinigten Königreich oder den Vereinigten Staaten von Amerika fehlt.

Die innereuropäische Rechtsvergleichung verfügt über eine rechtliche Grundlage in Art. 2 EUV; das ist ein Alleinstellungsmerkmal gegenüber der allgemeinen Rechtsvergleichung. Sie kann deshalb mit einem dogmatischen Anspruch antreten. Das andere Alleinstellungsmerkmal ist ihre zentrale Rolle. Das europäische öffentliche Recht ist charakterisiert durch einen Rechtspluralismus und damit einen Bedeutungspluralismus der grundlegenden Prinzipien. Diese Bedeutungen stehen nicht beziehungslos nebeneinander, vielmehr erheben die Prinzipien der mitgliedstaatlichen Verfassungen den Anspruch, die Prinzipien des Art. 2 EUV mitzuprägen. Diese demokratische Grundentscheidung (§ 30, § 33) kann nur mittels einer konstruktiven Rechtsvergleichung verwirklicht werden, die Eduard Gans als Erster praktizierte.

Heute ist das vergleichende Argument im europäischen öffentlichen Recht ein etablierter und oft sogar erwarteter Baustein rechtswissenschaftlicher und gerichtlicher Rechtsarbeit. Das korrespondiert einem juristischen Leitbild, wonach alle juristischen Akteure in einem Horizont gemeinsamer Argumente, Praktiken und Wertvorstellungen, eben einer gemeinsamen Rechtskultur, operieren.[108] Von Claus-Dieter Ehlermann habe ich gelernt, dass eine europäische Europarechtswissenschaft sich zunächst einmal dadurch auszeichnet, dass sie die Argumente, Praktiken, Interessen

107 Zur Lage davor Armin von Bogdandy, *Gubernative Rechtsetzung. Eine Neubestimmung der Rechtsetzung und des Regierungssystems unter dem Grundgesetz in der Perspektive gemeineuropäischer Dogmatik*, Tübingen 2000, S. 15 ff.

108 Susana de la Sierra, *Una metodología para el Derecho comparado europeo. Derecho público comparado y derecho administrativo europeo*, Madrid 2004, S. 67 ff.; Peter Häberle, Markus Kotzur, *Europäische Verfassungslehre*, Baden-Baden 2016, S. 104-111.

und Zwänge der Akteure aus anderen rechtlichen Kontexten überhaupt versteht.

§ 74 Innereuropäische Rechtsvergleichung

Die Wege zu belastbaren rechtsvergleichenden Erkenntnissen sind Gegenstand einer lebendigen Methodendiskussion.[109] Bereits eingangs stellt sich die schwierige Frage, ob alle siebenundzwanzig mitgliedstaatlichen Rechtsordnungen in ihren teilweise schwer zugänglichen Sprachen zu berücksichtigen sind. Der Respekt vor den demokratischen Entscheidungen der in der Union verbundenen Völker scheint dies nahezulegen. Hilfreiche Übersichten gibt es durchaus,[110] sie erlauben allerdings kaum, die Rechtslage und den Diskussionsstand zu einzelnen Fragen zu erfassen. Letzteres verlangt den Einsatz bibliothekarischer, finanzieller, personeller und zeitlicher Ressourcen, über die wohl nur die europäischen Institutionen verfügen.[111]

Die wissenschaftliche Praxis geht regelmäßig selektiv vor, und das ist eine gute Praxis: Ich habe noch nie den Einwand gehört, dass eine selektive Studie prinzipiell mangelhaft sei. Selektives Vergleichen ist eben eine Standardmethode menschlicher Erkenntnis und normativer Argumentation.[112] Gerade in der Rechtswissen-

109 Lucio Pegoraro, *Diritto costituzionale comparato. La scienza e il metodo*, Bologna 2014, S. 137 ff.; aus praktischer Sicht Stefan Martini, *Vergleichende Verfassungsrechtsprechung*, Berlin 2018.

110 Claus Dieter Classen, *Nationales Verfassungsrecht in der Europäischen Union. Eine integrierte Darstellung von 27 Verfassungsordnungen*, Baden-Baden 2021.

111 Zur Rechtsvergleichung des EuGH Koen Lenaerts, »Discovering the Law of the EU. The European Court of Justice and the Comparative Law Method«, in: Tamara Perišin, Siniša Rodin (Hg.), *The Transformation or Reconstitution of Europe. The Critical Legal Studies Perspective on the Role of the Courts in the European Union*, Oxford 2018, S. 61-88; zur Rechtsvergleichung im EGMR Mónika Ambrus, »Comparative Law Method in the Jurisprudence of the European Court of Human Rights in the Light of the Rule of Law«, in: *Erasmus Law Review* 2 (2009), S. 353-371.

112 Matthias Ruffert, »The Transformation of Administrative Law as a Transnational Methodological Project«, in: ders. (Hg.), *The Transformation of Administrative Law in Europe*, München 2007, S. 3-54, S. 5.

schaft bildet das Vergleichen von Fällen eine allgemein praktizierte Schlüsselmethode.[113]

Allerdings ist Selektivität zu reflektieren. Erkenntnisse sind im Lichte ihrer Lücken zu formulieren, also als offen und vorläufig. Mangelhaft ist eine Selektion vor allem, wenn sie nur das gewünschte Ergebnis bestätigen soll oder gar Widersprechendes bewusst ausblendet. »Mit fremdem Recht zu argumentieren, wenn es eigene Argumente stützt, und es ansonsten zu ignorieren, ist keine vernünftige Entscheidungsfindung, sondern Sophisterei«, so Antonio Scalia in der vielleicht berühmtesten Aussage zur rechtsvergleichenden Methode.[114]

Drei Modi des Vergleichs beherrschen rechtsvergleichende Argumentationen: die Bestätigung einer Aussage, ihre Kontrastierung und die Entwicklung eines begrifflichen Rahmens, der eine bestimmte Aussage tragen soll.[115] Die schwierige Frage der grundsätzlichen Vergleichbarkeit beantwortet dabei für die innereuropäische Rechtsvergleichung Art. 2 EUV. Um sich nicht Scalias Vorwurf auszusetzen, hat innereuropäische Rechtsvergleichung nach typischen Mustern in der Breite des europäischen Pluralismus und zugleich nach Gestaltungen zu suchen, die quer zu den Mustern und dem intendierten Ergebnis liegen.[116] Weiter bedarf es, auf den Spuren

113 Joachim Rückert, »Rechtswissenschaft«, in: Görres-Gesellschaft, Verlag Herder (Hg.), *Staatslexikon. Recht – Wirtschaft – Gesellschaft*, Freiburg 2020, S. 1258-1271, S. 1268.

114 Justice Scalia, abweichende Meinung in Supreme Court of the United States, *Roper v. Simmons*, 543 U.S. 551, 627 (2005); auf dieser Spur die Kritik am EuGH von Michaël Bardin, »Depuis l'arrêt Algera, retour sur une utilisation ›discrète‹ du droit comparé par la Cour de justice de l'Union européenne«, in: Thierry Di Manno (Hg.), *Le recours au droit comparé par le juge*, Brüssel 2014, S. 97-108, S. 97 ff., insbes. S. 101.

115 Mattias Wendel, »Richterliche Rechtsvergleichung als Dialogform. Die Integrationsrechtsprechung nationaler Verfassungsgerichte in gemeineuropäischer Perspektive«, in: *Der Staat* 52 (2013), S. 339-370, S. 344 ff.; Tania Groppi, Marie-Claire Ponthoreau, »The Use of Foreign Precedents by Constitutional Judges. A Limited Practice, An Uncertain Future«, in: dies. (Hg.), *The Use of Foreign Precedents by Constitutional Judges*, London 2013, S. 411-432, S. 424 ff.; Eyal Benvenisti, »Reclaiming Democracy. The Strategic Uses of Foreign and International Law by National Courts«, in: *The American Journal of International Law* 102 (2008), S. 241-274, S. 241 ff.

116 Attila Vincze, »Europäisierung des nationalen Verwaltungsrechts. Eine rechts-

der funktionalen Rechtsvergleichung, einer adäquaten Kontextualisierung der jeweiligen Regelungen.[117] Auf diesem Weg kann die Rechtsvergleichung eine ähnliche Rolle spielen, wie sie in vielen anderen Wissenschaften dem Experiment zukommt.[118]

Mit solchen Beiträgen kann die innereuropäische Rechtsvergleichung nationale demokratische Vermittlungen in europäische Vermittlungen einspeisen. Ein Urteil der *Corte costituzionale* kann dies illustrieren.[119] In dem Urteil 239/2018 entscheidet sie über die Verfassungsmäßigkeit einer Vier-Prozent-Hürde für die Wahl der Italien zugewiesenen Abgeordneten des Europäischen Parlaments.[120] Für die Verfassungswidrigkeit sprechen zwei Entscheidungen des Zweiten Senats des Bundesverfassungsgerichts aus den Jahren 2011 und 2014, die ähnliche Sperrklauseln des deutschen Rechts für die Europawahl als verfassungswidrig erklärt hatten.[121] *Corte* und Bundesverfassungsgericht interpretieren beide dasselbe Prinzip demokratischer Gleichheit im Rahmen von Art. 2 EUV. Die *Corte* begründet in Auseinandersetzung mit dem Zweiten Senat, warum sie zu der gegenteiligen Schlussfolgerung kommt, so dass sie die Arbeitsfähigkeit des Europäischen Parlaments im Lichte der europäischen Demokratie stärkt (§ 43).

Es bleibt die Frage, ob die Rechtsvergleichung eine beste, *die* richtige Lösung generieren kann. Zweigerts einflussreiche Begriffsprägung von der »wertenden Rechtsvergleichung« scheint dies zu suggerieren. Wie aber die Wertung erfolgen soll, bleibt unklar. Zweigerts Hinweise auf »die Evidenz der überlegenen Lösung«, auf die »Gerechtigkeit«, die »Zweckmäßigkeit« und auf »das Qualitäts-

vergleichende Annäherung«, in: *Zeitschrift für ausländisches öffentliches Recht und Völkerrecht* 77 (2017), S. 235-267, S. 246 ff.

117 Auf dieser Grundlage die überzeugende Kritik in Jan Muszyński, »Comparative legal argument in the Polish discussion on changes in the judiciary«, in: *Jahrbuch des öffentlichen Rechts* 68 (2020), S. 705-720.

118 Martin Shapiro, *Courts. A Comparative and Political Analysis*, Chicago 1981, S. viii.

119 Die Corte ist rechtsvergleichend besonders ausgewiesen, vgl. die rechtsvergleichenden Studien auf ihrer Webpage ⟨https://www.cortecostituzionale.it/actionRicercaSemantica.do⟩, letzter Zugriff 01. 07. 2021.

120 Sentenza 239/2018; dazu Fulco Lanchester, »La soglia di esclusione tra il government e la governance«, in: *Giurisprudenza costituzionale* (2018), S. 2743-2751.

121 Vgl. BVerfGE 129, 300, *Fünf-Prozent-Sperrklausel EuWG*; BVerfGE 135, 259, *Drei-Prozent-Sperrklausel Europawahlgesetz*. Dazu bereits oben, § 42.

gefühl einer Elite«[122] bleiben ebenso dunkel wie problematisch. Die Frage erübrigt sich, wenn man das kognitive Paradigma der Rechtsinterpretation verabschiedet. Dies entlastet die Rechtsvergleichung von der unmöglichen Aufgabe, eine Rechtsfindungsmethode auf dem Weg zu der einzig richtigen Antwort zu bilden.[123] Ihre bescheidenere, aber aussichtsreichere Rolle ist die einer Reflexionsressource und eines Argumentationsstandards.[124] In diesem Sinne hat sich die innereuropäische Rechtsvergleichung als Unterrichtsfach etabliert.[125]

Kritikwürdig ist eine Rechtsvergleichung, die nicht bestehende Konsense suggeriert. Viel Kritik hat deshalb das *Mangold*-Urteil des EuGH geerntet.[126] Gleiches gilt für die Rechtsvergleichung im Urteil des Zweiten Senats vom 05. Mai 2020, die suggeriert, dass seine Entscheidung im europäischen Mainstream liege.[127] Der Eindruck, die vom Senat verlangte Prüfungstiefe sei ein gemeineuropäischer Standard, hält näherer Betrachtung aber nicht stand.[128] Kein anderes Verfassungsgericht verlangt, dass eine Zentralbank gemäß

122 Konrad Zweigert, Hein Kötz, *Einführung is die Rechtsvergleichung auf dem Gebiete des Privatrechts*, Tübingen 1996, S. 46; Zweigert, »Rechtsvergleichung als universale Interpretationsmethode« (Fn. 103), S. 14.

123 So Riesenhuber, »Rechtsvergleichung als Methode der Rechtsfindung?« (Fn. 105), S. 722.

124 Philipp Dann, »Thoughts on a Methodology of European Constitutional Law«, in: *German Law Journal* 6 (2005), S. 1453-1473, insbes. S. 1427 ff.; Eberhard Schmidt-Aßmann, »Zum Standort der Rechtsvergleichung im Verwaltungsrecht«, in: *Zeitschrift für ausländisches öffentliches Recht und Völkerrecht* 78 (2018), S. 807-862, insbes. S. 836 ff., 850 ff.

125 Classen, *Nationales Verfassungsrecht in der Europäischen Union* (Fn. 110); Enzo Di Salvatore (Hg.), *Sistemi costituzionali europei*, Mailand 2021; Albrecht Weber, *Europäische Verfassungsvergleichung. Ein Studienbuch*, München 2010; Constance Grewe, Hélène Ruiz Fabri, *Droits constitutionnels européens*, Paris 1995.

126 EuGH, *Mangold,* Rs. C-144/04, Urteil v. 22. November 2005, ECLI:EU:C:2005:709, Rn. 74; Basedow, »Hundert Jahre Rechtsvergleichung« (Fn. 103), S. 275; Ulrich Preis, »Verbot der Altersdiskriminierung als Gemeinschaftsgrundrecht. Der Fall »Mangold« und die Folgen«, in: *Neue Zeitschrift für Arbeitsrecht* (2006), S. 401-410, S. 401, 406.

127 BVerfG, Urteil v. 05. Mai 2020, 2 BvR 859/15, *(Public Sector Purchase Programme – PSPP),* Rn. 124 ff.

128 Diana-Uriana Galetta, »Karlsruhe über alles? The reasoning on the principle of proportionality in the judgment of 5 May 2020 of the German BVerfG and its consequences «, in: *federalismi. Rivista di diritto pubblico italiano, comparato, europeo* 14 (2020), S. 173-178, S. 174 ff.

der deutschen Artikulation des Verhältnismäßigkeitsgrundsatzes Staatsverschuldung, Sparguthaben, Altersversorgung, Immobilienpreise und das Überleben wirtschaftlich nicht überlebensfähiger Unternehmen rechtsförmig berücksichtigt, und das im Rahmen einer Verfassungsbeschwerde, die sich auf das Wahlrecht zum nationalen Parlament stützt (§ 40). Selbst unter dem deutschen Rechtsverständnis befremdet diese Hypertrophie der Verhältnismäßigkeit.

Das rechtsvergleichende Argument kann, wie jedes Argument, vielen Zielen dienen. Ungarische Beiträge weisen darauf hin, wie das ungarische Verfassungsgericht mit der Rechtsprechung des Zweiten Senats Ergebnisse begründet, deren Vereinbarkeit mit den Prinzipien des Art. 2 EUV zweifelhaft erscheint.[129] Auch den entscheidenden Richtern des Zweiten Senats kommen in dieser Hinsicht inzwischen Zweifel.[130] Dies führt zur abschließenden Frage nach der Folgenberücksichtigung als Aspekt der Rechtsvergleichung.

Innereuropäische Rechtsvergleichung als Reflexionsmaxime impliziert innereuropäische Folgenberücksichtigung. Die Berücksichtigung von Folgen ist heute ein Standard juristischer Argumentation, allerdings bislang zumeist nur im Rahmen der nationalen Rechtsordnung.[131] In der europäischen Gesellschaft erweitert sich dieser Rahmen auf alle verbundenen Rechtsordnungen, sie ist für die Gerichte Teil ihrer gemeinsamen Verantwortung (§§ 59-61). Gleiches gilt für das verwandte Kriterium der Verallgemeinerungsfähigkeit, wonach ein Gericht zu prüfen hat, ob seine Rechtsaus-

129 Beáta Bakó, »The Zauberlehrling Unchained? The Recycling of the German Federal Constitutional Court's Case Law on Identity-, Ultra Vires- and Fundamental Rights Review in Hungary«, in: *Zeitschrift für ausländisches öffentliches Recht und Völkerrecht* 78 (2018), S. 863-902.

130 Giovanni di Lorenzo, Heinrich Wefing, »Andreas Voßkuhle: ›Erfolg ist eher kalt‹. Der scheidende Präsident des Bundesverfassungsgerichts zieht Bilanz. Ein Gespräch mit Andreas Voßkuhle über bedrohte Richter, die Gefahren für die Freiheit in der Corona-Krise und Fehler der liberalen Eliten«, *DIE ZEIT* v. 14. Mai 2020, Wolfgang Janisch, Stefan Kornelius, »Huber: ›Wir haben Applaus von der falschen Seite bekommen‹«, *Süddeutsche Zeitung* v. 13. Mai 2020, Ulrich Maidowski, »Anders als die polnische Regierung will das Bundesverfassungsgericht mehr Kontrolle durch den Europäischen Gerichtshof, nicht weniger«, Website der Deutsch-Polnischen Richtervereinigung e.V. v. 26.05.2020, ⟨https://dprv.eu/index.php/aktuelles⟩, letzter Zugriff 01.07.2021.

131 Gertrude Lübbe-Wolff, *Rechtsfolgen und Realfolgen. Welche Rolle können Folgenerwägungen in der juristischen Regel- und Begriffsbildung spielen?*, Freiburg, München 1981, S. 156 f.

legung in vergleichbaren Konstellationen plausible Ergebnisse produziert.[132] Danach ist auch bei der Interpretation einer Norm des mitgliedstaatlichen Rechts relevant, ob sie zur Insolvenz des griechischen Staats führen oder autoritären Tendenzen in anderen Mitgliedstaaten Vorschub leisten könnte. Solche Folgen auszublenden, verfehlt den erreichten Standard juristischer Vernunft.

132 Robert Alexy, *Theorie der juristischen Argumentation. Die Theorie des rationalen Diskurses als Theorie der juristischen Begründung*, Berlin 1983, S. 139 ff.; Andreas Voßkuhle, »Neue Verwaltungsrechtswissenschaft«, in: Wolfgang Hoffmann-Riem u. a. (Hg.), *Grundlagen des Verwaltungsrechts. Bd. 1*, München 2006, § 1, Rn. 32 ff.

C. Interessen und Verfahren

§ 75 Wissenschaft und Praxis

Eine der augenfälligsten Beobachtungen zum Strukturwandel der deutschen Rechtswissenschaft über die letzten Jahrzehnte ist, dass nicht mehr alle ihre Produkte als praktischer Gebrauchsgegenstand daherkommen. Vor vierzig Jahren erschienen rechtswissenschaftliche Bücher und Zeitschriften ganz von dem Interesse beseelt, sich in graue Gerichtsbibliotheken und Amtsstuben einzufügen, in Beratungszimmern den Eindruck anwaltlicher Solidität zu vermitteln und in Universitätsbibliotheken klaglos den tausendfachen studentischen Zugriff hinzunehmen. Ihre ästhetische Belanglosigkeit demonstrierte Praxisorientierung und Praxistauglichkeit. Joseph Weilers Dissertation, verlegt von Il Mulino, war das erste juristische Buch in meinen Händen, bei dem ich einen ästhetischen Anspruch wahrnahm, der einen theoretischen Anspruch ausdrückte.[133]

Das hat sich gewandelt, etwas. Heute gibt es auch in Deutschland Texte, die schon über kunstsinnige Einbände oder rätselhafte Titel einen Anspruch auf wissenschaftliche Originalität und theoretische, ja intellektuelle Raffinesse vermitteln. Doch das Gros rechtswissenschaftlicher Produktion dient weiterhin, dem Beruf einer praktischen Wissenschaft nachkommend, der Kohärenz, Praktikabilität und Lernbarkeit des Rechts sowie einem von der juristischen Methode geprägten Umgang mit neuen Rechtsfragen.[134] Das ist in den anderen kontinentaleuropäischen Ländern ähnlich.[135]

133 Joseph H. H. Weiler, *Il sistema communitario europeo. Struttura giuridica e processo politico*, Bologna 1985.

134 Wolfgang Kahl, »Dogmatik im EU-Recht«, in: *Archiv des öffentlichen Rechts* 144 (2019), S. 159-207.

135 Dazu die Beiträge von Maurizio Fioravanti, Mariano García-Pechuán, Luc Heuschling, András Jakab, Irena Lipowicz, Kjell Å. Modéer, Remco Nehmelman, Christos Pilafas, Rainer J. Schweizer, Alexander Somek in: von Bogdandy u. a. (Hg.), *Handbuch Ius Publicum Europaeum. Bd II* (Fn. 39), sowie die Beiträge von Patrice Chrétien, Gunilla Edelstam, András Jakab, Barbara Leitl-Staudinger, Aldo Sandulli, Juan Alfonso Santamaría Pastor, Pierre Tschannen, Andrzej Wasilewski in: von Bogdandy u. a. (Hg.), *Handbuch Ius Publicum Europaeum. Bd. IV* (Fn. 30). Die englische Rechtswissenschaft steht angesichts ihrer stärkeren Trennung vom praktischen Rechtsleben vor einer anderen Situation, Patrick

Dieser Fokus vermittelt der europäischen Rechtswissenschaft eine Identität gegenüber der US-amerikanisch geprägten Rechtswissenschaft. Robert Post sieht als Dekan der Yale Law School deren Fokus in der methodisch geradezu konträren Ausrichtung der *Economic* or *Policy Analysis of Law.*[136] Martin Shapiro bringt diese Differenz besonders scharf zum Ausdruck. Er schreibt zu einem Aufsatz Ami Baravs, eines seinerzeit führenden Europarechtlers: »Er repräsentiert ein Stadium der Verfassungsrechtswissenschaft, das die amerikanische bereits vor 70 Jahren verlassen hat [...]. Der Ansatz hat sich als grundsätzlich unfruchtbar erwiesen.«[137]

Shapiro übersieht, dass auf dem europäischen Kontinent die gesellschaftliche Relevanz der Rechtswissenschaft gerade darin besteht, dass sie sich kapillar in juristische und damit gesellschaftliche Prozesse einbringt. Diesem Einbringen dienen der unpolitische Gestus und die juristische Methode, die, anders als etwa eine ökonomische Analyse, vom gesamten Rechtsstab beherrscht wird. Praktizität hat einen Mehrwert: Über die Lösung praktischer Probleme kommt man leichter zusammen als über Politik und Theorie. Diese Einsicht unterliegt Robert Schumans Erklärung über eine Montanunion vom 09. Mai 1950, mit der die europäische Integration beginnt (§ 8).

Der breite Erfolg dieser praktischen Literatur ruht allerdings, wenn Hegel, Gellner, Keynes und Schmitt Recht haben, auf einem engeren Kreis rekonstruktiver Anstrengungen, denen die praktische Rechtswissenschaft ihre Rolle als einer autonomen Stimme der Vernunft verdankt. Solchen Texten gelten die folgenden Überlegungen.

Mit diesem Fokus behaupte ich nicht, dass praxisorientierte Arbeiten nur große Konzeptionen ausbuchstabieren. Hegels berühmter Spruch von der unvermeidlich alten Gestalt, die wissen-

Selim Atiyah, Robert S. Summers, *Form and Substance in Anglo-American Law. A Comparative Study of Legal Reasoning, Legal Theory, and Legal Institutions*, Oxford 1987, S. 403 ff.; Martin Loughlin, *Public law and political theory*, Oxford 1992, S. 138 ff.

136 Robert C. Post, »Constitutional Scholarship in the United States«, in: *International Journal of Constitutional Law* 7 (2009), S. 416-423, S. 421; kritisch Harry T. Edwards, »The Growing Disjunction between Legal Education and the Legal Profession«, in: *Michigan Law Review* 91 (1992), S. 34-78.

137 Martin Shapiro, »Comparative Law and Comparative Politics«, in: *Southern California Law Review* 53 (1979), S. 537-542, S. 538.

schaftliche Großdarstellungen zeichnen, legt vielmehr nahe, in praxisorientierten Studien neuer Phänomene die Vorzeichen neuer Gestaltungen des europäischen öffentlichen Rechts zu suchen. Einige Themen deutet diese Arbeit an, etwa das Recht der EU-Hotspots auf griechischen Inseln, der Eurorettung, des europäischen Wiederaufbaufonds, der europäischen Staatsanwaltschaft, der europäischen Verfassungsaufsicht, aber auch der Justiz, der Medien und der Wahlen in Polen und Ungarn.

In § 27 habe ich dargelegt, was Prinzipienlehren in historischer, rekonstruktiver, dogmatischer, demokratischer, transformativer und gesellschaftlicher Hinsicht an Erkenntnis versprechen. In diesen Versprechen spiegeln sich die drei großen Interessen autonomer Rechtswissenschaft: Kritik, Grundlagen und Dogmatik.

§ 76 Kritik

Begründete Kritik ist die vielleicht erste Äußerungsform der Vernunft. Wie kann Rechtswissenschaft wissenschaftliche Kritik üben? Ich habe in diesem Buch mein Verständnis rechtswissenschaftlicher Kritik gegenüber der Gerichtsbarkeit insbesondere anhand von Entscheidungen des Zweiten Senats des Bundesverfassungsgerichts und gegenüber der Rechtswissenschaft anhand von Texten Carl Schmitts dargelegt. Im Mittelpunkt der kritischen Methode steht der Nachvollzug der Argumentation auf der Suche nach Schwächen, unausgesprochenen Prämissen und möglichen Implikationen.

Aber rechtswissenschaftliche Kritik geht über Urteilsschelte und Textkritik hinaus. Die Rechtswissenschaft hat auch eine kritische Rolle gegenüber der Gesellschaft und ihrem Recht. Einen Weg dafür bietet die Anlehnung an andere Fakultäten, gängig sind die politische Theorie oder die Wirtschaftswissenschaft. Die hegelianische Tradition bietet hingegen einen autonomen, spezifisch rechtswissenschaftlichen Ansatz, so dass kritische Rechtswissenschaft mit einer autonomen Stimme spricht (§ 4). Dies sei wiederum mit Carl Schmitt erläutert.

Bei Schmitt bilden *konkrete Ordnungen* den Maßstab solcher Kritik, also die Normativität gesellschaftlicher Institutionen. Grundlage ist ein institutioneller Rechtsbegriff, der das Recht so eng mit der Normativität gesellschaftlicher Institutionen verknüpft, dass sich hieraus der Maßstab rechtsinterner Kritik ergibt. Schmitt kritisiert vor allem liberale Rechtsentwicklungen, denn er stellt ganz auf traditionelle, nicht selten autoritär verfasste Strukturen ab: »das Zusammenleben der Ehegatten in einer Ehe, der Familienmitglieder in einer Familie [...], der Beamten in einem Staat, der Geistlichen in einer Kirche, der Kameraden eines Arbeitslagers«.[138] Es ist die Tradition von Institutionen, die juristischen Sinn und politische Legitimität vermitteln.[139] Entsprechend empfiehlt Schmitt, in Anschluss an Savigny, die nur »absichtslose Entwicklung« des Rechts.[140] Eine solche Rechtswissenschaft formt eine konservative Justiz, die sich reformatorischer Politik in den Weg stellt.[141]

Über der inhaltlichen Ablehnung eines solchen Konservatismus sollte man nicht den methodischen Witz der schmittschen Operation übersehen: die Gewinnung einer internen kritischen Dimension. Dass das Vernünftige wirklich und das Wirkliche vernünftig ist, lässt sich auch als die transzendierende Rolle demokratisch verabschiedeter Grundprinzipien verstehen, die rechtsimmanent über den Status quo des geltenden Rechts hinausweisen.[142] Auf dieser Grundlage kann die Rechtswissenschaft eine eigene kritische Rolle gegenüber der Gesellschaft gewinnen (§ 4, § 68). Besonders fruchtbar ist dabei der freiheitliche Hegelianismus, der über den amerikanischen Umweg seit den 1970er Jahren in der deutschen und europäischen Öffentlichkeit wieder präsent ist (§ 24).

Die Maßstäbe der Kritik liegen danach in den unerfüllten Versprechungen der demokratischen Verfassungen.[143] Rechtskritik

138 Vgl. Schmitt, *Die Lage der europäischen Rechtswissenschaft* (Fn. 4), S. 20.

139 Douglas Howland, »Carl Schmitt's Turn to Sovereignty in Jurisprudence«, in: *Beijing Law Review* 9 (2018), S. 211-234.

140 Schmitt, *Die Lage der europäischen Rechtswissenschaft* (Fn. 4), S. 23.

141 Dies entspricht dem wohl herrschenden Grundrechtsverständnis der Weimarer Zeit, Klaus Tanner, *Die fromme Verstaatlichung des Gewissens. Zur Auseinandersetzung um die Legitimität der Weimarer Reichsverfassung in Staatsrechtswissenschaft und Theologie der zwanziger Jahre*, Göttingen 1989, S. 103 ff., S. 134 ff.

142 Ernst Bloch, »Der Schwur auf den Styx. Der zweideutige Kosmos der Rechtsphilosophie«, in: Manfred Riedel (Hg.), *Materialien zu Hegels Rechtsphilosophie. Bd. 2*, Frankfurt a.M. 1975, S. 431-442.

143 So das Programm in Jürgen Habermas, *Faktizität und Geltung. Beiträge zur Diskurstheorie des Rechts und des demokratischen Rechtsstaats*, Frankfurt/M. 1992; Rainer Forst, Klaus Günther, »Die Herausbildung normativer Ordnungen. Zur

speist sich zwar auch aus externen Ressourcen, findet aber ganz wesentlich innerhalb des rechtlichen Systems unter Bezugnahme auf Verfassungsnormen und andere Grundprinzipien statt.[144] Daran knüpft Art. 2 EUV an. Seine Prinzipien zeigen die Unvollendetheit des demokratischen Strukturwandels der europäischen Gesellschaft und helfen auf dem weiteren Weg als inspirierende Ideen und rechtfertigende Argumente (§ 26, §§ 42-47, §§ 65-67, §§ 79-81).

§ 77 Grundlagen

Rechtswissenschaftliche Kritik bedarf wie jede andere wissenschaftliche Aktivität der Theorie. Die deutsche Rechtswissenschaft spricht in dieser Hinsicht zumeist von Grundlagen.[145] Ein Standardformat rechtswissenschaftlicher Theoriebildung sind themenspezifische Entwicklungsgeschichten unter freier Inanspruchnahme nachbarwissenschaftlicher Großtheorien. Dem folgt dieses Buch, indem es im weiten Rahmen hegelianischen Denkens den Strukturwandel des europäischen Rechts im Lichte der Entfaltung einer europäischen demokratischen Gesellschaft rekonstruiert.

Der Kontakt der Rechtswissenschaft zu anderen Wissenschaften muss ihre Autonomie nicht mindern. Wiederum ist Carl Schmitt ein fruchtbarer Gesprächspartner, denn die Grundlagenforschung anhand großer Erzählungen ist geradezu sein Markenzeichen. Sie erfolgt oft als Arbeit am Begriff. So geht es in Schmitts *Lage* um die Prägung des Begriffs *europäische Rechtswissenschaft*. Das Programm ähnelt dem seines Schlüsselwerks *Der Begriff des Politischen*, dort wie folgt beschrieben: Es »soll [...] ein Rahmen für bestimmte rechtswissenschaftliche Fragen abgesteckt werden, um eine verwirrte Thematik zu ordnen und eine Topik ihrer Begriffe zu finden«.[146]

Idee eines interdisziplinären Forschungsprogramms«, in: dies. (Hg.), *Die Herausbildung normativer Ordnungen. Interdisziplinäre Perspektiven*, Frankfurt/M., New York 2011, S. 11-30.

144 Jörn Reinhardt, Dana Schmalz, »Ressourcen der Rechtskritik. Kritik als Praxis und Reflexion«, in: *Kritische Justiz* 54 (2021), S. 131-138.

145 Wissenschaftsrat, *Perspektiven der Rechtswissenschaft in Deutschland* (Fn. 37), S. 25.

146 Carl Schmitt, *Der Begriff des Politischen. Text von 1932 mit einem Vorwort und drei Corollarien*, Berlin 1963, S. 9.

In beiden Texten entwickelt er seine Antwort in einem weiten geisteswissenschaftlichen Horizont.

Gibt es dabei ein rechtswissenschaftliches Proprium?[147] Diese Frage hat in Schmitts *Lage* zwei Seiten: Zum einen geht es darum, was rational an einer Begriffsbildung wie *europäische Rechtswissenschaft* ist, zum anderen darum, was Schmitts Autonomiepostulat für interdisziplinäre Forschung bedeutet.

Zunächst zur Interdisziplinarität: Sie ist unerlässlich bei den vielen Themen, die das europäische öffentliche Recht regeln soll. Viele Aufgaben kann man nicht allein mit juristischem Alltagswissen, sondern nur mit Erkenntnissen anderer Wissenschaften überzeugend verfolgen; Interdisziplinarität ist geboten.[148] Muss die rechtswissenschaftliche Forschung sich dann aber der erkenntnisgenerierenden Disziplin unterordnen?[149] Mit Schmitt möchte ich dagegen vertreten, dass gelingende Interdisziplinarität rechtswissenschaftliche Autonomie voraussetzt.

Schmitt integriert als Rechtswissenschaftler Erkenntnisse anderer Wissenschaften in seine als rechtswissenschaftlich verstandene Arbeit. Er reklamiert einen rechtswissenschaftsinternen, einen *intra*disziplinären Raum, in dem er *Inter*disziplinarität praktiziert. Als Akademiker, der qua Ausbildung, institutioneller Zugehörigkeit und Identität Rechtswissenschaftler ist, schöpft er gemäß der Logik seiner rechtswissenschaftlichen Aufgaben und Interessen aus den Forschungsfragen, Methoden und Erkenntnissen anderer Disziplinen: aus der Geschichtswissenschaft, politischen Ideengeschichte und Philosophie, der Ökonomie, Soziologie, Politikwissenschaft, der Theologie. Ein solches Vorgehen hebt die

147 Christoph Engel, Wolfgang Schön (Hg.), *Das Proprium der Rechtswissenschaft*, Tübingen 2007.

148 Gunnar Folke Schuppert, »Die Verwaltungsrechtswissenschaft im Kontext der Wissenschaftsdisziplinen. § 70«, in: von Bogdandy u. a. (Hg.), *Handbuch Ius Publicum Europaeum. Bd. IV* (Fn. 30), S. 461-492, Rn. 8 ff.; Andreas von Arnauld, »Öffnung der öffentlich-rechtlichen Methode durch Internationalität und Interdisziplinarität. Erscheinungsformen, Chancen, Grenzen«, in: *Veröffentlichungen der Vereinigung der Deutschen Staatsrechtslehrer* 74 (2015), S. 39-87.

149 Ran Hirschl, *Comparative Matters. The Renaissance of Comparative Constitutional Law*, Oxford 2014, S. 151 ff.; dazu Armin von Bogdandy, »Zur sozialwissenschaftlichen Runderneuerung der Verfassungsvergleichung. Eine hegelianische Reaktion auf Ran Hirschls *Comparative Matters*«, in: *Der Staat* 55 (2016), S. 103-115.

disziplinären Grenzen nicht auf, was entscheidend für seine Wissenschaftlichkeit ist.

Denn es ist die intradisziplinäre Verortung, welche rechtswissenschaftliche Autonomie ermöglicht. So steuern Fragen aus der Rechtswelt – Fragen zur Rechtserzeugung, Rechtsanwendung, Rechtsdogmatik oder Rechtskritik – die Interaktion mit anderen Disziplinen und die Rezeption ihres Wissens. Da diese Fragen anderen Forschungsdisziplinen zumeist fernstehen, setzt ihre Beantwortung einen fachspezifischen Zugriff voraus. Der institutionelle Aspekt dieser Autonomie ist, dass angesichts der *intra*disziplinären Verortung die Formulierung der Methoden guter Wissenschaft vordringlich innerhalb des eigenen Fachs liegt.[150]

Die um Interdisziplinarität bemühte rechtswissenschaftliche Forschung kann aus der Perspektive des rezipierten Fachs problematisch erscheinen. Nur selten gelingt es einem rechtswissenschaftlichen Beitrag, den aktuellen Forschungsstand anderer Wissenschaften aufzuarbeiten geschweige denn in der Tiefe zu durchdringen. Man nehme diese Studie: Wie soll sie den Stand der Hegel- und der Schmittforschung, der Forschung in der politischen Theorie, der Politikwissenschaft, der politischen Soziologie, der Geschichtswissenschaft vollständig rezipieren? Die Rezeption ist in aller Regel synkretistisch, eklektisch, reduktionistisch.

Und doch kann man ein solches synkretistisches, eklektisches oder reduktionistisches Vorgehen als gute Rechtswissenschaft begreifen. Mehr noch: Der freiere Umgang lässt sich geradezu als ein Trumpf verstehen, der es erlaubt, Erkenntnisse anderer Wissenschaften im Lichte eigener rechtswissenschaftlicher Fragestellungen fruchtbar zu verarbeiten.[151] Die rechtswissenschaftliche Freiheit bedeutet dabei nicht Maßstabslosigkeit: Zu den einschlägigen Maßstäben gehören ein dargelegter Anschluss an richtig erfasste Ergebnisse der einschlägigen Forschung, die Nachvollziehbarkeit des Gedankengangs und der einzelnen Argumente, seine interne

150 So übereinstimmend der DFG-Kodex »Leitlinien zur Sicherung guter wissenschaftlicher Praxis«, die Leitsätze »gute wissenschaftliche Praxis im öffentlichen Recht« der Vereinigung deutscher Staatsrechtslehrer sowie den Regeln zur Sicherung guter wissenschaftlicher Praxis der Max-Planck-Gesellschaft.

151 Thilo Kuntz, »Auf der Suche nach einem Proprium der Rechtswissenschaft. Sinn und Unsinn des Bemühens um disziplinäre Identität«, in: *Archiv für die civilistische Praxis* 219 (2019), S. 254-299, S. 298.

Kohärenz, eine argumentierende Auseinandersetzung mit anderen, vor allem divergierenden Ansätzen, Genauigkeit und Umsicht in der Darstellung einschlägigen juristischen Materials.[152] Fasst man diese Kriterien mit Begriffen der Wahrheitstheorie, so zeichnet sich ein synkretistisches Wahrheitsverständnis ab, welches Elemente der Korrespondenz-, der Kohärenz- und der Konsenstheorie kombiniert.[153]

Ein besonders wichtiges Kriterium zur Beurteilung eines theoretischen Textes ist sein Potenzial für die dogmatische Rechtswissenschaft: Theoretische Beiträge gewinnen an wissenschaftlichem Gehalt, je mehr sie dogmatische Konstruktionen unterstützen, die sich im Dickicht des positiven Rechts und seiner Operationen, der Rechtspolitik oder Rechtskritik bewähren.[154] So zeigt die rechtswissenschaftliche Grundlagenforschung eine Parallele zu naturwissenschaftlichen Erkenntnisprozessen, in denen am Anfang oft ein spekulatives Theorem steht, das anhand empirischer Forschung bestätigt werden muss.

Die Freiheit rechtswissenschaftlicher Theoriebildung kommt um den Preis, dass sie von anderen rechtlichen Argumentationsverfahren abhängig bleibt. Der epistemische Status eines solchen wissenschaftlichen Beitrags ist eher der einer Hypothese, die ihren Wert in konkreteren juristischen Diskursen unter Beweis stellen muss. Wer sich im wissenschaftlichen Umgang mit dem Recht allein auf solche Beiträge verlässt, wird sich leicht in einem Gestrüpp aus blinden Theorien, ideologischen Parolen oder wackeligen Spekulationen verfangen.

152 Viele dieser Kriterien behandelt Helmuth Schulze-Fielitz, »Was macht die Qualität öffentlich-rechtlicher Forschung aus?«, in: *Jahrbuch des öffentlichen Rechts* 50 (2002), S. 1-68, S. 26 ff.

153 Jürgen Habermas, »Wahrheitstheorien», in: Helmut Fahrenbach (Hg.), *Wirklichkeit und Reflexion. Walter Schulz zum 60. Geburtstag*, Pfullingen 1973, S. 211-265; Kuno Lorenz, »Semantische Wahrheitstheorie«, in: Jürgen Mittelstraß (Hg.), *Enzyklopädie Philosophie und Wissenschaftstheorie. Bd. 4*, Stuttgart, Weimar 1997, S. 592-594; Michael Glanzberg, »Truth«, Stanford Encyclopedia of Philosophy, abrufbar unter ⟨http://plato.stanford.edu/entries/truth/⟩, letzter Zugriff 01. 07. 2021; Martina R. Deckert, »Recht und Wahrheit. Zum gegenwärtigen Stand der Diskussion«, in: *Archiv für Rechts- und Sozialphilosophie* 82 (1996), S. 43-54.

154 Uwe Volkmann, »Rechts-Produktion oder: Wie die Theorie der Verfassung ihren Inhalt bestimmt«, in: *Der Staat* 54 (2015), S. 35-62, S. 60.

Ähnliches gilt für die rechtswissenschaftliche Begriffsbildung, etwa den Begriff des europäischen öffentlichen Rechts. Die rechtswissenschaftliche Begriffsbildung muss sich, wie rechtswissenschaftliche Theoriebildung, letztlich in der juristischen Praxis als fruchtbar erweisen. Dieses Buch muss also den Operateuren des europäischen Rechts beim Verständnis ihres Gegenstands helfen, Interpretationen wichtiger Bestimmungen, allen voran Art. 2 EUV, inspirieren und den kritischen Umgang mit Verständnisangeboten unterstützen. Das verlangt die vermittelnde Vernunftform der juristischen Dogmatik.

§ 78 Dogmatik

Das überkommene Kerngeschäft der Rechtswissenschaft in Europa ist die Dogmatik, manche definieren die Rechtswissenschaft sogar über deren Methode.[155] Diese Bedeutung ist keineswegs unbestritten. Der Europäische Forschungsrat propagiert Interdisziplinarität als Schibboleth förderungswürdiger Forschung.[156] Manche halten »den Neodogmatismus« sogar für gefährlich, weil dem Geist verpflichtet, der in zwei Weltkriege führte,[157] und einen Irrweg europäischer Rechtswissenschaft.[158]

Ich verstehe hingegen juristische Dogmatik als rechtswissenschaftlichen Beitrag zu einer demokratischen Gesellschaft, und zwar gerade auch jenseits der unmittelbar praxisrelevanten dogmatischen Infrastrukturpflege mittels dogmatischer Rekonstruktionen.[159] Aus dessen Leistungen, synthetisiert als juristische Lehren,

155 Voßkuhle, »Neue Verwaltungsrechtswissenschaft«, (Fn. 132), § 1 Rn. 1; näher Walter Pauly, »Deutschland. § 58« (Fn. 30), Rn. 19 ff.; Giulio Napolitano, »Sul futuro delle scienze del diritto pubblico. Variazioni su una lezione tedesca in terra americana«, in: *Rivista trimestrale di diritto pubblico* 60 (2010), S. 1-20, S. 3.

156 Thomas König, Michael E. Gorman, »The Challenge of Funding Interdisciplinary Research. A Look inside Public Research Agencies«, in: Robert Frodeman (Hg.), *The Oxford Handbook of Interdisciplinarity*, New York 2017, S. 513-524, S. 520.

157 Sandulli, *Il ruolo del diritto in Europa* (Fn. 28), S. 38 f., 197, 207.

158 Michelle Everson, »Is it Just Me, or is there an Elephant in the Room?«, in: *European Law Journal* 13 (2007), S. 136-145.

159 Armin von Bogdandy, »The Past and Promise of Doctrinal Constructivism. A Strategy for Responding to the Challenges Facing Constitutional Scholarship

fließt die funktionale Legitimation des Faches dank der Prämisse, dass nur ein derart rationalisiertes Recht adäquate gesellschaftliche Ordnungsleistungen erbringt.[160] Solche Rechtswissenschaft impliziert Abstraktion, Begriffsprägung und das strukturierende Arrangement gewaltiger Materialmengen.[161]

Die Bedeutung solcher Darstellungen verdeutlicht ein Rückblick ins 19. Jahrhundert. Die Wissenschaft vom öffentlichen Recht wird lange misstrauisch beäugt, insbesondere insoweit sie sich mit politischen Institutionen befasst: Ihre Aussagen gelten entweder als exegetisch und damit als wenig gehaltvoll, oder als historiographisch oder naturrechtlich und damit ohne rechtswissenschaftliches Proprium, oder als bloß politische Meinungen. Im intrafakultären Wettstreit steht sie ganz im Schatten des kulturell und akademisch dominierenden Privatrechts.[162] Die Privatrechtler

in Europe«, in: *International Journal of Constitutional Law* 7 (2009), S. 364-400; ders., »National Legal Scholarship in the European Legal Area – A Manifesto«, in: *International Journal of Constitutional Law* 10 (2012), S. 614-626; dazu Somek, »The Indelible Science of Law« (Fn. 79), S. 431 ff.; Michel Rosenfeld, »Preface. The Role of Constitutional Scholarship in Comparative Perspective. An Exchange among Armin von Bogdandy, Robert Post, Mattias Kumm, and Alexander Somek«, in: *International Journal of Constitutional Law* 7 (2009), S. 361-363; Enrico Scoditti, »Europa e scienza giuridica. La scienza giuridica e i signori del diritto«, in: *Foro Italiano* 135 (2012), S. 241-244; Remo Caponi, »Europa e scienza giuridica. Diritto della scienza e scienza del diritto«, in: *Foro Italiano* 135 (2012), S. 244-246; Massimiliano Granieri, Roberto Pardolesi, »Europa e scienza giuridica. Ma i tre signori del diritto sono rimasti in due?«, in: *Foro Italiano* 135 (2012), S. 247-249; Alessandro Palmieri, »Europa e scienza giuridica. La scienza giuridica europea e le professioni legali: dalla conoscenza alla consapevolezza«, in: *Foro Italiano* 135 (2012), S. 249-251; Massimo Brutti, »Per la scienza giuridica europea (riflessioni su un dibattito in corso)«, in: *Rivista trimestrale di diritto pubblico* 62 (2012), S. 905-932; Napolitano, »Sul futuro delle scienze del diritto pubblico« (Fn. 155).

160 Max Weber, *Wirtschaft und Gesellschaft. Grundriss der verstehenden Soziologie*, Tübingen 1972, S. 825 ff.; Wissenschaftsrat, *Perspektiven der Rechtswissenschaft in Deutschland* (Fn. 37), S. 33.

161 Stefan Grundmann, »§ 9. Systemdenken und Systembildung«, in: Karl Riesenhuber (Hg.), *Europäische Methodenlehre. Handbuch für Ausbildung und Praxis*, Berlin 2015, S. 172-198; Martijn Hesselink, »A European Legal Method? On European Private Law and Scientific Method«, in: *European Law Journal* 15 (2009), S. 20-45.

162 Fioravanti, »Italien. § 31« (Fn. 64), Rn. 13; Remco Nehmelman, »Niederlande. § 32«, (Fn. 39), S. 613-635, Rn. 16; Christos Pilafas, »Griechenland. § 29«, (Fn. 39), S. 525-553, Rn. 9 ff.

der Pariser Universität klagen sogar gegen die Etablierung eines verfassungsrechtlichen Lehrstuhls aus Sorge, sein Wirken könne die Rechtswissenschaft insgesamt in Verruf bringen.[163]

Die Etablierung eines Selbststands des öffentlichen Rechts dank der sogenannten juristischen Methode erfolgt in Deutschland dank des staatsrechtlichen Positivismus des späten neunzehnten Jahrhunderts, personifiziert durch Karl von Gerber (1823-1891) und Paul Laband (1838-1918).[164] Vergleichbare Entwicklungen gibt es in vielen anderen Staaten dank Rechtswissenschaftlern, die ebenfalls als »Gründer« gelten: Nikolaos Saripolos in Griechenland (1817-1887), Vittorio Emanuele Orlando in Italien (1860-1952), Johannes T. Buys in den Niederlanden (1828-1893), Antoni Okolski in Polen (1838-1897), Hugo Blomberg in Schweden (1850-1909), Ernö Nagy in Ungarn (1853-1921); Österreich bietet mit Kelsen in gewisser Hinsicht seine Apotheose.[165] Auch Albert V. Dicey (1835-1922) kommt dem nahe, denn er bringt das britische Verfassungsrecht unter Auflösung von Widersprüchen und Unklarheiten auf praktische begriffliche Linien.[166] Man kann diese Entwicklung unterschiedlich deuten: als Teil eines ideologischen Projekts der Herrschaftslegitimation, als Funktion der Stabilisierung eines historischen Kompromisses, als Moment gesellschaftlicher Ausdifferenzierung im Rahmen der Industrialisierung, als die Einarbeitung einer Idee in die soziale Welt.

Der europaweite Erfolg dieser Programmatik beinhaltet keine Gleichförmigkeit der wissenschaftlichen Praxis. Die diversen natio-

163 Luc Heuschling, »Frankreich. § 28« (Fn. 64), Rn. 12.

164 Walter Pauly, »Deutschland. § 27« (Fn. 30), Rn. 7. Vergleichend Olivier Jouanjan, »Die Belle époque des Verwaltungsrechts: Zur Entstehung der moderrıen Verwaltungsrechtswissenschaft in Europa (1880-1920). § 69«, in: ebd., S. 425-459.

165 Zu Ernö Nagy siehe Jakab, »Ungarn. § 38«, in: von Bogdandy (Hg.), *Handbuch Ius Publicum Europaeum. Bd. II* (Fn. 39), S. 777-805, Rn. 7; zu Nikolaos Saripolos siehe Pilafas, »Griechenland. § 29« (Fn. 162), Rn. 15; zu Johannes T. Buys siehe Nehmelman, »Niederlande. § 32« (Fn. 162), Rn. 16; zu Hugo Blomberg siehe Kjell Åke Modéer, »Schweden. § 35«, siehe ebd. (Fn. 39), S. 697-713, Rn. 7; zu Orlando siehe Fioravanti, »Italien. § 31« (Fn. 64), Rn. 10, 15; zu Kelsen siehe Alexander Somek, »Österreich. § 33«, siehe ebd. (Fn. 39), S. 637-662, Rn. 4 f.

166 Martin Loughlin, »Großbritannien. § 4«, in: Armin von Bogdandy u. a. (Hg.), *Handbuch Ius Publicum Europaeum. Bd. I. Grundlagen und Grundzüge staatlichen Verfassungsrechts*, Heidelberg 2007, S. 217-271, Rn. 39.

nalen Wissenschaften bildeten unter der Käseglocke des Nationalstaats eigene Duftnoten, Praktiken und Rollen aus. Die deutsche Rechtswissenschaft, auch dank den der deutschen Sprache eigenen Möglichkeiten von Substantivierungen und Substantivkombinationen, hat ein besonders dichtes Netz dogmatischer Begriffe und eine besonders dicke Schicht öffentlich-rechtlicher Lehren gewoben.[167]

Die juristische Methode kommt mit bemerkenswert wenig methodischer Reflexion aus. Die einschlägigen Ausführungen in dem wegweisenden deutschen Lehrbuch zum Verwaltungsrecht belegen dies anschaulich. Otto Mayer schreibt: »Unser Hauptteil wird die Aufgabe haben, das System der einzelnen Rechtsinstitute dieses Verwaltungsrechts vorzutragen. Dafür gibt es keine klassische Einteilung, die zu befolgen wäre. Wir geben den Stoff, wie er sich von selbst geordnet hat.«[168] Die eigentliche Methode, also das genaue wissenschaftliche Procedere des Vergleichens, der Abstraktion, der Begriffsbildung, der Strukturierung und Materialanordnung, die den Kern dogmatischer Arbeit ausmachen, bleibt im Dunkeln. Im Hintergrund steht der Hegelianismus, den Mayer ausweist. »Sie [die Methode] beruht auf dem Glauben an die Macht allgemeiner Rechtsideen, die in den Mannigfaltigkeiten des wirklichen Rechts zur Erscheinung und Entfaltung kommen, zugleich aber auch ihrerseits in der Geschichte sich wandeln und fortschreiten. Er hängt bei mir wohl mit Hegelischer Rechtsphilosophie zusammen [...], daß ich es wagen konnte, solchen Ideen auch in dem zerfahrenen und unfertigen deutschen Verwaltungsrecht nachzugehen, um sie herauszuheben und aufzuweisen.«[169]

Das dogmatische Programm beschreibt das öffentlich-rechtliche Kerngeschäft auf dem Kontinent. Natürlich trägt heute der kryptoidealistische Systembegriff der traditionellen Dogmatik nicht mehr.[170] Wurden früher *das* System und die rechtswissenschaftlichen Begriffsschöpfungen oft als dem Recht innewohnend verstanden, so gelten sie heute eher als Instrumente für die Ordnung und Handhabung des Rechts (§ 4). Man ist auch zurückhaltender, wie aussagekräftig eine dogmatische Struktur und rechtswissenschaft-

167 Jakab, »Ungarn. § 38« (Fn. 165), Rn. 42; Heuschling, »Frankreich. § 28« (Fn. 64), Rn. 47, 53.

168 Otto Mayer, *Deutsches Verwaltungsrecht. Bd. 1*, Leipzig 1924, S. 21.

169 Ebd., Vorwort S. VIII.

170 Somek, *Rechtssystem und Republik* (Fn. 92), S. 193-221.

liche Begriffe für das geltende Recht sind, wie viel Autorität ihnen innewohnt, wie *schlagend* eine entsprechende Argumentation ist.[171]

Schmitts *Lage* ist in diesem Sinne bemerkenswert aufgeklärt: Das System erscheint bereits bei ihm eher als regulative Idee denn als ontologische Behauptung. Die Aufgabe der Rechtswissenschaft ist es, so Schmitt, die »verloren gegangene Einheit und Folgerichtigkeit des Rechts selbst zu wahren *suchen*«.[172] Christian Bumke formuliert analog, dass »Ordnungsgedanke, Richtigkeitsanspruch und juridische Funktionalität« des Rechts »als eine weitgehend selbstbezügliche Ordnung« die rechtswissenschaftliche Arbeit prägen.[173]

Die Wissenschaftlichkeitskriterien für die juristische Grundlagenforschung passen damit auch auf dogmatische Forschung. Maßgeblich sind insbesondere der Anschluss an richtig erfasste Ergebnisse der einschlägigen Forschung, die Nachvollziehbarkeit des Gedankengangs, seine interne Kohärenz, das argumentierende Niveau, Genauigkeit und Umsicht in der Darstellung einschlägigen juristischen Materials. Natürlich muss sie dabei dichter als Grundlagenforschung das positivrechtliche Material verarbeiten und mehr praxistaugliche Handreichungen bieten. Das ist unverträglich mit einem bornierten Dogmatismus, problemfernen Formalismus oder engen Textualismus und eröffnet viele Schnittstellen der Interdisziplinarität.[174]

Dogmatik als Wissenschaftsform kann ihre traditionelle Rolle in der europäischen Rechtswissenschaft weiter spielen. Allerdings dürfte eine Darstellungsform sich erschöpft haben: die dogmatische Gesamtdarstellung, früher die wohl bedeutendste Form. Ihre Schwächen zeigen sich bereits darin, dass gerade das laizistische Frankreich solche Darstellungen als »juristische Kathedralen« be-

171 Eberhard Schmidt-Aßmann, *Verwaltungsrechtliche Dogmatik. Eine Zwischenbilanz zu Entwicklung, Reform und künftigen Aufgaben*, Tübingen 2013, S. 3 ff. Zu Überbleibseln des alten Systemdenkens Ackermann, »Eine ›ungeheure Jurisprudenz‹?« (Fn. 63), S. 481 ff.

172 Schmitt, *Die Lage der europäischen Rechtswissenschaft* (Fn. 4), S. 21, Hervorhebung vom Verfasser.

173 Christian Bumke, *Rechtsdogmatik. Eine Disziplin und ihre Arbeitsweise. Zugleich eine Studie über das rechtsdogmatische Arbeiten Friedrich Carl von Savignys*, Tübingen 2017, S. 226.

174 Sabino Cassese, »New Paths for Administrative Law. A Manifesto«, in: *International Journal of Constitutional Law* 10 (2012), S. 603-613; Schmidt-Aßmann, *Verwaltungsrechtliche Dogmatik* (Fn. 171), S. 21 ff.

zeichnet.[175] Das einzige mir bekannte und in diesem Sinne verstandene Buch zum europäischen Recht, also eine konzeptionell angeleitete dogmatische Gesamtdarstellung aus der Feder eines Autors, ist Ipsens *Europäisches Gemeinschaftsrecht* (§ 5.3). Es entstand vor einem halben Jahrhundert und wird heute als Denkmal einer vergangenen Epoche bestaunt.

Die heutigen Formen fruchtbarer Dogmatik sind andere. Man denke an den Musterentwurf zum europäischen Verwaltungsrecht des *Research Network on EU Administrative Law* (ReNEUAL)[176] oder das heute wohl einflussreichste Lehrbuch *EU Law. Text, Cases, and Materials*, verfasst von Paul Craig und Gráinne de Búrca in Oxford und New York.[177] Konstruktive juristische Dogmatik erschöpft sich nicht in Gesamtdarstellungen, sondern arbeitet oft problemorientiert an spezifischen Themen, und oft an solchen, die das demokratische Projekt voranbringen sollen. Solche Forschung kann eine allgemeine Europarechtswissenschaft dann als dogmatische Großtheorie reflektieren.[178] Sie wird ihren Mittelpunkt in den Prinzipien des Art. 2 EUV finden.

175 Heuschling, »Frankreich. § 28« (Fn. 64), Rn. 22, 24.

176 Siehe ⟨http://www.reneual.eu/index.php/organization⟩, letzter Zugriff 01. 07. 2021; Jacques Ziller u. a. (Hg.), *La codification de la procédure administrative de l'Union européenne. Le modèle ReNEUAL*, Brüssel 2017.

177 Paul Craig, Gráinne de Búrca, *EU Law. Text, Cases, and Materials*, Oxford 2020; dies ist die 7. Auflage, die erste stammt von 1998.

178 Ackermann, »Eine ›ungeheure Jurisprudenz‹?« (Fn. 63), S. 479 ff.

D. Feuer gegen Feuer

§ 79 Regierungsunrecht

Statt in einer Zusammenfassung oder einem politischen Ausblick mündet dieses Buch in einen dogmatischen Vorschlag zum weiteren Strukturwandel. Zur weiteren Demokratisierung der europäischen Gesellschaft konstruiere ich eine strafrechtliche Bewehrung des europäischen Verfassungskerns.[179] Eine solche Strafbarkeit gibt es zwar bislang nicht. Aber Rechtswissenschaft sollte nicht nur das Recht beschreiben, systematisieren, theoretisieren und kritisieren, sondern auch, als eine praktische Wissenschaft, voranbringen (§§ 75-78). Das verlangt, neue Rechtsinstitute zu ersinnen, ihre verfassungsrechtliche Legitimität darzulegen, Rechtsgrundlagen zu identifizieren und sie möglichst kohärent in den Rechtsbestand einzufügen.

Eine strafrechtliche Bewehrung des europäischen Verfassungskerns ist kein Vorschlag auf der grünen Wiese.[180] Sie folgt Karl Löwensteins wegweisender Losung von 1937 (§ 45): Feuer gegen Feuer.[181] Ein demokratisches Strafrecht legitimiert sich selbst und die gesamte Rechtsordnung darüber, dass es sich auf höchste Güter beschränkt, diese aber wirksam schützt.[182]

Dass strafrechtliche Bewehrung aus dem Raum jenseits des Staates stammen kann, hat die Rechtsentwicklung von den Nürnberger und Tokioter Prozessen zum Römischen Statut des Internationalen Strafgerichtshofs von 1998 fest etabliert. Die Bewehrung muss nicht

179 Die folgenden Überlegungen beruhen auf Armin von Bogdandy, Luke Dimitrios Spieker, »Reverse Solange 2.0: Die Durchsetzung europäischer Werte und die unions- und strafrechtliche Verantwortung nationaler Richter«, in: *Europarecht* 55 (2020), S. 301-331.

180 Roland Hefendehl, »Politisches Strafrecht zwischen dem Schutz von Staat und Verfassung und einem Kampf gegen die Feinde«, in: Andreas Hoyer u. a. (Hg.), *Festschrift für Friedrich-Christian Schroeder zum 70. Geburtstag*, Heidelberg 2006, S. 453-476.

181 Karl Loewenstein, »Militant Democracy and Fundamental Right, II«, in: *The American Political Science Review* 31 (1937), S. 638-658, S. 656.

182 Ivo Appel, »Rechtsgüterschutz durch Strafrecht? Anmerkungen aus verfassungsrechtlicher Sicht«, in: *Kritische Vierteljahresschrift für Gesetzgebung und Rechtswissenschaft* 82 (1999), S. 278-311.

zwingend in einem expliziten Akt der Rechtsetzung niedergelegt sein, sondern kann auch rechtsfortbildend durch die Gerichte entwickelt werden. So folgert der Interamerikanische Gerichtshof aus der Amerikanischen Menschenrechtskonvention, dass die Konventionsstaaten ihr nationales Strafrecht auf Personen anwenden müssen, die systemische Defizite verbrecherisch etabliert und verfestigt haben (§ 24). Der Europäische Gerichtshof für Menschenrechte ist dem gefolgt.[183]

Die Lage in der Union ist weit weniger dramatisch als diejenige, die zu jenen Urteilen des Interamerikanischen und des Europäischen Gerichtshofs geführt hat. Anders als in Lateinamerika und einigen Konventionsstaaten, die nicht Mitglied der Europäischen Union sind, erscheint Staatsterrorismus in der europäischen Gesellschaft als eine eher abstrakte Gefahr, wenngleich der Mord 2017 an der maltesischen Journalistin Daphne Caruana Galizia sowie die Morde 2018 an dem slowakischen Journalisten Ján Kuciak und seiner Partnerin Martina Kušnírová Fragen aufwerfen.[184] Im Folgenden wird gezeigt, wie weniger schwere Taten, soweit sie den europäischen Verfassungskern verletzen, europarechtlich in einer Kombination von nationalem Strafrecht und unionsrechtlichen Vorgaben kriminalisiert werden können.

Die gegenwärtige polnische und ungarische Regierung gehen massiv gegen politische Gegner vor, insbesondere mittels der Gerichtsbarkeit. Dieses Vorgehen könnte die Straftatbestände insbesondere der Rechtsbeugung, der Verfolgung Unschuldiger und der Nötigung im Amt erfüllen. Eine Mobilisierung des Strafrechts in diesem Kontext hat vor allem zwei Ziele.[185] Zum einen soll sie, gemäß der präventiven Funktion des Strafrechts, den Verfassungskern bewehren und rote Linien stärken. Zum anderen geht es, neben der Schuldfrage, um einen Beitrag zur personellen Erneuerung öf-

183 Eva Brems, »Transitional Justice in the Case Law of the European Court of Human Rights«, in: *International Journal of Transitional Justice* 5 (2011), S. 282-303.

184 Matthias F. Schmidt, *Verfassungsaufsicht in der Europäischen Union. Eine akteurszentrierte Analyse der Rechtsstaatlichkeitskrise der Europäischen Union*, Frankfurt/M. 2021, im Erscheinen, C.V und VI.

185 Global vergleichend Albin Eser, »Rechtspolitische Reflexionen zur Aufarbeitung und Verhinderung von Systemunrecht«, in: ders. u. a. (Hg.), *Strafrecht in Reaktion auf Systemunrecht. Vergleichende Einblicke in Transitionsprozesse. Teilband 14: Transitionsstrafrecht und Vergangenheitspolitik*, Berlin 2012, S. 392-470.

fentlicher Institutionen nach einem Machtwechsel. Dann steht die Korrektur einer systemisch defizitären Ämterpolitik an, mit der die polnische und ungarische Regierung derzeit ihre Politik durchzusetzen und gegen einen Machtverlust zu perpetuieren versuchen. Eine solche Korrektur ist rechtsstaatlich überaus heikel, vor diesem Hintergrund versteht sich der Vorschlag.[186]

Er sei mit Blick auf die polnische Justizpolitik nach 2015 entfaltet. Zunächst hat die polnische Regierungsmehrheit viele Bereiche der polnischen Justiz auf Linie gebracht (§ 45). Doch offensichtlich will sie nicht nur die Gerichte als Kontrolle ausschalten, sondern sie zudem als Instrument gegen ihre politischen Gegner nutzen. So sieht sich der Rechtswissenschaftler Wojciech Sadurski wegen seiner lautstarken, oftmals polemischen Kritik an der polnischen Regierung[187] mit einer Reihe von Gerichtsverfahren konfrontiert. Die regierende PiS-Partei hat ein zivilrechtliches Verfahren gegen ihn angestrengt, weil er sie eine »kriminelle Vereinigung« genannt haben soll.[188] *Telewizja Polska* (TVP), der von der Regierung kontrollierte öffentlich-rechtliche Fernsehsender, verklagt Sadurski wegen Verleumdung, nachdem er ihm »goebbelssche« Propagandapraktiken vorgeworfen hat.[189]

Einer ähnlichen Klage von TVP sieht sich auch der polnische Ombudsman Adam Bodnar ausgesetzt. Kurz nach der Ermordung

186 Zur Bedeutung rechtsstaatskonformen Vorgehens Ernst-Wolfgang Böckenförde, »Der verdrängte Ausnahmezuszand«, in: *Neue Juristische Wochenschrift* (1978), S. 1881-1890, S. 1883; Pedro Cruz Villalón, *Estados excepcionales y suspensión de garantías*, Madrid 1984, S. 23 ff.; David Dyzenhaus, »State of Emergency«, in: Michel Rosenfeld, András Sajó (Hg.), *The Oxford Handbook of Comparative Constitutional Law*, Oxford 2012, S. 442-462, S. 443.

187 Zu seiner Kritik siehe z. B. Wojciech Sadurski, *Poland's Constitutional Breakdown*, Oxford 2019.

188 Wojciech Sadurski, »I criticized Poland's government. Now it's trying to ruin me«, *The Washington Post* v. 22. Mai 2019; Gráinne de Búrca, John Morijn, »Open Letter in Support of Professor Wojciech Sadurski«, *Verfassungsblog* v. 06. Mai 2019.

189 Agnieszka Kublik, »Auf Linie gebracht. Polens öffentlich-rechtlicher Rundfunk unter PiS-Kuratel«, in: *Osteuropa* (2016), S. 153-159. Siehe auch die Bezeichnung als »government propaganda mouthpiece« durch Reporter ohne Grenzen, hier ⟨https://rsf.org/en/poland⟩, letzter Zugriff 01. 07. 2021. Zur parteiischen Berichterstattung siehe den Bericht der *ODIHR Limited Election Observation Mission* der OSZE zu den polnischen Wahlen vom 13. Oktober 2019, ⟨www.osce.org/odihr/elections/poland/435932⟩, letzter Zugriff 01. 07. 2021, S. 12 ff.

des Bürgermeisters von Danzig stellte er einen Zusammenhang zwischen dem Attentat und der vergifteten Atmosphäre der TVP-Berichterstattung her.[190] Letztere hatte im Vorfeld des Attentates beinahe täglich über angebliche Verwicklungen des Bürgermeisters in Korruptionsaffären und seine Verbindungen zu Kommunisten oder Rechtsextremisten berichtet. Die erste Instanz hat die Klage gegen Bodnar abgewiesen, sie wird aber vor dem obersten Gericht weiterverfolgt.

Besonders große Aufmerksamkeit hat das Verfahren gegen Igor Tuleya erfahren, der zur Gallionsfigur der regierungskritischen Richterschaft avanciert ist.[191] Tuleya, Richter am Warschauer Landgericht, hat diverse Entscheidungen gegen die Interessen der Regierungsmehrheit getroffen. Unter anderem verlangt er 2017 von der Staatsanwaltschaft, Verfahren wegen rechtswidriger Behinderung der Oppositionsarbeit einzuleiten. Nicht überraschend kommt es gegen ihn alsbald zu einem Disziplinarverfahren vor der regierungsnahen Disziplinarkammer am Obersten Gerichtshof, deren Unionsrechtswidrigkeit, so die Ausführungen des EuGH, auf der Hand liegt (§ 67). Gleichwohl sieht sich die Kammer kompetent, über die richterliche Immunität von Igor Tuleya zu entscheiden. Im April 2021 entscheidet eine andere Kammer des obersten Gerichts zwar, dass er nicht in Haft muss. Damit ist das Verfahren aber noch nicht ausgestanden.[192]

Ein weiteres Beispiel ist die Ankündigung des polnischen Justizministers, Verfahren gegen eine Gruppe von Strafrechtlern der Universität Krakau wegen Verleumdung einzuleiten, die Reformvorschläge zur Änderung der Straftatbestände als verfassungswidrig

190 Siehe die Website des Ombudsmans: ⟨www.rpo.gov.pl/en/content/information-about-lawsuit-filed-tvp-and-notified-chr-office⟩, letzter Zugriff 01.07.2021.

191 Igor Tuleya, »Even in Prison«, *Verfassungsblog* v. 20. November 2020; Ingo Werner, »Kampf um die Unabhängigkeit der Gerichte in Europa. Interview mit Beata Morawiec und Igor Tuleya«, in: *Deutsche Richterzeitung* (2021), S. 142-145. Allgemein zur Anwendung des Disziplinarregimes: Europäische Kommission, Bericht über die Rechtsstaatlichkeit 2020, Länderkapitel zur Lage der Rechtsstaatlichkeit in Polen, SWD(2020) 320 final, S. 7.

192 Łukasz Woźnicki, »Disciplinary Chamber of the Supreme Court Denies the Use of Coercive Measures Against Judge Igor Tuleya«, Gazeta Wyborcza v. 23. April 2021; ⟨https://notesfrompoland.com/2021/03/01/judge-critical-of-polish-government-barred-from-returning-to-work-as-dispute-over-judiciary-deepens/⟩, letzter Zugriff 01.07.2021.

kritisiert hatten.[193] Polnische staatliche Stellen haben zudem zahlreiche Zivilklagen gegen Journalisten erhoben.[194] Vor diesem Hintergrund stellt sich die Frage nach der strafrechtlichen Verantwortlichkeit von Amtsträgern, die politische Gegner verfolgen.

§ 80 Strafbarkeit

Eine strafbarkeitsbegründende Dogmatik ergibt sich aus einem Zusammenwirken verschiedener Komponenten des europäischen Rechts (§ 10). Die Union selbst hat keine Strafgewalt gegenüber den Einzelnen, nur ein mitgliedstaatliches Gericht kann eine Strafe verhängen. In Betracht kommen im obigen Zusammenhang vor allem polnische Strafgerichte. Aber auch die Strafgerichte anderer Mitgliedstaaten könnten, im Rahmen ihrer internationalen Zuständigkeit, tätig werden.

Die Union kann zwar keine Strafbarkeit aussprechen, sie kann aber Straftatbestände festlegen, eine Bestrafung fordern, die Strafverfolgung organisieren, legitimieren und mit Machtressourcen hinterlegen. Das ergeben ihre Kompetenzen in Art. 67 AEUV und Art. 82 ff. AEUV. Die aktuelle Zusammenstellung des Rats zum Unionsstrafrecht umfasst 1272 Seiten.[195] Die Zeiten, in denen der Union das Strafrecht als eingriffsintensivstes und damit legitimationsbedürftigstes Instrument öffentlicher Gewalt prinzipiell versperrt war, sind lange vorüber.

Da es zu der hier interessierenden Konstellation keine Unionsgesetzgebung gibt, gelten die allgemeinen Regeln. Das Unionsrecht ist nicht selbst strafbegründend. Aus den Prinzipien des Art. 2 EUV als solchen ergibt sich keine Strafbarkeit, das folgt schon aus Art. 49 Abs. 1 GRC. Strafbegründend ist das zum Zeitpunkt der

193 Der Justizminister hat letztlich von diesem Vorhaben Abstand genommen, siehe Barbara Grabowska-Moroz u. a., »The History of the 48-Hour Lawsuit. Democratic Backsliding, Academic Freedom, and the Legislative Process in Poland«, *ruleoflaw.pl* v. 09. Juli 2019.

194 Dominika Maciejasz, »Gag Lawsuits and Judicial Intimidation. PiS Seeks to Turn Courts Into an Instrument of State Censorship«, *Gazeta Wyborcza* v. 26. März 2021.

195 ⟨https://www.consilium.europa.eu/de/documents-publications/publications/european-union-instruments-criminal-law/⟩, letzter Zugriff 01. 07. 2021.

Tat geltende mitgliedstaatliche Strafrecht, das allerdings im Lichte der unionsrechtlichen Wirksamkeitsdogmatik zu interpretieren ist (§ 37). Die Verbindung der überkommenen unionrechtlichen Wirksamkeitsdogmatik mit der neuen unionsrechtlichen Dogmatik des europäischen Verfassungskerns (§ 21, § 29) bildet den rechtstechnischen Mittelpunkt meines Vorschlags. Sie generiert das dogmatische Argument für weiteren Strukturwandel zur Demokratisierung der europäischen Gesellschaft (§§ 45-47, § 67), eben das unionale Gebot der strafrechtlichen Verfolgung von Verletzungen des europäischen Verfassungskerns.

Politisch motivierte Verfahren gegen Regierungskritiker sind keine innerstaatliche, sondern eine europäische Angelegenheit (§ 45). Auch wenn ich die polnischen Vorgänge juristisch nicht abschließend bewerten kann, so erscheint doch wahrscheinlich, dass sie den Wesensgehalt der Meinungsfreiheit verletzen. Die Meinungsfreiheit von Regierungskritikern stellt »eine der wesentlichen Grundlagen einer demokratischen und pluralistischen Gesellschaft dar, die zu den Werten gehört, auf die sich die Union nach Art. 2 EUV gründet«.[196] Da dieser Wesensgehalt Art. 2 EUV unterfällt, ist es irrelevant, dass die Grundrechtecharta viele dieser Verfahren nicht erfasst (Art. 51 GRC).

Alle mitgliedstaatlichen Amtsträger müssen diese Grundlagen respektieren. Wenn mitgliedstaatliche Gerichte, die ja zugleich Unionsgerichte sind (§ 10), Verfahren gegen Regierungskritiker oder unabhängige Richterinnen und Richter führen, müssen sie strafrechtliche Beleidigungsdelikte, zivilrechtliche Schadensersatzansprüche oder disziplinarrechtliche Vorschriften in Einklang mit dem europäischen Verfassungskern auslegen und anwenden (§ 37, § 67). Weiter verbietet ihnen der Vorrang des Unionsrechts, nationale Vorschriften anzuwenden, die direkt auf eine Verfolgung politisch unbequemer Personen abzielen und deshalb einer unionrechtskonformen Auslegung nicht zugänglich sind. Das gilt etwa für ungarische Gesetze, die sich gegen Regierungskritiker wenden, die für die *Open Society Foundatio*n oder die *Central European Uni-*

196 EuGH, *Tele2 Sverige*, verb. Rs. C-203/15 und C-698/15, Urteil v. 21. Dezember 2016, ECLI:EU:C:2016:970, Rn. 93; EGMR, *Baka v. Hungary*, App. No. 20261/12, Urteil v. 23. Juni 2016, ECHR 2016, Ziff. 159.

versity arbeiten.[197] Diese Pflichten gelten für alle mitgliedstaatlichen Hoheitsträger.[198]

Nationale Richterinnen und Richter sind unionsrechtlich verpflichtet, das nationale Strafrecht im Lichte des Verfassungskerns anzuwenden, also sich der politischen Instrumentalisierung zu widersetzen. Das bringt sie, wenn die richterliche Unabhängigkeit prekär ist, in eine schwierige Lage. In einer solchen Lage kann die Einbindung des EuGH helfen. Viele polnische Gerichte haben entsprechend Vorabentscheidungsverfahren nach Art. 267 AEUV angestrengt. Um dem entgegenzuwirken, hat der polnische Justizminister die Verfassungsmäßigkeit des Art. 267 AEUV angefochten, soweit die Norm Vorlagen zur internen Organisation der mitgliedstaatlichen Justiz erlaubt, [199] und sogar Disziplinarverfahren gegen vorlegende Richter eingeleitet, welche die neue Disziplinarkammer am polnischen Obersten Gericht verhandelt.[200] Ähnlich hat der ungarische Oberste Gerichtshof entschieden, dass die Vorlage eines Bezirksgerichts rechtswidrig sei, die den EuGH die Unabhängigkeit der ungarischen Justiz prüfen lassen soll.[201]

Um vorlegende Richterinnen und Richter zu schützen, sei als Rechtsfortbildung vorgeschlagen, dass ein nationales Gericht nicht nur das Recht, sondern die unionsrechtliche Pflicht hat, in einem solchen Fall eine Vorlage an den EuGH zu machen. Eine Vorlagepflicht, so der Vorschlag, besteht immer dann, wenn in einem Verfahren der europäische Verfassungskern maßgeblich werden könnte. Sollte es daraufhin zu Widerstand kommen, könnte die

197 Dazu EuGH, *Kommission/Ungarn (Transparenz von Vereinigungen)*, Rs. C-78/18, Urteil v. 18. Juni 2020, ECLI:EU:C:2020:476; *Kommission/Ungarn (Enseignement supérieur)*, Rs. C-66/18, Urteil v. 06. Oktober 2020, ECLI:EU:C:2020:792.

198 EuGH, *Minister for Justice and Equality and Commissioner of the Garda Síochána*, Rs. C-378/17, Urteil v. 04. Dezember 2018, ECLI:EU:C:2018:979; Fratelli Costanzo/*Comune di Milano*, Rs. C-103/88, Urteil v. 22. Juni 1989, ECLI:EU:C:1989:256, Rn. 32*;* *Ciola*, Rs. C-224/97, Urteil v. 29. April 1999, ECLI:EU:C:1999:212, Rn. 30.

199 Stanisław Biernat, Monika Kawczyńska, »Though this be Madness, yet there's Method in't: Pitting the Polish Constitutional Tribunal against the Luxembourg Court«, *Verfassungsblog* v. 26. 10. 2018.

200 Gesetz über das Oberste Gericht vom 8. Dezember 2017 (Ustawa z dnia 8 grudnia 2018 r. o Sądzie Najwyższym).

201 Kúria, Urteil v. 10. 09. 2019, Bt.838/2019; Petra Bárd, »Luxemburg as the Last Resort. The Kúria's Judgment on the Illegality of a Preliminary Reference to the ECJ«, *Verfassungsblog* v. 23. September 2019.

Kommission ein Vertragsverletzungsverfahren einleiten, in dessen Rahmen der EuGH durch einstweilige Anordnungen rasch intervenieren kann.[202]

Eine solche Vorlagepflicht ist der prozedurale Nachvollzug des verfassungsrechtlichen Strukturwandels der letzten Jahre (§§ 21-22, § 30, §§ 45-47, § 67). Die dogmatische Herleitung erlaubt, einige Kernaussagen zu rekapitulieren und in der Interpretation des Art. 267 Abs. 3 AEUV zu spiegeln, der wichtigsten prozessualen Bestimmung des europäischen öffentlichen Rechts (§ 56).

Nach dem Wortlaut der Verträge unterliegen nur letztinstanzliche Gerichte einer Vorlagepflicht (Art. 267 Abs. 3 AEUV). In einer wichtigen Rechtsfortbildung hat der EuGH diese Vorlagepflicht allerdings auf unterinstanzliche Gerichte ausgedehnt, wenn sie von der Anwendung einer unionsrechtlichen Vorgabe absehen wollen, weil sie an ihrer Rechtmäßigkeit zweifeln.[203] Der EuGH begründet diese Rechtsfortbildung mit dem Schutz der Wirksamkeit des Unionsrechts, dem Leitstern des Gerichtshofes seit 1963 (§ 20, § 56).

Nun hat der EuGH diesen Leitstern in der letzten Dekade zu einem Binärgestirn ausgebaut, indem er der funktionalen Logik eine genuin verfassungsrechtliche Logik zur Seite stellt (§ 21). Er konzipiert die EU als Werteunion und stellt sich auf dieser Grundlage gegen autoritäre Entwicklungen in einigen Mitgliedstaaten. Heute steht der Verfassungskern des Art. 2 EUV auf Augenhöhe mit dem funktionalen Prinzip der Wirksamkeit.

Über den europäischen Verfassungskern zu entscheiden und ihn zu prägen, ist eine ebenso elementare Frage wie die Sicherung der Wirksamkeit des Unionsrechts. Sie kann keinem nationalen Gericht allein überlassen bleiben. Das rechtfertigt die prozessuale Gleichbehandlung der beiden Konstellationen. Folglich unterliegt ein mitgliedstaatliches Gericht einer Vorlagepflicht, wann immer es den europäischen Verfassungskern bedroht sieht (§ 60, § 67). Ein polnisches Gericht muss den Fall dem EuGH vorlegen, wenn ein Regierungskritiker mutmaßlich zum Schweigen gebracht werden soll.

202 Siehe EuGH, *Kommission/Polen (Unabhängigkeit des Obersten Gerichts)*, Rs. C-619/18 R, Beschluss v. 19. Oktober 2018, ECLI:EU:C:2018:852; zu einer detaillierten Begründung siehe EuGH, *Kommission/Polen (Unabhängigkeit des Obersten Gerichts)*, C-619/18, Beschluss v. 17. Dezember 2018, ECLI:EU:C:2018:1021.

203 EuGH, *Foto-Frost*, Rs. C-314/85, Urteil v. 22. Oktober 1987, ECLI:EU:C:1987:452.

Doch das alleine mag nicht reichen, um den europäischen Verfassungskern zu schützen. Viele polnische Richterinnen und Richter verdanken inzwischen ihre Position der Regierungsmehrheit, die sie just wegen ihrer politischen Nähe ernannt hat. Andere werden die Disziplinarkammer am polnischen Obersten Gericht fürchten. Es erscheint durchaus möglich, dass sie Regierungskritiker zum Schweigen bringen. In einer Reihe von Mitgliedern des Europarats ist das ständige Praxis, etwa in Aserbaidschan, Russland oder der Türkei. Wenn nun Richterinnen und Richter im Sinne der Regierungsmehrheit urteilen und dadurch den europäischen Verfassungskern verletzen, so steht ihre strafrechtliche Verantwortlichkeit im Raum. Gleiches gilt für die dahinterstehenden Politikerinnen und Politiker, die sie dazu aus einer Machtposition heraus anhalten.[204] Für mitwirkende Stellen, also Staatsanwaltschaften und Justizbehörden, steht der Tatbestand der Verfolgung Unschuldiger und bei Inhaftnahme der Freiheitsberaubung im Raum.

Dieser weitreichende Vorschlag, Feuer mit Feuer zu bekämpfen, findet seinen Ausgangspunkt im nationalen Strafrecht. In fast allen Rechtsordnungen ist es strafbar, wenn Amtsträger ihre Befugnisse schwerwiegend und vorsätzlich überschreiten.[205] Nach Art. 231 Abs. 1 des polnischen Strafgesetzbuches wird »ein öffentlicher Amtsträger, der zum Schaden des öffentlichen oder privaten Interesses handelt, indem er seine Befugnisse überschreitet oder die ihm obliegenden Pflichten nicht erfüllt, [...] mit Freiheitsstrafe bis zu drei Jahren bestraft«.[206] Dies umfasst auch die richterliche Rechtsbeugung.[207] Weiter schützt das polnische Strafrecht die Unabhängigkeit der Justiz gegen Einschüchterungen. Art. 232 Abs. 1

204 Guénaël Mettraux, *The Law of Command Responsibility*, Oxford 2009; Bernd Schünemann, »Schrumpfende Basis, wuchernder Überbau. Zum Schicksal der Tatherrschaftsdoktrin nach 50 Jahren«, in: Manfred Heinrich u. a. (Hg.), *Strafrecht als Scientia Universalis. Festschrift für Claus Roxin zum 80. Geburtstag*, Berlin 2011, S. 799-818.

205 Guy Canivet, Julie Joly-Hurard, »La Responsabilité des Juges, Ici et Ailleurs«, in: *Revue International de Droit Comparé* 58 (2006), S. 1049-1093; Mauro Cappelletti, »›Who Watches the Watchmen?‹ A Comparative Study on Judicial Responsibility«, in: *American Journal of Comparative Law* 31 (1983), S. 1-62.

206 Zu einer Übersetzung des polnischen Strafgesetzbuches siehe Ewa Weigend, *Das Polnische Strafgesetzbuch. Kodeks Karny*, Freiburg i. Br. 1998.

207 Zu einer Anwendung dieses Tatbestandes auf Richter siehe das polnische Oberste Gericht, Urt. v. 30. 08. 2013, SNO 19/13.

des polnischen Strafgesetzbuches stellt unter Strafe, »wer mit Gewalt oder durch rechtswidrige Drohung Einfluss auf die Amtshandlungen eines Gerichts ausübt«. Andere Amtswalter, beispielsweise Staatsanwälte, sind über Art. 224 Abs. 2 geschützt. Diese Straftatbestände erfassen politische Akteure, welche Einfluss auf die Justiz zu nehmen versuchen.

Aufgrund unionsrechtlicher Vorgaben bewehren diese polnischen Straftatbestände auch den europäischen Verfassungskern. Es ist ein etablierter unionsrechtlicher Grundsatz, dass Verstöße gegen das Unionsrecht ähnlich zu ahnden sind wie vergleichbare Verstöße gegen nationales Recht.[208] Die Mitgliedstaaten sind also verpflichtet, gegen Personen, die das Unionsrecht verletzen, dieselben Sanktionen zu verhängen wie gegen Personen, die das nationale Recht verletzen.

Wenn das Recht eines Mitgliedstaats die Beugung des nationalen Rechts unter Strafe stellt, so erfasst das auch eine vergleichbare Beugung des Unionsrechts. Ein Vergleichsfall lautet, dass ein nationales Verfassungsgericht die Veröffentlichung eines Textes als Meinungsfreiheit schützt, ein anderer Richter den Autor oder die Autorin dafür gleichwohl unter Missachtung des Verfassungsgerichts sanktioniert. Die mitgliedstaatlichen Rechtsbeugungstatbestände sind gleichermaßen auf nationales Recht und Unionsrecht anzuwenden. Die Grundsätze von unmittelbarer Wirksamkeit und Vorrang verpflichten ein nationales Gericht, das nationale Recht im Einklang mit diesem Grundsatz auszulegen (§ 37).

Nicht jede Fehlanwendung birgt eine Rechtsbeugung. Richterinnen und Richter dürfen irren. Der Schutz vor Strafverfolgung bildet ein Kernelement richterlicher Unabhängigkeit, der Gewaltenteilung und des effektiven Rechtsschutzes.[209] In Polen ist die richterliche Immunität sogar in Art. 173, Art. 180 Abs. 1 und 2 sowie Art. 181 der polnischen Verfassung verankert.[210]

208 EuGH, *Berlusconi u. a.*, verb. Rs. C-387/02, C-391/02 und C-403/02, Urteil v. 03. Mai 2005, ECLI:EU:C:2005:270, Rn. 65; *Taricco u. a.*, Rs. C-105/14, Schlussanträge von Generalanwältin Juliane Kokott v. 30. April 2015, ECLI:EU:C:2015:293, Rn. 80; Michael Dougan, »From the Velvet Glove to the Iron Fist. Criminal Sanctions for the Enforcement of Union Law«, in: Marise Cremona (Hg.), *Compliance and the Enforcement of EU Law*, Oxford 2012, S. 74-131.

209 EuGH, *LM*, Rs. C-216/18 PPU, Urteil v. 25. Juli 2018, ECLI:EU:C:2018:586, Rn. 48; EGMR, *Ramos Nunes de Carvalho e Sá v. Portugal*, App. Nos. 55391/13, 57728/13, 74041/13, Urteil v. 06. November 2018, Rn. 144 ff.

210 Adam Bodnar, Łukasz Bojarski, »Judicial Independence in Poland«, in: Anja

Entsprechend behutsam sind Rechtsbeugungstatbestände auszulegen. Unionsrechtliche Hinweise finden sich in der Dogmatik des unionsrechtlichen Staatshaftungsanspruchs für judikatives Unrecht. Eine Haftung kommt nur in Betracht, »wenn die fragliche Entscheidung die einschlägige Rechtsprechung des Gerichtshofes offenkundig verkennt«.[211] Die unionsrechtliche Schwelle für eine strafrechtliche Verantwortlichkeit ist, entsprechend der allgemeinen Stufung von haftungsrechtlichen und strafrechtlichen Sanktionen, noch höher anzusetzen. Eine Strafbarkeit kann erst greifen, wenn der Fehler nicht nur offenkundig, sondern zudem schwerwiegend ist.

Im deutschen Strafrecht wird diskutiert, ob bereits die unionsrechtswidrige Verweigerung der Pflichtvorlage an den EuGH den Straftatbestand der Rechtsbeugung erfüllen könnte.[212] Danach gerieten Nichtvorlagen des *Conseil d'État*, des Bundesverfassungsgerichts und vieler anderer Gerichte in den Anwendungsbereich (§ 60). Eine solche extrem konfliktschürende, den gesamten Gerichtsverbund gefährdende Dogmatik verbietet sich schon vom Ergebnis her. Es tritt hinzu, dass die Nichtvorlagepflicht von Verfassungsgerichten eine vertretbare dogmatische Grundlage hat. Der hier gemachte Vorschlag hat einen viel engeren Zuschnitt. Er koppelt die Strafbarkeit an die Dogmatik des europäischen Verfassungskerns und des systemischen Defizits (§ 28, § 46, § 81). Damit fokussiert er eine Strafbarkeit auf Akte einer instrumentalisierten Justiz zum Ausbau autoritärer Strukturen.

Eine solche Strafbarkeit verlangt vorsätzliches Handeln. Es ist zu beweisen, dass die Amtsträger das einschlägige Recht kannten und bewusst missachtet haben. Die Schwelle dafür liegt hoch. Eine falsche Rechtsanwendung indiziert noch keinen Vorsatz. Die Feststellung obliegt dem mitgliedstaatlichen Strafgericht unter dem nationalen Prozessrecht. Aber auch hier können EU-Institutionen eine Rolle spielen. So dürfte es bei der Feststellung des Vorsatzes von Relevanz sein, ob ein nationales Gericht eine ihm zur Kennt-

Seibert-Fohr (Hg.), *Judicial Independence in Transition*, Heidelberg 2012, S. 667-738, S. 716.

211 EuGH, *Köbler*, Rs. C-224/01, Urteil v. 30. September 2003, ECLI:EU:C:2003:513, Rn. 56.

212 Thomas Rönnau, »Rechtsbeugung durch (beharrliche) Verweigerung der Pflichtvorlage an den EuGH?«, in: Bernd Hecker u. a. (Hg.), *Festschrift für Rudolf Rengier zum 70. Geburtstag*, München 2018, S. 313-333.

nis gebrachte Entscheidung des EuGH missachtet. Deshalb sollte die Kommission solche Verfahren in den Mitgliedstaaten verfolgen und Vertragsverletzungsverfahren nach Art. 258 AEUV einleiten. Das ist bereits gegen die Missachtung einer Vorlagepflicht möglich.[213] Spätestens die Mitwirkenden in der zweiten Instanz könnten so mit einer EuGH-Entscheidung und einer entsprechenden eigenen Strafbarkeit konfrontiert sein.

Man mag einwenden, dass die kriminelle Energie in erster Linie von Exponenten der Regierungsmehrheit ausgeht und nicht von den Richterinnen und Richtern. Der Einwand trifft zu, wirkt aber nicht entschuldigend oder gar rechtfertigend. In der hier thematisierten Konstellation bildet richterliches Handeln das zentrale Instrument der Verfolgung. Wenn die Verfolgung mittels der Justiz erfolgt, dann ist die Justiz mitverantwortlich. Maria Mammeri-Latzel zeigt in ihrer detaillierten Auswertung richterlicher Akten, wie groß die richterlichen Handlungsfreiräume selbst unter dem terroristischen und totalitären Regime des Nationalsozialismus waren.[214] Es steht völlig außer Frage, dass die Verhältnisse in Polen damit in keiner Weise vergleichbar sind. Aber umso mehr besteht eine Verantwortung der Richterschaft.

Ein anderer Einwand mag lauten, dass es unter der gegenwärtigen Regierungsmehrheit höchst unwahrscheinlich ist, dass Strafverfahren gegen willfährige Richterinnen und Richter oder die Drahtzieher im Hintergrund durchgeführt werden. Auch das trifft zu, aber zu bedenken ist, dass die derzeitige Regierung nicht ewig regieren wird. Nach ihrem Fall steht eine Demokratisierung der Institutionen an, falls die neue Mehrheit eine demokratische Transformation voranbringen will. Ob sie und die europäischen Institutionen dabei den hier skizzierten strafrechtlichen Weg gehen wollen, ist eine schwierige politische Entscheidung. Immerhin könnten sie dann darauf vertrauen, dass dank der europarechtlichen Aufstellung solche Strafverfahren schwerer als Siegerjustiz zu denunzieren sind.[215]

213 EuGH, *Kommission/Frankreich (Steuervorabzug für ausgeschüttete Dividenden)*, Rs. C-416/17, Urteil v. 04. Oktober 2018, ECLI:EU:C:2018:811, Rn. 100ff.

214 Maria Mammeri-Latzel, *Justizpraxis in Ehesache im Dritten Reich. Eine Untersuchung von Prozessakten des Landgerichts Berlin unter besonderer Berücksichtigung der Ideologie des Nationalsozialismus*, Berlin 2002, S. 281ff.

215 Ingo Müller, »Die Verwendung des Rechtsbeugungstatbestands zu politischen Zwecken«, in: *Kritische Justiz* 17 (1984), S. 119-141.

Der enge Zuschnitt und die hohe Schwelle der soeben entwickelten Strafbarkeit ergeben sich nicht allein aus dem verfassungsrechtlich gebotenen Schutz der richterlichen Unabhängigkeit. Sie folgen vor allem aus der pluralistischen Struktur des europäischen Rechts. Die strafrechtliche Bewehrung des europäischen Verfassungskerns muss sich in seine Grundstruktur einfügen. Diese Struktur ist durch die Vermittlungen von europäischer und nationaler Identität geprägt (§ 33). Ein Schlüsselbegriff dieser Vermittlungen lautet: *solange*.

Die Konjunktion *solange* erstarkt dank des Beschlusses des Zweiten Senats des Bundesverfassungsgerichts vom 29. Mai 1974 zu dieser europarechtlichen Rolle, europaweit als *Solange I-Beschluss* bekannt. In ihm stellt der Senat den europäischen Strukturwandel unter einen nationalen Vorbehalt, den er als deutsches Gericht prüft (§ 31, § 60): »Solange diese Rechtsgewißheit [eines kodifizierten Grundrechtskatalogs, dessen Inhalt ebenso zuverlässig und für die Zukunft unzweideutig feststeht wie der des Grundgesetzes] nicht gewährleistet ist, [...] gilt der aus Art. 24 GG hergeleitete Vorbehalt.«[216] Diese Doktrin erscheint zunächst, ähnlich wie die noch etwas ältere und eng verwandte italienische *controlimiti*-Doktrin,[217] als ein Instrument nationalen Widerstands.[218] In den nächsten Jahrzehnten mutiert sie aber zu einer geradezu ikonischen Doktrin des kooperativen Verfassungspluralismus.[219] Das ist maßgeblich dem europaoffenen *Solange II*-Beschluss des Zweiten Senats von 22. Oktober 1986 zu verdanken, Berichterstatter ist Helmut Steinberger mit Zuarbeit von Rainer Hofmann. Die strafrechtliche Bewehrung des europäischen Verfassungskerns sei in diesem Lichte konturiert.

216 BVerfGE 37, 271, *Solange I*, Rn. 44.

217 Corte Costituzionale, sentenza n. 183/1973, *Frontini*, Rn. 9; sentenza n. 170/1984, *Granital*, Rn. 7; sentenza n. 1146/1988, Rn. 2.1.; sentenza n. 232/1989, *Fragd*, Rn. 3.1.

218 Bill Davies, *Resisting the European Court of Justice. West Germany's Confrontation with European Law, 1949-1979*, Cambridge 2012, S. 188 ff.

219 Mattias Wendel, *Permeabilität im europäischen Verfassungsrecht. Verfassungsrechtliche Integrationsnormen auf Staats- und Unionsebene im Vergleich*, Tübingen 2011, S. 446 ff.; Antonios Tzanakopoulos, »Judicial dialogue in multilevel governance. The impact of the Solange Argument«, in: Ole Kristian Fauchald, André Nollkaemper (Hg.), *The Practice of International and National Courts and the (De-)Fragmentation of International Law*, Oxford 2012, S. 185-216.

Da die *Solange*-Doktrin des Bundesverfassungsgerichts auf die gerichtsförmige Wahrung des nationalen Verfassungskerns gegenüber der Union zielt, kann man einen spiegelbildlichen gerichtlichen Mechanismus gegenüber den Mitgliedstaaten als umgekehrte *Solange*-Doktrin bezeichnen. Diese Doktrin entsteht 2012 als Vorschlag für eine unionsrechtliche Antwort auf schwerwiegende Eingriffe in die Presse- und Medienfreiheit in Ungarn.[220] Diese Eingriffe lagen nach damaligem Verständnis außerhalb des Anwendungsbereichs des Unionsrechts, erschütterten aber gleichwohl das Vertrauen, dass Ungarn den Voraussetzungen einer EU-Mitgliedschaft noch genügte (Art. 49 Abs. 1 EUV). Da eine Antwort des Europarats als zu schwach und ein politisches Verfahren nach Art. 7 EUV als zu fernliegend erscheinen, entwickelt diese Dogmatik einen Weg, die mitgliedstaatlichen Gerichte und den EuGH zur Wahrung des europäischen Verfassungskerns zu mobilisieren.

Diese Dogmatik führt dafür verschiedene Rechtsprechungslinien des EuGH zusammen. Sie besteht aus zwei Komponenten, einer strukturwandelnden und einer strukturbewahrenden. Zum einen zeigt sie einen dogmatischen Weg, auf dem Art. 2 EUV gegenüber jeglichem mitgliedstaatlichen Verhalten gerichtlich operationalisiert und damit eingefordert werden kann. Zum anderen beschränkt sie diese Operationalisierung auf systemische Verletzungen des Verfassungskerns (§ 46). Die Dogmatik darf keinen Hebel illegitimer verfassungsrechtlicher Homogenisierung bilden, Art. 2 EUV darf insbesondere keine Rolle zuwachsen, wie sie den Grundprinzipien des Grundgesetzes gegenüber den Verfassungen der deutschen Länder zukommt (§ 30, § 33). Der Schutz der Strukturen der nationalen Verfassungen, welche nationale Identität zum Ausdruck bringen, zählt zu den Grundprinzipien des europäischen öffentlichen Rechts.

Im Jahr 2012 erschien eine gerichtliche Operationalisierung des

220 Armin von Bogdandy u. a., »Reverse Solange – Protecting the essence of fundamental rights against EU Member States«, in: *Common Market Law Review* 49 (2012), Mitautoren sind Matthias Kottmann, Carlino Antpöhler, Johanna Dickschen, Simon Hentrei und Maja Smrkolj; zur Diskussion vgl. die Beiträge von Daniel Halberstam, András Jakab, Jan Komárek, Matthias Kumm, Peter Lindseth, Anna Mangold, Wojciech Sadurski, Pál Sonnevend, Daniel Thym, Renata Uitz und Antje Wiener in: Max Steinbeis u. a. (Hg.), *Gebändigte Macht. Verfassung im europäischen Nationalstaat*, Baden-Baden 2015, S. 143 ff.

Art. 2 EUV zum Schutz des Verfassungskerns als juristische Science-Fiction. Seitdem ist viel passiert. Insbesondere operationalisiert der EuGH seit 2018 Art. 2 EUV zur Bekämpfung autoritärer Tendenzen. Den Anknüpfungspunkt bildet allerdings nicht, wie 2012 vorgeschlagen, die Unionsbürgerschaft, sondern bilden die Justizgarantie des Art. 19 EUV sowie die Verbürgungen der Grundrechtecharta (§§ 45-47, § 67).[221] Entsprechend ist die umgekehrte *Solange*-Doktrin neu zu justieren.[222]

Im Jahr 2012 steht die strukturwandelnde, konkret die einheitsstiftende Dimension (§ 56) der umgekehrten *Solange*-Doktrin im Vordergrund. Es geht zunächst einmal darum, den Verfassungskern in den Aufgabenbereich der Gerichte zu bringen. Angesichts der zwischenzeitlichen gerichtlichen Operationalisierung des Art. 2 EUV gewinnt die pluralismuswahrende Dimension an Gewicht.[223] Alle Instrumente zum Schutz des Verfassungskerns, und damit seine strafrechtliche Bewehrung, müssen dem europäischen Prinzipienpluralismus gerecht werden (§ 30). Daher ist die unionsrechtlich geforderte strafrechtliche Bewehrung schon tatbestandlich auf systemische Defizite zu begrenzen, die in einem europäischen Einschätzungsverbund festzustellen sind (§ 54, § 61, § 67).

Die umgekehrte *Solange*-Doktrin betrifft das Verhältnis von EU zu den Mitgliedstaaten allein in den Voraussetzungen ihrer Mitgliedschaft nach Art. 2 und 49 EUV. Soweit sie von den Mitgliedstaaten Grundrechte einfordert, erfolgt das in einer anderen Logik als unter der EU-Grundrechtecharta. Die Anwendung der Charta auf Akte der Mitgliedstaaten hat primär das Ziel, die einheitliche Anwendung des Unionsrechts im alltäglichen mitgliedstaatlichen Vollzug zu gewährleisten.[224] Demgegenüber geht es der umge-

221 Zur später restriktiven Rechtsprechung zur Unionsbürgerschaft Eleanor Spaventa, »Earned Citizenship – Understanding Union Citizenship through its Scope«, in: Dimitry Kochenov (Hg.), *EU Citizenship and Federalism. The Role of Rights,* 2017, S. 204-225, S. 205.

222 Armin von Bogdandy, Luke Dimitrios Spieker, »Protecting Fundamental Rights Beyond the Charter. Repositioning the Reverse Solange Doctrine in Light of the CJEU's Article 2 TEU Case-Law«, in: Michal Bobek, Jeremias Adams-Prassl (Hg.), *The EU Charter of Fundamental Rights in the Member States*, Oxford 2020, S. 525-546.

223 Zu den Sorgen Frank Schorkopf, »Der Wertekonstitutionalismus der Europäischen Union«, in: *JuristenZeitung* 75 (2020), S. 477-485.

224 EuGH, *Melloni*, Rs. C-399/11, Urteil v. 26. Februar 2013, ECLI:EU:C:2013:107,

kehrten *Solange*-Doktrin um den Verfassungskern in systemisch defizitären Konstellationen. Jenseits des Anwendungsbereichs von Art. 51 Abs. 1 GRC bleiben die Mitgliedstaaten verfassungsrechtlich autonom, solange die Vermutung gilt, dass sie den europäischen Verfassungskern von Art. 2 EUV respektieren. Es herrscht gegenseitiges Vertrauen.

Aber dieses Vertrauen ist nicht blind, nicht unbedingt und nicht unbewehrt. Vielmehr sind alle Gerichte befugt, diese Vermutung zu überprüfen. Wenn die Vermutung widerlegt ist, können alle Gerichte alle Mechanismen zum Schutz der Werte nutzen, bis hin zur Aktivierung des Strafrechts. Mitgliedstaatliche Gerichte müssen dabei den EuGH einbeziehen. Das ergibt sich zunächst daraus, dass nur in einem Vorabentscheidungsverfahren die Institutionen des betroffenen Mitgliedstaats das gebotene rechtliche Gehör erhalten (§ 60). Zudem muss die Bestimmung des Gehalts von Art. 2 EUV letztlich beim obersten Gericht dieser Rechtsordnung liegen (§ 61). Der unionsrechtlich determinierte Teil des nationalen Straftatbestands der Rechtsbeugung ist vom EuGH festzustellen, im Übrigen steht das Verfahren in der Verantwortung des mitgliedstaatlichen Strafgerichts unter der nationalen Verfassung.

In dieser Lesart spiegelt die *Solange*-Doktrin die Struktur des europäischen öffentlichen Rechts. Sie artikuliert und schützt die Voraussetzungen der Kooperation zwischen eng verbundenen, aber sich gleichwohl als autonom verstehenden Rechtsordnungen. In diesem Sinne seien die Kernelemente der Doktrin rekapituliert. Erstens artikuliert eine Rechtsordnung (A) aus ihren Grundprinzipien heraus elementare Anforderungen gegenüber Akten einer anderen Rechtsordnung (B). A kooperiert mit B nur, wenn B diese Anforderungen erfüllt. Zweitens erklärt die Doktrin die Gerichte der Rechtsordnung A als zuständig, Rechtsakte von B auf die Wahrung dieser Anforderungen zu überprüfen. Drittens, so die wegweisende Innovation des *Solange II*-Beschlusses des Zweiten Senats, gilt die Vermutungsregel, dass Rechtsakte von B den Kooperationsvoraussetzungen von A entsprechen, und es gilt, dass die Schwelle zur Widerlegung der Vermutung hoch liegt. Es herrscht ein hohes Maß gegenseitigen Vertrauens, aber eben kein blindes Vertrauen (§ 20).

Rn. 60; *Siragusa*, Rs. C-206/13, Urteil v. 06. März 2014, ECLI:EU:C:2014:12, Rn. 32; *Julian Hernández*, Rs. C-198/13, Urteil v. 10. Juli 2014, ECLI:EU:C:2014:2055, Rn. 41.

Das passt auch auf das Verhältnis zwischen den EU-Mitgliedstaaten[225] und zwischen der Union und der Europäischen Menschenrechtskonvention.[226]

Die umgekehrte *Solange*-Doktrin knüpft in ihrer konstruktiven Ausrichtung an den *Solange II*-Beschluss an, der die defensive Logik des Solange I-Beschluss geradezu umdreht. Nach dem *Solange I*-Beschluss gelten alle deutschen Grundrechte in ihrer gesamten Reichweite und Schutztiefe gegenüber der Union. Danach müsste die Union letztlich ein grundrechtlicher Klon Deutschlands sein. Der *Solange II*-Beschluss ist weit kooperativer. Erstens beschränkt er den Maßstab auf »Essentiale« wie »den Wesensgehalt der vom Grundgesetz anerkannten Grundrechte«. Zweitens dreht er, in kooperativer Ausrichtung, die *Solange*-Logik um. Während nach dem *Solange I*-Beschluss das Bundesverfassungsgericht prüft, solange es keinen durch das EU-Parlament erlassenen Grundrechtekatalog gibt, unterbleibt nach dem *Solange II*-Beschluss eine solche Prüfung, solange die Organe der Union »generell« einen Grundrechtsschutz gewährleisten, der dem vom Grundgesetz »als unabdingbar gebotenen Grundrechtsschutz im wesentlichen gleichzuachten ist«.[227] In noch stärker pluralistischer Ausrichtung ist die umgekehrte *Solange*-Doktrin allein auf systemische Defizite und den Schutz des Verfassungskerns ausgerichtet (§ 46, § 67).

225 Iris Canor, »My Brother's Keeper? Horizontal Solange. ›An Ever Closer Distrust Among the Peoples of Europe‹«, in: *Common Market Law Review* 50 (2013), S. 383-422.

226 EGMR, *Bosphorus v. Irland*, App. No. 45036/98, Urteil v. 30. Juni 2005; *Avotiņš v. Latvia*, App. No. 17502/07, Urteil v. 23. Mai 2016.

227 BVerfGE 73, 339, *Solange II*, Rn. 104, 132.

V. Quintessenz mit Marius Ivaškevičius

Die *Solange*-Formel artikuliert nicht nur das Grundverhältnis der Rechtsordnungen, die das europäische Recht bilden. Sie charakterisiert die Lage des europäischen öffentlichen Rechts insgesamt. Das Wort *solange* ist eine Konjunktion, die auf eine »Wie lange«-Frage antwortet. Oft wird dabei der Eindruck eines offenen Horizonts vermittelt. Das passt zum Stand des europäischen öffentlichen Rechts nach sieben Jahrzehnten des Wandels.

Dieses Buch behandelt die Frage, wie man den Prozess der EU-zentrierten Europäisierung begreifen soll, und es verfolgt die Leitthese, dass man eine Antwort aus Art. 2 EUV entwickeln kann. Dessen 81 Paragraphen entfalten, wie der Prozess der Europäisierung das öffentliche Recht einer europäischen Gesellschaft hervorgebracht hat, die sich, bei allen Mängeln, durch Pluralismus, Nichtdiskriminierung, Toleranz, Gerechtigkeit, Solidarität und die Gleichheit von Frauen und Männern, Menschenwürde, Freiheit, Demokratie, Gleichheit, Rechtsstaatlichkeit und die Wahrung der Menschenrechte einschließlich der Rechte der Personen, die Minderheiten angehören, auszeichnet. Ihre tiefe demokratische Verfasstheit zeigt sich dabei gerade in der für viele so ärgerlichen Kompromisshaftigkeit des europäischen Rechts. Auf die anschließende Frage, wie lange es dabei bleibt, lautet meine Antwort: Solange die europäische Gesellschaft nicht entweder in den Glutofen der Nationalstaatsbildung springt oder aber sich selbst aufgibt.

Für beides gibt es keinen Grund. Die Kompromiss*haftigkeit* des europäischen Rechts ist Ausdruck der verfassungsgeleiteten Kompromiss*fähigkeit* der europäischen Gesellschaft. Diese Fähigkeit ist eine große, ja sogar eine überraschende zivilisatorische Errungenschaft, wie sich im Lichte der Schriften Hegels, Schmitts und Böckenfördes besonders deutlich zeigt. Sie bildet eine zu wenig gewürdigte Voraussetzung der freiheitlichen europäischen Gesellschaft, welche das europäische öffentliche Recht spiegelt, begleitet und nicht zuletzt ermöglicht.

Diese Quintessenz bringt der litauische Dramatiker Marius Ivaškevičius polemisch auf den Punkt. Er identifiziert unter den vielen Problemen Europas als das größte die nicht endende Litanei »der Kritiker über Europas Probleme und seinen unvermeidlichen Tod«:

Ihr habt einen ganzen Berg dieser Probleme aufgeschüttet, er zerquetscht Europa und verstellt euch das ganze Gute, das ihr von ihm erhalten habt. Aber ich muss euch enttäuschen: Diesen Berg gibt es nur in euren [...] Köpfen. Versucht einmal, meine Brille zu nehmen. Der Blick durch sie ist auch verzerrt, er ergibt etwas zu Positives [...]. Aber wenn ihr durch sie auf Europa blickt, erholen sich eure Augen wenigstens ein bisschen, denn dort sind unvergleichlich mehr Licht, Farbe und Lebenswille.[1]

1 Marius Ivaškevičius, »Europa mit den Augen eines Verliebten«, *Frankfurter Allgemeine Zeitung* v. 16. 02. 2017, S. 6.

Entscheidungsverzeichnis

Bundesverfassungsgericht

Entscheidungen des Ersten Senats

BVerfGE 2, 124, *Normenkontrolle II* (§ 51)
BVerfGE, 7, 198, *Lüth* (§ 51)
BVerfGE 11, 192, *Beurkundungswesen* (§ 15)
BVerfGE 39, 1, *Schwangerschaftsabbruch I* (§ 51)
BVerfGE 81, 278, *Bundesflagge* (§ 32)
BVerfGE 124, 300, *Wunsiedel* (§ 32)
BVerfGE 133, 277, *Antiterrordateigesetz* (§ 60)
BVerfG, Beschlüsse v. 06. November 2019, 1 BvR 16/13 (*Recht auf Vergessen I*) und 1 BvR 276/17 (*Recht auf Vergessen II*) (§§ 51, 61)

Entscheidungen des Zweiten Senats

BVerfGE 12, 205, *Rundfunkentscheidung* (§ 51)
BVerfGE 37, 271, *Solange I* (§§ 31, 81)
BVerfGE 73, 339, *Solange II* (§§ 31, 58, »Quintessenz mit Marius Ivaškevičius«)
BVerfGE 89, 155, *Maastricht* (§§ 30, 31, 39)
BVerfGE 111, 307, *Görgülü* (§§ 54, 58)
BVerfGE 123, 267, *Lissabon* (§§ 3, 12, 31, 33)
BVerfGE 129, 124, *EFSF* (§ 31)
BVerfGE 129, 300, *Fünf-Prozent-Sperrklausel EuWG* (§§ 43, 74)
BVerfGE 132, 195, *Europäischer Stabilitätsmechanismus* (§ 31)
BVerfGE 134, 366, *OMT-Beschluss* (§§ 31, 33, 60)
BVerfGE 135, 259, *Drei-Prozent-Sperrklausel Europawahlgesetz* (§ 74)
BVerfGE 135, 317, *ESM-Vertrag* (§ 31)
BVerfGE 140, 317, *Identitätskontrolle* (§§ 31, 33, 47)
BVerfGE 142, 123, *OMT-Programm* (§§ 31, 44)
BVerfGE 146, 216, *PSPP-Vorlagebeschluss* (§ 31)
BVerfGE 148, 296, *Streikverbot für Beamte* (§§ 54, 58)
BVerfGE 151, 202, *Europäische Bankenunion* (§ 31)
BVerfG, Beschluss v. 01. Dezember 2020, 2 BvR 1845/18, *Europäischer Haftbefehl II* (§§ 47, 58)
BVerfG, Urteil v. 05. Mai 2020, 2 BvR 859/15, *Public Sector Purchase Programme – PSPP* (§§ 50, 56, 74)

Conseil constitutionnel (Französischer Verfassungsrat)

Entscheidung Nr. 71-44 DC vom 16. Juli 1971 – »Gesetz zur Ergänzung der Artikel 5 und 7 des Gesetzes vom 1. Juli 1901 über Vereinsgründungsverträge« (§ 50)
Entscheidung Nr. 74-54 DC vom 15. Januar 1975 – »Gesetz über den Schwangerschaftsabbruch I« (§ 51)
Entscheidung Nr. 2006-540 DC vom 27. Juli 2006 – »Gesetz über das Urheberrecht und die verwandten Schutzrechte in der Informationsgesellschaft« (§ 33)
Entscheidung Nr. 2016-539 QPC vom 10. Mai 2016 – »Mme Ève G.« (§ 51)
Entscheidung Nr. 2016-540 QPC vom 10. Mai 2016 – »Société civile Groupement foncier rural Namin et Co.« (§ 51)

Corte Costituzionale (Italienischer Verfassungsgerichtshof)

Sentenza n. 11/1965 (§ 51)
Sentenza n. 52/1965 (§ 51)
Sentenza n. 127/1966 (§ 51)
Sentenza n. 49/1970 (§ 51)
Sentenza n. 183/1973 *Frontini* (§ 81)
Sentenza n. 27/1975 (§ 51)
Sentenza n. 170/1984 *Granital* (§ 81)
Sentenza n. 1146/1988 (§ 81)
Sentenza n. 232/1989 *Fragd* (§ 81)
Sentenza n. 49/2015 (§ 59)
Ordinanza n. 24/2017 *Taricco* (§ 58)

Corte Suprema de Justicia de Costa Rica (Oberster Gerichtshof von Costa Rica)

Sentencia No. 2016-01692 vom 03. Februar 2016 (§ 65)

Europäischer Gerichtshof für Menschenrechte

Lawless v. Ireland (No. 3), App. No. 332/57, Urteil v. 01. Juli 1961, Series A, No. 3 (§ 56)
De Becker v. Belgium, App. No. 214/56, Urteil v. 27. März 1962, Series A, No. 4 (§ 56)

Golder v. United Kingdom, App. No. 4451/70, Urteil v. 21. Februar 1975, Series A, No. 18 (§ 57)

Handyside v. United Kingdom, App. No. 5493/72, Urteil v. 07. Dezember 1976, Series A, No. 24 (§§ 59, 64)

Ireland v. United Kingdom, App. No. 5310/71, Urteil v. 18. Januar 1978, Series A, No. 25 (§§ 57, 58)

Tyrer v. United Kingdom, App. No. 5856/72, Urteil v. 25. April 1978, Series A, No. 26 (§ 57)

Marckx v. Belgium, App. No. 6833/74, Urteil v. 13. Juni 1979, Series A, No. 31 (§ 57)

Airey v. Ireland, App. No. 6289/73, Urteil v. 09. Oktober 1979, Series A, No. 32 (§ 57)

Campbell and Fell v. United Kingdom, App. No. 7819/77, Urteil v. 28. Juni 1984, Serie A No. 80 (§ 64)

Lingens v. Austria, App. No. 9815/82, Urteil v. 08. Juli 1986, Series A, No. 103 (§ 66)

McCann and others v. United Kingdom, App. No. 18984/91, Urteil v. 27. September 1995, Series A, No. 324 (§ 66)

Loizidou v. Turkey, App. No. 15318/89, Urteil v. 18. Dezember 1996, ECHR 1996-VI (§ 57)

Zana v. Turkey, App. No. 18954/91, Urteil v. 25. November 1997, ECHR 1997-VII (§ 66)

Matthews v. United Kingdom, App. No. 24833/94, Urteil v. 18. Februar 1999, ECHR 1999-1 (§§ 40, 64)

Sürek and Özdemir v. Turkey, App. No. 23927/94 and 24277/94, Urteil v. 08. Juli 1999 (§ 66)

Gusinsky v. Russia, App. No. 70276/01, Urteil v. 19. Mai 2004, ECHR 2004-IV (§ 66)

Broniowski v. Poland, App. No. 31443/96, Urteil v. 22. Juni 2004, ECHR 2004-V (§ 52)

Bosphorus v. Irland, App. No. 45036/98, Urteil v. 30. Juni 2005 (»Quintessenz mit Marius Ivaškevičius«)

Hirst v. United Kingdom (No. 2), App. No. 74025/01, Urteil v. 06. Oktober 2005, ECHR 2005-IX (§ 60)

Opuz v. Turkey, App. No. 33401/02, Urteil v. 09. Juni 2006, ECHR 2009 (§ 58)

Evans v. United Kingdom, App. No. 6339/05, Urteil v. 10. April 2007, ECHR 2007-I (§ 57)

Al-Khawaja and Tahery v. United Kingdom, App. No. 26766/05 and 22228/06, Urteil v. 20. Januar 2009, ECHR 2009-IV (§ 60)

A and others v. United Kingdom, App. No. 3455/05, Urteil v. 19. Februar 2009 (§ 66)

Gäfgen v. Germany, App. No. 22978/05, Urteil v. 01. Juni 2010 (§ 66)
Vassilios Athanasiou and others v. Greece, App. No. 50973/08, Urteil v. 21. Dezember 2010 (§ 38)
Al-Khawaja and Tahery v. United Kingdom, App. No. 26766/05 and 22228/06, Urteil v. 15. Dezember 2011 (§ 60)
Michelioudakis v. Greece, App. No. 54447/10, Urteil v. 03. April 2012 (§ 38)
EGMR, High Level Conference on the Future of the European Court of Human Rights. Brighton Declaration, 19./20. April 2012
Glykantzi v. Greece, App. No. 40150/09, Urteil v. 30. Oktober 2012 (§ 38)
Vona v. Hungary, App. No. 35943/10, Urteil v. 09. Juli 2013 (§ 64)
Avotiņš v. Latvia, App. No. 17502/07, Urteil v. 23. Mai 2016 (»Quintessenz mit Marius Ivaškevičius«)
Baka v. Hungary, App. No. 20261/12, Urteil v. 23. Juni 2016, ECHR 2016 (§§ 57, 80)
Moreira Ferreira v. Portugal (No. 2), App. No. 19867/12, Urteil v. 11. Juli 2017, ECHR 2017 (§ 57)
Mehmet Hasan Altan v. Turkey, App. No. 13237/17, Urteil v. 20. März 2018 (§ 66)
Şahin Alpay v. Turkey, App. No. 16538/17, Urteil v. 20. März 2018 (§ 66)
G.I.E.M. S.R.L. a.o. v. Italy, App. Nos. 1828/06, 34163/07, 19029/11, Urteil v. 28. Juni 2018 (§§ 58, 59)
Thiam v. Frankreich, App. No. 80018/12, Urteil v. 18. Oktober 2018 (§ 67)
Ramos Nunes de Carvalho e Sá v. Portugal, App. Nos. 55391/13, 57728/13, 74041/13, Urteil v. 06. November 2018 (§ 80)
Navalnyy v. Russia, App. No. 29580/12, Urteil v. 15. November 2018 (§ 66)
Ilgar Mammadov v. Azerbaijan, App. No. 15172/13, Urteil v. 29. Mai 2019 (§ 66)
Guðmundur Andri Ástráðsson v. Iceland, App. No. 26374/18, Urteil v. 01. Dezember 2020 (§§ 61, 67)
Selahattin Demirtaş v. Turkey (No. 2), App. No.14305/17, Urteil v. 22. Dezember 2020 (§ 66)
Xero Flor v. Polen, App. No. 4907/18, Urteil v. 07. Mai 2021 (§ 67)

Gerichtshof der Europäischen Union

Urteile

Algera u. a./Assemblée commune, Rs. C-7/56, Urteil v. 12. Juli 1957, ECLI: EU:C:1957:7 (§ 39)
Van Gend en Loos/Administratie der Belastingen, Rs. C-26/62, Urteil v. 05. Februar 1963, ECLI:EU:C:1963:1 (§§ 37, 47, 56, 67)
Costa/E.N.E.L, Rs. C-6/64, Urteil v. 15. Juli 1964, ECLI:EU:C:1964:66 (§§ 37, 56)

Kommission/Belgien und Luxemburg, verb. Rs. 90/63 und 91/63, Urteil v. 13. November 1964, ECLI:EU:C:1964:80 (§ 36)

Kommission/Italien, Rs. 38/69, Urteil v. 18. Februar 1970, ECLI:EU:C:1970:11 (§ 36)

Grad v Finanzamt Traunstein, Rs. C-9/70, Urteil v. 06 Oktober 1970, ECLI: EU:C:1970:78 (§ 37)

Hauptzollamt Bremerhaven/Massey Ferguson, Rs. C-8/73, Urteil v. 12. Juli 1973, ECLI:EU:C:1973:90 (§ 56)

Haegeman/Belgischer Staat, Rs. C-181/73, Urteil v. 30. April 1974, ECLI: EU:C:1974:41 (§ 37)

Dassonville, Rs. C-8/74, Urteil v. 11. Juli 1974, ECLI:EU:C:1974:82 (§ 56)

Walrave und Koch/Association Union Cycliste Internationale u. a., Rs. C-36/74, Urteil v. 12. Dezember 1974, ECLI:EU:C:1974:140 (§ 31)

Defrenne/SABENA, Rs. 43/75, Urteil v. 08. April 1976, ECLI:EU:C:1976:56 (§ 36)

Amministrazione delle finanze dello Stato/Simmenthal, Rs. C-106/77, Urteil v. 09. März 1978, ECLI:EU:C:1978:49 (§§ 10, 52)

Simmenthal/Kommission, Rs. C-92/78, Beschluss v. 22. Mai 1978, ECLI:EU:C:1978:106 (§ 37)

Cassis de Dijon, Rs. C-120/78, Urteil v. 20. Februar 1979, ECLI:EU:C:1979:42 (§ 56)

Roquette/Rat, Rs. C-138/79, Urteil v. 29. Oktober 1980, ECLI:EU:C:1980:249 (§ 39)

Becker, Rs. C-8/81, Urteil v. 19. Januar 1982, ECLI:EU:C:1982:7 (§ 37)

CILFIT/Ministero della Sanità, Rs. C-283/81, Urteil v. 06. Oktober 1982, ECLI: EU:C:1982:335 (§ 58)

Deutsche Milchkontor GmbH, verb. Rs. C-205/82 bis C-215/82, Urteil v. 21. September 1983, ECLI:EU:C:1983:233 (§ 37)

Hurd/Jones, Rs. 44/84, Urteil v. 15 Januar 1986, ECLI:EU:C:1986:2 (§ 36)

Les Verts/Parlament, Rs. C-294/83, Urteil v. 23. April 1986, ECLI: EU:C:1986:166 (§§ 9, 21, 36)

Giménes Zaera, Rs. 126/86, Urteil v. 29. September 1987, ECLI:EU:C:1987:395 (§ 30)

Foto-Frost, Rs. C-314/85, Urteil v. 22. Oktober 1987, ECLI:EU:C:1987:452 (§§ 18, 80)

Großbritannien/Rat, Rs. 68/86, Urteil v. 23. Februar 1988, ECLI:EU:C:1988:85 (§§ 33, 36)

LAISA/Rat, verb. Rs. 31/86 und 35/86, Urteil v. 28. April 1988, ECLI: EU:C:1988:211 (§ 36)

Fratelli Costanzo/Comune di Milano, Rs. C-103/88, Urteil v. 22. Juni 1989, ECLI:EU:C:1989:256 (§ 80)

Kommission/Rat, Rs. C-300/89, Urteil v. 11. Juni 1991, ECLI:EU:C:1991:244 (§ 39, 44)
Parlament/Rat, Rs. C-70/88, Urteil v. 04. Oktober 1991, ECLI:EU:C:1991:373 (§ 56)
Francovich und Bonifaci/Italien, Urteil v. 19. November 1991, verb. Rs. C-6/90 und C-9/90, ECLI:EU:C:1991:428 (§§ 37, 47)
RTE und ITP/Kommission, verb. Rs. C-241/91 P und C-242/91 P, Urteil v. 06. April 1995, ECLI:EU:C:1995:98 (§ 36)
Union royale belge des sociétés de football association u. a./Bosman u. a., Rs. C-415/93, Urteil v. 15. Dezember 1995, ECLI:EU:C:1995:463 (§§ 31, 56)
Ciola, Rs. C-224/97, Urteil v. 29. April 1999, ECLI:EU:C:1999:212 (§ 80)
Deutschland/Parlament und Rat, Rs. C-376/98, Urteil v. 05. Oktober 2000, ECLI:EU:C:2000:544 (§ 44, 56)
Grzelczyk, Rs. C-184/99, Urteil v. 20. September 2001, ECLI:EU:C:2001:458 (§ 33)
Martinez u. a./Parlament, verb. Rs. T-222/99, T-327/99 und T-329/99, Urteil v. 2. Oktober 2001, ECLI:EU:T:2001:242 (§ 44)
Jany u. a., Rs. C-268/99, Urteil v. 20. November 2001, ECLI:EU:C:2001:616 (§ 30)
Köbler, Rs. C-224/01, Urteil v. 30. September 2003, ECLI:EU:C:2003:513 (§ 80)
Abatay u. a., verb. Rs. C-317/01 und C-369/01, Urteil v. 21. Oktober 2003, ECLI:EU:C:2003:572 (§ 30)
Omega, Rs. C-36/02, Urteil v. 14. Oktober 2004, ECLI:EU:C:2004:614 (§ 33)
Berlusconi u. a., verb. Rs. C-387/02, C-391/02 und C-403/02, Urteil v. 3. Mai 2005, ECLI:EU:C:2005:270 (§ 80)
Mangold, Rs. C-144/04, Urteil v. 22. November 2005, ECLI:EU:C:2005:709 (§ 74)
Vereinigtes Königreich/Parlament und Rat, Rs. C-66/04, Urteil v. 6. Dezember 2005, ECLI:EU:C:2005:743 (§ 56)
The International Transport Workers' Federation und The Finnish Seamen's Union (»Viking«), Rs. C-438/05, Urteil v. 11. Dezember 2007, ECLI:EU:C:2007:772 (§ 31)
Laval un Partneri, Rs. C-341/05, Urteil v. 18. Dezember 2007, ECLI:EU:C:2007:809 (§ 31)
Dynamic Medien, Rs. C-244/06, Urteil v. 14. Februar 2008, ECLI:EU:C:2008:85 (§ 33)
Schweden und Turco/Rat, Rs. C-39/05 P, Urteil v. 01. Juli 2008, ECLI:EU:C:2008:374 (§ 44)
Melki und Abdeli, verb. Rs. C-188/10 und C-189/10, Urteil v. 22. Juni 2010, ECLI:EU:C:2010:363 (§§ 52, 57)

Sayn-Wittgenstein, Rs. C-208/09, Urteil v. 22. Dezember 2010, ECLI:EU:C:2010:806 (§ 33)
N.S. u.a., verb. Rs. C-411/10 und C-493/10, Urteil v. 21. Dezember 2011, ECLI:EU:C:2011:865 (§ 44)
Kommission/Ungarn, Rs. C-286/12, Urteil v. 06. November 2012, ECLI:EU:C:2012:687 (§ 67)
Pringle, Rs. C-370/12, Urteil v. 27. November 2012, ECLI:EU:C:2012:756 (§ 36)
Åkerberg Fransson, Rs. C-617/10, Urteil v. 26. Februar 2013, ECLI:EU:C:2013:105 (§§ 52, 60)
Melloni, Rs. C-399/11, Urteil v. 26. Februar 2013, ECLI:EU:C:2013:107 (§§ 60, 81)
Inuit Tapiriit Kanatami u.a./Parlament und Rat, Rs. C-583/11, Urteil v. 03. Oktober 2013, ECLI:EU:C:2013:625 (§ 21)
Rat/Access Info Europe, Rs. C-280/11, Urteil v. 17. Oktober 2013, ECLI:EU:C:2013:671 (§ 44)
Siragusa, Rs. C-206/13, Urteil v. 06. März 2014, ECLI:EU:C:2014:126 (§§ 60, 81)
Torralbo Marcos, Rs. C-265/13, Urteil v. 27. März 2014, ECLI:EU:C:2014:187 (§ 60)
Digital Rights Ireland und Seitlinger u.a., verb. Rs. C-293/12 und C-594/12, Urteil v. 08. April 2014, ECLI:EU:C:2014:238 (§ 56)
Ålands Vindkraft, Rs. C-573/12, Urteil v. 01. Juli 2014, ECLI:EU:C:2014:2037 (§ 56)
Julian Hernández, Rs. C-198/13, Urteil v. 10. Juli 2014, ECLI:EU:C:2014:2055 (§§ 60, 81)
Rat/Kommission, Rs. C-409/13, Urteil v. 14. April 2015, ECLI:EU:C:2015:217 (§ 56)
Gauweiler, Rs. C-62/14, Urteil v. 16. Juni 2015, ECLI:EU:C:2015:4 (§ 44)
Taricco, Rs. C-105/14, Urteil v. 08. September 2015, ECLI:EU:C:2015:555 (§ 60)
Schrems, Rs. C-362/14, Urteil v. 06. Oktober 2015, ECLI:EU:C:2015:650 (§§ 9, 11)
Aranyosi und Căldăraru, verb. Rs. C-404/15 und C-659/15, Urteil v. 05. April 2016, ECLI:EU:C:2016:198 (§§ 47, 61, 66)
Polen/Parlament und Rat, Rs. C-358/14, Urteil v. 04. Mai 2016, ECLI:EU:C:2016:323 (§ 44)
Bogendorff von Wolffersdorff, Rs. C-438/14, Urteil v. 02. Juni 2016, ECLI:EU:C:2016:401 (§ 33)
Parlament/Rat, Rs. C-263/14, Urteil v. 14. Juni 2016, ECLI:EU:C:2016:2436 (§ 44)
F. Hoffmann-La Roche, Rs. C-572/15, Urteil v. 05. Oktober 2016, ECLI:EU:C:2016:739 (§ 36)

Tele2 Sverige, verb. Rs. C-203/15 und C-698/15, Urteil v. 21. Dezember 2016, ECLI:EU:C:2016:970 (§ 80)

C.K. u.a,, Rs. C-578/16 PPU, Urteil v. 16. Februar 2017, ECLI:EU:C:2017:127 (§ 46)

Kommission/ Rat (WRC-15), Rs. C-687/15, Urteil v. 25. Oktober 2017, ECLI:EU:C:2017:803 (§ 36)

M.A.S. und M.B., Rs. C-42/17, Urteil v. 05. Dezember 2017, ECLI:EU:C:2017:936 (§ 60)

Associação Sindical dos Juízes Portugueses, Rs. C-64/16, Urteil v. 27. Februar 2018, ECLI:EU:C:2018:117 (§§ 11, 21, 29, 37, 47, 67)

Achmea, Rs. C-284/16, Urteil v. 6. März 2018, ECLI:EU:C:2018:158 (§ 21)

De Capitani/Parliament, Rs. T-540/15, Urteil v. 22. März 2018, ECLI:EU:T:2018:167 (§ 44)

ECLI:EU:C:2000:544 (§§ 44, 56)

Coman u. a., Rs. C-673/16, Urteil v. 05. Juni 2018, ECLI:EU:C:2018:385 (§ 33)

LM, Rs. C-216/18 PPU, Urteil v. 25. Juli 2018, ECLI:EU:C:2018:586 (§§ 11, 20, 21, 28, 47, 67, 80)

ClientEarth/Commission, Rs. C-57/16 P, Urteil v. 04. September 2018, ECLI:EU:C:2018:660 (§ 44)

NF u. a./Europäischer Rat, verb. Rs. C-208/17 P bis C-210/17 P, Beschluss v. 12. September 2018, ECLI:EU:C:2018:705 (§ 36)

Kommission/Frankreich (Steuervorabzug für ausgeschüttete Dividenden), Rs. C-416/17, Urteil v. 04. Oktober 2018, ECLI:EU:C:2018:811 (§ 80)

Max-Planck-Gesellschaft zur Förderung der Wissenschaften, Rs. C-684/16, Urteil v. 06. November 2018, ECLI:EU:C:2018:874 (§ 37)

Minister for Justice and Equality and Commissioner of the Garda Síochána, Rs. C-378/17, Urteil v. 4. Dezember 2018, ECLI:EU:C:2018:979 (§ 80)

Wightman u. a., Rs. C-621/18, Urteil v. 10. Dezember 2018, ECLI:EU:C:2018:999 (§§ 21, 27, 42, 57)

Weiss u. a., Rs. C-493/17, Urteil v. 11. Dezember 2018, ECLI:EU:C:2018:1000 (§ 56)

Kommission/Polen (Unabhängigkeit des Obersten Gerichts), C-619/18, Beschluss v. 17. Dezember 2018 ECLI:EU:C:2018:1021 (§ 80)

Rimšēvičs, verb. Rs. C-202/18 und C-238/18, Urteil v. 26. Februar 2019, ECLI:EU:C:2019:139 (§ 60)

Kommission/Polen (Unabhängigkeit des Obersten Gerichts), Rs. C-619/18, Urteil v. 11. Juli 2019, ECLI:EU:C:2019:531 (§§ 21, 67, 80)

A.K. (Unabhängigkeit der Disziplinarkammer des Obersten Gerichts), verb. Rs. C-585/18, 624/18 und C-625/18, Urteil v. 19. November 2019, ECLI:EU:C:2019:982 (§§ 61, 67)

Kommission/Polen (Unabhängigkeit der ordentlichen Gerichte), Rs. C-192/18, Urteil v. 05. November 2019, ECLI:EU:C:2019:924 (§ 67)

Junqueras Vies, C-502/19, Urteil v. 19. Dezember 2019, ECLI:EU:C:2019:1115 (§ 42)

Kommission/Polen (Régime disciplinaire des juges), Rs. C-791/19, Beschluss v. 03. März 2020, ECLI:EU:C:2020:147 (§ 67)

Miasto Łowicz (Régime disciplinaire concernant les magistrats), Rs. C-558/18, Urteil v. 26. März 2020, ECLI:EU:C:2020:234 (§ 67)

Kommission/Ungarn (Transparenz von Vereinigungen), Rs. C-78/18, Urteil v. 18. Juni 2020, ECLI:EU:C:2020:476 (§§ 45, 61, 65, 67, 80)

Kommission/Ungarn (Enseignement supérieur), Rs. C-66/18, Urteil v. 06. Oktober 2020, ECLI:EU:C:2020:792 (§ 80)

La Quadrature du Net u. a., verb. Rs. C 511/18, C 512/18 und C 520/18, Urteil v. 06. Oktober 2020, ECLI:EU:C:2020:791 (§ 29)

Centraal Israëlitisch Consistorie van België u. a., Rs, C-336/19, Urteil v. 17. Dezember 2020, ECLI:EU:C:2020:1031 (§ 28)

Parlament/Rat, Rs. C-130/10 Urteil v. 19. Juli 2021, ECLI:EU:C:2012:472 (§ 44)

Privacy International, Rs. C 623/17, Urteil v. 06. Oktober 2020, ECLI:EU:C:2020:790 (§§ 29, 67)

Repubblika, Rs. C-896/19, Urteil v. 20. April 2021, ECLI:EU:C:2021:311 (§ 67)

Gutachten

EWR-Abkommen I, Gutachten 1/91 v. 14. Dezember 1991, ECLI:EU:C:1991:490 (§ 36)

WTO, Gutachten 1/94 v. 15. November 1994, ECLI:EU:C:1994:384 (§ 36)

EMRK-Beitritt I, Gutachten 2/94 v. 28. März 1996, ECLI:EU:C:1996:140 (§§ 36, 44)

Einheitliches Patentgerichtssystem, Gutachten 1/09 v. 08. März 2011, ECLI:EU:C:2011:123 (§ 10)

EMRK-Beitritt II, Gutachten 2/13 v. 18. Dezember 2014, ECLI:EU:C:2014:2454 (§§ 12, 20, 21, 23, 27, 46, 56, 59)

Freihandelsabkommen mit Singapur, Gutachten 2/15 v. 16. Mai 2017, ECLI:EU:C:2017:376 (§ 36)

CETA, Gutachten 1/17 v. 30. April 2019, ECLI:EU:C:2019:341 (§§ 21, 29, 30, 44)

Schlussanträge

Costa/E.N.E.L., Rs. C-6/64, Schlussanträge von Generalanwalt Maurice Lagrange v. 25. Juni 1964, ECLI:EU:C:1964:51 (§ 21)

Rat/Parlament, Rs. C-34/86, Schlussanträge von Generalanwalt Federico Mancini v. 02. Juni 1986, ECLI:EU:C:1986:221 (§ 21)

Kommission/Rat, Schlussanträge von Generalanwalt Giuseppe Tesauro v. 11. Juni 1991, ECLI:EU:C:1991:115 (§ 44)

D'Hoop, Rs. 224/89, Schlussanträge von Generalanwalt Leendert Adrie Geelhoed v. 21. Februar 2002, ECLI:EU:C:2002:103 (§ 21)

Michaniki, Rs. C 213/07, Schlussanträge von Generalanwalt Miguel Poiares Maduro v. 08. Oktober 2008, ECLI:EU:C:2008:544 (§ 33)

Inuit Tapiriit Kanatami u. a./Parlament und Rat, Rs. C-583/11, Schlussanträge von Generalanwältin Juliane Kokott v. 17. Januar 2013, ECLI: EU:C:2013:21 (§ 21)

Centro Hospitalar de Setúbal e SUCH, Rs. C-574/12, Schlussanträge von Generalanwalt Federico Mancini v. 27. Februar 2014, ECLI:EU:C:2014:120 (§ 2)

Gauweiler u. a., Rs. C-62/14, Schlussanträge von Generalanwalt Pedro Cruz Villalón v. 14. Januar 2015, ECLI:EU:C:2015:7 (§ 31, 33, 60)

Taricco u. a., Rs. C-105/14, Schlussanträge von Generalanwältin Juliane Kokott v. 30. April 2015, ECLI:EU:C:2015:293 (§ 80)

LM, Rs. C-216/18 PPU, Schlussanträge von Generalanwalt Evgeni Tanchev v. 28. Juni 2018, ECLI:EU:C:2018:517 (§ 61)

Europäische Kommission/Polen u. a., verb. Rechtssachen C-115, 718 & C-719/17, Schlussanträge von Generalanwältin Eleanore Sharpston v. 31. Oktober 2019, ECLI:EU:C:2019:917 (§ 42)

EAD/Hebberecht, Rs. C-93/19 P, Schlussanträge von Generalanwältin Juliane Kokott v. 23. April 2020, ECLI:EU:C:2020:305 (§ 29)

Consorzio Italian Management, Catania Multiservizi SpA/Rete Ferroviaria Italiana SpA, Rs. C-561/19, Schlussanträge von Generalanwalt Michal Bobek v. 15. April 2021, ECLI:EU:C:2021:291 (§ 58).

EuG

Salamander u. a./Parlament und Rat, verb. Rs. T-172/98 und *T-175/98 bis T-177/98*, Urteil v. 27. Juni 2000, ECLI:EU:T:2000:168 (§ 21)

NF/Europäischer Rat, Rs. T-192/16, Beschluss v. 28. Februar 2017, ECLI:EU:T:2017:128 (§ 36)

NG/Europäischer Rat, Rs. T-193/16, Beschluss v. 28. Februar 2017, ECLI:EU:T:2017:129 (§ 36)

NM/Europäischer Rat, Rs. T-257/16, Urteil v. 28. Februar 2017, ECLI:EU:T:2017:130 (§ 36)

One of Us u. a./Kommission, Rs. T-561/14, Urteil v. 23. April 2018, ECLI:EU:T:2018:210 (§ 21)

Interamerikanischer Gerichtshof für Menschenrechte

Velásquez Rodríguez v. Honduras, Entscheidung v. 29. Juli 1988 (Merits), Series C, No. 4 (§ 25)

Barrios Altos v. Peru, Entscheidung v. 14. März 2001 (Merits), Series C, No. 75 (§ 25)

Claude Reyes et al. v. Chile, Entscheidung v. 16. September 2006 (Merits, Reparations and Costs), Series C, No. 151 (§ 25)

Almonacid Arellano et al. v. Chile, Entscheidung v. 26. September 2006 (Preliminary Objections, Merits, Reparations and Costs), Series C, No. 154 (§ 25)

La Cantuta v. Perú, Entscheidung v. 29. November 2006 (Merits, Reparations and Costs), Series C, No. 162 (§ 25)

Apitz Barbera et al. (»First Court of Administrative Disputes«) v. Venezuela, Entscheidung v. 05. August 2008 (Preliminary Objections, Merits, Reparations and Costs), Series C, No. 182 (§ 25)

Reverón Trujillo v. Venezuela, Entscheidung v. 30. Juni 2009 (Preliminary Objections, Merits, Reparations and Costs), Series C, No. 197 (§ 25)

González et al. (»Cotton Fields«) v. Mexico, Entscheidung v. 16. November 2009 (Preliminary Objections, Merits, Reparations, and Costs), Series C, No. 205 (§ 25)

Cabrera García and Montiel-Flores v. Mexico, Entscheidung v. 26. November 2010 (Preliminary Objections, Merits, Reparations and Costs), Series C, No. 220, Rn. 225 (§ 25)

Gelman v. Uruguay, Entscheidung v. 24. Februar 2011 (Merits and Reparations), Series C, No. 221 (§ 25)

Chocrón Chocrón v. Venezuela, Entscheidung v. 01. Juli 2011 (Preliminary Objections, Merits, Reparations and Costs), Series C, No. 227 (§ 25)

Artavia Murillo et al. (»In Vitro Fertilization«) v. Costa Rica, Entscheidung v. 28. November 2012 (Merits), Series C, No. 257 (§ 65)

Artavia Murillo et al. (»In Vitro Fertilization«) v. Costa Rica, Entscheidung v. 26. Februar 2016 (Resolution on compliance) (§ 65)

Lagos del Campo v. Perú, Entscheidung v. 31. August 2017 (Preliminary Objections, Merits, Reparations and Costs), Series C, No. 340 (§ 25)

Kúria
(Ungarischer Oberster Gerichtshof)

Urteil v. 10.09.2019, Bt.838/2019 (§ 80)

Sąd Najwyższy
(Polnisches Oberstes Gericht)

Urt. v. 30.8.2013, SNO 19/13 (§ 80)
Urteil v. 05. Dezember 2019, Rs. III PO 7/18; Anordnungen v. 15. Januar 2020, Rs. III PO 8/18 und III PO 9/18; Beschluss v. 23. Januar 2020, Rs. BSA I-4110-1/20 (§ 67)

Tribunal des conflits
(Französisches Gericht für Jurisdiktionskonflikte)

»Arrêt Blanco vom 08.02.1873«, in: Marceau Long u.a. (Hg.), *Les grands arrêts de la jurisprudence administrative*, Paris 2017, S. 1 (§ 17)

Trybunał Konstytucyjny
(Polnisches Verfassungsgericht)

Lisbon, K32/09 (§ 33)

UK Supreme Court (Britischer Oberster Gerichtshof)

R v Horncastle and others (2009), UKSC 14 (§ 60)

US Supreme Court
(US-amerikanischer Oberster Gerichtshof)

Brown v. Board of Education, 347 U.S. 483 (1954) (§ 24)
Rasul v. Bush, 542 U.S. 466 (2004) (§ 53)

Ústavní soud
(Tschechisches Verfassungsgericht)

Pl. ÚS 50/04 (§ 33)
Pl. ÚS 66/04 (§ 33)
Lisbon I, Pl. ÚS 19/08, Rn. 93, 94, 110 (§ 33)
Lisbon II, Pl. ÚS 29/09 (§ 33)

Namenregister

Sachregister